La thèse de doctorat dont est issu cet ouvrage
a été honorée du 2è prix scientifique
de l'Institut des hautes études de défense nationale (IHEDN)
catégorie « thèse » pour l'année 2020.

La sécurité nationale et le droit international

TOME 1

Collection « Droit international »

Collection fondée et dirigée par Gérard Teboul,
professeur à l'université Paris-Est

Au regard du champ disciplinaire qu'elle couvre, la collection « Droit international » présente un caractère transversal : si elle accueille des ouvrages de droit international public ou de droit international privé, elle est ouverte également à des études portant sur des thématiques – nouvelles et de plus en plus nombreuses – se situant au confluent de ces deux disciplines. Par ailleurs, la collection « Droit international » n'entend aucunement privilégier des travaux de nature théorique ou de nature pratique : toute théorie maîtrisée doit reposer sur une connaissance sérieuse de la pratique tandis que toute analyse pratique ne saurait valablement éclairer une problématique juridique sans une compréhension de ses fondements théoriques. Ainsi, la présente collection se propose de contribuer à la connaissance de tous les aspects du droit international, branche du droit qui, au fil des ans, tient une place croissante au sein des disciplines juridiques.

Déjà parus

Nicolas Eskenazi, *La lutte contre le financement du terrorisme et les dynamiques nouvelles du droit international*, volume 1 et volume 2, 2021.

Suzanne Azizé, *L'organisation de la coopération islamique (OCI)*, 2021.

Nadia Belrhomari, *Génome humain, espèce humaine et droit*, 2013.

Alexandre ZOURABICHVILI

La sécurité nationale et le droit international

TOME 1

La sécurité nationale dans les traités internationaux

Préface de Vincent Correia et Philippe Lagrange

L'Harmattan

5-7, rue de l'Ecole-Polytechnique, 75005 Paris

www.editions-harmattan.fr

ISBN : 978-2-343-23884-5
EAN : 9782343238845

À ma mère, Bernadette Zlatiev,
décédée avant d'avoir pu lire ce travail.

REMERCIEMENTS

Cet ouvrage est une version remaniée de la thèse de doctorat en droit public que j'ai présentée et soutenue publiquement le 27 novembre 2019 à l'université de Poitiers. J'exprime ma gratitude à Monsieur le professeur Vincent Correia et à Monsieur le Doyen Philippe Lagrange pour leur direction.

Je remercie Madame et Messieurs les professeurs Geneviève Burdeau, Nicolas Haupais et Jean-Vincent Holleindre pour avoir accepté de siéger dans mon jury de thèse.

Je remercie également Messieurs les professeurs Romain Le Bœuf, John Norton Moore et Robert F. Turner pour m'avoir prodigué des conseils, fructueux, de recherche.

PRÉFACE

Entreprendre une recherche sur la sécurité nationale en droit international était une entreprise audacieuse. Mais de l'audace, Alexandre Zourabichvili n'en manque pas, pas plus qu'il ne manque de la culture générale indispensable à la réussite d'une telle entreprise. Docteur en sciences économiques, en poste à la mission économique française en Russie, la découverte du droit international économique va l'amener à entamer de nouvelles études universitaires, en droit cette fois-ci. Les hasards de la vie vont le conduire ensuite à devenir avocat, au Brésil, puis en France, où il va décider de pousser jusqu'au bout sa passion du droit international en entreprenant une nouvelle thèse de doctorat. Après quelques péripéties, c'est à l'occasion d'une rencontre lors d'un colloque de la Société française pour le droit international que l'accord se fera pour une aventure à trois, avec Vincent Correia et Philippe Lagrange, au sein de l'université de Poitiers.

Polyglotte, ce touche-à-tout des sciences humaines en général et du droit en particulier présentait toutes les qualités requises pour réussir à rendre intelligible une notion dont le lecteur pourra vite se rendre compte qu'elle n'est pas aisée à saisir, quel que soit le champ conceptuel par lequel on entend l'aborder. Objet de doctrines divergentes durant la guerre froide, la notion de sécurité nationale va occuper une place centrale dans le droit et les relations internationales à l'issue des attentats du 11 septembre 2001, sans que la globalisation de ces dernières à laquelle on assistait alors se traduise par une uniformisation des approches de leur sécurité par les États. La diversité reste au contraire de mise et interroge quant à la compatibilité de certaines de ces perceptions avec les exigences du droit international public. Mais, et on l'aura compris à la présentation sommaire de son parcours, Alexandre Zourabichvili ne pouvait se limiter à une analyse strictement juridique et c'est bien à une approche large du concept que ce dernier s'est attaché, considérant la sécurité nationale comme le reflet des intérêts que les États cherchent à sauvegarder. Il a, ce faisant, réussi à intégrer le politique, et pas seulement des notions de science politique, dans son approche, tout en se livrant constamment à une analyse juridique extrêmement rigoureuse.

La notion de sécurité nationale ne peut en effet être comprise sans être appréciée à l'aune de considérations politiques, puisqu'elle recouvre à la fois le droit pour l'État de protéger ses intérêts nationaux, qui implique nécessairement que ce dernier se détermine par rapport à des considérations politiques, subjectives donc, qui lui sont propres, et celui de se préserver contre les menaces extérieures. Sur le plan fonctionnel, la notion justifie donc l'invocation par l'État du droit de se protéger contre des atteintes et des menaces qu'il se considère seul compétent pour apprécier, mais aussi le droit d'invoquer une dérogation ou une exception à une règle. C'est ici sans doute que se loge le hiatus entre le développement de la notion de sécurité nationale et la philosophie générale animant le droit international. Un hiatus qui se trouve au cœur de l'ouvrage proposé au lecteur qui, admirablement guidé par l'auteur, va entreprendre un voyage des plus enrichissants à travers la plupart des champs du droit international, tout en questionnant les fondements mêmes de celui-ci.

Vincent Correia
Professeur de droit public à l'université de Paris Saclay

Philippe Lagrange
Professeur de droit public à l'université de Poitiers

SOMMAIRE

LISTE DES ABRÉVIATIONS, DES SIGLES ET DES ACRONYMES

PUBLICATIONS

ACDI	Annuaire canadien de droit international
AFDI	Annuaire français de droit international
AFRI	Annuaire français de relations internationales
AJDA	Actualité juridique du droit administratif
AJIL	American Journal of International Law
BYIL	British Yearbook of International Law
EJIL	European Journal of International Law
ICLQ	International and Comparative Law Quarterly
JDI	Journal du droit international
JIEL	Journal of International Economic Law
JILP	Journal of International Law and Politics
LJIL	Leiden Journal of International Law
LUCLJ	Loyola University Chicago Law Journal
NDJICL	Notre Dame Journal of International and Comparative Law
RBDI	Revue belge de droit international
RCADI	Recueil des cours de l'Académie de droit international
RGDIP	Revue générale de droit international public
RIS	Revue international et stratégique
RLJ	Russian Law Journal
RSA	Recueil des sentences arbitrales
VJIL	Virginia Journal of International Law
YJIL	Yale Journal of International Law

ÉTATS, ORGANES, ORGANISATIONS, INSTITUTIONS ET JURIDICTIONS

BRICS	Brésil Russie Inde Chine Afrique du Sud
CADH	Convention américaine relative aux droits de l'Homme
CDI	Commission du droit international
CEDU	Convention européenne de sauvegarde des droits de l'Homme
CFIUS	Committee on Foreign Investment in the United States
CIA	Central Intelligence Agency
CIJ	Cour internationale de Justice
CIRDI	Centre international pour le règlement des différends relatifs aux investissements
CIRFT	Convention internationale pour la répression du financement du terrorisme
CISADA	Comprehensive Iran Sanctions, Accountability, and Divestment Act
CJUE	Cour de Justice de l'Union européenne

Cour EDH	Cour européenne des droits de l'Homme
Cour IDH	Cour interaméricaine des droits de l'Homme
CPA	Cour permanente d'arbitrage
CPJI	Cour permanente de justice internationale
DOJ	Department of Justice
EAU	Émirats Arabes Unis
EUA	États-Unis d'Amérique
FMI	Fond Monétaire International
GATS	General Agreement on Trade in Services
GATT	General Agreement on Tariffs and Trade
GEG	Groupe d'experts gouvernementaux
IRA	Irish Republican Army
KFOR	Kosovo Force
LEA	Ligue des États arabes
MEDEF	Mouvement des entreprises de France
MISCA	Mission internationale de soutien à la Centrafrique
MISMA	Mission internationale de soutien au Mali
OACI	Organisation de l'aviation civile internationale
OCDE	Organisation de coopération et de développement économiques
OCS	Organisation de coopération de Shanghai
OEA	Organisation des États Américains
OFAC	Office of Foreign Assets Control
OMC	Organisation mondiale du commerce
OMI	Organisation maritime internationale
ONU	Organisation des Nations Unies
ONUCI	Opération des Nations Unies en Côte d'Ivoire
OPEP	Organisation des pays exportateurs de pétrole
ORD	Organe de règlement des différends
OTAN	Organisation du Traité de l'Atlantique Nord
OTASE	Organisation du Traité de l'Asie du Sud-Est
OTSC	Organisation du Traité de sécurité collective
OUA	Organisation de l'Unité africaine
RDC	République démocratique du Congo
RPDC	République populaire démocratique de Corée
SDN	Société des Nations
SWIFT	Society for Worldwide Interbank Financial Telecommunication
TIDM	Tribunal international du droit de la mer
TPIR	Tribunal pénal international pour le Rwanda
TPIY	Tribunal pénal international pour l'ex-Yougoslavie
UA	Union africaine
UE	Union européenne
URSS	Union des républiques socialistes soviétiques

LOIS, TRAITÉS ET AUTRES TEXTES

ABM	Anti-Ballistic Missile
ADIZ	Air Defence Identification Zone
AIEA	Agence internationale de l'énergie atomique
ALENA	Accord de libre-échange nord-américain
ASA	Air Services Agreement
ATCSA	Anti-Terrorism, Crime and Security Act
AUMF	Authorization for Use of Military Force
CAATSA	Countering America's Adversaries Through Sanctions Act

CACR	Cuban Assets Control Regulations
CFR	Code of Federal Regulations
EAA	Export Administration Act
EAR	Export Administration Regulations
FATCA	Foreign Account Tax Compliance Act
FCPA	Foreign Corrupt Practices Act
FEMA	Foreign Extraterritorial Measures Act
FSIA	Foreign Sovereign Immunities Act
IEEPA	International Emergency Economic Powers Act
ISA	Iran Sanctions Act
ITAR	International Traffic in Arms Regulations
PESC	Politique extérieure et de sécurité commune
PIDCP	Pacte international des droits civils et politiques
PIDESC	Pacte international relatif aux droits économiques, sociaux et culturels
SSI	Système de surveillance internationale
TBI	Traité bilatéral d'investissement
TFTP	Terrorist Financing Tracking Program
TFUE	Traité sur le fonctionnement de l'Union européenne
TICE	Traité d'interdiction complète des essais nucléaires
TNP	Traité sur la non-prolifération des armes nucléaires
TRIA	Terrorism Risk Assurance Act
TUE	Traité sur l'Union européenne
TWEA	Trading with the Enemy Act
ZEE	Zone économique exclusive

INTRODUCTION

Point n'est besoin de chercher beaucoup pour trouver, dans l'actualité du droit international, des exemples d'invocation de la sécurité nationale par les États.

En mai 2021, le président de la Fédération de Russie demandait au parlement russe d'approuver un projet de loi sur la dénonciation, par son pays, du Traité « ciel ouvert ». Ce traité multilatéral permet aux États parties d'effectuer des vols de surveillance au-dessus des territoires d'autres États parties selon des règles strictes et dans le but de « *promouvoir* [...] *une transparence accrue dans leurs activités militaires et de renforcer la sécurité par des mesures de confiance et de sécurité* »[1]. Le président russe justifiait cette dénonciation par le retrait unilatéral des États-Unis du même traité en novembre 2020, retrait qui portait atteinte à cette transparence dans les activités militaires, à « l'équilibre des intérêts des États parties » et faisait surgir en conséquence une « menace à la sécurité nationale de la Russie »[2].

En mai 2018, le président des États-Unis d'Amérique (EUA) annonçait le retrait de son pays de l'accord conclu avec l'Iran et avec quelques pays occidentaux sur le nucléaire iranien[3]. Il estimait que cet accord mettait en danger la sécurité des EUA en ce qu'il permettait à l'Iran de continuer à enrichir de l'uranium pour développer l'arme nucléaire. Le président

---

[1] Préambule du Traité.

[2] POUTINE (V.), « Пояснительная записка к проекту федерального закона "О денонсации Российской Федерацией Договора по открытому небу" » (Note explicative au projet de loi fédérale « De la dénonciation par la Fédération de Russie du Traité « ciel ouvert »), Moscou, 9 mai 2021, https://sozd.duma.gov.ru/bill/1168313-7, accès le 27 mai 2021. Les États-Unis avaient eux-mêmes invoqué leur sécurité nationale, menacée – selon eux – par des manquements répétés de la Russie à ses obligations en vertu du Traité « ciel ouvert », pour justifier leur retrait unilatéral. U.S DEPARTMENT OF DEFENSE, « Statement on Open Sky Treaty Withdrawal », May 2020, https://www.defense.gov/Newsroom/Releases/Release/Article/2195239/dod-statement-on-open-skies-treaty-withdrawal/, accès le 27 mai 2021.

[3] Il s'agit du *Plan d'action global commun* garantissant le caractère exclusivement pacifique du programme nucléaire iranien. Conclu par l'Allemagne, la Chine, les États-Unis, la Russie, la France et le Royaume-Uni et approuvé par le Conseil de sécurité, cet accord prévoyait, en échange de l'exécution de ses engagements par l'Iran, la levée des sanctions à l'égard de celle-ci. Voir la résolution 2231 du 20 juillet 2015 du Conseil de sécurité.

annonçait ensuite qu'il rétablissait les sanctions économiques à l'égard de l'Iran, ajoutant que les EUA sanctionneraient aussi tout État qui aiderait l'Iran à acquérir l'arme nucléaire[4]. En août 2019, le président de la Turquie dénonçait de récentes frappes menées par l'armée syrienne dans la région d'Idlib en Syrie. Ces frappes visaient des groupes djihadistes, mais elles auraient aussi atteint un convoi de l'armée turque, présente dans la région en vertu d'un accord avec la Russie. Cette région est frontalière avec la Turquie. Le président déclarait que ces frappes, qui auraient fait quelques victimes civiles collatérales, causaient une grave crise humanitaire et des mouvements de réfugiés, qu'en conséquence elles posaient « *une sérieuse menace à la sécurité nationale de notre pays* »[5].

La sécurité nationale se trouve également au centre de récents différends devant les juridictions internationales. La décision des EUA de rétablir leurs sanctions contre l'Iran, immédiatement après leur retrait unilatéral de l'accord sur le nucléaire iranien[6], conduisit l'Iran à saisir la Cour internationale de Justice (CIJ). En raison de la dureté des sanctions américaines et de leur impact humanitaire sur sa population, l'Iran demandait à la Cour, à titre de mesures conservatoire, d'ordonner leur non-application sur le fondement d'un traité de commerce et d'amitié conclu entre les deux États en 1955. En défense, les EUA soulevèrent l'exception de sécurité nationale prévue à l'article XX, 1 (d) de ce traité[7]. Ils firent valoir que « *le rétablissement des "sanctions" économiques contre le nucléaire, qui avaient été levées dans le sillage du plan d'action, est basé sur une décision fondamentale en matière de sécurité nationale, telle qu'énoncée dans le mémorandum présidentiel en date du 8 mai 2018, et relève de la*

---

[4] *Remarks by President Trump on the Joint Comprehensive Plan of Action*, 8 mai 2018, https://www.whitehouse.gov/briefings-statements/remarks-president-trump-joint-comprehensive-plan-action/, accès le 9 septembre 2019.

[5] « Regime attacks causing humanitarian crisis: Erdogan », Directorate of communications, Presidency of the Republic of Turkey, https://www.iletisim.gov.tr/english/haberler/detay/regime-attacks-causing-humanitarian-crisis-in-syria-erdogan, accès le 11 septembre 2019.

[6] Cet accord international, dont l'exécution était placée sous le contrôle du Conseil de sécurité, contenait pourtant un mécanisme de règlement des différends préalable à toute décision de rétablissement des sanctions.

[7] « *Le présent Traité ne fera pas obstacle à l'application de mesures* [...] *d)* [...] *nécessaires à l'exécution des obligations de l'une ou l'autre des Hautes Parties contractantes relatives au maintien ou au rétablissement de la paix et de la sécurité internationales ou à la protection des intérêts vitaux de cette Haute Partie contractante sur le plan de la sécurité* ». Cette exception de sécurité nationale permet à la partie qui l'invoque de ne pas remplir les obligations prévues par le traité notamment en matière de liberté de commerce, de traitement juste et équitable octroyé aux ressortissants de l'autre partie et d'interdiction de mesures économiques et financières discriminatoires envers ces ressortissants.

disposition [du traité d'amitié] *relative aux "intérêts vitaux sur le plan de la sécurité"* »[8].

La sécurité nationale fut, en 2019, au centre de deux différends opposant la Russie à l'Ukraine sur fond de conflit à l'Est de cette dernière. Le premier se déroula devant l'Organe de règlement des différends (ORD) de l'Organisation mondiale du commerce (OMC) où la Russie dut justifier la mise en place, en 2016, de restrictions dérogatoires aux règles de l'OMC et qui visaient le transit, sur son territoire, de marchandises en provenance d'Ukraine et à destination de pays d'Asie centrale[9]. Pour sa défense, la Russie utilisa l'article XXI du *General Agreement on Tariffs and Trade* (GATT) (« Exceptions concernant la sécurité ») et mit en avant un climat de « grave tension internationale » le long de sa frontière au-delà de laquelle se trouvait des territoires séparatistes que l'Ukraine ne contrôlait plus ; ce climat de tension menaçait sa sécurité. Comme l'indique le rapport du Groupe spécial : « *Le présent différend est le premier dans lequel il est demandé à un groupe spécial de l'OMC chargé du règlement des différends d'interpréter l'article XXI* [exception de sécurité nationale] *du GATT de 1994* »[10]. L'Ukraine porta par ailleurs devant le Tribunal international du droit de la mer (TIDM) un différend l'opposant à la Russie à propos de la saisie et de l'immobilisation, le 25 novembre 2018, de trois navires militaires ukrainiens par des navires gardes côtes et militaires russes dans le détroit de Kertch à l'entrée de la mer d'Azov[11]. Pour expliquer (sans participer à la procédure) l'action de ses forces, la Russie déclara que les navires militaires ukrainiens avaient franchi délibérément et illégalement sa frontière nationale, qu'ils étaient porteurs de diverses armes à feu et qu'ils accomplissaient une mission « d'incursion secrète non autorisée »[12]. Elle voulait montrer qu'il s'agissait d'un différend relatif à des activités militaires plutôt qu'à de simples actes de police de sa part, qu'en conséquence ce différend devait être exclu de la compétence de la Cour en application de l'article 298,1 (b) de la Convention des Nations Unies sur le droit de la mer.

---

[8] *Violations alléguées du traité d'amitié, de commerce et de droits consulaires de 1955 (République islamique d'Iran c. États-Unis d'Amérique)*, Demande en indication de mesures conservatoires, Ordonnance du 3 octobre 2018, CIJ, Recueil 2018, par. 37.

[9] *Russie – Mesures concernant le trafic en transit*, Rapport du Groupe spécial, OMC, document WT/DS512/R, 5 avril 2019.

[10] *Russie – Mesures concernant le trafic en transit*, Rapport du Groupe spécial, OMC, document WT/DS512/R, 5 avril 2019, par. 7.20, p. 30.

[11] L'Ukraine qui dénonçait une violation de la règle d'immunité des navires militaires (Convention des Nations Unies sur le droit de la mer), demandait, à titre de mesures conservatoires, la libération de ses navires et de leurs équipages. *Immobilisation de trois navires militaires ukrainiens (Ukraine c. Fédération de Russie)*, mesures conservatoires, ordonnance du 25 mai 2019, TIDM Recueil 2018-2019, à paraître, par. 94. L'affaire au fond devra être jugée par la CPA.

[12] Mémorandum du gouvernement de la Fédération de Russie, *Immobilisation de trois navires militaires ukrainiens (Ukraine c. Fédération de Russie)*, par. 20 et 29.

Les exemples ci-dessus concernent des domaines – la prolifération nucléaire, les sanctions économiques, le rétablissement d'obstacles au commerce international, l'emploi de la force armée et les activités militaires en mer – qui sont, comme beaucoup d'autres domaines, réglementés par le droit international et dans lesquels la sécurité nationale apparait sous la forme d'une clause conventionnelle ou d'une justification annonçant une mesure de rétorsion, une contre-mesure ou la sortie d'un accord.

La sécurité nationale est invoquée de façon croissante par les États depuis une vingtaine d'année en relation avec le terrorisme transnational dans l'après 11 septembre 2001, avec l'ouverture des frontières aux échanges économiques et aux mouvements de capitaux et avec la diffusion de nouvelles technologies comme le cyberespace. Cette présence de la sécurité nationale dans les relations internationales contraste avec le peu de place qu'occupe cette notion dans les manuels en français de droit international[13]. Signe d'une différence d'approche du droit entre les deux rives de l'Atlantique, la sécurité nationale est considérée aux EUA et dans d'autres pays du monde anglo-saxon comme une discipline juridique à part entière avec un versant droit interne et un versant droit international[14].

---

[13] La sécurité nationale est explicitement peu mentionnée, et de façon éparse, dans les manuels de droit international. Dans le manuel des professeurs Daillier, Forteau et Pellet par exemple, la « défense des intérêts de sécurité nationale » est mentionnée comme la « véritable raison » de la « souveraineté pleine et exclusive » de l'État sur son espace aérien national et de la possibilité de l'État, prévue par l'article 9 de la Convention sur l'aviation civile internationale, de définir dans cet espace des zones interdites aux aéronefs étrangers. Sous forme implicite, la sécurité nationale apparaît dans d'autres paragraphes du manuel lorsqu'il est question de légitime défense ou de législation à effet extraterritorial. DAILLIER (P.), FORTEAU (M.), PELLET (A.), *Droit international public*, 8e éd., Paris, LGDJ, 2009, par.336, 566-574, 723, 726.

[14] Le droit de la sécurité nationale n'a pas encore, en tant que discipline, de fondement théorique propre ni de doctrine globale. Il est la réunion de plusieurs disciplines, principalement le droit constitutionnel ; le droit administratif, le droit pénal, le droit de la guerre et de la paix, le droit de la mer, le droit économique international, abordées chacune sous l'angle de questions liées à la sécurité nationale des EUA, avec des thématiques communes comme le terrorisme ou la menace présentée par les « *rogue states* ». L'approche générale, reflétée dans les manuels appelés *casebooks*, est marquée par l'école réaliste américaine. Elle est celle d'un droit qui se veut pratique et orienté vers l'analyse des problèmes de sécurité auxquels sont confrontés les EUA dans leur politique intérieure et extérieure. Parmi les principaux ouvrages, on peut citer MOORE (J.), ROBERTS (G.), TURNER (R.) (dir.), *National Security Law & Policy*, 3e éd., Durham, Carolina Academic Press, 2015, 1567 p. ; DICUS (S.), BERNEY (A.), BANKS (W.), RAVEN-HANSEN (P.), VLADECK (S.), *National Security Law*, Alphen aan den Rijn, Wolters Kluwer Law & Business, 2016, 1453 p.

Voir, au sujet de l'approche américaine du droit, les développements consacrés par L. Delabie à « la préférence accordée à un droit international « pratique ». DELABIE (L.), *Approches américaines du droit international. Entre unité et diversité*, Paris, Pedone, 2001, p. 65-73.

Depuis quelques années, l'enseignement d'un droit de la sécurité nationale, essentiellement axé sur les questions de sécurité intérieure et de défense nationale, a gagné la France dans le cadre de Masters de droit de la sécurité et de la défense. Mais, comme le relevait le professeur

Si la sécurité nationale fait partie du droit international et peut être approchée de différentes façons, on peut se demander ce que recouvre cette notion[15], ce qu'est son importance pour le droit international et comment rendre compte de cette importance. Il est nécessaire, pour cela, de partir de la notion de sécurité nationale elle-même, telle qu'elle s'est développée en science politique et en philosophie du droit.

I. La sécurité nationale comme concept politique et juridique

Les termes de « sécurité » ou de « sûreté » de l'État sont plus fréquents, dans les dictionnaires, que celui de « sécurité nationale ». Dans son dictionnaire de la langue française, P. Robert donne deux sens à la « sécurité » : 1) « *état d'esprit confiant et tranquille de celui qui se croit à l'abri du danger* » ; 2) « *situation, conditions matérielles, économiques, politiques* [...] *propres à créer un tel état d'esprit* »[16]. Ces définitions peuvent s'adresser indifféremment aux individus et aux États. Elles révèlent le caractère subjectif de la notion de « sécurité », appréciable différemment d'un État à l'autre ou d'un individu à l'autre. Prise dans son deuxième sens (celui de « conditions économiques et politiques ») la sécurité apparaît comme une tâche qui revient à l'État.

Le dictionnaire de droit international public de J. Salmon ne définit pas la notion de « sécurité nationale » mais évoque, sous l'entrée « sécurité », la « *sécurité de l'État sur son propre territoire contre les dangers internes* » en précisant que « *la notion se confond ici avec celle de sûreté nationale et d'ordre public* »[17]. Le dictionnaire illustre cette définition par des clauses de traités et des paragraphes de résolutions qui utilisent le terme de « sécurité nationale » pour exprimer une protection contre une menace venant de

---

Warusfel à propos du peu de travaux universitaires sur la notion de « sécurité nationale » consacrée par le Livre blanc sur la défense et la sécurité nationale (2008) et par la loi de programmation militaire du 29 juillet 2009 : « ... *malgré les efforts persistants de quelques précurseurs comme les Professeurs Pierre Lecocq, Bernard Chantebout ou Olivier Gohin, les études juridiques de défense peinent encore à prendre leur place au sein de la doctrine* ». WARUSFEL (B.), « La sécurité nationale, nouveau concept du droit français » dans *Les différentes facettes du concept juridique de sécurité – Mélanges en l'honneur de Pierre-André Lecocq*, Université Lille 2, 2011, p. 461.

[15] Nous choisissons ici d'employer indifféremment les termes de « concept » et de « notion » pour désigner ce que P. Robert définit respectivement comme une « *idée générale et abstraite construite par l'esprit soit à partir de l'expérience, soit à partir d'un contenu mental inné* » (« concept ») et comme « *un objet abstrait de connaissance* » (« notion »), ROBERT (P.), *Dictionnaire alphabétique et analogique de la langue française*, Paris, Société du nouveau littré, Le Robert, 1966, T.1, p. 870 et T. 4, p. 654.

[16] ROBERT (P.), *Dictionnaire alphabétique et analogique de la langue française*, *op. cit.*, T. 6, p. 190.

[17] SALMON (J.), *Dictionnaire de droit international public*, Bruxelles, Bruyant, 2001, p. 1023. L'« Encyclopaedic Dictionary of International Law » (2009) ne définit pas non plus le terme de « *national security* ».

l'intérieur du territoire[18]. Le *Black's Dictionary,* dictionnaire de droit général, définit le terme « national security » comme « *The safety of a country and its governmental secrets, together with the strength and integrity of its military, seen as being necessary to the protection of its citizen* »[19]. Il s'agit d'une définition anonyme du XVIIIe siècle qui emploie le mot « safety » au sens du mot « security »[20] pour désigner ce que l'on appelait à l'époque la « sûreté de l'État ». La sûreté est une notion utilisée jusqu'au XIXe siècle à la place de celle de « sécurité » et adossée au mot État pour signifier la protection pénale de l'État en tant qu'institution et de ses représentants, en premier lieu le souverain. Elle allait jusqu'à punir l'espionnage et l'intelligence avec l'ennemi extérieur[21]. Dans la définition du *Black's dictionnary* ci-dessus, il est question de la sûreté du pays et de la protection de ses citoyens, ce qui élargit son sens et ses fonctions, avec une allusion à la menace externe par l'emploi des mots « *strength* [...] *of its military* ».

Dans les définitions données ci-dessus, la sécurité apparaît comme une nécessité qui accompagne l'existence de l'État depuis que celui-ci existe. Comme l'écrit A. Vidal-Nacquet, la sécurité est « consubstantielle à l'État »[22]. Parmi les premiers auteurs qui ont théorisé l'origine et la pratique de l'État en France et en Europe, J.-J. Rousseau a expliqué l'origine de l'État (considéré sous la forme d'un contrat social) par le regroupement des hommes au nom de leur conservation, c'est-à-dire de leur sécurité[23]. C'est aussi par le besoin de sécurité physique (menacée par l'état de guerre) des

---

[18] Le dictionnaire cite, par exemple, l'article 32 de la Convention relative au statut des réfugiés du 28 juillet 1851 qui n'autorise un État à expulser un étranger se trouvant régulièrement sur son territoire national « *que pour des raisons de sécurité nationale ou d'ordre public...* ». SALMON (J.), *Dictionnaire de droit international public*, *op. cit.*, p. 1023.

[19] GARNER (B.) (Ed.), *Black's Law Dictionary*, St. Paul, Thomson Reuters, 2009, p. 1187.

[20] Si le mot « safety » se traduit par « sécurité » au sens de « freedom from danger », rattaché à la personne humaine (Le Robert & Collins Senior, Paris, 1996, p. 69), le mot "security" a, parmi ses différents sens, un sens institutionnel de « protection or defense against attack, interference, espionnage, etc (funds for national security) ». Guralnik (D.), Webster's new world dictionnary of the American language, New York, W. Collins, 1973, p. 1288.

[21] LATOUR (X.), « Défense nationale » dans BONGO (P.-M.), HERVOUET (Fr.), SANTULLI (C.) (dir), *Dictionnaire encyclopédique de l'État*, Paris, Berger-Levrault, 2014, p. 884. Selon X. Latour, cette notion est apparue dès le 1er siècle avant J.C dans le droit romain sous le terme *crimen majestatis* « qui englobe toutes les atteintes d'origine interne et externe à l'incarnation du pouvoir ».

[22] VIDAL-NAQUET (A.), « La sécurité en droit constitutionnel : non-dit ou non-être », dans NGAMPION-OBÉLÉ-BÉLÉ (U.) (dir.), *La sécurité en droit public*, Paris, Institut Universitaire Varenne, Colloque & Essais, LGDJ, 2018, p. 87.

[23] « *Trouver une forme d'association qui défende et protège de toute la force commune la personne et les biens de chaque associé, et par laquelle chacun s'unissant à tous n'obéisse pourtant qu'à lui-même et reste aussi libre qu'auparavant ?* » *Tel est le problème fondamental dont le contrat social donne la solution.* », ROUSSEAU (J.-J), *Le contrat social*, G.F Flammarion, Paris, 2001, p. 56.

personnes et des biens et de sécurité juridique (au sens de sécurisation des contrats passés entre individus) que J. Locke explique l'émergence de l'État (entendu sous la forme de société politique) et la fin de l'état de nature[24]. L'État est ici protecteur et arbitre des conflits, grâce à l'exercice de la souveraineté que J. Bodin décrivait comme « *la puissance absolue et perpétuelle d'une république* », « *fondement principal de toute république* »[25]. Th. Hobbes, pour justifier la nécessité d'un pouvoir fort, établit une équivalence entre État et sécurité, ce que C. Schmitt illustrera plus tard par une formule qui s'apparente à une définition aussi bien de l'État que de la sécurité : « *Pour Hobbes, l'État n'est rien d'autre que la guerre civile constamment empêchée par le moyen de la force intraitable.* »[26]

Cette équivalence entre État « puissance absolue » et sécurité justifie la compétence de celui-ci à prendre des mesures d'exception dans des circonstances jugées extraordinaires[27], que ce soit dans le cadre du droit interne en vigueur comme chez Hobbes[28] ou par l'intermédiaire d'un

---

[24] « *(...) C'est ce qui oblige les hommes de quitter cette condition, laquelle, quelque libre qu'elle soit, est pleine de crainte, et exposée à de continuels dangers, et cela fait voir que ce n'est pas sans raison qu'ils recherchent la société, et qu'ils souhaitent de se joindre avec d'autres qui sont déjà unis ou qui ont dessein de s'unir et de composer un corps, pour la conservation de leurs vies, de leurs libertés et de leurs biens ; choses que j'appelle, d'un nom général, propriétés* ». LOCKE (J.) *Traité du gouvernement civil*, G.F Flammarion, Paris, 1992, p. 214.

[25] La puissance est absolue car elle s'exerce sans conditions, le souverain n'est pas sujet au commandement d'autrui, il est au-dessus des autres, ses sujets. BODIN (J.), *Les six livres de la République*, Le livre de poche, Paris, 1993, p. 111.

[26] SCHMITT (C.), *Le Léviathan dans la doctrine de l'État de Thomas Hobbes*, Seuil, Paris, 2002, p. 86.

[27] Chez Bodin, ces circonstances ne se limitent pas à une menace de guerre ou de sédition mais concernent des questions d'instruction criminelle, de finance, de réformes de l'État ou d'autres questions tellement importantes pour la République que le souverain ne peut en déléguer la résolution à un représentant ordinaire du pouvoir exécutif. L'auteur ne parle pas explicitement de ces situations comme étant des menaces à la sécurité de l'État mais il les considère comme telles puisqu'il les présente comme des entraves au fonctionnement de l'État. BODIN (J.), *Les six livres de la République*, *op. cit.*, p. 268-273.

[28] Dans la doctrine, il n'y a guère que chez Hobbes que le système légal en vigueur peut rendre compte de toutes situations de menace à la sécurité de l'État, même des situations d'exception imprévisibles. Pour cet auteur, le droit se confond avec la volonté et les actes personnels du souverain ; tout acte de ce dernier visant à éloigner une menace à la sécurité de l'État ou de ses sujets n'implique pas une suspension mais un renforcement du droit à travers le renforcement de la puissance du souverain. En outre, le souverain ne peut agir que pour le bien et la sécurité de ses sujets puisqu'il résulte lui-même du pacte scellé par ces derniers entre eux ; donc les actions du souverain ne sont pas sources de conflits entre la nécessité de sécurité et les autres nécessités – forcément secondaires – des sujets. Le caractère homogène de cette société explique pourquoi les situations d'exception ne sont pas abordées, dans le *Léviathan*, en tant que telles sauf dans le chapitre qui traite de « ce qui affaiblit l'État ou tend à sa dissolution ». Hobbes y décrit, avec exemples historiques à l'appui, la situation où le souverain néglige d'exercer toute la puissance nécessaire de son pouvoir et laisse ainsi grandir une autorité contestatrice voire un ennemi intérieur qui finit par constituer une menace pour l'existence de l'État. HOBBES (Th.), *Léviathan*, Folio, Paris, 2007, p. 476-479.

« commissaire » ou « dictateur » – comme chez Bodin, Rousseau ou Schmitt – à qui l'on confie de façon temporaire des pouvoirs exorbitants du droit commun afin d'éliminer la menace[29]. Ces pouvoirs cessent avec la révocation, par le souverain, du mandat ou de la charge extraordinaire, de sorte que le dictateur ne se confond pas avec le souverain et ne peut prendre la place de ce dernier. Ses pouvoirs dérivent entièrement du souverain[30]. Ce qui fait dire à C. Schmitt que la dictature, au sens de Bodin, n'est qu'une forme d'exercice du pouvoir de l'État à côté de la charge de l'officier public, l'une s'appuyant sur l'ordonnance (acte du souverain), l'autre sur la loi[31]. Rousseau justifie ce passage au droit d'exception par l'inefficacité naturelle du droit commun à offrir des solutions dans certaines circonstances :

> « L'inflexibilité des lois, qui les empêche de se plier aux évènements, peut en certains cas les rendre pernicieuses, et causer par elles la perte de l'État dans sa crise. L'ordre et la lenteur des formes demandent un espace de temps que les circonstances refusent quelquefois. Il peut se présenter mille cas auxquels le législateur n'a point pourvu, et c'est une prévoyance très nécessaire de sentir qu'on ne peut tout prévoir.
>
> Il ne faut donc pas vouloir affermir les institutions politiques jusqu'à s'en ôter le pouvoir d'en suspendre l'effet. Sparte elle-même a laissé dormir ses lois »[32].

Rousseau expose ici les raisons qui préfigurent l'existence de l'« exception de sécurité » telle qu'elle est connue et généralement entendue aujourd'hui, c'est-à-dire d'une disposition légale qui permet de déroger au droit en vigueur pour faire face, dans des circonstances particulières, à une menace exceptionnelle. Le caractère exceptionnel de la situation est exprimé en ces termes :

> « Il n'y a que les plus grands dangers qui puisent balancer celui d'altérer l'ordre public, et l'on ne doit jamais arrêter le pouvoir sacré des lois que quand il s'agit du salut de la patrie. Dans ces cas rares et manifestes on pourvoit à la sûreté publique par un acte particulier qui en remet la charge au public »[33].

Rousseau cite en exemple la pratique fréquente du Sénat, à l'époque de la République romaine, consistant à nommer, par l'intermédiaire d'un Consul, un dictateur afin de « *pourvoir au salut d'*[une] *République* ». Cette dernière était, dans ses commencements, mal stabilisée et donc vulnérable à des menaces. L'auteur regrette que les Romains n'aient plus fait appel à la dictature pour éviter, plus tard, le délitement de la République[34]. Sans évoquer cette figure du dictateur aux pouvoirs extraordinaires, Montesquieu,

---

[29] BODIN (J.), *Les six livres de la République*, *op. cit.*, p. 113 ; ROUSSEAU (J.-J.), Le contrat social, *op. cit.*, p. 164. SCHMITT (C.), *La dictature*, Paris, Seuil, 2000

[30] BODIN (J.), *Les six livres de la République*, *op. cit.*, p. 113.

[31] SCHMITT (C.), *La dictature*, *op. cit.*, p. 48.

[32] ROUSSEAU (J.-J.), Le contrat social, *op. cit.*, p. 164.

[33] *Ibidem*, p. 164.

[34] *Ibidem*, p. 165.

théoricien du libéralisme politique, fait référence à la possibilité, pour le pouvoir législatif, de déroger au principe de l'équilibre des trois pouvoirs ainsi qu'aux libertés individuelles en permettant « pour un temps » au pouvoir exécutif d'éliminer la menace interne ou externe[35].

Ce que l'on appelle l'« état d'exception » ou « état d'urgence », concept juridique qui apparaît de façon autonome dans les dictionnaires de droit général comme de droit international[36], est donc une manifestation extrême de la notion de sécurité nationale, qui existe depuis l'origine de l'État, et qui teste les limites de l'État de droit et de l'ordre juridique interne, en raison du passage du droit commun à un droit d'exception dans le but d'affronter les menaces pesant sur l'État. Les limites du droit international (contemporain) sont aussi concernées, notamment celles du *jus ad bellum* lorsque l'État décide de recourir à la force contre un autre État, les limites du droit aérien lorsqu'un État établit une zone d'identification aérienne de sécurité au-delà de son espace de souveraineté nationale, ou bien encore celles du droit de l'OMC en cas de mise en œuvre de mesures unilatérales d'embargo. L'étude de la frontière entre les circonstances « *ordinaires* » et l'« *état d'exception* », qui modifie la relation au droit de la notion de sécurité nationale, n'est pas facile à apprécier en raison de la subjectivité de cette notion. Elle dépend de la perception, par l'État, de la gravité des menaces qui se présentent à lui et auxquelles il décidera d'apporter une réponse. Cette perception dépend à son tour de ce que l'État entend par « sécurité nationale ».

Jusqu'à présent, la « sécurité nationale » est, en tant que concept autonome du concept de « sécurité », pensé essentiellement par des auteurs rattachés aux disciplines de relations internationales et de science politique. Ces disciplines se prêtent à l'étude de la « sécurité nationale » lorsqu'elles sont orientées vers une approche réaliste centrée sur l'analyse des rapports de force entre États, rapports basés sur une quête de puissance et sur la poursuite d'intérêts stratégiques[37]. Th. Balzacq, dans sa contribution sur la

---

35 « *Si la puissance législative se croyait en danger par quelque conjuration secrète contre l'État, ou quelque intelligence avec les ennemis du dehors, elle pourrait, pour un temps court et limité, permettre à la puissance exécutrice de faire arrêter les citoyens suspects, qui ne perdraient leur liberté pour un temps, que pour la conserver pour toujours* ». MONTESQUIEU (C.-L. de S.), *De l'esprit des lois*, Paris, Garnier – Flammarion, 1979, T.1, seconde partie, livre XI, chapitre VI, p. 296.

36 J. Salmon définit l'état d'exception comme un « *régime juridique dérogatoire du droit commun, où les autorités étatiques s'arrogent des pouvoirs spéciaux leur permettant de suspendre l'application de certains éléments de l'État de droit, en restreignant notamment l'exercice des libertés publiques* ». SALMON (J.), *Dictionnaire de droit international public*, *op. cit.*, p. 468. Le dictionnaire général Dalloz donne une définition, proche de la précédente, de l'« état d'urgence » liée au droit administratif et au droit constitutionnel : « *Régime restrictif des libertés publiques pouvant être appliqué par une loi sur tout ou partie du territoire national, caractérisé surtout par l'extension des pouvoirs ordinaires de police des autorités civiles* ». *Lexique des termes juridiques*, Paris, Dalloz, 2010, p. 350.

37 BATTISTELLA (D.), PETITEVILLE (F.), SMOUTS (M.-C.), VENNESSON (P.), *Dictionnaire des relations internationales*, Paris, Dalloz, 2012, 572 p ; DURIEUX (B),

« sécurité » pour le *Dictionnaire Dalloz des relations internationales,* cite quelques définitions de la « sécurité nationale »[38]. La variété de celles-ci révèle la plasticité de cette notion et montre aussi que, même sous son angle exclusivement politique, la sécurité nationale se laisse mal définir de façon exhaustive. La lecture de ces définitions permet cependant d'approcher la notion et son utilisation dans le droit.

Ainsi, G. Luciani définit brièvement la sécurité nationale en 1989 comme « *la capacité de résister à toute agression étrangère* ». La sécurité nationale est ici assimilée à la défense nationale. B. Buzan élargit, en 1991, la sécurité nationale à l'identité de la nation et à la défense de ses institutions, tout en restant dans une posture strictement défensive : « *Dans le cas de la sécurité, la discussion consiste à se soustraire à la menace. Dans le contexte du système international, la sécurité désigne la capacité des États et des sociétés à préserver l'autonomie de leur identité et leur intégrité fonctionnelle* [...] ». La sécurité nationale est ici une nécessité dictée par l'insertion de l'État dans le « système international ». Par « système international », on peut entendre la « *structure anarchique des relations internationales* », source de menaces militaires potentielles d'origine étatique ou non étatiques comme le terrorisme[39]. D'autres auteurs cités par ce dictionnaire font de la sécurité nationale un instrument d'expansion de l'État à l'étranger. Pour P. Hartland-Thunberg, en 1982, la sécurité nationale est « *la capacité d'une nation à poursuivre avec succès ses intérêts nationaux tels qu'elle les voit à n'importe quel endroit du monde* ». Cette conception de la sécurité, plus offensive et expansionniste que la précédente, pourrait s'appliquer à la superpuissance actuelle que constituent les EUA. Elle exprime aussi le caractère subjectif de la sécurité (« *les intérêts nationaux tels qu'elle* [la nation] *les voit* »). Chaque État aurait sa conception de la sécurité nationale, qui engloberait la défense voire la promotion, à l'extérieur, de valeurs nationales « vitales », comme l'écrivent F. Trager et F. Simone en 1973 : « *La sécurité nationale est cette partie de la politique gouvernementale qui a comme objectif central la création de conditions nationales et internationales favorables à la protection et à l'extension de valeurs vitales nationales contre des adversaires existants ou potentiels* ». La défense de la sécurité nationale peut donner lieu à ce qu'O. Weaver

---

JEANGENE VILMER (J.-B.), RAMEL (F.) (dir.), *Dictionnaire de la guerre et de la paix*, Paris, PUF, 2017, 1513 p ; TIGERSTROM (B. von), *Human Security and International Law. Prospects and Problems, Oxford, Hart Publishing*, 2007, p. 8-9.

[38] BALZACQ (Th.), « Sécurité » dans BATTISTELLA (D.), PETITEVILLE (F.), SMOUTS (M.-C.), VENNESSON (P.), *Dictionnaire des relations internationales*, *op. cit.*, p. 1273.

[39] BATTISTELLA (D.), PETITEVILLE (F.), SMOUTS (M.-C.), VENNESSON (P.), *Dictionnaire des relations internationales*, *op. cit.*, p. 505-506. Ce dictionnaire commente la conception de Buzan de la sécurité nationale.

appelle une « *securitisation* »[40] de la société : « *En disant "sécurité", un représentant de l'État déplace le cas particulier dans un espace défini, exigeant des moyens spéciaux pour mettre un terme à ce développement* »[41]. Les « moyens spéciaux » évoquent les situations d'urgence, voire l'état d'exception, qui justifient des pouvoirs d'exception – on pourrait dire exorbitants du droit commun – mis à la disposition du représentant de l'État. Comme le suggère par ailleurs Th. Balzacq, la citation de Waever montre que la sécurité nationale est aussi un discours politique destiné à légitimer une action de l'État[42].

Alors que les définitions ci-dessus s'attachent à décrire le rôle de l'État, celui de préserver la sécurité du pays face à des menaces d'origine essentiellement externe et militaire, des auteurs ont proposé, dès les années 1980, de faire évoluer le concept de sécurité nationale pour tenir compte de l'évolution des conflits internationaux[43] et des déséquilibres à l'intérieur même des sociétés, notamment les sociétés du Tiers-Monde. Il s'agissait de prendre en considération la problématique des droits de l'homme et les problèmes économiques, environnementaux et climatiques[44], ces problèmes étant exacerbés, dans les pays du Tiers-Monde, par les inégalités sociales et économiques liées aux retards de développement, ou aux déséquilibres nés du développement[45]. Dès lors, pour des auteurs comme R. Ullman, les

---

[40] Cet anglicisme correspond à « la désignation d'un objet comme étant une menace, par une autorité légitime et acceptée comme telle par une audience significative », BUZAN (B.), WAEVER (O.), WILDE (J. de), *Security : A New Framework for Analysis*, Boulder (Col.), Lynne Rienner, 1998, p. 23-26 cité par BALZACQ (Th.), "Qu'est-ce que la sécurité nationale ? », *RIS*, 2003/4, n° 52, p. 39.

[41] BALZACQ (Th.), « Sécurité » dans BATTISTELLA (D.), PETITEVILLE (F.), SMOUTS (M.-C.), VENNESSON (P.), *Dictionnaire des relations internationales*, *op. cit.*, p. 1273.

[42] Selon Th. Balzacq : « *Si le politique dit « sécurité », l'objet le devient et, en vertu de cette génération linguistique spontanée, il peut exiger des pouvoirs extraordinaires pour contrer la menace qu'il a plongée dans les eaux baptismales « sécuritaires »* ». L'auteur écrit par ailleurs que « *la définition de Weaver est partialement utile parce qu'elle s'arrête aux actes du discours qui font qu'une question devient sécurité si une élite décide d'en parler dans ce sens* ». BALZACQ (Th.), « Sécurité » dans BATTISTELLA (D.), PETITEVILLE (F.), SMOUTS (M.-C.), VENNESSON (P.), *Dictionnaire des relations internationales*, *op. cit.*, p. 1273.

[43] Dès la fin de la guerre froide, les États occidentaux commençaient à reformuler leur politique de sécurité.

[44] TIGERSTROM (B. von), *Human Security and International Law. Prospects and Problems*, *op. cit.*, p. 10. L'auteur cite, entre autres auteurs: SOOROS (M.), « Global Change, Environmental Security, and the Prisoner's Dilemma », *Journal of Peace Research*, vol.31, n° 3, 1994, p. 117-319; ULLMAN (R.), « Redefining Security », *International Security*, n° 8, 1, 1983, p. 129 ; WIEBE (V.), « The prevention of Civil War Through the Use of the Human Rights System », *New York University Journal of International Law and Politics*, n° 27, 1995, p. 409-412.

[45] Voir l'article de J. Maïla qui synthétise les travaux de politistes sur les questions de sécurité nationale et sécurité régionale dans le monde et particulièrement dans le Tiers-Monde. Il écrit notamment que « *l'instabilité des sociétés du Tiers Monde, leur stratification sociale complexe et doublement articulée autour de clivages verticaux et horizontaux, la rareté de*

menaces à la sécurité nationale se définissent comme toute « *action or sequence of events that 1) threatens drastically and over a relatively brief span of time to degrade the quality of life for the inhabitants of a State, or 2) threatens significantly to narrow the range of policy choices available to the government of a state or to private, nongovernmental entities* [...] *within the State* »[46]. Ces menaces incluent, pour la première catégorie, des évènements extraordinaires comme « *internal conflict, blockades, raw material shortages, terrorist attacks and natural disasters* », et désignent, pour la seconde catégorie, « *a situation in which they are fewer opportunities for trade, investment, and cultural exchange, and in which important values are threatened* »[47].

La réévaluation du concept de sécurité nationale a même conduit des auteurs à en évoquer les limites qui consistent en la poursuite, par les États, d'une « *logique sécuritaire conçue en termes purement coercitifs* » (accumulation d'armes, logique d'affrontement), celle-ci devant faire la place à une logique, opposée, de coopération, d'intégration régionale, de solidarité « *gage de sécurité* » pour tous les États[48]. Pour Tigestrom, la sécurité collective n'est pas l'opposé, mais bien une autre forme, pour l'État,

---

leurs ressources économiques sont pour la « nouvelle école » de la sécurité nationale à l'origine des troubles les plus graves que peut connaître une société. Cette nouvelle perspective d'analyse met l'accent sur les dangers du dedans plus que sur les menaces du dehors ». MAÏLA (J.), « Enjeux et dilemmes de la sécurité nationale », *Études internationales, Institut québécois des hautes études internationales*, Vol. 18, n° 4, 1987, p. 851.

[46] ULLMAN (R.), « Redefining Security », *op. cit.*, p. 133, cité par TIGERSTROM (B. von), *Human Security and International Law. Prospects and Problems, op. cit.*, p. 11.

[47] TIGERSTROM (B. von), *Human Security and International Law. Prospects and Problems, op. cit.*, p. 11.

La reformulation du concept de sécurité nationale a également conduit des auteurs à critiquer le cadre « réaliste » qui présente l'État comme l'unique « référent » de la sécurité. Selon eux, ce cadre ferait de l'État non seulement un instrument mais aussi une fin en soi de la sécurité alors que celle-ci devrait concerner avant tout l'individu-personne humaine. D'où l'émergence du concept de « sécurité humaine ». Voir BOOTH (K.), « Security and Emancipation », n° 17,1991, p. 320 ; McSWEENEY (B.), Security, Identity and Interest: A sociology of International Relations, Cambridge, Cambridge University Press, 1999, p. 87, cités par TIGERSTROM (B. von), *Human Security and International Law. Prospects and Problems, op. cit.*, p. 12. En droit international, le concept de « sécurité humaine » a cependant fait l'objet de questionnements et de controverses à propos de son contenu exact, de son utilité par rapport au concept déjà existant de « droits de l'homme » et à propos de sa relation conflictuelle avec le principe de souveraineté de l'État. Ce concept ne fait pas l'unanimité parmi les États, certains d'entre eux ayant critiqué son utilisation extensive qui servirait à justifier une ingérence internationale dans leurs affaires intérieures. TAVERNIER (P.), « La sécurité humaine et la souveraineté des États », dans KHERAD (R.), *La sécurité humaine. Théorie et pratique. En l'honneur du Doyen Dominique Breillat*, Paris, Pedone, 2010, p. 39-50.

[48] Voir la synthèse des travaux dans l'article de MAÏLA (J.), « Enjeux et dilemmes de la sécurité nationale », *op. cit.*, p. 855.

d'assurer sa sécurité[49], qui s'est manifestée dans la conclusion de traités de coopération régionale et de traités de désarmement.

Les travaux évoqués ci-dessus, réalisés dans le cadre des disciplines de science politique et de relations internationales ont conceptualisé la sécurité nationale à la fois comme une qualité, un pouvoir inhérent à l'État de protéger ses intérêts vitaux face à des menaces provenant de l'intérieur comme de l'extérieur de son territoire et comme une action de l'État destinée à mettre en œuvre cette protection. L'approche réaliste apprécie l'action sécuritaire de l'État en termes de stratégie nationale, de capacité de l'État à mobiliser ses ressources, de coopération dans le cadre d'alliances contre des États adversaires, voire en termes de calcul coût-bénéfice pour le choix que doit faire l'État entre, d'une part, privilégier une action isolée et, d'autre part, suivre la voie des accords multilatéraux et de l'exécution des engagements consécutifs à ces accords[50].

II. La sécurité nationale dans la doctrine juridique : une exception permettant de déroger aux règles du droit commun

Les études portant sur la sécurité nationale en droit interne et en droit international sont, par contraste, centrées essentiellement sur l'exception de sécurité : elles traitent de la mise en œuvre de mesures « d'exception », dérogatoires au droit commun ; elles analysent les effets de ces mesures sur le respect des libertés publiques et le respect de la règle d'interdiction du recours à la force et des règles fondamentales en vigueur dans d'autres domaines du droit international.

A. La sécurité nationale en droit interne

En droit interne, les études se concentrent sur l'impact de mesures d'exception et de lois dites « sécuritaires » sur les libertés publiques et, plus largement, sur l'état de droit et la démocratie. L'impact est vu sous le prisme

---

[49] Selon B. von Tigerstrom, « *Collective security, exemplified in the U.N Charter, involves members of a group agreeing to renounce the use of force against each other and to defend any member of the group who is attacked. It therefore remains situated in the military sphere in terms of both threats and means, and depends on military deterrence to enhance states' security, but emphasizes cooperation among group members rather than individual self-help – a strategy viewed with skepticism by realist theorists* ». L'auteur évoque aussi la « common security », qui correspond à la sécurité par le désarmement : « *The later concept of common security is a more significant shift because it entails not only cooperation between states but also the reconsideration of military means of seeking security* [...]. *It therefore questions the utility of military deterrence and exhorts states to consider the impact of their security decisions* ». TIGERSTROM (B. von), *Human Security and International Law. Prospects and Problems*, *op. cit.*, p. 11-12.

[50] BALZACQ (Th.), "Qu'est-ce que la sécurité nationale ? », *op. cit.*, p. 24.

de la philosophie[51], de l'histoire du droit[52], du droit constitutionnel[53], du droit pénal[54], du droit administratif[55], de la sociologie du droit et de la théorie politique[56]. Il faut mentionner ici l'article de B. Warusfel qui décrit l'émergence, à la suite de la publication en 2008 du Livre blanc sur la défense et la sécurité nationale, de la notion de sécurité nationale dans le droit français[57]. Cette notion large – allant au-delà de son noyau habituel composé de « *la protection de la population, l'intégrité du territoire et la permanence des institutions de la République* » (article L. 1111-1 du Code de la défense) – englobe la notion de défense nationale[58] et, au-delà, les

---

[51] AGAMBEN (G.), *État d'exception. Homo Sacer,* Paris, Seuil, 2003, 151 p ; MONOD (J.-C.), *Penser l'ennemi, affronter l'exception. Réflexions critiques sur l'actualité de Carl Schmitt,* Paris, La découverte, 2007, 189 p.

[52] SAINT-BONNET (F.), *L'État d'exception,* Paris, Léviathan, PUF, 2001, 393 p. Il est bon de mentionner l'ouvrage d'O. Beaud sur la puissance de l'État. Les réflexions de droit constitutionnel, d'histoire et de philosophie du droit que l'on y trouve au sujet de la force et du pouvoir de l'État abordent implicitement, à plusieurs reprises la question des rapports entre État, sécurité et état d'exception. Il en est ainsi, par exemple lorsque l'auteur évoque la conception « absolutiste » ou « décisionniste » de la souveraineté chez Bodin et Hobbes. Cette conception, écrit O. Beaud, lie « l'indivisibilité de la souveraineté à l'unicité de son exercice ». À l'origine de ce lien, on trouve « *l'idée que l'ordre public, fin de la République, requiert un commandement unitaire* ». Ce commandement unitaire se traduit par un « monopole de la décision » entre les mains du souverain, justifié, s'agissant de garantir la sécurité de l'État, par « *l'urgence politique, inséparable de l'idée de salut public, et qui privilégie l'Exécutif et l'unité d'action* ». Cette conception de la souveraineté préfigure la logique de l'état d'exception telle que décrite par l'article 16 de la constitution française. Le professeur Beaud ajoute que « *La conception décisionniste du gouvernement politique se justifie par la menace de la guerre qui pèse sur tout État, sur cette necessitas dont parle Machiavel pour décrire cette fatalité du pouvoir* ». BEAUD (O.), *La puissance de l'État,* Paris, Léviathan, PUF, p. 135.

[53] GRANGER (M.-A.), *Constitution et sécurité intérieure. Essai de modélisation juridique*, Paris, LGDJ, 2011, 493 p ; TROPER (M.), *Le droit et la nécessité*, Paris, Léviathan, PUF, 2011, 294 p.

[54] DELMAS-MARTY (M.), *Libertés et sûretés dans une monde dangereux*, Paris, Seuil, 2010, 273 p ; HAGENAU-MOIZARD (C.), *La législation sur l'état d'urgence – une perspective comparative*, Recueil Dalloz, n° 12, 24 mars 2016, p. 665-671 ; MAYAUD (Y.), *L'état d'urgence récupéré par le droit commun,* La semaine juridique, Edition générale, n° 12, 21 mars 2016, p. 583-588.

[55] FOULQUIER (N.), *La théorie des circonstances exceptionnelles.* serdeaut.univ-paris1.fr/.../N_Foulquier_La_théorie_des_circonstances_exceptionnelles. Accès le 21 mai 2016.

[56] PARDINI (G.), « La sécurité nationale. Un concept à enraciner », Cahiers de la sécurité et de la justice, n° 45, juin 2019, p. 4-9.

[57] WARUSFEL (B.), « La sécurité nationale, nouveau concept du droit français » *in Les différentes facettes du concept juridique de sécurité – Mélanges en l'honneur de Pierre-André Lecocq*, Université Lille 2, 2011, p. 464.

[58] L'article L. 1111-1 du Code de la défense définit, à son troisième paragraphe, la politique de la défense : « *La politique de défense a pour objet d'assurer l'intégrité du territoire et la protection de la population contre les agressions armées. Elle contribue à la lutte contre les autres menaces susceptibles de mettre en cause la sécurité nationale. Elle pourvoit au respect*

« menaces et risques » non militaires pouvant « *affecter la vie de la Nation* »[59]. Le livre blanc publié en 2013 confirme le caractère large et global du concept de sécurité nationale, concept conçu comme réponse à l'évolution de la nature des menaces et des risques :

> « Par menaces, on entend toutes les situations où la France doit être en mesure de faire face à la possibilité d'une intention hostile. Par risques, on entend tous les périls susceptibles, en l'absence d'intention hostile, d'affecter la sécurité de la France : ils comprennent donc aussi bien des événements politiques que des risques naturels, industriels, sanitaires ou technologiques [...] Le concept de sécurité nationale exprime la volonté d'adopter une approche globale dans l'identification des risques et des menaces comme dans la réponse qu'il convient de leur apporter en combinant un ensemble de moyens qui incluent la connaissance et l'anticipation, la protection, la prévention, la dissuasion et l'intervention »[60].

La mise en œuvre d'une politique de sécurité visant à combattre les menaces et les risques pouvant affecter la « vie de la Nation » passe essentiellement, dans le droit interne, par des dispositifs dérogatoires, c'est-à-dire, comme l'écrit B. Warusfel, par des « *moyens juridiques exorbitants du droit commun susceptibles de représenter une limitation importante à l'exercice des libertés publiques* »[61]. L'auteur relève le flou juridique autour des limites des dispositifs dérogatoires dans le livre blanc de 2008 et dans la loi de programmation militaire (LPM) de 2009-2014 : « *La sécurité nationale recouvrerait notamment la "politique de sécurité civile" et une partie de la politique de sécurité intérieure, "pour tout ce qui ne relève pas de la sécurité quotidienne et individuelle des personnes et des biens"* [...] *la*

---

des alliances, des traités et des accords internationaux et participe, dans le cadre des traités européens en vigueur, à la politique européenne de sécurité et de défense commune ».

[59] WARUSFEL (B), « La sécurité nationale, nouveau concept du droit français », *op. cit.*, p. 464. Le professeur Warusfel cite, à l'appui, l'article L. 1111-1 du Code de la défense qui dispose que « *l'ensemble des politiques publiques concourt à la sécurité nationale* » et le passage suivant du Livre blanc de 2008 : « *la stratégie de sécurité nationale embrasse aussi bien la sécurité extérieure que la sécurité intérieure, les moyens militaires comme les moyens civils, économiques ou diplomatiques. Elle doit prendre en compte tous les phénomènes, risques et menaces susceptibles de porter atteinte à la vie de la nation* ». MINISTÈRE DES ARMÉES, « Livre blanc – Défense et sécurité nationale – 2008 », Paris, Odile Jacob, 2008, 350 p, p. 63, cité par WARUSFEL (B.), « La sécurité nationale, nouveau concept du droit français », *op. cit.*, p. 464.

[60] MINISTÈRE DES ARMÉES, « Livre blanc – Défense et sécurité nationale – 2013 », Direction de l'information légale et administrative, Paris, Édition numérique réalisée par le Ministère de la défense, 2013, 159 p., p. 10-11. Ce Livre blanc met en valeur la dimension économique de la sécurité nationale car il vient à la suite des crises financières mondiales de 2008 et 2010, cette dernière ayant frappé les États par l'intermédiaire de leur endettement extérieur. Le document note que « l'indépendance de la Nation est menacée si le déséquilibre des comptes publics place celle-ci dans la dépendance de ses créanciers ». Livre blanc Défense et sécurité nationale 2013, p. 9-10 et 47-51.

[61] WARUSFEL (B.), « La sécurité nationale, nouveau concept du droit français », *op. cit.*, p. 10.

lecture des seules dispositions de la loi du 29 juillet 2009 ne nous permet pas d'identifier avec précision la frontière entre les menaces majeures justifiant le recours aux moyens spéciaux de sécurité nationale et celles qui – malgré leur importance intrinsèque – doivent relever des pratiques normales de sécurité publique et de maintien de l'ordre ou de toute autre politique publique classique »[62]. L'appréhension globale, par l'intermédiaire du concept de sécurité nationale, de l'ensemble – extensible et aux contours mal définis – des menaces pesant sur le pays peut conduire, notent B. Warusfel et X. Latour, à une approche du risque liée à ce que Weaver et d'autres politistes du courant réaliste appelent « *securitisation* »[63]. La « *securitisation* » consiste ici à globaliser, par avance et sans discriminer selon leur degré de gravité, des sources de délinquance qui justifient le recours à des mesures dérogatoires plus ou moins permanentes[64]. Le livre blanc de 2013 et les lois ultérieures dont la LPM 2019-2025 n'apportent pas de plus de précisions que le livre blanc de 2008 et la LPM 2009-2014 sur la traduction en droit interne du concept de sécurité nationale[65]. La loi du 24

[62] *Ibidem*, p. 9.

[63] Voir, ci-dessus, les commentaires à la citation d'O. Waever : « *En disant « sécurité », un représentant de l'État déplace le cas particulier dans un espace défini, exigeant des moyens spéciaux pour mettre un terme à ce développement* [...] ». Th. Balzacq différencie la « sécuritisation » de la « sécurisation » de la société, la « securitisation » étant à la fois une politique de recours aux moyens dérogatoires du droit commun et un discours de légitimation de ce recours. Il écrit que la « sécuritisation » « *est la construction pragmatico-linguistique qui transforme un sujet donné, a priori sans ou d'un enjeu limité, en question de sécurité. En d'autres termes, la sécuritisation actualise rhétoriquement une anxiété, une situation d'incertitude, alors que la sécurisation est l'art de sécuriser, c'est-à-dire l'art de mobiliser un ensemble de moyens financiers et humains afin de mettre en œuvre une gamme de pratiques permettant de fiabiliser un espace sociopolitique spécifique* [...] *la sécuritisation annonce la sécurisation ou la mobilisation de moyens extra-ordinaires pour une situation décrétée hors limites* ». BALZACQ (Th.), « Qu'est ce que la sécurité nationale ? », *op. cit.*, p. 39-40.

[64] WARUSFEL (B.), « La sécurité nationale, nouveau concept du droit français », *op. cit.*, p. 10-11. B. Warusfel fait référence à BUZAN (B.), WEAVER (O.) & WILDE (J. de), *Security: A new framework for analysis*, Boulder: Lynne Rienner, 1998, p. 24 et DAVID -C.-P.), *La Guerre et la Paix: Approches contemporaines de la sécurité et de la stratégie*, Presses de Sciences Po, 2006, p. 64. Voir aussi LATOUR (X.), « Défense nationale » dans BONGO (P.-M.), HERVOUET (Fr.), SANTULLI (C.) (dir.), *Dictionnaire encyclopédique de l'État*, Paris, Berger-Levrault, 2014, p. 199.

Sans faire référence expressément au concept de « securitisation », M. Delmas-Marty évoque l'existence d'une dérive, sous l'effet de la menace du terrorisme *post* 11 septembre, vers une « frénésie sécuritaire » en France et dans d'autres pays. Pour la France, l'auteur vise, entre autres, la loi de 2008 sur la rétention de sûreté et la création de nouveaux fichiers et banques de données personnelles interconnectés entre eux. Cette « *« frénésie sécuritaire » tend à transformer le contrat social en une sorte de contrat d'assurances tous risques qui caractérise les régimes de suspicion : chaque individu est un suspect potentiel* ». DELMAS-MARTY (M.), *Libertés et sûretés dans un monde dangereux*, Paris, Seuil, 2010, p. 120 et chapitre II (« radicalisation des procédures de contrôle ») de la 1ère partie, p. 61-83.

[65] Le Livre blanc sur la défense et la sécurité nationale de 2013 annonçait une révision de la stratégie de défense et de sécurité nationale tous les cinq ans. La révision publiée en 2017 sous le titre de « Revue stratégique de la défense et de la sécurité nationale » ne revient pas

juillet 2015 relative au renseignement, intégrée au Code de la sécurité intérieure, décline cependant, dans la partie consacrée au renseignement, les composantes de ce que l'on peut considérer comme le concept de sécurité nationale[66]. L'article L. 811-3 du Code de la sécurité énumère ces composantes, assimilées à des « intérêts fondamentaux de la nation » :

> « 1) L'indépendance nationale, l'intégrité du territoire et la défense nationale, 2) Les intérêts majeurs de la politique étrangère, l'exécution des engagements européens et internationaux de la France et la prévention de toute forme d'ingérence étrangère, 3) Les intérêts économiques, industriels et scientifiques majeurs de la France, 4) La prévention du terrorisme, 5) La prévention : a) Des atteintes à la forme républicaine des institutions ; b) Des actions tendant au maintien ou à la reconstitution de groupements dissous en application de l'article L212-1[67] ; c) Des violences collectives de nature à porter gravement atteinte à la paix publique ; 6) La prévention de la criminalité et de la délinquance organisées ; 7) La prévention de la prolifération des armes de destruction massive ».

Cette disposition permet d'écarter du concept de sécurité nationale tel qu'il figure au Code de la sécurité à l'article L. 111-1, la « *sécurité quotidienne des personnes et des biens* » et d'écarter aussi ce qui, dans le « *maintien de la paix et de l'ordre publics* » (mentionné à l'article L. 111-1) ne justifie pas l'application des mesures dérogatoires de recueil de renseignement destinées à détecter les menaces contre la sécurité de la nation. En raison de leur caractère dérogatoire et potentiellement attentatoire au respect de la vie privée, ces moyens de renseignement sont sujets à une procédure spéciale qui passe par une autorisation du ministre concerné et un avis préalable de la Commission nationale de contrôle des techniques de renseignement (sauf cas d'urgence)[68]. Un contrôle de légalité est prévu par cette commission et par le Conseil d'État.

B. La sécurité nationale en droit international

S'agissant du droit international, les travaux existants se concentrent également sur le traitement de la sécurité nationale sous l'angle exclusif de

---

sur la caractérisation du concept de sécurité nationale ni sur les effets de ce concept en droit interne. Cette « Revue » actualise la description des menaces et la stratégie, notamment militaire, pour y répondre.

[66] Selon l'article L. 111-1 du Code de la sécurité intérieure : « *La sécurité est un droit fondamental et l'une des conditions de l'exercice des libertés individuelles et collectives. L'État a le devoir d'assurer la sécurité en veillant, sur l'ensemble du territoire de la République, à la défense des institutions et des intérêts nationaux, au respect des lois, au maintien de la paix et de l'ordre publics, à la protection des personnes et des biens…* ».

[67] L'article L. 212-1 concerne la dissolution de groupes de combat ou milices privées qui sont à l'origine d'infractions liées au terrorisme ou qui portent atteinte aux intérêts fondamentaux de la Nation.

[68] Articles L. 821-1 à L. 821-8 du Code de la sécurité intérieure.

l'exception, c'est-à-dire du problème que pose, au regard des libertés et droits fondamentaux, l'application de mesures dérogatoires du droit positif basées sur un concept large et malléable. Les études générales sur la sécurité nationale en droit international sont rares, on peut citer un article de T. Christakis et un ouvrage de C. Moreiro Gonzalez[69]. La plupart des autres études sont sectorielles, c'est-à-dire centrées sur la sécurité nationale dans le droit de l'OMC[70], le droit des investissements[71], le droit européen et le droit des droits de l'Homme[72]. Ces travaux nous apprennent trois choses sur la sécurité nationale.

Ils montrent tout d'abord, surtout l'ouvrage général de C. Moreiro Gonzalez, l'existence d'une « clause » de sécurité nationale dans de nombreux domaines du droit international. Comme l'écrit cet auteur, il s'agit d'une présence dans « *des instruments internationaux qui couvrent la plupart des domaines réglementés par le droit international, qu'il s'agisse de l'établissement de ses principes fondamentaux, de la responsabilité internationale des États pour faits illicites, du régime juridique des espaces communs, de la protection d'intérêts fondamentaux par la communauté internationale, etc.* »[73]. L'auteur cite un certain nombre de ces instruments mais n'établit pas de recensement exhaustif, ce qui serait difficile tant les traités (pour ce qui les concerne) sont nombreux, en particulier les traités bilatéraux (entraide judiciaire, gestion des flux migratoires, transport aérien,

---

[69] CHRISTAKIS (Th.), « L'État avant le droit ? L'exception de « sécurité nationale » en droit international », *RGDIP*, janvier-mars 2008, n° 1, p. 5-48. MOREIRO GONZALEZ (C.), *Las clausulas de seguridad nacional*, Madrid, Iustel, 2007, 248 p.

[70] EMMERSON (A.), « Conceptualizing Security Exceptions: Legal Doctrine or Political Excuse? », *JIEL*, Vol. 11 n° 1, p. 135-154. D'autres auteurs sont cités dans la bibliographie de la présente thèse.

[71] BURKE-WHITE (W.), « Investment Protection in Extraordinary Times : The Interpretation and Application of Non-Precluded Measures Provisions in Bilateral Investment Treaties », *Public Law and Legal Theory Research Paper Series*, Research Paper n° 07-14, University of Pennsylvania Law School, Prepublication Draft, *VJIL*, Winter 2008. D'autres auteurs sont cités dans la bibliographie de la présente thèse.

[72] L'étude de la sécurité nationale en droit européen a consisté à analyser la jurisprudence de la Cour EDH sur l'application de l'article 15 (état d'urgence) et des articles de la CEDH autorisant des restrictions au titre de la sécurité nationale. On peut citer (de manière non exhaustive) : DECAUX (E.), « Terrorisme et droit de l'homme : actualité de l'article 15 de la Convention européenne des droits de l'homme », *in Les droits de l'homme à la croisée des droits. Mélanges en l'honneur de Frédéric Sudre*, Paris, LexisNexis, 2018, p. 139-149 ; KISSANGOULA (J.), La sécurité dans la jurisprudence de la Cour européenne des droits de l'homme, dans NGAMPION-OBÉLÉ-BÉLÉ (U.) (dir.), *La sécurité en droit public*, *op. cit.*, p. 229-252 ; PECHEUL (A.), « LA sécurité publique dans les jurisprudences européennes », dans KHERAD (R), *La sécurité humaine. Théorie et pratique. En l'honneur du Doyen Dominique Breillat*, Paris, Pedone, 2010, p. 65-72 ; TULKENS (Fr.), « Droits humains et sécurité, des alliés inséparables », *in Les droits de l'homme à la croisée des droits. Mélanges en l'honneur de Frédéric Sudre*, *op. cit.*, p. 791-804.

[73] MOREIRO GONZALEZ (C.), *Las clausulas de seguridad nacional*, *op. cit.*, p. 93.

parmi d'autres traités qui comportent une clause d'exception de sécurité nationale).

Ces travaux nous montrent aussi que la sécurité nationale n'est définie nulle part – sinon de façon vague – ni dans le droit interne des différents États ni dans les divers traités ou instruments internationaux et que cette indéfinition est en rapport avec le caractère « polysémique » (pour reprendre le terme de C. Moreiro Gonzalez[74]) de la notion de sécurité nationale. Celle-ci se réfère, selon le traité ou le différend porté devant un tribunal, à la sécurité en matière militaire, pénale, économique, migratoire, environnementale ou autre[75]. Selon la jurisprudence de la Cour de justice de l'Union européenne (CJUE), « *la notion de sécurité publique n'a pas une seule et unique signification* »[76] et cette signification est large puisqu'elle inclut des « *considérations de politique étrangère » et des menaces externes, par exemple de rupture d'approvisionnement énergétique d'un État* »[77].

Ces travaux nous montrent enfin la sécurité nationale sous la seule forme d'une exception, dans le cadre d'une approche positiviste qui sépare strictement la règle de droit et les conditions d'application de cette règle au regard des situations concrètes (évolution des menaces) auxquelles font face les États. Pour le professeur Christakis, il s'agit de voir « *de quelle mesure et de quelle manière le droit positif contemporain permet à un État d'invoquer des considérations de sécurité nationale pour ne pas appliquer une obligation internationale* »[78]. Constatant qu'il n'existe pas d'exception générale de sécurité nationale dans le droit international, l'accent est mis sur l'étude des clauses d'exception prévues dans des traités spécifiques. Ces clauses d'exception sont appelées « soupapes de sûreté », car elles dissuadent les États parties, confrontés à une menace sécuritaire, de sortir des traités pour déroger à leurs obligations principales. Selon le professeur Christakis, ces clauses « *tempèrent l'excès de droit et permettent à l'ordre juridique de respirer* », constituant ainsi « *une de ces « variables d'ajustement » qui permettent au droit international d'assurer sa fonction sociale* »[79]. Le professeur Moreiro Gonzalez souligne également ce rôle de « *mécanisme permettant de préserver la validité de l'accord international concerné et non pas comme un moyen de s'affranchir de celui-ci* »[80]. « *En*

---

[74] *Ibidem*, p. 39.
[75] *Ibidem*, p. 39-40.
[76] Arrêt du Tribunal de première instance (TPI) du 17 juin 1998, T1117495, par. 91, cité par CHRISTAKIS (Th.), « L'État avant le droit ? L'exception de « sécurité nationale » en droit international », *op. cit.*, p. 15.
[77] *Leifer et autres*, Arrêt du 17 octobre 1995, CJCE, Affaire C-83/94, par. 27-28, cité par CHRISTAKIS (Th.), « L'État avant le droit ? L'exception de « sécurité nationale » en droit international », *op. cit.*, p. 15-16.
[78] CHRISTAKIS (Th.), « L'État avant le droit ? L'exception de « sécurité nationale » en droit international », *op. cit., p.* 8.
[79] *Ibidem*.
[80] MOREIRO GONZALEZ (C.), *Las clausulas de seguridad nacional*, *op. cit.*, p. 233.

même temps », note-t-il, prenant en compte le caractère imprécis de la notion de sécurité nationale, « *cette exception est lourde de menace pour la sécurité juridique. Elle ne peut pas et ne doit pas être considérée comme une carte blanche pour la mise à l'écart de la règle de droit* »[81]. Les travaux se portent alors sur le « *contrôle juridictionnel de l'invocation de cette "exception de sécurité nationale"* »[82]. De leur côté, les études réalisées aux EUA dans le cadre du « droit de la sécurité nationale » font aussi apparaître la sécurité nationale comme une exception : « *Rather than just an amalgamation of sui generis bodies of law dealing with discrete and usually war-related topics, national security law today is increasingly about the extent to which entirely ordinary substantive doctrines may or may not necessitate extraordinary exceptions based upon "national security" considerations* »[83]. Les différents auteurs nord-américains se situent globalement, à la différence des auteurs européens précédemment cités, dans une perspective utilitariste du droit international qui vise prioritairement à répondre aux défis sécuritaires auxquels font face les EUA sur le plan interne et dans leur politique extérieure[84]. Dans cette approche, le droit – en l'espèce les exceptions de sécurité nationale – ne se résume pas aux seules règles mais englobe aussi des principes et des finalités qui expriment les valeurs défendues par un État[85]. Dès lors, une action de légitime défense préventive peut apparaître, au regard d'une approche positiviste stricte, comme la violation de l'article 51 de la Charte des Nations Unies alors qu'elle peut être considérée par les tenants d'une approche utilitariste du droit comme un élargissement du champ d'application de cet article.

Alors que leur objet d'étude, l'exception de sécurité nationale dans le droit international, est le même, les travaux européens et nord-américains sur la sécurité nationale ne se rejoignent pas pour des raisons de divergence d'approches du droit international. Par ce qu'ils suivent, les uns une approche basée sur le formalisme juridique, les autres une approche utilitariste du droit, ces différents travaux ne couvrent pas non plus tous les aspects de l'utilisation de la notion de sécurité nationale en droit international. En s'appuyant sur la présentation, issue des disciplines de relations internationales et de science politique, de la sécurité nationale comme étant à la fois un pouvoir propre de l'État à protéger ses intérêts

[81] *Ibidem.*
[82] *Ibidem.*
[83] VLADECK (S.), « Is « National Security Law" Inherently Paradoxical?", American University National Security Law Brief, Vol. 1, N° 1, 2011, http://digitalcommons.wcl.american.edu/nslb/vol1/iss1/1, p. 13.
[84] L. Delabie parle de « *la conception d'un "droit-outil" – opposée à celle du droit comme un seul ensemble de règles juridiques neutres – qui prédomine au sein de la doctrine américaine* ». DELABIE (L.), *Approches américaines du droit international. Entre unité et diversité*, *op. cit.*, p. 170.
[85] Approche théorisée par O. Schachter, voir ci-dessous.

vitaux face à des menaces et comme une action de l'État destinée à mettre en œuvre cette protection, on peut considérer qu'il existe d'autres formes d'utilisation de la sécurité nationale que celle formalisée par la clause de dérogation aux règles principales d'un traité.

On peut, par exemple, considérer comme une clause de sécurité nationale, la clause de retrait, présente dans certains traités, qui permet à l'État partie de se retirer de celui-ci lorsqu'elle juge que « *des évènements extraordinaires, en rapport avec l'objet du présent traité, ont compromis les intérêts suprêmes de son pays* »[86]. Cette clause est écartée par le professeur Christakis de son analyse de l'exception de sécurité nationale car elle constitue un motif de dénonciation du traité et « *ne permet pas d'apporter une dérogation à une obligation primaire fondée sur des motifs de sécurité nationale* »[87]. La clause de retrait correspond cependant, pour l'État, à un moyen propre à protéger ses intérêts vitaux et peut, à ce titre, être considérée comme une clause de sécurité nationale au sens large. Elle remplace d'ailleurs les clauses d'exception (ou de dérogation) au sens strict et constitue, pour l'État, en l'absence de ces dernières, une raison d'adhérer au traité, en lui garantissant une possibilité de sortie en cas, extrême, de menace à ses intérêts vitaux.

On peut, par ailleurs, considérer que la sécurité nationale ne se manifeste pas seulement sous la forme de clauses d'exception, au sens large ou au sens strict. Comme le mentionne B. von Tigerstrom, la doctrine des relations internationales évoque d'autres formes de sécurité nationale comme la « sécurité collective » – basée sur les alliances militaires et sur la solidarité des États à l'intérieur de ces alliances – et la « sécurité commune », concept basé sur le désarmement[88]. Ceci nous conduit à nous intéresser au contenu des accords en matière de défense, des accords régionaux instituant des alliances militaires et des accords de limitation des armements, lesquels, en visant à écarter le risque d'une guerre entre les États parties, renforcent la sécurité nationale de ces derniers.

III. La construction d'une nouvelle approche du concept de sécurité nationale, de la place et du rôle de celui-ci dans le droit international

Le présent travail a pour objet d'étude la place du concept de sécurité nationale dans le droit international, un objet d'étude qui ne se restreint pas à l'« exception de sécurité nationale » mais englobe les diverses

[86] Article X.1 du TNP.

[87] CHRISTAKIS (Th.), « L'État avant le droit ? L'exception de « sécurité nationale » en droit international », *op. cit.*, p. 16.

[88] Voir ci-dessus, TIGERSTROM (B. von), *Human Security and International Law. Prospects and Problems, op. cit.*, p. 11-12.

manifestations de ce concept en droit international. Ces différentes manifestations incluent non seulement les clauses qui, de façon isolée dans un traité, font expressément référence aux intérêts vitaux ou aux intérêts de sécurité de l'État, mais plus largement les normes, les traités et les règles coutumières qui ont pour objet la protection de la sécurité des États ou dont les États se servent pour protéger leur sécurité. Il en va ainsi, par exemple, non seulement des principes d'interdiction du recours à la force, de non-ingérence dans les affaires intérieures des États, des traités de défense ou d'alliances militaires, qui ont pour objet la sécurité des États, mais aussi des traités où la sécurité nationale apparaît de façon sous-jacente, tels la Convention des Nations-Unies sur le droit de la mer et le Traité sur l'exploration et l'exploitation de l'Espace.

Étudier la place du concept de sécurité nationale dans le droit international signifie s'intéresser au rôle que joue ce concept dans l'économie générale des divers traités mentionnés et aborder aussi la façon dont les États mettent en œuvre ces instruments conformément à leurs intérêts de sécurité. Ces deux aspects sont liés car une insuffisante prise en compte de la sécurité nationale dans un traité peut conduire logiquement un État à ne pas exécuter complètement ses engagements conventionnels. Le problème est plus complexe qu'il n'y paraît lorsqu'il est de la volonté des États, au moment de la négociation d'un traité, d'insérer dans ses dispositions une formulation délibérément ambigüe afin de se réserver une marge d'interprétation destinée à protéger leur sécurité nationale. C'est le cas, par exemple, des dispositions de la Convention sur le droit de la mer qui régulent les droits et obligations des États autres que l'État côtier dans la Zone économique exclusive (ZEE)[89]. Ces dispositions restent floues sur la régulation des activités militaires dans cette zone maritime, activités qui sont à l'origine de confrontations et d'incidents parfois armés entre États côtiers et États navigants. Plus globalement, plusieurs différends ont surgi, devant des juridictions internationales, sur l'interprétation d'une clause conventionnelle rédigée de façon ambigüe ou incomplète.

La présence de dispositions ambigües ou incomplètes dans les traités révèle aussi les limites de ces derniers à l'heure de prendre en compte, en tant que support normatif[90] invariable, les besoins de sécurité nationale des

---

[89] Articles 58 et 59 de la Convention des Nations-Unies sur le droit de la mer.

[90] Le terme de « support normatif » est utilisé dans le sens donné par S. Sur dans son cours à l'Académie de droit international de La Haye. L'auteur distingue, en matière de normativité, les supports normatifs, les normes et les obligations. Les premiers incorporent les traités et la coutume, lesquels énoncent des normes (pour les traités) et véhiculent des principes et des règles (pour la coutume). L'auteur précise que « *les normes se définissent par rapport à ces supports normatifs, dont elles tirent leur existence et leur autorité juridiques* ». C'est sur la base de normes et de leur autorité dérivée du support hiérarchique qui les incorporent que des sujets de droit exécutent leurs obligations. SUR (S.), « La créativité du droit international. Cours général de droit international public », RCADI, vol. 363, 2012, p. 189-190.

États. Ces besoins évoluent avec la survenance de nouvelles menaces notamment technologiques (drones, cyberespace, nouvelles armes spatiales dont les satellites antisatellites) et asymétriques (terrorisme transnational). Un tel contexte est propice à l'émergence de nouvelles règles. Le processus de formation de règles coutumières peut apparaître plus souple et plus approprié aux États pour créer ces règles qui leur permettent de défendre leurs intérêts sécuritaires. C'est notamment le cas avec les Zones économiques exclusives qui, avant d'être codifiées par la Convention sur le droit de la mer[91], furent imposées aux États maritimes industrialisés par des États du tiers monde à façade maritime qui revendiquaient un droit exclusif d'exploitation des ressources halieutiques, vitales pour leur indépendance économique et par conséquent pour leur sécurité nationale. C'est aussi le cas des Zones d'identification de défense aérienne (ADIZ) imposées, dans la période *post* 11 septembre 2001, par plusieurs États à façade maritime pour contrôler les aéronefs étrangers bien avant que ceux-ci ne pénètrent l'espace aérien national.

L'existence d'une pratique des États conduisant à la conclusion de traités, à la création de règles coutumières, mais aussi à la création de règles à moindre degré de normativité – tels les accords informels destinés à prévenir des incidents en mer entre marines d'États rivaux ou adversaires (Russie ou Chine et États membres de l'Organisation du Traité de l'Atlantique Nord (OTAN) – constituent un indice du rôle créatif[92], du point de vue juridique, de la sécurité nationale dans le droit international. Ce rôle créatif, qui contribue à l'évolution du droit international, n'est pas la seule conséquence de la prise en compte de la sécurité nationale dans le droit international. La variabilité (ou élasticité) du contenu de la sécurité nationale[93], qui dépend de

---

91 Évoquant la lourdeur du processus de production du droit conventionnel et prenant, pour cela, l'exemple de la longueur des travaux préparatoires et du délai d'entrée en vigueur de la Convention des Nations Unies sur le droit de la mer, G. de Lacharrière écrit, en 1983 : « *...dans le cas du droit de la mer, on observe très nettement que le processus conventionnel a été pris de vitesse par le processus coutumier et que celui-ci a réalisé très promptement certaines réformes qui auront valeur de droit conventionnel si la convention, finalement, entre en vigueur. Dans des cas de ce genre, l'argumentation relative à la vitesse de production du droit devrait jouer en faveur de la coutume et non pas de la méthode conventionnelle* ». LACHARRIÈRE (G. de), *La politique juridique extérieure*, *op. cit.*, p. 30.

92 L'adjectif « créatif » est une référence au titre choisi par S. Sur pour son cours à l'Académie de La Haye : SUR (S.), « La créativité du droit international. Cours général de droit international public », *op. cit.*.

93 Le professeur Vidal-Naquet parle de la « plasticité conceptuelle » de la sécurité nationale pour désigner son contenu incertain et « hésitant » en droit constitutionnel. VIDAL-NAQUET (A.), « La sécurité en droit constitutionnel : non-dit ou non-être », *op. cit.*, p. 90. On peut transposer ces termes qualificatifs à la sécurité nationale en droit international car ils sont inhérents au concept de sécurité nationale qui se prête mal à une définition fixe et précise. Il y a cependant une différence, par rapport au droit constitutionnel, qui est l'intérêt qu'ont les États à ne pas définir trop précisément la sécurité nationale afin de se réserver une marge d'interprétation.

la perception par l'État de ses intérêts, de ses vulnérabilités et des menaces auxquelles il doit faire face, est porteur d'incertitude dans l'application du droit. Il s'agira de voir comment s'exprime cette variabilité de la sécurité nationale dans les normes conventionnelles et coutumières et comment elle est utilisée par les États dans la mise en œuvre de ces normes.

Le caractère élastique de la sécurité nationale peut être déstabilisateur lorsqu'il est utilisé pour mener, en l'absence de règles précises établies, une politique de puissance et de rapports de force en appliquant la « *loi du plus fort dans les relations internationales* »[94]. La politique de sanctions économiques unilatérales à portée extraterritoriale menée par les EUA à l'égard de certains États en est une illustration particulière. Cette politique de sanctions est efficace – donc, d'une certaine façon, légitime – car elle est suivie par les opérateurs économiques de nombreux États tiers (dont la France), lesquels opérateurs, par crainte d'être sanctionnés eux-mêmes par le Trésor américain, préfèrent appliquer le droit extraterritorial américain et participer à la mise en œuvre de ces sanctions plutôt qu'appliquer la loi, dans certains cas contraires, de leurs États. Des auteurs ont noté, par ailleurs, que les États attachaient moins d'importance à l'application stricte du droit international dans les domaines d'importance vitale pour eux (notamment le *jus ad bellum*) que dans des domaines où l'enjeu était strictement technique ou non politique[95].

IV. La prise en compte du lien entre droit et politique et ses conséquences dans le choix de l'approche méthodologique de l'étude

Pour comprendre la place et le rôle du concept de sécurité nationale dans le droit international, il ne s'agit pas seulement d'analyser la norme juridique *stricto sensu* à laquelle on pourrait comparer le comportement de l'État. Il faut aussi prendre en compte le lien entre cette norme, le comportement de l'État et la doctrine de sécurité nationale qui inspire ce dernier dans son comportement. En effet, au vu de la pratique étatique, du droit positif interne comme du droit international et de la jurisprudence internationale, la sécurité nationale apparait simultanément, dans sa relation au droit, sous ces trois formes : doctrine (ou stratégie), norme juridique et décision (ou mesure) de l'État. Celles-ci reflètent le caractère évolutif de la notion de sécurité nationale. La stratégie de sécurité nationale, doctrine élaborée par ou pour

---

[94] DAILLIER (P.), FORTEAU (M.), PELLET (A.), *Droit international public*, 8e éd., Paris, LGDJ, 2009, p. 102-103.

[95] KOLB (R.), *Réflexions sur les politiques juridiques extérieures*, Paris, Pedone, 2015, p. 22-23 ;LACHARRIÈRE (G. de), *La politique juridique extérieure*, Paris, Economica, 1983, p. 207 ; SCHACHTER (O.), « International Law in Theory and in Practice », *RCADI*, vol. 178, 1982, p. 29.

l'État, est le support politique de cette notion ; elle exprime la perception qu'a l'État de sa sécurité nationale, des menaces pesant sur le pays et formule les objectifs de protection contre ces menaces[96]. La norme ou clause de sécurité, contenue dans des lois de sécurité (droit interne), dans des traités ou dans des principes de droit international coutumier, est le support juridique de la notion de sécurité nationale. Enfin, l'État décide et met en œuvre des mesures de sécurité sur la base de sa conception de la sécurité nationale et en fonction de la norme juridique. Ces trois éléments – doctrine de l'État, norme juridique et mesure décidée par l'État – interagissent. La norme juridique étant le produit de la volonté de l'État (ou des États, en droit international), la compréhension par celui-ci de la notion de sécurité nationale, telle qu'exprimée dans sa doctrine, dans ses décisions, ses actes unilatéraux et dans les négociations interétatiques, peut conduire, selon le processus de formation du droit, à la création de nouvelles normes juridiques. Comme l'écrit G. de Lacharrière, rares sont les États dont la politique extérieure à l'égard du droit se borne à « *mieux connaître le droit pour le mieux appliquer* » et non à « *tenter d'influencer celui-ci* »[97]. C'est encore plus le cas lorsqu'il s'agit pour l'État de défendre et de promouvoir, dans le cadre de sa politique extérieure, ses intérêts de sécurité nationale.

Appréhender le lien entre stratégie (doctrine), norme juridique et décision de l'État pour étudier la place de la sécurité nationale dans le droit international signifie reconnaître l'existence d'un rapport entre droit et politique et caractériser ce rapport. Ceci nous conduit à opérer un choix sur les approches théoriques et méthodologiques du droit les plus appropriées pour traiter notre sujet d'étude.

On écartera, pour traiter notre sujet, l'utilisation de l'approche positiviste rigide ou formaliste qui rejette tout ce qui vient de l'extérieur du droit positif existant[98]. Ce positivisme considère le droit comme « *a system of constraints formulated in rules and obligations that are validated and construed solely on the basis of criteria internal to the system* »[99]. Il ne nous semble pas convenir à l'examen d'une notion qui emprunte beaucoup (comme on l'a vu avec les définitions de relations internationales) à la réalité des rapports de force entre les États et à la place que tient l'intérêt national dans la politique

---

[96] Tous les États n'ont pas formulé ou formalisé une telle doctrine de sécurité nationale. Celle-ci est essentiellement l'apanage des États les plus actifs dans les relations internationales. Les EUA publient régulièrement une *National security strategy*; La France publie, depuis 1972, un « Livre blanc de la défense » devenu, depuis 2008, « Livre blanc – Défense et sécurité nationale – 2013 », et, en 2017, « Revue stratégique de défense et de sécurité nationale ». Les États qui ne publient pas ce document expriment leur compréhension de la sécurité nationale par l'intermédiaire des déclarations de politique étrangère et par leur propre politique comme la conclusion d'alliances géopolitiques nouées en fonction d'intérêts stratégiques.

[97] LACHARRIÈRE (G. de), *La politique juridique extérieure*, *op. cit.*, p. 197-198.

[98] CORTEN (O.), *Méthodologie du droit international public*, Bruxelles, Éditions de l'Université de Bruxelles, 2009, p. 57.

[99] SCHACHTER (O.), « International Law in Theory and in Practice", *op. cit.*, p. 40.

étrangère des États. En cela, notre étude s'appuiera sur l'école du réalisme[100]. Cette école s'oppose au positivisme qui sépare strictement le droit et la sociologie et qui « *limite la sphère juridique à l'étude des seules règles juridiques crées par l'État* »[101]. L'école du réalisme juridique[102] a inspiré, aux EUA, des approches du droit non seulement ouvertes à l'appréhension des réalités sociales mais aussi attachées à créer un lien dynamique entre ces réalités et le droit lui-même.

Parmi celles-ci, il y a l'approche instrumentaliste du droit qui place celui-ci au service de la politique extérieure du pays[103]. Théorisée par l'école de New Haven qui, selon Schachter, « *stress the primacy of purposes and values* »[104], cette approche a marqué de son influence, sous différents présidents, la politique extérieure des EUA. Portée à son extrême, elle conduisit les EUA à rejeter le droit quand celui-ci entrait en contradiction avec la défense de ce que ce pays considérait être ses intérêts vitaux. Cherchant en vain un fondement légal pour justifier la mise en place d'un blocus naval contre Cuba durant la crise des fusées en 1962, le secrétaire d'État D. Acheson déclara finalement que « *the quarantine imposed by the United States could not be dealt with as a legal issue since international law* »[105]. Cette approche a été utilisée par la « doctrine Reagan » pour mettre en avant les valeurs de démocratie et de liberté dans la lutte contre le totalitarisme afin de justifier des interventions armées à la Grenade (1983) et

---

[100] Selon R. Chaouad, « *L'école réaliste tient l'État pour l'acteur principal des relations internationales, celles-ci reposant sur des rapports de forces qui se développent dans un espace caractérisé par sa dimension anarchique – la scène internationale -, et à l'intérieur duquel la défense de l'intérêt national – défini en termes de sécurité nationale – et la recherche de la puissance sont les moteurs de l'action politique. L'État est considéré comme un acteur rationnel poursuivant des intérêts propres définis tout aussi rationnellement* ». CHAOUAD (R.), « Le Paradoxe de l'intérêt national », *RIS*, n° 105, printemps 2017, p. 66. L'auteur fait référence aux travaux de H. Morgenthau : *Politics Among Nations. The Struggle for Power and Peace*, New York, Alfred A. Knopf, 1948 et *In Defense of the National Interest. A Critical Examination of American Foreign Policy*, New York, Alfred A. Knopf, 1951.

[101] DELABIE (L.), *Approches américaines du droit international. Entre unité et diversité*, *op. cit.*, p. 127.

[102] Comme l'écrit Ch. Chaumont : « *Sous quelque forme qu'elle se présente, la méthode réaliste se caractérise […] par un abandon du formalisme juridique et une recherche des facteurs qui, indépendamment des discussions théoriques sur l'origine et la nature de l'obligation juridique, permettent de mieux comprendre l'élaboration et l'application des règles du droit international* […] *le réalisme ne consiste pas à identifier le devoir être et l'être, car si le devoir être se ramenait à l'être, il n'y aurait plus qu'à se croiser les bras et laisser faire, et le droit ne trouverait plus aucune place. Mais le réalisme consiste à la fois à considérer le devoir être comme un des aspects de la réalité et à rattacher le droit à celle-ci, dans le cadre de la fonction qu'il est appelé à remplir* ». CHAUMONT (Ch.), Cours général de droit international public, *RCADI*, 1970, Vol.1, T. 129, p. 362.

[103] *Ibidem*, p. 145.

[104] *Ibidem*. Le chef de file de cette école était initialement, dans les années 1950-1960, M. McDougal. C'est aujourd'hui le professeur M. Reisman.

[105] SCHACHTER (O.), « International Law in Theory and in Practice", *op. cit.*, p. 38.

au Panama (1989)[106]. Schachter relève que ces interventions avaient comme réel objectif le renversement – planifié longtemps à l'avance – des gouvernements en place hostiles aux EUA, mais qu'elles reposaient en même temps sur des valeurs de liberté et démocratie qui faisaient partie de l'« intérêt national » des EUA[107]. De la même façon, le concept à connotation morale de « responsabilité de protéger » a été utilisé par des États pour justifier, en l'absence de clair fondement légal, des opérations de renversement de régimes hostiles à leurs intérêts de sécurité (Yougoslavie en 1999, Libye en 2011). Comme l'a noté un auteur, il s'agissait, après la guerre du Kosovo, de faire de la responsabilité de protéger une nouvelle condition légale et plus seulement légitime (c'est-à-dire morale), du recours à la force[108].

L'affirmation d'un lien entre droit et politique a conduit aussi, dans le prolongement du réalisme juridique, à l'émergence d'une autre approche, située à mi-chemin entre le positivisme rigide et l'approche instrumentale[109]. Il s'agit d'une approche positiviste au sens où le critère de validité de la règle se situe à l'intérieur du droit et non à l'extérieur de celui-ci, dans les valeurs ou les réalités sociales[110]. Formalisée par Schachter, elle considère que le droit n'est pas seulement composé de normes au sens strict, c'est-à-dire des règles, mais aussi de principes et de finalités (*purposes*) qui « incarnent » des politiques et des valeurs sociales[111]. Schachter souligne qu'à la différence de la règle de droit qui prescrit un comportement déterminé et invariable, les principes sont plus abstraits et d'interprétation plus large, surtout lorsque l'interprète doit composer avec des principes antinomiques : autodétermination des peuples et principe de l'intégrité territoriale, non-recours à la force et légitime défense, parmi d'autres[112]. Les finalités et valeurs sociales (paix, sécurité, dignité de l'homme, protection des investissements, limitation d'armes, parmi tant d'autres), seules, ne

---

106 SCHACHTER (O.), « Is there a right to overthrow an illegitimate regime? », *in Le droit international au service de la paix, de la justice et du développement, Mélanges Michel Virally*, Paris, Pedone, 1991, p. 425-426. L'auteur précise que les autres fondements avancés par le gouvernement, basés sur la légitime défense collective ou sur l'intervention humanitaire au profit des ressortissants nationaux, n'avaient pas convaincu au sein même de la communauté des juristes travaillant pour l'administration américaine et des autres juristes internationalistes de ce pays.

107 SCHACHTER (O.), « Is there a right to overthrow an illegitimate regime? », *op. cit.*, p. 426-428.

108 DELCOURT (B.), « La responsabilité de protéger et l'interdiction du recours à la force : entre normativité et opportunité », SFDI, *La responsabilité de protéger*, colloque de Nanterre, Paris, Pedone, 2008, p. 311.

109 DELABIE (L.), *Approches américaines du droit international. Entre unité et diversité*, *op. cit.*, p. 218.

110 SCHACHTER (O.), « International Law in Theory and in Practice », *op. cit.*, p. 25.

111 SCHACHTER (O.), « The Place of Policy in International Law », *Georgia Journal of International and comparative Law*, Vol. 2, Issue 5, 1972, p. 8-9.

112 SCHACHTER (O.), « International Law in Theory and in Practice », *op. cit.*, p. 43.

peuvent donner lieu, précise l'auteur, à une « revendication de droits » mais servent de critères à l'État ou au juge pour articuler la règle avec les principes qui lui sont liés[113]. Le résultat de l'application de la norme (au sens large) dépend du poids que l'État ou le juge accorde à chacune de ces trois composantes (règle, principes, finalités et valeurs sociales)[114]. Schachter donne l'exemple suivant de ce processus d'application, où la sécurité nationale apparaît de façon sous-jacente :

> « If a question arises concerning the principles limiting the exercise of extra-territorial jurisdiction of a State, it becomes relevant to consider the underlying purposes of those principles – such as on the one hand, the sovereign control of a State over its territory and on the other hand, protection of a State against inimical acts directed against it from outside its territory. Since such aims intersect and clash, they also need to be weighed in terms of importance to the interests involved. Moreover, as they are often highly abstract, their specific content has to be filled in by reference to the context in which they are applied. »[115]

Cet exemple peut s'appliquer à la situation à laquelle faisait face la CIJ lorsqu'elle fut saisie d'une demande de mesures conservatoires par l'Iran en 2018 à la suite de la mise en place, par les EUA, de sanctions économiques extraterritoriales contre ce pays[116]. Les EUA invoquaient la légalité de ces sanctions sur la base de l'article XX, 1 (d) du traité d'amitié et de commerce Iran-EUA qui permet à l'État partie de déroger aux obligations principales de ce traité lorsqu'il y a nécessité de protéger ses intérêts vitaux. La protection de la sécurité nationale est au cœur de cette clause, de même qu'elle est liée au droit souverain de l'État de mener librement sa politique extérieure[117]. L'application de l'article XX doit, en même temps, tenir compte des principes coutumiers de nécessité et de proportionnalité des mesures de sécurité. La CIJ jugea disproportionnées les sanctions étasuniennes au regard de leurs conséquences pour la vie et la santé de la population iranienne[118]. Sans juger sur le fond de la licéité de ces sanctions, la Cour ordonna aux EUA de les limiter en supprimant les entraves qu'elles constituaient à la libre importation par l'Iran de produits alimentaires et de médicaments nécessaires à la survie de la population[119]. Dans cette affaire, la CIJ s'est donc prononcé sur l'utilisation de sanctions économiques

---

[113] *Ibidem*, p. 44.

[114] *Ibidem*, p. 44 et SCHACHTER (O.), « The Place of Policy in International Law », *op. cit.*, p. 9.

[115] SCHACHTER (O.), « International Law in Theory and in Practice », *op. cit.*, p. 44.

[116] *Violations alléguées du traité d'amitié, de commerce et de droits consulaires de 1955 (République islamique d'Iran c. États-Unis d'Amérique)*, Demande en indication de mesures conservatoires, *op. cit.*

[117] *Ibidem*, par. 87.

[118] *Ibidem*, par. 91.

[119] *Ibidem*, par. 102.

unilatérales coercitives, un domaine mal réglementé par le droit international[120], qui fait intervenir la règle de non-discrimination dans le commerce international comme règle conventionnelle (traité d'amitié et de commerce EUA-Iran, ou GATT), la souveraineté de l'État sur sa politique étrangère comme principe coutumier, la sécurité nationale comme clause conventionnelle (traité EUA-Iran ou GATT) et comme finalité sociale. On peut ajouter à ces règles, principes et finalités sociales que le juge doit prendre en compte, le droit d'un peuple (dont le pays est visé par les sanctions) à ne pas être privé de ses propres moyens de subsistance (article 1er, 2, du Pacte international relatif aux droits civils et politiques, PIDCP).

L'approche proposée ci-dessus par Schachter convient à notre objet d'étude car tout en étant positiviste, elle considère à part égale, dans la formation et l'application d'une norme juridique, la règle juridique elle-même et les faits ou valeurs sociaux. Ces faits sont la formulation, par les États, de leur doctrine de sécurité nationale, de leurs intérêts stratégiques et les objectifs qu'ils veulent atteindre en fonction de ces intérêts. La norme juridique étant faite pour guider l'État dans ses décisions de politique étrangère, cette approche prend en compte le lien interactif qui existe entre les trois formes, que nous avons identifiées, de la sécurité nationale : la norme, la doctrine et la décision (mesure) de l'État.

À propos de la nécessité de prendre en compte, à côté des règles au sens strict, les « finalités sociales » (appelées indifféremment « *ends, objectives, purposes* ») – qu'il considère comme faisant partie du droit – Schachter remarque que « *the use of principles and purposes in legal reasoning varies greatly with the subject matter, in particular with the density and specificity of the relevant law. In fields where law has been extensively developed and concrete rules have emerged* [...] *there is generally less room for the use of broad principles and purposes. There are however, several major areas of international law in which specific rules are relatively rare and general principles dominate. The regulation of force, the right to self-determination, the economic rights and duties of States, extra-territorial jurisdiction, are some of the subjects in which the ratio of specific rules to general principles is low* »[121]. Ces quatre derniers domaines du droit international auxquels l'auteur fait référence sont vitaux pour les États et sont en conséquence ceux

[120] La prohibition ou la limitation du recours aux sanctions unilatérales coercitives qui portent préjudice à l'économie et au développement d'un pays n'a jamais fait l'objet d'une reconnaissance claire comme principe ou règle coutumière. Les multiples résolutions à ce sujet de l'Assemblée générale et d'autres organes des Nations unies n'ont jamais pu recueillir les voix de tous les États intéressés (notamment des EUA).
[121] SCHACHTER (O.), « International Law in Theory and in Practice », *op. cit.*, p. 44.

où la sécurité nationale des États se manifeste le plus dans les relations internationales[122].

Ceci nous conduit à adopter, pour notre étude, une approche méthodologiquement interdisciplinaire qui fait simultanément appel à la technique juridique, nécessaire pour déterminer le contenu d'une règle à partir des sources formelles du droit[123], et à la sociologie du droit et des relations internationales qui nous permet de prendre en compte les doctrines de sécurité nationale et la réalité sociale (rapports de force, évolution de la nature des menaces sécuritaires).

V. Les conséquences du choix méthodologique sur l'identification des différents apports du concept de sécurité nationale au droit international

Cette approche interdisciplinaire doit nous permettre de révéler les deux facettes du rôle créatif, en droit international, du concept de sécurité nationale. Il s'agit, tout d'abord, de dévoiler la place, que l'on suppose ici centrale, de la sécurité nationale dans les principes de base de l'ordre juridique international, d'identifier les différents types de clauses de sécurité nationale qui figurent dans le droit conventionnel et de montrer leur rôle structurant au sein des traités concernés. Il s'agit, ensuite, de montrer la contribution de la sécurité nationale à l'évolution actuelle du droit international, que ce soit dans le domaine du recours à la force armée, du droit de la mer, du droit aérien ou d'autres domaines d'importance du point de vue de la sécurité de l'État. L'objectif ici est de déceler, en s'appuyant sur la technique juridique mais aussi sur la sociologie du droit – dont l'approche proposée par Schachter – les conduites des États qui font évoluer les règles du droit international, qui contribuent à l'élargissement de ces règles ou à la création de nouvelles règles coutumières. L'évolution du droit n'est pas que le fait des États. La jurisprudence des tribunaux y contribue aussi, notamment dans le domaine des droits de l'Homme où la Cour européenne des droits de l'Homme (Cour EDH) a interprété certaines clauses de sécurité nationale de la Convention européenne des droits de l'Homme (CEDH) de manière à faciliter, dans le respect de cette convention, la lutte antiterroriste menée par les États.

L'utilisation de la sociologie du droit et de l'approche réaliste basée sur les rapports de force et sur l'opposition d'intérêts entre différents États sera également utile pour aborder le problème de l'ambiguïté et de l'imprécision dans la formulation de plusieurs clauses de sécurité nationale ou de règles

[122] Le domaine des droits de l'homme, où le ratio, établi par Schachter entre règles spécifiques et principes et finalités générales, est nettement plus élevé concerne non pas les relations interétatiques mais des créances des individus sur les États.
[123] CORTEN (O.), *Méthodologie du droit international public*, *op. cit.*, p. 23.

concernant celle-ci[124]. Ce qui peut être vu comme une incomplétude des traités concernés, lié au caractère variable et plastique du concept de sécurité nationale, peut être utilisé par les États à leur profit, pour se préserver une marge d'interprétation propre à servir leurs intérêts nationaux. Ici, comme, plus largement, pour l'analyse de l'ensemble des clauses conventionnelles de sécurité nationale, les travaux de G. de Lacharrière sur les politiques extérieures des États à l'égard du droit sont à prendre en considération en ce qu'ils montrent que les normes sont le lieu d'« ambitions » parfois contradictoires des États les uns par rapport aux autres. Dans les différentes phases – négociation, adoption, interprétation et application des normes – les États tentent de promouvoir leurs intérêts nationaux[125], à plus forte raison lorsque ces intérêts sont liés à la sécurité nationale. L'analyse de Lacharrière est dynamique au sens où celui-ci écrit que « *les politiques juridiques parviennent à l'efficacité. Elles arrivent, dans de nombreux cas, à modifier le droit dans le sens souhaité (ou à le maintenir si tel est leur objectif)* »[126].

Nous avons présenté jusqu'ici la sécurité nationale comme un concept polymorphe qui intervient dans divers domaines du droit international, ce qui pose la question de son unicité ou, à l'inverse, de sa multiplicité. À l'issue de notre étude, on devra être en mesure de dire si l'on est en face de plusieurs concepts de sécurité nationale avec, pour chacun d'entre eux, sa place et son rôle dans un domaine spécifique du droit ou s'il existe bien un concept unique et unifié, porteur d'une cohérence d'ensemble au niveau de sa nature et de ses effets sur le droit international.

---

[124] On peut citer, par exemple, pour le droit coutumier : l'insuffisante caractérisation des différentes formes d'agression dans la résolution A/RES/3314 du 14 décembre 1974 de l'Assemblée générale des Nations Unies ou l'incomplétude en matière de réglementation des sanctions économiques unilatérales dans la résolution A/RES/2625 du 24 octobre 1970 de la même assemblée sur les relations amicales et la coopération entre les États. S'agissant du droit conventionnel, on peut citer, parmi d'autres exemples, l'article 4 du Traité de l'Atlantique Nord qui dispose que « les Parties se consulteront chaque fois que, de l'avis de l'une d'elles, l'intégrité territoriale, l'indépendance politique ou la sécurité de l'une des Parties sera menacée » sans préciser ce qu'il faut entendre par « sécurité ». De même, l'article 298 1.iii b) de la Convention des Nations Unies sur le droit de la mer est une exception facultative qui permet à l'État partie – qui l'accepte expressément au moment de la ratification de la Convention – d'exclure des procédures obligatoires de règlement des différends prévues par la Convention les « différends relatifs à des activités militaires » dont il ferait l'objet. Cet article ne définit pas (pas plus que le reste de la Convention) le terme « d'activités militaires », d'interprétation large.

[125] LACHARRIERE (G. de), *La politique juridique extérieure*, *op. cit.* ;LACHARRIÈRE (G. de), « La règlementation du recours à la force : les mots et les conduites », dans *Mélanges offerts à Charles Chaumont. Le droit des peuples à disposer d'eux-mêmes. Méthodes d'analyse du droit international.* Paris, Pedone, 1984, p. 347-361 ; *Guy Ladreit de Lacharrière et la politique juridique extérieure de la France*, Paris, Masson, 1989, 409 p. Voir aussi KOLB (R.), *Réflexions sur les politiques juridiques extérieures*, *op. cit.*

[126] LACHARRIERE (G. de), *La politique juridique extérieure*, *op. cit.*, p. 199.

Faut-il enfin préciser que si, dans la présente étude, la pratique[127] des États dans leur diversité sera analysée, la pratique des États les plus actifs dans les relations internationales, membres permanents du Conseil de sécurité des Nations-Unies, sera mise en avant en raison de leur influence sur la production du droit international depuis 1945. Ces États illustrent le mieux l'existence du lien interactif, que nous avons identifié dans cette introduction, entre doctrine (ou stratégie) de sécurité nationale, norme juridique et prise de décision. Ils ont, tout particulièrement les EUA, en plus de leurs lois de sécurité, une stratégie et une pratique internationale de la sécurité nationale plus articulées et développées (par exemple en matière d'opérations militaires à l'étranger, de désarmement ou d'activités dans l'Espace) car leur puissance économique et militaire le leur permet. La pratique des EUA est centrale, notamment en matière de lutte antiterroriste et de sanctions économiques extraterritoriales. La doctrine étasunienne de sécurité nationale exprime, depuis le président J. Monroe en 1823[128] jusqu'à sa dernière formulation en 2021[129], une conception extensive de la sécurité

---

[127] Le terme « pratique » est ici utilisé au sens large : lois, doctrine officielle, réactions et discours des hauts représentants de l'État, décisions et actions de l'État.

[128] Dans son 7è message annuel au Congrès des EUA le 2 décembre 1823, le président Monroe déclarait, posant les bases de que l'on appela plus tard la « doctrine Monroe » : « *It is only when our rights are invaded or seriously menaced that we resent injuries or make preparation for ou defense. With the movements in this hemisphere we are of necessity more immediately connected, and by causes which must be obvious to all enlightened and impartial observers* […] *we should consider any attempt on their part [les États européens] to extend their system to any portion of this hemisphere as dangerous to our peace and safety* ». MOORE (J.), ROBERTS (G.), TURNER (R.), *National Security Law Documents*, 2e éd., Durham, Carolina Academic Press, 2006, p. 10. Cette doctrine sert de base à la politique étrangère des EUA en Amérique latine. Elle est citée, par exemple par la Résolution du Congrès des EUA fixant la politique à l'égard de Cuba en 1962 qui déclare également: « *the United States is determined* […] *to prevent by whatever means may be necessary, including the use of arms, the Marxist-Leninist regime in Cuba from extending* […] *its aggressive or subversive activities to any part of this hemisphere* ». Joint Resolution Expressing the determination of the United States with Respect of the Situation in Cuba, Res. 230, 87th Congress, Publ. L. N°87-733, 76 Stat.697 (1962) dans MOORE (J.), ROBERTS (G.), TURNER (R.), *National Security Law Documents*, *op. cit.*, p. 16. En 1947, au début de la guerre froide, le président Truman élargissait la sécurité nationale des EUA à la lutte contre le communisme dans le monde. Voir TRUMAN (H.), Special message on Greece and Turkey, March 12, 1947, MOORE (J.), ROBERTS (G.), TURNER (R.), *National Security Law Documents*, *op. cit.*, p. 29. Après la fin de la guerre froide et avant les attentats du 11 septembre 2001, le président G. Bush exprimait la constance de la conception extensive de la sécurité nationale en déclarant : « *National security includes the defense of the United States of America, protection of our constitutional system of government, and the advancement of united States interest around the globe. National security also depends on America's opportunity to prosper in the world economy* ». BUSH (G.), National Security Presidential Directive – 1 (Organization of National Security Council System), The White House, February 13, 2001, publié par MOORE (J.), ROBERTS (G.), TURNER (R.), *National Security Law Documents*, *op. cit.*, p. 78.

[129] Si la doctrine de sécurité nationale de l'administration Biden met davantage l'accent – par rapport à celle de l'administration précédente – sur le renforcement des alliances des EUA

nationale qui conduit ce pays à s'octroyer un droit de regard sur le cours des choses au-delà de ses frontières. Le droit interne de ce pays a, en application de cette doctrine régulièrement actualisée, une projection internationale notamment lorsqu'il prescrit des mesures à portée extraterritoriale[130]. Au-delà des EUA, la pratique des membres permanents du Conseil de sécurité est importante pour notre sujet d'étude car il s'agit d'« *États pilotes* »[131] dans les négociations qui ont conduit à la conclusion des grands traités qui concernent à la fois la sécurité des États parties et la sécurité internationale dans son ensemble. Il y a bien sûr la Charte des Nations Unies elle-même, qui donne au Conseil de sécurité la tâche de constater l'existence d'un emploi illicite de la force et de prendre des mesures coercitives à l'égard de l'État ou d'agents non-étatiques responsables afin de stabiliser voire résoudre le conflit. Résoudre le conflit dans des situations d'urgence plutôt qu'appliquer strictement le droit, c'est ce que fait le Conseil, organe politique. Cela revient à donner aux cinq membres permanents le pouvoir de dire le droit[132], d'une façon qui coïncide avec leurs intérêts de sécurité

---

avec les pays alliés et sur une plus grande participation des EUA aux travaux des grandes organisations internationales, c'est avec le même objectif de défendre « les intérêts américains dans le monde » et avec une vision inchangée qui associe *leadership* américain et sécurité nationale. Les EUA considèrent diverses tentatives de « puissances autoritaires » (Chine, Russie, Iran) d'affaiblir des « Nations démocratiques » alliées comme une menace à leur propre sécurité nationale. THE WHITE HOUSE, "Interim National Security Strategic Guidance", March 2021; THE WHITE HOUSE, "National Security Strategy", December 2017.

[130] Parmi les lois les plus importantes, on peut citer le USA Patriot Act (2001) dont l'acronyme signifie *Uniting and Strengthening America by Providing appropriate Tools Required to Intercept and Obstruct Terrorism.* Son titre III, intitulé *Internationl Money Laundering Abatement and Anti-Terrorist Financing*, s'applique aux institutions financières situées aux EUA qui mènent des transactions avec des banques étrangères. Il y a aussi l'International Emergency Economic Powers Act (IEEPA) de 1977 qui habilite le président des EUA à prendre, par décrets, des sanctions financières en cas de « *unusual and extraordinary threat, which has it source in whole or substantial part outside the United States, to the national security, foreign policy or the economy of the Unites States, if the President declares a national emergency with respect to such threat*". Section 1701 (b) de l'IEEPA.

[131] Le terme « États pilotes » est employé par S. Sur à propos de traités marqués par des régimes différents de droits et d'obligations des États parties. Selon l'auteur : « *pour les conclure* [ces traités], *il faut en pratique des États pilotes, qui sont souvent les plus intéressés et assurent un leadership de fait dans la négociation* ». SUR (S), « La créativité du droit international ». *op. cit.*, p. 128.

[132] Selon R. Higgins : « *In the case of the Security Council* [...] *the reference to specific legal authority is muted, in the sense that decisions are often demanded with some urgency [...] Although, in such a situation, the Security Council is likely to state that it is basing itself on the law as it conceives it to be, the line between applying law and legislating it becomes thin: certainly, a question of developing law becomes involved*". HIGGINS (R.), *The Development of International Law Through the Political Organs of the United Nations*, New York, London, Toronto, The Royal Institute of International Affairs, Oxford University Press, 1963, p. 5. S. Sur est plus direct lorsqu'il écrit: "*Le Conseil est l'instrument des membres permanents. S'ils*

nationale. Les cinq membres permanents ont été à l'origine d'autres traités multilatéraux qui renforcent la sécurité de l'ensemble des États parties tout en garantissant la pérennité de leur propre monopole nucléaire militaire et leur avance technologique en matière d'armements. C'est le cas notamment du traité interdisant les essais d'armes nucléaires dans l'atmosphère, dans l'espace extra-atmosphérique et sous l'eau (1965), du traité sur la non-prolifération nucléaire (1968) et du traité régissant les activités des États dans l'Espace extra-atmosphérique (1969).

* * *

Cette étude de la place du concept de sécurité nationale dans le droit international est articulée autour de deux parties : l'une consacrée à « la sécurité nationale dans le droit négocié » (Tome 1), l'autre traitant de « la sécurité nationale dans la conduite unilatérale des États » (Tome 2).

Le concept de sécurité nationale dans le droit négocié s'exprime sous la forme de clauses formelles et de principes de droit coutumier et est le résultat d'une rencontre des volontés des États. Au-delà de la diversité des domaines du droit international où ils figurent, ces clauses et principes sont le résultat d'un accord (formel pour les traités, tacite dans le cas du droit coutumier) des États sur la façon de protéger leurs intérêts de sécurité, en tenant compte de la diversité de ces intérêts, des antagonismes entre États ou des antinomies possibles entre les intérêts de sécurité d'un État et certaines règles du droit international. Ceci signifie *a priori* que l'ensemble des menaces, quel que soit leur degré de gravité, qui pèsent sur la sécurité des États peuvent être traitées par ces derniers dans le cadre du droit positif existant, en particulier le droit conventionnel (Première partie).

Le droit négocié a cependant ses limites, lorsqu'il laisse, comme on l'a relevé, subsister des règles ambigües ou incomplètes ou lorsqu'il empêche les États de faire face à l'évolution rapide ou imprévisible des menaces sécuritaires, que ce soit par les nouvelles technologies, par l'ouverture rapide des frontières aux flux économiques et financiers ou par l'extension de réseaux terroristes transnationaux (parmi d'autres sources de menaces). C'est alors par l'unilatéralisme que les États réagissent. Les mesures et politiques unilatérales, qui n'apparaissent pas toujours ou nécessairement en opposition complète avec le droit négocié, peuvent alors être à l'origine de la création de nouvelles règles ou de l'élargissement de règles existantes. Dans certaines hypothèses cependant, elles peuvent susciter au contraire des fractures dans l'ordre juridique international en raison de l'opposition d'États dont elles heurtent les intérêts et la souveraineté (Deuxième partie).

---

s'accordent, il est tout puissant, il définit une légalité extraordinaire... ». SUR (S.), « La créativité du droit international », *op. cit.*, p. 277.

PREMIÈRE PARTIE

La sécurité nationale dans le droit négocié

L'identification des clauses de sécurité nationale dans les traités et la mise en lumière de leur rôle essentiel pour la bonne exécution de ces derniers – c'est-à-dire de leur rôle dans le consentement des États à donner force obligatoire aux engagements souscrits – conduit *a priori* à distinguer les phases d'élaboration et d'exécution de ces traités, la phase d'exécution étant celle de la mise en œuvre des clauses de sécurité nationale. Cette distinction ne peut cependant éclipser l'absence de régime général de mise en œuvre des clauses de sécurité nationale, eu égard à la spécificité, parmi les instruments conventionnels où ces clauses figurent, des traités qui ont pour objectif la protection des personnes privées : personnes physiques, entreprises et autres personnes morales.

Par ces derniers traités, les États s'engagent à protéger des droits de l'Homme considérés comme inhérents à la personne physique et – dans le cas des traités de commerce et d'investissement – à accorder des droits aux entreprises, importateurs, exportateurs ou investisseurs étrangers. La sécurité nationale apparaît sous la forme d'exceptions aux obligations principales souscrites par les États. La mise en œuvre de ces exceptions par les États, lorsque les obligations concernent la protection des droits de l'Homme, génère un important contentieux[133] (Titre II).

Il y a donc lieu de distinguer les traités ci-dessus d'une autre catégorie de traités, ceux dans lesquels la protection de la sécurité nationale[134] n'est pas (ou pas uniquement) considérée comme une exception aux obligations principales mais fait partie intégrante de ces obligations. Il s'agit des traités dont les obligations sont strictement inter-étatiques[135] et qui mettent face à

---

[133] Les conflits ayant pour fondement des traités d'investissement ou de commerce mettent aussi face à face États et personnes privées même si, à l'OMC, la procédure du contentieux n'oppose que les États entre eux, lesquels représentent les entreprises qui ont leur nationalité.

[134] La sécurité nationale est prise ici au sens strict (défense nationale, protection du territoire, de la population et de l'indépendance politique) comme au sens large (souveraineté économique, accès aux ressources naturelles, promotion de valeurs nationales).

[135] Ces obligations ne s'adressent pas à des personnes privées.

face des États, dans la négociation comme dans la mise en œuvre de ces obligations. Au centre de ces traités se trouve la Charte des Nations-Unies, dont plusieurs principes – principes de base de l'ordre juridique international incorporés dans le préambule des autres traités – sont liés à la sécurité nationale et équilibrent les relations inter-étatiques (Titre I).

TITRE I

La sécurité nationale dans les obligations inter-étatiques

La sécurité nationale est prise en compte à double titre dans les traités qui comportent des obligations inter-étatiques.

Elle est sous-jacente aux principes de base de l'ordre juridique international que sont l'égalité souveraine, la non-ingérence dans les affaires intérieures des États et l'interdiction du recours à la force armée dans les relations internationales. Ces principes sont mentionnés dans le préambule de nombreux accords multilatéraux, dont la Convention de Vienne sur le droit des traités. En tant qu'ils sont incorporés dans la Charte des Nations Unies[136], ils s'imposent à tout accord international[137].

La sécurité nationale est aussi l'objet, principal ou secondaire, de nombreux traités. Nous n'utilisons pas ici le mot « objet » au sens de l'« objet et but » de l'article 31 de la Convention de Vienne sur le droit des traités, c'est à dire de la « *matière ou ensemble de matières à propos desquelles un traité* [...] *formule des normes juridiques que les parties s'engagent à appliquer* »[138]. Nous considérons comme « objet » ce qui est appréhendé par le traité au-delà de la matière immédiate de celui-ci. Le traité de non-prolifération nucléaire a pour objet, au sens, strict, de l'article 31 de la Convention de Vienne, les armes nucléaires et les programmes de production d'énergie atomique. Il a pour but d'empêcher que les États non nucléaires acquièrent ces armes ou développent ces programmes à des fins militaires. L'objet de ce traité, au sens où nous l'entendons dans cette thèse, est la protection de la sécurité nationale des États déjà dotés de l'armes nucléaires et des autres États qui n'ont pas les moyens ou la volonté de se doter de cette arme. C'est cet objet *lato sensu* qui motive les États à adhérer au traité et qui est sous-jacent aux principales obligations prévues par celui-ci et formulées dans ce que l'on peut nommer de façon générique – malgré leur diversité – les « clauses de sécurité nationale ».

[136] En plus d'appartenir au droit coutumier.
[137] Au titre de l'article 103 de la Charte des Nations Unies.
[138] SALMON (J.) (dir.), *Dictionnaire de droit international public*, *op. cit.*, p. 764-765.

Tant les clauses de sécurité nationale que les principes (évoqués plus haut) incorporés dans la Charte des Nations Unies jouent un rôle d'équilibre : équilibre des obligations du traité concerné et équilibre des différents intérêts stratégiques des États parties. En cela, ces clauses et principes – négociés durant la formation des traités et de la Charte – jouent un rôle essentiel pour le maintien de la paix et de la sécurité internationales et pour l'exécution des traités.

Cependant, ce rôle d'équilibre rencontre, dans la mise en œuvre des principes et normes concernés, des limites. Celles-ci sont dues aux ambiguïtés, à l'incomplétude ou à la formulation large de ces normes, caractéristiques qui génèrent des interprétations différentes et de l'incertitude dans la mise en œuvre de celles-ci. La racine de ces limites se trouve dans la nature variable de la sécurité nationale[139].

La mise en évidence de ces deux versants de la notion de sécurité nationale – élément d'équilibre mais aussi élément d'instabilité en raison de sa nature variable – passe par l'étude des principes de base de l'ordre juridique international (chapitre I) et l'étude des traités qui ont la sécurité nationale pour objet (chapitre II).

[139] Dans le domaine du droit constitutionnel, A. Vidal-Naquet parle de la notion de sécurité comme d'une notion plastique au contenu évanescent. Cette qualification convient également, selon nous, à la notion de sécurité nationale dans le domaine du droit international. VIDAL-NAQUET (A.), « La sécurité en droit constitutionnel : non-dit ou non-être », dans U. NGAMPION-OBÉLÉ-BÉLÉ (dir.), *La sécurité en droit public*, Paris, Institut Universitaire Varenne, Colloque & Essais, LGDJ, 2018, p. 90-91.

CHAPITRE I

La prise en compte de la sécurité nationale dans les principes de base de l'ordre juridique international

Tel qu'il est posé par la Charte des Nations Unies, le nouvel ordre international est basé sur les principes, liés à la sécurité nationale, de l'égalité souveraine des États, de l'interdiction du recours à la force, de la non-intervention dans les affaires intérieures des États et de la reconnaissance du droit des États à la légitime défense en cas d'attaque armée. Ces principes constituent une rupture avec les principes en vigueur dans l'ancien ordre international basé sur les traités de Westphalie.

Les traités de Westphalie proclamaient le respect de la souveraineté des États – il s'agissait seulement des États européens – mais autorisaient la guerre et la conquête militaire de territoires ou de peuples comme moyen de résolution des conflits ou d'expansion du commerce[140]. La Charte des Nations Unies, quant à elle, reconnaît la souveraineté de tous les États (article 2.1) – indépendamment de leur taille et puissance – et codifie le principe d'interdiction du recours à la guerre (article 2.4), en autorisant néanmoins des exceptions. Ces garanties apportées à la sécurité des États sont liées au traumatisme de la Deuxième Guerre Mondiale et à la nécessité, exprimée au préambule et dans l'article 1er, de rendre impossible la survenance d'une nouvelle guerre mondiale avec son cortège de destructions.

Il ressort du préambule de la Charte que la volonté commune de l'URSS et des États-Unis – les principales puissances négociatrices – était, pour empêcher une nouvelle guerre, de garantir la coexistence pacifique des États et de surmonter les tensions dans les relations internationales. Ces tensions étaient d'autant plus sérieuses que le monde était divisé entre deux camps qui défendaient des valeurs et des intérêts politiques et économiques opposés : les États occidentaux, d'une part, et l'URSS et ses alliés

---

140 DAILLIER (P..), FORTEAU (M), PELLET (A.), *op. cit.*, p. 62.

socialistes, d'autre part[141]. Chacun des deux systèmes économiques et politiques prétendait à l'universalité et avait donc une vocation à s'étendre à de nouveaux pays, ce qui pouvait comporter des risques de confrontation avec le système adverse, risques qui se sont accrus avec la création et le développement des deux alliances opposées, le Traité de l'Atlantique Nord (1949) et le Pacte de Varsovie (1955).

Face à ces risques de confrontation, les fondateurs de la Charte des Nations Unies ont cherché, pour le besoin de leur propre sécurité, à négocier un équilibre des forces durable. Cet équilibre se reflète dans les quatre buts des Nations Unies, exposés à l'article 1er[142], ainsi que dans les principes fondamentaux inscrits à l'article 2 de la Charte. Parmi ces principes, l'égalité souveraine, l'interdiction du recours à la force et la non-intervention dans les affaires intérieures des États permettent à ceux-ci de défendre leur souveraineté et leurs intérêts nationaux, tout en réfrénant leurs tentatives d'imposer par la force leurs intérêts aux autres États[143].

Considérée sous sa forme stricte, c'est-à-dire limitée à la défense de l'intégrité territoriale et de l'indépendance politique de l'État, comme dans une conception plus large, étendue à des intérêts stratégiques économiques et à la promotion de valeurs politiques ou culturelles, la sécurité nationale est sous-jacente à la formation des principes exposés ci-dessus. Elle est aussi sous-jacente aux corolaires de ces principes, que sont la non-intervention dans les affaires intérieures des États et le droit de tout État à la légitime

---

[141] Ces États prônaient la libre entreprise, l'économie de marché et le libéralisme politique. Les seconds prônaient l'économie planifiée et un système politique marxiste dirigé par un parti communiste

[142] Les buts des Nations Unis, exposés dans l'article 1er, sont : « Maintenir la paix et la sécurité internationale », « développer les relations amicales entre les nations » sur la base du « respect du principe de l'égalité de droit des peuples et de leur droit à disposer d'eux-mêmes », « réaliser la coopération internationale en résolvant les problèmes internationaux d'ordre économique, social [...] en développant le respect des droits de l'Homme », faire de l'ONU un « centre où s'harmonisent les efforts des nations vers ces fins communes ».

[143] Dès les négociations de San Francisco en 1944 pour la rédaction de la Charte, les États-Unis, l'URSS et leurs alliés respectifs partageaient, au-delà de leurs différences, la nécessité de s'appuyer sur la souveraineté pour défendre leurs intérêts nationaux. Comme les États Unis et ses alliés, l'URSS concevait la souveraineté comme moyen de consolidation de son régime politique et adhérait à la définition traditionnelle de la souveraineté : pouvoir suprême limité par aucun autre pouvoir à l'intérieur de l'État et indépendant dans les relations avec les autres États. DAILLIER (P.), FORTEAU (M.), PELLET (A.), *op. cit.*, p. 72.

On notera que les principes du respect de l'intégrité territoriale et du respect de l'indépendance politique étaient déjà en vigueur depuis la fin de la première guerre mondiale. Le président du Conseil et ministre des Affaires étrangères de la France, A. Briand, déclarait ainsi à la Chambre des députés le 20 janvier 1921 :

« Le bolchévisme est une affaire russe tant qu'il reste confiné dans ses frontières et nous n'avons pas à intervenir dans les affaires intérieures de la Russie. Mais il nous est impossible d'admettre que les armées des soviets sortent de leur territoire pour attaquer nos alliés ». Voir KISS (A.-C.), *Répertoire de la pratique française en matière de droit international public*, Tome II, Paris, Éditions du CNRS, 1966, p. 70.

défense pour repousser une agression armée dont il est l'objet. La sécurité nationale contribue, de cette façon et par l'intermédiaire de ces principes, à l'équilibre des rapports de force internationaux (section I).

Le champ d'application et les conditions d'exercice de ces principes ne font cependant pas l'unanimité parmi les États et il demeure des incertitudes sur la frontière entre ce que les États peuvent et ne peuvent pas faire avec ces principes. Ces incertitudes sont dues à l'appréciation variable que les membres de la société internationale font de la notion de sécurité nationale (section II).

SECTION I. LA SÉCURITÉ NATIONALE COMME ÉLÉMENT D'ÉQUILIBRE DANS LES RAPPORTS DE FORCE INTERNATIONAUX

La sécurité nationale est sous-jacente aux principes d'égalité souveraine, de non-ingérence, d'interdiction du recours à la force et de légitime défense, lesquels offrent aux membres de l'ONU une garantie de sécurité en limitant l'emploi de la violence dans les conflits inter-étatiques. Cette garantie joue ainsi un rôle d'équilibre dans les rapports de force internationaux (§ 1). Elle est renforcée par les contrôles – de nature différente – effectués par la CIJ et le Conseil de sécurité des Nations Unies (§ 2).

§ 1. La sécurité nationale, sous-jacente aux principes de base de l'ordre juridique international

Parmi les principes consacrés par l'article 2 de la Charte des Nations Unies, l'égalité souveraine des États (A) et l'interdiction du recours à la force (B) sont directement liés à l'équilibre des rapports de force et à la protection de la sécurité des États les uns vis-à-vis des autres.

A. L'égalité souveraine des États et son corollaire, le principe de non-ingérence

Le principe d'égalité souveraine des États, sur lequel est fondé l'ONU (article 2.1 de la Charte) exprime le fait que les États, sujets de l'ordre international, ont tous les mêmes droits et les mêmes devoirs les uns vis-à-vis des autres et qu'ils ne sont dépendants d'aucune autorité qui serait située hiérarchiquement au-dessus d'eux.

Ce principe s'est étoffé avec la résolution 2625 (1970) de l'Assemblée générale[144] et l'Acte final de la Conférence pour la Sécurité et la Coopération en Europe (Helsinki, 1975). Bien que de nature juridique différente, ces deux textes révèlent le lien entre le principe d'égalité souveraine des États et leur

---

[144] Résolution n° 2625 du 24 octobre 1970.

sécurité nationale. La résolution 2625, adoptée sans vote c'est-à-dire par consensus, précise que l'égalité souveraine comprend le droit de chaque État de choisir et développer librement son système politique, social, économique et culturel, droit revendiqué à l'époque par les États non alignés et accepté par les autres États. L'Acte final de la Conférence d'Helsinki[145] – document à valeur essentiellement déclaratoire qui avait pour but, dans le contexte de guerre froide, de renforcer la coexistence pacifique entre l'Europe de l'Ouest et l'Europe de l'Est – comporte un engagement des États à respecter « *le droit de chacun d'entre eux de définir et de conduire à son gré ses relations avec les autres États conformément au droit international [...] et d'appartenir ou de ne pas appartenir à des organisations internationales, d'être partie ou non à des traités bilatéraux ou multilatéraux, y compris le droit d'être partie ou non à des traités d'alliance* ». Ce libre choix des alliés et des alliances, y compris militaires, est devenu un élément important de la stratégie de sécurité nationale des principaux États, membres permanents du Conseil de sécurité.

Corollaire du principe d'égalité souveraine, le principe de non-ingérence n'est pas expressément mentionné par la Charte, mais il apparaît dans la résolution 2625 et, de façon plus controversée pour les États occidentaux, dans la résolution 36/103 (1981)[146]. La résolution 2625 proclame la prohibition de l'intervention directe ou indirecte (par groupes privés interposés), armée ou non armée. L'intervention indirecte a été caractérisée par la CIJ dans l'arrêt sur les activités militaires et paramilitaires au Nicaragua : « *les États-Unis d'Amérique, en entraînant, armant, équipant, finançant et approvisionnant les forces contras, et en encourageant, appuyant et assistant de toute autre manière des activités militaires et paramilitaires au Nicaragua et contre celui-ci ont, à l'encontre de la République du Nicaragua, violé l'obligation que leur impose le droit international coutumier de ne pas intervenir dans les affaires d'un autre État* »[147]. Le même arrêt a caractérisé l'intervention comme une atteinte au droit souverain de l'État de choisir librement son système politique, économique et sa politique extérieure ; tout emploi de moyens de contrainte,

---

[145] Acte signé par 35 États dont les États-Unis, l'URSS, la France et le Royaume-Uni. Si cet accord comporte surtout des engagements à simple valeur déclaratoire, il rappelle et spécifie, dans le contexte européen, le contenu des grands principes contenus dans la Charte des Nations Unies. S. Sur a noté que les « instruments concertés non conventionnels », catégorie doctrinale d'actes inter étatiques à caractère non obligatoire à laquelle on peut rattacher l'Acte d'Helsinki, peuvent comporter des indices d'*opinio juris* naissante. Voir SUR (S.), « Cours général de droit international public », *op. cit.*, p. 206. Voir aussi SCHACHTER (O.), « International Law in Theory and in Practice », RCADI, vol. 178, 1982, p. 129.

[146] Résolution n° 36/103 du 9 décembre 1981, adoptée par 120 voix, contre 22 voix (dont les pays occidentaux) et 6 abstentions.

[147] *Activités militaires et paramilitaires au Nicaragua et contre celui-ci (Nicaragua c. États-Unis),* arrêt du 27 juin 1986, CIJ, Recueil 1986, par. 292.

que ce soit sous la forme d'une action militaire directe ou d'un soutien à des groupes armés est prohibé[148].

Les exemples d'ingérence ou d'accusation d'ingérence par le soutien à des groupes armés ne sont pas rares. Un groupe d'États arabes a accusé, en 2016, l'Iran de vouloir exporter sa révolution et d'intervenir dans leurs affaires intérieures. Selon ces États (majoritairement sunnites), l'Iran (chiite) exercerait une « influence active » dans le conflit au Yémen en « *aidant les Houthistes au Yémen sur les plans financier, stratégique et militaire, en entraînant des combattants houthistes et en acheminant illégalement des armes et des munitions dans le pays en violation flagrante des résolutions* 2216 (2015) *et* 2231 (2015) *du Conseil de sécurité de l'Organisation des Nations Unies* »[149].

L'ingérence par la contrainte non armée – à laquelle se réfère la CIJ, sans la décrire, dans l'arrêt sur les activités militaires – expose également la sécurité des États concernés. La résolution 2625 parle d'« usage de mesures économiques, politiques, ou de toute autre nature ». L'usage de mesures de contrainte économiques et politiques à des fins d'ingérence est illustré par la promulgation, aux EUA, de la loi Helms-Burton[150] – loi de sanctions à l'égard de Cuba – et par la réponse de ce pays sous la forme de l'adoption d'une « loi de protection de l'indépendance nationale et de l'économie de Cuba »[151].

La résolution 36/103 de l'Assemblée générale fut mal considérée par les États occidentaux car elle incluait, dans les formes d'intervention indirecte prohibées, un certain nombre d'obligations d'abstention de comportements parmi lesquels l'exploitation de la thématique des droits de l'Homme dans le but « *d'exercer des pressions sur des États ou de susciter la méfiance et le désordre à l'intérieur d'États* »[152] et l'utilisation de programmes d'aide économique extérieure à des fins de pression sur la politique intérieure ou extérieure des États. La thématique des droits de l'Homme et les programmes d'aide économiques font partie des instruments de politique

---

[148] *Activités militaires et paramilitaires au Nicaragua et contre celui-ci (Nicaragua c. États-Unis), op. cit.*, par. 207.

[149] Déclaration signée par les représentants de l'Arabie Saoudite, de Bahreïn, de l'Égypte, des Émirats arabes unis, de Jordanie, du Koweït, du Maroc, d'Oman, du Qatar, du Soudan et du Yémen. Annexe à la note verbale datée du 27 octobre 2016 adressée au secrétaire général par la Mission permanente des Émirats arabes unis auprès de l'Organisation des Nations Unies. https://www.unwatch.org/liran-est-le-parrain-etatique-du-terrorisme-tel-quil-ete-rapporte-par-11-pays-arabes-lonu/, accès le 2 septembre 2018. L'Iran a réfuté ces allégations et a accusé à son tour l'Arabie Saoudite d'intervenir dans le conflit civil au Yémen et d'y utiliser directement des armes léthales contre la population civile. Voir *Letter dated 27 September 2016 from the Permanent Representative of the Islamic Republic of Iran to the United Nations addressed to the President of the Security Council,* document S/2016/817.

[150] *Cuban Liberty and Democratic Solidarity (Libertad) Act of 1996*, (Codifiée dans le Titre 22, Sections 6021-6091 de l'U.S. Code).

[151] Loi n° 88 du 16 février 1999.

[152] DAILLIER (P.), FORTEAU (M.), PELLET (A.), *op. cit.*, p. 486.

extérieure utilisés dans les stratégies de sécurité nationale des EUA et d'autres États[153].

Le respect du principe de non-ingérence dans les affaires intérieures des États s'étend aussi, dans l'article 2.7 de la Charte, aux Nations Unies en tant qu'organisation. L'article 2.7 interdit l'intervention des Nations Unies dans les affaires « *qui relèvent essentiellement de la compétence nationale d'un État* ». Cet article pose implicitement des limites à la compétence nationale des États et à une conception extensive de la sécurité nationale lorsque cette conception comprend des affaires qui, aux yeux des organes des Nations Unies, pourraient ne pas relever de la compétente nationale des États. Il y a là un élément d'incertitude générateur de tensions, comme l'indiquent les débats au Conseil de sécurité et à l'Assemblée générale des Nations Unies à l'occasion du vote de résolutions relatives aux affaires internes de certains États[154].

B. Le principe d'interdiction du recours à la force

L'article 2.4 de la Charte dispose que les États membres de l'ONU « *s'abstiennent, dans leurs relations internationales, de recourir à la menace ou à l'emploi de la force soit contre l'intégrité territoriale ou l'indépendance politique de tout État, soit de toute autre manière incompatible avec les buts des Nations Unies* ». Ce principe interdit le recours à la force principalement contre les éléments qui caractérisent la sécurité nationale des États au sens strict : leur intégrité territoriale et leur indépendance politique[155]. Il fut consacré, à l'origine, dans le Pacte Briand-Kellog de 1928 qui rompit avec le principe de libre recours à la guerre, prévalant jusque-là dans le droit international classique[156]. L'usage de la force était surtout guidé, au XIXe siècle et au début du XXe siècle, par la théorie de l'équilibre des puissances et la théorie des droits fondamentaux des États, lesquelles s'appuyaient sur le droit naturel. Comme l'écrit F. Despagnet en 1894 :

> « On entend [...] par théorie de l'équilibre cette idée générale par laquelle les États ont le droit d'arrêter les accroissements excessifs de la puissance d'un État, lorsque ces accroissements sont de nature à mettre en danger la sécurité des

---

[153] La question de l'utilisation de sanctions unilatérales économiques pour faire pression sur un État au titre d'une obligation internationale de respecter les droits de l'Homme est abordée plus loin, en Seconde partie, titre II, Chapitre I, section II.

[154] Cette question est abordée plus loin, section II, § 1 du présent chapitre.

[155] Les termes *« ou de toute autre manière incompatible avec les buts des Nations Unies »* autorisent *a contrario* l'usage de la force lorsque celui-ci est compatible avec les buts des Nations Unies. Ces termes ont servi de fondement à des interventions armées dites « humanitaires ».

[156] Cette interdiction est devenue également un principe du droit coutumier et une règle de *jus cogens*. Voir *Activités militaires et paramilitaires au Nicaragua et contre celui-ci (Nicaragua c. États-Unis), op. cit.*, par. 190.

autres et à préparer une situation telle que, si l'on n'y met pas obstacle, ces derniers seront livrés à la merci de l'ambition conquérante ou de l'influence envahissante de celui qui aura démesurément grandi. L'équilibre dont il s'agit constitue donc un moyen préventif de la conservation des États, en vue d'un danger éventuel mais très probable qui les menace »[157].

La notion de sécurité nationale à l'époque était extensive puisque les puissances européennes avaient une stratégie d'expansion, seulement limitée, comme il est décrit ci-dessus, par la recherche permanente d'un équilibre de leurs rapports de puissance réciproques. Même dans les situations où la « conservation » n'était pas considérée comme menacée, l'usage de la force – armée ou non – était toléré s'il s'agissait pour un État d'accroître sa puissance sans rompre l'équilibre avec ses pairs. Cet équilibre n'était, pour reprendre les termes de F. Despagnet, qu'un « mode d'exercice » des relations internationales, ce mode pouvant être utilisé à « bon » ou à « mauvais » escient : les accroissements de puissance qui ne présentaient pas de danger pour l'équilibre européen étaient, selon l'auteur : « *une augmentation de richesses, de relations économiques par voie de terre ou de mer, de population par la vitalité de la race, même de territoire par des procédés réguliers tels que l'occupation de pays sans maître et une colonisation active* »[158].

La notion d'équilibre des rapports de force des principales puissances n'a pas disparu avec l'avènement, en 1945, du nouvel ordre international issu du système des Nations Unies. Mais la différence est que le rôle de gardien de l'équilibre est dévolu au Conseil de sécurité agissant au nom de tous les États membres de l'ONU et non pas aux États (européens) eux-mêmes qui, au XIXe siècle, sur la base de leur « droit de conservation » et dans le cadre de stratégies d'alliances entre puissances, s'entendaient entre eux sur ce que devait être le bon équilibre du moment.

L'interdiction de principe de l'usage de la force et sa codification par une convention universelle comme la Charte des Nations Unies ont mis sur un même plan formel la sécurité de tous les États[159]. La Charte, dans son

---

[157] DESPAGNET (F.), *Cours de droit international public*, Paris, Larose, 1894, p. 165.

[158] DESPAGNET (F.), *Cours de droit international public*, *op. cit.*, p. 169. De fait, la recherche de territoires à conquérir (Australie, Inde, Afrique) pour offrir, en échange d'approvisionnement en matières premières, des débouchés commerciaux aux industries européennes en plein expansion et la volonté d'exporter des valeurs universelles ont été facilitées par le recours normal à la force.

O. Corten écrit que l'achèvement de la colonisation et l'assèchement des débouchés susceptibles d'accueillir les surplus de l'industrialisation des Métropoles au début du XXe siècle ont, avec les conflits entre les « puissances impérialistes » durant la Première Guerre mondiale, contribué à l'évolution menant à l'interdiction du recours à la force armée dans la Charte des Nations Unies. Voir CORTEN (O.), *Le discours du droit international. Pour un positivisme critique*, Paris, Pedone, 2009, p. 89-90.

[159] Notons que cette interdiction concerne seulement l'usage de la force par un État contre un autre État et laisse de côté les guerres civiles ce qui n'empêche d'ailleurs pas le Conseil de

article 2.3, en rupture avec l'ancien système, fait obligation aux États de régler leurs différends de manière pacifique. Elle centralise, auprès du Conseil de sécurité, la gestion des situations de rupture de la paix et de la sécurité collective ainsi que la possibilité d'employer la force. Les situations de rupture de l'équilibre sécuritaire régional ou international proviennent, en dehors des cas liés à l'article 2.7 de la Charte[160], d'États ayant commis une agression ou en proie à l'instabilité lorsque le pouvoir central est incapable d'exercer pleinement ses prérogatives sécuritaires nationales (défense du territoire, fonctionnement des institutions, protection de la population prise dans un conflit armé, épidémie ou autre situation d'urgence). Les menaces à la sécurité régionale ne sont pas seulement ou exclusivement d'ordre militaire, mais peuvent également être d'ordre humanitaire, écologique ou économique et social[161].

La centralisation de la réponse à une menace à la paix et à la sécurité collective laisse cependant un espace à la réaction individuelle des États, qui sont juges et maîtres de leur propre sécurité : la Charte codifie des exceptions à l'interdiction de l'usage de la force[162]. La réponse individuelle la plus directement liée à la protection de la sécurité nationale, lorsque celle-

---

sécurité (comme il a été vu plus haut) de déclarer certaines de ces guerres civiles comme une menace à la paix et à la sécurité internationales. Voir CORTEN (O..), *Le discours du droit international. Pour un positivisme critique*, *op. cit.*, p. 94.

[160] Voir la section II, § 1 du présent chapitre.

[161] Les opérations de maintien de la paix agissent dans ces situations sous différentes formes, coercitives ou non. Avec l'accord des États concernés, le Conseil de sécurité a pu ainsi approuver l'envoi de missions d'observateurs de l'ONU destinés à faciliter ou vérifier la mise en place d'accords de paix mettant fin à des guerres civiles notamment au Congo (résolution 143 (1960)), au Mozambique (résolution 782 (1992)), au Timor (résolutions 1246, 1264, 1272 (1999), et a pu aider à restaurer l'autorité de l'État au Liban au lendemain d'une attaque d'Israël (résolution 425 et 426 (1978)).

[162] Le terme « exceptions » est employé par la CIJ (voir Activités militaires et paramilitaires au Nicaragua, *op. cit.*, par. 193). DAILLIER (P.), FORTEAU (M.), PELLET (A.) parlent de « limitations », dans *Droit international public*, *op. cit.*, p. 1037). J. Combacau et S. Sur critiquent le terme d'exception en considérant notamment que la légitime défense est une « *conséquence de l'interdiction de certains recours à la force* » (agression armée) et qu'il vaut mieux parler de « *réglementation restrictive plutôt que d'interdiction de principe du recours à la force* ». Voir COMBACAU (J.) et SUR (S.), *Droit international public*, 6e éd Paris, Montchrestien, 2006, p. 621.

Notons qu'une partie de la doctrine présente l'action du Conseil de sécurité au titre du Chapitre VII et la légitime défense comme étant les seules exceptions à l'interdiction de l'usage de la force. Une autre partie, d'origine anglo-saxonne, ajoute à ces exceptions l'usage de la force sur le territoire d'un autre État avec le consentement de celui-ci, les mesures coercitives prises par des organismes régionaux (sur autorisation du Conseil de sécurité) et les mesures prises au titre de la dernière partie de l'article 2.4 de la Charte. Cette présentation anglo-saxonne a l'avantage de montrer que la décision de caractériser une situation de menace à la paix et la sécurité et d'employer la force n'appartient pas seulement au Conseil de sécurité ou à l'État agressé qui se trouve en situation de légitime défense. Voir MOORE (J.N.), « *Jus ad Bellum* Before the International Court of Justice », *Virginia Journal of International Law*, Vol. 52, 2012, p. 910 à 916.

ci est menacée, est la légitime défense. La CIJ dans sa jurisprudence et le Conseil de sécurité dans sa pratique ont chacun effectué un contrôle, de nature différente, sur l'exercice de ce droit.

§ 2. La contribution du droit de légitime défense à l'équilibre des rapports de force internationaux

En tant qu'organe juridictionnel, la CIJ a développé un contrôle strict de la nécessité de l'opération de légitime défense (A). Pour sa part, le Conseil de sécurité, organe politique, opère un contrôle politique sur l'exercice de la légitime défense (B). Dans les deux cas, la notion de sécurité nationale n'est pas utilisée de la même façon.

A. Le contrôle strict de la Cour internationale de justice sur la nécessité de la légitime défense

Dans le silence de l'article 51 de la Charte sur les limites à l'invocation, par un État, de son droit à la légitime défense, la CIJ a développé un test de nécessité basé sur une conception restrictive de la protection de la sécurité nationale (1). La Cour considère aussi qu'un État tiers ne peut substituer son appréciation à celle de l'État victime de l'agression et intervenir en lieu et place de celui-ci contre l'agresseur. Cette position n'est pas uniformément suivie par les États (2).

1. Le test de nécessité basé sur une conception restrictive de la sécurité nationale

La légitime défense est d'abord, comme le dit l'article 51, un « droit naturel »[163], comme l'était, dans l'ancien ordre international, la référence au droit de l'État à sa « conservation ». La référence au droit naturel a permis aux États de rechercher, dans leur pratique, un champ d'application le plus large possible pour l'exercice de la légitime défense[164] d'autant que la

---

[163] L'article 51 est formulé comme suit :
« Aucune disposition de la présente Charte ne porte atteinte au droit naturel de légitime défense, individuelle ou collective, dans le cas où un Membre des Nations Unies est l'objet d'une agression armée, jusqu'à ce que le Conseil de sécurité ait pris les mesures nécessaires pour maintenir la paix et la sécurité internationales. Les mesures prises par des Membres dans l'exercice de ce droit de légitime défense sont immédiatement portées à la connaissance du Conseil de sécurité et n'affectent en rien le pouvoir et le devoir qu'a le Conseil, en vertu de la présente Charte, d'agir à tout moment de la manière qu'il juge nécessaire pour maintenir ou rétablir la paix et la sécurité internationales ».
La légitime défense est abordée, en seconde partie de la thèse, sous l'angle de l'élargissement, par la pratique des États, de son champ d'application et de ses conditions d'exercice.

[164] L'importance du droit coutumier et la complémentarité entre ce droit et le droit conventionnel, pour la mise en œuvre de la légitime défense a été constatée par la CIJ : « *l'article 51 de la Charte n'a de sens que s'il existe un droit de légitime défense « naturel »*

formulation large de l'article 51 ne permettait pas de poser des limites autres que celle, imprécise, de la condition d'une « agression armée » préalable – dont doit être l'objet l'État concerné – et celle constituée par le pouvoir donné au Conseil de sécurité d'être informé et de prendre lui-même des mesures pour rétablir la paix et la sécurité. Dans ce cadre, rien n'empêcherait l'État qui invoque la légitime défense de s'appuyer sur une conception large de la sécurité qu'il estime menacée, mais la jurisprudence de la CIJ est venue placer des limites.

Si cette jurisprudence n'a pas permis de lever, comme on le verra plus avant[165], toutes les imprécisions de la notion d'« agression armée », elle a précisé les notions de nécessité et de proportionnalité de l'opération de légitime défense[166] qui servent à mesurer le caractère strictement défensif de celle-ci. Cela correspond aussi à l'approche de la légitime défense exprimée par R. Ago dans son rapport à la CDI sur la responsabilité des États : « repousser une agression, empêcher sa réussite et rien d'autre »[167]. L'exigence d'un lien direct entre l'opération de légitime défense et la nécessité de protéger la sécurité nationale de l'État qui la conduit apparaît dans l'arrêt sur les Plateformes pétrolières :

> « Les mesures de sécurité ne doivent pas simplement tendre à protéger les intérêts vitaux de sécurité de la partie qui les adopte ; elles doivent être « nécessaires » à cette fin ; en outre, la question de savoir si une mesure donnée est « nécessaire » ne relève pas de l'appréciation subjective de la partie intéressée »[168].

---

ou « inhérent », dont on voit mal comment il ne serait pas de nature coutumière, même si son contenu est désormais confirmé par la Charte et influencé par elle [...]. *D'autre part, la définition de l'« agression armée » dont la constatation autorise la mise en œuvre du « droit naturel » de légitime défense n'est pas énoncée par la Charte et ne fait pas partie du droit conventionnel ». Activités militaires et paramilitaires au Nicaragua et contre celui-ci (Nicaragua c. États-Unis), op. cit.*, par. 176.

[165] Voir la section II, § 2 du présent chapitre.

[166] *« La licéité de la riposte à l'agression dépend du respect des critères de nécessité et de proportionnalité des mesures prises au nom de la légitime défense ». Activités militaires et paramilitaires au Nicaragua et contre celui-ci (Nicaragua c. États-Unis), op. cit.*, par. 194. Dans son avis sur la menace ou l'emploi d'armes nucléaires, la CIJ déclare qu'« *il existe une règle spécifique bien établie en droit international coutumier selon laquelle la légitime défense ne justifierait que des mesures proportionnées à l'agression armée subie, et nécessaires pour y riposter. Cette double condition s'applique également dans le cas de l'article 51 de la Charte, quels que soient les moyens mis en œuvre ». Licéité de la menace ou de l'emploi d'armes nucléaires*, Avis consultatif du 8 juillet 1996, CIJ, Recueil 1996, par. 41.

[167] R. AGO, Additif au huitième rapport sur la responsabilité des États, Annuaire de la Commission du Droit international, 1980, vol. II, 1ère partie, p. 119. Voir aussi CORTEN (O.), *Le droit contre la guerre. L'interdiction du recours à la force en droit international contemporain*, Paris, Pedone, 2008, p. 723.

[168] *Affaire des plates-formes pétrolières (République islamique d'Iran c. États-Unis)*, Arrêt du 6 novembre 2003, CIJ, par. 43. La référence des « intérêts vitaux de sécurité » renvoie à la formulation de l'alinéa d) du paragraphe 1 de l'article XX du traité d'amitié, de commerce et de navigation (1955) liant l'Iran et les EUA. Cet article, invoqué par les EUA pour réfuter les

La Cour rejette ici les arguments des EUA, pour qui l'État qui prend des mesures de légitime défense pourrait disposer d'une liberté d'appréciation quant à la nécessité de ces mesures. Celles-ci sont nécessaires s'il n'existe pas de mesure alternative pacifique et s'il y a urgence à réagir, sans pouvoir attendre l'intervention du Conseil de sécurité[169]. Le caractère strictement défensif des mesures de légitime défense fait l'objet d'un contrôle spécifique de la part de la Cour dans cette même affaire des Plateformes pétrolières. Ce contrôle porte sur le lien entre la nature de la cible de l'opération de légitime défense et les intérêts visés par l'agression armée. Il s'appuie sur l'article XX du traité d'amitié relatif à la protection des « intérêts vitaux » des États parties. Les EUA considèrent que leurs intérêts vitaux, objets de l'agression, sont non seulement les navires battant pavillon américain, objets d'attaques, endommagés et menacés d'être coulés ainsi que la vie de leurs ressortissants membres d'équipage de ces navires, mais aussi et plus largement le commerce maritime dans le golfe Persique, activité stratégique pour l'approvisionnement en pétrole de l'économie américaine.

Quant à la cible visée et détruite par les bombardements américains – les plates-formes pétrolières iraniennes – la Cour vérifie qu'elle constitue une menace militaire et qu'elle est à l'origine de la menace ou de l'attaque que les EUA disent avoir subie. En l'espèce, la Cour a considéré que les plates-formes ne présentaient pas de menace militaire dans la mesure où les EUA ne s'étaient jamais plaint, avant les attaques, de leur utilisation à des fins militaires. Elle établit aussi qu'une des plates-formes a été visée comme « cible d'occasion », c'est-à-dire « à chaud », et sans justification dans le feu de l'opération[170]. Cette analyse de la nature de la cible, basée sur une conception restreinte de la sécurité nationale, conduit la Cour à produire indirectement, comme l'écrit O. Corten, une analyse de l'« efficacité » de la

---

allégations du demandeur selon lequel ils auraient violé ce traité en bombardant des plates formes pétrolières appartenant à l'Iran dispose que :
« Le présent traité ne fera pas obstacle à l'application de mesures [...] nécessaires à l'exécution des obligations de l'une ou l'autre des Hautes Parties contractantes relatives au maintien ou au rétablissement de la paix et de la sécurité internationales ou à la protection des intérêts vitaux de cette Haute Partie contractante sur le plan de la sécurité ».
La Cour précise, au paragraphe 44 de l'arrêt, qu'elle évaluera la licéité des mesures prises par les EUA au regard de l'article ci-dessus à la lumière du droit international de la légitime défense. Elle choisit de juger la licéité des bombardements américains d'abord au regard du droit tiré de l'article 51 de la Charte avant de la considérer sous l'ange du traité d'amitié. Tel qu'il est formulé, l'article°XX de ce traité n'offre pas de critère pour apprécier la « nécessité » des mesures qu'il autorise.

[169] Si la CIJ, dans les quelques affaires où il était question de légitime défense, n'a jamais contrôlé le caractère d'urgence de la riposte armée ni même vérifié s'il n'y avait pas, en l'espèce, d'autres mesures que l'emploi de la force au nom de la légitime défense, elle a par contre toujours évalué le caractère défensif de cette riposte armée en se déclarant compétente pour faire cela.

[170] *Affaire des plates-formes pétrolières (République islamique d'Iran c. États-Unis)*, Arrêt du 6 novembre 2003, *op. cit.*, par. 76.

mesure de légitime défense : « *si la cible n'a aucun rôle militaire, sa destruction n'apparaît pas comme efficace, et donc nécessaire, pour repousser une attaque* »[171].

Le caractère strictement défensif de l'opération de légitime défense, basé sur une conception restreinte de la sécurité nationale, se retrouve dans deux autres affaires : celle des activités militaires au Nicaragua[172] et l'affaire des activités armées au Congo. Dans cette dernière, la Cour applique implicitement le critère de la nature de la cible liée à l'agression ou à la menace d'agression concrète visant l'Ouganda. Elle considère que la prise, par l'armée ougandaise en août 1998, de localités situées non pas le long de la frontière avec le Congo mais à l'intérieur du territoire de celui-ci ne pouvait être destinée à capturer ou éliminer des rebelles qui effectuaient des incursions en territoire ougandais. La Cour s'appuie ici sur le fait que l'Ouganda n'avait pas invoqué officiellement, pour justifier ces opérations, la légitime défense (celle-ci sera invoquée seulement après le 11 septembre 1998) mais une stratégie de défense globale de sa sécurité qui dépassait la stricte nécessité de recourir à la légitime défense. Cette stratégie fut exposée dans un document du Haut commandement de l'armée ougandaise annonçant l'opération de sécurisation « Safe Haven », laquelle était déjà en œuvre le mois précédent :

> « Le haut commandement siégeant à Kampala ce 11 septembre 1998 décide en conséquence de maintenir les UPDF en RDC afin de préserver les intérêts légitimes de l'Ouganda en matière de sécurité, qui consistent à : 1. priver le Soudan de la possibilité d'utiliser le territoire de la RDC pour déstabiliser l'Ouganda ; 2. permettre aux UPDF de neutraliser les groupes dissidents de l'Ouganda qui recevaient de l'aide des Gouvernements de la RDC et du Soudan ; 3. faire en sorte que le vide politique et administratif ainsi que l'instabilité causés par les combats entre les rebelles d'une part et l'armée congolaise et ses alliés d'autre part n'aient pas d'incidence défavorable sur la sécurité de l'Ouganda ; 4. empêcher que les éléments génocidaires, c'est-à-dire les milices Interahamwe et les ex-FAR, qui lançaient des attaques à partir de la RDC sur le peuple ougandais ne continuent de le faire ; 5. être en situation de sauvegarder l'intégrité du territoire de l'Ouganda contre les menaces irréfléchies d'invasion venant de certaines forces »[173].

---

[171] CORTEN (O.), « *Le droit contre la guerre...* », *op. cit.*, p. 728. Il s'agit ici du paragraphe 74 de l'arrêt de la CIJ sur les plates-formes pétrolières.

[172] Dans cette affaire, les EUA avaient justifié leurs activités sur le territoire du Nicaragua comme une mesure de légitime défense collective en réaction à des opérations militaires de ce pays sur le territoire du Salvador par rebelles salvadoriens interposés. Or la CIJ établit que tout péril majeur pour le gouvernement salvadorien était écarté avant que ne commencent les opérations des EUA, ôtant ainsi toute nécessité à ces dernières. *Activités militaires et paramilitaires au Nicaragua et contre celui-ci (Nicaragua c. États-Unis), op. cit.*, par. 237.

[173] *Affaire des activités armées sur le territoire du Congo*, arrêt du 19 décembre 2005, *op. cit.*, par. 109.

La CIJ considère que ces « intérêts légitimes de sécurité » ne relèvent pas de la légitime défense pour deux raisons. La première est que, faute de preuves contraires, le Congo et le Soudan n'étaient pas impliqués dans une opération militaire contre l'Ouganda par rebelles interposés. La seconde raison est que la Cour estime que les deux premiers objectifs et le dernier objectif avancés ci-dessus sont de nature essentiellement préventive : ils ne se rapportent pas à une agression ou à une menace d'agression concrète, en tous cas dans les zones ciblées en août 1998 par les opérations ougandaises.

Dans les affaires ci-dessus, la Cour, pour s'assurer du caractère strictement défensif de l'opération de légitime défense, fait le départ entre l'existence d'une menace concrète et réalisée à la sécurité de l'État et les autres intérêts de sécurité de celui-ci, lesquels ne justifient pas nécessairement l'emploi de la légitime défense. De la même façon, elle distingue, dans l'affaire des activités militaires et paramilitaires au Nicaragua, la notion d'intérêts vitaux de sécurité (présente dans l'article XXI du traité d'amitié EUA – Nicaragua et correspondant à l'article XX du traité d'amitié EUA – Iran) et la menace générée par l'agression armée qui donne droit à la légitime défense. Cette dernière menace s'appuie sur une conception de la sécurité plus restreinte que la notion d'intérêts vitaux de sécurité, laquelle, selon la Cour, « *a reçu dans l'histoire des interprétations fort extensives* »[174].

La Cour estime d'ailleurs que même si l'Ouganda est bien la cible d'attaques sur son territoire de la part de rebelles basés au Congo, mais sans la participation établie de celui-ci, cela ne justifie pas les opérations armées de l'Ouganda au Congo[175].

La conception restrictive de la notion de sécurité nationale utilisée par la CIJ pour vérifier le caractère strictement défensif de l'opération de légitime défense apparaît aussi dans le test de proportionnalité qu'elle fait de cette opération. Dans l'affaire des Plateformes pétrolières, il s'agit de la proportionnalité de la riposte des EUA aux attaques attribuées à l'Iran contre leurs intérêts. La Cour estime que le bombardement et la destruction, le 19 octobre 1987, de deux plateformes pétrolières iraniennes peuvent être proportionnés à l'attaque préalable, par un missile (iranien ou non), d'un navire pétrolier américain. Tel n'est pas le cas des bombardements et de la destruction, le 18 avril 1988, de deux complexes pétroliers composés d'un ensemble de plateformes ainsi que de la destruction de deux frégates et de plusieurs navires et aéronefs iraniens, le tout en riposte à une attaque contre un autre navire américain, gravement endommagé – mais pas coulé – par une

---

[174] *Activités militaires et paramilitaires au Nicaragua et contre celui-ci (Nicaragua c. États-Unis), op. cit.*, par. 224.

[175] Quelques États ne partagent pas, dans leur pratique, cette conception, à l'image de la Colombie intervenant sur le sol équatorien pour cibler un campement des rebelles FARC et d'Israël intervenant au Sud-Liban en juillet-août 2006 contre le Hezbollah qui avait capturé deux soldats israéliens pour les échanger contre des prisonniers en Israël.

mine. Par son ampleur, par la multiplicité et la variété de ses cibles, civiles et militaires, cette riposte baptisée « opération mante religieuse » est jugée disproportionnée[176]. Pour autant, la dimension de la riposte doit-elle être la même que celle de l'agression qui lui a donné naissance ? Doit-on détruire deux navires en riposte à la destruction de deux navires par l'agresseur ? Doit-on répondre avec des armées conventionnelles à une attaque réalisée par ce même type d'armes ? Ce critère « œil pour œil, dent pour dent » n'est pas repris par la CIJ, ni validé dans la doctrine et la pratique des États. La CIJ déclare, dans son avis sur les armes nucléaires que *« le principe de proportionnalité ne peut pas, par lui-même, exclure le recours aux armes nucléaires en légitime défense en toutes circonstances »*[177]. Ceci signifie qu'une riposte nucléaire à une attaque non nucléaire n'est pas forcément disproportionnée, dès lors que cette attaque non nucléaire constitue une menace de niveau exceptionnel. S'il est admis, dans la doctrine et la pratique de la dissuasion nucléaire que les États qui possèdent ce type d'armes se réservent le droit de les utiliser en légitime défense en cas d'attaque menaçant leur survie ou leurs intérêts vitaux, cette attaque peut être le fait d'armes autres que nucléaires, par exemple bactériologiques, chimiques ou du cyberespace[178]. Le test de proportionnalité, dans la doctrine, doit avoir pour but de fixer un plafond dans l'usage de la force, fixé par l'élimination de l'agression, de la menace de l'agression ou de la répétition de celle-ci dans les limites du respect du droit international[179]. La CIJ a elle-même rappelé les limites à la riposte armée que constituent le droit de

[176] *Affaire des plates-formes pétrolières (République islamique d'Iran c. États-Unis)*, Arrêt du 6 novembre 2003, *op. cit.*, par. 77. La Cour note que même considérée isolément, la destruction des deux complexes pétroliers n'aurait pas été proportionnée à l'attaque ayant endommagé le navire américain. Selon M. Walker cité par le juge Rigaux dans son opinion individuelle jointe à l'arrêt de la Cour, l'opération « mante religieuse » fut considérée comme *« la plus grande intervention aéromaritime menée par la marine des États-Unis depuis la seconde guerre mondiale »*. Voir *Affaire des plates-formes pétrolières (République islamique d'Iran c. États-Unis)*, opinion individuelle du juge Rigaux, par. 11.

[177] *Licéité de la menace ou de l'emploi d'armes nucléaires*, Avis consultatif du 8 juillet 1996, *op. cit.*, par. 42.

[178] Voir la deuxième partie, titre I, chapitre I, section 2, § 2.

[179] MOORE (J.N.), « *Jus ad Bellum* Before the International Court of Justice », *op. cit.*, p. 941.

R. Ago écrivait dans son rapport à la CDI sur la responsabilité des États : *« Il serait par contre erroné de croire que la proportionnalité doive exister entre le comportement constituant l'agression armée et celui qu'on lui oppose. Il se peut très bien que l'action requise pour stopper et rejeter l'agression doive prendre des proportions qui ne correspondent pas à celles de l'agression subie. Ce qui compte à ce sujet est le résultat à atteindre par l'action « défensive », non pas les formes, la substance et l'intensité de l'action elle-même »*. AGO (R.), Additif au huitième rapport sur la responsabilité des États, Annuaire de la Commission du Droit international, 1980, vol. II, 1ère partie, p. 121.

l'environnement, le droit des droits de l'Homme et le droit international humanitaire[180].

Ces limites sont renforcées par le critère du « raisonnable ». Ce critère apparaît dans le manuel de droit opérationnel de l'armée des États-Unis : « *To comply with the proportionnality criterion, States must limit the magnitude, scope and duration of any use of force to that level of force which is reasonnably necessary to counter a threat or attack* »[181]. Le critère du « raisonnable » est utilisé explicitement ou implicitement dans plusieurs affaires, bien que son application puisse être parfois difficile. L'application de ce critère ne pose pas de problème dans un cas comme celui relevé par la CIJ dans son arrêt sur les activités armées au Congo : « *la prise d'aéroports et de villes situés à plusieurs centaines de kilomètres de la frontière ougandaise ne semble guère proportionnée aux diverses attaques transfrontalières dont l'Ouganda se prévaut pour justifier l'exercice de son droit de légitime défense, ni nécessaire pour l'exercice de ce droit* »[182]. L'Ouganda avait peut-être d'autres objectifs que la simple sécurisation de ses frontières, par exemple la consolidation de son influence sur le Congo. L'application du critère du « raisonnable » aurait été plus délicate si les distances avaient été moins grandes. À l'occasion du conflit opposant, en août 2008, l'Ossétie du Sud et la Russie à la Géorgie, l'Assemblée parlementaire du Conseil de l'Europe prit note du « bombardement inattendu à l'arme lourde » de la capitale ossète par l'armée géorgienne (qui s'empara à l'occasion de la ville), mais jugea cependant disproportionnée la contre-offensive russe consistant à chasser l'armée géorgienne de l'Ossétie du Sud et à occuper certaines régions de la Géorgie[183]. Pourtant, les troupes russes évacuèrent peu après ces régions, non sans y avoir détruit par précaution certaines infrastructures militaires, en particulier la base militaire de Gori d'où étaient partis les avions qui avaient bombardé l'Ossétie du Sud. Seize ans plus tôt, l'opération « tempête du désert » lancée contre l'Irak par l'armée américaine et ses alliés avait suscité moins de controverses quant à la proportionnalité de la riposte armée. Cette riposte s'appuyait sur des résolutions du Conseil de sécurité – notamment la résolution 678 (1990) – autorisant l'usage de « tous les moyens nécessaires » pour forcer l'Irak à

---

[180] *Licéité de la menace ou de l'emploi d'armes nucléaires*, Avis consultatif du 8 juillet 1996, *op. cit.*, par. 30 et par. 42.

[181] JOHNSON (W.) (Ed.), *Operational Law Handbook*, The Judge Advocate General's Legal Center & School, U.S ARMY, Charlottesville, 2013, p. 4.

[182] *Affaire des activités armées sur le territoire du Congo*, arrêt du 19 décembre 2005, *op. cit.*, par. 147.

[183] La résolution condamne également la notion, invoquée par la Russie, de « protection des ressortissants nationaux à l'étranger » pourtant motif de légitime défense. En effet, une bonne partie de la population de l'Ossétie du Sud possède, comme la population de l'Ossétie du Nord située en Russie, le passeport russe. Voir Résolution 1633 (2009) de l'Assemblée parlementaire du Conseil de l'Europe, par. 5 à 7.

retirer ses forces du Koweït[184]. Afin de réaliser cet objectif, une partie du territoire irakien dont la capitale et des centres de commandement militaires furent pilonnés pendant cinq semaines avant le début de l'offensive terrestre sur le territoire koweitien, seul concerné par les résolutions onusiennes. Cependant, comme pour la riposte de l'armée russe en Géorgie (et à la différence de la seconde guerre du Golfe en 2003), les troupes américaines ne poussèrent pas leur avantage jusqu'à s'emparer de la capitale et à renverser le régime en place.

Dans les affaires des activités militaires au Nicaragua, des plateformes pétrolières et des activités armées sur le territoire du Congo, nous avons vu que la CIJ restreint les actions en légitime défense à une stricte défense contre une agression ou une menace d'agression militaire. Cette approche conduit la Cour à censurer des actions qui relèveraient d'une conception extensive de la sécurité nationale, consistant notamment (comme dans le cas de l'Ouganda vis-à-vis du Congo ou des EUA vis-à-vis du Nicaragua) à frapper des objectifs militairement non menaçants pour chercher à affaiblir les capacités militaires et économiques de l'adversaire.

Les limites posées par la CIJ aux opérations de légitime défense ne concernent pas seulement l'appréciation de la nécessité et de la proportionnalité de celles-ci. La Cour considère que cette appréciation ne peut être faite par un État autre que l'État victime de l'agression. Derrière cette question se profile, là aussi, une opposition entre une conception stricte de la sécurité nationale, limitée à la défense de l'État, de son territoire et institutions et une conception extensive selon laquelle la sécurité nationale passe par la défense armée d'intérêts menacés sur le territoire d'autres États. La pratique des États est divergente.

2. La légalité de la mise en œuvre de la légitime défense par un État autre que l'État victime

Un État peut-il lancer une opération de légitime défense collective sans se prévaloir d'une demande formelle de l'État directement victime de l'agression armée ? Si tel est le cas, l'État victime pourrait courir le risque de se voir imposer une intervention sur son territoire qu'il ne souhaiterait pas, qui ne serait pas strictement liée à la défense de son territoire et qui porterait atteinte à sa souveraineté. C'est ce que la CIJ a pris en compte dans son arrêt sur les activités militaires et paramilitaires au Nicaragua :

> « Il est clair que c'est l'État victime d'une agression armée qui doit en faire la constatation. Il n'existe, en droit international coutumier, aucune règle qui permettrait à un autre État d'user du droit de légitime défense collective contre le prétendu agresseur en s'en remettant à sa propre appréciation de la situation. En cas d'invocation de la légitime défense collective, il faut s'attendre à ce que

---

[184] Voir résolution n° 678 du 29 novembre 1990.

l'État au profit duquel ce droit va jouer se déclare victime d'une agression armée »[185].

La CIJ considère que le droit de légitime défense est transférable à d'autres États mais à condition que l'État victime de l'agression en fasse la demande formelle[186]. Elle cite l'article 3.2 du Traité interaméricain d'assistance mutuelle (ou « Traité de Rio », 1947) auquel sont parties les États concernés dans l'affaire et qui porte l'exigence d'une telle demande. La Cour ne trouve pas de règle de droit international coutumier qui permettrait à un État tiers d'agir au titre de la légitime défense sans cette demande. Cette position[187] suscita des opinions dissidentes de la part des juges Jennings, Oda et Schwebel.

Le juge Jennings considère que la légitime défense collective prévue par l'article 3 du Traité de Rio et par l'article 27 de la Charte de l'OEA suppose que les États non frappés directement par l'agression ne sont pas pour autant des États tiers « à qui il est permis, sous certaines conditions, de venir en aide à l'État bénéficiaire » puisque leur sécurité est liée à celle de ce dernier État et réciproquement[188]. Le juge Schwebel, dans son opinion, écrit que le droit international n'interdirait pas qu'un État, faisant face à une « subversion » de la part d'un autre État qui équivaut à une agression armée, de solliciter « officieusement et discrètement » une assistance étrangère[189]. Le juge se réfère beaucoup au contexte de l'Amérique et à son droit coutumier tel qu'exprimé dans l'Acte de Chapultelpec signé en 1945 par la plupart des États américains, lequel a donné naissance au Traité de Rio. La philosophie du Traité de Rio est celle d'une solidarité absolue des États américains contre toute agression. Le juge Schwebel indique que la légitime défense individuelle et collective prévue à l'article 3 de ce traité est plus large que celle de l'article 51 de la Charte en ce sens que l'article 3 évoque non seulement un droit mais aussi une obligation de légitime défense pour tous les États membres du traité dès lors qu'un de ceux-ci est l'objet d'une attaque[190]. Au nom de cette obligation, corollaire de la solidarité totale qui lie les États membres, chacun de ceux-ci doit se considérer individuellement

---

185 *Activités militaires et paramilitaires au Nicaragua et contre celui-ci (Nicaragua c. États-Unis), op. cit.*, par. 195.

186 *Ibidem*, par. 199. Cette demande n'a, en l'espèce, pas été formulée concrètement par le Salvador, le Costa Rica ou le Honduras auprès des États-Unis pour justifier l'intervention de ceux-ci au Nicaragua.

187 Dans l'arrêt des Plateformes pétrolières et dans celui des activités militaires au Congo, la Cour réitère l'exigence d'une sollicitude, par l'État victime, d'une opération de légitime défense collective.

188 *Activités militaires et paramilitaires au Nicaragua et contre celui-ci (Nicaragua c. États-Unis), op. cit., op. dissidente de Sir R. Jennings, p.* 544-545.

189 *Activités militaires et paramilitaires au Nicaragua et contre celui-ci (Nicaragua c. États-Unis), op. cit.*, opinion dissidente du juge Schwebel, par. 191.

190 *Activités militaires et paramilitaires au Nicaragua et contre celui-ci (Nicaragua c. États-Unis), op. cit.*, opinion dissidente du juge Schwebel, par. 196.

agressé lorsqu'un des autres États membres est agressé et se sent dès lors en mesure d'utiliser son droit naturel à la légitime défense, ce qui rendrait accessoire la formalité, prévue au deuxième paragraphe, de la requête de l'État initialement objet d'une agression[191]. Cette lecture large de l'article 3 du traité de Rio conduit à placer au même rang, en les assimilant, la légitime défense collective et la légitime défense individuelle. Dès lors que l'État initialement objet d'une agression est membre de l'organisme régional, il n'est pas le seul maître de la décision de déclencher la légitime défense, celle-ci étant du ressort de tous les membres de l'organisme[192]. Cette approche, qui est aussi celle d'une partie de la doctrine anglo-saxonne, rendrait par ailleurs secondaire la règle établie par la CIJ qui exige qu'un État doit se déclarer officiellement victime d'une agression[193]. Elle favorise en outre, comme le montre l'intervention des EUA à l'Ile de la Grenade en 1983, la capacité d'un État puissant à influencer les États membres d'un même organisme régional pour intervenir sur le territoire d'un autre État pour des motifs propres, conformément à ses intérêts de sécurité nationale.

La pratique des États est contrastée quant à l'exigence d'une demande formulée par l'État victime. La pratique des EUA n'est pas constante puisque, comme pour l'exemple de la Grenade ci-dessus, il ne semble pas que les EUA se soient engagés militairement au Vietnam du Sud en 1964 sur demande formelle du gouvernement du Vietnam. L'intervention des EUA au Liban en 1958 a, par contre, eu lieu sur demande formelle de ce pays qui invoquait l'article 51 de la Charte. Les interventions des troupes du Pacte de Varsovie en Tchécoslovaquie en 1968 et de l'URSS en Afghanistan en 1979 furent, elles, basées sur une demande formelle des États concernés au nom de la légitime défense collective prévue, dans le premier cas, par l'article 5 du Pacte de Varsovie et, dans le second cas, par l'article 4 du traité d'amitié, de bon voisinage et de coopération entre l'URSS et l'Afghanistan (1978). Dans les deux cas, une menace extérieure fut invoquée comme justification[194]. La réalité de l'appel à intervenir en légitime défense

---

[191] *Ibidem*, par. 196-197.

[192] YEPES (J.-M.), « Les accords régionaux et le droit international », *RCADI*, 1947, vol. 71, p. 288 (62).

[193] Voir MOORE (J.N.), « *Jus ad Bellum* Before the International Court of Justice », *op. cit.*, p. 930; GREENWOOD (C.), « The International Court of Justice and the Use of Force » dans *Fifty Years of the International Court of Justice : Essays in Honour of Sir Robert Jennings*, Cambridge, Vaughan Law & Malgosia Fitzmaurice (eds), 2008, p. 373 à 388. Voir aussi DINSTEIN (Y.), *War, aggression and self-defense*, Cambridge, Cambridge University Press, 2017, p. 319-320.

[194] Une lettre adressée au président du Conseil de sécurité par le représentant permanent. De l'URSS, datée du 21 août 1968, évoque l'existence de « menaces créées par la réaction extérieure et intérieure pour le système socialiste et la qualité d'État établie par la constitution tchécoslovaque ». Le représentant de la Pologne évoqua une « menace précise contre la sécurité collective de tous les pays socialistes » à laquelle « les membres du Pacte de Varsovie ne pouvaient rester indifférents », 1443[e] séance, 22 août 1968, documents officiels du Conseil de sécurité, S/PV.1443, p. 6.

collective adressée par les autorités tchécoslovaques aux pays membres du Pacte de Varsovie est controversée : plusieurs États, dont les EUA, accusèrent l'URSS et le Pacte de Varsovie d'occupation armée et d'ingérence dans les affaires intérieures de la Tchécoslovaquie[195]. Les réactions opposées de l'URSS et des EUA sur cette question indiquent cependant, chacune à leur manière, un attachement à l'exigence d'une demande de l'État victime d'une agression pour justifier l'intervention armée de pays tiers en légitime défense collective. Elles traduisent aussi l'existence d'un affrontement entre les intérêts de sécurité des EUA et de l'URSS dans les États tiers situés dans les sphères d'influence des deux superpuissances, dont la Tchécoslovaquie pour l'URSS et le Vietnam, l'Asie du Sud-Est et le Proche- Orient pour les EUA. Le lien entre l'intervention du Pacte de Varsovie et cet affrontement de guerre froide fut relevé par le représentant de l'Algérie. Celui-ci déclara, après avoir condamné cette intervention au nom du principe de non-ingérence et du droit des peuples à disposer d'eux-mêmes :

> « l'équilibre, accepté de tous depuis la seconde guerre mondiale [...] fondé d'abord sur les blocs militaires et l'acceptation tacite d'un statu quo politique et territorial, connait nécessairement une phase d'aménagement et de soubresauts. Nous avons le sentiment que la situation en Tchécoslovaquie répond à toutes ces données [...] il ne fait pas de doute que la tolérance de l'agression au Viet-Nam comme la tolérance de l'agression au Moyen-Orient – tolérances qui se sont cristallisées dans les manifestations d'une certaine impuissance de notre organisation – ont été des facteurs déterminants dans l'évolution de la crise en Europe centrale. Rien n'est plus révoltant que de voir ceux-là mêmes qui oppriment le Viet-Nam, ceux qui aident à l'annihilation de la Palestine, crier d'une voix qui se voudrait respectable à l'oppression de la Tchécoslovaquie et prétendre en même temps se faire les partisans d'une politique salvatrice de cette même Tchécoslovaquie au sein de cette organisation et de ce conseil, où par des rapports de puissance injustes l'on inflige l'échec aux causes les plus justes. La procédure, la manière de débattre et de négocier, enfin le contenu même de la résolution ne signifient qu'une chose à nos yeux : on a sacrifié au culte de la guerre froide le droit, la Charte et la Tchécoslovaquie »[196].

S'agissant de l'intervention soviétique en Afghanistan, le représentant de ce pays aux Nations-Unies déclara que « le but principal de cette assistance militaire vise à éliminer les menaces étrangères contre l'indépendance, la souveraineté et l'intégrité territoriale de l'Afghanistan et à repousser les attaques armées étrangères et les agressions contre mon pays », documents officiels du Conseil de sécurité, 2185[e] séance, 5 janvier 1980, S/PV. 2185, p. 11-12.

[195] L'URSS a mentionné cet appel dans la lettre ci-dessus datée du 21 août 1968 ; voir document S/8759. Voir, pour les réactions des États à la référence, par l'URSS, à cet appel : documents officiels du Conseil de sécurité, séance du Conseil du 22 août 1968, S/PV.1443. Voir aussi CORTEN (O.), *Le droit contre la guerre*, *op. cit.*, p. 410-411.

[196] S/PV.1443, p. 29.

Cette réaction fait écho au constat exposé par O. Schachter, selon lequel les États puissants tiennent compte, comme les autres États, des règles de droit international mais peuvent s'en écarter[197] lorsqu'ils estiment que cela sert leurs intérêts, à condition que cela ne trouble pas l'équilibre global des forces sur lequel repose durablement leur propre sécurité. La nécessité de maintenir cet équilibre des forces (balance of power) au nom de leur sécurité conduit les États puissants à restreindre leurs actions armées et à respecter globalement les règles du recours à la force[198].

Les États puissants participent aussi au maintien de l'équilibre des forces par le biais de l'intervention du Conseil de sécurité (dont ils sont membres) dans un conflit provoqué par l'agression d'un État contre un autre État. Le Conseil de sécurité pose des limites à l'exercice de la légitime défense. À la différence des limites fixées par la CIJ en tant qu'organe juridictionnel – avec des critères d'appréciation objective de la nécessité des opérations de légitime défense – les limites établies par le Conseil de sécurité à l'exercice du droit de légitime défense sont subjectives et variables. Elles ne résultent pas d'une appréciation juridique guidée par le droit international, mais plutôt d'une appréciation politique, discrétionnaire, du conflit opposant deux États, appréciation qui conclut à l'existence ou non d'une menace à la paix et la sécurité internationales. Ces limites ont pour effet de substituer des mesures centralisées de sécurité collective à des mesures étatiques de sécurité nationale.

B. Le contrôle politique du Conseil de sécurité sur les opérations de légitime défense

Les dispositions de l'article 51 peuvent s'interpréter non seulement comme l'affirmation du monopole du Conseil de sécurité dans le maintien de la paix et de la sécurité internationales[199], mais aussi comme le pouvoir de ce Conseil de contrôler les mesures de légitime défense[200]. Ces dispositions sont formulées en des termes larges qui renforcent le caractère discrétionnaire de l'appréciation que fait le Conseil, organe politique, de son pouvoir de contrôle. L'exercice de ce pouvoir n'est possible, comme pour toute décision du Conseil, qu'en l'absence de veto d'un membre permanent, ce qui suppose que les intérêts nationaux des membres permanents du Conseil coïncident pour intervenir et imposer à des États en conflit une solution de

[197] En sacrifiant, comme le note ci-dessus le représentant de l'Algérie, « au culte de la guerre froide le droit » et certains pays.

[198] SCHACHTER (O.), « General Course in Public International Law », *op. cit.*, p. 31-32.

[199] La légitime défense ne peut plus être utilisée, depuis sa codification dans la Charte des Nations Unies, comme un instrument de régulation des relations internationales.

[200] SICILIANOS (L.-A.), « Le contrôle par le Conseil de sécurité des actes de légitime défense », dans SFDI, *Le chapitre VII de la Charte des Nations Unies*, colloque de Rennes, Paris, Pedone, 1995, p. 72.

rétablissement de la paix et de la sécurité. Cette solution passe par la substitution d'une mesure de sécurité collective – compatible avec les intérêts de sécurité des membres permanents du Conseil – à des mesures de protection de la sécurité nationale prises par l'État agissant au nom de la légitime défense. Le Conseil de sécurité estime qu'une mesure de sécurité collective est plus efficace pour rétablir la paix et la sécurité internationales que les mesures de légitime défense. Plusieurs situations sont possibles. On distinguera ici, selon les termes de l'article 51, le « *pouvoir et le devoir* [du conseil de sécurité] *d'agir à tout moment de la manière qu'il juge nécessaire pour maintenir ou rétablir la paix et la sécurité internationales* » (1) et le pouvoir de ce Conseil de prendre des « *mesures nécessaires pour maintenir la paix et la sécurité internationales* » en succession aux mesures nationales de légitime défense (2).

1. L'action du Conseil de sécurité durant l'opération de légitime défense

Il est bon de rappeler préliminairement qu'un contrôle par le Conseil de sécurité n'est possible que si l'on reste dans le cadre de la Charte des Nations Unies ; la légitime défense n'est pas sujette à ce contrôle en droit coutumier. En tant que droit naturel, la légitime défense peut être utilisée par l'État quand celui-ci l'estime nécessaire et jusqu'à ce qu'il ne l'estime plus nécessaire pour protéger sa sécurité. En suivant la jurisprudence de la CIJ (affaire des activités militaires et paramilitaires au Nicaragua), la référence au seul droit coutumier pour s'affranchir des exigences du cadre de l'article 51 (notamment la notification au Conseil de sécurité) est licite mais porte présomption de mauvaise foi dans l'usage de la légitime défense[201]. La doctrine militaire des États-Unis, qui adopte, comme d'autres États, une interprétation large – adaptée à sa stratégie de sécurité nationale – des dispositions de l'article 51, considère que le Conseil de sécurité n'a pas jusqu'à présent démontré une grande capacité à traiter de façon efficace les situations d'agression et que l'article 51 ne peut donc poser des limites trop fortes au droit à la légitime défense[202].

Dans la pratique, le Conseil prend note de l'exercice du droit de légitime défense ou ne fait pas référence à ce droit mais prend des mesures nécessaires qui sont compatibles (a) ou incompatibles avec la mise en œuvre de la légitime défense[203]. C'est dans ce second cas, celui des mesures

[201] Comme on le verra dans la deuxième partie de l'étude, la référence des États au droit naturel est fréquente pour justifier l'extension du champ d'application de celle-ci.
[202] JOHNSON (W.) (Ed.), *Operational Law Handbook*, The Judge Advocate General's Legal Center & School, U.S ARMY, Charlottesville, 2013, p. 4.
[203] On écarte ici les situations, pourtant courantes, où le Conseil de sécurité ne prend aucune mesure et ne se prononce pas sur une situation d'agression soit par ce qu'il n'est pas saisi ou pour cause de veto exercé par un des membres permanents. Ces situations sont courantes car le Conseil de sécurité est un organe politique ; comme le remarque Y. Dinstein, des considérations proprement politiques le conduisent à ne pas caractériser comme telle une

incompatibles avec l'action en légitime défense que l'on peut parler de contrôle et de limites imposées par le Conseil à l'exercice de ce droit (b).

a. Les mesures du Conseil de sécurité compatibles avec la mise en œuvre de la légitime défense

Parmi les situations où le Conseil de sécurité prend note de l'exercice du droit de légitime défense – sans le limiter – et agit en endossant la mise en œuvre de celle-ci, il y a la résolution 660 (1990)[204] prise au début de la première guerre du Golfe, le jour même de l'entrée des troupes irakiennes au Koweït. Le Conseil y condamnait l'agression, appelait l'Irak à retirer ses forces et décidait de rester saisi du dossier. La résolution suivante n° 661 affirme « *le droit naturel de la légitime défense individuelle et collective face à l'attaque armée dirigée par l'Irak contre le Koweït* » et décide de mettre en œuvre, au titre du chapitre VII, des sanctions contre l'Irak, en particulier un embargo commercial, économique et financier[205]. Les sanctions au titre du chapitre VII vont donc précéder le déclenchement des mesures de légitime défense collective, laquelle est invoquée officiellement le 12 août par une lettre du Koweït au Conseil de sécurité[206]. Ces mesures se déroulent en deux étapes : une première étape qui débute le 16 août par la lettre des EUA au Conseil de sécurité et qui annonce, sur le fondement de l'article 51, l'interception par ses forces des navires qui viendraient à violer l'embargo décidé par le Conseil. La seconde étape sera le recours à la force après l'expiration du délai fixé au 15 janvier 1991 par la résolution 678 du 29 novembre 1990. Cette résolution « *autorise les États Membres qui coopèrent avec le Gouvernement koweitien* [...] *à user de tous les moyens nécessaires pour faire respecter et appliquer la résolution 660* » et demande à tous les États d'appuyer ces mesures. On peut voir, dans les termes de cette résolution, soit une série de mesures au titre du chapitre VII qui se surajoutent aux mesures de légitime défense déjà prévues (et mises en œuvre après l'expiration du délai du 15 janvier) par les lettres du Koweït et des EUA datant du mois d'août 1990, soit une forme d'appui à ces mesures de

situation d'agression ou à ne pas désigner l'État agresseur. Voir Y. DINSTEIN, *op. cit.*, p. 256-257.

[204] Résolution 660 (1990) du 2 août 1990.

[205] Résolution 661 (1990) du 6 août 1990.

[206] Voir Répertoire de la pratique du Conseil de sécurité, supplément des années 1989-1992, p. 715-716. Dans cette lettre qui fait référence à l'article 51 de la Charte, le représentant du Koweït informe le Conseil de sécurité que son pays « *avait demandé à plusieurs nations de prendre les mesures militaires ou autres nécessaires pour assurer l'application rapide et effective de la résolution 661 (1990) du Conseil de sécurité* ». Il est à noter que les mesures préalables prises par les EUA au nom de la légitime défense (déploiement de forces dans la région) ne font pas l'unanimité au Conseil. Voir les critiques de l'URSS, de la Chine et de Cuba.

légitime défense[207]. Pour L.-A Sicilianos, l'opération « tempête du désert » a une nature juridique « hybride » : il ne s'agirait « *ni d'une réaction décentralisée classique, entreprise au titre de la légitime défense collective, ni une sanction militaire de l'ONU* »[208]. Il est cependant difficile de voir cette opération et la résolution 678 comme une superposition de mesures onusiennes aux mesures de légitime défense, car le seul dispositif militaire prêt pour lancer l'offensive contre l'Irak était celui dirigé par les EUA et leurs proches alliés, lesquels n'avaient jamais manifesté l'intention de ne plus exercer la légitime défense collective annoncée dès le mois d'août 1990. Par la résolution 678, le Conseil de sécurité endosse cette légitime défense.

Dans un autre contexte, celui de la lutte contre le terrorisme international, les résolutions 1368 et 1373 (2001)[209], prises le lendemain des attaques terroristes du 11 septembre à New-York, « réaffirment le droit naturel de légitime défense individuelle ou collective ». La seconde de ces résolutions prescrit en même temps aux États – elle utilise les termes « *décide que tous les États* » – des mesures de lutte contre le financement du terrorisme et pour la répression de ce dernier. Elle « *réaffirme la nécessité de lutter par tous les moyens, conformément à la Charte des Nations Unies, contre les menaces à la paix et à la sécurité internationales que font peser les actes de terrorisme* ». À la lettre des EUA adressée au Conseil de sécurité le 7 octobre 2001 annonçant des opérations armées en Afghanistan (où se trouvaient des bases d'*Al Qaeda*) sur le fondement de l'article 51 de la Charte, se sont ajoutées des lettres similaires de la part des principaux pays occidentaux qui annonçaient leur participation auxdites opérations[210]. Là aussi, les mesures prises au titre du chapitre VII ne remplacent pas mais viennent en renfort des mesures de légitime défense que le Conseil de sécurité encourage. La spécificité des résolutions 1368 et 1373 fut non seulement d'offrir, pour le recours à la légitime défense, un cadre non résiduel par rapport au cadre du chapitre VII, mais aussi de ne marquer

---

[207] Cette superposition de mesures prises au titre du chapitre VII et des mesures de légitime défense est même apparue, dans l'affaire de cette crise du Golfe, dès la résolution 665 du 25 août 1990. Cette résolution appelle les États à placer sous l'autorité du Conseil les mesures d'interception des navires enfreignant l'embargo commercial contre l'Irak ; le texte ne se prononce pas pour autant sur les mêmes mesures prises par les EUA et leurs alliés au nom de la légitime défense. Selon les procès-verbaux de la séance où fut discutée la résolution : « *Les représentants des États-Unis et du Royaume-Uni ont maintenu que cette résolution ne faisait qu'ajouter une nouvelle source d'autorité, car il existait déjà une autorité juridique suffisante pour agir au titre de l'Article 51. Plus précisément, le représentant des États-Unis a affirmé que la résolution 665 (1990) ne diminuait pas l'autorité juridique du Koweït et des autres États d'exercer leur droit naturel de légitime défense* ». Voir Répertoire de la pratique du Conseil de sécurité, supplément des années 1989-1992, p. 716.

[208] SICILIANOS (L.-A.), « Le contrôle par le Conseil de sécurité des actes de légitime défense », *op. cit.*, p. 88.

[209] Résolutions 1368 (2001) du 12 septembre 2001 et 1373 (2001) du 29 septembre 2001.

[210] Voir Répertoire de la pratique du Conseil de sécurité, supplément des années 2000-2003, p. 1005.

aucune limitation de durée à l'exercice de cette légitime défense. Les opérations armées des pays de l'OTAN qui ont eu lieu depuis, non seulement en Afghanistan mais aussi au Pakistan se sont déroulées sur le fondement de la légitime défense telle qu'affirmée dans les deux résolutions ci-dessus.

Parmi les situations d'agression dans lesquelles le Conseil de sécurité ne fait pas référence au droit à la légitime défense, mais prend des mesures compatibles avec la mise en œuvre de celle-ci, il y a la résolution 502 (1982)[211] adoptée le lendemain de la prise, par l'armée argentine, des îles Malouines. La souveraineté britannique est contestée non seulement par l'Argentine mais aussi par l'OEA et par le Mouvement des Non-Alignés. La résolution 502 (1982), qui parle explicitement d'invasion, condamne celle-ci et appelle l'Argentine au retrait de ses troupes. Elle ne fait cependant pas référence au droit du Royaume-Uni à la légitime défense et se limite, à titre de mesure nécessaire, à demander aux deux parties en conflit de *« rechercher une solution diplomatique à leur différend et de respecter pleinement les buts et principes de la Charte des Nations Unies »*[212]. Dans ce cadre, le Secrétaire général des Nations Unies entama une mission de bons offices pour susciter un accord entre les parties, avec un succès mitigé car la riposte armée britannique débuta le 1er mai 1982. Le 24 mai suivant, la résolution 505 du Conseil de sécurité formula le même constat que celui formulé par la résolution 502 et décida de la même mesure en y ajoutant la demande au Secrétaire général de renouveler sa mission de bons offices et de travailler auprès des parties au conflit à élaborer un cessez-le-feu. Ces mesures limitées correspondent aux mesures complémentaires à la légitime défense prévue par la seconde phrase de l'article 51 de la Charte (« *pouvoir et devoir d'agir à tout moment* [...] *pour maintenir ou rétablir la paix et la sécurité* »). Un projet de résolution[213] déposé le 4 juin 1982 demandant impérativement aux deux parties de cesser le feu – et donc de mettre fin, pour le Royaume-Uni à ses mesures de légitime défense – fut bloqué par un double veto du Royaume-Uni et des EUA[214], montrant l'absence de toute limite à l'exercice du droit de légitime défense par un État membre

---

211 Résolution 502(1982) du 3 avril 1982.

212 Les sanctions commerciales qui sont prises au mois d'avril contre l'Argentine, notamment à l'initiative de la CEE, le sont en dehors du cadre onusien. Notons que la demande de recherche d'une solution diplomatique au conflit est faite dans un contexte où la souveraineté britannique sur les îles Malouines est contestée ; cette question de la souveraineté avait déjà fait l'objet de négociations entre les deux États dans les années précédant le déclenchement du conflit en 1982.

213 S/15156/Rev.2.

214 Au cours de la séance du 4 juin 1982 du Conseil de sécurité consacrée à la discussion sur le conflit, le représentant du Royaume-Uni expliqua que son pays avait tenté de négocier sans succès le retrait argentin des îles Malouines et n'avait déclenché la riposte armée qu'en dernier ressort. Il motive son opposition au projet de résolution par le fait que celui-ci ne lie pas le cesser le feu à un retrait immédiat des forces argentines dans un délai déterminé. Voir document S/PV.2373.

permanent du Conseil. La crise des Malouines s'est donc terminée par la reconquête britannique des îles contestées, le Conseil de sécurité n'ayant décidé d'aucune mesure au titre du Chapitre VII, non seulement à cause du double veto mais aussi parce qu'une majorité d'États membres appuyaient l'exercice, par le Royaume-Uni, de son droit à la légitime défense.

b. L'action du Conseil de sécurité incompatible avec la mise en œuvre de la légitime défense

Il existe des situations où le Conseil de sécurité ne fait pas référence au droit à la légitime défense mais prend des mesures incompatibles avec la mise en œuvre de celle-ci, notamment en ordonnant un cessez-le-feu ou en enjoignant un État de retirer ses troupes d'un territoire appartenant à un autre État[215]. Le Conseil de sécurité exerce alors un véritable contrôle avec censure sur l'exercice de ce droit. Tel fut le cas des résolutions prises à l'occasion du conflit entre l'Inde et le Pakistan (1947-1949) à propos de la région du Jammu-Cachemire, conflit qui fait suite à la partition de l'Inde[216]. Pour justifier ses actions armées, l'Inde invoquait son droit à la légitime défense, soutenue en cela par la Chine qui était préoccupée pour sa propre sécurité en raison de sa frontière commune avec les deux États en conflit[217]. Les résolutions adoptées appelèrent au contraire l'Inde et le Pakistan à évacuer leurs troupes de la région et demandèrent à une commission de bons offices, la Commission des Nations Unies pour l'Inde et le Pakistan, de travailler à un accord de cessez-le-feu, à une démilitarisation complète de la région et à l'organisation d'un plébiscite sur le futur du Jammu-Cachemire[218]. Ces résolutions n'étaient cependant pas, au vu des termes

---

[215] DINSTEIN (Y.), *War, agression and self-defence, op. cit.*, p. 257.

[216] État autonome à majorité musulmane, situé dans le nord de l'Inde à la frontière pakistanaise et dont la possession était, au lendemain de la partition de l'Inde et du Pakistan, disputé par ces deux États. Le Jammu-Cachemire fut envahi, dès octobre 1947, par des milices armées de la tribu Pashtoun en provenance du Pakistan.

[217] Séances du Conseil de sécurité du 21 avril et du 25 novembre 1948. Selon le Répertoire de la pratique du Conseil de sécurité : « *Au cours des observations qu'il a faites à ce sujet, le représentant de la Chine a déclaré que, si ce projet de résolution ne reconnaissait pas formellement au Dominion de l'Inde « le droit et le devoir de défendre l'État de Jammu et Cachemire », il ne contenait rien qui porte atteinte à ce droit inaliénable d'assurer sa propre défense au cas où les prévisions des auteurs seraient fausses et où il se produirait une grande invasion de l'État de Jammu et Cachemire. Le Dominion de l'Inde pourrait se prévaloir des dispositions de la Charte et d'un de ses Articles (Article 51) qui affirme explicitement le droit inaliénable de tous les Membres à la défense individuelle ou collective* ». Répertoire de la pratique du Conseil de sécurité, supplément des années 1946-1950, Examen des dispositions du chapitre VII de la Charte, p. 476.

[218] Voir les résolutions 38, 39, 47, 51 (1948) et 80 (1950) ainsi que la résolution adoptée par la Commission des Nations Unies pour l'Inde et le Pakistan du 13 août 1948.

employés, contraignantes[219]. C'est pourquoi les combats continuèrent et l'Inde put exercer son droit à la légitime défense jusqu'au cessez-le-feu de 1949. Elle avait alors réussi à contrôler, par la force, l'essentiel de ce territoire et le Pakistan devait, par cet accord, évacuer les milices qu'il contrôlait.

Le Conseil de sécurité peut également décider de prendre des mesures dès avant l'exercice du droit de légitime défense, comme ce fut le cas durant la guerre de Corée (1950 – 1953). Profitant de l'absence de l'URSS, le Conseil prit trois résolutions pour réagir à l'entrée des troupes nord-coréennes sur le territoire de la République de Corée. La résolution 82[220] évoqua une « *attaque dirigée contre la République de Corée* [...] *provoquant une rupture de la paix* » et demanda l'arrêt des hostilités et le retrait des troupes nord-coréennes. Deux jours après, sans invoquer la légitime défense, la République de Corée demandait aux Nations Unies de prendre des « mesures efficaces », ce que fit, sur proposition des EUA, le Conseil de sécurité par la résolution 83[221] qui recommanda aux « États membres de l'ONU » de prendre des mesures militaires. La résolution suivante, prise le 7 juillet, était plus spécifique en ce qu'elle recommandait que les mesures militaires fussent prises sous un commandement unifié dirigé par les EUA au nom des Nations Unies et au nom des États participants à cette coalition. Il s'agissait donc de mesures prises au titre du chapitre VII et non d'une légitime défense collective[222].

2. L'action du Conseil de sécurité en substitution à la légitime défense

La première phrase de l'article 51[223] – « *jusqu'à ce que le Conseil de sécurité ait pris les mesures nécessaires pour maintenir la paix et la sécurité*

---

[219] La résolution 47 (1948) du 21 avril 1948 déclare, par exemple que « L'Inde et le Pakistan *devraient* user de tout leur pouvoir pour amener la cessation complète des hostilités ». L'emploi du conditionnel enlève tout caractère contraignant à la demande de cessez le feu.

[220] Résolution 82 (1950) du 25 juin 1950.

[221] Résolution 83 (1950) du 27 juin 1950.

[222] Résolution 84 (1950) du 7 juillet 1950.

La République de Corée n'était, de toutes façons pas en mesure de riposter elle-même à une armée d'autant plus forte qu'elle était épaulée par la Chine ; les EUA, déterminés à intervenir, auraient peut-être choisi de mener une opération de légitime défense collective si l'URSS avait occupé son siège au Conseil de sécurité et utilisé son droit de veto à une action militaire des Nations Unies. Le conflit mettait en jeu les intérêts stratégiques des EUA dans la région face aux intérêts des nouveaux pays socialistes.

[223] L'article 51 de la Charte dispose que : « *Aucune disposition de la présente Charte ne porte atteinte au droit naturel de légitime défense, individuelle ou collective, dans le cas où un Membre des Nations Unies est l'objet d'une agression armée, jusqu'à ce que le Conseil de sécurité ait pris les mesures nécessaires pour maintenir la paix et la sécurité internationales. Les mesures prises par des Membres dans l'exercice de ce droit de légitime défense sont immédiatement portées à la connaissance du Conseil de sécurité et n'affectent en rien le pouvoir et le devoir qu'a le Conseil, en vertu de la présente Charte, d'agir à tout moment de*

internationales » – autorise les États à exercer leur droit de légitime défense. L'action du Conseil de sécurité est, dans ce cas, nécessaire si la paix et la sécurité internationale ne sont pas rétablies à la suite de l'opération de légitime défense, que celle-ci ait pris fin ou non. Si l'opération de légitime défense n'a pas pris fin, l'action du Conseil de sécurité en constitue un contrôle et une limite[224].

Les limites placées par le Conseil de sécurité à l'exercice du droit de la légitime défense apparaissent pleinement dans le cas du conflit en Bosnie-Herzégovine au début des années 1990. Un an après la dislocation de la Yougoslavie en 1991, la déclaration d'indépendance de la Bosnie (venant après celle de la Croatie) plongeait le pays dans une guerre civile qui devait durer quatre ans, opposant entre eux les Bosniaques musulmans, les Serbes et les Croates. Pour ce qui les concerne, les Serbes de Krajina (Croatie) et les Serbes de Bosnie furent accusés par les autorités bosniaques et croates de vouloir regrouper leurs territoires en modifiant les frontières des trois nouveaux États et de recevoir de l'aide matérielle et armée de la République fédérative de Yougoslavie (RFY). Ils furent en particulier accusés de se prêter à différentes attaques armées autour de Sarajevo et d'autres localités bosniaques[225]. Face aux menaces visant son intégrité territoriale et son unité de nouvel État, la Bosnie revendiqua, en juin 1993, son droit à la légitime défense et demanda, pour exercer ce droit, la levée à son encontre de l'embargo sur les armes. Cet embargo avait été mis en place dès 1991, au titre du chapitre VII, par le Conseil de sécurité à l'égard de ce qui était à l'époque la République fédérale socialiste de Yougoslavie[226]. Plusieurs États – notamment les EUA et divers pays musulmans – appuyèrent, au Conseil de sécurité, cette demande afin de « délier les Bosniaques ». Ils furent cependant défaits par la majorité qui considéra, avec le Royaume-Uni, qu'une levée de l'embargo pouvait favoriser une escalade de la violence et compromettre la recherche d'un règlement négocié du conflit[227]. Le Conseil de sécurité n'en resta pas là. Il avait, depuis 1992, adopté un embargo commercial contre les Serbes de Bosnie ainsi qu'un embargo commercial et financier contre la RFY[228]. Il décida, par la résolution 836 (1993)[229] de

---

la manière qu'il juge nécessaire pour maintenir ou rétablir la paix et la sécurité internationales. »

[224] Ce qui ne veut pas dire que l'État concerné soit d'accord ou se plie à cette limite.

[225] Voir le Répertoire de la pratique du Conseil de sécurité, supplément des années 1993-1995.

[226] Voir résolution 713 (1991) du 25 septembre 1991.

[227] Répertoire de la pratique du Conseil de sécurité, supplément des années 1993-1995, *op. cit.*, p. 963.

[228] Résolutions 751, 752 et 787 (1992), résolutions 816, 819 et 820 (1993). La Russie demanda – sans l'obtenir – en 1993, la suspension des sanctions contre la RFY en expliquant que celle-ci respectait les sanctions commerciales contre les Serbes de Bosnie et que ces sanctions ne favorisaient pas la recherche d'un règlement pacifique du conflit.

[229] Résolution 836 (1993) du 4 juin 1993.

renforcer ces sanctions en y ajoutant une zone d'exclusion aérienne et un renforcement des effectifs militaires de la FORPRONU. Toutes ces mesures, prises en lieu et place des mesures de légitime défense de la Bosnie, restèrent en place jusqu'au 23 septembre 1994 – date de la suspension de certaines d'entre elles par la résolution 943 (1994)[230] – et furent complètement suspendues avec la résolution 1022 (1995)[231] avec l'annonce de l'accord de paix de Dayton. Ceci montre, conformément à la première phrase de l'article 51, que les mesures prises par le Conseil de sécurité priment et supplantent les mesures de légitime défense. Il n'en reste pas moins que, dans les faits, malgré l'interdiction du Conseil de sécurité d'armer les forces bosniaques (comme les forces serbes et croates), celles-ci auraient reçu, de la part de certains États, de l'équipement et des armes, ce qui leur aurait permis de reconquérir des territoires jusqu'à la veille des négociations de Dayton. L'armée croate aurait fait de même chez elle en recevant aussi des armes de l'extérieur[232].

Selon L.-A. Sicilianos, la question de l'efficacité des mesures du Conseil de sécurité est centrale pour apprécier le sens des termes de l'article 51 : « *Aucune disposition de la présente Charte ne porte atteinte au droit naturel de légitime défense* […] *jusqu'à ce que le Conseil de sécurité ait pris les mesures nécessaires pour maintenir la paix et la sécurité internationales* ». Tant que ces mesures ne sont pas efficaces sur le terrain ou ne sont pas suffisantes pour rétablir la paix et la sécurité internationales, elles n'auraient pas lieu de se substituer à une mesure de légitime défense[233]. Et Sicilianos d'ajouter que, dans l'esprit des articles 39 et suivants ainsi que de l'article 51 de la Charte et selon l'arrêt de la CIJ sur les activités militaires et paramilitaires au Nicaragua, il n'appartient pas aux États mais au Conseil de sécurité d'apprécier l'effectivité de ses propres mesures[234]. Cet organe a effectivement, selon l'article 24 de la Charte, la responsabilité principale du maintien de la paix et de la sécurité internationales ; les mesures de légitime défense – qui se limitent à repousser une agression et éloigner une menace – ne sont pas nécessairement suffisantes pour amener l'agresseur à la table de négociation et rétablir une paix durable, surtout si le conflit implique des contestations de territoire. Cependant, comme le montrent les exemples ci-dessus, la mise en mouvement, par le Conseil de sécurité, du chapitre VII

---

230 Résolution 843 (1994) du 23 septembre 1994.

231 Résolution 1022 (1995) du 22 novembre 1995.

232 GROS-VERHEYDE (N.), « Embargo sur les armées : 20 ans après, la même erreur ? », dans *Bruxelles 2*, 16 mars 2013, https://www.bruxelles2.eu/2013/03/16/embargo-sur-les-armes-20-ans-apres-la-meme-erreur/, accès le 2 mars 2016.

233 Cet exemple portant sur le conflit en Bosnie pose la question, non seulement de l'efficacité de l'embargo sur les armes, mais aussi des autres mesures de sanction frappant les différents acteurs qui se font face.

234 SICILIANOS (L.-A.), « Le contrôle par le conseil de sécurité des actes de légitime défense », *op. cit.*, p. 73 à 75.

supplantant la riposte armée au titre de la légitime défense suppose que cet organe soit en mesure d'agir (hors veto) avec plus d'efficacité que les États engagés dans la légitime défense. Les mesures au titre du chapitre VII prennent le relais des mesures de légitime défense lorsque les principaux États impliqués dans le conflit y voient leur intérêt de confier la situation à l'autorité du Conseil de sécurité. La pratique des États montre que cette situation n'est pas la plus courante.

La résolution 2249 (2015) du Conseil de sécurité[235], adoptée à la suite des attentats perpétrés le 13 novembre 2015 en France par *Daech*, indique que cet organe choisit, pour lutter contre le terrorisme, non pas de prendre le relais des mesures de légitime défense invoqués par les États engagés dans les opérations militaires en Syrie mais au contraire d'encourager ces États à continuer leurs opérations en leur demandant de prendre « toutes les mesures nécessaires conformément au droit international » pour « prévenir et faire cesser » tous les actes commis par *Daech* et tous les autres réseaux terroristes. On peut voir, avec F. Latty, dans cette résolution une renonciation du Conseil de sécurité à son rôle d'organe centralisateur de l'emploi de la force (tel que prévu par le chapitre VII de la Charte) voire un « *rabaissement de* [ce] *rôle du Conseil de sécurité à des fonctions de bénédiction lointaine* [qui] *va de pair avec une autonomisation des États dans le maintien de la paix et de la sécurité internationales* »[236]. Cette autonomisation des États est, comme on le verra dans la seconde partie de la présente thèse[237], le reflet des interprétations extensives que font ces États du champ d'application de l'article 51 de la Charte dans un contexte de lutte contre les réseaux terroriste, lutte étendue aux territoires d'État tiers.

* * *

Le droit de légitime défense mais aussi les principes de non-ingérence et d'interdiction du recours à la force servent à garantir la paix et la sécurité international en équilibrant les rapports de force et les intérêts de sécurité des États. Cependant, le champ d'application et les conditions d'exercice de ces principes ne sont pas précisément définis dans le droit international positif et divisent les États. Ceux-ci s'orientent en fonction de leur propre conception de la sécurité nationale.

---

[235] Résolution 2249 du 20 novembre 2015.

[236] LATTY (F.), « Le brouillage des repères du *jus contra bellum* à propos de l'usage de la force par la France contre Daech », *RGDIP,* vol.120, n° 1, 2016, p. 38.

[237] Chapitre II, titre I de la seconde partie.

Section II. Le caractère variable de la sécurité nationale comme élément d'incertitude dans l'application des principes de non-ingérence, d'interdiction du recours à la force et du droit de légitime défense

Dans son article 2.7, la Charte des Nations Unies exclut, en règle générale, l'intervention de l'ONU dans les « *affaires qui relèvent essentiellement de la compétence nationale d'un État* [...] *toutefois, de principe ne porte en rien atteinte à l'application des mesures de coercition prévues au chapitre VII* ». Cet article introduit des limites au principe de non-intervention dans les affaires intérieures des États en légitimant, dans certaines situations, l'intervention des Nations Unies. Si un État ne peut s'ingérer dans les affaires intérieures d'un autre État, l'ONU le peut mais à certaines conditions. L'application de l'article 2.7 est cependant suspendue à l'interprétation des termes « *affaires qui relèvent essentiellement de la compétence nationale d'un État* » et à la détermination du lien entre ces affaires et la sécurité nationale, notion sous-jacente au principe de non-ingérence (§ 1). D'autre part, l'application du principe de non-recours à la force armée et de son corollaire, le droit de légitime défense bute sur l'incertitude du contenu de la notion d'agression armée (§ 2).

§ 1. L'incertitude relative aux limites du principe de non-ingérence des Nations Unies dans les affaires intérieures des états

Qu'entend-on par ces « affaires *qui relèvent essentiellement de la compétence nationale d'un État* » ? Dans quelle mesure la compétence nationale recouvre-t-elle dans tous les cas la sécurité nationale des États ? Ces interrogations sont indissociables de celle qui consiste à se demander pourquoi et dans quelles circonstances l'ONU peut intervenir dans ces « affaires internes » au titre des mesures de coercition prévues par le chapitre VII.

La jurisprudence des tribunaux internationaux ne s'est pas directement prononcée sur ce que recouvrent les termes « affaires *qui relèvent essentiellement de la compétence nationale d'un État* ». La doctrine et les États eux-mêmes en offrent différentes interprétations (A). La pratique du Conseil de sécurité montre cependant un élément constant pour justifier l'intervention de cet organe dans les affaires intérieures des États : le risque qu'un conflit interne à un État menace la sécurité des autres États (B).

A. La notion incertaine d'« affaires qui relèvent essentiellement de la compétence nationale d'un État »

La formulation de l'article 2.7 est proche de la formulation de l'article 15.8 du Pacte de la SDN, lequel parle de « compétence exclusive », mais aussi de celle de l'article 5 du Pacte de Bogota[238]. L'article 15.8 du Pacte de la SDN a été interprété de façon à inclure, dans la « compétence exclusive » des questions liées à la sécurité nationale à partir du moment où l'État concerné le considérait ainsi. Cette interprétation vient des clauses contenues dans des traités d'arbitrage et qui excluent de l'examen de toute juridiction les questions relatives aux « intérêts vitaux »[239]. Le terme d'« intérêts vitaux », utilisé comme synonyme des « droits fondamentaux de l'État », comprenait, dans la doctrine classique, le droit de l'État à sa conservation c'est-à-dire à sa défense[240]. Dans cette conception, la « compétence exclusive » incluait logiquement la sécurité nationale.

La CPJI, dans l'affaire des *Décrets de nationalité* (1923) adopte une position différente. Elle déclare qu'une question est seulement de la compétence exclusive de l'État si elle ne fait pas l'objet d'engagements internationaux de la part de celui-ci, indépendamment de tout lien avec les questions de sécurité nationale ou d'autres intérêts de cet État[241]. Elle a réitéré la même position dans l'affaire des Iles d'Åland (1920). La CIJ n'a pas eu l'occasion de se prononcer sur la formulation de l'article 2.7.

Selon G. Guillaume, la formulation de l'article 2.7 de la Charte, qui ne reprend pas la « compétence exclusive » de l'article 15.8 du Pacte de la SDN mais utilise les termes « *d'affaires relevant essentiellement de la compétence*

---

[238] L'article 15.8 du Pacte de la SDN dispose que « *Si l'une des Parties prétend et si le Conseil reconnaît que le différend porte sur une question que le droit international laisse à la compétence exclusive de cette Partie, le Conseil le constatera dans un rapport, mais sans recommander aucune solution* ». L'article 5 du Pacte de Bogota dispose que « *Les procédures mentionnées ci-dessus ne peuvent s'appliquer à des matières qui, de par leur nature, sont de la compétence nationale d'un État. Si les Parties, à l'occasion d'un différent, ne sont pas d'accord sur la délimitation de ces compétences nationales, cette question préliminaire devra être soumise à l'examen de la Cour Internationale de Justice, à la demande de l'une des parties* ».

[239] PREUSS (L), « Article 2, Paragraph 7 of the Charter of the United Nations and Matters of Domestic Juridiction », *RCADI*, vol. 74, 1949, p. 557 et suivantes.

[240] L'Italie a soutenu, dans l'affaire de Corfou (1923) qui l'opposait à la Grèce, que son action armée et son occupation militaire de Corfou « *touchait à une question d'honneur national et d'intérêt vital et qu'il était, par conséquent, exclu de toute immixtion du dehors* » L'Italie s'inscrivait ici dans cette conception traditionnelle de la clause d'intérêts vitaux des traités d'arbitrage en s'attribuant le pouvoir d'apprécier en toute souveraineté lesquelles des questions internationales engageaient son honneur ou ses intérêts vitaux. Voir SUKINNICKI (W.), *Essai sur la souveraineté des États en droit international moderne*, Thèse pour le Doctorat en Droit, Paris, Pedone, 1926, p. 337. Voir aussi PREUSS (L), *op. cit.*, p. 557 et suivantes.

[241] « *La question de savoir si une certaine matière rentre ou ne rentre pas dans le domaine exclusif d'un État est une question essentiellement relative : elle dépend du développement des rapports internationaux* [...]. *Il se peut très bien que, dans une matière qui, comme celle de la nationalité, n'est pas, en principe, réglée par le droit international, la liberté de l'État de disposer à son gré soit néanmoins restreinte par des engagements qu'il aurait pris envers d'autres États. En ce cas, la compétence de l'État, exclusive en principe, se trouve limitée par des règles de droit international* ». Voir *Décrets de nationalité promulgués en Tunisie et au Maroc*, Avis du 7 février 1923, CPJI, série B, n° 4, p. 24.

nationale », est due à la volonté des États d'élargir le champ d'application de cette compétence. Il y a là une rupture avec le critère appliqué ci-dessus par la CPJI et une rupture du lien avec les engagements internationaux[242]. Mais l'élargissement de la compétence nationale par rapport à la compétence « exclusive » bute sur le fait que certaines matières traditionnellement de compétence nationale comme les droits de l'Homme, la situation des territoires non autonomes et le droit des peuples à disposer d'eux-mêmes sont considérées par la Charte comme relevant également de la compétence de l'ONU et de ses organes[243]. Différentes positions doctrinales se sont exprimées sur ce conflit de compétences. Certains auteurs estiment que l'article 2.7 ne peut faire obstacle à la compétence des Nations Unies, tandis que d'autres soutiennent le contraire[244].

Au-delà du débat portant sur la question de savoir si les droits de l'Homme ou le droit des peuples à disposer d'eux-mêmes correspondent à des obligations internationales et peuvent justifier l'intervention de l'ONU, le professeur Arangio-Ruiz a défini de façon générale les termes « *d'affaires relevant essentiellement de la compétence nationale* » comme « *les compétences étatiques déployées par chaque État dans le cadre de la société humaine relevant de sa souveraineté* ». L'auteur précise qu'il s'agit des rapports juridiques et des conflits d'intérêt « inter-individuels » qui ne peuvent être arbitrés et régulés qu'au niveau national par l'État « *même lorsqu'ils forment l'objet de relations et obligations internationales* »[245]. Les litiges interindividuels ne peuvent en effet être régulés par des instances internationales qui, elles, s'occupent des rapports inter-étatiques. La frontière entre compétence nationale et compétence internationale n'est pas liée à la matière mais aux mesures envisagées : certaines questions comme la protection des droits de l'Homme pourraient être, soit, de la compétence des États (compétence législative, administrative, judiciaire), soit, de l'ONU (compétences exclusives, mesures de contrainte au titre des articles 42 et suivants de la Charte) ou des deux (compétences concurrentes)[246].

Cette approche technique, si elle peut être suivie par les organes de l'ONU, est cependant tributaire du caractère politique des décisions du

---

[242] GUILLAUME (G.), « Article 2, paragraphe 7 » dans COT (J.-P.), PELLET (A.) (dir.), *La Charte des Nations Unis. Commentaire article par article*, 3e éd., Paris, Economica, p. 498. L. Preuss, de son côté, rapporte que le Comité, chargé à la Conférence de Dumbarton Oaks, d'élaborer l'amendement qui deviendra l'article 2.7, avait comme souci de poser des limites à un élargissement prévisible des pouvoirs de l'ONU, cet élargissement devait concerner les sphères économiques, sociales et culturelles de la vie des États. Voir PREUSS (L.), *op. cit.*, p. 575 et suivantes.

[243] GUILLAUME (G.), « Article 2, paragraphe 7 », *op. cit.*, p. 498.

[244] *Ibidem*, p. 498-504.

[245] ARANGIO-RUIZ (G.), « Le domaine réservé : l'organisation internationale et le rapport entre droit international et droit interne : cours général de droit international public », *RCADI*, vol. 225, 1990, p. 135 et suivantes et 455 et suivantes.

[246] ARANGIO-RUIZ (G.), *op. cit.*, p. 384-385 et 422-423.

Conseil de sécurité (pour la mise en œuvre du chapitre VII) ou dépend, pour ce qui concerne les décisions de l'Assemblée générale, de l'arbitrage – fréquent en droit international – entre deux principes contradictoires, chaque principe étant défendu par un groupe d'États réunis autour d'intérêts nationaux communs[247].

Pour ce qui est de l'Assemblée générale, les États fraichement indépendants à l'issue de leur décolonisation se sont regroupés autour de la défense du droit des peuples à l'autodétermination, portant ainsi à l'ordre du jour de l'Assemblée des questions relatives aux droits de l'Homme et aux devoirs de coopération des États avec ces peuples. Cette position n'était pas partagée par d'autres États qui considéraient qu'un conflit interne opposant une armée régulière à des organisations indépendantistes relevait essentiellement, voire exclusivement, de la compétence nationale de l'État concerné et non des Nations Unies. C'est ainsi que le représentant de la France au Conseil de sécurité s'exprimait en 1956 à propos des évènements d'Algérie :

> « La compétence nationale se définit ordinairement par l'exercice de la souveraineté interne : si l'Algérie est juridiquement partie de la France, si le pouvoir exécutif français, si le pouvoir législatif français, si le pouvoir judiciaire français, si en un mot, la souveraineté française s'exerce seule légalement en Algérie, alors l'exercice de cet exécutif, de ce législatif, de ce judiciaire, est de la compétence nationale française exclusive, et l'est essentiellement, car il n'est rien évidemment qui ne soit essentiel de ce qui à trait à l'exercice de la souveraineté. [...]
>
> La France, en Algérie, ne fait qu'exercer un des attributs les plus normaux de la souveraineté interne. Elle s'efforce de maintenir l'ordre public troublé par des citoyens rebelles ; elle tente de prévenir et, si cela s'est avéré, impossible, de punir les assassinats [...] Est-il besoin de redire que ce serait le plus dangereux des précédents que de reconnaître le droit pour l'ONU de s'interposer entre le Gouvernement d'un État et ceux de ces citoyens qui troublent l'ordre public ? »[248].

---

[247] Comme l'écrit G. de Lacharrière : « L'une des caractéristiques du droit international est d'être composé, au niveau de ses principes essentiels, par des couples de normes complémentaires ou, plus exactement, opposées ». Lacharrière cite particulièrement les couples « principe d'intégrité territoriale / droit des peuples à l'autodétermination », « principe de non-intervention dans les affaires intérieures/ droit et devoir de coopérer au respect des droits de l'Homme ». L'auteur met en valeur la défense, par un État ou groupe d'États, d'une des deux normes opposées du couple, en fonction des intérêts nationaux du moment. Il en fut ainsi pour les conflits entre les pays occidentaux – qui défendaient le principe d'intégrité territoriale – et les pays non alignés – qui défendaient le droit des peuples à l'autodétermination – durant la période de décolonisation. LACHARRIÈRE (G. de), *op. cit.*, p. 96-98.

[248] Discours de M. Alphand, représentant de la France, à la 729ᵉ séance du Conseil de sécurité tenue le 26 juin 1956. Voir KISS (A.-C.), *op. cit.*, p. 51. De façon cohérente, la France défendait la même position, deux ans plus tôt, à l'égard du problème de l'autodétermination

Le discours ci-dessus était prononcé alors que les départements d'Algérie vivaient au rythme de l'état d'urgence et des pouvoirs spéciaux, les actes de rébellion étant non plus traités par les tribunaux civils mais par les tribunaux militaires. L'exercice des pouvoirs législatif, exécutif et judiciaire – qui concernent les rapports juridiques et des conflits d'intérêt « interindividuels » comme le définit plus haut C. Arangio-Ruiz – relevaient logiquement et essentiellement de la compétence nationale. Mais la qualification de la situation en Algérie –considérée par la France comme une simple question de menace à sa sécurité nationale – relevait également de la compétence des Nations Unies : la loi sur l'état d'urgence de 1955 pouvait être considérée comme un voile sécuritaire destiné à masquer l'enjeu de l'autodétermination des populations autochtones, lequel commençait, à l'époque, à faire l'objet de discussion à l'Assemblée générale des Nations Unies. De fait, la notion de protection de la sécurité nationale devait progressivement céder le pas devant le droit des populations autochtones à l'autodétermination et la reconnaissance de l'indépendance de l'Algérie.

B. L'ingérence justifiée par la menace à la sécurité des États tiers

Le droit des peuples à disposer d'eux-mêmes ou la situation des territoires non autonomes ne sont plus que rarement évoqués dans les instances de l'ONU après l'achèvement du processus de décolonisation. Par contre, le Conseil de sécurité est régulièrement saisi de demandes d'intervention[249] dans les affaires intérieures d'un État accusé d'atteintes aux droits de l'Homme.

À la fin des années 1940, L. Preuss expliquait le choix, par le Conseil de sécurité et l'Assemblée générale, de l'examen – sur la base de l'article 2.7 – d'affaires internes aux États par le critère de l'« *international concern* » : chaque fois qu'une question faisait l'objet d'une résonnance internationale et pouvait constituer une menace pour la paix et la sécurité internationales, elle

---

de la Nouvelle -Guinée et déclarait, par la voix de son représentant à l'Assemblée générale : *« La souveraineté exercée par le Gouvernement des Pays-Bas sur le territoire de la Nouvelle-Guinée occidentale n'est, à ma connaissance, contestée dans cette assemblée que par la seule puissance qui, la réclamant pour elle-même, nous demande en fait de nous prononcer et de consacrer sa revendication. Du fait de l'exercice de sa souveraineté, tout ce qui concerne les rapports du Gouvernement des Pays-Bas et de la Nouvelle-Guinée occidentale relève essentiellement de la compétence nationale de ce Gouvernement, et, aux termes du paragraphe 7 de l'Article 2 de la Charte, aucune disposition de cette même Charte n'autorise les Nations Unies à intervenir dans ces rapports »*. Discours tenu le 24 septembre 1945 par M. Hoppenot, représentant de la France, à la neuvième session, 477e séance plénière de l'Assemblée générale des Nations Unies. Voir KISS (A.-C.), *op. cit.*, p. 52.

[249] Notons que, dans son commentaire sur l'article 2.7 de la Charte, G. Guillaume s'interroge sur le terme « intervention des Nations Unies » employé par cet article. Les rédacteurs de la Charte n'ont en effet pas précisé s'il s'agit de type d'intervention (simple inscription d'un sujet à l'ordre du jour de la réunion d'un organe, mesures décidées par cet organes) par tout organe de l'ONU. GUILLAUME (G.), « Article 2, paragraphe 7 », *op. cit.*, p. 494-497.

pouvait être mise à l'ordre du jour de ces organes. Ceci outrepassait, selon L. Preuss, les termes de l'article 2.7[250]. L'impact d'un conflit interne à un État sur la sécurité d'autres États est devenu le motif le plus fréquent d'intervention des Nations Unies dans des affaires relevant essentiellement de la compétence nationale des États. C'est ce motif qui caractérise, pour A. Ross – dans une interprétation différente mais complémentaire de l'approche de C. Arangio-Ruiz concernant de l'article 2.7 – la compétence d'intervention des Nations Unies. A. Ross écrit que :

> « les affaires intérieures sont, en premier lieu, celles qui n'affectent pas les droits des autres États et qui, en deuxième lieu, n'affectent pas de façon essentielle leurs intérêts [...] l'affaire, pour être considérée comme étant de caractère international, doit affecter de façon essentielle soit les droits, soit les intérêts d'autres États [...] le terme « essentiellement » [utilisé dans l'article 2.7] exprime alors le point de vue souligné plus haut, à savoir qu'il n'est pas possible de prendre en considération n'importe quel effet sur les intérêts d'autres États, mais seulement ceux qui ont sur ceux-ci une répercussion essentielle »[251].

Ce motif d'intervention est mis en avant par le Conseil de sécurité dans plusieurs résolutions qui suscitent en général l'objection de l'État concerné, puisqu'il s'agit d'intervenir dans ses affaires intérieures. Rappelons que l'article 2.7 de la Charte contient une dérogation au principe de non-intervention des Nations Unies : « *ce principe [de l'intervention] ne porte en rien atteinte à l'application des mesures de coercition prévues au chapitre VII* ». On peut citer, parmi ces résolutions du Conseil, la résolution 1962 (2010)[252] qui constate que « la situation en Côte d'Ivoire continue de menacer la paix et la sécurité internationales dans la région » et établit un lien de causalité entre cette menace et le contentieux électoral ivoirien entre deux candidats à l'élection présidentielle qui venait de se dérouler. Chacun de ces candidats se considérait vainqueur de l'élection. Le Conseil de sécurité porte une appréciation politique sur le scrutin et prend parti pour un des candidats. Condamnant « *les tentatives pour usurper la volonté du peuple et remettre en cause l'intégrité de la consultation et toute avancée du processus de paix en Côte d'Ivoire* », le Conseil « *exhorte toutes les parties et acteurs ivoiriens à respecter la volonté du peuple et les résultats du scrutin attendu que la CEDEAO et l'Union africaine ont reconnu en M. Alassane Dramane Ouattara le Président élu de la Côte d'Ivoire et le dépositaire de la volonté librement exprimée du peuple ivoirien, ainsi que*

---

[250] PREUSS (L.), *op. cit.*, p. 627. Ces remarques portent sur les trois premières années de l'ONU, son cours à l'Académie de La Haye étant publié en 1949.

[251] ROSS (A.), « La notion de « compétence nationale », dans la pratique des Nations Unies, une rationalisation *a posteriori* », dans *Mélanges offerts à Henri Rolin, problèmes de droit des gens*, Paris, Pedone, 1964, p. 292 à 294.

[252] Résolution 1962 du 20 décembre 2010.

l'a proclamé la Commission électorale indépendante »[253]. Par ce choix de soutenir un des deux rivaux (M. Ouattara), de délégitimer son adversaire et de décider de renforcer – contre la volonté de l'État concerné, mais dans un souci apparemment sécuritaire – la présence militaire de l'ONUCI en Côte d'Ivoire, le Conseil de sécurité exerça une influence sur l'issue des affrontements armés qui suivirent à travers le pays et qui conduisirent au renversement militaire du régime en place et à l'installation au pouvoir de M. Ouattara.

Un autre exemple d'intervention du Conseil de sécurité dans les affaires intérieures d'un État – motivée par l'hypothèse d'une menace sur la sécurité régionale – avec des conséquences sur la sécurité nationale de cet État est la résolution 1757 (2007) portant création d'un tribunal spécial pour juger les auteurs de l'attentat contre l'ancien premier ministre libanais M. Hariri[254]. Ce tribunal divisait l'État au plus haut niveau – le premier ministre en avait demandé sa création mais le président y était opposé. Celui-ci avait fait savoir qu'une approbation directe, par le Conseil de sécurité, de l'établissement du tribunal constituerait une transgression de la Constitution du Liban. Sa crainte était qu'en outre, en l'absence de consensus au sein du parlement national concernant la question de l'établissement de ce tribunal, certains groupements politiques pussent se sentir lésés par la résolution du Conseil de sécurité[255]. Le risque était que cette intervention de l'ONU provoquât une crise politique grave dans un pays encore non remis de la guerre civile. La résolution fut cependant adoptée, sur le fondement du chapitre VII.

Au vu des approches et exemples ci-dessus, il est possible de dire que la notion d'« *affaires qui relèvent essentiellement de la compétence nationale d'un État* » ne recoupe pas entièrement le domaine de la sécurité nationale de l'État mais qu'elle est liée à celle-ci lorsqu'elle interfère avec le contrôle

---

[253] Le contexte était pourtant celui d'un scrutin électoral très contesté et entaché d'irrégularités avec un résultat annoncé par la Commission Électorale différent de celui annoncé par le Conseil constitutionnel, lequel, aux termes des articles 32 et 94 de la constitution ivoirienne de l'époque, avait compétence pour le contrôle de la régularité des opérations de l'élection du Président de la République, pour statuer sur les contestations y relatives et pour proclamer les résultats définitifs. C'est par la Décision n° CI – 2010 – EP – 34/03 – 12/CC/SG en date du 3 décembre 2010 que le Conseil Constitutionnel de Côte d'Ivoire avait proclamé Laurent Gbagbo élu président de la République.

[254] Résolution 1757 du 30 mai 2007. Le texte met en avant la menace à la paix et à la sécurité internationale que constituait le type d'attentat dont le projet d'établissement de tribunal spécial se proposait de juger les auteurs.

[255] Répertoire de la pratique du Conseil de sécurité (2004-2007) p. 32 ainsi que la Résolution 1557 (2007) du Conseil de sécurité et la lettre datée du 15 mai 2007 adressée au Président du Conseil de sécurité par le Secrétaire général des Nations Unies (Document S/2007/281), lettre qui joint en annexe une lettre du premier ministre libanais au secrétaire général des Nations Unies. Dans cette dernière lettre, le premier ministre F. Siniora estime que les voies internes de ratification de l'accord entre le Liban et l'ONU sur l'établissement du tribunal sont paralysées par l'opposition libanaise.

souverain de l'État sur ses institutions. La formulation large de l'article 2.7 (« affaires qui relèvent essentiellement ») permet aux États d'invoquer largement le principe de non-intervention dans les affaires intérieures ainsi que la prohibition de moyens de contrainte pour s'opposer à une intervention des Nations Unies. La pratique des interventions est variable. Elle montre qu'il n'y a pas de « domaine *a priori* réservé » (comme il y en avait dans l'ordre international ancien) à la compétence exclusive interne des États. L'incertitude sur la possibilité d'une intervention en application de l'article 2.7 est non seulement liée au contenu large de celui-ci mais aussi au rapport de forces et aux intérêts affectés des autres États, au sein de l'Assemblée générale et du Conseil de sécurité. Ces organes peuvent considérer ou non que la situation intérieure de l'État concerné présente une menace sur la sécurité régionale ou internationale qui justifierait l'adoption d'une résolution voire la mise en œuvre de mesures de contrainte.

§ 2. Les incertitudes entourant les conditions du recours à la légitime défense

Si les critères d'appréciation de la nécessité des opérations de légitime défense et de la mise en œuvre de ces dernières ont été clairement fixés par la CIJ, les conditions permettant le recours à ces opérations sont, elles, moins déterminées. L'article 51 de la Charte dispose que l'État doit, pour invoquer la légitime défense, être l'objet d'une « agression armée ». De l'interprétation, restrictive ou large de ce qu'est une agression armée dépend la fréquence du recours à la légitime défense.

La résolution 3314 de l'Assemblée générale définit, à son article 1er, l'agression comme « *l'emploi de la force armée par un État contre la souveraineté, l'intégrité territoriale ou l'indépendance politique d'un autre État, ou de toute autre manière incompatible avec la Charte des Nations Unies, ainsi qu'il ressort de la présente définition* ». Si cette définition, qui reprend les termes de l'article 2.4 de la Charte, peut paraître simple, ses caractéristiques et son champ d'application le sont moins.

La recherche de critères objectifs tels que le seuil de gravité de l'emploi de la force ou des dimensions de l'attaque (A) et, dans le cas de l'agression indirecte, du lien entre l'État et les groupes armés qu'il utilise comme « proxys » (B) se heurtent aux différences d'appréciation des États qui suivent leurs propres intérêts de sécurité.

A. Le critère du seuil de gravité de l'attaque armée

La légitime défense étant un recours exceptionnel à la force armée, l'attaque ou l'agression qui la déclenche doit elle-même logiquement constituer une atteinte particulièrement forte à la sécurité de l'État sans quoi il y aurait un retour aux pratiques du XIXe siècle avec leur usage courant de la violence armée dans les relations internationales. Si l'article 2.4 de la Charte interdit l'emploi de la force d'un État à l'égard d'un autre État, n'importe quel emploi de la force ne peut conduire ce dernier à invoquer son droit à la légitime défense. Les seuils d'emploi de la force exigés respectivement par l'article 2.4 et par l'article 51 ne sont pas les mêmes et la difficulté à caractériser une « agression armée » se retrouve particulièrement dans les situations qui pourraient se trouver entre les deux seuils : les conflits régionaux dits de « basse ou moyenne intensité » (sans invasion d'un État par l'armée d'un autre État) où s'affrontent – parfois silencieusement parfois ouvertement avec des armes – des intérêts stratégiques voire des stratégies de sécurité nationale.

On traitera d'abord de la formulation d'un critère du degré de gravité de l'emploi de la force (1) avant d'exposer les difficultés de son utilisation (2).

1. La création jurisprudentielle d'un critère du degré de gravité de l'emploi de la force

La formulation d'un critère du degré de gravité de l'emploi de la force part de la caractérisation incomplète de l'agression dans la Charte et les résolutions de l'Assemblée générale des Nations Unies (a). Ce critère est développé par la CIJ et utilisé par le Conseil de sécurité (b).

a. La caractérisation incomplète de l'agression dans la Charte et les résolutions de l'Assemblée générale des Nations Unies

Les versions de l'article 51 sont différentes selon les langues. Le texte français parle d'« agression armée » alors que les textes anglais, espagnol et russe utilisent le terme d'« attaque armée ». Bien que ces différentes versions aient la même validité, les termes utilisés ne se recoupent pas complètement. Le terme d'« attaque armée » n'est pas défini dans la Charte. Il est employé par la CIJ dans son arrêt sur l'affaire des otages de l'ambassade des États-Unis à Téhéran en 1979, pour décrire l'invasion de cette ambassade par des militants armés[256]. Le terme d'« agression » est utilisé à l'article 1er (« *réprimer tout acte d'agression ou autre rupture de la paix* ») et à l'article 39 de la Charte (« *Le Conseil de sécurité constate l'existence d'une menace contre la paix, d'une rupture de la paix ou d'un acte d'agression* ») ; dans ce dernier article, l'appréciation de la menace est à la charge du Conseil de sécurité qui décide ensuite s'il y a lieu ou non de recourir à la force. L'« agression » est aussi l'objet de la résolution 3314 (1974) de l'Assemblée générale des Nations Unies qui la qualifie, dans son préambule, de « *forme la plus grave et la plus dangereuse de l'emploi illicite de la force qui renferme, étant donné l'existence de tous les types d'armes de destruction*

[256] *Affaire relative au personnel diplomatique et consulaire des États-Unis à Téhéran (États-Unis c. Iran)*, Arrêt du 24 mai 1980, CIJ. Voir, par exemple, le paragraphe 17.

massive, la menace possible d'un conflit mondial avec toutes ses conséquences catastrophiques ». Ce texte établit un seuil de violence en deçà duquel il n'y aurait pas agression et au-delà duquel il y aurait une menace possible de conflit mondial. L'« attaque armée », elle, correspondrait à un seuil de violence plus bas et permettrait plus facilement le déclenchement de la riposte légitime[257]. Alors que le terme « attaque » est en soi neutre, celui d'« agression » semble restreindre le champ d'application de la légitime défense, non seulement par un seuil plus élevé de violence mais aussi du point de vue de la cible de cette violence. Ainsi, la résolution 3314 définit (article 1er) l'agression comme « *l'emploi de la force armée par un État contre la souveraineté, l'intégrité territoriale ou l'indépendance politique d'un autre État, ou de toute autre manière incompatible avec la Charte des Nations Unies, ainsi qu'il ressort de la présente définition* ».

Ces observations sont cependant à relativiser. La difficulté de l'usage du terme d'« agression » commence avec l'article 3 de la résolution 3314 qui offre une liste d'actes variés considérées comme actes d'agression[258]. L'article 4 précise que cette liste n'est pas limitative et que le Conseil de sécurité peut en rajouter d'autres « *conformément aux dispositions de la Charte* ». Le Conseil de sécurité emploie d'ailleurs plus volontiers (comme on le verra ci- après) dans ses résolutions le terme d'« attaque armée » que d'« agression armée » lorsqu'il s'agit de qualifier un des actes énumérés à l'article 3 de la résolution de l'Assemblée générale. L'article 4 de cette même résolution ne fait donc qu'élargir le champ d'application de la définition de l'agression : il existe plusieurs modalités d'agression armée, qui peuvent être qualifiées (par le Conseil de sécurité) d'« attaques armées ».

Par ailleurs, la résolution 2625 de l'Assemblée générale sur les relations amicales entre États (adoptée quatre ans plus tôt) déclare qu'« *une guerre d'agression constitue un crime contre la paix, qui engage la responsabilité en vertu du droit international* » avant d'énoncer pèle mêle, dans le cadre des paragraphes consacrés aux principes de l'interdiction du recours à la force et de la non-intervention dans les affaires intérieures d'un État, des

---

257 J. Verhoven écrit : « *La violence évoquée par une « attaque » est bien moins large que celle qui est requise pour qu'il y ait « agression ». Peut -être est-ce d'ailleurs ce qui explique que la doctrine française soit généralement plus restrictive que son homologue anglo-saxonne dans l'appréciation de la légitime défense* [...]. *Laquelle préférer ? Il faut sans doute du moins à première vue, exiger une « agression » sans se contenter d'une « attaque », parce que la logique de la Charte est – ou du moins devrait être – de restreindre le plus possible les hypothèses dans lesquelles un État peut avoir unilatéralement recours aux armes* ». VERHOVEN (J.), « Considérations sur ce qui est commun. Cours général de droit international public », *RCADI*, vol. 334, 2008, p. 277. Voir aussi O'CONNELL (M.E.), *International Law and the 'Global War on Terror'*, Cours et travaux, IHEI de l'Université de Paris II, Paris, Pedone, 2007, p. 18.

258 Attaque du territoire d'un État ou blocus de ses ports, par l'armée d'un autre État, mise à disposition, par un État, de son territoire pour laisser l'armée d'un autre État attaquer un État tiers, envoi par un État d'une bande armée pour attaquer un autre État.

situations d'emplois illicites de la force dont les États ont le devoir de s'abstenir. Parmi celles-ci figurent certaines actions qui peuvent *a priori* constituer une agression : organiser ou encourager, pour un État, des actes de terrorisme sur le territoire d'un autre État, ou tolérer la préparation de tels actes ; les actions « *d'organiser, d'aider, de fomenter, de financer, d'encourager des activités armées subversives ou terroristes destinées à changer par la violence le régime d'un autre État ainsi que d'intervenir dans les luttes intestines d'un autre État* » ; celles d'« *organiser ou d'encourager l'organisation de forces irrégulières ou de bandes armées* [...] *en vue d'incursions sur le territoire d'un autre État* ». Au regard de ces caractéristiques, l'utilisation du terme « agression armée », s'il permettait de qualifier les actes ci-dessus, élargirait d'avantage les hypothèses dans lesquelles un État peut recourir à la légitime défense que l'utilisation du terme « attaque armée », lequel ne comprend *a priori* que des attaques directes contre un État[259].

Il apparaît donc de l'intérêt des États de privilégier l'usage des termes d'« agression armée » car ceux-ci englobent le plus grand nombre de situations d'utilisation, par l'agresseur, de la force[260]. Le problème est, comme on va le voir ci-après, la difficulté de déterminer le champ d'application de l'« agression » et le degré minimal de violence requis, car il y a des formes d'opérations armées dont l'usage est apprécié différemment selon les contextes et les stratégies de sécurité nationale des États.

Les États qui pratiquent des actions d'agression indirecte (ce terme peut recouvrir à son tour divers types d'action à définir) n'ont en effet pas intérêt à voir celles-ci qualifiées d'« agression armée » ou d'« attaque armée ». Plusieurs tentatives faites entre 1953 et 1956 pour définir l'agression, au sein de l'Assemblée générale, de la Commission pour le droit international et des comités spéciaux n'ont pas abouti[261]. Comme le rapporte J. Norton Moore, l'Union soviétique favorisait une définition « objective » de l'agression avec

---

[259] En outre, certains auteurs américains, s'appuyant sur des déclarations de la délégation des États-Unis au Comité III chargé des travaux préparatoires de la Charte ont interprété le terme « attaque armée » comme excluant la légitime défense anticipative. Cette position, rejetée par la majorité de la doctrine anglo-saxonne, signifierait qu'il faudrait attendre qu'une attaque ait lieu avant de prendre de mettre en œuvre la légitime défense. Cela restreindrait encore plus le champ d'application de la légitime défense. Voir MOORE (J.N.), « The Use of Force in International Relations », dans MOORE (J.N.), ROBERTS (G.B), TURNER (R.F.) (dir.) *National Security Law & Policy*, 3e édition, Durham, Carolina Academic Press,2015, p. 80.

[260] On notera que la CIJ utilise, de l'arrêt sur l'*Affaire des Activités militaires et paramilitaires au Nicaragua*, dans la version anglaise, le terme « *armed attack* » et dans la version française le terme d'« agression armée » : « *In the case of individual self-defense, the exercise of this right is subject to the State concerned having been the victim of an armed attack* [« agression armée » dans la version française] ». Voir *Activités militaires et paramilitaires au Nicaragua et contre celui-ci (Nicaragua c. États-Unis),* arrêt du 27 juin 1986, CIJ, Recueil 1986, par. 195. Pour examiner l'un ou l'autre de ces termes, la Cour se réfère à la résolution 3314 de l'Assemblée générale.

[261] MOORE (J.N.), « The Use of Force in International Relations », *op. cit.*, p. 84.

une liste d'actes qui incluait les actions indirectes et les actions économiques et idéologiques. Cette liste se fondait sur le principe : « celui qui commet le premier un de ces actes est l'agresseur ». D'autres États préféraient une définition large incluant toutes les formes possibles d'agression. La résolution 3314 représente un compromis entre ces différentes positions. McDougal, S. Myres et F. Feliciano rapportent les limites de cet effort de compromis : « *It has been appropriately emphasized that the 'task of evaluation' involved in a determination of aggression 'simply cannot be performed by limiting consideration to the occurrence of a precisely defined act, at a particular moment, in insulation from the broader context of the relations of the States concerned* »[262]. Ces limites renvoient au « contexte plus large des relations entre les États concernés », ce qui rendrait nécessaire, pour qualifier un acte d'agression, la prise en considération de possibles actions antérieures (armées ou pas) entreprises de part et d'autre ainsi que des intérêts de sécurité qui se profilent derrière cet acte. Ceci explique la difficulté des États à qualifier de façon unanime un embargo, un blocus économique ou une cyberattaque comme une agression[263] et à codifier les différentes formes d'emploi de la force dans un traité ou une résolution à vocation universelle[264].

---

[262] McDOUGAL (M.S.). MYRES (W.) and FELICIANO (F.P.), Law and Minimum World Public Order (1961), cité par MOORE (J.N), « The Use of Force in International Relations », *op. cit.*, p. 89.

[263] Cette question sera abordée plus en détails dans la deuxième partie, consacrée aux actes unilatéraux des États, de la présente étude.

[264] Notons qu'à la difficulté de codifier les actes d'agression ouvrant droit à l'usage de la légitime défense s'ajoute le problème de qualification des situations relevant de la « guerre d'agression », terme utilisée par la résolution 3314 dans son article 5.2 : « *une guerre d'agression est un crime contre la paix internationale. L'agression donne lieu à la responsabilité internationale* ». Qu'est – ce qu'une guerre d'agression ? Est-ce que l'un des actes énumérés à l'article 3 de la même résolution suffit à caractériser l'existence de cette guerre ? Le terme « guerre » lui-même n'a pas reçu de définition unique en droit international et est utilisé pour qualifier des situations variables. Selon la doctrine militaire des États-Unis, la guerre est définie par la réunion de quatre éléments : 1/ une dispute, 2/ entre deux États-nations au moins, 3/ l'emploi d'une force armée et 4/ l'intention d'écraser son adversaire. Le mot « guerre » englobe maintenant, selon certains chefs d'État (en premier G.W. Bush) et depuis le 11 septembre 2001, la lutte contre le terrorisme international. Ceux-ci invoquent dans cette situation la légitime défense. F. Hollande a parlé de « guerre » le soir des attentats du 13 novembre 2015 à Paris. X. Latour écrit par ailleurs que « le concept de « guerre » est étendu à la compétition économique internationale, au point de justifier notamment la mobilisation des moyens étatiques de renseignement ». Voir LATOUR (X.), « Défense nationale » dans MBONGO (P.), HERVOUET (Fr.), SANTULLI (C.) (dir), *Dictionnaire encyclopédique de l'État*, Paris, Berger-Levrault, p. 199. Le concept de « guerre » est donc essentiellement politique.

b. L'utilisation du critère du seuil de gravité de l'emploi de la force

La CIJ utilise, pour caractériser les différentes formes d'emploi de la force armée, le critère des dimensions militaires – c'est-à-dire du degré de gravité – de l'intervention armée. Dans l'affaire du Nicaragua comme dans celle du Congo, la Cour juge en droit coutumier (car il n'y a pas d'autre source) et établit une distinction entre les formes les plus graves d'emploi de la force et les formes les moins « brutales » dont certaines sont décrites dans la résolution 2625 de l'Assemblée générale des Nations Unies[265]. Elle considère que les formes les plus graves d'emploi de la force correspondent à ce que décrit l'article 3.g) de la résolution 3314 de l'Assemblée sur l'agression indirecte : des actes de force armée d'une « *gravité telle qu'ils équivalent aux actes énumérés ci-dessus* », lesquels sont des actes « classiques » d'invasion, de bombardements, d'occupation ou de blocus de ports de la part de l'armée d'un État. Sur ce fondement, estime la Cour, on ne peut parler d'agression armée dans le cas d'une assistance d'un État à des rebelles appartenant à un autre État sous la forme de « fourniture d'armements, d'assistance logistique ou autre », cette dernière forme, étant un emploi de la force ou une intervention dans les affaires intérieures d'un État, mais sans les dimensions nécessaires pour caractériser une agression armée[266]. L'intervention des EUA au Nicaragua n'est ainsi pas considérée comme une agression armée mais comme une intervention dans les affaires intérieures du Nicaragua. La Cour juge cependant cette intervention étrangère indirecte par groupes armés interposés tout aussi illicite – « aussi bien à l'égard du principe de non-emploi de la force que de celui de la non-intervention » – que l'intervention militaire directe dans la mesure où elle a pour but de contraindre l'État visé à changer son système politique, économique et social et ses choix stratégiques[267]. Mais les effets de cette illicéité sur la possibilité de recourir à la légitime défense sont différents : une intervention d'un État A contre un État B dans le but de mettre fin à une intervention (et non pas une agression armée) de cet État dans un État C n'est pas licite comme le serait la légitime défense dans le cas d'une agression armée[268]. L'Institut de droit international, qui utilise également le critère du degré de gravité de l'emploi de la force armée pour caractériser l'agression, déclare que les emplois de la force situés en deçà du seuil de

---

[265] *Activités militaires et paramilitaires au Nicaragua et contre celui-ci (Nicaragua c. États-Unis), op. cit.*, par. 191. La Cour cite les passages de cette résolution sur l'emploi de la force qui viole les frontières d'un État, sur l'organisation de bandes armées en vue d'incursions sur le territoire d'un autre État et sur l'organisation, par un État, d'actes de guerre civile ou de terrorisme sur le territoire d'un autre État.

[266] *Activités militaires et paramilitaires au Nicaragua et contre celui-ci (Nicaragua c. États-Unis), op. cit.*, par. 195.

[267] *Activités militaires et paramilitaires au Nicaragua et contre celui-ci (Nicaragua c. États-Unis), op. cit.*, par. 205.

[268] *Ibidem*, par. 211.

gravité requis peuvent donner lieu à des contremesures prévues par le droit international ou à des mesures de police « strictement nécessaires » pour repousser l'attaque[269]. Il n'existe pas, ici, de critères légaux permettant d'encadrer un recours à l'emploi de la force armée contre une attaque qui ne correspondrait pas à une agression[270].

L'examen des résolutions et des discussions sur les projets de résolution au Conseil de sécurité confirme que les formes les plus graves – et les plus classiques – d'emploi de la force armée énumérées dans l'article 3.g) de résolution 3314 de l'Assemblée générale sont qualifiées sans difficulté d'agression. C'est le cas de l'occupation d'une partie du territoire angolais par les troupes sud-africaines qui, dans les années 1979-1980, combattaient au côté de l'opposition armée de J. Savimbi contre le gouvernement marxiste qui était au pouvoir depuis l'indépendance du pays en 1975. La résolution 545 (1983) du Conseil de sécurité qualifia cette occupation de « persistante », la jugea « illégale » et la condamna car elle constituait une « violation flagrante de la souveraineté, de l'indépendance et de l'intégrité territoriale de l'Angola »[271]. La résolution 546 (1984) condamnait également un bombardement et des opérations militaires de l'Afrique du Sud en Angola. De la même façon, le Conseil de sécurité condamnait l'occupation continue de la Namibie par l'Afrique du Sud et le fait, pour cette dernière, d'utiliser le territoire namibien comme « *tremplin pour des attaques contre des États africains de la région et leur déstabilisation* »[272]. La résolution 660 (1990) consécutive à l'invasion du Koweït par l'Irak le 2 août 1990 déclare simplement : « *Le Conseil de sécurité condamne l'invasion du Koweït par l'Irak* ». Une deuxième résolution le 6 août fait référence au Chapitre VII mais en même temps « *affirme le droit naturel de légitime défense, individuelle ou collective, face à l'attaque armée dirigée par l'Irak contre le Koweït, consacrée par l'article 51 de la Charte* », laquelle légitime défense ne sera pas utilisée en raison des mesures mises en place par le Conseil de sécurité énumérées par la même résolution et les résolutions suivantes.

Cependant, certaines actions ne relevant pas de l'« attaque armée » classique ou des formes d'agression énumérées à l'article 3 g) de la résolution 3314 révèlent la difficulté de l'application, dans toute situation, du critère du degré de gravité de l'emploi de la force armée pour caractériser une agression.

---

[269] Institut de droit international, Résolution du 27 octobre 2007, 10e commission sur les problèmes actuels de l'utilisation de la force armée en droit international, point n° 5.

[270] Selon Y. Dinstein: « *A no-man's-land unfolds between the type of military assistance that a third State can lawfully provide and the direct exercise of collective self-defence in response to an armed attack* ». DINSTEIN (Y..), *War, aggression and self-defence, op. cit.*, p. 207.

[271] Résolution adoptée par 14 voix contre zéro avec l'abstention des EUA.

[272] Résolutions 539 (1983) et 546 (1984).

2. Les difficultés d'évaluation de la gravité de l'attaque armée

Parmi les actions controversées, il y d'abord celle examinée par la CIJ elle-même dans l'affaire des Plateformes. La Cour rejette l'invocation, par les EUA, de la légitime défense en raison de l'absence de preuve rapportée par ce pays sur l'origine iranienne du mouillage d'une mine ayant touché un navire guerre américain. Mais ceci n'empêche pas la juridiction de déclarer que le minage d'un seul navire de guerre peut constituer une agression[273]. Il y a également des actions qui n'ont *a priori* pas la dimension militaire ou la gravité suffisante pour être qualifiées d'agression mais qui, en raison d'un contexte de tension internationale, sont susceptibles d'avoir des conséquences graves allant jusqu'au déclenchement d'une guerre. Certaines incursions des avions d'un État au-dessus du territoire d'un autre État en sont un exemple. On peut citer les incursions d'avions militaires américains sur le territoire soviétique dans les années 1950-1960. En mai 1960, le représentant soviétique au Conseil de sécurité déposait un projet de résolution qualifiant d'agression ces incursions répétées. Il s'appuyait non seulement sur la violation des frontières et de la souveraineté de l'État mais aussi sur le danger d'escalade dans les ripostes militaires à cet acte compte tenu de la tension dans les relations internationales entre les deux superpuissances. Les États-Unis et la France repoussèrent le projet de résolution en niant tout caractère agressif à l'incursion des avions américains. Cette incursion était, selon les États-Unis, destinée à renforcer leur propre sécurité et celle de ses alliés contre le danger militaire russe ; selon la France, il s'agissait d'une simple opération de recueil de renseignements en temps de paix[274]. Par contraste, l'incident du Boeing 747 de la *Korean Airlines* qui fut abattu le 1er septembre 1983 par un aéronef militaire soviétique lorsqu'il volait sans autorisation dans l'espace aérien de l'URSS[275] fut condamnée par les pays occidentaux comme un acte de violation des normes de l'aviation civile internationale[276] mais pas comme

[273] *Affaire des plates-formes pétrolières (République islamique d'Iran c. États-Unis)*, Arrêt du 6 novembre 2003, CIJ, par. 72.

[274] Voir Examen des dispositions du chapitre VII de la Charte, Répertoire de la pratique du Conseil de sécurité, Chapitre XI, Examen des dispositions du chapitre VII de la Charte, Années 1959-1963, p. 289.

[275] L'article 1er de la Convention relative à l'aviation civile internationale dispose que « chaque État a la souveraineté complète et exclusive sur l'espace aérien au-dessus de son territoire ».

[276] Voir les débats au Conseil de sécurité le 12 septembre 1983 et les lettres respectives des représentants permanents de l'Australie, du Canada, de la Corée, du Japon et des EUA au président du Conseil de sécurité. Documents S/PV/2476, S/15951, S/15949, S/15948, S/15950 et S/15947. Lors de cette séance au Conseil de sécurité, l'URSS se défendit en qualifiant l'incident aérien d'opération d'espionnage organisée à partir des territoires américain et japonais. Elle mit son veto au projet de résolution du Conseil de sécurité qui déclarait que *« pareil usage de la force armée contre l'aviation civile internationale est incompatible avec les normes régissant le comportement international et avec des considérations élémentaires d'humanité »*. Voir document S/15966/Rev.1, p. 2.

un acte d'agression ni même comme une violation du principe d'interdiction du recours à la force.

Un autre type d'exemple d'action armée isolée susceptible d'avoir des conséquences graves en raison du contexte dans lequel elle a lieu est l'assassinat, à Tunis le 16 avril 1988, d'un dirigeant de l'Organisation de libération de la Palestine (OLP) par un commando d'hommes armés. La résolution 611 du Conseil de sécurité[277] attribua la responsabilité de cet assassinat à Israël et qualifia cet acte d'agression. Les déclarations des représentants de plusieurs États durant les débats sur la résolution 611 mirent en avant le fait que cet assassinat exacerbait les violences dans le Proche-Orient, d'autant qu'il pouvait être interprété comme faisant partie d'une politique israélienne d'État visant à résoudre par la force la question palestinienne[278].

La prise en compte du contexte d'une opération armée est absente dans le cas d'une attaque qui eut lieu contre l'Éthiopie lors du conflit qui opposa l'Érythrée à l'Éthiopie à la fin des années 1990 et qui donna lieu à un arbitrage[279]. Le 12 mai 1998, des brigades de l'armée érythréenne appuyées par des tanks et de l'artillerie attaquèrent des patrouilles de l'armée éthiopienne le long de la frontière qui, mal définie, passait sur une zone de territoire contestée par les deux pays. Les forces érythréennes purent alors prendre le contrôle de cette zone. L'Éthiopie invoqua son droit à la légitime défense pour libérer son territoire, notifia le Conseil de sécurité au titre de l'article 51 et lança des opérations militaires. Une guerre s'ensuivit entre les deux pays. La Commission d'arbitrage qualifia l'action érythréenne du 12 mai d'attaque et de violation de l'article 2.4 de la Charte des Nations unies

---

À la suite de cet incident aérien et sur proposition de plusieurs États fut incorporé, dans la Convention relative à l'aviation civile internationale, un article 3*bis* qui prescrit aux États de s'abstenir de recourir à la force armée contre les aéronefs civils en vol et de ne pas mettre en danger la vie des passagers lors d'une interception.

277 Résolution 611 (1988) du 25 avril 1988.

278 Document S/PV.2810. Voir aussi CORTEN (O.), *Le droit contre la guerre..., op. cit.*, p. 97.

Le président du Conseil de sécurité parlant en qualité de représentant de la Zambie compare (p. 22) cet assassinat aux actes – qu'il qualifie d'agressions – réalisées par l'Afrique du Sud en territoire zambien.

Il faut noter les divergences exprimées par le représentant des EUA – dont le pays choisit de s'abstenir lors du vote de la résolution 661 – à propos de la signification donnée à l'assassinat du dirigeant de l'OLP. Cet assassinat, selon ce représentant, n'était pas le seul facteur responsable de la flambée de violences constatée dans la région dans les jours qui précédaient la séance du Conseil de sécurité. Document S/PV.2810, p. 30.

279 *Jus Ad Bellum, Ethiopia's claims 1-8*, Partial Award between the Federal Democratic Republic of Ethiopia and the State of Eritrea, Eritrea Ethiopia Claims Commission, The Hague, December 19, 2005.

mais pas d'agression et refusa de prendre en compte le fait que cette attaque avait provoqué une guerre[280].

On peut mentionner enfin l'épisode de l'attaque armée contre l'ambassade et les deux consulats des États-Unis en Iran le 4 novembre 1979. Cette attaque, qui conduisit à l'invasion de l'ambassade et à la prise d'otage de 70 personnes dont l'Ambassadeur lui-même, peut-elle être qualifiée d'agression indirecte de la part de l'État iranien ? La police et les autorités iraniennes seraient restées passives devant l'action des militants armés. Un message du Guide de la Révolution iranienne déclarait que l'ambassade des États-Unis en Iran était en réalité un « *centre d'espionnage de nos ennemis contre notre mouvement islamiste sacré* » et demandait l'extradition du Shah et l'arrêt des activités d'espionnage en l'échange de l'ouverture de négociations sur la libération des otages[281]. Cette attaque où deux membres du personnel de l'ambassade trouvèrent la mort pouvait *a priori* correspondre à la forme d'agression décrite à l'article 3.g) de la résolution ci-dessus : « *envoi par un État ou en son nom de bandes ou de groupes armés* [...] *qui se livrent à des actes de force armée contre un autre État d'une gravité telle qu'ils équivalent aux actes énumérés ci-dessus, ou le fait de s'engager d'une manière substantielle dans une telle action* » ou à l'article 1 de la même résolution qui vise « *l'emploi de la force armée par un État contre la souveraineté, l'intégrité territoriale ou l'indépendance politique d'un autre État* ». La résolution 461 (1979) du Conseil de sécurité s'est contenté de qualifier cette prise d'otage de « *violation du droit international pouvant avoir des conséquences graves sur la paix et la sécurité internationales* »[282]. Lors de la séance du Conseil consacrée à

---

[280] *Ibidem*, par. 6-19. Comme le remarque Y. Dinstein, si la Commission d'arbitrage parle d'attaque armée et pas d'agression, elle ne précise pas ce qu'il manquait comme effectifs militaires à l'Érythrée pour qualifier l'action de celle-ci d'agression. DINSTEIN (Y.), *War, aggression and self-defence, op. cit.*, p. 208.

[281] Voir *Affaire relative au personnel diplomatique et consulaire des États-Unis à Téhéran (États-Unis c. Iran)*, Arrêt du 24 mai 1980, CIJ ; par. 18 et suivants.

[282] Résolution 461 (1979) du 31 décembre 1979, votée avec l'abstention de 4 États dont l'URSS. Cette résolution, qui demande au gouvernement de libérer les otages et de leur permettre de quitter le pays, ne pouvait aller plus loin dans la qualification de la prise d'otage en raison de la position de l'URSS qui soutenait l'Iran. Selon le représentant des États-Unis, « *en bloquant les sanctions, l'Union soviétique espère détourner l'attention de sa tentative d'assujettissement de l'Afghanistan et s'efforce d'obtenir les bonnes grâces du Gouvernement et du peuple iraniens, qui sont au nombre de ceux directement affectés par l'invasion soviétique de l'Afghanistan* ». La Chine exprima une position similaire à celle des EUA.
L'adoption d'un projet de résolution prévoyant des sanctions contre l'Iran fut bloquée par le veto soviétique. Outre ce veto, le projet rencontra l'opposition du Mexique et du Bangladesh. Ces pays craignaient la création d'un précédent qui pouvait conduire, à l'avenir, à des ingérences dans des processus de changement politique dans des pays du Tiers monde sous prétexte de violations du droit international ayant causé un préjudice à des ressortissants étrangers. Voir document S/PV.2191, 2191e séance des 11 et 13 janvier 1980, Bibliothèque des Nations Unies, p. 7 et suivantes.

l'examen de mesures face à cette situation, le représentant des EUA ne visa pas ces textes mais les Conventions de Vienne de 1961 et 1963 sur les relations diplomatiques et des règles coutumières sur l'immunité et l'inviolabilité diplomatique. Il déclara aussi que l'« *Iran continue de détenir le personnel diplomatique dans le cadre d'une campagne de terrorisme et de chantage politique menée en Iran par des éléments qui jouissent de l'appui des autorités iraniennes* »[283]. C'est lorsqu'ils portèrent ensuite l'affaire devant la CIJ que les EUA visèrent, entre autres textes (dont les Conventions de Vienne précitées), la violation de l'article 2.4 de la Charte de l'ONU. Bien qu'il ne fût pas question d'agression, ils qualifièrent les faits d'attaque armée et invoquèrent la légitime défense pour justifier leur tentative d'intervention armée destinée à libérer les otages[284].

La CIJ elle-même parla d'« attaque armée » mais pas d'agression dans cette affaire, raison pour laquelle elle déplora la tentative d'intervention armée des EUA. Cette ambiguïté relative à la qualification de l'attaque de l'ambassade peut être expliquée par deux éléments.

Le premier élément est qu'un seul de ces deux États estimait qu'il était en conflit avec l'autre. L'Iran qualifia la tentative d'intervention armée des EUA d'« acte d'invasion » et d'agression militaire à son encontre[285]. L'Iran considérait qu'il existait un conflit entre elle et les EUA en raison d'une ingérence de ces derniers dans ses affaires intérieures depuis 25 ans (c'est-à-dire depuis le coup d'État de 1953 qui renversa le premier ministre Mossadegh) et que l'affaire des otages n'était qu'un élément mineur à l'intérieur de ce conflit[286]. Le président américain, quant à lui, niait l'existence de tout conflit avec l'Iran et ce, en dépit de la rhétorique fortement anti-américaine des autorités iraniennes qui, dans le contexte de la révolution de 1979, rencontrait un certain écho dans la population. Pour justifier la tentative avortée de sauvetage des otages par l'armée des États-Unis, le président Carter déclara qu'il n'avait pas agi contre l'Iran mais pour

---

[283] Voir document S/PV.2191, *op. cit.*, p. 3 et suivantes.

[284] Dans son opinion dissidente relative à l'arrêt sur les affaires militaires et paramilitaires au Nicaragua, le juge Schwebel mentionne l'affaire des otages de l'ambassade des EUA à Téhéran en écrivant :

« Il convient de rappeler que les États-Unis ont expliqué leur expédition avortée de sauvetage des otages par « l'exercice de leur droit inhérent de légitime défense, en vue de sauver les ressortissants américains qui sont et demeurent les victimes de l'attaque armée iranienne contre notre ambassade » et qu'ils ont porté cette expédition à la connaissance du Conseil de sécurité « en application de l'article 51 de la Charte des Nations Unies ». Voir *Activités militaires et paramilitaires au Nicaragua et contre celui-ci (Nicaragua c. États-Unis), CIJ,* Opinion dissidente du juge Schwebel, par. 65

[285] Voir le télégramme adressé le 25 avril 1980 par le ministre des Affaires étrangères de l'Iran au secrétaire général de l'ONU, document S/13915, p. 2.

[286] *Affaire relative au personnel diplomatique et consulaire des États-Unis à Téhéran, op. cit.*, par. 35.

protéger les intérêts nationaux de son pays[287]. Désignait-il seulement ses ressortissants et diplomates (comme s'il s'agissait d'une simple opération d'évacuation de ressortissants bloqués dans un pays en crise) ou incluait-il les ambassades et l'ensemble des intérêts américains visés par les Iraniens, ce qui sous-entendrait alors (comme le soutenait l'Iran) l'existence d'un conflit réel entre les deux pays ? Cette absence de précision tranche avec les situations d'agression où généralement les deux parties en présence reconnaissent l'existence d'un conflit même s'il s'agit d'agression indirecte. C'est, par exemple, le cas de l'affaire des activités militaires et paramilitaires au Nicaragua (CIJ, 1986) de laquelle il ressort que les États-Unis, tout en employant la force de façon revendiquée et parfois non revendiquée (opérations clandestines) contre le Nicaragua menaient officiellement une offensive politique et commerciale (embargo) contre ce dernier qu'ils avaient déclaré comme présentant une menace à leur sécurité nationale. C'est aussi le cas de l'affaire des activités armées au Congo où l'Ouganda, défendeur à l'instance, justifiait ses actions armées sur le territoire de son voisin, la RDC, par la nécessité de protéger sa sécurité face aux attaques de rebelles opérant à partir du territoire congolais.

Le second élément n'est pas propre à l'affaire des otages de l'ambassade de Téhéran car il porte sur les caractéristiques essentielles de l'agression indirecte : le lien entre les bandes ou groupes armés agissant contre un État et l'engagement d'un État tiers dans le soutien à ces groupes armés. En l'espèce, la Cour s'attache à caractériser le lien entre les autorités iraniennes et les assaillants et preneurs d'otages. Dans son arrêt, elle conclut que le déclenchement de l'attaque n'était pas directement imputable à ces autorités car il n'existait pas de tel lien entre les militants et l'État ou ses leaders religieux[288]; en même temps, la Cour distingue une seconde phase de l'affaire où elle établit qu'après l'attaque elle-même, les autorités iraniennes ont manifesté leur soutien à la détention du personnel de l'ambassade afin de faire pression sur le gouvernement des EUA. La Cour en conclu que dans cette phase seulement, les militants avaient bien agi pour le compte de l'État « *afin de contraindre par ce moyen les EUA à se plier à leurs exigences* », ce qui ne cependant suffira pas pour qualifier l'ensemble de l'opération (attaque de l'ambassade et prise d'otage) d'agression armée[289].

[287] *Affaire relative au personnel diplomatique et consulaire des États-Unis à Téhéran, op. cit.*, par. 32. En tout état de cause, dans son arrêt, la CIJ n'accepte pas cette justification iranienne à l'attaque de l'ambassade d'autant que l'Iran s'était refusé à présenter ses arguments devant la juridiction. Dans son opinion dissidente, le juge

[288] *Affaire relative au personnel diplomatique et consulaire des États-Unis à Téhéran, op. cit.*, par. 59. Ceci malgré les déclarations des autorités critiquant, comme les militants, l'accueil du Shah aux EUA, malgré d'autres déclarations d'appui implicite aux militants et la passivité de la police devant les actions commises.

[289] *Affaire relative au personnel diplomatique et consulaire des États-Unis à Téhéran, op. cit.*, par. 91.

B. Le critère du lien entre l'État et les groupes armés utilisés comme « proxys »

De même que la question des caractéristiques (dimensions) d'une opération armée, la question du lien entre un État et des groupes armés qui mènent une telle opération dans un État tiers est importante pour la qualification éventuelle de celle-ci en agression. Sans la présence d'un de ces deux éléments mentionnés dans le paragraphe 3g) de la résolution 3314 sur l'agression indirecte, il apparaît plus difficile d'invoquer la légitime défense.

Une jurisprudence s'est développée à partir de quelques affaires, qui utilise le critère du « contrôle effectif » des groupes armés pour caractériser l'existence d'un lien entre ces groupes et un État tiers afin d'établir l'existence d'une agression indirecte (1). Le critère du contrôle effectif prête cependant le flanc à des critiques pour son caractère trop restrictif alors que la plupart des conflits aujourd'hui sont des conflits armés non internationaux, c'est-à-dire les guerres civiles qui mettent souvent en présence des groupes bénéficiant du soutien d'États tiers (2).

1. Le critère du contrôle effectif

Dans l'affaire *Activités militaires et paramilitaires au Nicaragua,* la Cour se réfère au paragraphe 3.g) de la résolution 3314 pour examiner le minage des ports du Nicaragua au début de l'année 1984 par les États-Unis et, plus largement, le rôle joué par les États-Unis dans la création et l'action des combattants rebelles appelés *contras.*

La CIJ établit d'abord l'existence d'une opération par laquelle des agents du gouvernement américain organisaient et supervisaient la pose de mines dans les ports nicaraguayens par l'intermédiaire de groupes locaux appelés *Unilaterally Controlled Latino Assets (UCLA)*[290]. Il y eu aussi le financement, par le Congrès des États-Unis, d'un « programme d'activités clandestines » au titre de l'*Intelligence Authorization Act* et du *Defense Appropriations Act* (lois sur les crédits de renseignement et de défense) entre 1981 et 1984. Il s'agissait de financer les activités militaires et paramilitaires des *contras*, les fonds étant distribués sur le terrain par la CIA[291]. Ce

---

La question de la caractérisation de l'agression indirecte se pose de nos jours avec les cyberattaques. Ce point est traité dans la 2è partie, Titre I, chapitre I, section II, § 1 de la présente thèse.

[290] *Activités militaires et paramilitaires au Nicaragua et contre celui-ci (Nicaragua c. États-Unis),* arrêt du 27 juin 1986, CIJ, Recueil 1986, par. 75, 80 et 87.

[291] L'arrêt cite la déposition d'un témoin ex-agent de la CIA évoquant aussi l'existence d'un plan dont l'objectif qui correspond à une opération clandestine de grande envergure dont l'objectif était formulé comme suit :

« *Selon les documents du Conseil de sécurité nationale, les opérations secrètes prévues par la proposition de la CIA doivent : Développer, en Amérique centrale et au Nicaragua, un soutien populaire pour un front d'opposition nationaliste, anti-Cuba et anti-Somoza. Soutenir le front d'opposition en formant et en entraînant des équipes d'action afin de rassembler des*

financement était accompagné d'un soutien logistique et fourniture aux *contras* de renseignements sur les positions et les mouvements de l'armée gouvernementale (sandiniste). Les EUA ont également, selon la Cour, décidé et planifié un « certain nombre » d'opérations militaires réalisées par les rebelles ; la FDN, une des organisations rebelles, était organisée par les EUA[292]. Mais tout cela suffisait-il à qualifier le comportement des EUA comme une agression contre le Nicaragua ? Pour qu'il y ait agression, la Cour indique (outre la présence d'une attaque armée d'un certain niveau de gravité) la nécessité d'établir l'existence d'un lien de subordination direct de ces rebelles aux EUA[293]. Ce lien, qui traduirait un contrôle effectif et global des EUA sur les rebelles, rendrait en outre directement responsable les EUA pour les activités armées illicites commises par ces groupes armés. En l'espèce, la Cour conclu qu'elle n'avait pas de preuves que les EUA aient effectivement contrôlé les *contras*, que ceux-ci agissaient au nom des EUA et que leurs actes seraient imputables aux EUA[294].

Par ailleurs, afin d'examiner, dans cette même affaire, l'invocation de la légitime défense par les États-Unis (dans leur contre-mémoire), la CIJ se pencha sur les liens entre le Nicaragua et les combattants insurgés au Salvador, Honduras et Costa-Rica. Il s'agissait de voir si l'appui matériel apporté par le Nicaragua à ces combattants correspondait à une agression indirecte contre ces trois États[295]. La Cour établit l'existence de transferts d'armes réalisés « à partir du territoire du Nicaragua » en direction du Salvador jusqu'au premiers mois de 1981[296] ainsi que l'existence de « certaines incursions militaires transfrontalières dans le territoire du Honduras et du Costa Rica », ces dernières étant « imputables au

---

renseignements et d'entreprendre des opérations paramilitaires et politiques au Nicaragua et ailleurs. Travailler, surtout par l'intermédiaire de non-Américains pour atteindre ces objectifs secrets ». Voir *Activités militaires et paramilitaires au Nicaragua et contre celui-ci (Nicaragua c. États-Unis), op. cit.*, par. 97 et suivants.

292 *Activités militaires et paramilitaires au Nicaragua et contre celui-ci (Nicaragua c. États-Unis), op. cit.*, par. 94 à 108. Le raisonnement de la Cour suit la règle proposée par la Commission du droit international dans son projet d'articles sur la responsabilité internationale de l'État, laquelle reflète elle-même le droit coutumier international. L'article 8 de ce projet dispose que « *Le comportement d'une personne ou d'un groupe de personnes est considéré comme un fait de l'État d'après le droit international si cette personne ou ce groupe de personne, en adoptant ce comportement, agit en fait sur les instructions ou les directives ou sous le contrôle de cet État* ».

293 « La Cour doit déterminer si les liens entre les *contras* et le Gouvernement des États-Unis étaient à tel point marqués par la dépendance d'une part et l'autorité de l'autre qu'il serait juridiquement fondé d'assimiler les contras à un organe du Gouvernement des États-Unis ou de les considérer comme agissant au nom de ce gouvernement ». *Activités militaires et paramilitaires au Nicaragua et contre celui-ci (Nicaragua c. États-Unis), op. cit.*, par. 109.

294 *Activités militaires et paramilitaires au Nicaragua et contre celui-ci (Nicaragua c. États-Unis), op. cit.*, par. 110 à 116.

295 *Ibid*, par. 116 et 195.

296 *Ibid*, par. 152.

Gouvernement du Nicaragua »[297]. Sur la base de ses conclusions relatives à la fourniture d'armes ou de logistique – selon lesquelles cette fourniture ne correspond pas à une agression armée – la Cour conclut à l'inexistence d'une telle agression de la part du Nicaragua. De même, les incursions armées sur le territoire du Honduras et du Costa Rica ne constituent pas en soi une agression armée.

La CIJ reprit ces conclusions dans l'affaire des activités armées au Congo et dans celle de l'application de la Convention sur le génocide. Dans la première, l'Ouganda justifiait ses opérations militaires contre ce pays par des exigences de sécurité nationale menacée par des groupes rebelles ou dissidents ougandais basés sur le territoire de la RDC. L'Ouganda accusait la RDC d'implication dans l'organisation de ces groupes. La CIJ déclara qu'il n'existait pas de preuve satisfaisante d'une implication directe ou indirecte du gouvernement de la RDC dans ces attaques car « *celles-ci n'étaient pas le fait de bandes armées ou de forces irrégulières envoyées par la RDC ou en son nom, au sens de l'article 3 g) de la résolution 3314* »[298]. S'agissant des opérations militaires dirigées contre la RDC par les opposants armés au président congolais – notamment le Mouvement de Libération du Congo MLC – et qui conduisirent la RDC à introduire l'instance contre l'Ouganda devant la CIJ, celle-ci ne put établir que le MLC avait agi « sur les instructions ou les directives ou sous le contrôle de » l'Ouganda. Néanmoins, la Cour évoqua le fait que l'Ouganda lui-même avait reconnu avoir dispensé un entraînement et accordé un soutien militaire au MLC[299], ce qui ne suffisait pas à établir la réalité d'un contrôle effectif. Dans l'affaire de l'application de la Convention sur le génocide, La CIJ précisa que ce contrôle se vérifiait exceptionnellement car il signifiait une « totale dépendance » de l'individu ou du groupe vis-à-vis de l'État, c'est-à-dire « un degré particulièrement élevé de contrôle de l'État sur les personnes ou entités en cause »[300]. Notons que, dans l'affaire des activités armées, l'absence de contrôle effectif, par l'État ougandais, des rebelles congolais

---

[297] *Ibid*, par. 164.

[298] *Affaire des activités armées sur le territoire du Congo (République démocratique du Congo c. Ouganda)*, arrêt du 19 décembre 2005, CIJ, par. 145. La Cour signifiait ainsi l'impossibilité, pour l'Ouganda, d'intervenir au Congo en légitime défense pour attaquer ces rebelles même si le Congo tolérait cette présence rebelle dans une zone éloignée et difficile d'accès car il n'avait pas la possibilité matérielle de la combattre ou de la chasser de son territoire. C'est un peu la même situation que celle dans laquelle se trouvait le Nicaragua dans l'affaire sur les activités militaires ou paramilitaires où la Cour soulignait que les groupes rebelles évoluaient dans une zone frontalière avec le Salvador difficile d'accès pour les troupes gouvernementales nicaraguayennes qui ne pouvaient contrôler facilement les trafics d'armes et les mouvements transfrontaliers dont se plaignait le Salvador.

[299] *Affaire des activités armées sur le territoire du Congo (République démocratique du Congo c. Ouganda), op. cit.*, par. 160.

[300] *Application de la convention pour la prévention et la répression du crime de génocide (Bosnie-Herzégovine c. Serbie-et-Monténégro)*, arrêt, C.I.J, Recueil 2007, par. 393.

n'a pas empêché la Cour de qualifier les opérations armées de l'Ouganda d'« *intervention militaire illicite d'une ampleur et d'une durée telle* » qu'elle constitue une « *violation grave de l'interdiction de l'emploi de la force* » énoncé à l'article 2.4 de la Charte des Nations Unies[301]. Ceci revient à parler d'agression armée car la CIJ fait allusion au droit de la RDC à la légitime défense[302].

2. Les limites du critère du contrôle effectif

Dans l'affaire *Tadic*, le TPIY (Chambre de première instance et Chambre d'appel) critiqua le critère du contrôle effectif de la CIJ en le jugeant trop restrictif dans les affaires concernant des groupes militaires ou paramilitaires[303]. Mais il faut préciser ici que le TPIY agissait, en tant que tribunal pénal, dans un cadre spécifique d'appréciation de la responsabilité pénale individuelle pour des faits d'infraction au droit international

---

301 *Affaire des activités armées sur le territoire du Congo (République démocratique du Congo c. Ouganda)*, arrêt du 19 décembre 2005, CIJ, par. 165. On notera que la Cour décrit les opérations militaires de l'armée ougandaise (*Uganda People Defence Forces* ou « UPDF ») d'une manière qui caractérise l'agression directe telle que décrite à l'article 3 de la résolutions 3314 de l'Assemblée générale : « *les UPDF ont traversé de vastes zones de la RDC* [...]. *Elles ont mené des opérations militaires dans un grand nombre de localités, notamment à Bunia, Kisangani, Gbadolite, en Ituri, et en bien d'autres endroits* [...]. *La Cour observe en outre que l'Ouganda — ainsi qu'il ressort clairement des dépositions du général Kazini et du général Kavuma devant la commission Porter* [...] *— a décidé début août 1998 de lancer une offensive avec diverses factions qui cherchaient à renverser le Gouvernement de la RDC.* Et la CIJ établit aussi l'existence d'une occupation armée du territoire congolais.

302 « *Ayant conclu que l'Ouganda avait mené une opération militaire illicite contre la RDC, la Cour estime que celle-ci était en droit d'employer la force pour repousser les attaques ougandaises* [...] *aucune action militaire entreprise par la RDC contre l'Ouganda au cours de cette période ne pourrait être considérée comme illicite, dès lors qu'elle serait justifiée au titre de la légitime défense en vertu de l'article 51 de la Charte des Nations Unies* ». *Affaire des activités armées sur le territoire du Congo (République démocratique du Congo c. Ouganda), op. cit.*, par. 304.

303 Selon le TPIY : « *la notion de "contrôle effectif", proposée par la C.I.J. comme critère unique et exclusif, ne s'accorde pas avec la pratique internationale judiciaire et étatique : cette dernière a conclu à la responsabilité de l'État dans des circonstances où le degré de contrôle exercé était inférieur à celui exigé dans l'arrêt Nicaragua. En bref, comme nous le verrons, elle a retenu le critère Nicaragua lorsqu'il s'agissait d'individus ou de groupes non organisés composés d'individus agissant au nom des États, mais a appliqué un autre critère dans le cas de groupes militaires ou paramilitaires. Dans des affaires concernant des membres de groupes militaires ou paramilitaires, les tribunaux ont clairement rejeté le critère de "contrôle effectif" dégagé par la Cour internationale de justice (c'est-à-dire un contrôle qui va jusqu'à la délivrance d'instructions précises pour les diverses activités des individus en question)* ». Affaire n° IT – 94 – 1 – A, *Le Procureur c. Dusko Tadic*, Chambre d'Appel du TPIY, arrêt du 15 juillet 1999, par. 124-125.

Dans *Le droit contre la guerre...*, O. Corten relève que le droit de la responsabilité internationale des États, par la voix de la CDI, reprend à son compte le critère de la totale dépendance du groupe armé vis-à-vis de l'État pour attribuer à ce dernier la responsabilité d'une attaque de ce groupe. CORTEN (O.), *op. cit.*, p. 684.

humanitaire et n'avait pas pour objectif d'évaluer l'existence possible d'une agression armée. Les premières critiques au critère du contrôle effectif en tant que critère servant à qualifier une agression indirecte vinrent des opinions dissidentes des juges Schwebel et Jennings à l'arrêt sur les activités militaires et paramilitaires.

Selon le juge Schwebel, un soutien d'un État tiers à un groupe armé sous la forme de financement, de fournitures d'armes et de logistique, sans lequel ce groupe ne pourrait survivre, constitue une agression armée. Ceci conduit le juge à critiquer la position prise par la Cour sur la question de l'agression armée, position qui selon lui, « *risque de nuire autant à la sécurité des États qu'à l'évolution du droit* »[304].

Cette référence à la sécurité nationale des États – notion politique – soulève le problème de la transformation de la notion d'agression indirecte – notion également politique, car liée à la sécurité nationale – en concept juridique. Il y a deux difficultés à utiliser cette notion, dont dépend la possibilité de déclencher la légitime défense. La première concerne la recherche de faits suffisamment probants. La seconde concerne le critère-même de l'« engagement substantiel » de l'État dans les actions des groupes armés, lequel, selon ses critiques, ne prend pas suffisamment en compte l'effet de l'action de l'État tiers sur l'État victime : cet effet est autant déstabilisateur que les bombardements ou l'invasion ou l'occupation du territoire de l'État par une armée étrangère.

La première difficulté évoquée ci-dessus provient du fait que la notion d'agression indirecte doit s'appuyer sur des faits plus difficiles à établir que lorsqu'il s'agit d'agressions directes avec des invasions, des bombardements ou une occupation de territoire. Dans l'affaire des activités militaires et paramilitaires au Nicaragua, la plupart des faits sont contestés par les parties au conflit (sauf pour le minage des ports qui a touché des bateaux d'États tiers au conflit)[305]. L'affaire des activités armées au Congo a également conduit à une bataille sur les faits plus que sur le droit. L'Ouganda ne niait pas que son armée avait mené des opérations militaires au Congo mais prétendait que ces opérations s'étaient faites soit avec le consentement du président congolais soit (après août 1998) en légitime défense contre des agressions rebelles soutenues par le Congo et pour protéger sa frontière contre ces rebelles. Dans ce cadre, le Congo contesta être intervenu dans un certain nombre de lieux très éloignés de sa frontière comme à Kitona à l'ouest ou dans la région nord-ouest du Congo. De son côté, le Congo nia son implication dans les actions rebelles dirigées depuis son territoire contre l'Ouganda même s'il reconnaissait la réalité de cette présence rebelle anti-

[304] *Activités militaires et paramilitaires au Nicaragua et contre celui-ci (Nicaragua c. États-Unis), op. cit.*, opinion dissidente du juge Schwebel, par. 155.

[305] La recherche de preuves par la Cour a également été rendue difficile en raison du refus par les EUA de participer à l'instance au fond.

ougandaise. Ces deux affaires tranchent en cela avec l'affaire du personnel diplomatique de Téhéran où aucune des parties à l'instance ne contestait l'existence de l'invasion de l'ambassade et la prise d'otages, ces deux faits étant de notoriété publique. La difficulté à rechercher des preuves irréfutables dans les affaires du Nicaragua et du Congo amène la Cour à établir l'inexistence de faits (tels que des directives données par un État à un groupe armé ou la présence d'agents étrangers dans une opération militaire) faute de preuves tangibles. Celles-ci font souvent défaut, d'autant plus que bien des opérations militaires sont clandestines. Ceci n'a pu qu'inciter la Cour à adopter une approche restrictive de l'agression indirecte en exigeant un degré élevé de participation de l'État tiers aux actions des groupes armés[306].

La seconde difficulté, qui porte sur le critère de l'« engagement substantiel » de l'État dans les actions des groupes armés, constitue le cœur de la critique adressée par les juges Schwebel et Jennings à l'arrêt de la CIJ sur le Nicaragua. Contre l'avis de la majorité de la Cour, le juge Schwebel considère que le Nicaragua s'était engagé d'une « manière substantielle » (pour reprendre les termes du paragraphe 3.g) de la résolution 3314) dans l'assistance à l'opposition armée au Salvador et était à ce titre, comme le prétendaient aussi les EUA, auteurs d'une agression armée contre le Salvador[307]. Comme le TPIY quelques années plus tard dans l'affaire *Tadic*,

---

[306] On peut ajouter à cela certaines critiques, formulées par le juge Buergenthal, du mode de recueil de preuves utilisé par la CIJ dans l'affaire des plateforme pétrolières. D'après celui-ci : « *à l'alinéa d) du paragraphe 1 de l'article XX, les parties ont opté non pour une appréciation stricte ou absolue des moyens de preuve, mais pour un examen de ces moyens de preuve consistant à se demander si, d'après les faits dont elle est saisie, une partie a des raisons convaincantes d'estimer que les mesures étaient nécessaires à la protection de ses intérêts vitaux en matière de sécurité* ». Or ce n'est pas ce mode d'appréciation que choisit la Cour. Celle-ci rejette certaines preuves apportées par les EUA qu'elle juge « insuffisantes » pour prouver l'origine iranienne du missile qui a touché le navire Sea Isle City, sans préciser de qu'elle veut dire par « preuves insuffisantes ». Selon le juge Buergenthal, les éléments de preuve produits par le défendeur, considérés ensemble et non isolément un par un comme le fait la Cour, pourraient peut-être établir « *qu'il n'était pas déraisonnable de la part des États-Unis de présumer que ce tir de missile était dû à l'Iran* ». Voir *Affaire des plates-formes pétrolières (République islamique d'Iran c. États-Unis), opinion individuelle du juge Buergenthal*, par. 38 à 41.

[307] Selon le juge Schwebel, « *l'état-major de l'insurrection salvadorienne a été établi au Nicaragua, d'où partaient les ordres, et d'où ses membres pouvaient se rendre : au Salvador et revenir à leur base nicaraguayenne avec l'appui total du Gouvernement nicaraguayen, situation qui équivaut foncièrement à l'envoi par le Nicaragua des chefs chargés de diriger l'insurrection au Salvador* [...]. *L'engagement substantiel du Nicaragua se traduit en outre par la fourniture d'armes, munitions, autres approvisionnements, par l'entraînement qui a été dispensé des moyens de commandement et de contrôle, par un sanctuaire et par des formes mineures d'assistance aux insurgés salvadoriens. Ces insurgés, à leur tour, se livrent à des actes de force armée contre un autre État, El Salvador. Ces actes sont d'une telle gravité qu'ils équivalent aux autres actes énumérés à l'article 3 de la définition de I 'agression, tels que l'invasion, l'attaque, le bombardement et le blocus. Les milliers de Salvadoriens tués ou blessés et le préjudice considérable infligé à l'infrastructure el. à l'économie salvadoriennes*

Schwebel estime que le critère du contrôle des rebelles par l'État utilisé par la Cour est trop restrictif. Selon lui, « l'appui logistique » fourni par cet État englobe plus de choses que ce que ne dit la CIJ, en particulier la mise à disposition de camps d'entraînement, de moyens d'entraînement et de communications sans parler d'un sanctuaire offert aux rebelles sur son territoire pour échapper aux opérations militaires de l'État qu'ils attaquent et se préparer à de nouvelles opérations à leur tour. Tous ces moyens d'assistance offerts dans une période prolongée, expliqueraient, selon le juge, la menace que représentait la rébellion aux États voisin du Nicaragua[308]. Jennings écrit, lui, qu'« *en disant que la fourniture d'armes accompagnée d'une "assistance logistique ou autre" n'est pas une agression armée, on va beaucoup trop loin. L'assistance logistique en soi peut être décisive* »[309].

La prise en compte, dans la caractérisation d'une agression, des formes les plus diverses d'assistance à des groupes rebelles par un État tiers vise à rendre légitime une réponse armée internationale – par la voie de la légitime défense collective- contre cet État[310]. Ceci correspondait aux préoccupations élargies de sécurité nationale des EUA à l'époque du conflit avec le Nicaragua. La crainte de ces derniers était, jusque dans les années 1990, que les mouvements d'insurrection dans les pays d'Amérique centrale renversassent les gouvernements en place pour y installer des gouvernements menaçants, comme au Nicaragua et à Cuba, les intérêts nord-américains. Ces

---

par ces attaques des insurgés appuyés comme ils le sont par le Nicaragua démontrent amplement la gravité de leurs actes ». Activités militaires et paramilitaires au Nicaragua et contre celui-ci (Nicaragua c. États-Unis), op. cit., opinion dissidente du juge Schwebel, par. 166.

[308] *Activités militaires et paramilitaires au Nicaragua et contre celui-ci (Nicaragua c. États-Unis), op. cit.*, opinion dissidente du juge Schwebel, par. 166.

[309] *Activités militaires et paramilitaires au Nicaragua et contre celui-ci (Nicaragua c. États-Unis), op. cit.*, opinion dissidente du juge Jennings, p. 543 (533).

[310] C'est dans ce cadre que le juge Schwebel écrit : « *dans le cas présent, où le Nicaragua a accompli et continue d'accomplir des actes de soutien à l'insurrection armée contre le Gouvernement d'El Salvador, actes que ce pays et les États-Unis ont dénoncé et qui sont établis dans l'appendice a la présente opinion, le Gouvernement d'El Salvador pouvait soit recourir à la légitime défense, soit capituler* ». *Activités militaires et paramilitaires au Nicaragua et contre celui-ci (Nicaragua c. États-Unis), op. cit.*, opinion dissidente du juge Schwebel, par. 176. De même, le Jennings écrit : « *Cela ne me paraît pas réaliste ni juste dans un monde où, sur chaque continent, des luttes pour le pouvoir s'exercent par voie de déstabilisation, d'ingérence dans les luttes intestines, de soutien, d'aide et d'encouragement aux rebelles, etc. Le système initialement prévu dans la Charte des Nations Unies selon lequel l'ONU pourrait recourir elle-même à la force conformément aux dispositions du Chapitre VII de la Charte n'a jamais été mis en œuvre. Un élément essentiel de ce système fait donc totalement défaut. Dans ces conditions il semble dangereux de définir avec une rigueur inutile les conditions de l'exercice licite de la légitime défense et de laisser ainsi un vaste domaine où une riposte par la force à la force est interdite* ». *Activités militaires et paramilitaires au Nicaragua et contre celui-ci (Nicaragua c. États-Unis), op. cit.*, opinion dissidente du juge Jennings, p. 544 (534).

considérations de sécurité ont conduit les EUA à modifier, trois jours avant le dépôt, au Greffe de la CIJ, de la requête du Nicaragua sur les activités militaires et paramilitaires, leur déclaration au titre de l'article 36§2 du Statut de la CIJ afin d'exclure de la compétence de la Cour les différends avec les « *différends avec l'un quelconque des États de l'Amérique centrale ou découlant d'évènements en Amérique centrale* »[311]. Cette démarche n'a pas prospéré devant la CIJ[312].

On peut adresser deux critiques à l'approche élargie – défendue par les EUA[313] et, au sein de la CIJ, par les juges Schwebel et Jennings – de l'« engagement substantiel » de l'État dans les actions des groupes armés.

Cette approche poserait, si elle devait être appliquée, non seulement un problème de recherche de preuves mais aussi de définition objective du seuil à partir duquel une assistance extérieure en armes et en logistique à des rebelles parties à un conflit civil deviendrait l'élément essentiel qui alimente ce conflit de telle sorte qu'il s'apparenterait à une agression armée directe. Le risque d'une mauvaise détermination de ce seuil conduirait à ce qu'un État, victime d'une violation de sa souveraineté ou d'une intervention dans ses affaires intérieures mais pas d'une réelle agression armée déclenche, en réponse à ces actes illicites, une riposte militaire qui relèverait non pas de la légitime défense qu'il pourrait invoquer mais d'un acte de représailles armées (par ailleurs non autorisées en droit international).

---

[311] Déclaration relative à la « Déclaration des États-Unis d'Amérique reconnaissant comme obligatoire la juridiction de la Cour, conformément à l'article 36, paragraphe 2, du Statut de la Cour internationale de justice. Washington, le 14 août 1946. », reçue le 6 avril 1984 au secrétariat de l'ONU, Nations Unies - Recueil des Traités, vol.1354 (1984), Annexe 3, p. 452. Les EUA ont justifié cette nouvelle déclaration qui amende leur déclaration précédente de 1946 comme suit: "*The United States believed that Nicaragua's anticipated allegations could not be severed from the inter-related security, political, economic and other issues comprised by the negotiating agenda of the Contadora process, nor, in particular, from the rights of Nicaragua's neighbors to take appropriate measures,* ***including the solicitation of assistance from the United States in resisting Nicaraguan aggression against them***" (souligné par nous). Voir le Contre-mémoire des États-Unis d'Amérique dans le cadre de la procédure sur les questions de compétence et recevabilité (*Activités militaires et paramilitaires au Nicaragua et contre celui-ci*), 17 août 1984, p. 98-99. La référence faite à la légitime défense collective contre l'« agression du Nicaragua » indique le lien direct avec la déclaration du 6 avril 1984 avec la politique de sécurité nationale des EUA en Amérique centrale. Notons que cette déclaration n'a pas été prise en compte par la CIJ ni dans son ordonnance du 10 mai 194 (mesures conservatoires) ni dans son arrêt au fond

[312] La CIJ a jugé que la déclaration faite par les EUA le 6 avril 1984 ne pouvait faire obstacle à leur déclaration initiale de 1946 (qui ne comportait pas de réserve relative à l'Amérique centrale) en raison de la présence, dans cette dernière, d'un préavis de 6 mois en cas de dénonciation. Le respect de ce préavis est, selon la Cour, une « *obligation contraignante à l'égard des autres États parties au système de la clause facultative* ». *Activités militaires et paramilitaires au Nicaragua et contre celui-ci (Nicaragua c. États-Unis),* compétence et recevabilité, arrêt du 26 novembre 1984, CIJ, Recueil 1984, par.61-65.

[313] Cette approche est également défendue par une partie de la doctrine américaine. Voir, notamment, MOORE (J.N.), « *Jus ad Bellum* Before the International Court of Justice », *VJIL*, Vol. 52, 2012, p. 903-961.

Par ailleurs, l'appréciation de la contribution – sous les formes les plus diverses de l'assistance à une rébellion armée – d'un État à la déstabilisation d'un autre État est plus politique (et géopolitique) que juridique. Cette appréciation peut conduire à comprendre le déclenchement ou la persistance d'un conflit armé interne essentiellement à partir de l'influence exercée par des États étrangers sur des groupes armés parties à ce conflit et à sous-estimer, au passage, les facteurs internes (économiques, sociaux, claniques) de celui-ci voire les responsabilités de l'État sur le territoire duquel le conflit se déroule[314].

Il n'en reste pas moins que les opinions dissidentes des juges Schwebel et Jennings de même que les réactions d'une partie de la doctrine anglo-saxonne traduisent l'existence d'une zone grise – ou d'une lacune – que le droit international ne couvre pas avec la définition actuelle de l'agression armée : les conflits civils non internationaux, que ce soit en Amérique centrale, en Afrique ou ailleurs mettent en jeu la sécurité nationale d'un certain nombre d'États voisins de celui où déroule le conflit ; une part de ces conflits se déroule sous la forme de « guerre secrète » (*secret warfare*) dont l'intensité est variable et qui entre *a priori* difficilement dans les critères définis par la CIJ en référence au paragraphe 3.g) de la résolution 3314 de l'Assemblée générale. C'est dans un tel contexte que la légitime défense a été utilisée pour étayer, parmi de nombreux exemples, les interventions armées des EUA au Liban en 1958[315], de l'URSS en Afghanistan en 1979[316],

---

[314] On peut citer, à titre d'exemple, le conflit militaire qui oppose, depuis 2014, l'État ukrainien aux républiques « séparatistes » du Donetsk et de Lougansk. Ces dernières, russophones, appartenaient initialement à la Russie puis à l'URSS avant de faire partie de l'État ukrainien créé en 1991. Elles ont fait sécession de cet État à la suite de l'arrivée au pouvoir à Kiev, en février 2014, de forces nationalistes remettant en cause leurs liens traditionnels avec la Russie. Voir BONAVITA (M.-L.), « Hélène Carrère d'Encausse : Poutine et Porochenko ne savent plus s'arrêter » (entretien avec H. Carrère d'Encausse), *Le Figaro*, 1 septembre 2014, http://www.lefigaro.fr/vox/monde/2014/09/01/31002-20140901ARTFIG00346-helene-carrere-d-encausse-poutine-et-porochenko-ne-savent-plus-s-arreter.php, accès le 25 septembre 2018.

[315] Le gouvernement libanais faisait face, à l'époque, à un mouvement insurrectionnel et accusait le République Arabe Unie d'infiltrer ce mouvement et de lui fournir des armes, raison pour laquelle le Liban s'adressa avec une plainte au Conseil de sécurité. Le représentant de cet État déclara notamment : « *L'article 51 de la Charte a voulu embrasser tous les cas d'agression directe ou indirecte pourvu qu'elle soit une agression armée* [...] *quelle différence y-a-t-il entre des soldats armés et en uniforme attaquant de front une région d'un pays et ces mêmes soldats toujours armés mais sans uniforme, s'infiltrant clandestinement dans cette région pour s'y regrouper plus tard et y engager la même lutte armée que des soldats en uniforme* ? ». Voir Examen des dispositions du chapitre VII de la Charte, Répertoire de la pratique du Conseil de sécurité, Chapitre XI, Examen des dispositions du chapitre VII de la Charte, I – Article 51, Années 1956-1958 p. 176.

[316] Lors de l'examen de la situation en Afghanistan au Conseil de sécurité le 7 janvier 1979, le représentant de l'URSS M. Troyanovsky a expliqué que l'entrée des troupes de son pays sur le territoire afghan, à la demande du gouvernement afghan, étant destinée à aider ce dernier à

de la Colombie en Équateur en 2008[317]. L'Organisation des États américains aurait souscrit à cette pratique[318].

Dans la zone grise ci-dessus des conflits armés non internationaux et des guerres secrètes il convient aussi de mentionner l'incertitude sur la qualification juridique des actions connues sous le nom d'« opérations clandestines ». Ces opérations peuvent recouper les actions militaires du type de celles des EUA décrites dans l'affaire des Activités militaires et paramilitaires[319]. Il s'agit d'opérations armées ou non, de renseignement, d'espionnage ou de sabotage qui ne sont pas revendiquées par l'État qui les organise[320]. Toutes les actions clandestines des États à l'étranger ne

---

« *repousser une intervention armée de l'extérieur* » ; il s'agissait en fait d'attaques de groupes armés basés au Pakistan voisin. Voir document S/PV.2190.

317 Le 1er mars 2008, l'armée colombienne bombardait de nuit un campement de la guérilla FARC situé en territoire équatorien. L'opération, qui permit d'éliminer le n° 2 de cette guérilla fut conduite, selon la Colombie, en légitime défense contre « *des terroristes qui ont pris l'habitude de commettre des assassinats en Colombie et de se réfugier dans des pays voisins* ». Voir S.L, Tensions en Amérique Latine après la mort de Raul Reyes, Le Figaro, 2 mars 2008.

318 *Activités militaires et paramilitaires au Nicaragua et contre celui-ci (Nicaragua c. États-Unis), op. cit.*, opinion dissidente du juge Schwebel, par. 197. Cet appui de l'OEA et de ses pays membres à la vision nord-américaine des concepts d'agression et de légitime défense, appliquée, dans l'exemple que prend le juge Schwebel, sous la forme d'une résolution visant Cuba, doit être cependant placée dans le contexte géopolitique marqué à la fois par le conflit historique entre Cuba et les EUA et par l'influence des EUA sur les autres États d'Amérique du Sud et centrale membres de l'OEA.

319 Dans son arrêt sur les Activité militaires et paramilitaires, la CIJ cite une pièce produite par le demandeur et qui transcrit le contenu d'une déclaration du président des États-Unis faisant référence implicitement aux opérations clandestines mais sans lien direct avoué avec le minage des ports. Il s'agit d'un document fourni par le Nicaragua qui relate un extrait d'une conférence de presse tenue par le président Ronald Reagan. Celui-ci déclarait : « *Je crois que les activités secrètes ont toujours fait partie des activités et des responsabilités des gouvernements depuis qu'il existe des gouvernements. Je ne parlerai pas du lien que ces activités peuvent avoir avec ce qui s'est passé, ni avec certaines opérations qui ont eu lieu là-bas* [au Nicaragua]. *Mais je crois qu'un pays a le droit de recourir à des activités secrètes s'il estime que cela sert ses intérêts* » Voir *Activités militaires et paramilitaires au Nicaragua et contre celui-ci (Nicaragua c. États-Unis),* arrêt du 27 juin 1986, CIJ, Recueil 1986, par. 82. La Cour a jugé que cette déclaration ne constituait pas un aveu d'une opération des États-Unis au Nicaragua mais a utilisé d'autres éléments d'information pour établir l'existence de cette opération.

320 Aux États-Unis, les opérations clandestines sont définies à l'article 503 de la Loi sur la Sécurité Nationale de 1947 comme suit: « *an activity or activities of the United States Government to influence political, economic, or military conditions abroad, where it is intended that the role of the United States Government will not be apparent or acknowledged publicly* ». L'article précise aussi que ces activités ne sont pas à confondre avec les activités classiques de recueil de renseignement, d'espionnage et de contrespionnage et que le président des États-Unis ne peut les autoriser que si elles sont nécessaires à l'exécution d'un objectif précis de politique étrangère du pays et sont importantes pour la sécurité nationale.
La CIA est, aux EUA, la seule agence compétente pour mener ces opérations régulées par l'article 503 de la loi sur la Sécurité Nationale de 1947 et par l'*Intelligence Authorization Act*

constituent pas un emploi de la force prohibé ni même un acte d'agression armée indirecte. Elles ne sont pas, en tant que telles, illicites en droit international. Elles ne correspondent pas *a priori* aux formes d'agression inscrites à l'article 3.g) de la résolution 3314 de l'Assemblée générale mais certaines opérations clandestines à but militaire peuvent soulever un doute. Il faut distinguer les opération politiques des opérations à but militaire ou à contenu militaire. Parmi les premières, on peut mentionner l'opération de la CIA en Italie en 1948 destinée à influencer le résultat des élections générales afin de prévenir l'arrivée de communistes au gouvernement ; il y eu aussi les activités de radiodiffusion avec les stations « Radio Freedom » et « Radio Free Europe ». Parmi les opérations à but militaire, il y eu, dans les années 1980, le cas de l'opération « Iran -Contras » consistant, pour les EUA, à vendre des armes à l'Iran afin de financer l'opposition armée au gouvernement en place au Nicaragua. Les opérations à contenu militaire – comme le minage des ports nicaraguayens dans l'affaire sur les activités militaires et paramilitaires au Nicaragua – peuvent être armées ou non mais ne sont pas des opérations militaires traditionnelles : elles n'ont pas le même degré de violence et d'engagement armé et ne sont pas revendiquées puisqu'elles sont placées sous le secret défense. Toute la difficulté est d'établir un lien entre l'État qui organise ces opérations et les agents qu'il emploie.

Il a été question jusqu'ici de la notion d'agression. Qu'en est-il de la menace d'une agression, notion bien réelle dans les relations internationales mais absente de la formulation de l'article 51 de la Charte[321] ? À la différence des autres questions soulevées par l'incomplétude de l'article 51, une pratique homogène s'est installée, mettant la menace sur un même pied que l'agression effective. Un débat avait opposé, au Conseil de sécurité en 1981, l'Irak et Israël. L'attaque israélienne contre un réacteur nucléaire irakien le 7 juin 1981 avait eu lieu sur le fondement de l'article 51. Selon le représentant de l'État israélien, l'article 51 autorisait une interprétation protégeant la victime potentielle contre le premier coup porté par son agresseur et devait avoir son champ d'application élargi en fonction de l'évolution des nouvelles technologies. Le délégué irakien avait répondu en précisant les limites de l'article 51 concernant la légitime défense en réponse à une attaque imminente : « *Les membres ont donc le devoir impérieux de recourir à la juridiction des Nations unies chaque fois qu'une menace grave à leur sécurité susceptible de dégénérer en attaque armée se précise. Mais si l'action des Nations Unies est tenue en échec, si elle est retardée ou*

---

de 1991. À l'image des EUA, les autres États (dont la France, avec le Service Action de la DGSE) ont recours à ces opérations dans le cadre de leurs stratégies de sécurité nationale.

321 Les opérations de légitime défense fondées sur la menace d'une agression sont abordée dans la présente thèse en seconde partie – consacrée aux pratiques unilatérales des États – sous l'angle de l'extension des conditions d'exercice de la légitime défense. Voir IIe partie, titre I, chapitre I, section II.

insuffisante, et si l'attaque armée devient manifestement imminente, alors ce serait tourner en dérision les objectifs de la Charte que d'obliger un État qui se défend à laisser l'assaillant porter le premier coup qui risquerait d'être mortel. Si une attaque armée est imminente dans le droit fil de la doctrine du Caroline, l'affaire semblerait alors ressortir à l'article 51 de la Charte. Interpréter différemment l'article 51 de la Charte, c'est protéger le droit de l'agresseur à porter le premier coup »[322]. Le Conseil de sécurité, dans sa résolution 487 (1981), a pu constater que le critère d'attaque armée « manifestement imminente » cité ci-dessus faisait défaut : l'Irak, partie au traité sur la non-prolifération des armes nucléaires acceptait et appliquait « de façon satisfaisante » les garanties de l'Agence internationale de l'énergie atomique (AIEA) concernant toutes ses activités nucléaires. La résolution condamna en conséquence Israël pour violation de l'article 2.4 de la Charte[323].

---

[322] Voir Examen des dispositions du chapitre VII de la Charte, Répertoire de la pratique du Conseil de sécurité, Chapitre XI, Examen des dispositions du chapitre VII de la Charte, Années 1981-1984, p. 321-322. La résolution avait en outre noté que l'attaque israélienne constituait une agression et pouvait menacer ledit système de garantie sur lequel reposait le traité, menaçant ainsi la sécurité de nombreux États.
La déclaration ci-dessus du délégué irakien correspond à la caractérisation de la légitime défense par anticipation d'une attaque imminente donnée par le professeur Waldock : "*Where there is convincing evidence not merely of threats and potential danger but of an attack being actually mounted, then an armed attack may be said to have begun to occur, though it has not passed the frontier* ». WALDOCK (C.H.M.), « The regulation of the use of force by individual states in international law », RCADI, vol.81, 1951, p. 498. Nous traitons de la question de l'imminence d'une attaque dans le cadre du chapitre sur l'extension du champ d'application de la légitime défense : voir deuxième partie, Titre I, chapitre II, section II, §1, B, 1.

[323] Résolution 487 (1981) du 19 juin 1981.Selon DINSTEIN (Y.), Israël aurait pu trouver une justification légale à son opération contre le réacteur irakien en plaçant celle-ci dans le cadre du *jus in bello*. Les deux États étaient à l'époque encore en guerre dans la mesure où l'armée irakienne était intervenue en Israël en 1948 au côté d'autres pays arabes ; à la différence de ceux-ci, l'Irak n'avait pas signé d'armistice avec Israël et avait affronté à nouveau ce pays à deux reprises en juin 1967 et en octobre 1973. DINSTEIN (Y), *War, aggression and self-defence*, *op. cit.*, p. 51-52, 227.

CONCLUSION DU CHAPITRE I

La sécurité nationale est sous-jacente aux principes d'égalité souveraines des États, d'interdiction du recours à la force et au droit de légitime défense. Elle présente un double caractère. Par l'intermédiaire de ces principes, elle permet d'équilibrer les rapports de force internationaux et d'éviter le déclenchement de guerres d'agression. La sécurité nationale a également un caractère variable selon les États qui font une interprétation extensive des articles 2.4 et 51 de la Charte des Nations Unies et des résolutions de l'Assemblée générale. Ces États se basent sur la formulation large de ces dispositions, lesquelles sont par ailleurs incomplètes sur la définition de certaines formes d'agression, en particulier les agressions indirectes d'États tiers réalisées par le biais de groupes armés dans des conflits armés non internationaux. Cette incomplétude à propos des formes d'agression n'est pas nécessairement une lacune si l'on se place du point de vue des États qui interprètent les règles en question conformément à leurs intérêts nationaux. Les États ayant participé à la rédaction des articles 2.4 et 51 de la Charte puis, plus tard, à l'adoption de la résolution 3314 n'envisageaient pas que les conflits armés non internationaux deviendraient le principal type de conflit armé dans le monde. Mais, étant maîtres de leur interprétation de ces dispositions (en dehors des rares affaires portées devant un organe judiciaire international), ils tirent parti de l'incomplétude de ces dispositions et ne suivent d'autres limites que celles de leur bonne foi[324] et de la réaction des autres États.

La caractère plastique de la sécurité nationale introduit un élément d'incertitude dans la mise en œuvre du principe de l'interdiction de la force et du droit de légitime défense.

Dans le petit nombre d'affaires où la légitime défense est invoquée, la jurisprudence internationale utilise des critères restrictifs pour qualifier une situation d'agression, ce qui a pour conséquence de restreindre les situations d'invocation de la légitime défense. Cette jurisprudence a suscité des critiques auprès de certains États parties aux conflits concernés dans ces affaires. Au-delà de ces affaires, la crainte est qu'une application trop

[324] LACHARRIERE (G.), *La politique juridique extérieure*, *op. cit.*, p. 106.

restrictive des critères caractérisant l'existence d'une agression provoque des déséquilibres dans les rapports de force entre États en exposant la sécurité de certains d'entre eux. Dans la mesure où elle rend difficile l'usage licite de la force à l'égard d'un État A qui utilise des groupes armés interposés pour lutter contre un État B, une approche trop restrictive de l'agression prive cet État B de la possibilité de recourir à la légitime défense individuelle, à la légitime défense collective ou d'obtenir une intervention du Conseil de sécurité au titre du chapitre VII[325]. Un recours à la force de l'État B ou d'un État tiers contre l'État A au titre de la sécurité nationale paraîtra alors illicite sans paraître nécessairement illégitime.

La sécurité nationale ne s'exprime pas seulement par le biais des principes de la Charte des Nations Unies vus dans ce chapitre. Elle est également l'objet, principal ou secondaire d'un certain nombre de traités internationaux dont les normes, formulées de façon moins large et générale que les principes de la Charte, sont censées refléter la spécificité des intérêts de sécurité des États parties.

[325] Les résolutions qualifiant une situation d'agression ne sont pas nombreuses, notamment en raison du mécanisme de veto.
Comme le note Y. Dinstein, l'arrêt de la CIJ sur les activités militaires et paramilitaires indique, par ses paragraphes 110 et 127, que les moyens d'action des États tiers contre l'État accusé d'emploi illicite de la force non qualifié d'agression sont limités et passibles d'être qualifiés de violation de l'article 2.4 de la Charte. Voir DINSTEIN (Y.), *War, aggression and self-defence, op. cit.*, p. 207.

CHAPITRE II

La sécurité nationale comme objet des traités

Les principes de l'égalité souveraine des États, de non-ingérence et d'interdiction du recours à la force sont universels et s'adressent à tous les États, grands ou petits, développés ou moins développés, États côtiers ou sans littoral, puissants ou faibles. Dans un certain nombre de traités, les États trouvent un avantage à protéger leur sécurité nationale par des clauses plus adaptées à leurs caractéristiques ou à leurs spécificités individuelles que les principes susmentionnés. Ces clauses remplissent elles-mêmes un rôle d'équilibre des intérêts de sécurité des États parties aux traités.

Il s'agit ici des traités qui ont la sécurité nationale comme objet. Le mot « objet » peut être entendu de deux façons. De manière classique, tel qu'il est mentionné dans l'article 31 de la Convention de Vienne (« *un traité doit être interprété* [...] *à la lumière de son objet et but* »), l'objet correspond à la « *matière régie par un traité* » ou à la « *matière ou ensemble de matières à propos desquelles un traité* [...] *formule des normes juridiques que les parties s'engagent à appliquer* »[326]. Ce n'est pourtant pas le sens que nous retenons ici. Nous considérons qu'au-delà de cet objet *stricto sensu*, généralement défini, avec le but, au préambule ou à l'article 1er du traité, les États poursuivent plusieurs finalités qui motivent leur adhésion à ce traité. Un traité d'alliance militaire comme celui de l'OTAN a pour objet *stricto sensu* la coopération et l'assistance mutuelle des armées des États parties. Son but, affiché au préambule, est de garantir la paix, la démocratie, la stabilité dans la région. L'objet *lato sensu* du traité, qui retient notre attention, est la sécurité nationale des États. Nous entendons donc comme « objet » ce qui est perçu par les États, au-delà de la matière immédiate sur laquelle portent les obligations, comme un intérêt à sauvegarder par le traité. Si l'objet *stricto sensu* de la Convention sur le droit de la mer est l'utilisation des moyens de transport et des activités économiques en mer, la sécurité nationale y apparaît comme un des objets *lato sensu*, ou comme un objet *lato sensu* secondaire (non principal).

---

326 SALMON (J.) (dir.), *Dictionnaire de droit international public*, *op. cit.*, p. 764-765.

La sécurité nationale n'est pas prise en compte de la même façon dans les traités selon qu'elle en est (*lato sensu*) l'objet principal (traités de défense ou d'alliance militaire) ou l'objet secondaire (traités de désarmement, Traité du droit de la mer, Traité de l'Espace, parmi d'autres traités) et selon que les caractéristiques et les intérêts individuels des États – auxquels s'adressent ces traités – sont homogènes ou opposés. On peut supposer que les États parties aux traités qui ont pour objet unique ou principal la sécurité nationale ont des intérêts de sécurité plus homogènes ou complémentaires que les États parties aux traités dont la sécurité nationale est un objet secondaire. Le rôle d'équilibre des clauses de sécurité nationale n'est donc pas le même dans l'un et l'autre de ces types de traités.

Le fait que les clauses de sécurité nationale répondent plus que les principes universels de la Charte aux spécificités des intérêts de sécurité des États élimine-t-il toute incertitude dans leur interprétation et leur mise en œuvre ? Ceci laisserait entendre que ces clauses sont formulées de façon précise et sans laisser de marge discrétionnaire aux États, ce qui n'est pas toujours le cas en raison du caractère fluctuant de la notion de sécurité nationale.

L'étude de la prise en compte de la sécurité nationale dans les traités nous conduit donc à examiner séparément les traités qui ont cette notion pour objet[327] unique ou principal (section I) et les traités où cette notion est présente à titre d'objet secondaire. Ces derniers s'adressent à des États aux intérêts de sécurité plus hétérogènes et se caractérisent par un régime de droits gradué selon les différentes caractéristiques et intérêts des États parties. Il s'agit notamment des traités de désarmement et des traités qui régissent les activités maritimes et aériennes (section II).

SECTION I. LA PRISE EN COMPTE DE LA SÉCURITÉ NATIONALE COMME OBJET UNIQUE DES TRAITÉS

Les traités qui ont pour objet unique la sécurité nationale sont les accords de sécurité et de défense. À la différence de la Charte des Nations Unies et des traités multilatéraux qui regroupent des États dont les intérêts sont opposés ou contradictoires[328], ces accords, qu'ils soient bilatéraux ou régionaux, rassemblent des États dont les intérêts de sécurité se rejoignent. Les clauses de sécurité dans ces accords ont un rôle d'équilibre spécifique qui ne s'exprime par des obligations « négatives » (obligations de « ne pas faire »), comme dans le cas des principes de la Charte des Nations Unies[329]

[327] Au sens où on l'a défini plus haut.
[328] Par exemple les États développés et les États en développement, les États occidentaux et les États non alignés ou appartenant à des alliances opposées.
[329] Comme les principes de non-ingérence ou de ne pas recourir à la force.

ou d'autres accords internationaux[330], mais par des obligations « positives » (obligations de « faire ») visant le renforcement de la sécurité collective et la collaboration des États parties (§ 1). Le principe de complémentarité des intérêts des États parties à un même traité ne fait cependant pas disparaître le caractère fluctuant tant de la notion de sécurité nationale que de celle de sécurité collective (régionale). Ces notions fluctuent selon l'appréciation qu'en font les États à l'intérieur d'une alliance régionale, ou d'une alliance régionale à l'autre, générant ainsi des incertitudes au niveau de l'interprétation et de l'application des traités concernés (§ 2).

§ 1. Le regroupement d'États autour de valeurs et d'intérêts communs

Les traités d'alliances politico-militaires régionales et les accords de défense bilatéraux se caractérisent par la complémentarité ou la proximité des valeurs politiques et des intérêts de sécurité des États parties. La complémentarité et la proximité de ces valeurs et intérêts est plus grande dans les traités bilatéraux – où les règles sont négociées par et spécifiquement pour les deux parties – que dans les traités multilatéraux qui, bien qu'étant des traités de type « fermés » (non universels), peuvent accueillir de nouveaux membres. On traitera donc successivement des traités bilatéraux (A) et des traités multilatéraux (B).

A. Les traités bilatéraux de sécurité et de défense

Les traités bilatéraux, qu'ils portent sur la sécurité ou sur d'autres domaines de coopération, ont comme caractéristique la complémentarité des intérêts des deux parties, laquelle repose sur une proximité de valeurs ou sur des considérations stratégiques. L'accord entre la France et le Bahreïn sur la coopération en matière de sécurité intérieure (2007) prévoit une « *assistance d'une Partie à l'autre Partie* » dans la lutte contre le terrorisme, le trafic de stupéfiants et d'autres formes de criminalité organisée[331]. Si cet accord bénéficie directement et principalement au Bahreïn en apportant à ce dernier une expertise technique française pour la formation de la police locale, on peut penser que la France en tire un avantage en choisissant ce pays comme un de ses alliés pour renforcer sa présence dans une région stratégique sur le

[330] Voir la section II de ce chapitre. Par exemple, le régime du « passage inoffensif » dans la Convention des Nations Unies sur le droit de la mer (article 19) énumère des obligations, pour le navire étranger, de ne pas « porter atteinte à la paix, au bon ordre ou à la sécurité de l'État côtier ».

[331] Voir le décret n° 2016-1145 du 24 août 2016, portant application de la loi autorisant approbation de l'accord bilatéral.

plan économique et militaire[332]. L'accord entre la France et l'Algérie (2008)[333], de même contenu que le précédent, est manifestement plus directement lié à la sécurité nationale de la France en raison de la présence d'une communauté algérienne sur le territoire national et de la proximité géographique de ces deux pays.

Comme les traités portant sur les questions de sécurité intérieure, les traités bilatéraux de défense permettent aux États qui sont en même temps des puissances militaires d'être présents dans les zones stratégiques du point de vue de la défense de leurs intérêts, lesquels ont en commun d'exprimer une conception extensive de la sécurité nationale[334]. *Ces traités révèlent des objectifs extensifs de sécurité nationale propres à chacun de ces États qui disposent de bases militaires hors de leurs territoires, principalement la France, les EUA et la Russie*[335].

---

[332] Voir le rapport du député J.-L. REITZER au nom de la Commission des affaires étrangères de l'Assemblée nationale sur le projet de loi, 24 février 2010, document n° 2341. Le député voit aussi un bénéfice à ce type d'accords – bénéfice qui n'apparaît pas dans le texte même de l'accord – pour la sécurité même de la France : « *la France multiplie depuis quelque temps la négociation et la signature de tels accords : vingt et un d'entre eux sont d'ores et déjà en vigueur, vingt-cinq sont encore en cours de négociation ou, ayant été signés, en attente de ratification. Ce mouvement vise à harmoniser et renforcer la cohérence de la coopération en matière de sécurité intérieure que notre pays a développée avec de nombreux États. Les accords sont élaborés à partir d'un modèle unifié et se substituent parfois à des accords de coopération policière conclus précédemment. En conférant une base juridique solide aux actions bilatérales de coopération opérationnelle et technique, ils permettent de les développer, en particulier avec des pays desquels la France peut attendre un retour au profit de sa propre sécurité* ». Sur ce dernier point, le rapport du projet de loi au Sénat déclare : « *Du fait de sa position géostratégique, son ouverture intérieure vers la démocratisation de sa vie politique et la diversité de ses composantes sociologiques qui en font un pays pionnier dans la région, une coopération accrue dans le domaine de la sécurité intérieure avec ce pays participera à la stratégie française de stabilisation au Moyen-Orient* ». Sénat, Rapport n° 175, 17 décembre 2009.

[333] Voir Décret n° 2013-334 du 19 avril 2013 portant publication de l'accord de coopération dans le domaine de la défense entre le Gouvernement de la République française et le Gouvernement de la République algérienne démocratique et populaire, signé à Alger le 21 juin 2008. Selon le député J. Bacquet, rapport du projet de loi autorisant l'approbation de cet accord : « *Si la lutte contre le terrorisme est déterminante dans la nécessité d'intensifier la coopération entre nos deux pays, d'autres questions justifient également des actions conjointes. C'est évidemment le cas de l'immigration irrégulière. Il est régulièrement découvert des immigrés clandestins algériens à bord de navires ralliant des ports français, principalement Marseille. Par voie terrestre, ces personnes transitent par le Maroc, traversent le Détroit de Gibraltar, puis passent d'Espagne en France avec des documents français contrefaits ou falsifiés* », Assemblée nationale, 22 mars 2005, document n° 2170.

[334] C'est-à-dire une conception qui ne réduit pas la sécurité nationale à la défense de l'intégrité territoriale, de l'indépendance des institutions et de la population de l'*État mais poursuit des objectifs d'influence bien au-delà du territoire national.*

[335] On n'abordera pas ici les accords de coopération militaire qui prévoient un simple échange de connaissances, des visites d'officiers chargés de donner des cours d'instruction ou de participer à des exercices militaires dans le cadre de l'OTAN (accord-cadre entre la France et la Turquie (2000), accord de 2010 entre la France et la Grande-Bretagne qui comprend aussi

La France a plusieurs accords avec des États du Proche-Orient et du Golfe Arabo-persique, zones stratégiques qui concentrent la plus grande partie des réserves énergétiques du monde et qui sont le théâtre de tensions entre puissances régionales rivales (Iran, Arabie Saoudite ou Qatar notamment), lesquelles sont impliquées dans des conflits armés comme en Syrie ou au Yémen. Le Livre blanc sur la défense et la sécurité nationale situe dans ce contexte la nécessité, pour la France, de maintenir une présence militaire dans la région sous la forme d'accords de défense avec les Émirats Arabes Unis, le Koweït et le Qatar[336] *ainsi qu'un accord de coopération militaire avec Bahreïn*[337]. *L'accord avec les Émirats Arabes Unis (EAU), signé en 2009, évoque dans son préambule le renforcement des capacités militaires et de défense de ce pays et, dans son article 5, la présence militaire française sur son territoire. La plupart des clauses répondant à cet objet*[338] *sont des obligations engageant la France et ses forces armées pour prévenir ou repousser toute agression ou menace d'agression à l'égard de son partenaire, ainsi que des obligations symétriques des deux pays quant au statut des forces et des membres du personnel français stationnés sur place. Selon le ministre français de la défense, l'implantation militaire française prévue par l'accord bilatéral de coopération avec les Émirats Arabes Unis (EAU) « s'inscrit dans le cadre d'un partenariat stratégique régional et répond à la volonté de la France de pérenniser sa présence dans une région où les intérêts français sont d'une importance majeure. La présence militaire de la France [...] est une expression supplémentaire de la volonté française de jouer un rôle dans*

---

des transferts de technologie). On ne traitera pas non plus des accords qui viennent en complément d'échanges économiques ou qui accompagnent des contrats industriels (à l'image de l'accord entre la France et la Bolivie (2014) ou de l'accord avec la Libye signé en 2007). Ces différends accords, à la différence des autres accords de défense, ne prévoient pas d'assistance militaire (organisation des armées locales) ni de stationnement de troupes françaises.

[336] Le texte de l'accord signé avec le Qatar en 1994 n'est pas accessible au public.

[337] « *Un conflit dans le Golfe Arabo-Persique pourrait avoir des répercussions graves et variées : atteinte à la liberté de navigation dans le détroit d'Ormuz, tirs de missiles balistiques, déstabilisation de pays de la région. Par le jeu des alliances, il prendrait d'emblée une forte dimension internationale et impliquerait directement notre pays. L'influence stratégique américaine est dominante dans la zone, mais la France y a renforcé sa présence et sa coopération de défense. Elle est liée par des accords de défense à trois États de la région (Émirats arabes unis, Koweït et Qatar) et a établi une base interarmées à Abu Dhabi. Un accord de coopération militaire a été signé avec Bahreïn et des relations étroites sont entretenues avec l'Arabie Saoudite. En cas de conflit, la menace balistique iranienne affecterait immédiatement tous les pays de la région, et donc les bases et les points d'appui que nous y avons installés. Dans ce contexte, notre capacité à mettre en œuvre nos accords en coordination étroite avec nos alliés est indispensable* ». Voir *Livre blanc de la défense et de la sécurité nationale*, MINISTÈRE DES ARMÉES, « Livre blanc – Défense et sécurité nationale – 2013 », *op. cit.*, p. 56-57. Cette analyse reprend les idées développées dans le précédent Livre blanc (2008).

[338] Il s'agit ici de l'objet au sens strict.

cette région stratégique [...] elle offre des capacités supplémentaires de prévention des conflits et d'intervention dans une zone géographique essentielle pour nos approvisionnements énergétiques [...] elle confère à la France une responsabilité de premier plan en termes de garantie de sécurité du territoire des EAU »[339]. *Le traité de coopération militaire signé avec le Koweït contient des obligations de la part de la France à aider les forces armées du Koweït en cas de* menace ou d'agression extérieure contre la souveraineté, la sécurité et l'intégrité territoriale de cet État. Cette aide est prévue sous la forme de *consultations, d'appui et de soutien (article 3), c'est-à-dire de manière moins directe que le déploiement de moyens et la participation des forces armées françaises prévues dans l'accord signé par les EAU.*

Les accords bilatéraux de défense entre la France et les pays d'Afrique de l'Ouest sont d'une autre nature[340]. *Ils s'inscrivent dans le contexte historique de la présence française dans ces pays*[341] *– avec la nécessité d'y protéger les investissements et les ressortissants français – en même temps qu'ils reflètent, pour les accords renégociés ces dernières années, le renouvellement de la politique française à l'égard de l'ensemble de l'Afrique, francophone et non francophone. La volonté affichée est de bâtir un nouveau partenariat et d'aider l'Afrique à développer son propre dispositif de sécurité*[342]. *En conséquence, les traités avec ces pays s'intitulent « partenariats de défense » et sont construits sur un nouveau modèle.* À la différence des accords avec les EUA et le Koweït, i*ls ne contiennent pas de clause de sécurité collective par laquelle la France s'engagerait à contribuer à la défense de son partenaire en cas d'agression ou de menace d'agression contre ce dernier. Ils ne contiennent pas non plus, contrairement aux anciens accords de défense avec les pays africains, de clause d'assistance mutuelle en cas de trouble à l'ordre public interne de l'État partenaire. Ces clauses sont remplacées par* un *« échange de vues et d'informations relatives aux risques et menaces à la sécurité nationale et*

---

339 Réponse du ministre de la Défense à la question écrite n° 53240, *JORF*, Assemblée Nationale, 25 août 2009, p. 8235, cité par *AFDI*, LV, 2009, p. 904.

340 Cameroun, Centre-Afrique, Comores, Côte d'Ivoire, Djibouti, Gabon, Sénégal, Togo.

341 Comme l'écrit le Livre blanc de la défense : « *Le Sahel, de la Mauritanie à la Corne de l'Afrique, ainsi qu'une partie de l'Afrique subsaharienne sont également des zones d'intérêt prioritaire pour la France, en raison d'une histoire commune, de la présence de ressortissants français, des enjeux qu'elles portent et des menaces auxquelles elles sont confrontées* ». MINISTÈRE DES ARMÉES, « Livre blanc – Défense et sécurité nationale – 2013 », *op. cit.*, p. 54-55.

342 Cette nouvelle politique fut annoncée par le Président de la République Nicolas Sarkozy dans un discours prononcé au Cap en Afrique du Sud en 2008. *La renégociation consécutive des accords avec l'Afrique a également conduit à la publication intégrale des nouveaux accords (qui abrogent les accords précédents) et à l'abandon des clauses dites « secrètes ».* Voir « La politique africaine de la France », http://www.senat.fr/rap/r10-324/r10-3242.html, accès le 11 avril 2017. *Ces accords font également référence au partenariat stratégique entre l'Afrique et l'Union européenne adopté au sommet de Lisbonne de 2007.*

régionale, et aux moyens y afférant »[343]*. Ces accords contiennent ensuite des obligations françaises de concours au renforcement de l'armée de l'État d'accueil (formation, organisation, conseil, cession d'équipements). En contrepartie de ces obligations, l'État d'accueil s'engage, dans une annexe à ces accords (en plus du paiement d'une contribution) à fournir à la France des « facilités opérationnelles » nécessaires à l'activité des militaires français stationnant sur son territoire. Il s'agit notamment d'une liberté de circulation sur la totalité de ce territoire et dans la mer territoriale (sauf pour un État enclavé), d'une liberté de survol dans l'espace aérien national et d'une immunité de juridiction pour les installations et les matériels de la France. Par ces engagements, l'État d'accueil choisit de ne pas exercer exclusivement ses droits de souveraineté concernant sa défense et sa sécurité nationale en contrepartie d'une capacité de défense et d'une souveraineté renforcée à l'issue de cette coopération.*[344]*. Notons que, tout au moins pour*

---

[343] Article 4.a) de l'accord entre la France et la Gabon (signé en 2010). Les accords signés avec les autres États africains susmentionnés contiennent cette disposition. Le Gabon, pour sa part, avait souhaité que cet article mentionnât aussi « l'assistance en cas de menace contre la paix » mais la France refusa et le compromis trouvé fut de compléter le préambule de l'accord en ajoutant la conjonction « et ayant à l'esprit les menaces pouvant peser sur ces dernières » à la phrase « Désireuses d'approfondir leur coopération en matière de défense, en établissant un partenariat fondé sur les principes de respect mutuel de la souveraineté, de l'indépendance et de l'intégrité territoriale des deux États ». Voir *l'« Avis présenté au nom de la commission de la défense nationale et des forces armées sur le projet de loi n° 31 95 adopté par le Sénat autorisant la ratification du traité instituant un partenariat de défense entre la République française et la République gabonaise » par M. Philippe Vitel, Député, Assemblée Nationale, 30 mars 2011,*
p. 20-21.

[344] *Ce type de coopération pour la défense se veut temporaire car inscrit dans la perspective de construction d'une « architecture africaine de paix et de sécurité » et de « soutien de mécanismes africains de sécurité collective et de maintien de la paix ».* Les termes *« architecture africaine de paix et de sécurité » et « soutien de mécanismes africains de sécurité collective et de maintien de la paix » sont inscrits dans le préambule des accords avec la Centrafrique, les Comores, la Côte d'Ivoire, Djibouti, le Gabon, le Sénégal. Ils font également référence au programme, initié par la France, de renforcement des capacités africaines de maintien de la paix (RECAMP) visant à aider les Africains à mener leurs propres opérations de maintien de la paix sous l'égide de l'ONU et en collaboration avec l'UA. Voir l'« Avis présenté au nom de la commission de la défense nationale et des forces armées sur le projet de loi n° 31 95 adopté par le Sénat autorisant la ratification du traité instituant un partenariat de défense entre la République française et la République gabonaise » par M. Philippe Vitel, op. cit., p. 7-8.*
Notons que la délégation de l'exercice des droits de souveraineté de l'État d'accueil à l'État d'origine (La France) était plus importante dans l'ancien accord de défense signé en 1961 entre d'une part la France et d'autre part le Dahomey (Bénin actuel), la Côte d'Ivoire et le Niger car elles s'étendaient au domaine économique, notamment aux ressources vitales. L'annexe II à cet accord concernait en effet une « coopération dans le domaine des matières premières et produits stratégiques » par laquelle, les trois États africains s'engageaient à informer la France de leurs programmes d'exportation de ces matières premières et produits stratégiques, à faciliter au profit des forces armées françaises le stockage de ces biens (article 4) ; pour les besoins de la défense, ces trois pays s'engageaient également à réservaient par

ce qui concerne les pays où la France maintient ses plus grandes bases militaires, ces accords ont aussi l'avantage de permettre à ces bases de servir de point d'appui pour diverses opérations de maintien de la paix ou de lutte contre le terrorisme dans la région[345]*. Ceci n'est pas mentionné dans le dispositif des accords mais cela fait partie de l'objectif visé au préambule : « soutien de mécanismes africains de sécurité collective et de maintien de la paix ».*

Les accords de défense signés respectivement par les EUA et par la Russie ne sont pas rédigés selon le modèle français exposé ci-dessus, car ils remplissent une fonction propre au contexte de la présence des bases militaires de ces deux États. Après la dislocation de l'URSS, la Russie a conservé ou renouvelé des accords avec certains pays bordant sa frontière et avec la Syrie[346]*. La présence de conflits armés ou de tension dans la région rend stratégique la présence de bases militaires dans ces pays. Ces accords font référence au Traité de sécurité collective (1992)*[347] *ou à d'autres traités bilatéraux qui ont conduit à des missions de maintien de la paix à la suite de conflits armés ou de guerre civile (Abkhazie, Ossétie du sud, Transnistrie). Ils ne consistent pas, à la différence des accords de défense français, à offrir une assistance militaire aux armées locales, car ils portent sur la défense des territoires des pays concernés partenaires de la Russie, défense assurée par la présence de bases militaires. L'objectif de la présence de ces bases est inscrit au préambule des accords : la « défense de la souveraineté et de la sécurité de ces pays et de la stabilité dans la région » (Accords avec l'Arménie, l'Ossétie du Sud) « contre les menaces terroristes et extérieures » (accord avec l'Ossétie du Sud) « dans un but purement défensif » (accords avec l'Abkhazie, le Tadjikistan). L'article 3 de l'accord avec l'Arménie dispose que la base militaire russe, durant sa période de fonctionnement, garantira en même temps les intérêts de la Russie et, de concert avec les forces armées arméniennes, la sécurité du pays. Ces accords ne contiennent pas de clause de légitime défense collective (par ailleurs présente dans le traité de l'OTSC), mais une obligation d'engagement militaire, en cas*

---

priorité leur vente à la France après satisfaction des besoins de leur consommation intérieure et à s'approvisionner par priorité auprès d'elle.

[345] Voir l'« Avis sur le projet de loi *n° 31 95… », par M. Philippe Vitel, p. 25.*

[346] La Russie a suivi, depuis la fin de l'URSS, un chemin inverse à celui des EUA. Elle a fermé des bases militaires dans dix pays faisant autrefois partie de l'URSS ou du bloc soviétique. Elle n'en conserve plus qu'en Arménie, au Caucase (Abkhazie, Ossétie du Sud), au Bélarus, en Moldavie, en Asie centrale (Kazakhstan, Kirghizstan, Tadjikistan) et en Syrie. Les EUA ont accru leur présence militaire à l'étranger depuis la fin de la guerre froide : Kosovo, Koweït, Roumanie. Tous les accords de défense concernant le fonctionnement de ces bases ne sont pas accessibles au public.

[347] Traité *signé par la Russie et cinq autres pays de la région (dont l'Arménie, la Bélarus et le Tadjikistan).*

d'agression extérieure, des troupes stationnées dans les bases[348]. *Contrairement aux accords bilatéraux signés entre la France et les États africains, certains de ces accords ne prévoient pas, pour les militaires de l'État d'origine (la Russie) une totale liberté de circulation sur le territoire : les aéronefs doivent concerter leurs déplacements et les zones survolés avec les autorités locales*[349].

Les États-Unis ont quant à eux signé, dès 1951, des accords bilatéraux avec la Corée du Sud, le Japon et les Philippines afin d'inscrire dans la durée leur présence dans ces régions stratégiques. Cette présence était inspirée à l'époque de la guerre froide par l'intérêt à contenir l'avancée du communisme en Asie. Elle est motivée aujourd'hui par la rivalité militaire et commerciale face à la Chine[350]. *Ces accords comportent une clause de légitime défense collective pour défendre le territoire de ces États. Ils visent aussi le maintien de la sécurité dans la région du Pacifique (préambules des accords avec la Corée du Sud et les Philippines) et de l'Extrême Orient*

---

348 Article 2 de l'accord avec l'Abkhazie, article 3 alinéa 3 de l'accord avec l'Arménie, article 4.3 de l'accord avec l'Ossétie, article 4 de l'accord avec le Tadjikistan. L'accord avec l'Abkhazie (2014) porte sur l'unification des forces armées russes (stationnées sur place) et abkhazes dans le cadre de la création d'un « espace commun de défense » de la Russie et de l'Abkhazie.

349 Article 17 de l'accord avec l'Arménie, Article 8 de l'accord avec le Tadjikistan. L'accord avec l'Abkhazie n'aborde pas cette question puisqu'il porte sur une défense commune, les forces armées des deux parties étant responsable de la défense de l'ensemble du territoire abkhaze. L'accord avec l'Ossétie du sud accorde une liberté de circulation sur l'ensemble de son territoire et de son espace aérien. Il est à noter que, par ailleurs, l'Abkhazie et l'Ossétie du Sud, États indépendants depuis 2008, s'orientent, dans le cadre d'accords bilatéraux avec la Russie, vers une intégration progressive avec ce pays.

350 Les États Unis établissent dans cette région le traité multilatéral de commerce et d'investissement *Trans Pacific Partnership*. Selon E. Albert : « *The move to strengthen U.S.-Philippines ties is part of a larger strategic shift in U.S. foreign policy to Asia. This shift, known as the rebalance, or pivot, is driven by security and economic interests. Washington has emphasized boosting existing security ties and building new ones in the region. Simultaneously, the United States is seeking to conclude and implement the Trans-Pacific Partnership (TPP), a multilateral, high-standard free trade agreement. The Philippines, though not a TPP member, has expressed* interest *in joining the pact* ». ALBERT (E.), « The U.S – Philippines Defense Alliance », *Council on Foreign Relations*, 21 octobre 2016, http://www.cfr.org/philippines/us-philippines-defense-alliance/p38101, accès le 13 avril 2017. Notons par ailleurs que l'accord de défense mutuelle entre les EUA et le Japon (1960) a remplacé l'ancien accord signé en 1951 qui prenait en considération le fait que ce pays n'était pas en capacité d'assumer sa défense puisqu'il était désarmé à la suite de sa capitulation le 2 septembre 1945. Ceci créait un déséquilibre dans le traité, le Japon ne pouvant exercer sa pleine souveraineté. Selon le préambule de cet accord, la présence militaire américaine était requise dans l'expectative que le Japon retrouve ses capacités de défense, le réarmement étant cependant limité aux fins strictement défensives. Ces dispositions faisaient donc subsister la nécessité de la présence des forces armées des EUA qui ne se limitent pas à assurer la seule défense du territoire japonais. En outre, l'article Ier de l'accord autorisait les EUA à réprimer les « révoltes et troubles » internes provoqués par des « puissances extérieures ». Cette disposition a disparu dans l'accord signé en 1960.

(article IV de l'accord avec le Japon)[351]. *L'accord avec les Philippines comporte également un engagement des deux Parties à développer leur capacité individuelle et collective à résister à une attaque (article II), engagement complété en 2014 par la signature d'un accord sur le renforcement de la coopération militaire. Ce traité est structuré comme un partenariat avec des obligations symétriques dont les objectifs sont présentés à l'article Ier : modernisation des deux forces armées, exercices en commun, accroissement des capacités d'intervention commune dans les domaines de la sécurité maritime, l'assistance humanitaire (contexte de catastrophes naturelles) et d'autres domaines à déterminer par les Parties. À la différence des accords avec la Corée du Sud et le Japon, le traité avec les Philippines ne contient pas de clause offrant aux EUA, pour la défense de l'État d'accueil, une liberté générale de circulation dans les espaces territorial et aérien de celui-ci.*

B. Les traités multilatéraux de sécurité

Les accords régionaux de défense visent à garantir la sécurité de chaque État membre par la défense de leur sécurité collective. Cette sécurité collective s'appuie sur des intérêts stratégiques communs aux États membres. Elle est donc différente d'un traité régional à l'autre (1). À l'époque de la guerre froide où deux alliances militaires d'une égale puissance se faisaient face, cette différence de valeurs et d'intérêts d'un traité à l'autre était synonyme de tensions permanentes et de menaces de confrontations militaires. De nos jours, cette différence peut se manifester au niveau des organismes régionaux. Ces organismes ont des intérêts de sécurité qui peuvent les opposer les uns aux autres ou aux intérêts régionaux des membres permanents du Conseil de sécurité. Une telle situation crée des tensions qui perturbent la mise en œuvre des dispositions du chapitre VIII de la Charte sur le règlement pacifique des différends d'ordre local (2).

1. Les intérêts stratégiques communs aux États parties à un traité

Chaque traité régional de défense ou de sécurité se distingue par un ensemble de principes ou de valeurs propres qui garantit son caractère non universel (non ouvert à n'importe quel État) et établit le lien entre la sécurité

[351] Les articles IV et V de l'accord avec les Philippines (1951) peuvent être interprétés comme garantissant un soutien armé des EUA aux revendications de souveraineté territoriales des Philippines sur certaines îles : « *Each Party recognizes that an armed attack in the Pacific Area on either of the Parties would be dangerous to its own peace and safety and declares that it would act to meet the common dangers in accordance with its constitutional processes* » (Article IV). « *For the purpose of* Article IV, *an armed attack on either of the Parties is deemed to include an armed attack on the metropolitan territory of either of the Parties, or on the island territories under its jurisdiction in the Pacific or on its armed forces, public vessels or aircraft in the Pacific* » (article V).

nationale des États parties et la sécurité collective de l'organisme régional qui regroupe ces États (a). La sécurité collective est mise en œuvre par des structures reflétant un degré de collaboration ou d'intégration militaire plus ou moins grand (b).

a. Une sécurité collective différente d'un traité régional à l'autre

La notion de sécurité collective ne se résume pas à la légitime défense collective : à l'instar du traité interaméricain d'assistance réciproque (Traité de Rio, 1947), plusieurs traités régionaux prévoient, en cas d'agression d'un des États membres, une palette de mesures coercitives décidées collectivement, dont le recours à la force armée n'est que le degré supérieur.

La notion de sécurité collective est différente d'un traité à l'autre, en fonction des valeurs ou intérêt nationaux qui permettent de regrouper les États dans un même ensemble régional. La doctrine, qui s'est interrogée sur ce qu'est un accord régional, n'est pas unanime quant à ce qui constitue le socle commun des différents intérêts nationaux. L. Delbez écrivait, en 1962 : « *La défense nationale classique du type individualiste se trouve aujourd'hui dépassée. Il n'y a de défense nationale possible que dans la collaboration avec d'autres État, avec ceux dont on se sent proche par l'esprit, le cœur ou l'intérêt* »[352]. Dans son cours à l'Académie de la Haye consacré aux accords régionaux, J.M. Yepes met en avant plusieurs facteurs, tous de nature permanente et qui vont au-delà de ce qui forme une alliance militaire de circonstance. Il utilise ce qu'il nomme « l'axiome : *la géographie commande* » pour montrer que la proximité géographique conduit les États à une solidarité naturelle ; il y ajoute des « affinités » telles que « l'identité des races, des langues, des religions ou des cultures », une adhésion aux principes des articles 1 et 2 de la Charte des Nations Unies et une coopération large dans un grand nombre d'activités »[353]. Hormis le cas de la Ligue des États arabes, les critères de races, de religion et de cultures sont absents de la plupart des accords régionaux, mais la proximité géographique est présente parmi d'autres critères. Le Traité de Rio, la Charte de Bogota créant l'Organisation des États Américains (OEA), le Traité de l'Atlantique Nord, le Pacte de Varsovie, l'Organisation du Traité de Sécurité Collective (OTSC), l'Organisation de Coopération de Shanghai (OCS), l'Union Africaine (UA) et d'autres accords (constitutifs ou non d'organisations régionales) ont en commun, outre la proximité géographique[354] de leurs États membres, les objectifs de défense de la

[352] DELBEZ (L.), « Des divers modes de collaboration militaire entre États », *RGDIP*, 1962, n° 2, p. 735.
[353] YEPES (J.M.), « Les accords régionaux et le droit international », *RCADI*, vol. 71, 1947, p. 249-252.
[354] Le critère de la proximité géographique n'est pas mentionné dans le Pacte de Varsovie ni dans le traité de l'OTSC. Ces traités n'en font pas un préalable à l'adhésion de nouveaux

souveraineté, de l'intégrité territoriale et de l'indépendance des États Parties ainsi que le rapprochement des économies et de institutions autour de valeurs partagées par ces États Parties. Par ce rapprochement, il faut entendre : le développement d'une solidarité (OEA)[355], d'une intégration politique et économique (UA)[356] ou d'une coordination des politiques économiques (OTAN)[357] . Les valeurs communes sont celles de la démocratie et sont basées sur la liberté individuelle et la justice sociale (OEA)[358], sur les droits de l'Homme (OEA, Traité de Rio, UA)[359],sur l'héritage commun et civilisationnel des peuples et sur les principes de démocratie, de libertés individuelles et d'état de droit(OTAN)[360]ou bien sur l'amitié, la coopération et l'assistance mutuelle (ancien Pacte de Varsovie)[361] ou encore sur la réaction commune au terrorisme, au séparatisme et à l'extrémisme sous toutes ses formes (OCS)[362]. Certains de ces traités sont uniquement axés sur la défense commune contre des actes d'agression (Traité de Rio, Traité de l'Atlantique Nord, ancien Pacte de Varsovie, OTSC), d'autres entendent la défense et la sécurité au sens large : sécurité économique, sécurité alimentaire et sécurité démographique (Union Africaine, OEA), défense contre le terrorisme et toutes formes de violence régionale, stabilité politique, économique e financière (OCS, OEA).

Les facteurs d'intégration ci-dessus qui différencient les uns des autres les accords régionaux dépassent, par leur diversité, les critères fixes avancés

---

membres. L'article 9 du Pacte de Varsovie dispose que celui-ci est ouvert à l'adhésion d'autres États quel que soit leur régime politique et économique lorsqu'ils sont prêts joindre leurs efforts avec les autres États pacifiques dans le but de maintenir la paix et la sécurité ». L'article 10 du Taité de l'OTSC dispose : « *Le présent traité est ouvert à l'adhésion de tous les États intéressés partageant ses buts et principes* ». Pour l'instant et de même que pour le Pacte de Varsovie autrefois, les pays membres (Arménie, Bélarus, Kirghizie, Kazakhstan et Tadjikistan) partagent tous des frontières avec la Russie, également membre.

Le critère de la proximité géographique est inscrit à l'article 10 du Traité de l'Atlantique Nord : tout nouvel État membre doit être européen. Outre ce critère, le nouvel entrant doit « favoriser le développement des principes du présent Traité et de contribuer à la sécurité de la région de l'Atlantique Nord.

Notons que le critère de la géographie est relatif dans la pratique des interventions de l'OTAN. Le rayon d'action de cette organisation, fixé par le préambule du traité est l'Atlantique Nord, ce qui comprend, pour l'application de la clause de légitime défense collective (article 5) l'Europe et l'Amérique du Nord. L'OTAN est cependant intervenue au-delà de cette zone, en Afghanistan.

[355] Préambule de la Charte de l'OEA.

[356] Article 3 (c) de l'Acte constitutif de l'UA.

[357] Article 2, Traité de l'Atlantique Nord.

[358] Préambule de la Charte de l'OEA.

[359] Préambules du Traité de Rio et de la Charte de l'OEA, article 3 (h) de l'Acte constitutif de l'UA..

[360] Préambule du Traité de l'Atlantique Nord.

[361] Préambule du Traité d'amitié, de coopération et d'assistance mutuelle signé à Varsovie le 1er mai 1955.

[362] Article 3 de la Charte de l'OCS.

par J.M. Yepes. Ils entrent plus dans le champ de la définition suivante, flexible, d'E. Van Kleffens : « *Un accord régional, en tant que pacte, est une association volontaire d'États souverains d'une certaine aire ou ayant des intérêts communs dans cette aire avec des buts communs, qui ne soient pas de nature belliqueuse, en rapport avec cette aire* »[363]. Ces « intérêts et buts communs », mis en avant dans les critères ci-dessus, constituent le socle de la notion de sécurité collective propre à chaque traité. Ils sont généralement inscrits au préambule et dans les premiers articles du dispositif du traité[364].

Pour illustrer la relation entre la sécurité collective d'une alliance et la sécurité nationale des États parties à celle-ci ainsi que la différence de la notion de sécurité d'une alliance à l'autre, on prendra l'exemple des alliances constituées autour des deux États et adversaires stratégiques que sont les EUA[365] et la Russie.

En raison d'une conception extensive de la notion de sécurité nationale qui les conduit à être présent militairement dans de nombreuses parties du monde, les EUA sont partie au Traité de Rio, à l'OTAN et ont été partie à l'Organisation du Traité de l'Asie du Sud-Est (OTASE, dissoute en 1977). Le préambule du traité de l'Atlantique Nord – traité créant l'OTAN, la principale et la plus active organisation régionale de sécurité dans le monde – proclame la sauvegarde de la liberté des peuples des États Parties et de leur héritage culturel commun fondés sur la démocratie, les libertés individuelles et le règne du droit. Il s'agissait, à l'époque de cette proclamation, de lutter contre ce que les États parties percevaient comme le principal danger : le bloc socialiste formé, entre 1945 et 1948, par l'URSS et les pays de l'Est.

---

[363] Van KLEFFENS (E), « Regionalism and Political Facts », in AJIL, oct. 1949, vol. 43, n° 4, p. 668-669, cité par KODJO (E.), GHERARI (H.), « Chapitre VIII : Accords régionaux » dans COT (J.-P.), PELLET (A.) (dir.), *La Charte des Nations Unies. Commentaire article par article, op. cit.*, p. 1374.

[364] On notera que la disparition d'« affinités » entre des États membres d'un accord conduit au retrait de ceux-ci ou à la fin de l'application de l'accord. La France s'est retirée du commandement intégré de l'OTAN pour inadéquation de la volonté d'indépendance de la France dans sa politique de défense avec ses obligations découlant du traité ; le Pacte de Varsovie s'est dissous en 1991 en raison du changement d'orientation politique et stratégique des pays de l'Est qui, à l'inverse, ont rejoint par la suite l'OTAN dont ils épousaient les valeurs. On peut également mentionner le retrait des pays de l'ALBA (alliance régionale d'orientation socialiste) du Traité de Rio en 2012 en raison, selon ces derniers – Bolivie, Équateur, Nicaragua et Venezuela – du manque d'efficacité du mécanisme régional de sécurité collective : les EUA n'avaient pas soutenu le Royaume-Uni contre l'Argentine durant la guerre des Malouines en 1982. Voir Agence Xinhua : « Quatre pays d'Amérique du Sud se retirent du traité de défense interaméricaine », 7 juin 2012, http://french.peopledaily.com.cn/International/7838305.html, accès le 8 mai 2018.

[365] La deuxième partie de l'article 10 du Traité de l'Atlantique Nord consacre le rôle central des EUA en disposant que tout État invité par les États parties à devenir lui-même partie au traité doit déposer son instrument d'accession auprès du gouvernement des EUA.

Comme l'écrivait P.-H. Spaak, secrétaire général de l'OTAN :de 1957 à 1961 :

> « L'alliance atlantique est née d'un besoin de défense ; mais il ne s'agit pas seulement de protéger un groupe de pays contre la menace d'une hégémonie politique et militaire. Cette menace ne vise pas seulement les territoires et l'indépendance nationale des pays de l'Alliance ; elle vise les principes mêmes de leur civilisation : le communisme, au nom du progrès et du bonheur de l'humanité, prétend imposer au monde un système fondé sur l'asservissement des individus. Partout où il est au pouvoir, il détruit la liberté sous toutes ses formes »[366].

La sécurité collective, dans le cadre de l'OTAN, est ainsi conçue comme un mécanisme qui doit faire face à un adversaire désigné – l'URSS et ses alliés – source d'une menace non seulement militaire mais idéologique. Toute l'activité du Conseil de l'Atlantique Nord (la structure suprême de l'Organisation) est dédiée à la lutte contre cette menace ; c'est ce qu'exprime le même secrétaire général lorsqu'il interprète les termes de l'article 9 du Traité – « *Les Parties établissent* [...] *un Conseil* [...] *pour connaître des questions relatives à l'application du Traité* » – comme le devoir, pour cet organe, de « *s'efforcer d'adapter sans cesse l'action et les moyens de l'Alliance à l'état de la menace soviétique* »[367]. La menace était non seulement externe – collective à tous les États membres de l'OTAN – mais aussi interne à chacun de ces États : il s'agissait de prévenir tout risque de changements de gouvernement[368] au bénéfice de forces favorables à l'URSS comme cela fut le cas en Tchécoslovaquie en 1948, un an avant la création de l'OTAN. L'activité de l'OTAN fut, durant la période de la guerre froide, essentiellement politique – orientée sur la lutte contre l'idéologie communiste – le volet militaire étant laissé aux États-Unis qui menaient une relation bilatérale cyclique de tension et de détente (négociations sur le désarmement) avec l'URSS.

L'OTAN connut elle-même des phases de tension interne révélant les limites de l'adéquation entre sécurité nationale des États membres et sécurité

---

366 SPAAK (P.-H.), *Pourquoi l'OTAN ?,* Paris, Plon, 1959, p. 47. La même motivation de « contenir » le communisme a présidé à la création, en 1954, de l'Organisation du Traité de l'Asie du Sud-Est (OTASE).

367 SPAAK (P.-H.), *op. cit.*, p. 17. La réalité, à l'époque de la création de l'OTAN, de la menace militaire soviétique sur l'Europe ne faisait pas l'unanimité au sein du pouvoir exécutif des États-Unis. Selon D. Horowitz : « *Avant l'OTAN, avant le réarmement occidental et ouest allemand* [...] *la puissance communiste était « contenue » de façon adéquate et efficace par la puissance plus forte et plus largement étendue des États-Unis.* [...]. *En mars 1949, John Foster Dulles* [Secrétaire d'État à la défense] *déclara : Autant qu'il est humainement possible de juger, le gouvernement soviétique, dans les conditions qui prévalent actuellement, n'envisage pas la guerre comme un instrument de sa politique nationale* ». Voir HOROWITZ (D.), *De Yalta au Vietnam*, T.1, Paris, 10/18, 1935, p. 104.

368 Particulièrement dans les pays comme l'Italie et la France où les partis communistes étaient influents.

collective de l'Organisation. L'abandon, en 1952, du projet de création d'une Communauté Européenne de Défense, qui prévoyait la formation d'une armée européenne sous supervision du commandant en chef de l'OTAN, fut largement dû à une forte opposition en France, en raison de la crainte que le pays y perdît son armée[369]. La sortie, en 1966, de la France du commandement intégré de l'OTAN fut, elle, motivée par le souhait du général de Gaulle de séparer dans une certaine mesure la sécurité de la France de celle des EUA : la France, désormais en possession de l'arme atomique, pouvait assurer sa propre sécurité et ne devait plus être attirée dans tous les conflits où s'engageaient les EUA (contre la Corée du Nord, le Vietnam ou Cuba) avec un risque d'escalade mondial face à une URSS nucléarisée (qui ne l'était pas encore à la création de l'OTAN en 1949)[370].

La chute des régimes socialistes en Europe de l'Est, la dissolution du Pacte de Varsovie (l'organisme régional rival de l'OTAN) puis de l'Union soviétique rendirent inexistante la menace de l'hégémonie communiste qui était à la source de la création de l'OTAN. Loin de disparaître elle-même, cette organisation régionale renforça sa composition (passée à 28 États membres) et accrût ses moyens, le nombre de ses bases militaires et son rayon d'action. Elle devint, à partir des années 1990[371], véritablement militairement active, notamment avec l'intervention en Yougoslavie. Elle activa, en 2001 – et pour la première fois depuis sa création en 1949 – l'article 5 pour lancer l'opération *Active Endeavour* en Afghanistan. Sans amender le Traité de l'Atlantique Nord et son préambule, les pays membres de l'organisation ont changé la doctrine sur laquelle reposait leur notion de sécurité collective. Contrairement à la stratégie de sécurité nationale des EUA qui désigne nommément ses adversaires principaux – la Russie, l'État islamique et Al Qaeda – les menaces que l'OTAN entend aujourd'hui affronter ne proviennent pas d'États ou d'agents non étatiques expressément identifiés. Les menaces sont plutôt constituées par des phénomènes généraux tels que la prolifération d'armes de destruction massive, le terrorisme

---

[369] Le général de Gaulle fut un des opposants à ce projet de traité. Comme l'écrit M. Vaïsse : « *Pour lui* [le Général], *le traité subordonne la France à la stratégie américaine sans garantir qu'elle serait défendue, et il mène directement à l'hégémonie du Reich en Europe. Décortiquant le texte du traité, il démontre que cette armée européenne est en fait un instrument entre les mains du commandant en chef atlantique, c'est-à-dire du commandant en chef américain en Europe* ». Voir VAISSE (M.), « Le général de Gaulle et la défense de l'Europe, 1947-1958 », *Matériaux pour l'histoire de notre temps* (numéro thématique : « Faire et refaire les armées – Penser et repenser les défenses »), n° 29, 1992, p. 7.

[370] GAULLE (Ch. de), Conférence de presse du 21 février 1966, http://fresques.ina.fr/de-gaulle/fiche-media/Gaulle00113/conference-de-presse-du-21-fevrier-1966.html, accès le 9 mai 2018. Selon le Général : « *la volonté de la France de disposer d'elle-même, ce qui est indispensable pour qu'elle croie à son propre rôle, et pour qu'elle puisse être utile aux autres, cette volonté de la France est incompatible avec une organisation de défense dans laquelle elle est subordonnée* ».

[371] BOZO (F.), « OTAN : réflexions sur la normalisation française », *AFRI*, 2010, p. 350.

(intervention armée en Afghanistan et missions de dissuasion du terrorisme en mer Méditerranée), la piraterie au large de la Corne de l'Afrique. L'OTAN se spécialise dans des missions dites de « gestion de crise » dans des zones de conflits ou de tension avec des tâches diverses : interventions armées (Kosovo), missions d'assistance à des armées d'États membres (Turquie) ou d'États tiers (Ukraine), missions de police du ciel, missions de secours de populations au lendemain de catastrophes naturelles[372]. L'OTAN se présente ainsi comme « une organisation de gestion de crise à même d'entreprendre un large éventail d'opérations et de missions militaires »[373]. Cette mutation de l'organisation régionale[374] – qui devient *de facto* multirégionale avec de nouveaux membres situés hors de la région de l'Atlantique Nord et avec des partenariats avec des pays non européens – distend le lien entre sécurité collective et sécurité nationale des États : les missions de prévention de la piraterie au large de la Corne de l'Afrique – parmi d'autres opérations – ne sont pas directement liées à la protection de la sécurité nationale d'États membres tels que les États baltes.

Après les dissolutions, en 1991, du Pacte de Varsovie et de l'URSS, la Russie signa un traité de sécurité, l'année suivante, avec quelques républiques frontalières ex-soviétiques. Ce traité laissa la place, en 2002, à un traité instituant une Organisation du Traité de la Sécurité Collective (OTSC). Au-delà de la définition plutôt neutre et générale que donne l'OTSC de sa sécurité collective[375], la principale préoccupation des États

---

[372] OTAN, « Engagement actif, défense moderne. Concept stratégique pour la défense et la sécurité des membres de l'Organisation du Traité de l'Atlantique Nord », document adopté par les chefs d'État et de gouvernement au sommet de l'OTAN à Lisbonne, les 19 et 20 novembre 2010. http://www.nato.int/nato_static/assets/pdf/pdf_publications/20120214_strategic-concept-2010-fra.pdf, accès le 31 mars 2017. Voir aussi OTAN, « Opérations en cours et missions terminées », 3 novembre 2016, https://www.nato.int/cps/fr/natolive/topics_52060.htm, accès le 8 mai 2018.
Les missions en Méditerranée sont remplacées aujourd'hui par l'opération de police permanente *Sea Guardina*.

[373] Voir la présentation des mission et opérations sur le site de l'OTAN, http://www.nato.int/cps/fr/natohq/topics_52060.htm, accès le 1er avril 2017. Voir aussi Manuel de l'OTAN, Bureau de l'information et de la presse Bruxelles, OTAN, 2001, p. 55 et suivantes.

[374] Cette mutation tend à faire de l'OTAN, comme l'écrit F. Bozo, une organisation polyvalente de de sécurité mondiale, « rivale démocratique et occidentale de l'ONU ». BOZO (F), *op. cit.*, p. 358.

[375] « *La sécurité collective de l'OTSC est l'état de la défense des intérêts collectifs des États membres de l'Organisation, lequel permet de garantir l'indépendance, l'intégrité territoriale, la souveraineté, la capacité de défense et la protection contre toute menace sur chacun des États membres sur la base de la coordination et de la réalisation d'une activité commune* ». Voir Stratégie de la défense collective de l'OTSC pour la période allant jusqu'en 2025, www. http://www.odkb-csto.org/documents/detail.php?ELEMENT_ID=8382,
accès le 3 avril 2017. Par ailleurs, l'article 8 du traité instituant l'OTSC dispose que :

membres était la stabilité de leurs gouvernements et de leurs frontières, laquelle se trouvait menacée, au lendemain de la dissolution de l'URSS, par des conflits internes et des revendications nationalistes et séparatistes qui ont conduit à des tentatives de redécoupage des frontières. À ces menaces s'additionnèrent ensuite, surtout depuis le retrait partiel (achevé en 2015) des troupes de l'OTAN du territoire de l'Afghanistan[376], le terrorisme et le narcotrafic. La sécurité collective de l'OTSC recouvre ainsi les « défis et menaces extérieures » et les « défis et menaces intérieures ». Parmi les « défis et menaces extérieures » se trouvent la présence de conflits « non régulés » aux frontières des États membres, les tentatives de mener des « révolutions de couleur »[377] et des guerres hybrides pour déstabiliser les gouvernements en place, la pénétration de groupes terroristes dans le territoire de ces États, le déploiement unilatéral de boucliers anti-missiles (comme celui de l'OTAN en Pologne en 2015) et d'autres systèmes d'armes dans les pays de l'OTAN[378]. Les États membres bénéficient d'ailleurs du « parapluie » nucléaire de la Russie. Les principaux « défis et menaces intérieures » sont le terrorisme intérieur, la propagande et le recrutement de ressortissants des pays de l'OTSC dans les rangs d'organisations terroristes internationales combattant à l'étranger et le retour ces terroristes chez eux[379].

Les États membres de l'OTSC semblent donc partager les mêmes intérêts de sécurité nationale mais cette concordance d'intérêts ne va pas jusqu'à la création de structures d'un niveau d'intégration semblable à celui de l'OTAN.

b. Le degré de collaboration ou d'intégration militaire de l'organisme régional

L. Delbez différencie trois types de collaboration militaire entre États selon le degré d'intégration : une fusion complète, en temps de paix

« The Member States shall co-ordinate and unite their efforts at struggle with international terrorism and extremism, illicit trafficking of drugs and psychotropic substances, weapon, organized transnational crime, illegal migration and other menaces to safety of the Member States.
The Member States shall take measures to creation and getting function within the framework of the Organization of the system of response to crisis situations menacing to safety, stability, territorial integrity and sovereignty of the Member States.
The Member States shall co-operate in the spheres of protection of state frontiers, exchange of information, information security, protection of the population and territories from emergency situations of natural and technogenic character, as well as from the dangers arising when maintaining or owing to the hostilities ».

[376] Ce pays borde la frontière sud de l'OTSC.

[377] Nommées ainsi en raison des révolutions « rose » en Géorgie (2003), « orange » en Ukraine (2004), et « tulipe » au Kirghizstan (2005) qui ont conduit à des changements de régime.

[378] Voir la Stratégie de la défense collective de l'OTSC pour la période allant jusqu'en 2025.

[379] *Ibidem.*

comme en période de guerre, des forces armées nationales des États membres de l'organisme régional ; une coopération renforcée des armées nationales, en temps de paix comme de guerre et sous l'autorité d'un État-major commun ; une coopération occasionnelle de ces armées, en temps de guerre uniquement, sous une direction commune[380]. Le deuxième mode de collaboration, au degré d'intégration intermédiaire, correspond à celui de l'OTAN. Elle est décrite par les articles 3 et 9 du traité[381]. Les États membres conservent leurs propres forces armées, qu'elles placent de façon temporaire et pour des missions spécifiques, ponctuelles ou permanentes, sous le drapeau de l'Alliance. Les décisions sont prises au niveau du Conseil sur le principe du consensus ; la participation de tous les États aux opérations décidées est obligatoire au nom de la solidarité, ceux-ci étant placées sous un commandement et un État-major uniques[382]. C'est par ce système qu'est mis en œuvre l'article 5 du Traité de l'OTAN, qui dispose que :

> « Les Parties conviennent qu'une attaque armée contre l'une ou plusieurs d'entre elles survenant en Europe ou en Amérique du Nord sera considérée comme une attaque dirigée contre toutes les Parties et, en conséquence, elles conviennent que, si une attaque se produit, chacune d'elles, dans l'exercice du droit de légitime défense, individuelle ou collective, reconnu par l'Article 51 de la Charte des Nations Unies, assistera la Partie ou les Parties ainsi attaquées en prenant aussitôt, individuellement et d'accord avec les autres Parties, telle action qu'elle jugera nécessaire, y compris l'emploi de la force armée, pour rétablir et assurer la sécurité dans la région de l'Atlantique Nord ».

Le Traité de Sécurité Collective contient une clause similaire de légitime défense collective (article 4). Pour le reste, l'OTSC suit le modèle de

---

[380] La fusion complète des armées des États membres n'a jamais existé car, comme l'a montré l'échec du projet de Communauté Européenne de Défense en 1952, il est difficile voire dangereux, pour un État, d'accepter de perdre totalement son autonomie de décision en matière de sécurité et de défense nationales. DELBEZ (L), « La collaboration militaire entre États », *op. cit.*, p. 735.

[381] L'article 3 dispose que : « *Afin d'assurer de façon plus efficace la réalisation des buts du présent Traité, les parties, agissant individuellement et conjointement, d'une manière continue et effective, par le développement de leurs propres moyens et en se prêtant mutuellement assistance, maintiendront et accroîtront leur capacité individuelle et collective de résistance à une attaque armée* ».
L'article 9 dispose que : « *Les parties établissent par la présente disposition un Conseil, auquel chacune d'elle sera représentée pour examiner les questions relatives à l'application du Traité. Le Conseil sera organisé de façon à pouvoir se réunir rapidement et à tout moment. Il constituera les organismes subsidiaires qui pourraient être nécessaires ; en particulier, il établira immédiatement un comité de défense qui recommandera les mesures à prendre pour l'application des articles 3 et 5* ».
On notera que la survivance de l'OTAN à la disparition de la menace qui avait motivé sa création est pour beaucoup due à la souplesse de son organisation, ce qui constitue un autre critère important qui explique la constitution des organismes régionaux et différencie ceux-ci entre eux.

[382] L'État-major a autorité sur plusieurs États-majors par zone.

collaboration intermédiaire mais de façon moins aboutie que celui pratiqué par l'OTAN[383] : elle a constitué, en 2002 un État-major avec des forces armées communes permanentes destinées à intervenir dans le cadre de missions de crise (avec des moyens militaires qui sont loin d'atteindre ceux de l'OTAN) et a créé une assemblée parlementaire composée de représentants des États membres.

Un autre organisme régional, l'OEA, s'est doté d'un système de collaboration militaire mais les États qui l'ont instituée avaient signé, un an auparavant, le Traité de Rio, lequel prévoit un système de défense collective[384] de type occasionnel selon la typologie de L. Delbez. La clause de légitime défense collective (article 3) du Traité de Rio a ceci de particulier qu'elle permet à un État Partie de réagir à une agression contre un autre État Partie sans attendre la concertation avec les autres membres, concertation normalement prévue dans le cadre de l'organe de consultation du Système Interaméricain. L'État Partie décide alors lui-même des mesures à prendre au nom de la légitime défense collective. Ce fondement fut choisi par les États-Unis pour justifier quelques-unes de leurs interventions en Amérique latine, par exemple l'intervention à l'Ile de la Grenade en 1983. En cas d'attaque non armée, le Traité de Rio prévoit une concertation préalable obligatoire pour décider de mesures de défense collective (article 6). Les organismes régionaux tels que l'Union Africaine ou l'Union Européenne ont fait aussi de la sécurité régionale un de leurs objectifs et participent à ce titre à des missions de maintien de la paix (KFOR au Kosovo pour l'UE, MISMA au Mali, MISCA en République Centre Africaine pour l'UA)[385]. Ils suivent en cela le modèle occasionnel de collaboration militaire.

La spécificité, propre à chaque traité ou organisme régional, des intérêts de sécurité peut conduire à des tensions entre des États membres d'organismes régionaux différents ou entre un organisme régional et des membres permanents du Conseil de sécurité. Ces tensions se manifestent à l'occasion de la mise en œuvre des dispositions du chapitre VIII (« accords régionaux ») de la Charte.

---

383 Ceci s'explique par la volonté des États membres de ne pas trop déléguer l'exercice de leur souveraineté en matière militaire – mais aussi parce que l'organisation est plus récente que l'OTAN.

384 Traité interaméricain d'assistance réciproque.

385 Par la résolution 2085 (2012), le Conseil de sécurité a ainsi confié à l'UA la reconstitution de l'armée malienne, l'aide pour repousser les groupes armés terroristes et la stabilisation de la situation politico-militaire. La résolution 2127 (2013) confie aussi une mission de rétablissement de l'ordre public et de maintien de la paix à l'UA sous la forme du déploiement de la MISMA.

2. Les intérêts de sécurité à la source de tensions perturbant le règlement pacifique des différends régionaux

Les organismes régionaux qui ont un objectif de sécurité collective sont autorisés par l'article 52 de la Charte des Nations Unies des Nations Unies à régler des différends d'ordre local et à se substituer, dans ce rôle, au Conseil de sécurité. Le Conseil de sécurité peut, par l'article 53, déléguer aux organismes régionaux de sécurité, l'application de mesures coercitives prises sous son autorité. La mise en œuvre de ces deux dispositifs peut cependant donner lieu à des tensions, lorsque les intérêts de sécurité d'un organisme régional et de ses États membres heurtent ceux d'États membres permanents du Conseil de sécurité (a) ou ceux d'un autre organisme régional (b).

a. Tensions entre le Conseil de sécurité et un organisme régional

L'article 52 de la Charte est le résultat d'un compromis entre d'une part les principales puissances présentes à la Conférence de Dumbarton Oaks (1944), désireuses d'assoir le rôle prépondérant du Conseil de sécurité comme gardien de la paix et de la sécurité internationales, et d'autre part les États latino-américains regroupés dans l'Union panaméricaine et soucieux de préserver ensemble leur souveraineté face aux grandes puissances[386]. L'article 52.2 exprime l'idée que les différends interétatiques doivent être réglés de manière pacifique par l'intermédiaire des organismes régionaux avant d'être soumis, si nécessité il y a, au Conseil de sécurité.

Le compromis à l'origine de l'adoption de l'article 52 s'est révélé cependant instable puisque le Conseil de sécurité peut choisir de ne pas décentraliser le règlement pacifique et de régler lui-même un conflit international en marginalisant l'action de médiation d'organismes régionaux. Ce fut le cas dans les affaires de la destruction en vol de l'avion de la Pan Am (1988) puis de l'avion de l'Union des Transports Aériens (UTA, 1989) où tous les passagers périrent. La mise en cause de fonctionnaires libyens dans les enquêtes qui suivirent conduisit le Conseil de sécurité, par la résolution 731 (1992)[387] votée sur demande des EUA, de la France et du Royaume-Uni, à demander à la Libye de collaborer à ces enquêtes en extradant vers les EUA et le Royaume-Uni les fonctionnaires soupçonnés. Dans ce cadre, le Conseil de sécurité engagea, par l'intermédiaire de son secrétaire général, une négociation avec la Libye et appela les États membres à encourager ce pays à coopérer. La Libye refusa l'extradition de ses ressortissants vers les EUA et le Royaume-Uni (pays avec lesquels n'existait pas de convention d'entraide judiciaire). Elle proposait l'extradition vers un

[386] Voir l'analyse de l'amendement proposé par l'Équateur au projet d'article sur le règlement pacifique des différends, KODJO (E.), GHERARI (H.), « Chapitre VIII : Accords régionaux » dans COT (J.-P.), PELLET (A.) (dir.), *La Charte des Nations Unies. Commentaire article par article,* vol.II, 3e éd., Paris, Economica, 2005, p. 1386-1388.

[387] Résolution 731 (1992) du 21 janvier 1992.

pays tiers, ce que refusaient les EUA et le Royaume-Uni. Le Conseil de sécurité vota un programme de sanctions contre la Libye[388] alors que des négociations étaient en cours entre la Libye, l'Organisation de l'Unité Africaine (prédécesseur de l'UA) et la Ligue des États Arabes (LEA). L'OUA se plaignit de l'effet négatif des sanctions onusiennes sur le processus de règlement pacifique et demanda leur annulation[389]. Au moment du débat sur le vote de sanctions économiques supplémentaires, plus sévères, en 1993, les représentants de l'Égypte et du Soudan, appuyés par le représentant de la Chine (membre du Mouvement des Non Alignés) citèrent les progrès accomplis par la négociation menée par la LEA. Ils s'opposèrent à ces sanctions en raison de leurs effets négatifs non seulement sur la population libyenne mais aussi sur la sécurité nationale des États voisins touchés indirectement par l'embargo[390]. Le représentant du Soudan critiqua, à cette occasion, le « double emploi du mécanisme de règlement des différends » prévu au chapitre VI et à l'article 52 de la Charte, c'est-à-dire le choix du Conseil de sécurité de prendre des mesures coercitives au lieu de laisser les organismes régionaux régler pacifiquement le différend. La résolution, dit-il, « *risque d'entamer la confiance des petits États dans la neutralité du Conseil lorsqu'il traite de questions prêtant à controverse* »[391].

Ces tensions entre les États membres du Conseil de sécurité et les États de l'OUA et de la LEA autour du choix de l'organe compétent pour le règlement des différends – organisme régional ou Conseil de sécurité – expriment une opposition entre intérêts de sécurité nationale des États de l'OUA et de la LEA et intérêts de sécurité régionale défendus par les États occidentaux membres permanents du Conseil de sécurité. La lecture des interventions des représentants des EUA, de la France et du Royaume-Uni indique que leur priorité affichée était la lutte contre le terrorisme international et l'indemnisation des familles des victimes des attentats. La priorité de la Libye et des États membres de l'OUA et de la LEA était la levée des sanctions et la sécurité économique au même titre que la lutte contre le terrorisme.

---

[388] Résolution 748 (1992) du 31 mars 1992.

[389] L'OUA « *exprime sa profonde inquiétude devant l'escalade de la crise et l'allusion d'imposer de nouvelles sanctions ainsi que devant les insinuations de recourir à l'utilisation de la force dans les relations entre États, ce qui constitue en soi une violation de la Charte de l'OUA et de celle des Nations Unies ainsi que des lois et usages internationaux* » (Résolution de l'OUA A/48/322, annexe I, p. 44). Cité par le représentant de la Libye à la réunion du Conseil de sécurité le 11 novembre 1993, document S/PV.3312, p. 17.

[390] Les sanctions appliquées par les EUA, la France et le Royaume-Uni allaient au-delà de celles décidées par le Conseil de sécurité.

[391] Document S/PV.3312, p. 46. Le projet de résolution fut adopté par 11 voix pour et 4 abstentions (Djibouti, Chine, Maroc et Pakistan).

b. Tensions entre organismes régionaux

Des tensions existent lorsque les deux voies de règlement de différends – l'une pacifique offerte par le chapitre VI de la Charte et l'autre utilisant la force armée suivant le chapitre VII – sont mises en œuvre simultanément par des organismes régionaux porteurs de stratégies différentes de sécurité. L'exemple de l'intervention de l'OTAN en Libye en 2011 en fournit une parfaite illustration[392]. Le Conseil de sécurité adopta, en mars de la même année, la résolution 1973[393] qui déclarait que les autorités libyennes n'avaient pas respecté une précédente résolution appelant à la fin des violences qui secouaient une partie du pays[394] et exigeait un cessez le feu. Dans cette résolution, le Conseil de sécurité décidait, en vertu du chapitre VII, une série de mesures coercitives destinées à « protéger les populations civiles », notamment par l'installation, au-dessus de l'ensemble du territoire libyen, d'une zone d'exclusion aérienne et par le renforcement d'un embargo sur les armes à destination de ce pays. La résolution autorisait également les États membres qui « *agissent à titre national ou dans le cadre d'organismes ou d'accords régionaux et en coopération avec le Secrétaire général, à prendre toutes mesures nécessaires* [...] *pour protéger les populations et zones civiles menacées d'attaque en Jamahiriya arabe libyenne, y compris Benghazi, tout en excluant le déploiement d'une force d'occupation étrangère sous quelque forme que ce soit et sur n'importe quelle partie du territoire libyen* ». Cette autorisation conduisit l'OTAN à déclencher aussitôt une campagne de frappes aériennes sur le territoire libyen. En même temps, la résolution indiquait, dans le fil de son exigence d'un cessez le feu, la nécessité d'un dialogue avec toutes les parties prenantes du conflit pour trouver une solution « pacifique et durable ». Elle mentionnait à cet égard le travail en cours du Conseil de paix et de sécurité de l'Union Africaine (UA). Alors que la campagne militaire de l'OTAN était autorisée par le Conseil de sécurité, le travail de médiation initié par l'UA s'inscrivait dans le cadre d'un partenariat liant, en vertu de l'article 52 de la Charte, cette organisation régionale et l'ONU. L'UA avait, avant l'adoption de la résolution 1973, élaboré une feuille de route pour le règlement de la

---

[392] Dès le lendemain du « printemps arabe » à la fin de l'année 2010 qui entraîna la chute des gouvernements en Tunisie et en Égypte, des révoltes surgirent en Libye qui dégénérèrent aussitôt en guerre civile.

[393] Résolution 1973 (2011) du 17 mars 2011.

[394] La résolution 1370 rappelait aux autorités libyennes la « responsabilité de protéger » leur peuple des attaques, demandait la fin des violences et décidait de mesures coercitives en imposant notamment un embargo sur les armes et des sanctions financières. La résolution 1373, comme la résolution 1370, accusait, sur la foi d'informations rapportées par des ONG, les autorités libyennes de commettre des actes de répression contre la population civile. Le représentant de l'Inde, dans son explication du vote d'abstention de son pays, se plaignit du manque d'informations crédibles concernant la situation sur le terrain ainsi que le peu de détails sur les mesures coercitives prévues par la résolution : qui y participerait, avec quels moyens et de quelle façon.

crise libyenne, laquelle comportait, outre la cessation immédiate des hostilités, l'adoption et la mise en œuvre de réformes politiques destinées à traiter les causes du conflit[395]. D'après les représentants de l'UA, la médiation commençait à produire des résultats avec l'obtention, au mois d'avril 2011, d'un accord inconditionnel des autorités libyennes pour la mise en œuvre de la feuille de route de l'organisme régional et pour la poursuite du dialogue de ces autorités avec les groupes rebelles[396]. Cette médiation finit cependant par avorter, car elle entra en opposition avec la stratégie de l'OTAN de poursuite des bombardements jusqu'à la chute complète du régime. Ceci conduisit l'UA à dénoncer sa propre marginalisation dans la gestion d'un conflit que la concernait directement[397]. L'aggravation du conflit libyen était en effet porteuse de graves répercussions sur la sécurité nationale des États frontaliers de la Libye[398]. Le président sud-africain se déclara préoccupé par les bombardements continus de l'OTAN et dénonça un détournement de la finalité de la résolution 1973 – la protection du peuple libyen – au profit « d'une campagne pour un changement de régime et pour l'assassinat de son leader »[399].

La tension ci-dessus entre la voie des négociations et celle du recours à la force armée ne fut pas arbitrée par le Conseil de sécurité car cet organe comptait, parmi ses membres permanents, les principaux États membres de

---

[395] Notamment l'instauration d'une période de transition conduisant à des élections générales. Voir le communiqué de presse de la 268e réunion du Conseil de paix et de sécurité de l'Union Africaine, le 23 mars 2011. http://www.peaceau.org/uploads/268y-me-finale-communiquy-de-presse-libye-fr.pdf, accès le 4 avril 2017.

[396] Le représentant de l'Afrique du Sud au Conseil de sécurité présentait en ces termes, le 28 juillet 2011, l'accord-cadre approuvé par les Chefs d'État de l'UA : « *L'accord-cadre, qui se base sur la feuille de route de l'UA et sur les résolutions 1970 (2011) et 1973 (2011), réaffirme l'attachement du dirigeant libyen, le colonel Muammar Al-Qadhafi, à un processus de dialogue inclusif, avec la participation du Conseil national de transition. Tout cela repose sur l'accord donné par le colonel Al-Qadhafi à ne pas participer aux négociations sur l'avenir de la Libye. Je voudrais évoquer les éléments clefs de l'accord-cadre, qui inclut, d'abord, le dialogue national. Les parties libyennes se sont engagées à ouvrir immédiatement des négociations en application du paragraphe 2 de la résolution 1973 (2011) et de la feuille de route de l'UA. Ce dialogue portera sur les questions suivantes : cessation immédiate des hostilités, trêve humanitaire, cessez-le-feu global, réconciliation nationale, arrangements liés à la transition et programme de changement démocratique. Le dialogue national se tiendra sous les auspices du Comité ad hoc de haut niveau de l'Union africaine sur la Libye et de l'ONU* ». Voir document S/PV.6595, p. 4.

[397] Voir l'intervention du représentant de l'Union Africaine, M. Ould Hamadi, au Conseil de sécurité le 15 juin 2011, document S/PV.6555, p. 2 à 5.

[398] Reflux de millions de travailleurs migrants désormais sans travail vers leurs territoires, trafic régional d'armes libyennes, développement de l'activité de groupes terroristes ayant le territoire libyen pour base arrière.

[399] Agence France Presse, « Libye : Zuma hausse le ton face à l'OTAN, tandis que des combats à l'arme lourde se poursuivaient au sud de Tripoli », *Le Point*, 26 juin 2011, http://www.lepoint.fr/monde/libye-zuma-hausse-le-ton-face-a-l-otan-tandis-que-des-combats-a-l-arme-lourde-se-poursuivaient-au-sud-de-tripoli-26-06-2011-1346159_24.php, accès le 4 avril 2017.

l'OTAN. Cette tension reflète la différence entre les intérêts de sécurité collective défendus par chacune des deux organisations régionales, l'OTAN et l'UA[400]. Une telle situation pourrait se répéter à l'avenir dans la mesure où le Conseil de sécurité délègue de plus en plus aux organisations régionales la gestion des conflits locaux.

Les tensions décrites ci-dessus reflètent les différences d'intérêts de sécurité d'un organisme régional à l'autre et entre États n'appartenant pas aux mêmes alliances. Elles ne sont pas les seuls éléments d'incertitude relative à l'application des traités créant les organismes régionaux de sécurité. L'interprétation et l'application de ces traités sont directement marquées par le caractère instable et fluctuant de la notion de sécurité nationale.

§ 2. Le caractère fluctuant de la notion de sécurité au sein des organismes régionaux

On a vu que les traités bilatéraux de défense étaient caractérisés par la proximité et la complémentarité des intérêts des États parties et par le fait que les normes qu'ils contenaient s'adressaient spécifiquement à ces États, ce qui réduit la possibilité de différends relatifs à l'interprétation et à l'exécution des traités. Ceci constitue une différence avec les traités de sécurité multilatéraux. Dans ces derniers, en effet, les clauses ont un contenu plus général. La notion de sécurité y est fluctuante car les États l'interprètent de façon plus large et discrétionnaire comme cela est le cas pour le Traité de l'Atlantique Nord[401] (A). Ce pouvoir d'auto-interprétation des dispositions touchant à la sécurité nationale, qui fait partie de la souveraineté des États[402], a des conséquences sur la résolution des litiges et sur le mode de résolutions de ces derniers. Comme l'écrit Lacharrière, un État ne décide de saisir un organe de règlement des différends – et de transférer à ce dernier une partie de son pouvoir d'auto-appréciation – que s'il est de son intérêt de se priver de ce pouvoir, en le déléguant à l'organe tiers, afin de priver l'État avec lequel il est en litige de sa propre liberté d'appréciation[403]. Le choix de l'organe de règlement est également stratégique pour un litige mettant en jeu des intérêts de sécurité nationale. Des États ont ainsi saisi un organe régional

---

[400] Cette différence d'intérêts de sécurité opposant l'OTAN et les autres pays se remarque également, avant le début des bombardements de l'OTAN, à la lecture des interventions au Conseil de sécurité des représentants de trois des États non membres de l'UA : la Chine, l'Inde et la Russie. Ces États ont exprimé leur soutien à la médiation de l'UA et se sont abstenus lors du vote de la résolution 1973. Voir document S/PV.6498.

[401] Le choix d'examiner ci-après ce traité plutôt qu'un autre vient du fait que l'OTAN est l'organisme régional de sécurité le plus achevé et le plus actif.

[402] LACHARRIERE (G.), *La politique juridique extérieure*, *op. cit.*, p. 137.

[403] LACHARRIERE (G. de), *La politique juridique extérieure*, *op. cit.*, p. 137-138.

de règlement des différends plutôt que le Conseil de sécurité, ou inversement (B).

A. L'indétermination de la notion de « menace à la sécurité de l'État » dans le traité de l'OTAN

L'indétermination de la notion de « menace à la sécurité nationale » peut susciter des tensions à partir de l'interprétation du traité. L'article 4 du traité de l'Atlantique Nord prévoit la tenue de consultations des États parties « *chaque fois que, de l'avis de l'une d'elles, l'intégrité territoriale, l'indépendance politique ou la sécurité de l'une des Parties sera menacée* ». Cette disposition, dans sa dernière partie – « *ou la sécurité de l'une des Parties* » – donne toute latitude à l'État pour qualifier ce qu'elle considérerait comme une menace à sa sécurité, qui n'est pas une menace à son intégrité territoriale et son indépendance politique. Il peut s'agir d'une attaque non armée, l'attaque armée étant spécifiquement l'objet de la clause de légitime défense collective établie aux articles 5 et 6 du traité. L'article 4 limite d'autant moins la marge d'appréciation de l'État concerné qu'il traite en termes larges d'une menace à la « sécurité de l'une des Parties ». Le Traité de l'OTASE contenait, à côté d'une clause de légitime défense collective faisant suite à une attaque armée (article 4.1), une disposition spécifique (article 4.2) concernant l'adoption de mesures de défense commune en réponse à une attaque non armée ou à « tout fait ou situation » menaçant la paix dans la région[404].

L'indétermination, dans l'article 4 du traité de l'Atlantique Nord, de la menace à la « sécurité de l'État partie » élargit le champ d'application de cet article. Ceci explique le fait que le changement de doctrine de l'OTAN depuis la disparition de l'URSS n'a pas donné lieu à un amendement du traité. L'élargissement du champ d'application de l'article 4 a permis à l'OTAN d'orienter ses actions en dehors de la région de l'Atlantique Nord et à accepter l'adhésion d'États du sud des Balkans, dépassant le cadre géographique fixé par le préambule et par l'article 10 du traité[405].

L'indétermination, dans l'article 4, de la menace à la « sécurité de l'État partie » a conduit ainsi l'OTAN à intervenir en Yougoslavie en 1999. À la suite de la crise au Kosovo et de l'échec des négociations de Rambouillet entre les indépendantistes kosovars et la Serbie-Yougoslavie, celle-ci fut

---

[404] Cet article précisait que la menace ou l'attaque devait viser le territoire, la souveraineté ou l'indépendance politique d'un des États parties. Il revient expressément à cet État d'apprécier la menace à laquelle il fait face. L'article 6 du Traité de Rio prévoit aussi l'adoption de mesures communes à une attaque non armée contre le territoire, la souveraineté ou l'indépendance politique d'un État partie, mais sans préciser si l'appréciation de cette attaque ou de la menace d'une attaque est entièrement à la discrétion de cet État.

[405] Le préambule du traité proclame l'objectif de « favoriser, dans la région de l'Atlantique Nord, le bien-être et la stabilité ». L'article 10 dispose que les nouveaux États membres qui accèdent au traité doivent « contribuer à la sécurité de la région de l'Atlantique Nord ».

l'objet de bombardements de l'OTAN. Alors que la Serbie-Yougoslavie n'avait attaqué, directement ou indirectement, aucun État membre de cette alliance régionale, les États-Unis justifiaient l'action armée en déclarant que les pays de l'OTAN étaient l'objet de la « menace aigue » que représentait la possibilité d'afflux de réfugiés kosovars ou d'incursions armées sur leurs territoires[406]. Le représentant des EUA citait, à l'appui de cette menace, l'existence de graves violations, par la Yougoslavie, du droit international humanitaire et des droits de l'Homme. Il invoquait aussi l'existence de résolutions du Conseil de sécurité accusant la Yougoslavie de menacer la paix et la sécurité dans la région et demandant à celle-ci de cesser ses agissements[407]. Il s'agissait ici, pour l'agent des EUA, d'invoquer à la fois la doctrine, controversée, de l'intervention humanitaire et une menace potentielle migratoire et d'incursion armée en faisant une référence implicite à l'article 4 du traité de l'Atlantique Nord. La Yougoslavie contesta l'existence de telles menaces provenant de son territoire et accusa l'OTAN de porter atteinte à sa souveraineté et de recourir illégalement à la force à son encontre[408]. Son agent, le professeur Brownlie, mit en doute le motif humanitaire de l'intervention et déclara que les États défendeurs à l'instance n'avaient « *fait aucun effort pour offrir une justification juridique circonstanciée de l'offensive aérienne* », exprimant par là le caractère flou de la menace yougoslave à la sécurité de l'OTAN[409]. Pour le professeur Brownlie, l'action de l'OTAN poursuivait un but punitif en raison de la « non-acceptation par la Yougoslavie des exigences de l'OTAN concernant le statut territorial du Kosovo »[410].

La CIJ se déclara incompétente pour juger de la demande en indication de mesures provisoires mais le juge *ad hoc* Kreca considéra que deux

---

[406] Audition de M. D. Andrews, agent des EUA lors de la procédure orale de l'affaire *Licéité de l'emploi de la force* (Yougoslavie c. États Unis d'Amérique), mesures conservatoires, CIJ, CR 99/24, 11 mai 1999, par. 1.7.

[407] *Ibidem.*

Notons que les résolutions en question du Conseil de sécurité se limitent en réalité à condamner les violations du droit international humanitaire et des droits de l'Homme ainsi que les violences sans nommer leurs auteurs et en appelant toutes les parties à contribuer à leur cessation. La résolution 1199 (1998) du 2 septembre 1998 appelle néanmoins la Yougoslavie à appliquer les mesures décidées par le Groupe de contact en date du 12 juin 1998, parmi lesquelles celles de « Mettre fin à toutes les actions des forces de sécurité touchant la population civile et ordonner le retrait des unités de sécurité utilisées pour la répression des civils » et faciliter le retour des réfugier en toute sécurité dans leurs foyers.

[408] *Licéité de l'emploi de la force (Yougoslavie c. États-Unis d'Amérique)*, mesures conservatoires, ordonnance du 2 juin 1999, CIJ. Recueil 1999, p. 916.

[409] Le professeur Brownlie évoque une menace migratoire provenant au contraire des bombardements de l'OTAN. Ces bombardements auraient conduit à des afflux de réfugiés yougoslaves en quête d'abris sur le territoire de la Hongrie. Voir CR 99/25, *Licéité de l'emploi de la force* (Yougoslavie c. États Unis d'Amérique), mesures conservatoires, CIJ, 12 mai 1999, p. 3-7.

[410] *Ibidem*, p. 8.

qualifications de nature politique se faisaient face : celle de l'OTAN ci-dessus et celle de la Yougoslavie qui estimait que la raison de l'intervention de l'OTAN n'était pas humanitaire et résidait « *dans le soutien apporté à l'organisation terroriste à l'œuvre au Kosovo et dans la volonté politique de sécession qui anime le Kosovo-Metohija* »[411].

Le caractère difficilement déterminable de la menace à la sécurité des États membres de l'OTAN surgit également à l'occasion d'un autre différend porté devant la CIJ, celui entre la Grèce et la Macédoine, qui a longtemps fait obstacle à l'adhésion de ce pays à l'OTAN[412]. La Grèce s'opposait à cette adhésion car elle percevait le nom choisi par cet État issu de l'ex Yougoslavie – la « République de Macédoine » – comme une menace à sa sécurité nationale. La Macédoine fut historiquement une région de la Grèce[413]. Ce nom et les symboles utilisés par la Macédoine laissaient supposer, pour la Grèce, l'existence de revendications historiques sur son territoire actuel, ce qu'elle considérait comme une provocation[414]. La CIJ ne s'est pas directement prononcé sur la réalité de ces menaces. L'OTAN non plus. Le conflit entre les deux pays était pourtant lié à l'interprétation de l'article 10 du Traité de l'Atlantique Nord. En accusant la Macédoine de ne pas respecter l'accord intérimaire et de vouloir, avec le nom de « Macédoine », porter atteinte à son intégrité territoriale, la Grèce visait implicitement une des conditions pour qu'un État soit invité à accéder au

---

[411] Opinion dissidente de M. Kreca, *Licéité de l'emploi de la force (Yougoslavie c. États-Unis d'Amérique), op. cit.*, p. 971.
Il faut noter que l'action armée de l'OTAN contre la Yougoslavie en 1999 ne reçut pas l'aval du Conseil de sécurité. Le Conseil de sécurité n'exerça, pas plus que la CIJ, de contrôle sur la qualification de cette action et sur la détermination de la menace sécuritaire qui aurait pu être à l'origine de celle-ci. Les articles 52 et 53 de la Charte des Nations Unies autorisent les organisations régionales à régler les affaires d'ordre local ayant un effet sur la paix et la sécurité internationales, y compris en procédant à des actions coercitives mais ces dernières doivent faire l'objet d'une autorisation du Conseil de sécurité.

[412] *Application de l'accord intérimaire du 13 septembre 1995 (ex-République yougoslave de Macédoine c. Grèce)*, arrêt du 5 décembre 2011, C.I.J. Recueil 2011, p. 644.

[413] *Ibidem*, par. 81. En raison de ce différend entre les deux pays, la Macédoine ne fut admise à devenir membre des Nations Unies que sous le nom d'Ancienne République yougoslave de Macédoine.
Notons que le différend devant la CIJ ne portait pas directement sur cette question mais sur l'application de certaines clauses de l'accord intérimaire signé par les deux États en 1995. Ces clauses fixaient les conditions pour que la Grèce levât son veto à l'entrée de la Macédoine dans l'OTAN. En signant cet accord, la Grèce avait accepté de mettre fin aux sanctions économiques qu'elle avait mises en œuvre un an auparavant contre la Macédoine.

[414] *Application de l'accord intérimaire du 13 septembre 1995 (ex-République yougoslave de Macédoine c. Grèce), op. cit.*, Contre-mémoire de la Grèce, 19 janvier 2010, p. 8-10. La Grèce a également accusé la Macédoine d'ingérence dans ses affaires intérieures en « prétendant protéger des « Macédoniens de souche » vivant en Grèce ». *Ibidem*, par. 4.15. Ces accusations ont été rejetées par la Macédoine.

traité : favoriser le développement des principes de ce traité[415]. L'OTAN choisit de laisser cette question à l'appréciation de la Grèce, l'unanimité des membres de l'alliance étant requise par l'article 10 pour autoriser l'adhésion d'un nouvel État[416].

Le caractère fluctuant, d'un État à l'autre, de la notion de sécurité nationale et le pouvoir d'auto-appréciation des États en la matière ont, par ailleurs, des conséquences sur les litiges et le choix du mode de règlement des différends. Ils expliquent pourquoi un État choisit de recourir à un organe régional de règlement plutôt qu'au Conseil de sécurité ou l'inverse.

B. Le choix de l'organe de règlement des différends comme enjeu de sécurité nationale

Selon G. de Lacharrière, les États sont, par nature, réticents à laisser examiner par un organe tiers international un différend mettant en jeu leurs intérêts nationaux d'importance vitale. Ils font, de la question de l'interprétation du droit dans ce type de différend, un enjeu de sécurité et ne donnent pas fréquemment leur consentement à l'intervention d'un organe tiers. L'existence de ce consentement est liée au choix de cet organe de règlement. Il s'agit d'un choix d'opportunité qui prend en considération de nombreux paramètres parmi lesquels la puissance de l'État et la « perspective d'obtenir une décision favorable » de la part de l'organe de règlement[417]. S'agissant de la puissance de l'État, Lacharrière écrit :

> « Le bon sens indique que le plus faible a intérêt à un système qui ne permette pas aux plus forts de s'octroyer une liberté dans l'interprétation du droit directement proportionnelle à leur puissance militaire. C'est du reste la conscience, chez les petites et moyennes puissances au moment de la conférence de San Francisco, de ce qu'elles gagnaient plus que les grandes à un mécanisme de sécurité collective capable de contrôler l'usage de la force armée qui les a amenées à passer outre aux objections qu'elles formulaient à l'égard des imperfections de ce système et des privilèges des membres permanents du Conseil de sécurité »[418].

En soutien à ces remarques de l'auteur, on observe que le choix, pour des États en conflit, de l'organe de règlement représente un enjeu de sécurité même lorsque le conflit ne porte pas sur l'utilisation de la force armée. On peut citer, comme exemples, des litiges entre États de l'OEA faisant

---

[415] L'intégrité territoriale (en tant que principe de la Charte des Nations Unies) et la sauvegarde de la civilisation de chaque peuple sont inscrites au préambule du traité.

[416] Notons que l'OTAN reconnaît, comme l'ONU et en accord avec la revendication de la Grèce, la Macédoine sous le nom d'« ex-République yougoslave de Macédoine ». Seule la Turquie reconnaît la Macédoine sous son « nom constitutionnel » de République de Macédoine. Voir le site internet de l'OTAN, « Élargissement », https://www.nato.int/cps/fr/natohq/topics_49212.htm, accès le 10 mai 2018.

[417] LACHARRIERE (G. de), *op. cit.*, p. 135-176.

[418] *Ibidem*, p. 139.

intervenir le mécanisme de règlement de cet organisme régional et le Conseil de sécurité (organe politique). Le conflit entre Cuba et les EUA – devenu un conflit entre Cuba et l'OEA[419] – passa par ces deux organes. Il surgit en raison des sanctions américaines prises en 1959 à la suite du changement de régime politique à Cuba et l'annonce par ce pays-de mesures structurelles visant à réduire l'influence étrangère – notamment américaine – sur son économie. Ces mesures heurtaient non seulement la sécurité nationale des EUA (telle que la concevait ce pays) mais aussi certaines dispositions de la Charte de l'OEA. L'abandon, à Cuba, du système politique bicaméral pluripartiste était interprété comme un « *acte de retrait volontaire ou d'auto-exclusion du système interaméricain* »[420]. En effet, le Traité de Bogota lie la solidarité régionale des États membres de l'OEA à l'adoption, par ces derniers, d'un modèle de démocratie représentative[421]. Face à ce litige, Cuba n'était pas favorable à la mise en place d'une procédure de règlement pacifique des différends prévue par la Charte de l'OEA en raison de la forte influence des EUA dans cet organisme régional et ses structures. Les Cubains décidèrent de saisir directement le Conseil de sécurité le 11 juillet 1960 sur le fondement des articles 34, 35, 36, 52 alinéa 4 et 103 de la Charte[422]. Ils y déposèrent une plainte en invoquant une agression économique de la part des EUA, agression matérialisée par de multiples incidents[423]. Cette saisine avait une dimension politique puisque Cuba voulait montrer que son différend avec les EUA s'inscrivait dans le contexte international global des tensions entre les États du Tiers-monde nouvellement indépendants et les puissances dominatrices[424]. Les EUA

---

[419] Cuba était membre de l'OEA.

[420] Répertoire de la pratique des organes des Nations unies, New York 1982, vol.II, suppl. n° 3, p. 281-282, cité par KODJO (E.), GHERARI (H.), « Chapitre VIII : Accords régionaux », *op. cit.*, p. 1380.

Notons cependant que le Traité de Bogota contient par ailleurs un chapitre sur les « droits fondamentaux des États » qui garantit le droit pour tout État Partie de s'organiser lui-même comme il l'entend (article 9) et le droit de « développer librement et naturellement sa vie culturelle, politique et économique en respectant les droits de l'individu et les principes de la morale universelle » (article 13)

[421] L'article 5.d) du Traité de Bogota dispose en effet : « *The solidarity of the American States and the high aims which are sought through it require the political organization of those States on the basis of the effective exercise of representative democracy* ».

[422] L'article 103 prévoit la primauté de la Charte sur tout autre accord international dont la Charte de Bogota.

[423] Violation de l'espace aérien cubain par des avions en provenance des EUA, « asphyxie économique » par le refus américain de raffiner le pétrole appartenant à Cuba, l'explosion à bord d'un navire dans le port de La Havane. Voir Répertoire du Conseil de sécurité, chapitre VIII, années 1959-1963, p. 202-203. Voir aussi NIZARD (L), « La question cubaine devant le Conseil de sécurité », *RGDIP*, 1962, n° 2, p. 486-545.

[424] Voir les interventions du ministre cubain des affaires étrangères à la 874e séance du Conseil de sécurité, citées par NIZARD (L.), *op. cit.*, p. 493.

réfutèrent l'accusation d'agression et déclarèrent que Cuba « *était à l'origine des tensions existant dans la région des Caraïbes* »[425]. Par la résolution 144[426] votée à l'initiative de l'Équateur et de l'Argentine, le Conseil de sécurité décida qu'il était compétent, au titre de l'article 34 de la Charte, pour enquêter sur le différend mais préféra, allant à l'encontre du souhait cubain, appliquer l'article 52.3 du même texte en suspendant l'examen de la plainte cubaine et en renvoyant l'affaire à l'OEA[427] qui était déjà saisie de la question[428]. Cette résolution du Conseil justifiait néanmoins *a posteriori* les efforts de Cuba d'éviter le mécanisme de règlement de l'OEA car, en 1962, les ministres des affaires étrangères de l'OEA décidèrent, comme le souhaitaient les EUA, d'exclure le gouvernement cubain de toute participation aux organes de l'OEA en raison de « *l'incompatibilité du marxisme-léninisme avec les valeurs et principes du système interaméricain* » et parce que « *l'alignement de ce gouvernement au bloc communiste romp*[ait]*t l'unité et la solidarité de l'hémisphère* »[429]. L'organisme régional prit également, sur le fondement de l'article 8 du Traité de Rio[430], des sanctions contre Cuba, ce qui signifiait que ce pays était considéré comme une menace à la sécurité des États Parties[431]. Devant

---

Notons que selon l'article 27.3 de la Charte des Nations Unies, les membres du Conseil de sécurité qui sont partie à un différend – en l'espèce les EUA – n'ont pas le droit de vote dans les décisions prises aux termes du chapitre VI (règlement pacifique des différends).

425 Voir Répertoire du Conseil de sécurité, chapitre VIII, années 1959-1963, p. 203.

426 Résolution 144 (1960) du 19 juillet 1960.

427 Jusqu'à ce qu'il eût reçu un rapport de cet organisme.

428 La résolution fut adoptée par 9 voix contre zéro et les abstentions de l'URSS et la Bulgarie.

429 Voir Resolución VI « Exclusión del actual Gobierno de Cuba de su participación en el Sistema Interamericano », document reproduit dans « Ayuda – memoria. La situación de Cuba en la OEA y la protección de los derechos humanos », Consejo Permanente de la OEA, CP/CG-1527/03. Selon ce document, l'exclusion du gouvernement cubain se fit sur le fondement du Traité Interaméricain d'assistance réciproque (Traité de Rio) mais sans viser un article spécifique de ce texte. L'exclusion ne visait pas l'État cubain lui-même (elle n'était pas prévue par la Charte de l'OEA) mais son gouvernement. L'exclusion du seul gouvernement est la raison pour laquelle, l'OEA continua à examiner régulièrement l'état des droits de l'Homme à Cuba.
Notons que, tout en procédant comme elle l'a fait, l'OEA délaissa la question spécifique opposant Cuba aux EUA sur les accusations d'asphyxie économique de l'île alors que le règlement pacifique de ce différend lui avait pourtant été confié par la résolution 144 du Conseil de sécurité au titre de l'article 20 du Traité de Bogota et de l'article 52 (alinéas 2 et 3) de la Charte.

430 Cet article donne à l'organe de consultation de l'OEA la possibilité de prendre toute mesure de sanctions, diplomatique, économique, commerciale et jusqu'à l'utilisation de la force armée.

431 Un certain nombre d'États Parties se dissocièrent de ces sanctions et rétablirent dès les années 1970 les relations diplomatiques et commerciales avec Cuba Par ailleurs, la résolution VI citée ci-dessus fut annulée en 2009 par la résolution 2438 de l'Assemblée générale de l'OEA, laquelle soumet cependant le rétablissement de la participation du gouvernement

l'échec de l'examen de sa première plainte au Conseil de sécurité, Cuba en déposa une nouvelle le 31 décembre 1960. Cette plainte ne rencontra pas plus de succès que la précédente ; le projet de résolution proposé ne fut pas mis aux voix[432]. Par l'application des articles 34, 35 et 52 de la Charte, la logique de la sécurité collective régionale de l'OEA et des valeurs que la Charte de Bogota et le Traité de Rio y attachaient prévalurent sur l'examen, par le Conseil de sécurité, du différend opposant les intérêts de sécurité de Cuba et des EUA.

Pour les mêmes raisons que celles exposées à propos de leur conflit avec Cuba, les EUA manifestèrent leur préférence pour le mécanisme de règlement de l'OEA dans un conflit qui les opposait à Panama en 1964. L'affaire portait sur l'utilisation du canal éponyme. Une mauvaise application d'un accord entre les deux pays au sujet de ce canal généra une révolte de la population panaméenne, laquelle fut l'objet d'une répression sanglante de la part de forces armées des EUA. Le Panama saisit le Conseil de sécurité en accusant ce pays d'acte d'agression armée[433]. Les EUA considéraient au contraire que leur sécurité et celle des États de la région étaient menacées car le Panama envisageait un changement de statut du canal sous la forme d'une nationalisation ou d'une internationalisation[434]. Au Conseil de sécurité, les EUA demandèrent que le différend fût traité localement par la Commission interaméricaine de la paix préalablement

---

cubain à ses instances à un processus de dialogue politique initié sur la demande des autorités cubaines.

[432] Cette nouvelle plainte de Cuba invoquait un danger imminent d'invasion américaine de l'île. Les deux États venaient, à l'initiative de Washington, de rompre leurs relations diplomatiques. Les EUA, la France et le Royaume-Uni s'opposèrent à ce qu'un projet de résolution proposé par le Chili et l'Équateur fût mis aux voix. Ce projet demandait aux EUA et à Cuba de régler leurs différends par des moyens pacifiques et à rétablir des relations normales. Voir Répertoire du Conseil de sécurité, chapitre VIII, années 1959-1963, p. 208.

[433] Répertoire du Conseil de sécurité, années 1964-1965, Part.II, p. 99-100.

[434] Les révoltes de janvier 1964 qui faisaient suite à celles de novembre 1959 contre la présence étasunienne étaient perçues au Congrès des EUA comme des tentatives subversives pour changer par la force le statut du Canal. Comme le déclara un des sénateurs consultés par le president des EUA : « *however the Panama Canal Zone is a property of the United States, the Canal was built with American ingenuity and blood, sweat, and sacrifices, that it was of vital necessity for the economy and defense of every nation of this hemisphere and that under no circumstances would you permit the threat of interruption by any subversive group that may be undertaking to establish itself in this hemisphere. I'd give a little lick to Castro in there* », Telephone Conversation Between President Johnson and Senator Richard Russell, Washington, January 10, 1964, Foreign Relations, 1964-1968, Volume XXXI, South and Central America; Mexico, https://2001-2009.state.gov/r/pa/ho/frus/johnsonlb/xxxi/36314.htm, accès le 10 mai 2018.

Notons que dans sa lettre datée du 10 janvier 1964 au Conseil de sécurité, le représentant du Panama parle de conflit entre son pays et les EUA et non d'un conflit avec les autres États de la région. La lettre ne mentionne pas non plus de tentatives de médiation par le biais de l'OEA et déclare que les « *menaces répétées d'agression et les agressions consommées* » par les EUA portent atteinte à l'intégrité territoriale du Panama et constituent une menace à la paix et la sécurité internationales. Document S/5509.

saisie par les deux États[435]. Ils obtinrent gain de cause et l'examen se termina, sur proposition du Brésil et avec l'appui de plusieurs États présents, non par le vote d'une résolution mais par un appel à un cessez le feu immédiat adressé par le Secrétaire général aux deux parties[436].

* * *

Les traités que l'on a étudiés jusqu'à présent prennent en compte la sécurité nationale à titre d'objet unique ou principal[437]. Les obligations qu'ils comportent traitent du renforcement de la sécurité collective des États parties et garantit ainsi l'équilibre des besoins de sécurité de chacun d'entre eux[438]. Ces traités sont caractérisés par une stricte réciprocité des obligations et des droits, notamment en matière de légitime défense collective, qui s'appuie sur la complémentarité des intérêts de sécurité nationale. Tel n'est pas le cas d'une autre catégorie de traités internationaux, ceux qui régulent les activités des États ou de leurs ressortissants dans les différents espaces et ceux qui régulent les processus de désarmement. Ces traités prennent en compte la sécurité nationale en tant qu'objet secondaire. Ils ont comme caractéristique commune de consacrer des obligations et des droits différents selon les caractéristiques et les spécificités individuelles des États parties, ce qui modifie le rôle qu'y jouent – par rapport aux traités examinés en section I – les clauses de sécurité nationale.

---

435 Les EUA insistèrent également auprès de la Commission de paix de l'OAE pour qu'elle rencontrât le représentant du Panama le jour même de la convocation du Conseil de sécurité. Voir « Memorandum from the President's Special Assistant for National Security Affairs (Bundy) to President Johnson », Washington, January 10, 1964, Foreign Relations, 1964-1968, *op. cit.*, https://2001-2009.state.gov/r/pa/ho/frus/johnsonlb/xxxi/36314.htm, accès le 10 mai 2018.

436 Dans leur commentaire à l'article 52 de la Charte des Nations Unies, E. Kodjo et H. Gherari rapportent d'autres litiges entre États membres de l'OEA au cours desquels un des deux États en conflit rejette l'intervention de la Commission de paix de cet organisme et préfère s'adresser au Conseil de sécurité. Comme le notent les auteurs, « l'Organisation mondiale offre une garantie de protection aux petits États faibles contre les menées d'un ou plusieurs États forts associés au sein d'un organisme régional » ; les exemples rapportés indiquent que le Conseil de sécurité a plutôt tendance à renvoyer ces litiges à l'OEA. Voir KODJO (E.), GHERARI (H.), « Chapitre VIII : Accords régionaux », *op. cit.*, p. 1391-1393.

437 Au sens, *lato sensu*, où on l'a défini en introduction du présent chapitre.

438 Cet équilibre est illustré, dans le cas du traité de l'OTAN, de la façon suivante : « *Le sentiment qu'ont* [...] *les membres de l'Alliance de bénéficier d'un niveau égal de sécurité, quelles que soient les différences de situations ou de potentiel militaire, contribue à la stabilité globale dans la zone euro-atlantique et créé des conditions qui favorisent une plus large coopération entre les pays alliés, ainsi qu'entre eux et des pays tiers* ». Manuel de l'OTAN, *op. cit.*, p. 33.

SECTION II. LA SÉCURITÉ NATIONALE COMME OBJET SECONDAIRE DES TRAITÉS

Un certain nombre de traités ne consacrent pas les mêmes droits et obligations pour toutes les parties. S. Sur parle d'« asymétrie » lorsqu'à certains groupes d'États sont réservés des statuts distincts[439]. Selon S. Sur :

> « Cette caractéristique n'est ni nécessaire ni générale, mais correspond à une pratique fréquente. Elle s'explique par des données plus politiques que juridiques. Elles peuvent au surplus évoluer et se modifier au long de la vie des traités en cause. D'abord, pour les conclure, il faut en pratique des États pilotes, qui sont souvent les plus intéressés et assurent un leadership de fait dans la négociation. Le TNP n'a pu être conclu que sur la base d'un accord entre les États-Unis et l'URSS. La Convention de Montego Bay n'a pu entrer en vigueur qu'après une modification profonde de son texte, sous la pression des États-Unis – sans pour autant qu'ils y deviennent partie – et en dérogeant aux procédures ordinaires de conclusion des traités. Le traité sur l'interdiction complète des essais nucléaires (TICE, 1996) n'est pas entré en vigueur du fait de sa non-ratification par des États majeurs pour son application »[440].

Les traités évoqués ci-dessus contiennent des droits et obligations qui reflètent la politique juridique extérieure de certains des États parties au sens où l'entend G. de Lacharrière, c'est à-dire une politique à l'égard du droit, liée à la défense des intérêts nationaux[441]. Au premier rang de ces intérêts figure la sécurité nationale que les États s'efforcent de garantir lors de la phase des travaux préparatoires des traités. Les « États pilotes », « les plus intéressés », dont parle S. Sur dans le paragraphe ci-dessus, sont ceux qui pèsent le plus dans cette phase. Certains traités comme le Traité sur la non-prolifération des armes nucléaires (TNP) créent des catégories d'États parties (nucléaires et non nucléaires)[442]. D'autres traités, comme la Convention des Nations unies sur le droit de la mer, s'adressent formellement et uniformément à tous les États parties, mais plusieurs de leurs dispositions sont destinées à servir les intérêts de certains de ces États plus que d'autres, ce que Lacharrière nomme l'« égalité avantageuse », qui « *fait contraste avec la prétention officielle à l'égalité et à la réciprocité dans les effets* »[443]. L'auteur prend l'exemple de la liberté des mers (garantie en haute mer et limitée dans les ZEE selon la Convention sur le droit de la mer) :

---

[439] SUR (S.), « La créativité du droit international. Cours général de droit international public », *RCADI*, vol.363, 2012, p. 128.
[440] *Ibidem*, p. 128.
[441] LACHARRIERE (G. de), *La politique juridique extérieure*, *op. cit.*, p. 5-13.
[442] Comme on le verra ci-après, le TNP réserve des droits et obligations distinctes pour les États dotés de l'arme nucléaire d'une part et pour les États non dotés de cette arme d'autre part.
[443] LACHARRIERE (G. de), *La politique juridique extérieure*, *op. cit.*, p. 65.

« Ainsi la liberté des mers (dont tous les États peuvent théoriquement profiter) ne sert en réalité que les intérêts des nations les plus puissantes dans le domaine de la pêche, de l'exploitation des ressources marines en général et de la navigation commerciale et militaire »[444].

Sauf dans le cas de l'« égalité avantageuse », l'asymétrie des droits et obligations prévues par le traité ne préjuge pas de l'équilibre des intérêts de sécurité de chaque État partie. Elle est simplement le reflet de la différence des caractéristiques politiques, géographiques, militaires ou technologiques des États et conduit à une diversification, dans les droits et obligations, de la prise en compte des intérêts de sécurité des États.

Si, comme l'écrit S. Sur, l'asymétrie a pour origine la politique particulièrement active de certains « États pilotes » lors de la négociation du traité – il cite les EUA et l'URSS – le degré de prise en compte des intérêts de sécurité des autres États dépendra de leur nombre et de leur influence dans cette phase préparatoire[445]. À cet égard, on distinguera les traités dont l'asymétrie des droits et obligations est le résultat de la seule influence des États les plus puissants (§ 1) des traités élaborés avec une participation plus large de l'ensemble des États qui en deviennent parties et une plus grande prise en considération de la sécurité de ces derniers. Cette seconde catégorie de traités, plus équilibrés en termes de droits et d'obligations, régulent les activités des États dans les espaces géographiques (§ 2).

§ 1. L'asymétrie des traités comme reflet de la puissance de quelques États

L'asymétrie des droits et obligations due au leadership d'États puissants dans la phase de négociation d'un traité ne remet pas en cause l'égalité des consentements de tous les États parties[446]. Elle peut néanmoins provoquer des déséquilibres lorsque certains de ces États disposent de plus de droits ou ont moins d'obligations que d'autres ou encore lorsque les normes générales du traité leur procurent un plus grand avantage en termes de sécurité (A). Pour compenser ces déséquilibres – lorsque ceux-ci portent atteinte à la sécurité nationale des États – et diminuer les tensions consécutives, certains traités prévoient des mesures de confiance et une clause de retrait (B).

[444] *Ibidem*, p. 65.

[445] Comme on le verra au § 2 de cette section, la Convention de Montego Bay protège de façon équilibrée la sécurité non seulement des grandes puissances maritimes mais aussi des États en développement.

[446] SUR (S.), « La créativité du droit international. Cours général de droit international public », *op. cit.*, p. 128.

A. Les types d'asymétrie et leurs conséquences sur la sécurité des États

Tout en étant horizontal et basé sur le principe de l'égalité souveraine des États, l'ordre juridique international tel qu'il existe depuis la fin de la seconde guerre mondial est structuré, en matière de paix et de sécurité internationales, autour du Conseil de sécurité des Nations Unies. Cet ordre est issu de la volonté des puissances vainqueurs du conflit mondial (les EUA, l'URSS, le Royaume-Uni et la Chine à la conférence de *Dumbarton Oaks* en 1944) qui ont pérennisé leur leadership dans la Charte avec la création du statut de membre permanent du Conseil de sécurité[447] (1). L'asymétrie entre ce statut et les droits et obligations des autres États membres de l'ONU s'est prolongée et renforcée avec le quasi-monopole de la détention, par les cinq membres du Conseil de sécurité, de l'arme nucléaire. On la retrouve dans des traités de non-prolifération et de désarmement et dans la Convention sur l'exploration et l'utilisation de l'espace (2).

1. Le statut de membre permanent du Conseil de sécurité

Le statut de membre permanent offre des droits spécifiques. Il y a tout d'abord la possibilité de contribuer en permanence aux décisions du Conseil de sécurité prévues par le Chapitre VII selon un régime que S. Sur définit comme étant d'exception[448]. Ce régime d'exception permet aux membres permanents de mettre en adéquation l'approche du Conseil en matière d'application des articles 2.4 et 51 de la Charte avec leurs intérêts de sécurité nationale. Les membres permanents ont également un droit de veto sur les amendements et les projets de révision de la Charte[449] en vertu des articles 108 et 109. Ce statut privilégié (par rapport aux autres États parties à

---

447 La France ne rejoignit les quatre autres principales puissances qu'à la conférence de San Francisco de rédaction de la Charte des Nations Unies (25 avril – 26 juin 1945). Elle n'avait pas participé, aux côtés de la Chine, des EUA, du Royaume-Uni et de l'URSS à la conférence précédente de Dumbarton Oaks (21 août – 7 octobre 1944) qui élabora le projet initial de la Charte ni à la Conférence de Yalta (5 au 12 février 1945) qui réunit les EUA, l'URSS et le Royaume-Uni et mit au point le mécanisme de veto des membres permanents du Conseil de sécurité. ASTRAB (M.-J.), « Les travaux préparatoires des Nations Unies » dans COT (J.-P.), PELLET (A.), FORTEAU (M.) (éds.), *La Charte des Nations Unies. Commentaires article par article* ; vol.II, *op. cit.*, p. 1-28.

448 « *Les décisions du CS disposent de leur propre régime juridique, laissé à sa discrétion, tant dans leur contenu que dans leur autorité et leurs destinataires. Il s'affranchit ainsi de la légalité ordinaire, il développe son propre droit d'exception. : il dispose de son propre pouvoir de qualification des situations qu'il peut également laisser dans un flou opportun. Sur cette base, il peut entendre à sa guise les menaces ou atteintes à la sécurité, et en dilater le concept, évolutif et plastique, aux dimensions les plus variées* », S. SUR, « Cours général de droit international public », *RCADI, op. cit.*, p. 282.

449 Donc aussi sur les amendements aux règles de fonctionnement et les prérogatives du Conseil de sécurité lui-même.

l'ONU) est renforcé par un autre droit de veto : l'article 27.3 de la Charte rend nécessaire le vote affirmatif de tous les membres permanents pour la prise des décisions relatives aux questions essentielles[450]. Cette règle – appelée à l'origine la « règle de l'unanimité »[451] – est la traduction juridique de la réalité de l'alliance forgée entre les EUA, l'URSS, la Grande Bretagne et la Chine durant la Deuxième Guerre mondiale et de la position de vainqueurs de ces pays à l'issue de la guerre. Le maintien de la paix et de la sécurité internationale ne pouvait se faire qu'en conservant une entente entre ces puissances[452], comme l'exprime l'article 106 de la Charte qui offre lui-même à ces dernières un statut temporaire privilégié[453]. Chacune des

---

[450] Il s'agit des décisions qui ne portent pas sur des questions de procédure. L'article 27.3 est ainsi rédigé : « *Les décisions du Conseil de sécurité sur toutes autres questions sont prises par un vote affirmatif de neuf de ses membres dans lequel sont comprises les voix de tous les membres permanents, étant entendu que, dans les décisions prises aux termes du chapitre VI et du paragraphe 3 de l'article 52, une partie à un différend s'abstient de voter* ».
L'article 27.3 accorde ainsi à cinq États un privilège institutionnel qui tranche avec l'ordre juridique international d'avant la seconde guerre mondiale caractérisé par une « *juxtaposition des souverainetés* » des États grands et petits, certains grands États s'attribuant une domination de fait mais sans mandat institutionnel.

[451] La règle de l'unanimité a été assouplie par la pratique du Conseil de sécurité qui, dès les années 1950, ne considérait plus, à rebours du texte de l'article 27.3, que l'abstention volontaire d'un membre permanent pût faire obstacle à l'adoption d'une décision. Dans son avis sur la présence sud-africaine en Namibie, la CIJ constata que cette évolution de la pratique du Conseil était « généralement acceptée par les Membres des Nations Unies et constitue la preuve d'une pratique générale de l'organisation ». *Conséquences juridiques pour les États de la présence continue de l'Afrique du Sud en Namibie (Sud-Ouest africain) nonobstant la résolution 276 (1970) du Conseil de sécurité*, avis consultatif CIJ, Recueil 1971, p. 16, par. 22.

[452] Selon l'alinéa 1er de la déclaration de Moscou (30 octobre 1943) – à laquelle fait référence l'article 106 de la Charte – les EUA, l'URSS, le Royaume-Uni et la Chine « *Déclarent conjointement que l'unité d'action à laquelle les quatre puissances se sont engagées pour mener la guerre contre leurs ennemis respectifs, sera continuée pour organiser et maintenir la paix et la sécurité* ». Voir BRUGIERE (P.-F.), « La règle de l'unanimité des membres permanents au Conseil de sécurité – Droit de veto », Paris, Pedone, 1952, p. 16-17.

[453] Le chapitre XVII (« Dispositions transitoires de sécurité ») de la Charte réserve, avec ses articles 106 et 107, un statut privilégié aux cinq grandes puissances pour assurer dans la période de l'immédiate après-guerre le maintien de la paix et la sécurité. Ce statut privilégié ressort notamment des termes de l'article 106 qui donnent aux cinq puissances un pouvoir discrétionnaire que n'ont pas les autres États membres. Selon l'article, ces cinq pays « *se concerteront entre elles et, s'il y a lieu, avec d'autres Membres de l'Organisation* [...] *en vue d'entreprendre* [...] *toute action qui pourrait être nécessaire pour maintenir la paix et la sécurité* ». Pour son manque de précision sur l'étendue des pouvoirs réservés aux cinq puissances, cet article fut critiqué, dans sa phase de projet lors de la conférence de San Francisco, par plusieurs États. Il fut malgré tout adopté car il était d'application temporaire. Voir GHEBALI (V.-Y.) dans COT (J.-P.), PELLET (A.), FORTEAU (M.) (dir.), *La Charte des Nations Unies. Commentaire article par article,* vol.II, *op. cit.*,p. 2176-2177.
S'inscrivant dans le statut privilégié donné aux grandes puissances, l'article 107 constituait une dérogation temporaire à l'article 2.4 de la Charte en permettant à celles-ci de recourir à des mesures coercitives à l'encontre de pays qui ne respecteraient pas leurs obligations internationales découlant de leur statut de pays vaincu dans la guerre. Voir GHEBALI (V.-Y.)

puissances (rejointes par la France à la Conférence de San Francisco) devait donner son adhésion aux décisions portant sur les questions importantes[454]. Cette règle de l'unanimité s'est également traduite par le pouvoir réservé à chaque membre permanent de bloquer l'adoption d'une résolution qui ne serait pas conforme à ses intérêts stratégiques, en particulier lorsqu'il s'agit de décider d'une intervention au titre de l'article 2.7 ou du chapitre VII ou même de l'admission, comme membre de l'ONU, d'un nouvel État. Le droit de veto est l'aboutissement du mécanisme de prises de décisions du Conseil de sécurité, décrit ci-dessus par le professeur Sur comme produisant un droit d'exception, avec un pouvoir discrétionnaire de qualification de situations présentant une menace à la paix et à la sécurité internationales. E. McWhinney écrit :

> « La raison d'être et la justification politique du droit de veto ont toujours été qu'il était déraisonnable et impraticable de vouloir imposer des limites juridiques à l'action d'une grande puissance dont les intérêts vitaux ou la sécurité sont menacés »[455].

Cette réflexion de McWhinney souligne clairement la fonction du droit de veto comme instrument juridique de protection de la sécurité nationale des membres permanents du Conseil de sécurité. Le droit de veto sert aussi régulièrement d'équilibre des relations internationales ou, pour reprendre une expression de S. Sur, de « *fusible qui déconnecte le Conseil et par là le protège pour l'avenir* »[456] en empêchant qu'une tension entre les États-Unis et la Russie (hier l'URSS) dégénère en conflit ouvert ou force un de ceux-ci

---

dans COT (J.-P), PELLET (A.), FORTEAU (M.) (dir.), *La Charte des Nations Unies. Commentaire article par article,* vol.II, *op. cit.*, p. 2181 et suivantes. C'est l'article 107 que visa en 1948 l'URSS pour justifier la mise en œuvre de mesures unilatérales de restrictions sur les transports et communications entre Berlin et les zones occidentales d'occupation en Allemagne, mesures qui menaçaient les positions des puissances occidentales à Berlin. Voir les « Notifications identiques faites le 29 septembre 1948 par les gouvernements de la République française, des États-Unis d'Amérique et du Royaume-Uni au Secrétaire général », document S/1020. L'URSS mit son veto à un projet de résolution qui demandait la cessation du blocus et prévoyait l'unification monétaire à Berlin, mesures qui allaient contre les intérêts stratégiques de l'URSS. Voir BRUGIERE (P.-F.), *op. cit.*, p. 75-76 et HIGGINS (R.), *The Development of International Law through the Political Organs of the United Nations*, New York, London, Toronto, The Royal Institute of International Affairs, Oxford University Press, 1963, p. 219.

[454] Selon la déclaration relative à la procédure de vote au Conseil de sécurité, faite par les délégations des autres puissances invitantes, le 7 juin 1945 (point 9) : « *Étant donné les responsabilités primordiales des membres permanents, on ne peut pas s'attendre, dans l'étape actuelle des conditions du monde, à ce qu'ils assument l'obligation d'agir dans un domaine aussi grave que le maintien de la paix et de la sécurité internationales, en exécution d'une décision à laquelle ils n'ont pas donné leur adhésion* », UNCIO, vol. XI, p. 754 (Document 852, 111/1/37), cité par BRUGIERE (P.-F.), *op. cit.*, p. 253-256. L'auteur précise que la France s'est associée à cette déclaration.

[455] McWHINNEY (E.), *op. cit.*, p. 112.

[456] SUR (S.), « Cours général de droit international public », *op. cit.*, p. 278.

à quitter l'ONU au cas où il verrait ses intérêts vitaux menacés par une résolution du Conseil de sécurité. C'est pour cela que ces deux États sont, parmi les membres permanents du Conseil, les principaux utilisateurs du droit de veto. La conséquence n'en reste pas moins que le Conseil ne peut qualifier une situation de menace à la paix et à la sécurité internationales et prendre des décisions prévues par le Chapitre VII – en particulier des décisions coercitives et d'emploi de la force armée – que si ces décisions ne heurtent pas la sécurité nationale des membres permanents, ni celle de l'un de leurs alliés stratégiques visé par une résolution. L'examen de projets de résolution bloqués par un veto permet de voir les intérêts en jeu.

Certains de ces projets concernent directement l'action – et donc les intérêts stratégiques – d'un des membres permanents du Conseil de sécurité, comme le montrent les deux exemples suivants.

Un projet de résolution examiné en 1976 par le Conseil de sécurité demandait au gouvernement français de renoncer à organiser un referendum sur l'Ile de Mayotte (à l'époque partie du territoire de l'État des Comores) et d'engager avec les Comores des négociations pour sauvegarder l'unité et l'intégrité territoriale de cet État[457]. Accusée de porter atteinte à l'intégrité territoriale et à l'indépendance nouvellement acquise des Comores, la France, par l'intermédiaire de son représentant au Conseil de sécurité, se retrancha derrière le principe de séparation des pouvoirs et déclara que ledit referendum était à l'initiative du parlement français et non du Chef de l'État qui, lui, s'était prononcé contre. Il n'y eu pas d'autre motivation officielle de la France à l'usage de son droit veto contre le projet de résolution. Le fait est que Mayotte est, par ailleurs, située dans une zone stratégiquement importante pour la France ; c'est un point de passage des pétroliers et un lieu d'implantation de bases navales, comme ne manqua pas de le souligner le représentant de Madagascar[458].

Dans un projet de résolution sur le Moyen Orient examiné en 2006[459], le Conseil de sécurité condamnait l'emploi de la force par Israël dans les territoires palestiniens occupés et demandait qu'il soit mis fin à tout acte de violence entre les parties en conflit (Israéliens et Palestiniens). Les États-Unis utilisèrent leur droit de veto en le motivant, parmi diverses raisons, par une carence du texte en matière de condamnation des appels du Hamas à « frapper les intérêts américains » et par l'absence prévue de mesures de

---

[457] Projet de résolution S/11967 présenté le 5 février 1976 au Conseil de sécurité par le Bénin, la Guyane, Panama, la Libye et la Tanzanie. L'Ile de Mayotte était la seule Ile de l'archipel des Comores, anciennement sous mandat français, qui vota contre l'indépendance des Comores et pour le maintien au sein de la République française.

[458] Voir le compte rendu de la 1888[e] séance du Conseil de sécurité le 6 février 1976.

[459] Projet de résolution du 10 novembre 2006, document S/2006/878.

lutte contre le terrorisme présent dans les territoires[460]. Ces raisons étaient directement liées à la sécurité nationale des EUA et d'Israël.

D'autres projets de résolution furent bloqués car ils heurtaient plus indirectement des intérêts de sécurité d'un des membres permanents du Conseil. Deux exemples sont illustratifs.

Les États-Unis mirent leur veto à l'adoption d'un projet de résolution déposé le 25 octobre 1983 par la Guyane, le Nicaragua et le Zimbabwe et qui « *déplore profondément l'intervention armée à la Grenade, qui constitue une violation flagrante du droit international et de l'indépendance, de la souveraineté et de l'intégrité territoriale de cet État* »[461]. Ce projet critiquait l'opération militaire que les États-Unis avaient engagée en invoquant des menaces qu'auraient fait courir à leurs « intérêts vitaux » et à leurs ressortissants présents sur l'île les « terroristes » au pouvoir, l'accumulation d'armes et la présence de 600 Cubains armés achevant la construction d'une piste d'atterrissage[462].

La menace terroriste dans le conflit militaire à Alep-Est en Syrie en décembre 2016 fut à l'origine du veto de la Russie et de la Chine à un projet de résolution du Conseil de sécurité[463]. Alors que les groupes armés islamistes perdaient du terrain face à l'offensive de l'armée gouvernementale, la cessation immédiate des hostilités et un délai de 10 jours pour adhérer à un cessez le feu, proposés par le projet de résolution, auraient été de nature, selon la Russie, à favoriser la réorganisation et le réarmement de ces groupes, lesquels auraient pu ainsi continuer à menacer la population et l'intégrité territoriale de l'État syrien[464]. On rappellera ici que la Russie et la Syrie sont liées par un accord de défense au titre duquel la Russie maintient dans ce pays deux bases militaires.

Ces divers exemples mettent en exergue le lien entre l'utilisation du droit de veto – ainsi que la simple menace de l'utilisation de ce droit qui peut avoir un effet dissuasif – et ce que les membres permanents du Conseil de sécurité estiment être leurs intérêts de sécurité nationale. C'est pourquoi ces États, membres fondateurs de l'ONU, n'auraient pas accepté de signer la Charte sans ce droit du veto. Ce « droit – fusible » est, à ce titre, à mettre au

---

[460] Voir l'intervention de John Bolton, représentant permanent des États-Unis au Conseil de sécurité lors des travaux de la 5565e réunion du Conseil. Document S/PV.5565. http://www.un.org/en/ga/search/view_doc.asp?symbol=S/PV.5565. Consulté le 12 janvier 2017.

[461] Document S16077/Rev.1.

[462] Voir l'intervention de Mme Kirpatrick, représentant permanent des États-Unis au Conseil de sécurité lors des travaux de la 2491e réunion du Conseil. Document S/PV.2491. http://www.un.org/en/ga/search/view_doc.asp?symbol=S/PV.2491(OR)&referer=http://www.un.org/depts/dhl/resguide/scact_veto_table_en.htm&Lang=F. Consulté le 12 janvier 2017.

[463] Voir document S/2016/1026.

[464] Voir l'intervention de Vitali Tchourkine, représentant permanent de la Fédération de Russie au Conseil de sécurité lors des travaux de la 7825e réunion du Conseil. Document S/PV.7825.

même niveau que les clauses destinées, elles, à protéger la sécurité nationale de tous les États, en particulier le droit de légitime défense[465].

2. Le statut de puissance nucléaire

L'acquisition, par les EUA, de l'arme nucléaire en 1945, a conduit les autres membres permanents du Conseil de sécurité à garantir également leur défense nationale au moyen de la dissuasion nucléaire. Selon G. de Lacharrière, le développement par la France de sa dissuasion nucléaire est non seulement une conséquence du principe d'égalité souveraine des États mais aussi une condition pour que le pays participe pleinement, en toute indépendance et à égalité de statut avec les autres membres permanents du Conseil qui eux aussi possèdent l'arme atomique, à l'exercice du maintien de la paix et de la sécurité internationales, responsabilité principale conférée par la Charte à cet organe[466].

Un autre auteur résume ainsi la position de la France : « *Si les cinq grands ont des responsabilités particulières à assumer, il ne peut être question d'accepter que certains aient un armement que les autres n'ont pas. À défaut, les Grands ne seraient plus cinq à jouer le rôle que la Charte leur donne* »[467].

La politique de dissuasion nucléaire menée par les cinq puissances a des conséquences sur les accords de non-prolifération et de désarmement et sur les conventions liées à l'Espace. Les Cinq considèrent que pour être

---

[465] Notons que le veto des États-Unis à un projet de résolution (projet S/16463 présenté le 4 avril 1984 au Conseil de sécurité) condamnant le minage, à l'initiative de ce pays, des ports du Nicaragua en 1984 n'a pas empêché la CIJ de qualifier postérieurement ces actions de violation du principe d'interdiction de recours à la force contre un autre État. La CIJ a, dans le même arrêt, rejeté la justification de légitime défense présentée par les États-Unis.

[466] « La Charte ne prévoit [...] aucune différence de statut militaire entre les membres permanents du Conseil de sécurité [...] Pour ces pays-là, le maintien de la relative homogénéité de leur faculté de contribution au « maintien de la paix et de la sécurité internationales », c'est-à-dire, entre autres, de leur force militaire correspondrait au contraire à un devoir dont la non-exécution constituerait une grave distorsion par rapport aux intentions des auteurs de la Charte ». LACHARRIERE (G. de), « Commentaires sur la position juridique de la France à l'égard de la licéité de ses expériences nucléaires », *AFDI*, vol.19, 1973, p. 249.

[467] COTTEREAU (G.), « Vivre et penser le droit des relations internationales », p. 111-112 dans *Guy Ladreit de Lacharrière et la politique juridique extérieure de la France*, Paris, Masson, 1989.

En 1958, le secrétaire d'État des EUA, F. Dulles, vint à Paris pour transmettre au général de Gaulle une proposition du président Eisenhower de fournir à la France des armes atomiques en échange de l'abandon par celle-ci de son projet de se doter de ces armes. Sans faire expressément référence à l'exercice, par la France, de ses responsabilités de membre permanent du Conseil de sécurité, le général de Gaulle lui déclara toutefois que : « Il n'y a pas de France qui vaille, notamment aux yeux des Français, sans responsabilité mondiale. C'est pourquoi elle n'approuve pas l'OTAN, qui ne lui fait pas sa part sans les décisions et qui se limite à l'Europe. C'est pourquoi aussi elle va se pourvoir d'une arme atomique ». GAULLE (Ch. de), *Mémoires*, Paris, Gallimard, 2000, p. 1063.

efficaces, ces traités doivent concerner le plus grand nombre d'États et le plus grand nombre d'armements possibles mais sans mettre en danger leur propre sécurité et leur statut de grande puissance qui reposent sur la dissuasion nucléaire. Il en résulte un déséquilibre dans les droits et obligations d'un accord comme le TNP (a). Il en résulte aussi un déséquilibre au niveau de l'exécution d'accords de désarmement (tels ceux qui interdisent les essais nucléaires) (b) et de conventions liées à l'espace telle la Convention sur l'exploration et l'utilisation de l'espace de 1967 (c) car les clauses de ces différents traités ne profitent pas de la même façon à tous les États parties.

a. Le déséquilibre des droits et obligations dans le Traité sur la non-prolifération des armes nucléaires (TNP)

La possession de l'arme nucléaire par les seuls membres permanents du Conseil pose un problème d'égalité et de sécurité vis-à-vis des autres États au regard du principe d'égalité souveraine de tous les membres des Nations Unies (article 2 de la Charte). L'argumentaire utilisé ci-dessus par G. de Lacharrière pour justifier les essais nucléaires de la France dans le Pacifique dans les années 1970[468] – la France doit se mettre à niveau par rapport aux autres puissances qui elles-mêmes « *ne faisaient que répliquer à un système d'armements que les États-Unis avaient été les premiers à adopter* » – fut repris à leur compte par des États non membres permanents du Conseil de sécurité. La RPDC, l'Inde, Israël et le Pakistan décidèrent d'acquérir l'arme nucléaire. Cette course aux armements suscita des inquiétudes chez les autres États non nucléaires. C'est pour répondre à ces inquiétudes tout en s'efforçant de maintenir leur propre *leadership* militaire que les deux principaux « États pilotes » dans la négociation du TNP[469], les EUA et l'URSS, conçurent un traité de non-prolifération avec deux régimes de droits et obligations : l'un pour les États dotés de l'arme nucléaire, l'autre pour les autres États. D'un côté, tout État partie au traité qui n'a pas acquis l'arme nucléaire avant le 1er janvier 1967[470] renonce à le faire de quelque façon que

[468] G. de Lacharrière fut Directeur des Affaires juridiques au ministère des Affaires étrangères de 1969 à 1979.

[469] La notion d'« États pilotes » dans la négociation d'un traité asymétrique est utilisée par S. SUR, « Cours général de droit international public », *op. cit.*, p. 128. Notons que les « États pilotes » des négociations du TNP furent les premiers signataires du texte et leurs gouvernements sont, avec celui du Royaume-Uni, désignés à l'article IX comme dépositaires des instruments de ratification et d'adhésion des autres États.

[470] Le Bureau des Affaires du désarmement des Nations Unies précise ce que le TNP entend par « États dotés d'armes nucléaires » et « États non dotés d'armes nucléaires » : « *Les États dotés d'armes nucléaires sont ceux qui ont fait exploser une arme nucléaire ou un autre dispositif explosif nucléaire avant le 1er janvier 1967. Ces pays sont la Chine, les États-Unis, la France, le Royaume-Uni et l'Union soviétique (aujourd'hui la Fédération de Russie). Réviser cette définition de façon à permettre à d'autres États ayant déclaré leurs capacités d'armement nucléaire d'adhérer au Traité nécessiterait un amendement du Traité. Les États*

ce soit[471] et soumet ses installations de recherche nucléaire aux vérifications de l'Agence internationale de l'énergie atomique (AIEA)[472]. De l'autre côté, les États dotés de l'arme nucléaire s'interdisent d'aider les autres États à s'en doter de quelque façon que ce soit, directement ou indirectement[473]. L'objectif immédiat du traité étant la non-prolifération des armes nucléaires (et non leur élimination), celui-ci laisse aux États nucléaires le droit de conserver leurs arsenaux.

Au vu de ce régime de droits et obligations, le TNP est en réalité un traité de non-dissémination ou de « non-prolifération horizontale », car les États déjà dotés de l'arme nucléaire ont toute latitude pour développer et moderniser leurs arsenaux, ce que l'on appelle la « prolifération verticale »[474]. Afin d'encourager les États non nucléaires à accepter cette asymétrie des droits et obligations et à adhérer au traité – pour garantir l'universalité de celui-ci – l'article IV proclame le droit de tout État à la recherche et à la production d'énergie nucléaire à des fins pacifiques. En outre, l'article V fait obligation à chaque partie de « *prendre des mesures appropriées* » *pour que « les avantages pouvant découler des applications pacifiques* [...] *des explosions nucléaires soient accessibles sur une base non discriminatoire aux États non dotés d'armes nucléaires qui sont Parties au Traité et que le coût pour lesdites Parties des dispositifs explosifs soit aussi réduit que possible* ». Cette disposition s'appuie sur la constatation que l'énergie nucléaire favorise le développement économique. Elle constitue en cela un point d'importance pour les pays en développement[475]. Il s'agit d'abandonner la garantie de sécurité qu'apporte la possession de l'arme

---

non dotés d'armes nucléaires sont les États parties qui renoncent à acquérir des armes nucléaires ». Voir http://www.un.org/fr/disarmament/instruments/npt.shtml, accès le 20 mars 2017. Notons que trois États qui possèdent l'arme nucléaire n'ont pas adhéré au traité (Inde, Israël, Pakistan).

[471] Article 2 du TNP.

[472] C'est l'article III qui dispose (dans son alinéa 1) que « *Tout État non doté d'armes nucléaires qui est Partie au Traité s'engage à accepter les garanties stipulées dans un accord qui sera négocié et conclu avec l'Agence internationale de l'énergie atomique* [...] *à seule fin de vérifier l'exécution des obligations assumées par ledit État aux termes du présent Traité en vue d'empêcher que l'énergie nucléaire soit détournée de ses utilisations pacifiques vers des armes nucléaires ou d'autres dispositifs explosifs nucléaires* ».

[473] Article 1er du TNP.

[474] M. Lefebvre définit comme suit les deux types de prolifération : « *La non-prolifération horizontale, ou géographique, consiste à empêcher des États* [...] *de se doter de ces armes. Elle est discriminatoire par essence puisqu'elle interdit à des États la possession d'armes qui sont possédées par d'autres. C'est pourquoi la non-prolifération horizontale est complétée par la non-prolifération verticale : il s'agit alors d'empêcher l'amélioration qualitative des armes dont le monopole a été réservé à un petit nombre d'États et d'inciter ces États au désarmement* ». LEFEBVRE (M.), *Le jeu du droit et de la puissance. Précis de relations internationales*, 5e éd ; Paris, PUF, 2018, p. 338.

[475] Une disposition voisine est inscrite à l'article X de la Convention sur l'interdiction des armes bactériologiques (biologiques) de 1972.

nucléaire contre la perspective d'une meilleure sécurité économique[476]. La garantie principale de sécurité offerte par les « États pilotes » du traité est cependant l'obligation faite à tous les États parties de « *s'engager à poursuivre de bonne foi des négociations sur des mesures efficaces relatives à la cessation de la course aux armements nucléaires à une date rapprochée et au désarmement nucléaire, et sur un traité de désarmement générale et complet sous un contrôle international strict et efficace* ». Cette disposition (article VI) s'adresse avant tout aux États qui possèdent des arsenaux nucléaires. Elle est contraignante (les parties « s'engagent à ») et – malgré l'absence de calendrier fixé – la CIJ a considéré qu'il s'agissait, plus que d'une simple obligation de moyen, d'une obligation « *de parvenir à un résultat précis – le désarmement nucléaire dans tous ses aspects – par l'adoption d'un comportement déterminé, à savoir la poursuite de bonne foi de négociations en la matière* »[477].

Ces garanties furent cependant jugées insuffisantes, aux yeux de plusieurs États, pour assurer la sécurité de tous – signataires et non signataires du traité – et par conséquent pour équilibrer les droits et les obligations des États non nucléaires par rapport aux États nucléaires. L'abstention de 21 États (avec 95 voix pour et 4 États contre) lors du vote de la résolution 2373 (XXII) de l'Assemblée générale sur l'approbation et l'ouverture à la signature du TNP est à cet égard significative et provient de critiques différenciées. La France – pourtant puissance nucléaire – s'est abstenue en considérant que seul un véritable désarmement nucléaire et non un processus de non-dissémination pourrait garantir la sécurité collective[478]. Le déséquilibre entre les obligations des États nucléaires et les États non nucléaires est souligné, dans les débats antérieures et postérieurs au vote de la résolution, par plusieurs États. Le Rwanda et la Sierra Leone mentionnent le fait que seuls les États non nucléaires sont soumis à un processus de vérification[479]. Ces pays dénoncent aussi le fait que les États nucléaires ne s'engagent pas, dans le traité, à ne pas utiliser contre les États non nucléaires l'arme qu'ils détiennent. La Sierra Leone regrette cette « grave lacune du traité » qui « ne comporte pas l'engagement de réduire dans des proportions

---

[476] Les États-Unis et l'URSS avaient, dès les années 1960, fourni des centrales nucléaires à certains pays.

[477] *Licéité de la menace ou de l'emploi d'armes nucléaires*, Avis consultatif du 8 juillet 1996, CIJ, Recueil 1996, par. 99.

[478] Document A/PV.1672, 12 juin 1968, point 16.

[479] *Ibidem*, points 39 et 131. Le Rwanda et la Sierra Leone visent l'article III.
Notons que, tout en annonçant son vote en faveur du projet de traité, la Somalie déclare : « *les obligations que le traité impose aux nations dotées d'armes nucléaires sont moins strictes ou, disons, moins concrètes que celles qu'il impose aux nations non dotées de telles armes. Les premières ne s'engagent qu'à poursuivre, de bonne foi, des négociations sur des mesures efficaces relatives à la cessation de la course aux armements nucléaires à une date rapprochée et au désarmement nucléaire* ». *Ibidem*, point 52.

déterminées l'importance des armements nucléaires »[480]. Le Rwanda dénonce également l'« obstacle au développement technologique » que constitue l'impossibilité – telle qu'elle ressort des termes du traité – de procéder à des « transferts de connaissances et d'expérience » dans le domaine atomique en faveur des États non nucléaires[481].

La critique relative à l'absence, dans le texte du traité, d'engagement des États nucléaires à ne pas utiliser l'arme nucléaire contre les autres États est liée au choix de trois États membres permanents du Conseil de sécurité de garantir séparément, dans le cadre d'une résolution du Conseil de sécurité, une assistance uniquement aux États non nucléaires qui adhèrent au TNP et qui seraient victimes d'une agression ou d'une menace d'agression nucléaire. Il s'agit de la résolution 255 du Conseil dont l'objectif est de répondre aux inquiétudes de sécurité de certains États relatives aux conséquences du TNP sur leur sécurité[482]. L'Inde critiqua le fait de faire dépendre cette garantie de sécurité – offerte par les États nucléaires – de l'adhésion des États non nucléaires au TNP, considérant qu'il est dans la compétence, inscrite dans la Charte des Nations Unies, des États membres du Conseil de sécurité de garantir la paix et la sécurité pour tous les États[483]. Cette critique est basée sur le principe d'égalité souveraine des États ; la résolution du Conseil de sécurité consacre une asymétrie entre les États parties au TNP, qui auraient droit à l'assistance (c'est à dire à la protection des États nucléaires), et les autres États qui, puisqu'ils ne sont pas parties au traité, ne bénéficieraient pas de cette garantie de sécurité[484]. Selon l'Éthiopie, un engagement de tous les États nucléaires « *de ne pas recourir, en quelque circonstance que ce soit, à l'emploi de telles armes contre les États qui n'en possèdent pas* » aurait pu constituer « *le fondement principal des garanties que doivent fournir le Conseil de sécurité et les États dont les arsenaux*

---

480 *Ibidem*, point 131. Ce pays vise l'article VI du traité.

481 *Ibidem*, points 40 et 41.

482 Résolution 255 du 19 juin 1968. Dans cette résolution, le Conseil de sécurité, outre qu'il reconnaît la garantie – mentionnée ci-dessus – apportée par trois États nucléaires, déclare qu'une agression nucléaire contre un État non nucléaire créerait une situation dans laquelle il devrait agir immédiatement. Cette garantie d'action et de protection du Conseil en faveur de l'État agressé fut jugée aléatoire par le Pakistan dont le représentant, durant les débats sur le projet de résolution, rappela que tout plan d'action du Conseil pouvait faire l'objet d'un veto. Voir document S/PV.1433, point 74.

483 Document S/PV.1433, points 107 et 108.

484 Critiques également soulevées par l'Algérie, le Brésil, le Pakistan document S/PV.1433, points 13, 17, 27, 80, 83. Le représentant de l'Algérie considère que cette résolution « réinvente la notion de protectorat » et contredit le principe d'égalité souveraine des États. Le Pakistan soulève le problème des États qui ne seraient ni Parties au TNP ni protégés par l'adhésion à une alliance militaire régionale ou à un traité bilatéral auxquels souscriraient également un État doté de l'arme nucléaire.
L'Algérie, le Brésil, l'Inde, la France et le Pakistan s'abstinrent lors du vote de la résolution 255. Celle fut adoptée grâce aux votes positifs des autres membres du Conseil.

disposent d'armes atomiques »[485] ; cet engagement aurait été susceptible d'équilibrer les droits et obligations dévolus aux deux catégories d'États dans le TNP, remplissant ainsi l'objectif de la résolution 255 du Conseil de sécurité qui était d'encourager l'adhésion de tous les États au traité. Cette critique de l'Éthiopie fait écho au préambule du TNP qui « *demande instamment la coopération tous les États en vue d'atteindre cet objectif* » de cessation de la prolifération nucléaire et de s'engager dans la voie du désarmement nucléaire. Une telle coopération passe par l'adhésion de tous les États au traité, par l'exécution des obligations que celui-ci contient et par l'introduction d'un climat de confiance entre les deux catégories d'États, nucléaires et non nucléaires. Si la différenciation, dans le traité, de ces deux catégories avec leurs droits et obligations spécifiques est nécessaire à la réalisation du processus de non-prolifération, le déséquilibre dans ces droits et obligations est susceptible de nuire à l'efficacité de ce processus.

C'est pour compenser ce déséquilibre tout en attendant – au gré des conférences régulières des États parties au TNP, chargées d'examiner l'application de celui-ci – des progrès dans la mise en œuvre, par les États nucléaires, de l'article VI[486], que les États non nucléaires se sont engagés dans la création de zones dénucléarisés[487]. Les trois protocoles annexés à ces accords apportent des garanties de sécurité aux États non nucléaires qui y sont parties : les États nucléaires qui y adhèrent s'engagent à ne pas disséminer l'arme nucléaire ou à mener des activités nucléaires militaires dans les zones où ils exercent des droits souverains[488], s'engagent à ne pas utiliser l'arme nucléaire contre les autres États parties[489] et à ne pas réaliser des essais nucléaires dans la zone couverte par l'accord[490]. Par ailleurs plusieurs pays ont signé des accords de défense avec des grandes puissances pour bénéficier du « parapluie nucléaire » de ces dernières[491]. Ni ces

[485] Document S/PV.1433, points 48 et 105. L'Inde (non adhérente au TNP) soulève le même point.

[486] Cet article dispose que « *Chacune des Parties au Traité s'engage à poursuivre de bonne foi des négociations* [...] *sur le désarmement nucléaire...* ».

[487] Il s'agit notamment des traités de Tlatelolco (1967) (zone Amérique latine et Caraïbes), de Rarotonga (1985) (zone du Pacifique Sud et de l'Océanie) et de Bangkok (1995) (zone d'Asie du Sud-Est). En préambule, le traité de Rarotonga (1985) proclame son objectif « *Convaincues que des mesures régionales de contrôle des armements peuvent contribuer aux efforts d'inverser la course aux armements nucléaires à l'échelle mondiale et de promouvoir la sécurité nationale de chaque pays de la région ainsi que la sécurité commune de tous* ».

[488] Protocole 1 additionnel aux Traités de Tlatelolco (1967) et de Rarotonga. Dans une déclaration interprétative, la France déclare se réserve le droit à la légitime défense.

[489] Protocoles 2 additionnels aux Traités de Tlatelolco et de Rarotonga et Protocole additionnel au Traité de Bangkok.

[490] Protocole 3 additionnel au Traité de Rarotonga et Protocole additionnel au Traité de Bangkok.

[491] Des initiatives unilatérales ont par ailleurs été prises par des puissances nucléaires pour donner des assurances complémentaires aux États non dotés de l'arme nucléaire et accélérer en particulier la mise en œuvre de l'article VI (négociations sur le désarmement). C'est le sens

initiatives, ni les quelques progrès dans les négociations sur le désarmement nucléaires n'ont pu apporter à tous les États des garanties de sécurité suffisantes pour compenser le déséquilibre dans les droits et les obligations du TNP[492]. C'est ce que montrent les différentes crises intervenues à propos de l'exécution par la RPDC et l'Iran de leurs obligations[493] ainsi que le choix de l'Inde, d'Israël et du Pakistan de ne pas adhérer au Traité.

---

de l'engagement pris en 1982 par l'URSS de ne pas recourir en premier à l'arme nucléaire contre quelque État que ce soit et sans conditions, engagement pris dès 1964 par la Chine mais non suivi par les autres puissances nucléaires (et retiré par la Fédération de Russie dans les années 1990). La doctrine dite du « No First Use » également appelée politique des « assurances négatives » a été adoptée en 1978 par les EUA à l'égard seulement des États non dotés de l'arme nucléaire parties au TNP ou de leurs alliés et en se réservant le droit à la légitime défense contre une attaque armée venant d'un pays allié à un État nucléaire et qui viserait leur territoire ou celui de leurs alliés. Voir Report by the U.S General Accounting Office : U.N Special Session on Disarmament : a Forum for International Participation, July 3, 1979, p. 17,
http://www.gao.gov/assets/130/127255.pdf, accès le 22 mars 2017.

[492] Le Groupe des Non-Alignés a critiqué dans une déclaration faite en 2014, le caractère limité des garanties de sécurité données par les États membres du Conseil de sécurité :
« *tous les États non dotés de l'arme nucléaire qui, en devenant parties au Traité, ont renoncé au recours à cette arme, ont le droit légitime d'obtenir notamment des garanties de sécurité réelles, universelles, sans conditions, non discriminatoires, irrévocables et juridiquement contraignantes contre l'emploi ou la menace de l'emploi d'armes nucléaires en toutes circonstances* [...]. *Le Groupe prend acte à cet égard des déclarations unilatérales faites par chacun des États dotés de l'arme nucléaire, dans lesquelles ils donnent aux États parties au Traité qui n'en sont pas dotés des « garanties de sécurité » très limitées, assorties de conditions et insuffisantes contre l'emploi d'armes nucléaires. De l'avis du Groupe, ces déclarations unilatérales ne satisfont à aucune des garanties de sécurité universelles, juridiquement contraignantes, réelles, sans conditions, non discriminatoires et irrévocables données à tous les États non dotés de l'arme nucléaire parties au Traité contre l'emploi ou la menace de l'emploi d'armes nucléaires* ».
Voir « Document de travail présenté par le Groupe des États non alignés parties au Traité sur la non-prolifération des armes nucléaires », Comité préparatoire de la Conférence des Parties chargée d'examiner le Traité sur la non-prolifération des armes nucléaires en 2015, document NPT/CONF.2015/PC.III/WP. 16, 1er avril 2014.

[493] En raison de suspicion sur l'existence d'activités nucléaires non déclarées à l'AIEA, l'Iran était soumis, avant la signature de l'accord séparé nommé Plan d'Action global Commun (juillet 2015), à des sanctions internationales. On notera que ce pays avait lui-même accusé les EUA de contrevenir aux obligations du TNP, notamment l'article Ier : « *les États-Unis contreviennent aux obligations que leur impose le Traité, lequel dispose en son article I que « tout État doté d'armes nucléaires qui est partie au Traité s'engage à ne transférer à qui que ce soit* [...] *des armes nucléaires », puisqu'ils transfèrent sous l'égide de l'Organisation du Traité de l'Atlantique Nord (OTAN) des centaines d'armes nucléaires à certains États qui n'en sont pas dotés. Les armes nucléaires déployées par les États-Unis dans d'autres pays sont totalement intégrées dans l'infrastructure militaire de ces derniers* ». Voir *Non-respect des articles I, III, IV et VI du Traité sur la non-prolifération des armes nucléaires*, « Document de travail présenté par l'Iran », Comité préparatoire de la Conférence des Parties chargée d'examiner le Traité sur la non-prolifération des armes nucléaires en 2015, document NPT/CONF.2015/PC.III/WP. 21, 15 avril 2014.

Le statut privilégié attribué par le TNP aux cinq puissances nucléaires a enfin pour conséquence – ces puissances étant en même temps membres permanents du Conseil de sécurité – le vote, par cet organe, de résolutions cherchant à étendre les obligations du TNP ainsi que celles du Traité d'interdiction complète des essais nucléaires (1996) aux États qui n'ont adhéré ni à l'un ni à l'autre traités. Dans sa résolution 1172[494], le Conseil de sécurité condamne ainsi les essais nucléaires réalisés en 1998 par l'Inde et le Pakistan en estimant que ces essais contredisent les objectifs de la non-prolifération et du désarmement nucléaires et les dispositions des deux traités. Bien que l'Inde et le Pakistan n'aient adhéré ni au TNP ni au Traité d'interdiction complète des essais nucléaires, le Conseil exige de ces États qu'ils s'abstiennent de tout nouvel essai nucléaire et leur demande de mettre fin à leur programme nucléaire militaire. Dans sa résolution 1718[495], le Conseil de sécurité semble également vouloir rompre avec le principe de l'effet relatif des traités – inscrit à l'article 34 de la Convention de Vienne (1969)[496] – à l'égard de la RPDC. Alors que la RPDC avait notifié trois ans auparavant son retrait du TNP, le Conseil condamne le récent essai nucléaire réalisé par ce pays en ce qu'il contredit les dispositions du Traité. Il déclare que la RPDC ne peut prétendre au statut d'État doté de l'arme nucléaire aux termes du TNP et exige que la RPDC revienne sur sa décision de sortir du traité et abandonne tout programme nucléaire militaire[497]. Pour parvenir à ces fins, le Conseil emploie la pression et décide de mettre en œuvre une série de sanctions internationales à l'encontre de la Corée du Nord.

Il semble, par ces résolutions, que le Conseil de sécurité souhaite donner un effet universel aux articles II et III du TNP qui interdisent aux États non nucléaires toute acquisition ou fabrication de l'arme nucléaire et soumettent ces pays à un accord de vérification avec l'AIEA. Pour qu'ils aient un effet universel, ces articles devraient cristalliser une règle coutumière, c'est-à-dire « une pratique générale et acceptée comme étant le droit »[498]. Cette pratique devrait être celle des États qui, tout en n'adhérant pas au TNP, en accepteraient les effets sur eux-mêmes. Or la conduite cohérente d'acquisition de l'arme nucléaire des quelques États concernés – Inde, Israël, Pakistan, RPDC – indique au contraire leur refus de se soumettre à ces obligations du TNP. L'absence de règle coutumière en la matière pose, donc, un problème de légalité des résolutions 1172 et 1718 du Conseil de sécurité.

---

[494] Résolution 1172 du 6 juin 1998.

[495] Résolution 1718 du 14 octobre 2006. Voir aussi les résolutions 1540 du 28 avril 2004, 1874 du 12 juin 2009 et 2270 du 2 mars 2016.

[496] L'article 34 dispose qu'« un traité ne crée ni obligations ni droits pour un État tiers sans son consentement ».

[497] La même résolution décide d'appliquer des sanctions internationales pour contraindre la RPDC à exécuter ces demandes. On abordera ci-après la question de la clause de retrait (article X) du TNP.

[498] Nous faisons référence ici à l'article 38.1.c) du statut de la CIJ.

b. Le déséquilibre dans l'utilisation des obligations des traités de désarmement

Le statut nucléaire des cinq membres permanents du Conseil de sécurité a également des effets sur des traités de désarmement qui, bien que comportant un seul régime d'obligations pour tous les États parties, bénéficient davantage aux États dont le niveau de sécurité reposant sur la dissuasion nucléaire n'est pas remis en cause. Ces obligations correspondent à ce que Lacharrière appelle l'« égalité avantageuse »[499].

Les traités de désarmement les plus directement concernés sont ceux qui interdisent les essais nucléaires. Le premier de ces traités interdit ces essais dans l'atmosphère, dans l'espace extra-atmosphérique et sous l'eau (1963). Les « Parties originaires » sont les EUA, l'URSS et le Royaume-Uni, États qui ont rédigé le traité. Celui-ci est « ouvert à la signature de tous les États » (article III) car il s'inscrit dans la perspective d'un « accord de désarmement général et complet ». Plus de cent États adhéraient au traité l'année de sa signature par les trois États rédacteurs[500]. Les trois États rédacteurs se réservaient un droit de veto sur l'approbation, à la majorité des États parties, des amendements[501]. Le renforcement de la sécurité pour tous les États parties comme résultat de la mise en œuvre du traité fut relatif dans la mesure où les « Parties originaires » pouvaient se passer des essais dans l'atmosphère, dans l'espace extra-atmosphérique et sous l'eau pour moderniser leur arsenal nucléaire[502]. Le Sénat américain ne donna son accord à la ratification qu'avec l'assurance du pouvoir exécutif que le pays pût continuer les essais nucléaires – dorénavant en sous-sol – et pût se réserver le droit de les pratiquer si nécessaire dans l'atmosphère[503]. G. Fischer expose comme suit l'inégalité que porte le traité, derrière des obligations d'interdiction qui s'adressent indistinctement à tous les États parties :

> « Mais, en fait, seules les trois puissances originales sont à même d'interpréter, au besoin, les dispositions obscures du traité. Elles seules renoncent à des droits qu'elles ont déjà exercés et qu'elles peuvent effectivement exercer et réalisent un équilibre dans les sacrifices consentis et les avantages retirés par elles du traité. Quant aux autres Puissances adhérentes, elles ne renoncent qu'à des actes qu'elles sont actuellement incapables d'accomplir. Enfin, seules les trois Parties

[499] LACHARRIERE (G. de), *La politique juridique extérieure*, *op. cit.*, p. 65.
[500] FISCHER (G.), « L'interdiction partielle des essais nucléaires », *AFDI*, vol.9, n° 63, p. 3.
[501] L'article II.2 dispose : « Tout amendement au présent Traité devra être approuvé par la majorité des Parties, y compris toutes les Parties originaires ».
[502] DAILLIER (P.), FORTEAU (M.), PELLET (A.), *Droit international public*, *op. cit.*, p. 1134.
[503] LEHMAN (R.F.), ROBERTS (G.B.), MAHLEY (D.A.), « International Arms Restraint by Treaty, Law and Policy », dans MOORE (J.N.), ROBERTS (G.B.), TURNER (R.F.) (dir.), *National Security Law & Policy*, *op. cit.*, p. 598.

originales possèdent les moyens techniques permettant de déceler les violations éventuelles du traité, ou du moins certaines d'entre elles. »[504]

C'est parce qu'elles n'acceptaient pas ce déséquilibre entre les « Parties originaires » et les autres États alors qu'elles aspiraient à rejoindre le niveau ce technologie nucléaire des « Parties originaires » que la France et la Chine choisirent de ne pas adhérer au traité de 1963 et de suivre leur propre voie[505]. Comme l'écrit G. Cottereau : « *signer très tôt un tel traité serait revenu à accepter de se ranger dans la classe des États non nucléaires* »[506]. Cette position découlait du droit, pour un État, d'« assurer sa défense dans les mêmes conditions que les autres nations », droit découlant du principe d'égalité souveraine des États (article 2.1 de la Charte des Nations-Unies)[507]. La France était, en tant que membre permanent du Conseil de sécurité, particulièrement concernée par la nécessité d'acquérir une force de dissuasion nucléaire car il lui fallait maintenir un statut d'égalité avec les EUA, le Royaume-Uni et l'URSS et garantir pour cela sa pleine indépendance sans avoir à passer, pour assurer sa sécurité, par l'aide de ses alliés, EUA ou Royaume-Uni[508]. Cette politique de dissuasion nucléaire conduisit la France à accomplir des essais nucléaires en atmosphère jusqu'à ce que son niveau technologique fût suffisant pour passer au stade des tirs souterrains, ce que le pays annonça publiquement par un engagement unilatéral à cesser ses essais atmosphériques[509].

Le choix de la France de ne pas adhérer au traité de 1963 et de mettre en œuvre une politique de dissuasion nucléaire eu des conséquences sur ses relations avec la CIJ. En 1966 la France exclut expressément, dans une déclaration de reconnaissance obligatoire et de plein droit de la compétence de la CIJ, non seulement les « *différends nés à l'occasion d'une crise intéressant la sécurité de la nation ou de toute mesure ou action s'y rapportant* » mais aussi voire surtout les « *différends concernant des*

[504] FISCHER (G.), « L'interdiction partielle des essais nucléaires », *op. cit.*, p. 10.
[505] COTTEREAU (G.), « Vivre et penser le droit des relations internationales », *op. cit.*, p. 112.
[506] *Ibidem.*
[507] LACHARRIERE (G. de), « Commentaires sur la position juridique de la France à l'égard de la licéité de ses expériences nucléaires », *op. cit.*, p. 248.
[508] *Ibidem.*
[509] Note de l'Ambassade de France à Wellington au Ministère des affaires étrangères de Nouvelle-Zélande, en date du 10 juin 1974, *Documents submitted to the Court after the filing of the memorial*, p.298. Cette note reprend un communiqué de la présidence de la République française du 8 juin 1974. Dans l'affaire des essais nucléaires, la CIJ a interprété ce document, de concert avec une autre lettre du président de la république française datée du 1er juillet 1974, come un engagement unilatéral de la France à cesser ses essais nucléaires. En conséquence de quoi, la Cour conclut que la demande présentée par la Nouvelle-Zélande contre la France à propos des essais nucléaires menée par celle-ci en atmosphère devenait sans objet. Elle prononça un non- lieu à statuer. *Affaire des essais nucléaires (Nouvelle Zélande c. France)*, arrêt du 20 décembre 1974, recueil 1974, par.53 et 65.

activités se rapportant à la défense nationale »[510]. C'est sur la base de cette déclaration que la France demanda à la CIJ de rayer de son rôle la demande introduite par l'Australie et la Nouvelle-Zélande au sujet des essais nucléaires français dans le Pacifique[511]. Elle contestait l'existence d'une compétence de la Cour à examiner cette question et refusa en conséquence de reconnaître le jugement « avant dire droit » de la Cour qui ordonnait à la France de s'abstenir de procéder à de nouveaux essais nucléaires car ceux-ci étaient susceptibles de « provoquer des dépôts de retombées radioactives sur le territoire de la Nouvelle-Zélande »[512]. L'attitude de la Cour, qui n'avait pas tenu compte du refus exprimé par la France de reconnaître son consentement sur les questions de défense nationale, conduisit celle-ci à dénoncer sa déclaration au titre de l'article 36.2 du Statut de la CIJ[513].

L'autre traité important en matière d'essais nucléaires est le Traité d'interdiction complète des essais nucléaires (TICE, ou *CTBT, Comprehensive Test Ban Treaty*, 1996). À la différence du traité précédent, les négociations pour sa rédaction ont impliqué les États non dotés de l'arme nucléaire lors de plusieurs sessions de l'Assemblée générale des Nations Unies et lors des conférences d'examen du projet d'accord[514]. L'obligation fondamentale du TICE est l'interdiction de toute explosion dans quelque milieu naturel qu'elle se produise, ce qui comprend le sous-sol (non inclus dans le traité d'interdiction partielle de 1963). Cette obligation s'adresse

---

510 « France : Déclaration reconnaissant comme obligatoire la juridiction de la Cour Internationale de Justice, conformément à l'article 36, Paragraphe 2, du Statut de La Cour ». Paris, 16 Mai 1966, United Nations – Treaty Series, vol.562, New York, 1967, p.72.

511 *Affaire des essais nucléaires (Nouvelle Zélande c. France)*, demande en indication de mesures conservatoires, ordonnance du 22 juin 1973, CIJ, recueil 1973 ; *Affaire des essais nucléaires (Nouvelle Zélande c. France)*, arrêt du 20 décembre 1974, *op. cit.*

512 *Affaire des essais nucléaires (Nouvelle Zélande c. France)*, demande en indication de mesures conservatoires, ordonnance du 22 juin 1973, CIJ, recueil 1973 par.36. Voir, pour le refus de la France de se considérer liée par l'ordonnance de la CIJ, la lettre du président de la République française au premier ministre de la Nouvelle-Zélande en date du 1er juillet 1974, *Documents submitted to the Court after the filing of the memorial*, p.334.

513 Dénonciation notifiée au secrétariat de l'ONU le 10 janvier 1974. Voir Nations Unies - Recueil des Traites, vol.907 (1974), p.129.

Comme l'écrit G. de Lacharrière : « *...il* [le gouvernement français] *ne pouvait plus faire confiance à la Cour actuelle pour se déclarer incompétente dans les cas réservés par ce Gouvernement dans sa déclaration faite sur la base de l'article 36 paragraphe 2. Pour obtenir ce résultat, il lui a fallu retirer purement et simplement cette déclaration et par là ôter à la Cour tout prétexte à la conjonction des deux procédés (refus de se déclarer manifestement incompétente, indication de mesures conservatoires) qui aboutissent à donner temporairement et contre tout droit satisfaction aux demandeurs* ». LACHARRIÈRE (G. de), « Commentaires sur la position juridique de la France à l'égard de la licéité de ses expériences nucléaires », *op. cit.*, p. 251.

514 Les discussions sur le projet de traité d'interdiction complète des essais nucléaires se sont étalées sur une quinzaine d'année, de 1981 (35è session de l'Assemblée générale) jusqu'à la résolution A/RES/50/65 de 1995. Le TICE a été concrètement négocié lors de la Conférence du désarmement de 1994-1996. Voir TAVERNIER (P.), « L'adoption du traité d'interdiction complète des essais nucléaires », *AFDI*, vol.42, 1996, p. 119.

indistinctement à tous les États parties mais elle profite là aussi essentiellement à certains États, ceux qui ont acquis la capacité technologique de perfectionner l'arme nucléaire au moyen d'expériences en laboratoire ou par ordinateur, moyens non interdits par le traité[515]. Ces États peuvent ainsi – à la différence des autres qui restent bloqués par l'interdiction des essais en milieu naturel – pratiquer la prolifération « verticale ». Ce déséquilibre fut dénoncé par plusieurs États lors de la Conférence du Désarmement de 1996. La Colombie se demanda si le traité n'avait pas pour « *véritable but de maintenir un statu quo inacceptable pour les États non dotés d'armes nucléaires* ». Cuba et l'Égypte qualifièrent le projet de « *nouveau traité d'interdiction partielle des essais nucléaires* ». L'Inde y vit une menace à sa sécurité nationale et s'opposa au texte[516]. Le

---

[515] DUPUY (P.-M.), *Droit international public*, *op. cit.*, p. 702.
Après avoir observé volontairement une période de moratoires, la Chine et la France ont repris et terminé leurs dernières explosions expérimentales nucléaires entre 1993 et 1996 avant la conclusion du Traité. La France précisa, en annonçant la réalisation de ces essais en 1995, que ceux-ci ne remettaient pas en cause sa décision d'adhérer l'année suivant au TICE : « Cette intention de devenir partie au CTBT (en anglais Comprehensive Test Ban Treaty) rendait nécessaire la réalisation d'un petit nombre d'essais nucléaires souterrains avant le mois de mai 1996 ». Aide-mémoire de la République française pour la CIJ, 6 septembre 1995, p.1, document joint à la procédure de l'affaire *Demande d'examen de la situation au titre du paragraphe 63 de l'arrêt rendu par la Cour le 20 décembre 1974 dans l'affaire des essais nucléaires (Nouvelle-Zélande c. France),* https://www.icj-cij.org/fr/affaire/97.
De leur côté, les EUA avaient observé également un moratoire depuis 1992 car ils n'avaient plus besoin de réaliser d'essais nucléaires. Comme l'indique le Département d'État : « *This moratorium is based on our national security assessment that the United States does not need to conduct nuclear explosive tests in order to ensure the safety, security and effectiveness of the nuclear forces we maintain to deter nuclear attacks on the United States, our allies and partners. Moreover, reinforcing the international norm against nuclear explosive testing is very much in the US security interest* », U.S Department of State, https://www.state.gov/t/avc/c42328.htm, accès le 28 mai 2018.
Notons que l'annonce, par la France, de la réalisation d'une dernière série d'essais dans le Pacifique a conduit la Nouvelle-Zélande à introduire devant la CIJ une demande de reprise de l'affaire des essais nucléaires de 1974 en considérant que le France revenait sur son engagement unilatéral de cesser ses essais. La Cour écarta cette demande en constatant que les nouveaux essais étaient souterrains alors que l'engagement de la France concernait les essais en atmosphère. *Demande d'examen de la situation au titre du paragraphe 63 de l'arrêt rendu par la Cour le 20 décembre 1974 dans l'affaire des essais nucléaires (Nouvelle-Zélande c. France),* ordonnance du 22 septembre 1995, CIJ, Recueil 1995.
[516] Rapport du Comité spécial sur une interdiction des essais nucléaires à la Conférence du désarmement, 16 août 1996, document CD/1425, p. 17-28. La Colombie, Cuba, l'Égypte, l'Inde, le Mexique critiquèrent le déséquilibre du traité en faveur des États qui conservaient la possibilité de procéder au perfectionnement qualitatif de leur armement nucléaire. Cuba y vit un « manque de volonté politique de la part de « certaines puissances nucléaires ». Le Mexique regretta l'absence d'engagement, dans le traité, de ne pas procéder à ce type de prolifération.
Lors de la même session, l'Algérie et l'Égypte critiquèrent également la sous-représentation du continent africain au Comité exécutif, organe chargé de superviser l'exécution du traité. Selon l'Algérie, il s'agit d'une « une atteinte grave au principe de l'égalité souveraine des

Mexique et d'autres États mirent en cause le dispositif sur l'entrée en vigueur du traité (article XIV et annexe 2) : celle-ci dépend de la ratification par les 44 États qui participèrent des négociations en 1994-1996 et disposaient à l'époque de réacteurs nucléaires. L'article XIV fut dénoncé par l'Inde qui y vit une pression exercée sur les États – une atteinte à leur souveraineté – pour les amener à ratifier le traité sous peine de bloquer sa mise en œuvre. Plus de vingt ans après les premières ratifications, le traité n'est toujours pas entré en vigueur[517].

Le manque de consensus qui marqua l'adoption du TICE[518] – en raison (malgré le nom du traité) de l'incomplétude de l'interdiction des essais – rend plus manifeste le déséquilibre des droits et obligations qui caractérise le TNP de 1968. L'article VI du TNP[519] pouvait apparaître, aux yeux des États qui acceptaient de ne pas se doter de l'arme nucléaire, comme un gage de volonté des États nucléaires à se dénucléariser. La non-réalisation de cet engagement à négocier de bonne foi des mesures efficaces « à une date rapprochée » et la poursuite de la prolifération nucléaire (sous une forme verticale, qualitative) retirent, pour les États non nucléaires, le bénéfice global qu'ils pouvaient obtenir du TNP[520]. L'asymétrie du TICE est le prolongement de celle du TNP et la conséquence de la politique de

États » (p. 25). Pour l'Égypte, cette sous-représentation affecte la crédibilité du traité et l'empêche d'avoir un caractère universel (p. 19).

[517] Ce sont les pays dits de l'« Annexe 2 ». Certains de ces États n'ont pas ratifié le traité (Chine, Égypte, États-Unis, Iran, Israël) empêchant son entrée en vigueur. Voir https://www.francetnp.gouv.fr/le-traite-d-interdiction-complete-des-essais, accès le 26 mai 2018. 183 États sont signataires et 166 d'entre eux ont ratifiés le traité. https://treaties.un.org/Pages/ViewDetails.aspx?src=TREATY&mtdsg_no=XXVI-4&chapter=26&lang=fr, accès le 26 mai 2018. Voir aussi document CD/1425, *op. cit.*, p. 19.
On notera que les EUA n'ont pas ratifié le TICE pour les mêmes raisons que l'Inde. L'Administration américaine était partisane de la ratification mais le Sénat s'y opposa par un vote serré, plusieurs sénateurs ayant estimé que le gouvernement n'avait pas assez consulté le Congrès, qu'il y avait encore des doutes sur la capacité des EUA à maintenir leur *leadership* nucléaire sans procéder à des explosions nucléaires en milieu naturel et que la fiabilité du mécanisme de vérification prévu par le traité était incertaine. Voir S. PIFER, "What's the deal with Senate Republicans and the test ban treaty?", "Order from chaos", *Brookings*, https://www.brookings.edu/blog/order-from-chaos/2016/09/26/whats-the-deal-with-senate-republicans-and-the-test-ban-treaty/, accès le 28 mai 2018.

[518] Plusieurs États évoquèrent de ce point de vue un échec de la Conférence du désarmement.

[519] « *Chacune des Parties au Traité s'engage à poursuivre de bonne foi des négociations sur des mesures efficaces relatives à la cessation de la course aux armements nucléaires à une date rapprochée et au désarmement nucléaire, et sur un traité de désarmement général et complet sous un contrôle international strict et efficace* ».

[520] Comme on a vu ci-avant, la CIJ a considéré que cet engagement était une obligation d'obtenir le désarmement par des négociations de bonne foi. *Licéité de la menace ou de l'emploi d'armes nucléaires*, *op. cit.*, par. 99 et 100.
Comme le note P. Tavernier : « De nombreux États ont donc voté en faveur du traité à l'Assemblée générale tout en estimant que l'obligation de négocier et de conclure n'avait pas été complètement remplie en raison des lacunes du traité ». TAVERNIER (P.), « L'adoption du traité d'interdiction complète des essais nucléaires », *op. cit.*, p. 126.

dissuasion nucléaire des cinq grands États nucléaires, politique qui suppose le maintien d'un avantage qualitatif sur les autres États. Cette asymétrie conduit aussi au choix d'autres États, qui s'estiment confrontés à une menace permanente sur leurs frontières, de se doter d'armes nucléaires[521].

c. Le déséquilibre dans l'utilisation des obligations des traités de l'Espace

Outre les traités de désarmements ci-dessus, le Traité sur les principes régissant les activités des États en matière d'exploration et d'utilisation de l'espace extra-atmosphérique (1967)[522] se caractérise également par une asymétrie par laquelle ses normes générales procurent aux deux États, qui ont guidé sa rédaction[523] – les EUA et l'URSS – un plus grand avantage en termes de sécurité qu'aux autres États parties dont la plupart ne sont pas des puissances spatiales[524].

Ce traité proclame, dans son article 1er que « *l'exploration et l'utilisation de l'espace extra-atmosphérique* [...] *sont l'apanage de l'humanité tout entière* » et, dans son article II, que cet « *espace* [...], *y compris la Lune et les autres corps célestes, ne peut faire l'objet d'appropriation nationale par proclamation de souveraineté, ni par voie d'utilisation ou d'occupation, ni par aucun autre moyen* ». Ceci signifie que, comme pour la haute-mer, les États ne peuvent s'approprier aucune parcelle de l'espace et que la règle est celle de la liberté de l'exploration et de l'utilisation de celui-ci[525]. L'affirmation de cette liberté correspond au souhait et aux intérêts nationaux des EUA et de l'URSS, les deux grandes puissances spatiales. Au moment de la signature du traité, l'objectif de ces deux États était, comme l'écrit A. Kerrest, « *dans les relations entre eux* [...] *établir des règles qui les empêchent mutuellement de tirer un avantage excessif de leurs activités spatiales* »[526]. Les EUA et l'URSS étaient engagés, depuis les années 1950, dans une course aux armements nucléaires, notamment avec le développement des missiles balistiques. Leurs activités spatiales constituaient (et constituent toujours), par les moyens de surveillance ou

---

521 L'Inde et le Pakistan, qui ont refusé de ratifier le TICE, ont réalisé des essais nucléaires un an après sa conclusion. Ils font partie, avec Israël et la RPDC de ce que l'on appelle les « États du seuil nucléaire » : il s'agit des États qui ont acquis la capacité de développer l'arme nucléaire sans être reconnus, selon les critères rigides du TNP, comme des États dotés de l'arme nucléaire. Voir LEFEBVRE (M.), *Le jeu du droit et de la puissance. Précis de relations internationales*, *op. cit.*, p. 348.

522 Ce traité est appelé aussi « Traité de l'Espace ».

523 Ces deux États sont aussi, avec le Royaume-Uni, dépositaires du traité.

524 112 États ont, au 1er janvier 2017, ratifié ce traité.

525 Article VI du traité.

526 KERREST (A.), « Le droit de l'espace face aux dangers de privatisation et d'unilatéralisme », dans KERREST (A.) (dir.), *L'adaptation du droit de l'espace à ses nouveaux défis, Liber Amicorum, Mélanges en l'honneur de Simone Courteix*, Paris, Pedone, 2007, p. 15.

d'assistance à ces missiles, le complément indispensable de leurs programmes nucléaires, c'est-à-dire de leurs stratégies de sécurité nationale basée sur la « doctrine de destruction mutuelle assurée »[527]. L'affirmation du principe de liberté d'utilisation de l'espace était (et reste) donc indispensable à la sécurité nationale des EUA et de l'URSS.

Le lien entre cette liberté et le nucléaire (militaire) rend ambigu l'autre principe consacré par le préambule du Traité de 1967 : l'utilisation de l'espace extra-atmosphérique à des fins pacifiques. Ce principe est également affirmé, de façon générale, à l'article III du traité[528]. Il est formulé de façon plus précise à l'article IV. Le second paragraphe de cet article interdit toute installation d'armes sur la Lune et les corps célestes, parties de l'espace dont l'utilisation est réservée « exclusivement à des fins pacifiques ». Le premier paragraphe est une d'obligation de « *ne pas mettre sur orbite autour de la Terre aucun objet porteur d'armes nucléaires ou* [...] *de destruction massive, à ne pas installer de telles armes sur des corps célestes et à ne pas placer de telles armes* [...] *dans l'espace extra-atmosphérique* ». Plus que l'installation d'armes de destruction massive sur la Lune ou d'autres corps célestes – lieux distants de la Terre – la mise en orbite autour de la Terre de ce type d'armes serait source de danger pour tous les États (dont les États nucléaires)[529]. L'obligation contenue dans l'article IV.1 est cependant limitée car elle ne concerne pas les armes qui ne sont pas de destruction massive et les activités militaires qui leur sont liées. Surtout, elle bénéficie avant tout aux États nucléaires car si elle interdit expressément la mise sur orbite autour de la Terre et le placement dans l'espace des armes de destruction massive, cette disposition ne concerne pas le transit ou la circulation de ces armes dans l'espace[530]. Elle ne traite donc pas de la menace nucléaire contre le territoire d'un État visé par un tir de missile balistique tiré depuis le territoire d'un autre État ; ce type de missile n'est pas considéré comme une arme spatiale bien qu'il accomplisse la majeure partie de son vol dans l'espace extra-atmosphérique[531]. Étant donné que la dissuasion nucléaire repose sur la capacité des États nucléaires à utiliser leurs arsenaux nucléaires et que cette utilisation passe de nos jours par le tir de missiles balistiques (plutôt que par une bombe larguée d'un avion) on

---

[527] HEISBOURG (Fr.), PASCO (X.), *Espace militaire. L'Europe entre souveraineté et coopération*, Paris, Choiseul, 2011, p. 31.

[528] L'article III dispose que « *les activités des États parties au Traité relatives à l'exploration et à l'utilisation de l'espace extra-atmosphérique y compris la Lune et les autres corps célestes, doivent s'effectuer conformément au droit international, y compris la Charte des Nations Unies, en vue de maintenir la paix et la sécurité internationales et de favoriser la coopération et la compréhension internationale* ».

[529] KERREST (A.), « Le droit de l'espace face aux dangers de privatisation et d'unilatéralisme », *op. cit.*, p. 21.

[530] *Ibidem*, p. 21.

[531] KRIES (W. von), « Military Space Activities Legally Constrained ? », dans KERREST (A.) (dir.), *L'adaptation du droit de l'espace à ses nouveaux défis*, *op. cit.*, p. 106-107.

peut dire que l'article IV du Traité de l'Espace s'abstient volontairement d'interdire cette utilisation militaire de l'espace[532]. Cette utilisation est en outre encouragée par le fait, évoqué ci-dessus, que le traité n'interdit pas la mise en orbite autour de la Terre des satellites qui ont pour fonction de guider et d'appuyer le fonctionnement des armes utilisés depuis la Terre. Pour cette raison, l'URSS déclarait, en 1978, que « *l'article 4 dudit Traité a consacré les principes d'une militarisation partielle de l'espace* » et que « *le problème de l'interdiction d'utiliser l'espace extra-atmosphérique à des fins militaires ne peut être résolu* [...] *que dans le cadre d'un accord sur le désarmement général et complet* »[533].

La multiplication, depuis l'ouverture à signature du traité, du nombre d'États lanceurs d'engins spatiaux n'a pas fait disparaître l'asymétrie de ce texte dans la mesure où, en l'absence d'un traité complémentaire de désarmement de l'espace, l'interdiction partielle de la militarisation de l'espace de l'article IV permet toujours aux EUA et à la Russie de maintenir leur équilibre nucléaire grâce aux programmes de missiles balistiques[534] et de satellites ASAT, même si la France, le Royaume-Uni, la Chine et d'autres États lancent également leurs propres satellites d'observation et de surveillance militaires et que la technologie spatiale se diffuse rapidement[535].

Dans une moindre mesure, l'asymétrie du traité de l'Espace de 1967 est aussi présente dans la Convention sur l'immatriculation des objets lancés

---

[532] *Ibidem*, p. 113. Voir aussi AKBAR (S.), « Régime de l'arsenalisation de l'espace », dans ACHILLEAS (Ph.), *Droit de l'espace. Télécommunication – Observation – Navigation – Défense – Exploration*, *op. cit.*, p. 294-295. L'auteur adopte la distinction doctrinale entre armes agressives et armes non agressives, ces dernières étant constituées notamment des satellites de reconnaissance et d'observation utilisés « à des fins stratégiques et militaires » et des satellites anti-satellites (ASAT, destructeurs de satellites). S. AKBAR souligne que « *de manière générale, tout ASAT ou bouclier antimissile n'utilisant pas d'ADM ou ne créant pas d'explosion nucléaire est exclu du champ d'application du traité* [de 1967] *bien qu'il soit placé en orbite* ».
La nature d'arme spatiale des ASAT et la question de l'encadrement de son utilisation par le développement de règles coutumières est abordée dans la présente thèse en deuxième partie, titre I, Chapitre I, Section I, § 2.

[533] Lettre-réponse de l'URSS adressée à l'ONU à l'occasion du 10e anniversaire de la « Charte de l'espace », document A/AC/105/219, cité par MATEESCO-MATTE (M.), « La militarisation de l'espace et la valeur des traités sur les armements », dans « Des traités pourraient-ils éviter la course aux armements dans l'espace extra-atmosphérique ? », Rapports du Symposium tenu les 30 octobre et 1er novembre 1985, Center for Research of Air & Space Law, Montreal, MC Gill University, 1985, p. 154-155. Le professeur Mateesco-Matte cite également le traité ABM (Antiballistic Missiles) de 1972 qui, écrit-elle, « a expressément autorisé « les moyens nationaux de contrôle », à savoir les satellites militaires, dont la mission n'est pas seulement de « voir », mais aussi de guider, télécommander, voire « multiplier » l'effet opérationnel des missiles nucléaires ». MATEESCO-MATTE (M.), *op. cit.*, p. 154.

[534] Surtout depuis le retrait américain du traité ABM.

[535] Voir, sur l'accès d'un nombre croissant de pays à la technologie spatiale : HEISBOURG (Fr.), PASCO (X.), *Espace militaire. L'Europe entre souveraineté et coopération*, *op. cit.*, p. 30-34.

dans l'espace extra-atmosphérique (1975). L'objectif de cette convention est d'identifier les objets lancés dans l'espace, de connaître leurs fonctions et leurs États de lancement. Ce traité créé pour cela une obligation d'informations recueillies dans un registre tenu par le Secrétaire général des Nations Unies[536]. Il complète la Convention sur la responsabilité internationale pour les dommages causés par des objets spatiaux (1972)[537] et contribue *in fine* à la protection du territoire des États victimes ou menacés par ces dommages. Mais cette obligation d'information rencontre deux limites liées à la sécurité nationale des États lanceurs d'engins spatiaux. La première limite est que la « fonction générale » de l'objet spatial qui doit être portée au registre (article IV.1.e) est d'interprétation large, ce qui permet à l'État lanceur de ne pas livrer, s'il le veut, la véritable nature de la mission en question, lorsque celle-ci est liée à des objectifs militaires ou d'espionnage[538]. La seconde limite est que, aux termes de l'article IV.1, l'État d'immatriculation fournit au Secrétaire général les informations requises « dès que cela est réalisable », ce qui donne à cet État la possibilité d'attendre autant de temps, voire d'années, qu'il le souhaite pour décliner l'identité de l'objet qu'il lance, favorisant aussi les missions « sensibles »[539]. Il y a donc une inégale protection des territoires survolés au détriment des États qui ne sont pas lanceurs d'engins et n'ont pas la capacité d'identifier ceux-ci.

* * *

L'asymétrie qui caractérise les traités ci-dessus et qui soulève des critiques chez plusieurs États en développement n'est pas compensée par les mécanismes de vérification des obligations ni par la possibilité de retrait offerts par les traités de désarmement.

---

536 L'article IV de la Convention indique les informations qui doivent être recueillies.

537 La responsabilité de l'État lanceur pourra alors être recherchée grâce à l'immatriculation de l'objet.

538 RAMEY (R.A.), « Outer Space Law » dans MOORE (J.N.), ROBERTS (G.B.), TURNER (R.F) (Eds.), *National Security Law & Policy*, *op. cit.*, p. 807.
Cette disposition (article IV.1.e de la Convention sur l'immatriculation) faisant obligation d'informer de la fonction générale de l'objet spatial est, en quelque sorte, l'équivalent de la clause de divulgation des renseignements de la Convention de Montego Bay qui permet aux navires de ne pas fournir des renseignements requis par l'État côtier lorsque leur divulgation « *serait contraire à ses intérêts essentiels en matière de sécurité* » (Article 302 de la Convention de Montego Bay).

539 RAMEY (R.A.), « Outer Space Law » dans MOORE (J.N.), ROBERTS (G.B.), TURNER (R.F.) (eds), *National Security Law & Policy*, *op. cit.*, p. 806. L'auteur note que cette disposition est importante dans une situation de préparation d'un conflit armé international car elle permet à l'État de ne communiquer que postérieurement l'annonce de ses actions offensives.

B. Le recours à des règles de sécurité nationale destinées à rééquilibrer les traités asymétriques

La confiance est essentielle pour l'exécution des obligations de désarmement surtout, comme on l'a vu ci-dessus, lorsque ces obligations pèsent davantage sur certains États parties que sur d'autres. L'objectif des mécanismes de vérification et de la clause de retrait est de protéger la sécurité des États parties y compris de ceux sur qui pèsent les obligations de non-prolifération ou de désarmement, la clause de retrait étant une ultime protection offerte par le traité.

Les obligations de non-prolifération ou de désarmement sont des normes visant à satisfaire directement l'objet et le but[540] des traités concernés. À ce titre, elles constituent des règles primaires telles que définies par H. Hart[541]. On peut assimiler les clauses de vérification et de retrait à ce que Hart appelait les « règles secondaires », des règles qui permettent de contrôler, de modifier, voire de créer de nouveaux devoirs ou obligations, leur but étant de faciliter la mise en œuvre des règles primaires et l'exécution du traité. On abordera d'abord les mécanismes de vérification (1) puisque les clauses de retrait ne sont utilisables qu'en dernier ressort, dans des circonstances exceptionnelles (2).

1. Les mécanismes de vérification

Les mécanismes de vérification font partie des mesures de confiance en ce qu'elles ont pour fonction de mettre à jour la violation ou, *a contrario*, de présumer, par l'absence de violation d'une obligation, que la partie concernée exécute celle-ci[542]. Le mécanisme de vérification institué par le

---

[540] Il s'agit ici de l'objet et du but au sens de l'article 31 de la Convention de Vienne (1969).

[541] Dans son ouvrage *Le concept de droit*, H. Hart décrit un ordre juridique composé de règles primaires et de règles secondaires. Il explique que les règles primaires ou « fondamentales » prescrivent à des êtres humains d'accomplir ou de s'abstenir de certains comportements. Face à ces règles qui imposent des obligations, les règles secondaires permettent aux êtres humains de contrôler la mise en œuvre de ces obligations, de la modifier ou de créer de nouveaux devoirs ou obligations. Pour Hart, tout système juridique est constitué d'une combinaison de règles primaires et des règles secondaires car celles-ci complètent les défauts que celles-là contiennent. HART (H.L.A.), *Le concept de droit*, Bruxelles, Facultés universitaires Saint Louis, 1976, p. 105 et suivantes.

[542] Selon S. Sur : « *La vérification est un processus destiné, non pas à démontrer que les engagements internationaux sont respectés par ceux qui les ont pris, mais plutôt que l'on ne peut prouver qu'ils ne le sont pas. La bonne foi des parties est en effet présumée. Il appartient aux autres États ou sujets intéressés qui contesteraient ce respect de l'établir* ». SUR (S.), « La créativité du droit international », *op. cit.*, p. 130.

Le mécanisme de vérification est composé de normes contraignantes (surveillance internationale, inspection sur place, remise d'informations), ce qui le distingue d'autres mesures de confiance destinées à faciliter l'exécution d'un traité de désarmement (bien que l'article IV du TICE intègre des mesures de confiance dans le régime de vérification). Parmi ces dernières, on note les *memoranda* et les déclarations conjointes qui scellent des accords atteints au cours des négociations ainsi que des codes de conduite et des déclarations

TNP est administré par l'Agence internationale de l'énergie atomique (AIEA). Chaque État non doté d'armes nucléaires doit, au titre de l'article III.4, conclure un accord avec cette agence. Le mécanisme de vérification institué par le TICE est intégré dans ce dernier et, à la différence du TNP, implique directement tous les États par l'intermédiaire de l'organisme (l'« Organisation ») du TICE établi pour assurer l'application du traité (article II.1). L'article II.6 précise les conditions de la vérification :

> « L'Organisation exécute les activités de vérification prévues par le présent Traité de la manière la moins intrusive possible, compatible avec l'accomplissement de leurs objectifs dans les délais et avec l'efficacité voulus. Elle ne demande que les informations et les données qui lui sont nécessaires pour s'acquitter des responsabilités qui lui sont confiées par le Traité. Elle prend toutes les précautions qui s'imposent pour protéger la confidentialité des informations relatives à des activités et des installations civiles et militaires dont elle a connaissance dans le cadre de l'application du Traité et, en particulier, elle se conforme aux dispositions de celui-ci touchant la confidentialité ».

Les limites placées ci-dessus au caractère intrusif du processus de vérification et les dispositions sur la confidentialité sont destinées à prévenir une utilisation abusive des données recueillies et à protéger la sécurité nationale de l'État inspecté[543]. Ces limites se déclinent en obligations de confidentialité pour les États qui participent à la vérification et recueillent des informations ; la vérification est un droit pour chaque État et inversement, chaque État a l'obligation d'accepter cette vérification[544]. Le système de vérification comprend l'exploitation d'un système de surveillance international (SSI)[545] – qui fonctionne[546] bien que le TICE ne soit pas encore entré en vigueur – ainsi que l'exploitation de données transmises par des stations de surveillance nationales « coopérantes » (qui fonctionnement séparément du SSI)[547]. L'institution de ce système de vérification nationale, qui double ou complète le SSI, fut critiquée par plusieurs États en développement lors de la Conférence du désarmement de

---

unilatérales. Ces dernières sont destinées à inciter le partenaire à accélérer les négociations en lui lançant un *ultimatum*. Ces différentes mesures ont aidé à la conclusion d'accords dans le sillage du TNP et de son article VI (engagement de négociations pour le désarmement nucléaire), notamment des accords ABM, SALT 1 et SALT 2.

[543] Le caractère non intrusif du processus de vérification et le respect de la souveraineté des États qui sont l'objet de ce processus sont réitérés à l'article 10.2 du TICE.

[544] Article IV.6 et.8 du TICE.

[545] Le SSI est constitué d'un réseau d'installations de surveillance disséminées à travers le monde, chargées de détection et de localiser tout essai d'une puissance de plus d'une kilotonne. Les données recueillies et analysées par un Secrétariat technique sont accessibles à tous les États parties (voir article IV.14 et IV.15 du TICE).

[546] Les installations du SSI ont détecté les différentes explosions nucléaires réalisées par la RPDC. Voir PIFER (S.), « What's the deal with Senate Republicans and the test ban treaty? », *op. cit.*

[547] Article IV.27 et 28 du TICE.

1994-1996. La crainte de ces États était que ce système soit utilisé de façon unilatérale à des fins contraires à celles du traité et qu'il mette en danger leur sécurité nationale, en particulier lorsqu'une demande d'enquête ou d'inspections sur place serait déclenchée, conduisant alors à un risque d'espionnage[548]. Ces réactions, qui incluent des déclarations interprétatives accompagnant la signature du traité, peuvent servir de motif pour un refus de recevoir des inspections, malgré l'existence d'une clause de sécurité qui limite le caractère intrusif du travail des inspecteurs. Cette clause de sécurité laisse en effet, à l'État inspecté, toute latitude dans la limite de la bonne foi pour prendre les mesures nécessaires à la protection de ce qu'il considère être ses « intérêts de sécurité nationale » et pour empêcher la communication d'« informations confidentielles » mais à condition que ces dernières soient « sans rapport avec le but de l'inspection »[549].

Au-delà du problème de la confiance dans le processus de surveillance et d'inspection sur place, tout mécanisme de vérification – pas seulement celui du TICE – pose la question de l'appréciation objective des informations recueillies et de la qualification juridique du comportement de l'État

---

[548] Les États formulant ces critiques (Algérie, Chine, Cuba, Iran) sont ceux susceptibles d'être particulièrement observés par les EUA, notamment la Chine et l'Iran, considérés à Washington comme des adversaires voire des menaces pour la sécurité nationale.
Selon le représentant de Cuba : « *En ce qui concerne l'utilisation des données obtenues à l'aide des moyens techniques nationaux pour déclencher des inspections sur place, Cuba réitère ses inquiétudes quant à la façon dont de telles informations pourraient être exploitées en vertu des dispositions du projet de traité* [...]. *Les clauses pertinentes offrent non seulement des possibilités de manipulation des moyens techniques nationaux par les principaux États qui les possèdent, mais s'abstiennent également d'exclure le recours à l'espionnage et aux sources humaines de renseignements* », document CD/1425, *op. cit.*, p. 25-27.
Selon le représentant de l'Iran : « *le bilan désastreux de certains États en ce qui concerne l'utilisation de moyens nationaux pour répandre de fausses accusations qui leur servent de prétexte pour étendre en dehors de leur territoire leurs positions nationales suscite beaucoup de scepticisme et de vives préoccupations. Nous ne sommes pas opposés à ce que des données reçues du SSI soient combinées à celles qui proviennent des moyens techniques nationaux pour demander une inspection sur place. Ce qui nous trouble dans le texte, c'est qu'on donne aux moyens techniques nationaux un statut égal à celui d'un système de surveillance international composé de réseaux aussi vastes et aussi perfectionnés* [...]. *Nous réaffirmons aussi que les moyens techniques nationaux visés dans le texte ne doivent et ne peuvent en aucun cas être interprétés comme incluant les renseignements obtenus par espionnage ou reçus de source humaine parce que ceci irait à l'encontre des principes généralement reconnus du droit international* ». *Ibidem*, p. 29. Lors de la signature du traité, l'Iran a joint une déclaration interprétative pour limiter le recours aux moyens techniques nationaux à un recours provisoire et « uniquement dans le cas d'explosion non prévues par le Système de surveillance international ». La Chine a également joint une déclaration interprétative qui ouvre la voie à un refus des inspections sur place en cas d'abus du droit de vérification qui « *porte atteinte à la souveraineté de la Chine et compromet ses intérêts légitimes en matière de sécurité en violation des principes universellement accepté du droit international* ».
[549] Article IV.57.b du TICE.

inspecté[550] : les situations de violation ouverte ou de violation claire de l'obligation de non-prolifération ou, en l'espèce, d'interdiction des essais nucléaires ne sont pas les plus fréquentes. Les informations recueillies par les organes de vérification sont souvent incomplètes ou ambiguës et ne suffisent pas en elles-mêmes à qualifier le comportement de l'État par rapport à ses obligations[551]. Il ne s'agit pas seulement d'analyser des données factuelles sur la présence d'installations destinées à réaliser des explosions nucléaires et du risque militaire que comporte cette activité mais aussi de dire si ce comportement enfreint les principales obligations du traité[552]. Dans le cas du TICE, les obligations sont formulées de façon large et offrent une marge d'appréciation[553]. Comme l'écrit S. Sur :

> « En même temps, et en partie en raison de ces conséquences possibles, la qualification juridique n'obéit pas à un pur syllogisme, du type « A devait être accompli, et ne l'a pas été, donc A n'a pas été respecté ». C'est qu'en effet, dans la qualification, des considérations politiques ou d'opportunité vont intervenir, qui pourront influer sur le jugement final. Ainsi un État estimera qu'il est de son intérêt de ne pas soulever des difficultés mineures, ou encore ne voudra pas se prononcer de façon individuelle, ou pourra tirer profit de la réciprocité pour s'affranchir à son tour de certaines obligations. A l'inverse, il pourra invoquer la non-conformité d'un comportement sans bases très solides, simplement pour placer un partenaire en position défensive et pour obtenir des explications »[554].

L'appréciation du comportement de l'État inspecté conduit donc à un jugement et à une décision de nature politique. Les suites de cette appréciation – lorsque celle-ci conclut à une inexécution, par l'État inspecté, de ses obligations fondamentales – dépendent d'une décision également de nature politique : demander des sanctions ou non contre cet État. Dans le cas du TICE, la Conférence des États parties décide de « recommander aux États parties des mesures collectives qui sont conformes au droit international » ou s'il y a urgence, de transmettre le dossier à l'ONU. Dans cette demande de sanctions peuvent entrer en considération les propres stratégies de sécurité nationale des États parties à la Conférence (pour le TICE) ou parties à l'organe responsable (pour les autres traités). C'est ce qui explique l'existence de réactions, variables dans le temps, des cinq grandes puissances nucléaires à l'égard des essais nucléaires pratiqués par la RPDC. Le

---

550 Dans le cas du mécanisme de vérification du TICE, les informations recueillies par le SSI sont évaluées par le Secrétariat technique mais il y a aussi les informations recueillies par les installations nationales « coopérantes » et évaluées par les États propriétaires de ces stations.

551 SUR (S.), « Vérification en matière de désarmement », *RCADI*, vol. 273, 1998, p. 38-40.

552 SUR (S.), « Vérification en matière de désarmement », *op. cit.*, p. 39.

553 L'article 1er du TICE dispose que « *chaque État s'engage à ne pas effectuer d'explosion expérimentale d'arme nucléaire ou d'autre explosion nucléaire et à interdire et empêcher toute explosion de cette nature en tout lieu placé sous sa juridiction ou son contrôle* ». Cet article ne précise pas le type d'explosion nucléaire susceptible d'être interdit et s'il faut prendre en considération les petites explosions (inférieures à une kilotonne).

554 *Ibidem*, p. 40.

professeur Sur écrit : « *les mécanismes et procédures sont à la disposition des États qui restent juges de l'opportunité de leur emploi comme des conséquences à tirer des observations faites* »[555]. C'est ainsi que, selon M.-H. Labbé, « *la Corée du Nord, qui a violé le TNP et a voulu le quitter en 1993, a bénéficié d'un accord en octobre 1994 par lequel les États-Unis, qui se sont pour l'occasion substitués à l'AIEA (Agence internationale de l'énergie atomique), l'ont en quelque sorte récompensée d'avoir triché en lui offrant de remplacer son parc de réacteurs graphite-gaz par des réacteurs à eau légère, jugés moins proliférants – pour la Corée du Nord du moins, car la vente de ces mêmes réacteurs proposés par la Russie à l'Iran fait l'objet de vives pressions américaines sur Moscou et Kiev. Certes, une même technologie peut être plus ou moins « stratégique » selon les mains qui la détiennent, mais il conviendrait alors de ne pas mettre dans la même catégorie de « rogue states » (États parias) des États que l'on traite par ailleurs différemment* »[556].

Le processus de vérification objective des obligations de non-prolifération et de désarmement est donc d'application difficile et porteur d'incertitudes même si la flexibilité de son application peut contribuer à faire revenir dans la négociation et dans le processus de dénucléarisation lui-même des États qui s'en sont éloignés, comme le montre le cas de l'Inde[557]. À côté du mécanisme de vérification, l'autre règle secondaire destinée à faciliter la mise en œuvre du traité est la clause de retrait, ultime garantie offerte aux États parties que l'adhésion et l'exécution du traité ne met pas en danger leurs « intérêts suprêmes ».

2. Les clauses de retrait

La plupart des traités de désarmement contiennent une clause de retrait. Cette clause constitue un moyen ultime, pour les États parties, de se dégager

---

[555] SUR (S.), « Vérification en matière de désarmement », *op. cit.*, p. 45.

[556] LABBE (M.-H.), « Les essais nucléaires indiens et pakistanais et la non-prolifération », *Politique étrangère,* n° 3,1998, p. 534. L'auteur rapporte d'autres exemples comme celui de la Chine qui aurait, malgré ses obligations au titre du TNP, procédé à des transferts de technologie permettant au Pakistan de se doter de l'arme nucléaire ; la Chine ne fut pas sanctionnée (notamment par les EUA) pour cela.

[557] Malgré son refus d'adhérer au TNP et TICE et après avoir, comme le Pakistan, réalisé des essais nucléaires peu après la conclusion du TICE, l'Inde a négocié avec l'AIEA un accord. Selon cet accord, l'AIEA place sous son contrôle certaines installations et activités civiles de l'Inde (au lieu de la totalité des installations comme c'est le cas pour les États non nucléaires parties au TNP) en échange de quoi l'Inde, qui s'est par ailleurs engagée à geler ses essais nucléaires, peut importer de la technologie nucléaire civile et être exemptés de l'obligation de démanteler ses installations nucléaires militaires. Voir CHEVÈNEMENT (J.-P), « Le désarmement, la non-prolifération nucléaires et la sécurité de la France », Rapport d'information fait au nom de la commission des affaires étrangères, de la défense et des forces armées, n° 332, Sénat, 24 février 2010, p. 40. Voir aussi le bulletin de l'AIEA, juin 2016, p. 5, https://www.iaea.org/sites/default/files/5720407_fr.pdf, accès le 28 mai 2018.

de leurs obligations lorsque celles-ci mettent en danger leur sécurité nationale[558]. Par son effet juridique qui libère la partie qui l'invoque de l'exécution de toutes les obligations liées au traité, la clause de retrait va au-delà de la clause de dérogation « classique » ou « soupape de sûreté », les dérogations n'étant généralement pas admises en matière de limitation d'armements ou de désarmement.

La clause de retrait se rapproche des clauses de dénonciation présentes dans d'autres traités[559]. Cependant les clauses de dénonciation ne requièrent pas, contrairement aux clauses de retrait, la nécessité pour l'État de motiver son acte par des raisons de souveraineté ou de sécurité nationale. En outre, la présence de la clause de retrait dans une convention sur le désarmement offre une contrepartie aux obligations contraignantes de désarmement et de vérification du désarmement[560] et représente une garantie sans laquelle des États pourraient hésiter avant d'adhérer à ce texte.

La clause de retrait joue donc un rôle d'équilibre facilitant théoriquement la mise en œuvre du traité (a) sauf dans le cas du TNP où son utilisation se heurte à un contrôle mis en place par le Conseil de sécurité (b).

a. Le rôle d'équilibre de la clause de retrait

Les clauses de retrait comprennent un dispositif sur le droit de retrait (rédigé de façon identique pour la plupart des traités) et un dispositif sur la procédure à suivre pour exercer ce droit. Le droit de retrait est formulé en ces termes :

---

558 Les principaux traités qui comportent une clause de retrait sont : le Traité d'interdiction partielle des essais nucléaires dans l'atmosphère, les fonds marins et l'espace (article IV), le Traité sur la non-prolifération des armes nucléaires (article X), le Traité d'interdiction complète des essais nucléaires (article IX.2), les protocole I (article 5), II (article 6) et III (article 5) du Traité sur la zone dénucléarisée du Pacifique sud (Rarotonga), la Convention sur l'interdiction des mines antipersonnel (article 20.3), le Traité interdisant de placer des armes nucléaires et d'autres armes de destruction massive sur le fond des mers et des océans ainsi que dans leur sous-sol (article VIII), la Convention sur l'interdiction de la mise au point, de la fabrication, du stockage et de l'emploi des armes chimiques et sur leur destruction (article XVI.2), la Convention sur les armes bactériologiques (article XIII.2), le Traité sur le commerce des armes (article 24.2), la Convention sur les armes à sous-munitions (article 20.2 et 20.3), le traité sur les forces conventionnelles en Europe (article XIX.2), le Traité sur la réduction des armes stratégiques offensives START II (article VI.4), le nouveau Traité START (article XIV) et le Traité ABM (article XIV.2).

559 On peut citer notamment la Convention relative à l'aviation civile internationale (article 95), la Convention sur la protection des cours d'eau transfrontières (article 27), la Convention sur la diversité biologique (article 38) et la Convention des Nations Unies sur le droit de la mer (article 317).

560 Par rapport aux obligations de vérification, cette clause représente une contrepartie supplémentaire car certains traités, comme on l'a vu pour le traité d'interdiction complète des essais nucléaires, contiennent d'autres de clauses qui protège la sécurité nationale de l'État inspecté. Mais la clause de retrait a des conséquences sur l'ensemble des obligations du traité et non sur certaines de celles-ci.

« Chaque Partie, dans l'exercice de sa souveraineté nationale, aura le droit de se retirer du Traité si elle décide que des événements extraordinaires, en rapport avec l'objet du présent Traité, ont compromis les intérêts suprêmes de son pays ».

Ce dispositif est formulé de façon à laisser à l'État tout latitude pour décider ce que sont les « évènements extraordinaires » qui compromettent ses « intérêts suprêmes ». Dans un document commun sur la clause de retrait (article X) du TNP, plusieurs États parlent d'un « *pouvoir* de décider que des événements extraordinaires, en rapport avec l'objet du Traité, ont compromis leurs intérêts suprême »[561]. Dans le TNP, le droit de retrait s'adresse formellement à tous les États Parties mais en réalité, s'agissant d'un traité qui fait peser l'essentiel des obligations – en particulier les obligations d'inspection des sites – sur les États non nucléaires, ce droit s'adresse à ces derniers[562]. Les « évènements extraordinaires » peuvent se rapporter à un blocage de l'accès d'un État non nucléaire à un programme de développement nucléaire civil (droit prévu en échange du renoncement de l'État à tout programme nucléaire militaire). Ils peuvent aussi être liés à la question sensible du mécanisme de vérification lorsque celui-ci met en danger la sécurité nationale de l'État concerné. Pour motiver, en 1993, son intention de se retirer du TNP, la RPDC déclara que l'AIEA avait, sous pression des EUA et en violation de l'accord conclu entre elle et cette organisation internationale, adopté une résolution exigeant des autorités nord coréennes l'accès à des sites militaires non concernés par les activités nucléaires. La RPDC ajoutait que les EUA avaient, concomitamment à cette résolution, recommencé à effectuer des manœuvres militaires avec la Corée du Sud, lesquelles ressemblaient à la répétition d'un scenario de guerre nucléaire et constituaient une manœuvre d'intimidation visant à désarmer la RPDC[563]. Un autre exemple d'invocation du droit de retrait concerne le traité ABM (*Anti-Ballistic Missile Treaty,* signé en 1972). Pour sortir de ce traité en 2001, les EUA invoquèrent, non pas l'inexécution par l'URSS (l'autre État partie) de ses obligations mais un changement fondamental de circonstances. Selon une déclaration du président G.W. Bush, l'objet du traité ABM était de limiter le système ABM en raison du risque de confrontation militaire entre leur pays et l'URSS ; or ce risque aurait disparu avec l'effondrement de l'URSS et la Russie, entrée dans une transition vers l'économie de marché, aurait entamé une relation de coopération avec les EUA. Les EUA ont aussi expliqué que ce traité n'était pas conçu pour

[561] Comité préparatoire de la Conférence des Parties chargée d'examiner le Traité sur la non-prolifération des armes nucléaires en 2015, « Exercice du droit de retrait prévu à l'article X », 25 mars 2014, document NPT/CONF.2015/PC.III/WP. 13, p. 1.
[562] Ceci est moins vrai pour le TICE ou le traité ABM où le droit de retrait intéresse de façon égale toutes les parties.
[563] Lettre du ministre des Affaires étrangères de la République populaire démocratique de Corée (RPDC) au président du Conseil de sécurité, le 12 mars 1993, document S/25405, p. 2.

protéger leur pays du risque que représentait la dissémination, chez un nombre d'États qu'ils appellent « rogue states »[564] et d'agents non étatiques, de missiles de longue portée capables de frapper leur territoire et leurs intérêts suprêmes. Toujours selon les EUA, ce changement de circonstances les obligerait à reprendre le développement et le déploiement des systèmes ABM pour protéger leur territoire[565].

Les deux exemples ci-dessus[566] éclairent par ailleurs les usages différents que l'on peut faire d'une clause de retrait et par conséquent le rôle que celle-ci peut jouer. Dans son annonce de retrait du traité ABM, le président Bush indique que la décision de retrait est définitive car elle permet à son pays de développer hors limites de nouveaux systèmes ABM, surtout hors de son territoire (ce que le traité ABM interdisait), cherchant peut-être ainsi un avantage stratégique global sur les autres puissances. Ceci a conduit la Russie et la Chine à réagir négativement à cette annonce[567]. Cette situation s'est répétée avec le retrait des EUA du Traité sur les missiles nucléaires à portée intermédiaire (INF) en 2019[568]. La RPDC fait un autre usage du droit de retrait. Un paragraphe de la déclaration de ce pays indique implicitement que la décision de retrait du TNP n'avait pas un caractère définitif. Elle

---

[564] Expression que l'on peut traduire par « États filous » ou « États parias ».

[565] Remarques du président Bush le 13 décembre 2001 et Notes diplomatiques adressées à la Biélorussie, le Kazakhstan, la Russie et l'Ukraine par le Département d'État des EUA le même jour, Maison Blanche, https://www.armscontrol.org/act/2002_01-02/docjanfeb02, accès le 20 avril 2017. Ce retrait intervient quelques mois après les attentats terroristes du 11 septembre et l'entrée en guerre des EUA en Afghanistan contre *Al Qaeda*. Les experts en stratégie militaire peuvent se demander si la guerre contre cet adversaire nécessite réellement le développement des systèmes ABM (visant les missiles de longue portée) ou si l'Iran et la Corée du Nord ne seraient pas plutôt visés implicitement dans ces déclarations officielles.

[566] La pratique des États en matière d'utilisation du droit de retrait est moins fréquente que les cas de dénonciation de traités.

[567] NEILAN (T.), « Bush Pulls Out of ABM Treaty ; Putin Calls Move a Mistake », *The New York Times*, 1 » décembre 2001, http://www.nytimes.com/2001/12/13/international/bush-pulls-out-of-abm-treaty-putin-calls-move-a-mistake.html, accès le 20 avril 2017.

[568] L'inexécution, par la Russie, de ses obligations est la cause invoquée par les EUA pour leur retrait de l'Accord INF conclu en 1987 avec l'URSS. Selon le secrétaire d'État des EUA : "*The U.S. withdrawal pursuant to Article XV* [clause de retrait] *of the treaty takes effect today because Russia failed to return to full and verified compliance through the destruction of its noncompliant missile system—the SSC-8 or 9M729 ground-launched, intermediate-range cruise missile* […] *The United States will not remain party to a treaty that is deliberately violated by Russia. Russia's noncompliance under the treaty jeopardizes U.S. supreme interests as Russia's development and fielding of a treaty-violating missile system represents a direct threat to the United States and our allies and partners.* " Le secrétaire d'État décrit implicitement ce retrait comme définitif lorsqu'il annonce que "*President Trump has charged this Administration with beginning a new chapter by seeking a new era of arms control that moves beyond the bilateral treaties of the past* ». POMPEO (M.), "U.S Withdrawal from the INF Treaty on August 2, 2019", Press Statement, August 2, 2019, U.S Department of State, https://www.state.gov/u-s-withdrawal-from-the-inf-treaty-on-august-2-2019/, accès le 21 septembre 2019.

n'était pas destinée à être mise en œuvre immédiatement mais à influencer le comportement de l'AIEA et des États partenaires du TNP[569]. La RPDC suspendit peu après cette décision de retrait et reprit les négociations avec l'AIEA en cherchant à obtenir de celle-ci des conditions plus favorables pour la mise en œuvre des accords de garanties conclus avec cette organisation internationale. Elle n'y parvint pas et, à la suite d'une nouvelle période de tensions, la RPDC décida, en 2003, de rendre effectif son retrait du TNP[570].

Ces actes unilatéraux de la RPDC montrent que l'usage que l'on peut faire de la clause de retrait, pour l'État qui l'invoque, n'est pas nécessairement aux fins de sortir de ce traité afin de se libérer des obligations que celui-ci contient ; il peut aussi être celui d'amener les autres parties au traité – en particulier les EUA – à un comportement qui semble plus juste ou plus équitable. Cet usage s'apparente à celui d'actes unilatéraux et de contre-mesures utilisés par les États-Unis, la Russie ou d'autres États qui veulent amener leurs adversaires à modifier leur comportement relatif à l'application d'un traité sans pour autant sortir de celui-ci[571].

---

[569] Le caractère non définitif de cette décision apparaît au vu des termes employés : « *J'espère que le Conseil de sécurité prendra acte de la décision prise par le gouvernement de la RPDC de se retirer du Traité* [...] *jusqu'à ce que l'on constate que les menaces nucléaires des EUA ont été retirées et que l'AIEA a mis fin à son comportement injuste contre la RPDC* ». Lettre du ministre des Affaires étrangères de la République populaire démocratique de Corée (RPDC) au président du Conseil de sécurité, le 12 mars 1993, *op. cit.* À la suite de cette déclaration et du retrait effectif du TNP en 2003, la RPDC a plusieurs fois déclaré qu'elle pourrait revenir à ce traité si les conditions en étaient réunies.

[570] En 1994 a été conclu un accord avec les EUA en vertu duquel la RPDC devait geler son programme nucléaire et les EUA devaient, en contrepartie, livrer à celle-ci des réacteurs à eau légère exclusivement utilisables à des fins pacifiques. Cet accord n'a pu être mis en œuvre de manière durable en raison d'un climat de méfiance réciproque alimenté régulièrement par des déclarations nord-américaines accusant la RPDC d'enrichir clandestinement de l'uranium et une pression continue de l'AIEA pour multiplier les inspections sur le territoire nord-coréen. La décision des EUA en 2003 d'arrêter les livraisons de carburant prévues par cet accord conduisit la RPDC au retrait du TNP. Voir « Facts Sheet on DPRK Nuclear Safeguards », IAEA,
https://www.iaea.org/newscenter/focus/dprk/fact-sheet-on-dprk-nuclear-safeguards, accès le 18 avril 2017 et CHARVIN (R.), DUJARDIN (G.), *La Corée vers la réunification*, Paris, L'Harmattan, 2010, p. 203 à 209.
La déclaration officielle de la RPDC accompagnant sa décision de retrait du TNP en 2003 n'est pas accessible.

[571] Le professeur Sur rapporte l'exemple suivant : « *dans une controverse entre les États-Unis et l'URSS au sujet de l'application du traité ABM, les États-Unis ont menacé de prendre des contre-mesures et ont en définitive obtenu une rectification du comportement soviétique* ». SUR (S.), « Vérification en matière de désarmement », *op. cit.*, p. 72.
Notons que si les retraits effectifs restent peu nombreux, les menaces de retrait ne le sont pas, même si l'emploi de mesures de confiance permet de les limiter. Au moment des négociations SALT 1 en 1972, les EUA n'étaient pas entièrement satisfaits de l'accord provisoire conclu avec les soviétiques pour limiter les armements stratégiques offensifs que ces derniers possédaient en nombre : ils considéraient que dans ce contexte, l'accord limitant les systèmes antimissiles (domaine où ils présentaient une supériorité technologique) signé la même année pouvait déséquilibrer la balance au profit de l'URSS. Ils menacèrent de se retirer du traité

Les cas étudiés ci-dessus montrent le caractère polyfonctionnel de la clause de retrait : la clause offre aux États parties une garantie de sécurité à l'heure d'adhérer au traité et joue le rôle de levier de négociation leur permettant – lorsque ces États s'accusent mutuellement de violation de leurs obligations – d'obtenir des concessions les uns des autres sans avoir à sortir du traité (d'où son rôle d'équilibre); elle sert enfin à sortir réellement du traité lorsque les dissensions entre les parties sont trop fortes (exemple du Traité INF) ou, comme dans le cas du Traité ABM, lorsqu'il y a un changement fondamental de circonstances. Mais cette sortie n'est pas par autant automatique : malgré le caractère auto-interprétatif de la clause de retrait, le Conseil de sécurité s'est, dans le cas du TNP, octroyé un pouvoir de contrôle sur sa mise en œuvre.

b. L'utilisation du droit de retrait du TNP contrôlée par le Conseil de sécurité

Le dispositif des clauses de retrait relatif à la mise en œuvre de ce droit varie peu d'un traité à l'autre : il comprend une obligation de préavis et une obligation de motivation adressées, selon les traités, aux États parties, à l'organe international institué par le traité ou au Conseil de sécurité ou aux trois parties à la fois[572]. Le retrait du TNP doit être notifié, avec sa

---

ABM si un traité complet de limitation des armes offensives n'était pas signé dans les cinq ans. Ce nouveau traité SALT II fut effectivement signé en 1979. Selon l'ambassadeur des EUA : « *If an agreement providing for more complete strategic offensive arms limitations were not achieved within five years, U.S supreme interests could be jeopardized. Should that occur, it would constitute a basis for withdrawal from the ABM treaty* ». Voir la déclaration de l'Ambassadeur des UEA Smith le 9 mai 1972, citée par LEHMAN (R.F.), ROBERTS (G.B.), MAHLEY (D.A.), « International Arms Restraint by Treaty, Law and Policy », *op. cit.*, p. 604. Un autre exemple concerne la Russie qui, en 2007, annonça qu'elle « suspendait » ses obligations au titre du traité multilatéral de limitation des forces conventionnelles en Europe (CFE, signé en 1990) ; la suspension n'est pas prévue par le traité mais la Russie exposa des raisons qui reprenaient implicitement le contenu de la clause de retrait (article XIX) y compris le délai de préavis requis de 150 jours. Cette démarche s'articule de la même façon que celle de la RPDC relativement au TNP ; c'est une démarche en deux temps avec un caractère plus durable dans le second temps : en 2015, n'ayant pu faire infléchir la position des EUA et de l'OTAN critiquée en 2007, la Russie annonce qu'elle « met fin à sa participation au Traité CFE » tout en laissant entendre, comme l'avait fait la RPDC, qu'elle pourrait revoir sa décision en fonction du comportement de la partie adverse. Voir Agence Russia Today, « Russia Completely Ending Activities Under Conventional Arms in Europe Treaty », 10 mars 2015, https://www.rt.com/news/239409-russia-quits-conventional-europe/, accès le 21 avril 2017.

[572] Dans les traités universels tels que la Convention sur l'interdiction des mines antipersonnel, le Traité interdisant de placer des armes nucléaires et d'autres armes de destruction massive sur le fond des mers et des océans ainsi que dans leur sous-sol, la Convention sur l'interdiction de la mise au point, de la fabrication, du stockage et de l'emploi des armes chimiques et sur leur destruction ou le TICE, le retrait et sa motivation doivent être notifiés à la fois aux États parties, à l'organe institué par le traité (ou au dépositaire du traité) et au Conseil de sécurité. Le dispositif du TICE est rédigé comme suit : « *Le retrait s'effectue*

motivation, aux États parties et au Conseil de sécurité[573]. C'est pourquoi, à la différence du retrait des EUA des Traités ABM et INF et de celui *de facto* de la Russie du Traité FCE, le retrait de la RPDC du TNP a mobilisé l'attention du Conseil de sécurité. Cette attention est liée à la responsabilité principale attribuée – par l'article 24 de la Charte des Nations Unies – au Conseil de sécurité dans le maintien de la paix et de la sécurité internationales[574]. Elle peut s'entendre en raison du danger particulier que représente, pour la sécurité collective, le risque de prolifération d'armes nucléaires dans le monde par rapport au risque de prolifération d'armes conventionnelles ou de missiles balistiques (qui peuvent être, mais pas nécessairement, des porteurs d'ogives nucléaires). Les tentatives (réelles ou supposées) de mise au point d'armes nucléaires par des petits ou moyens États non alignés et peu influençables dans leurs comportements tels que la RPDC, l'Iran ou hier la Libye sont particulièrement perçues par les membres permanents du Conseil de sécurité comme une menace à la paix et la sécurité internationales.

Le retrait nord-coréen du TNP a donc posé un double problème : un problème relatif à la régularité de la procédure de retrait (prévue à l'article X) et, même dans l'hypothèse où cette procédure serait respectée, un problème de relance du risque de prolifération nucléaire. Ceci conduit à poser la question suivante : les condamnations du Conseil de sécurité relatives au retrait visent-elles le non-respect de l'article X ou sont-elles essentiellement politiques, visant de manière large la menace à la paix que constitue par lui-même le risque de prolifération nucléaire ?

Par sa résolution 825 (1993)[575] adoptée à la suite de la première annonce du retrait de la RPDC, le Conseil de sécurité ne se contente pas de recevoir la notification de ce retrait comme le prévoit l'article X. Il effectue implicitement un contrôle de légalité. En rappelant à la RPDC ses

---

en adressant avec un préavis de six mois une notification à tous les autres États parties, au Conseil exécutif, au Dépositaire et au Conseil de sécurité de l'Organisation des Nations unies. Ladite notification contient un exposé de l'événement ou des événements extraordinaires que l'État partie considère comme ayant compromis ses intérêts suprêmes ». Par contraste, le retrait du traité ABM n'est notifié, avec sa motivation, qu'à l'autre État partie.

573 L'article X du TNP est rédigé comme suit : « *Chaque Partie, dans l'exercice de sa souveraineté nationale, aura le droit de se retirer du Traité si elle décide que des événements extraordinaires, en rapport avec l'objet du présent Traité, ont compromis les intérêts suprêmes de son pays. Elle devra notifier ce retrait à toutes les autres Parties au Traité ainsi qu'au Conseil de sécurité de l'Organisation des Nations Unies avec un préavis de trois mois. Ladite notification devra contenir un exposé des événements extraordinaires que l'État en question considère comme ayant compromis ses intérêts suprêmes* ».

574 Lors des négociations du TNP, l'URSS et des États-Unis considéraient que la mention du Conseil de sécurité dans la clause de retrait constituait une référence à l'article 24 de la Charte. BUNN (G.), RHINELANDER (J.), « NPT Withdrawal : Time for the Security Council to Step In », *Arms Control Association*, 1er mai 2005, https://www.armscontrol.org/act/2005_05/Bunn_Rhinelander, accès le 20 février 2017, p. 3-4.

575 Résolution adoptée le 11 mai 1993.

engagements issus de l'accord bilatéral de garanties conclu avec l'AIEA au titre du l'article III du TNP[576] et en invitant l'AIEA à des consultations avec la RPDC pour la mise en œuvre dudit accord, la Conseil de sécurité considère *de facto* que le retrait du TNP ne peut avoir lieu avant que l'État concerné ait honoré lesdits engagements. L'enjeu est, derrière cela, d'éviter qu'un État adhérant au TNP acquiert du matériel nucléaire dans le cadre des programmes aux fins pacifiques prévus par ce traité et utilise ensuite, une fois sorti de celui-ci, ce matériel pour renforcer sa défense nationale. La résolution 825 (1993) exprime ce doute à propos de la RPDC lorsqu'elle relève que les membres du Conseil de sécurité (à l'exception notable de la Chine) se sont interrogés sur le fait de savoir si les raisons avancées par la Corée « constituaient bien des évènements extraordinaires au regard de l'objet du traité ».

Le Conseil de sécurité réitère ce contrôle de légalité à chaque résolution adoptée à la suite d'un essai nucléaire réalisée par la RPDC en appelant cet État à respecter ses obligations au titre de l'accord de garanties conclu avant 1993 avec l'AIEA[577]. Il déclare, dans la résolution 1718 (2006) que cet État « ne peut avoir le statut d'État doté de l'arme nucléaire aux termes du Traité sur la non-prolifération des armes nucléaires », ce qui signifie qu'il considère que la RPDC n'est pas sortie légalement du traité. C'est sur ce fondement que le Conseil de sécurité exige l'arrêt des essais nucléaires et le retour de la RPDC dans le TNP. C'est aussi pour cela que le Conseil de sécurité invoque l'article 41 du Chapitre VII de la Charte pour appliquer des sanctions contre la RPDC[578].

Les essais nucléaires et autres tirs de missiles sont donc condamnés en référence aux obligations non exécutées du TNP. Mais la condamnation est également politique car la résolution dit qu'elle constitue une « menace manifeste pour la paix et la sécurité internationale ». En ce sens, les essais seraient considérés tout aussi illégaux si la RPDC n'avait pas adhéré au Traité, ce qu'indique la résolution 1172 (1998) qui condamne les essais

---

[576] Inspection de sites aux fins de vérifier que l'État ne procède pas à du retraitement nucléaire ou de l'enrichissement d'uranium au-delà d'un certain seuil qui lui donnerait la capacité de produire une arme nucléaire.

[577] Les résolutions 1718 (2006), 1874 (2009), 2094 (2013) et suivantes sur la RPDC contiennent un paragraphe où il est dit que « *la République populaire démocratique de Corée doit abandonner totalement toutes armes nucléaires et tous programmes nucléaires existants de façon vérifiable et irréversible, respecter strictement les obligations mises à la charge des Parties au Traité sur la non-prolifération des armes nucléaires et les conditions que lui impose l'Accord de garantie (AIEA Infcirc/403) conclu avec l'Agence internationale de l'énergie atomique (AIEA) et fournir à celle-ci des mesures de transparence allant au-delà de ces exigences, y compris l'accès aux personnes, à la documentation, au matériel et aux installations qui pourrait être requis et jugé nécessaire par l'Agence* ».

[578] Cette réaction du Conseil provient de la crainte de voir d'autres États quitter le TNP à la suite de la Corée.

réalisés par l'Inde et le Pakistan alors que ces deux États n'adhèrent ni au TNP ni au traité sur l'interdiction complète des essais nucléaires[579].

Pour autant le contrôle de légalité opéré par le Conseil de sécurité pose un problème dans la mesure où il n'est pas prévu expressément par l'article X ; l'article X ne conditionne la sortie du traité qu'à une notification motivée du Conseil et des autres États Parties. Par ailleurs, l'appréciation, par les membres permanents de cet organe, de l'exécution préalable par un État de ses obligations comporte une forte composante politique. Ceci explique qu'au lendemain de la seconde annonce par la RPDC de son retrait du traité (en 2003), le Conseil de sécurité ne prit aucune décision : il y avait des différences d'approche entre la Chine (proche partenaire économique de la RPDC) et les autres membres permanents[580].

Dans une déclaration conjointe en 2015, les cinq membres permanents formalisent la compétence de contrôle de légalité du droit de retrait que s'est donnée, dans les résolutions ci-dessus, le Conseil de sécurité : « *We note in this regard the role of the UN Security Council in addressing without delay any state's notice of withdrawal from the NPT, and recall that a state remains responsible under international law for violations of the NPT committed prior to its withdrawal, and such withdrawal would not affect any other legal obligation of the withdrawing state to other States Parties*[581] ». Dans ce même texte, les cinq membres permanents indiquent aussi leur souhait que ne soit pas reformulé ou amendé le texte de l'article X, c'est-à-dire que n'y soit pas inclue la compétence *de facto* du Conseil de sécurité, probablement en raison des dissensions qui pourraient apparaître au sein des États parties notamment des États non nucléaires, avec le risque que cet article perde son attrait et que le TNP apparaisse encore plus déséquilibré au profit des États nucléaires.

---

[579] Résolution adoptée le 13 mai 1998. Cette résolution indique que l'Inde et la Pakistan « *font peser une lourde menace sur les efforts menés à l'échelle mondiale en vue d'assurer la non-prolifération et le désarmement nucléaires* ».

[580] BUNN (G.), RHINELANDER (J.), « NPT Withdrawal : Time for the Security Council to Step In », p. 24.

[581] Statement by the People's Republic of China, France, the Russian Federation, the United Kingdom and the United States of America to the 2015 Treaty on the Non Proliferation of Nuclear Weapons Review Conference, point 24, 30 avril 2015, https://2009-2017.state.gov/t/isn/npt/statements/241381.htm, accès le 30 mars 2017. Déjà en 2005, la Russie déclarait : « *La mise en place d'un mécanisme de responsabilisation pour les États qui décideraient de se retirer du Traité en invoquant l'article X serait une solution possible pour renforcer le Traité. On pourrait pour ce faire adopter un « ensemble de mesures et de procédures politiques qui seraient appliquées en pareil cas. Ces initiatives ne devraient pas pour autant entraîner une révision des dispositions du Traité* », Rapport national sur l'application du TNP par la Russie, NPT/CONF.2005/29, p. 14. Notons que la Convention des Nations Unies sur le droit de la mer prévoit, à son article 317, la responsabilité de l'État pour la période précédant la prise d'effet de sa dénonciation du traité. En même temps, il n'est pas exigé de motif pour accompagner la dénonciation.

* * *

Si les mécanismes de vérification et la clause de retrait ont pour objectifs de protéger la sécurité de tous les États parties et de compenser ainsi l'asymétrie des droits et obligations qui caractérise les traités en question, leur interprétation et leur application génèrent des incertitudes et des tensions entre les membres permanents du Conseil de sécurité et les autres États.

Par contraste avec le TNP et des autres traités caractérisés par une asymétrie des droits et obligations fortement influencée par les cinq puissances du Conseil de sécurité, il est une autre catégorie de traités, élaborés avec une plus grande participation des États qui en deviennent parties et caractérisés par un plus grand équilibre des droits et obligations des États Parties. Ces traités régulent les activités des États dans les espaces géographiques : mer, air, espace extra-atmosphérique.

§ 2. L'asymétrie des traités comme reflet des intérêts de sécurité spécifiques des États parties : le cas de traités régulant les activités des États dans les espaces géographiques

La Convention des Nations Unies sur le droit de la mer[582] et la Convention relative à l'aviation civile internationale[583] ont pour objet principal – au sens large comme au sens strict – l'utilisation des moyens de transport et des activités économiques en mer et dans les espaces aériens. Ces conventions ont pour objectifs, selon leurs préambules, de faciliter les flux de communication, de favoriser les utilisations pacifiques des mers et de leurs ressources (Convention sur le droit de la mer) et de faciliter le développement du transport aérien (Convention de Chicago). Mais ces objectifs sont modulés en fonction de la diversité des situations géographiques des États (pour le droit de la mer) et de leurs intérêts économiques, commerciaux et militaires (pour les conventions liées au droit de la mer et au droit aérien). C'est pourquoi, dans ces textes – auxquels s'ajoutent, pour le droit aérien, les deux accords annexés à la Convention de Chicago[584] – coexistent des régimes de droits et obligations spécifiques[585].

---

[582] Signée à Montego Bay, le 10 décembre 1982. Cette convention est ratifiée par 168 États.

[583] Signée à Chicago, le 7 décembre 1944. Cette convention a été ratifiée par 26 États parmi les 52 États signataires.

[584] Il s'agit de l'Accord relatif au transit des services aériens internationaux, ratifié par 129 États et de l'Accord relatif au transport aérien international, ratifié par seulement 11 États et qui n'est pas, à la différence du premier, entré en vigueur.

[585] Selon P. Daillier, M. Forteau et A. Pellet, « *"le régime international des espaces" apparait surtout comme la juxtaposition de régimes juridiques très divers pouvant s'y exercer en fonction des activités qui y sont menées* », *Droit international public*, *op. cit.*, p. 1271. Il faut

La protection de la sécurité nationale est sous-jacente à l'existence de ces régimes juridiques. Elle se manifeste dans la tension qui existe entre le principe de souveraineté exclusive de l'État sur son territoire et le principe de liberté de navigation sur et au-dessus de la haute-mer.

Cette tension, qui met face à face les États riverains ou de survol des aéronefs et les États de passage de ces navires ou aéronefs, concerne la circulation et les activités à l'intérieur de l'espace territorial des premiers (A) ainsi qu'à l'extérieur de cet espace, dans les zones contigües où ces États riverains ou de survol tendent à exercer certains droits souverains (B).

A. La protection du territoire national

La protection du territoire national est l'objet de plusieurs articles de la Convention de Chicago et des conventions sur le droit de la mer. Ces textes consacrent le principe de souveraineté de l'État sur l'espace aérien national et la mer territoriale (1). L'articulation de ce principe avec la notion de liberté de navigation est cependant différente dans le droit de la mer et dans le droit aérien (2).

1. Le principe de souveraineté exclusive de l'État sur son territoire

Les Conventions sur le droit de la mer et sur le droit aérien consacrent le principe de la souveraineté exclusive de l'État sur son territoire (a). Mais à la différence du droit de la mer et de son régime de la mer territoriale, il n'y a pas d'accord international sur les critères de fixation d'une frontière entre l'espace aérien et l'espace extra-atmosphérique. Les États qui ne sont pas lanceurs d'engins spatiaux considèrent que leur sécurité est menacée et cherchent à étendre leur contrôle sur les activités spatiales se déroulant au-dessus de leur territoire (b).

a. L'accord des États sur la protection du territoire face à la liberté de navigation dans le droit de la mer et le droit aérien

Depuis Grotius et son ouvrage *Mare liberum*, le principe fondamental du droit de la mer est celui de la liberté de navigation. Elle est limitée par l'autre principe d'origine coutumière, celui de souveraineté de l'État sur sa mer territoriale. Les deux principes sont codifiés[586]. Au 16e siècle, avec l'apparition des canons, la largeur de la mer territoriale se mesurait en fonction de la puissance de feu de ces armes, dans un objectif de protection

---

aussi noter l'existence de plus de 4000 traités bilatéraux dont l'objet est la distribution des droits de trafic aérien qui permettent l'accès aux marchés aériens nationaux.

586 Voir l'article 1 de la Convention sur la mer territoriale (Genève, 29 avril 1958), l'article 2 de la Convention sur la haute mer (Genève, 29 avril 1958) et les articles 2.1 et 87 de la Convention sur le droit de la mer (Montego Bay, 10 décembre 1982).

des espaces côtiers[587]. Cette largeur était fixée à 3 milles nautiques à partir de la fin du 18e siècle mais l'évolution de la technologie accroissant sans cesse la puissance de feu du canon conduisit à l'abandon de cette mesure[588]. Les conventions du droit de la mer de 1958 et de 1982 consacrèrent le principe de souveraineté de l'État sur sa mer territoriale, ainsi que celui de la liberté de navigation[589]. La Convention de Genève de 1958 sur la mer territoriale n'indiquait pas de largeur limite de cette mer malgré la pression des pays en développement, préoccupés par l'accès aux ressources halieutiques, qui voulaient une largeur étendue à 12 milles nautiques. Ces pays réussirent à former une majorité lors de la IIIe Conférence des Nations Unies et la largeur de la mer territoriale, étendue à 12 milles nautiques, fut inscrite dans la Convention de Montego Bay (article 3)[590]. Cette largeur correspond aussi, dans la loi française de 1971, aux besoins de l'État riverain d'exercer plus au large les pouvoirs militaires de sécurité en raison des conditions nouvelles de navigation comme la multiplication de navires de très gros tonnage transportant des hydrocarbures.

Le droit aérien, régi au niveau multilatéral par la Convention de Chicago et ses annexes, n'est pas, à la différence des conventions du droit de la mer, influencé par des règles de droit coutumier. Le principe qui y prévaut n'est pas la liberté de navigation mais la souveraineté de l'État sur l'espace aérien au-dessus de son territoire. À l'origine de l'aviation, cette souveraineté était strictement liée à la conservation de l'État[591]. Elle fut consacrée par la Convention de Paris de 1919 sous l'effet de « l'impulsion extraordinaire donnée par la guerre de 1914 à la navigation aérienne »[592] et du rôle que joua, dans ce conflit, l'aviation militaire pour attaquer les armées ennemies[593]. La Convention de Chicago, qui remplaça en 1944 la Convention de Paris, repris ce principe dans son article 1er[594]. L'objectif,

---

587 ROUSSEAU (Ch.), *Droit international public*, *op. cit.*, p. 236.
588 PANCRACIO (J.-P.), *Droit de la mer*, Paris, Dalloz, 2010, p. 150 à 155.
589 Les articles 1 de la Convention sur la mer territoriale de 1958 et 2.1 de la Convention sur le droit de la mer de 1982 consacrent le principe de souveraineté de l'État sur sa mer territoriale. Les articles 2 de la Convention sur la haute mer de 1958 et 87 de la Convention sur le droit de la mer de 1982 consacrent la liberté de navigation en haute mer.
590 PANCRACIO (J.-P.), *Droit de la mer*, Paris, Dalloz, 2010, p. 150 à 155. Plusieurs pays dont la France (en 1971) avaient déjà adopté la largeur des 12 milles nautiques avant 1982. J.-P. Pancracio signale que certains États côtiers continuent revendiquent une largeur de mer territoriale allant jusqu'à 200 milles nautiques.
591 En 1902, Paul Fauchille déclarait : « *les États n'ont sur l'air, ni en temps de paix ni en temps de guerre, aucun droit autre que celui nécessaire à leur propre conservation* ». Annuaire de l'Institut de Droit international, 1902, XIX, p. 19, cité par PEPIN (E), « Le droit aérien », *RCADI*, vol.71, 1947, p. 482.
592 ROUSSEAU (Ch.), *Droit international public*, *op. cit.*, p. 253.
593 PEPIN (E.), « Le droit aérien », *op. cit.*, p. 185. «
594 « Les États contractants reconnaissent que chaque État a la souveraineté complète et exclusive sur l'espace aérien au-dessus de son territoire ». Ce principe a été repris à l'article 2

pour les États, était de protéger leur sécurité nationale. Comme l'écrit I. Diederiks-Verschoor : « *The rise of military aircraft during the two major world wars in the century – dropping bombs while flying in what had become foreign national airspace – caused a need for strict control. Indeed, airspace has no "natural", that is, physical boundaries; there are no physical obstacles for aircraft when flying from the airspace of country A into the airspace for country B. Thus, reliance on sovereignty served as a tool to safeguard national airspace and security* »[595].

Le principe de souveraineté exclusive de l'État sur son espace aérien conduit, dans l'article 6 de la Convention de Chicago, à instaurer le principe d'interdiction du survol de cet espace par un aéronef commercial étranger « *sauf permission spéciale ou toute autre autorisation dudit État* ». L'objectif affiché de la Convention de Chicago, qui est de faciliter le développement de l'aviation civile, se trouve donc limité par ce principe de souveraineté. Un tel encadrement était destiné à protéger, au lendemain de la 2è Guerre mondiale, non seulement la sécurité nationale mais aussi, spécifiquement, les marchés aériens des États européens qui s'opposaient aux velléités étasuniennes d'imposer un principe de liberté de l'air aux fins de libéralisation et de pénétration de ces marchés. Les États ne purent s'entendre, lors des négociations sur le texte, sur un système d'attribution des droits de trafic aériens[596], mais établirent des règles techniques communes en matière de navigation et de services de navigation qui – s'agissant du vol au-dessus du l'espace aérien national et de la nationalité des aéronefs – eurent la protection du territoire national comme objectif sous-jacent.

Pour autant, aucun accord international ne détermine la hauteur de l'espace aérien. Dans la Convention de Chicago, cet espace est simplement situé (article 1er) « au-dessus du territoire » de l'État. Cette absence de

---

de la Convention sur la mer territoriale et à l'article 2.1 de la Convention sur le droit de la mer.

595 DIEDERIKS-VERSCHOO (I. H. Ph.), MENDES de LEON (R.P.) (Revision); *An Introduction to Air Law*, The Netherlands, Wolters Kluwer, 2012, p. 11.

596 À la fin de la Seconde Guerre mondiale, les EUA, forts de leur avance technologique – en matière d'aviation -sur les autres pays développés et de la croissance de leur économie, visaient, lors des négociations de la Convention de Chicago, à obtenir l'établissement de règles favorables à la concurrence dans le transport aérien commercial international. Fragilisés économiquement par le choc de la guerre, les pays européens favorisaient au contraire de toute libéralisation, un développement du trafic aérien basé sur des règles protectionnistes. L'opposition entre ces deux approches rendit impossible la création d'un système international d'attribution de routes aériennes. L'attribution de ces routes (droits de trafic aérien) se fit sur la base des accords bilatéraux puis régionaux avec l'Union européenne. Voir HAVEL (B.F.) et SANCHEZ (G.S.), *The principles and Practice of International Aviation Law*, New York, Cambridge University Press, p. 35-40 et 74-75. Voir aussi CORREIA (V.), TRIGEAUD (B.), « Transport, navigation et sources du droit international – Remarques générales », p.38, dans EL BOUDOUHI (S.) (dir.), *Les transports au prisme du droit international public*, Paris, Pedone, 2019.

limites prend en compte le fait que le danger, pour la sécurité de l'État, du survol de son territoire par un aéronef est le même quelle que soit la hauteur du vol[597]. À la différence de la Convention de Montego Bay où prévalent des considérations économiques pour la fixation de la largeur de la mer territoriale à 12 milles nautiques, l'absence de limite verticale de l'espace aérien national est directement liée à la nécessité de protéger la sécurité nationale[598]. Il n'y a pas de liberté de survol du territoire jusqu'à la frontière avec l'espace extra-atmosphérique[599]. Les critères possibles pour la fixation de cette frontière sont l'objet de débats entre les États en raison de l'enjeu, sous-jacent, de sécurité nationale puisque les territoires nationaux peuvent être exposés à des menaces qui viennent non seulement des aéronefs mais aussi des engins spatiaux[600].

b. L'absence de consensus des États sur la délimitation de l'espace extra-atmosphérique et de l'espace aérien national

La tension qui existe entre la protection du territoire national – mer territoriale et espace aérien national – et la liberté de navigation dans les conventions de Montego Bay et de Chicago n'existe pas directement dans les traités relatifs au droit de l'Espace, puisque l'Espace n'est pas susceptible d'appropriation souveraine par les États. Ces traités visent cependant, pour certains d'entre eux, la protection du territoire national de manière sous-jacente mais inégale lorsqu'ils autorisent, comme on l'a vu plus haut[601], certaines activités militaires qui sont sources de danger pour ce territoire. Ils buttent par ailleurs sur la question de la délimitation de l'espace extra-atmosphérique et de l'espace aérien national[602]. Cette question fait

---

[597] DAILLIER (P.), FORTEAU (M.), PELLET (A.), *Droit international public*, *op. cit.*, p. 1390. Les auteurs notent que les Conventions de Paris et de Chicago n'ont pas établi de règle relative à la délimitation latérale de l'espace aérien, le seul repère pour les frontières aériennes restant les frontières terrestres. Cette lacune fut à l'origine d'incidents et de conflits impliquant le survol de frontières par des aéronefs militaires. Le 24 novembre 2015, un chasseur russe de retour d'une mission de combat en Syrie fut abattu dans une zone frontalière entre la Syrie et la Turquie. La Russie accusa la Turquie d'avoir abattu l'avion au-dessus du territoire syrien. La Turquie allégua que son armée avait abattu l'avion lorsque celui-ci survolait son territoire durant quelques secondes. L'incident entraîna une rupture des relations diplomatiques et commerciales entre les deux États mais fut résolu plus tard par des excuses officielles présentées par le président turc.
[598] DAILLIER (P.), FORTEAU (M.), PELLET (.A), *op. cit.*, p. 1390.
[599] Au-delà de laquelle s'effectuent les vols suborbitaux.
[600] Voir, dans la présente section, § 2. 1. b. ii : « L'absence de consensus des États sur la délimitation de l'espace extra-atmosphérique et de l'espace aérien national ».
[601] Voir Section II, § 1, 2.b) du présent chapitre.
[602] La Convention de Chicago sur la navigation aérienne et le Traité sur l'espace de 1967 ne définissent pas de limite entre l'espace aérien national et l'espace extra-atmosphérique. Des États adoptent le critère physique de la ligne de Karman située 62 miles (ou 100 km) au-dessus de la terre lorsque l'air n'est plus suffisant pour la portance des aéronefs. Voir HAVEL (B.F.) et SANCHEZ (G.S.), *op. cit.*, p. 41. Voir aussi ACHILLEAS (Ph.), *op. cit.*, p. 18.

régulièrement l'objet de débats au sein de l'Assemblée générale des Nations Unies. Ces débats font apparaître des différences entre les États qui ne veulent aucun obstacle à la liberté de circulation dans l'Espace et les États qui souhaitent une réglementation pour protéger leur espace aérien et leur territoire national.

Au niveau du Comité des utilisations pacifiques de l'espace extra-atmosphérique de l'Assemblée générale, deux groupes se distinguent selon les intérêts de sécurité nationale des États qui les composent : les principales puissances spatiales et les pays en développement non-détenteurs des technologies spatiales. Les premières – notamment la France et les EUA – cherchent à garantir la plus grande liberté de navigation possible[603] et défendent pour cela une appréhension de l'espace liée à la fonction (activité) des engins qui y volent[604]. L'approche fonctionnelle ne satisfait pas un certain nombre de pays en développement qui n'ont pas les technologies spatiales et qui, face aux risques que peuvent présenter certaines utilisations des engins spatiaux, préfèrent défendre leur espace aérien à l'aide d'une limite physique entre cet espace et l'espace extra-atmosphérique (appelée « ligne de Karman »). Comme le déclara le Kazakhstan : « *il est important pour tous les États de résoudre le problème de la définition et de la délimitation de l'espace aérien et de l'espace extra-atmosphérique, pour protéger les intérêts économiques des États et promouvoir la sécurité nationale, ainsi que pour prévenir la discrimination entre les États en matière d'utilisation de l'espace extra-atmosphérique* »[605]. Cette position est

---

[603] A l'image des autres pays européens la France, en 2011, « *n'estime pas opportun, en l'état actuel des activités spatiales, de définir et de délimiter l'espace extra-atmosphérique* ». Voir document A/AC.105.889/Add.10. Assemblée générale, 21 février 2012.

[604] Ces engins sont différents des aéronefs de la Convention de Chicago.

[605] Voir « Questions relatives à la définition et à la délimitation de l'espace extra-atmosphérique : réponses des États Membres », 28 janvier 2013, Assemblée générale des Nations Unies, document A/AC.105/889/Add.11, p. 4. Le Kazakhstan a perdu, avec la dissolution de l'URSS puis la mise en service en 2016 en Russie d'un nouveau site de lancement de fusées, son statut de puissance spatiale. Parmi les autres pays en développement concernés par le débat sur la délimitation, on peut citer la Bolivie qui annonça en 2013 son intention de lancer un satellite dans un avenir proche tout en ayant sa propre force aérienne et sa compagnie aérienne civile nationale : « *Il est extrêmement important d'établir une délimitation claire, car l'absence d'une frontière naturelle entre les deux espaces fait qu'il est difficile pour les États de garder le contrôle de leurs droits nationaux et de leur espace aérien. S'il existe une incertitude quant à la souveraineté d'un État particulier sur l'espace, cela risque de poser problème à moyen terme, avec de graves conséquences en ce qui concerne la souveraineté des États sur l'espace aérien* », Document A/AC.105/889/Ad.11, *op. cit.*, p. 5. Des positions similaires d'autres pays en développement se trouvent dans les documents du Comité des utilisations pacifiques de l'espace extra-atmosphérique de l'Assemblée générale.

Notons que l'URSS, puissance spatiale aux intérêts différents de ceux des puissances spatiales occidentales, avait proposé, dans les années 1980, que la limite entre les espaces aérien et extra-atmosphérique soit établie à une altitude ne dépassant pas 100 à 110 kilomètres au-dessus du niveau de la mer. La Russie d'aujourd'hui ne reprend pas cette initiative mais

opposée à celle des EUA telle que l'exprime le manuel de droit opérationnel de ce pays : « *The United States has consistently opposed establishing such a* [physical] *boundary in the absence of a showing that one is needed. A primary rationale for not accepting a predetermined boundary is that once such a boundary is established, it might work to prevent the United States from taking advantage of evolving space technologies and capabilites* »[606].

L'opposition entre les deux groupes d'États se renforce à propos de la difficulté de caractériser, dans l'optique de l'approche fonctionnelle, un engin spatial qui, en raison des technologies sophistiquées, peut être multifonctionnel et peut se déplacer aussi bien dans l'espace aérien que dans l'espace extra-atmosphérique[607]. Pour rejoindre son orbite ou revenir sur Terre, ce type d'engin « aérospatial » (fréquent à l'avenir) traverse l'espace aérien et survole le territoire d'États tiers, posant des problèmes de sécurité pour ces derniers, surtout lorsque le survol du territoire national permet la réalisation d'activités à finalité militaire[608]. Défendant l'établissement de limites entre l'espace aérien national et l'espace extra-atmosphérique, le Brésil déclara que « *les objets aérospatiaux devraient être régis par le droit international de l'espace lorsqu'ils sont dans l'espace extra-atmosphérique et par le droit aérien international et national lorsqu'ils sont dans l'espace aérien. La principale distinction entre ces deux régimes juridiques, c'est qu'en droit aérien le principe de la souveraineté de l'État l'emporte, tandis qu'en droit spatial il ne l'emporte pas* »[609]. La Russie a proposé la création d'un droit de passage inoffensif pour les objets spatiaux traversant l'espace aérien d'États tiers pour rejoindre leur orbite dans l'espace ou revenir sur Terre[610]. Il n'y a pour l'instant pas de consensus des États sur la réglementation des objets « aérospatiaux » et sur le fait de savoir si l'État qui lance un tel objet doit avoir l'accord de ces États tiers. L'opposition de la France, comme des États-Unis[611], à toute réglementation est nette.

---

défend une position intermédiaire entre celle des pays occidentaux et celle des pays en développement, proposant un processus long en plusieurs étapes (la première étape étant la recherche d'une classification des objets « aérospatiaux » (circulant alternativement dans les deux espaces) afin de mieux réglementer leur activité. Voir document A/AC.105.889/Add.10. Assemblée générale des Nations Unies, 21 février 2012.

606 JOHNSON (W.) (Ed.), *Operational Law Handbook*, The Judge Advocate General's Legal Center & School, U.S ARMY, Charlottesville, 2013, p. 161 et s.

607 L'objet « aérospatial » n'a pas de régime propre, ni dans la Convention de Chicago de 1944 ni dans le Traité sur l'espace extra-atmosphérique de 1967.

608 Lorsqu'il ne va pas jusqu'à rejoindre une orbite, le vol du véhicule « aérospatial » est appelé « suborbital ».

609 Voir document A/AC.105/889/Add.2, Assemblée générale des Nations Unies, 2 février 2009.

610 Voir document A/AC.105.889/Add.10. Assemblée générale des Nations Unies, 21 février 2012.

611 « *The United States considers the space systems of all nations to have the rights of passage through, and conduct of operations in, space without interference* ». Voir « National Space Policy of the United States of America », 28 juin 2010, p. 3.

2. Le principe de souveraineté exclusive sur le territoire national face à la liberté de navigation

Le régime juridique de la mer territoriale et celui de l'espace aérien national établissent chacun des droits et obligations spécifiques pour la protection de la souveraineté de l'État côtier sur son territoire d'une part et pour garantir la navigation de navires ou aéronefs battant pavillon étranger d'autre part. On distingue à cet égard le principe du passage inoffensif dans le droit de la mer (a) et, pour le droit aérien, les autorisations préalables données par les États au survol de leurs territoires, autorisations prévues par la Convention de Chicago, les conventions annexes et par les accords bilatéraux sur les droits de trafic aériens (b).

a. Le principe du passage inoffensif dans les eaux territoriales

La Convention de Montego Bay pose le principe, ancestral, du passage inoffensif dans la mer territoriale. Le « passage inoffensif » n'est pas un passage libre. Ce terme représente un compromis entre les intérêts de l'État côtier et les intérêts du navire étranger ou de l'État dont ce dernier porte la nationalité. En conséquence, le régime de ce droit de passage comporte d'une part des clauses exprimant les droits du navire circulant dans la mer territoriale[612] et d'autre part des clauses (la majorité) protégeant la sécurité nationale de l'État côtier. L'article 19, qui définit le droit de passage, précise qu'un navire étranger porte atteinte à l'ordre public et à la sécurité de l'État côtier lorsqu'il menace ou recourt à la force contre cet État selon les termes de l'article 2.4 de la Charte des Nations Unies ou bien qu'il se livre à une série d'activités, militaires ou non, énumérées à l'alinéa 2 et considérées comme portant directement atteinte à la sécurité nationale de cet État[613]. La

---

https://obamawhitehouse.archives.gov/sites/default/files/national_space_policy_6-28-10.pdf, accès le 18 mars 2017. Plus spécifiquement quant à la question du survol, un rapport du Comité des Chefs d'État-major de l'armée de États-Unis déclare : « *When necessary and feasible, CDRUSSTRATCOM* [Commander, U.S Strategic Command], *directs the positioning of space forces to achieve advantage over adversaries. The employment of US space capabilities in multiple orbital regimes provides a standing position of advantage. This advantage includes freedom from overflight restrictions* ». Voir « Space Operations », Joint publication 3-14, Joint Chiefs of Staff, 29 mai 2013, http://www.dtic.mil/doctrine/new_pubs/jp3_14.pdf, accès le 19 mars 2017, p. I-4.

[612] Il s'agit des articles 18, 24 (« obligations de l'État côtier »), 26 et 32 sur l'immunité des navires de guerre et d'État.

[613] L'article 19.2 dispose que :

« *Le passage d'un navire étranger est considéré comme portant atteinte à la paix, au bon ordre ou à la sécurité de l'État côtier si, dans la mer territoriale, ce navire se livre à l'une quelconque des activités suivantes :*

a) menace ou emploi de la force contre la souveraineté, l'intégrité territoriale ou l'indépendance politique de l'État côtier ou de toute autre manière contraire aux principes du droit international énoncés dans la Charte des Nations Unies ;

b) exercice ou manœuvre avec armes de tout type ;

réalisation, par un navire, d'une de ces activités autorise l'État côtier à déroger aux principes d'immunité pénale et civile des navires étrangers, conformément aux articles 27 et 28[614]. L'État côtier dispose aussi d'autres droits pour restreindre le passage inoffensif. Il peut suspendre temporairement le passage des navires étrangers dans certaines zones de sa mer territoriale notamment pour « procéder à des exercices d'armes » (article 25) et peut également imposer aux navires étrangers transportant des

---

c) collecte de renseignements au détriment de la défense ou de la sécurité de l'État côtier ;
d) propagande visant à nuire à la défense ou à la sécurité de l'État côtier ;
e) lancement, appontage ou embarquement d'aéronefs ;
f) lancement, appontage ou embarquement d'engins militaires ;
g) embarquement ou débarquement de marchandises, de fonds ou de personnes en contravention aux lois et règlements douaniers, fiscaux, sanitaires ou d'immigration de l'État côtier ;
h) pollution délibérée et grave, en violation de la Convention ;
i) pêche ;
j) recherches ou levés ;
k) perturbation du fonctionnement de tout système de communication ou de tout autre équipement ou installation de l'État côtier ;
l) toute autre activité sans rapport direct avec le passage ».

[614] *L'article 27 dispose que :*
« L'État côtier ne devrait pas exercer sa juridiction pénale à bord d'un navire étranger passant dans la mer territoriale pour y procéder à une arrestation ou à l'exécution d'actes d'instruction à la suite d'une infraction pénale commise à bord pendant le passage, sauf dans les cas suivants :
a) si les conséquences de l'infraction s'étendent à l'État côtier; Convention sur le droit de la mer (+ annexes) 11/198
b) si l'infraction est de nature à troubler la paix du pays ou l'ordre dans la mer territoriale;
c) si l'assistance des autorités locales a été demandée.
De même, l'article 28 dispose que :
«1. L'État côtier ne devrait ni stopper ni dérouter un navire étranger passant dans la mer territoriale pour exercer sa juridiction civile à l'égard d'une personne se trouvant à bord.
2. L'État côtier ne peut prendre de mesures d'exécution ou de mesures conservatoires en matière civile à l'égard de ce navire, si ce n'est en raison d'obligations contractées ou de responsabilités encourues par le navire au cours ou en vue de son passage dans les eaux de l'État côtier.
3. Le paragraphe 2 ne porte pas atteinte au droit de l'État côtier de prendre les mesures d'exécution ou les mesures conservatoires en matière civile prévues par son droit interne à l'égard d'un navire étranger qui stationne dans la mer territoriale ou qui passe dans la mer territoriale après avoir quitté les eaux intérieures ».
À ces articles s'ajoutent des dispositions spécifiques correspondant à la nature des atteintes à la sécurité nationale. Une pollution grave et délibérée (article 19) peut conduire l'État victime à bloquer le navire responsable et le saisir, selon les dispositions de l'article 220 (« pouvoirs de l'État côtier » et engager une action en responsabilité conformément à l'article 31. En août 2006 ; le pétrolier grec *Probo Koala* a déchargé au port d'Abidjan (Côte d'Ivoire) plusieurs tonnes d'un produit toxique qui a ensuite été disséminé dans la ville, provoquant une catastrophe sanitaire et écologique avec de nombreuses victimes. L'État ivoirien a demandé la saisie du navire lorsque celui-ci se trouvait dans un port d'Estonie.

produits dangereux des couloirs de circulation (article 24)[615]. Par ailleurs, les sous-marins ne peuvent traverser, sous l'eau, la mer territoriale (article 20). Cette dernière mesure vise essentiellement les sous-marins qui doivent, comme les navires de guerre, s'identifier comme tels afin que l'État côtier puisse s'assurer qu'ils ne se livrent pas à des activités – notamment la collecte de renseignements – préjudiciables à sa sécurité nationale (énumérées à l'article 19 ci-dessus)[616]. Les navires de guerre qui ignorent ces restrictions se voient intimer l'ordre de quitter la mer territoriale (article 30).

b. Le principe de l'autorisation préalable d'entrer dans l'espace aérien national

Le principe du passage inoffensif – principe de droit coutumier cristallisé dans la Convention de Montego Bay sous une forme qui inclut des limitations liées à sécurité nationale – n'a pas son équivalent dans la Convention de Chicago[617]. La CIJ a elle-même constaté l'absence d'un principe coutumier de libre navigation aérienne au-dessus du territoire d'un État en déclarant : « *Le principe du respect de la souveraineté territoriale est en outre directement enfreint par le survol non autorisé du territoire d'un État par des appareils appartenant au gouvernement d'un autre État ou placés sous le contrôle de celui-ci* »[618]. Dès lors, en raison de l'absence de liberté *a priori* de l'air et en vertu de la convention de Chicago, l'entrée d'aéronefs étrangers dans l'espace aérien national ne peut se faire que par l'autorisation préalable de l'État concerné, qu'ils s'agissent d'aéronefs d'État[619], d'aéronefs civils[620] ou assurant des services commerciaux

---

[615] À ces diverses dispositions s'ajoutent les propres lois de l'État côtier qui réglementent le passage inoffensif. Dans leurs déclarations annexées à la Convention de Montego Bay, de nombreux États indiquent que rien dans cette Convention ne les empêche de soumettre à leur autorisation l'entrée, dans leurs mers territoriales, de navires de guerre et de restreindre la circulation de ces navires.

[616] Dans la pratique, cette disposition n'est pas facile à faire respecter lorsque les sous-marins sont équipés de systèmes antiradars. Le professeur Pancracio note que les « sous-marins d'attaque » (lanceurs de torpille ou de missiles terre-mer) ont « *par essence des missions d'écoute et de renseignement* ». Voir PANCRACIO (J.-P.), *Droit de la mer*, *op. cit.*, p. 167. Concernant les navires de guerre, de nombreux États ont leur propre législation interne réglementant leur passage dans la mer territoriale.

[617] DAILLIER (P.), FORTEAU (M.), PELLET (A.), *op. cit.*, p. 1389.

[618] *Affaire des activités militaires et paramilitaires au Nicaragua*, *op. cit.*, par. 251.

[619] L'article 3.c) dispose qu'« *aucun aéronef d'État d'un État contractant ne peut survoler le territoire d'un autre État ou y atterrir, sauf autorisation donnée par voie d'accord spécial ou de toute autre manière et conformément aux conditions de cette autorisation* ».

[620] L'article 5, dans la première partie de son premier paragraphe, dispose que « *chaque État contractant convient que tous les aéronefs des autres États contractants qui n'assurent pas de services aériens internationaux réguliers ont le droit* [...] *de pénétrer sur son territoire, de le traverser en transit sans escale et d'y faire des escales non commerciales sans avoir à obtenir une autorisation préalable, sous réserve du droit pour l'État survolé d'autoriser son atterrissage* ».

réguliers[621]. Les conditions de survol et d'atterrissage de ces trois catégories d'aéronefs suivent par ailleurs des régimes différents. L'accord relatif au transport aérien international et l'accord relatif au transit des services aériens internationaux, annexés à la Convention de Chicago, accordent aux aéronefs commerciaux des « libertés de l'air ». Seul, le second, avec ces 129 ratifications d'États (mais sans la Russie, le Brésil et le Canada) est entré en vigueur et accorde de manière multilatérale le droit de survol[622]. Les « libertés de l'air » furent véritablement mises en œuvre dans le cadre d'accords bilatéraux ou régionaux relatifs aux services aériens commerciaux (« Air Services Agreements » – ASA)[623]. Par ces ASA, un État partie autorise (comme le prévoit l'article 6 de la Convention de Chicago) les aéronefs des compagnies ressortissantes de l'autre État partie à traverser son espace aérien, atterrir et faire escale sur son territoire. Parmi les droits de trafic échangés par les ASA, on trouve notamment les routes aériennes à emprunter, la fréquence des vols, la capacité des aéronefs, les paramètres de tarification des vols et les paramètres de sûreté aérienne[624]. En vertu du principe de protection du territoire national, les ASA imposent aussi des conditions de nationalité : pour être autorisées par l'État partie A à accéder à son marché aérien, les compagnies aériennes ressortissantes de l'État partie B doivent être contrôlées et doivent avoir une part significative de leur

---

[621] L'article 6 dispose qu'« *aucun service aérien international régulier ne peut être exploité au-dessus ou à l'intérieur du territoire d'un État contractant, sauf permission spéciale ou toute autre autorisation dudit État et conformément aux conditions de cette permission ou autorisation* ».

[622] L'article 1er (section 1) de l'Accord relatif au transport aérien international dispose que : « *Chaque État contractant accorde aux autres États contractants, en ce qui concerne les services aériens internationaux réguliers, les libertés de l'air suivantes : 1. Le droit de traverser son territoire sans atterrir; 2. Le droit d'atterrir pour des raisons non commerciales; 3. Le droit de débarquer des passagers, du courrier et des marchandises embarqués sur le territoire de l'État dont l'aéronef possède la nationalité; 4. Le droit d'embarquer des passagers, du courrier et des marchandises à destination du territoire de l'État dont l'aéronef possède la nationalité; 5. Le droit d'embarquer des passagers, du courrier et des marchandises à destination du territoire de tout autre État contractant et le droit d'embarquer des passagers, du courrier et des marchandises en provenance du territoire de tout autre État contractant* ».

De son côté, l'article 1er (section 1) de l'Accord relatif au transit des services aériens internationaux dispose que : « *Chaque État contractant accorde aux autres États contractants, en ce qui concerne les services aériens internationaux réguliers, les libertés de l'air suivantes : 1. le droit de traverser son territoire sans atterrir ; 2. le droit d'atterrir pour des raisons non commerciales* ».

[623] Les cinq libertés prévues par l'Accord relatif au transport aérien international furent négociées sous l'impulsion des EUA afin de créer les conditions pour la libéralisation de l'activité aérienne. Les EUA étaient le pays qui avait le plus intérêt, à l'époque, à la mise en œuvre de ces libertés en raison de son avance technologique et économique. Les pays européens, comme on l'a vu précédemment n'y étaient pas favorables. Une minorité d'États ratifièrent l'accord, qui n'eut donc que peu d'effets. Voir HAVEL (B. F) et SANCHEZ (G.S.), *op. cit.*, p. 73-74.

[624] DIEDERIKS-VERSCHOOR (I. H. Ph.), MENDES de LEON (P.), *op. cit.*, p. 51-52.

capital détenu par cet État B[625]. Il s'agit là de clauses de sécurité nationale, au sens large, qui visent à prévenir la prise de contrôle d'une compagnie de l'État B par un État tiers non partie à l'ASA qui, de cette façon, accéderait indirectement au marché et à l'espace aériens de l'État A et poserait à ce dernier une menace commerciale voire militaire (en recueillant des informations stratégiques)[626]. Le marché unique du transport aérien de l'Union européenne – qui a remplacé les ASA bilatéraux entre États membres en libéralisant ce mode de transport à l'échelle de l'Union – prévoit des mesures d'urgence par lesquelles ces États peuvent « *refuser, limiter ou soumettre à des conditions l'exercice des droits de trafic pour faire face à des problèmes inopinés de court terme résultant de circonstances imprévisibles et inévitables* »[627]. Cette disposition s'apparente à une exception de sécurité nationale aux libertés de l'air instaurées par le marché unique.

Les libertés de l'air offertes aux transporteurs commerciaux par les accords bilatéraux et régionaux comportent des restrictions fixées par la Convention de Chicago au titre de la souveraineté de l'État. En tant qu'elles figurent dans la Convention de Chicago, ces restrictions s'appliquent à tous les aéronefs civils (qu'ils assurent ou non des services internationaux réguliers). Certaines sont d'ordre général[628] et d'autres sont spécifiquement liées à la sécurité nationale. Parmi ces dernières, l'article 9 octroie à chaque État le droit d'instituer, dans son espace aérien, des « zones interdites » au survol pour des raisons – formulées de manière large – de « nécessité

---

[625] HAVEL (B. F.) et SANCHEZ (G. S.), *op. cit.*, p. 86-87.

[626] *Ibidem*, p. 88-89. Les conditions de nationalité sont absentes de certains ASA et des accords régionaux de libéralisation des services aériens dits « open skies ». C'est le cas dans l'Union européenne qui a créé un espace aérien européen unique – étendu aux États de l'Espace économique européen – où existent les 9 libertés de l'air prévues par les deux accords annexés à la Convention de Chicago (l'Accord relatif au transit des services aériens internationaux et l'Accord relatif au transport aérien international). C'est aussi le cas avec les accords UE – EUA, Australie – Nouvelle Zélande et d'autres accords entre plusieurs pays d'une même région (Asie du Sud-Est, Afrique, Amérique latine). Voir DIEDERIKS-VERSCHOOR (I. H. Ph.), MENDES de LEON (P.), *op. cit.*, p. 55-56. Voir aussi : HAVEL (B.F.) et SANCHEZ (G.S.), *op. cit.*, p. 97-100 ; OACI, « Clauses de propriété et contrôle des transporteurs aériens dans les accords bilatéraux de transport aérien », note de travail, 6è conférence mondiale de transport aérien, Montréal, 18-22 mars 2013, document ATConf/6-WP/49.

[627] Article 21 du Règlement n° 1008/2008 du Parlement européen et du Conseil du 24 septembre 2008 établissant des règles communes pour l'exploitation de services aériens dans la Communauté.

[628] Parmi les « Principes généraux et application de la Convention », l'article 3*bis*, b) dispose que « *chaque État, dans l'exercice de sa souveraineté, est en droit d'exiger l'atterrissage* [...] *d'un aéronef civil qui, sans titre, survole son territoire* ». Par ailleurs, l'article 4 fait obligation aux États contractants « *de ne pas employer l'aviation civile à des fins incompatibles avec les buts de la présente Convention* ». Les « fins incompatibles » peuvent s'entendre comme toute autre activité que le transport civil (commercial ou non) de passagers, par exemple un survol à des fins militaires, belliqueuses ou non.

militaire ou de sécurité publique ». Les deux limites posées à l'État sont, d'une part, l'interdiction de discrimination entre les aéronefs qui portent sa marque de nationalité et les aéronefs qui assurent des services similaires provenant d'autres États et, d'autre part, la limitation de la zone interdite à un périmètre « *raisonnable* » « *afin de ne pas gêner sans nécessité la navigation aérienne* ». Le même article donne aussi la possibilité à l'État de : « *restreindre ou d'interdire temporairement* [...] *les vols au-dessus de tout ou partie de son territoire* ». Ce second cas est réservé aux « *circonstances exceptionnelles, en période de crise ou dans l 'intérêt de la sécurité publique* », les termes « période de crise et « intérêt de la sécurité publique » pouvant aussi être interprétés de façon large. La limite posée à l'État – l'interdiction de toute discrimination entre les aéronefs selon la nationalité – est moindre que dans le cas des circonstances non exceptionnelles : si l'État veut interdire une partie de son territoire, il n'a pas le critère du périmètre « raisonnable ».

Une restriction importante quant aux moyens que l'État peut utiliser pour défendre sa souveraineté exclusive sur l'espace aérien au-dessus de son territoire a été ajoutée à la Convention de Chicago sous la forme de l'alinéa « a » de l'article 3*bis*. Cette disposition interdit le recours à la force armée contre les aéronefs civils ainsi que toute mise en danger, en cas d'interception de ces aéronefs, de la vie des passagers. Elle ne porte toutefois pas atteinte au droit de légitime défense[629]. Cette interdiction de recourir à la force armée vient combler un vide juridique révélé à l'occasion de l'incident du Boeing sud-coréen qui, en 1983, fut abattu par la chasse soviétique parce qu'il s'était dérouté de son couloir aérien pour entrer, sans autorisation, dans l'espace aérien de l'URSS et survoler une zone militaire importante[630]. Plusieurs États (la République de Corée, les EUA et d'autres pays occidentaux) avaient estimé, au Conseil de sécurité, que « *pareil usage de la force armée contre l'aviation civile internationale* » était « *incompatible avec les normes régissant le comportement international et avec des considérations élémentaires d'humanité* »[631]. Les « *normes régissant le comportement international* » et les « *considérations élémentaires d'humanité* » ont été visées par la CIJ dans l'affaire du Détroit de Corfou[632].

---

[629] Selon la dernière partie de l'article 3 *bis*, b) : « *Cette disposition ne saurait être interprétée comme modifiant de quelque manière que ce soit les droits et obligations des États en vertu de la Charte des Nations unies* ».

[630] Voir DUTHEIL de la ROCHERE (J.), « L'affaire de l'accident du Boeing 747 de Korean Airlines », AFDI, 1983, vol. 29 n° 1, p. 749-772.

[631] Projet de résolution déposé le 12 septembre 1983 au Conseil de sécurité par l'Allemagne, l'Australie, le Canada, la Colombie, les États-Unis d'Amérique, Fidji, la France, l'Italie, le Japon, la Malaisie, la Nouvelle-Zélande, le Paraguay, les Pays-Bas, les Philippines, le Royaume-Uni et la Thaïlande. Document S/15966/Rev.l.
L'URSS exerça son droit de veto lors du vote de ce projet.

[632] *Affaire du détroit de Corfou*, arrêt du 9 avril 1949, CIJ, recueil 1949, p. 22. Cité par GUILLAUME (G.), « La destruction, le 1er septembre 1983, de l'avion des Korean Airlines

Elles ne s'appliquaient cependant pas spécifiquement au droit aérien. La Convention de Chicago, dans son annexe 2, ne contenait qu'une recommandation aux États intercepteurs de « s'abstenir de faire usage d'armes dans tous les cas d'interception d'aéronefs civils »[633].

L'application de cette nouvelle règle d'interdiction du recours à la force dans les interceptions est cependant rendue difficile lorsqu'un aéronef civil peut être utilisé, pour reprendre les termes de l'article 4 de la Convention[634], « *à des fins incompatibles avec les buts de la Convention* », par exemple à des fins d'espionnage. Cette difficulté, qui était à l'origine de l'incident du Boeing sud-coréen en 1983, explique la survenance d'autres incidents depuis lors[635].

La protection de la sécurité nationale va aussi au-delà du territoire et de l'espace aérien de l'État. Elle conduit à la création de zones intermédiaires où les États cherchent à exercer certains droits souverains.

B. La protection de la sécurité nationale dans les zones sous souveraineté incomplète de l'État

Le droit aérien et le droit de la mer juxtaposent des régimes juridiques réglementant différents espaces géographiques internationaux qui représentent pour les États des enjeux de sécurité nationale lorsque ces espaces jouxtent leurs territoires, contiennent des ressources naturelles et sont le passage de routes commerciales stratégiques ou servent à des activités militaires diverses. Ces espaces intermédiaires mettent face à face les États riverains qui veulent exercer des droits souverains et les États de passage qui veulent exercer leur liberté de navigation. Les clauses de sécurité nationale s'articulent autour de cette double nécessité – espaces intermédiaires « réservés » et liberté de navigation – ce qui explique qu'elles sont nombreuses et multiformes, étant entendu que plus l'on s'éloigne du territoire national, plus les espaces échappent à la souveraineté des États et plus la liberté de navigation (principale revendication des puissances maritimes et militaires) est grande.

(vol KE007) », Revue Française de droit aérien, 1984, p. 220. Il s'agissait de normes de droit international général destinées, en l'espèce, à étayer l'obligation, pour les autorités albanaises, de faire connaître aux navires de guerre britanniques traversant leurs eaux territoriales l'existence d'un danger provenant de la présence d'un champ de mines.

633 GUILLAUME (G.), « La destruction, le 1er septembre 1983, de l'avion des Korean Airlines (vol KE007) », *op. cit.*, p. 221.

634 L'article 4, intitulé « usage indu de l'aviation civile », dispose que « *Chaque État contractant convient de ne pas employer l'aviation civile à des fins incompatibles avec les buts de la présente Convention* ».

635 On peut notamment citer l'avion de l'Iran Air abattu en 1988 par un navire patrouilleur américain au-dessus du Golfe persique ou encore l'avion de la Malaysien Airlines abattu en 2014 au-dessus d'une zone de combats en Ukraine. Les enquêtes internationales sur ce type d'incidents sont rendues compliquées car elles dépendent de la bonne collaboration des États impliqués.

L'existence d'espaces intermédiaires n'existe pas dans les traités relatifs à l'espace extra-atmosphérique. Ce dernier est pourtant, comme les espaces maritimes et aériens internationaux, un enjeu de sécurité nationale pour les États. On peut même le considérer comme un espace intermédiaire entre deux États en ce qu'il sert à mener divers types d'activités militaires (observation, espionnage, communications par satellites) dirigées au sol depuis un État contre un autre État. L'usage de satellites militaires permet plus généralement à un État comme la France d'assurer, comme l'écrit le général Friedling, « *l'exercice de notre autonomie stratégique par la capacité qu'il offre à nos autorités à décider et à transmettre leurs décisions de façon souveraine. La décision française de ne pas suivre les États-Unis dans leur intervention en Irak en 2003 reposa notamment sur la capacité de la France, grâce à ses satellites d'observation, à apprécier de manière autonome les éléments de preuve concernant la détention et l'usage d'armes de destruction massive par Saddam Hussein* »[636]. Faute d'accords entre les États, ces usages de l'Espace pour des activités à finalité militaire ou de défense d'un État à l'encontre du territoire d'un autre État ne sont pas pris en compte dans les traités relatifs à l'Espace. Ces derniers ne délimitent pas non plus l'espace aérien – placé sous la souveraineté de l'État – et l'espace extra-atmosphérique qui, comme la haute mer, n'est appropriable par aucun État.

Les espaces intermédiaires dans le droit de la mer et le droit aérien sont issus de la pratique des États et sont régis par des règles coutumières cristallisées, pour le droit de la mer, dans la Convention de Montego Bay. La Convention de Chicago sur l'aviation civile internationale et ses accords annexes ne distinguent que l'espace national et l'espace international. S'y ajoute la création des Zones de défense d'identification aérienne (ADIZ en anglais), espaces réservés au-dessus des ZEE, qui limitent les libertés de l'air pour des raisons de sécurité nationale (notamment après les attentats du 11 septembre 2001)[637] et servent parfois, comme en mer de Chine, à renforcer des revendications de souveraineté dans les ZEE dont les limites sont contestées par certains États[638].

La Convention de Montego Bay distingue, elle, plusieurs espaces entre la mer territoriale (souveraineté pleine et entière des États côtiers) et la haute mer (où la liberté de navigation est entière) où les États possèdent des

---

[636] FRIEDLING (M.), « L'Espace : un enjeu stratégique et un nouveau champ de confrontation militaire », *Les Cahiers de la Revue Défense Nationale*, juin 2019, p. 68. L'auteur est Commandant interarmées de l'Espace.

[637] Les ADIZ limitent la liberté de survol au-dessus des ZEE, liberté pourtant garantie par l'article 58 de la Convention de Montego Bay.

[638] S'agissant d'une pratique unilatérale en pleine évolution, passée partiellement dans le droit coutumier et non codifiée dans le droit conventionnel, ces ADIZ seront abordées dans la seconde partie de la présente thèse.

« droits de souveraineté » : les détroits, le plateau continental et la ZEE[639]. Comme pour le régime de la mer territoriale, le régime réglementant ces trois espaces (et les activités qu'on peut y pratiquer) représente une balance d'intérêts de sécurité opposés, avec des clauses accordant des droits aux navires étrangers et des clauses protégeant la sécurité des États côtiers, mais la protection des États côtiers est moins forte car ceux-ci n'exercent pas pleinement leur souveraineté dans ces zones.

On examinera, donc, le régime des détroits (1) et celui des ZEE[640] (2).

1. Le régime des détroits

En raison de leur configuration géographique, les détroits servant à la navigation internationale (Bosphore, Dardanelles, Gibraltar, Malacca, Ormuz, Singapour) sont en général, des zones stratégiquement importantes pour les États riverains et les grandes puissances maritimes. Ces couloirs de mer relient deux espaces maritimes et sont soumis, dans la Convention de Montego Bay, à deux régimes de navigation : le passage en transit (détroits reliant une partie de la haute mer ou une ZEE à une autre partie de la haute mer ou une autre ZEE) et le passage inoffensif (détroits reliant une mer territoriale à la haute mer ou une ZEE)[641]. De même que le passage inoffensif, le droit de passage en transit comporte des restrictions à la navigation. Celles-ci sont moins importantes que dans le régime du passage inoffensif car les détroits concernés sont ceux qui ne sont pas reliés à une mer territoriale où la souveraineté de l'État est pleine et entière. C'est pourquoi la définition du droit de passage en transit donnée par l'article 38 fait référence de façon moins marquée à la sécurité des États riverains : « *On entend par "passage en transit" l'exercice* [...] *de la liberté de navigation et de survol à seule fin d'un transit continu et rapide par le détroit* ». L'emploi des termes « continu et rapide » est une référence implicite à la sécurité de

---

[639] On peut aussi mentionner la zone contiguë à la mer territoriale (où l'État conserve des compétences en matière douanière, fiscale, sanitaire et d'immigration) et les États archipels (institution crée par la Convention de Montego Bay). Le régime des eaux archipélagiques est important en ce qu'il permet de délimiter le périmètre archipélagique à partir duquel sont définies la mer territoriale et les autres zones sur lesquelles l'État exerce des droits de souveraineté.

[640] La ZEE recouvre le plateau continental, doté d'un régime spécifique accordant à ces États des droits souverains pour l'exploration et l'exploitation des ressources des fonds marins et de leur sous-sol (notamment le pétrole). Les EUA sont à l'initiative de la notion juridique de plateau continental en raison de son importance économique. Le président Truman considérait, en 1947, « *Les ressources du sous-sol et du lit de la mer du plateau continental recouvert par la haute mer, mais contigu à la côte des États-Unis, comme appartenant aux États-Unis, et soumis à leur juridiction et à leur contrôle* ». Voir PANCRACIO (J.-P.), *Droit de la mer*, *op. cit.*, p. 197.

[641] Articles 37 et 45 de la Convention. Le passage inoffensif suit les mêmes règles que dans la mer territoriale.

ces États[642]. Cet article parle aussi de liberté de survol, ce qui contraste avec l'absence de passage inoffensif pour les aéronefs. L'article 39, qui détaille les obligations des navires et aéronefs fait référence à la sécurité nationale des États riverains en ce que ces navires et aéronefs :

« a) traversent ou survolent le détroit sans délai ;

b) s'abstiennent de recourir à la menace ou à l'emploi de la force contre la souveraineté, l'intégrité territoriale ou l'indépendance politique des États riverains du détroit ou de toute autre manière contraire aux principes du droit international énoncés dans la Charte des Nations Unies ;

c) s'abstiennent de toute activité autre que celles qu'implique un transit continu et rapide, selon leur mode normal de navigation, sauf cas de force majeure ou de détresse

[...] Pendant le passage en transit, les navires se conforment : [...] aux règlements, procédures et pratiques internationaux généralement acceptés visant à prévenir, réduire et maîtriser la pollution par les navires ».

Plusieurs des atteintes à la sécurité nationale des États riverains telles qu'énumérées à l'article 19 sur le passage inoffensif sont absentes de l'article ci-dessus, notamment la « collecte de renseignements au détriment de la défense ou de la sécurité de l'État », le lancement d'aéronefs ou d'engins militaires ou des « exercices avec armes de tout type ». On peut en déduire que ces activités sont possibles dans le passage en transit. Par ailleurs, les sous-marins y ont le droit de circuler en immersion, ce qui correspondait à une revendication des puissances maritimes[643] ; la navigation des navires (civils et militaires) ne peut être suspendue par un État riverain ; un État riverain peut imposer aux navires de changer de voies de circulation mais en concertation avec les autres États riverains et à des conditions strictes énumérées à l'article 41 de la Convention[644].

---

[642] L'article 38.2 précise : « *Toutefois, l'exigence de la continuité et de la rapidité du transit n'interdit pas le passage par le détroit pour accéder au territoire d'un État riverain, le quitter ou en repartir, sous réserve des conditions d'admission sur le territoire de cet État* ».

[643] PANCRACIO (J.-P.), *Droit de la mer*, *op. cit.*, p. 347.

[644] Les États peuvent désigner de nouvelles voies de circulation « *lorsque la sécurité des navires dans les détroits l'exige* » ou « *lorsque les circonstances l'exigent et après avoir donné la publicité voulue à cette mesure* ». Les troisièmes, quatrième et cinquième alinéa de l'article 41 en précisent les conditions : « *Les voies de circulation et les dispositifs de séparation du trafic doivent être conformes à la réglementation internationale généralement acceptée. Avant de désigner ou remplacer des voies de circulation ou de prescrire ou remplacer des dispositifs de séparation du trafic, les États riverains de détroits soumettent leurs propositions, pour adoption, à l'organisation internationale compétente. Cette organisation ne peut adopter que les voies de circulation et les dispositifs de séparation du trafic dont il a pu être convenu avec les États riverains, ceux-ci peuvent alors les désigner, les prescrire ou les remplacer. Lorsqu'il est proposé d'établir dans un détroit des voies de circulation ou des dispositifs de séparation du trafic intéressant les eaux de plusieurs États riverains, les États concernés coopèrent pour formuler des propositions en consultation avec l'organisation internationale compétente* ».

2. Le régime de la ZEE

Caractéristique des traités formellement asymétriques, la Convention de Montego Bay sépare bien, dans son article 55 qui définit la ZEE, le régime juridique réservé à l'État côtier du régime juridique réservé aux « autres États »[645]. Ces deux régimes s'opposent en ce que l'un est basé sur le principe d'appropriation nationale des ressources naturelles qui intéresse les États côtiers et l'autre s'appuie sur le principe de liberté des mers défendu par les États maritimes.

La ZEE est un enjeu de sécurité pour les États côtiers. De tous les espaces marins, la ZEE concentre la plus grande partie des prises de poisson[646]. Cette concentration de ressources halieutiques, enjeu de sécurité économique (donc de sécurité nationale) pour de nombreux États côtiers en développement, avait conduit plusieurs de ceux-ci dans les années 1950 – essentiellement en Amérique latine – à revendiquer l'extension de leurs mers territoriales jusqu'à 200 milles nautiques de leur littoral. Cela leur permettait aussi d'affirmer leur présence sur de nombreuses îles dont la souveraineté pouvait être contestée par d'autres États. Les États côtiers en développement se heurtèrent alors à l'opposition des États maritimes industrialisés qui défendaient la liberté de navigation, garantie du commerce et de la présence militaire sur les océans[647]. C'est plus tard, au cours des années 1970 – années préparatoires de la IIIe conférence des Nations Unies sur le droit de la mer – que les États-Unis puis les autres pays maritimes acceptèrent la ZEE et que furent attribués aux États côtiers, dans cette zone qui pouvait s'étendre jusqu'à 200 milles nautiques du littoral, des droits souverains aux fins d'exploration et d'exploitation de toutes les ressources qui s'y trouvaient. Outre les droits de pêche, le régime de la ZEE prévoit aussi que l'État côtier

---

645 L'article 55 dispose que : « *La zone économique exclusive est une zone située au-delà de la mer territoriale et adjacente à celle-ci, soumise au régime juridique particulier établi par la présente partie, en vertu duquel les droits et la juridiction de l'État côtier et les droits et libertés des autres États sont gouvernés par les dispositions pertinentes de la Convention* ».

646 On y trouve aussi des terres rares.

647 PANCRACIO (J.-P.), *Droit de la mer*, *op. cit.*, p. 170-173.

C.-A Colliard décrit la position de la France, semblable, dans ses intérêts de sécurité, à celle des autres pays maritimes industrialisés : « *La position française qui défend les propres intérêts nationaux est, au début des travaux de la [troisième]conférence* [...] *analogue à celle des autres pays industrialisés mais elle est, dans l'ensemble, contraire à l'attitude générale des État du tiers monde qui n'ont cessé, avec des variantes dans les modalités, de défendre les thèses d'appropriation nationale* [...] *Se classant parmi les premiers États commerçants du monde tout en souffrant d'un manque de certaines matières premières, la France a besoin de la liberté des mers pour assurer ses approvisionnements. La France est aussi une importante 'puissance navale'. Elle a besoin de la liberté des mers pour que la flotte puisse garantir la sécurité de ses approvisionnements, pour que ses sous-marins puissent évoluer librement sans courir le danger d'être détectables s'ils étaient enfermés dans des zones maritimes rétrécies* ». Voir COLLIARD (C.-A.), « Guy de Lacharrière et la troisième conférence sur le droit de la mer. Le négociateur – Le théoricien », dans *Guy Ladreit de Lacharrière et la politique juridique extérieure de la France*, Paris, Masson, 1989, p. 206.

« *a juridiction sur la mise en place et l'utilisation d'îles artificielles, d'installation et d'ouvrages* » à des fins économiques, que cet État a le droit exclusif de construire ou d'autoriser la construction de ces îles et ouvrages et qu'il peut établir autour de ceux-ci des zones de sécurité que les navires doivent respecter[648]. En contrepartie à ces droits de souveraineté attribués à l'État côtier, les États maritimes continuent de disposer d'une liberté de navigation mais pas aussi totale qu'avant[649].

L'asymétrie, c'est-à-dire la différenciation, dans la Convention de Montego Bay, des droits et obligations des États côtiers d'une part et des États maritimes d'autre part ne couvre cependant pas toutes les questions de sécurité nationale qui intéressent ces deux groupes d'États. La Convention est notamment silencieuse (comme le sont les conventions de la mer précédentes) sur la possibilité, pour les États côtiers, de règlementer le passage et les activités de navires militaires étrangers dans la ZEE. Cette question oppose ces États aux États – puissances maritimes qui eux, prônent la liberté la plus complète de navigation[650].

---

[648] Articles 56 et 60 de la Convention de Montego Bay. En conséquence de sa juridiction exclusive sur la mise en place d'îles artificielles, installations et ouvrages prévue à l'article 56.1.b) i), l'article 60 donne à l'État côtier compétence pour édicter des législations en matière douanière, fiscale, sanitaire, migratoire et de sécurité de la navigation et notamment d'établir autour de ces lieux des zones de sécurité. Il s'agit de dispositions importantes puisque les îles artificielles, installations et ouvrages (par exemple des plateformes pétrolières) permettent à l'État qui les construit d'affirmer sa présence stratégique dans une ZEE dont la souveraineté peut être disputée (voir le différend entre les Philippines et la Chine dans l'*Affaire de la Mer de la Chine du Sud-(Philippines c. Chine,* sentence du 12 juillet 2016, CPA Affaire n° 2013-19, évoquée dans la seconde partie de la présente thèse, Titre I, Chapitre I, Section I, § 1, A, 1). Dans les zones de sécurité; l'État côtier peut interdire la navigation aux navires à pavillon étranger et mener des opérations de police pour faire respecter sa législation. Les arbitres de l'affaire *Arctic Sunrise* ont considéré que dans ces zones, l'État côtier pouvait arraisonner et perquisitionner le navire infracteur à sa législation, y compris de façon préventive en cas de suspicion de terrorisme. Selon la CPA : « *One of the rights of a coastal State in its EEZ that may justify some form of preventive action against a vessel would derive from circumstances that give rise to a reasonable belief that the vessel may be involved in a terrorist attack on an installation or structure of the coastal State. Such an attack, if allowed to occur, would involve a direct interference with the exercise by the coastal State of its sovereign rights to exploit the non-living resources of its seabed* ». *Affaire Arctic Sunrise (Royaume des Pays-Bas c. Fédération de Russie),* sentence du 14 août 2015, CPA, Affaire n° 2014-02, par. 314.

[649] C.-A. Colliard parle, à propos du ralliement des EUA au principe de la ZEE, d'une « brêche » dans le principe de la liberté totale de navigation. Les EUA, comme la France, sont aussi des États côtiers et ont créé leurs propres ZEE de 200 milles nautiques durant la 3è Conférence du droit de la mer. Voir COLLIARD (C.-A.), « Guy de Lacharrière et la troisième conférence sur le droit de la mer. Le négociateur – Le théoricien », *op. cit.*, p. 207.

[650] Ce problème est développé dans la seconde partie, Titre I, Chapitre I, Section I, § 1, A, 1, a.

CONCLUSION DU CHAPITRE II

Que la sécurité nationale soit objet principal ou secondaire (au sens *lato sensu*) d'un traité, elle joue dans celui-ci, sous forme de diverses clauses, un rôle d'équilibre des intérêts de sécurité des États parties. Mais, comme on l'a vu dans ce chapitre, ce rôle est différent : il se manifeste, lorsque la sécurité nationale est objet principal du traité, par des obligations positives visant au renforcement de la sécurité collective des États parties et à leur collaboration. Dans le second type de traités, les États parties n'ont pas les mêmes droits et obligations, reflet des particularités et des besoins spécifiques de ces États ou groupes d'États[651] en fonction de l'objet du traité (facilitation des communications internationales, utilisation pacifique des espaces géographiques, non-prolifération et désarmement). Les clauses de sécurité nationale doivent accompagner les différents régimes juridiques liés aux différents États ou groupes d'États. Elles doivent même compenser, sous la forme de clauses de retraits ou de mesures de confiance, les déséquilibres qui caractérisent les traités comme le TNP ou le TICE dans lesquels les États nucléaires ont plus de droits et moins d'obligations que les autres États.

Mais – c'est l'autre aspect des clauses de sécurité nationale qui se manifeste également dans les traités qui ont la sécurité nationale comme objet principal – le rôle d'équilibre n'est parfois pas suffisant en raison de l'incertitude qui marque l'interprétation et la mise en œuvre de ces clauses.

---

[651] État côtier, État maritime, État nucléaire, État non nucléaire.

CONCLUSION DU TITRE I

La sécurité nationale apparaît d'abord comme une notion politique exprimant au sens le plus strict la défense du territoire, la défense de la population et l'indépendance politique de l'État et de ses institutions. Elle exprime aussi, selon le contenu variable que chaque État veut lui donner, tout ce qui concourt au renforcement de la puissance de celui-ci, à l'intérieur comme à l'extérieur de son territoire.

Cette notion politique devient juridique lorsqu'elle est une norme contenant une obligation soit primaire, prescrivant à l'État un comportement, soit secondaire contrôlant ou modifiant ce comportement. On a vu le rôle particulier de ce type de normes, celui d'équilibrer – avec l'interdiction du recours à la force et le droit à la légitime défense – les relations internationales et celui d'équilibrer les droits et obligations des différents États parties à l'intérieur d'un traité. Comme l'écrit P.-M. Dupuy : « *Aujourd'hui plus que jamais, les traités constituent l'instrument privilégié des relations de coopération, et les États y recourent dans les domaines les plus variés* »[652]. Par leur rôle d'équilibre, les clauses de sécurité nationale rendent possibles les relations de coopération et facilitent la circulation internationale des navires et aéronefs. Un État côtier n'accepterait pas le passage dans sa mer territoriale de navires étrangers s'il ne disposait pas de droits de protection contre tout passage portant atteinte à sa sécurité.

Ce rôle d'équilibre des clauses de sécurité nationale n'empêche pas, dans leur mise en œuvre, les tensions entre États : derrière ces clauses se profilent les rapports de force et de puissance de ces derniers. Ceux-ci, surtout lorsqu'ils disposent d'une politique juridique extérieure, interprètent et appliquent conformément à leurs intérêts de sécurité les dispositions sur la légitime défense, sur le mécanisme de vérification d'un traité de désarmement, sur le droit de retrait de ce même traité ou d'autres clauses de sécurité[653].

---

652 DUPUY (P.-M.), *Droit international public*, *op. cit.*, p. 281.

653 Comme le notait Lacharrière, les États ont tendance à n'accepter le contrôle de l'interprétation réalisée par des tiers, organes de règlement des différends, que pour des questions non liées à leurs intérêts stratégiques. LACHARRIÈRE (G. de), La politique juridique extérieure, *op. cit.*, p. 216.

Les traités internationaux étudiés jusqu'à présent servent de support à des droits et des obligations respectives des États. Il est une autre catégorie de traités, qui impose aux États des obligations vis-à-vis de personnes privées. La sécurité nationale n'y joue pas le même rôle, car elle apparaît directement en tension avec les droits de ces personnes et non avec les droits des autres États parties.

TITRE II

La sécurité nationale comme exception à l'exécution des obligations étatiques vis-à-vis des personnes privées

Le droit international protège les personnes privées, personnes physiques ou morales. Ces personnes ne sont pas reconnues comme sujets de droit dans l'ordre juridique international, mais les États leur garantissent des droits dans leurs ordres juridiques internes sous l'effet de conventions internationales et bilatérales. Dans ces dernières, les États consentent même parfois à être attraits devant un organe juridictionnel ou quasi-juridictionnel non national par la personne privée qui se considèrerait lésée dans les droits qui lui sont offerts.

Ces droits rencontrent des limites, la principale étant l'existence de menaces à la sécurité nationale de l'État. Les clauses de sécurité nationale sont ici – dans les traités de protection des droits de l'Homme et dans les traités d'investissement et de commerce que l'on va examiner dans ce titre II – des clauses d'exception ou de dérogation aux droits et obligations consacrés par ces mêmes traités. Elles permettent aux États de suspendre ou de limiter l'exécution de leurs obligations lorsque leur sécurité est en jeu. Ces clauses sont, à ce titre, une condition essentielle du consentement des États à souscrire aux obligations des traités concernés puisqu'elles apportent aux États une garantie que leur sécurité ne sera pas préjudiciée par ces obligations.

Il est ici nécessaire de prendre en compte, dans l'examen de la mise en œuvre des clauses de sécurité nationale, des différences structurelles entre les traités de protection des droits de l'Homme et les traités régulant les activités de commerce international et d'investissement étranger. Les droits et obligations consacrés par ces deux catégories de traités ne sont pas de même nature.

Les traités de protection des droits de l'Homme se distinguent par l'universalité des droits qu'ils garantissent. La Charte des Nations Unies met en exergue, dans son préambule, la « dignité et la valeur de la personne humaine » et appelle, dans son article 55, au « respect universel et effectif des droits de l'Homme et des libertés fondamentales pour tous », marquant ainsi l'existence objective de droits inhérents à tout individu quel que soit l'État membre de l'ONU dont il est ressortissant. Les traités des droits de l'Homme sont marqués par cette objectivité des droits[654]. Selon l'ancienne Commission européenne des droits de l'Homme : « *Les obligations souscrites par les États contractants dans la Convention ont essentiellement un caractère objectif, du fait qu'elles visent à protéger les droits fondamentaux des particuliers contre les empiètements des États contractants plutôt qu'à créer des droits subjectifs et réciproques entre ces derniers* »[655]. Ce caractère objectif conduit, dans les traités de droits de l'Homme, à ce que la mise en œuvre, par les États, de mesures limitant, au nom de la sécurité nationale, les droits fondamentaux soit encadrée de façon précise avec un contrôle juridictionnel *a priori* strict. Les contentieux sont nombreux et la jurisprudence importante, notamment à la CEDH[656].

Par contraste avec les traités des droits de l'Homme, les traités de commerce, de libre-échange et de protection des investissements sont construits sur le principe de réciprocité. Les obligations qu'ils portent sont le produit de négociations entre États ou groupes d'États défendant des intérêts opposés : les uns cherchent à protéger leur marché ou leur économie face aux autres qui souhaitent l'ouverture maximale de ces marchés à leurs exportateurs et investisseurs. Ceci se traduit notamment par l'établissement de droits pour les investisseurs et exportateurs étrangers et de devoirs pour les États d'accueil. Cette réciprocité conduit, dans les traités de l'OMC, à l'existence de nombreuses exceptions et dérogations – dont celles liées à la sécurité nationale – au régime général d'interdiction des obstacles non-

---

[654] Comme l'écrit K. Vasak : « *Le droit international des droits de l'Homme, qui est d'abord un droit écrit puisqu'il est surtout consigné dans la cinquantaine de conventions mentionnées plus haut, est foncièrement rebelle à toute idée de contrat et, de ce fait, il tend à ignorer, autant que faire se peut, le principe de réciprocité si caractéristique du droit international général* ». Voir VASAK (K.), « Le droit international des droits de l'Homme », *RCADI*, vol.140, 1974, p. 407.

[655] *Affaire Autriche c. Italie*, CEDH, 11 janvier 1961, n° 788/60.

[656] Il est bon de noter que, malgré le caractère universel des droits de l'Homme, ces droits ne sont pas entendus de la même façon dans toutes les régions du monde et le droit international des droits de l'Homme n'est pas universel. Seules deux conventions régionales de protection des droits civils et politiques, la Cour européenne des droits de l'Homme (CEDH) et la Cour interaméricaine des droits de l'Homme (CADH) ont un mécanisme juridictionnel avec saisine directe par les particuliers ou les États. La CADH, malgré ses particularités, s'inspire de la CEDH et de la conception occidentale de l'état de droit et des droits de l'Homme.
L'existence de conceptions différentes des droits et libertés de l'individu selon les États apparaît dans les réserves et déclarations interprétatives au Pacte international relatif aux droits civils et politiques (PIDCP). De nombreux États n'ont pas signé ou ratifié le protocole facultatif au PIDCP autorisant les particuliers à saisir directement le Comité des droits de l'Homme, quasi-juridiction à vocation universelle.
S'agissant de l'examen des exceptions de sécurité nationale dans les traités de protection de droits de l'Homme, la présente thèse utilise donc essentiellement la jurisprudence de la CEDH, de la CADH et du Comité des droits de l'Homme.

tarifaires au commerce. Elle conduit aussi, dans plusieurs traités d'investissements, à négocier une clause autorisant l'État d'accueil à déroger à ses engagements pour des raisons liées à sa sécurité ou à ses intérêts vitaux[657]. La formulation de ces clauses est souvent large et ouverte à une interprétation extensive, laissant plus de marge à l'État pour leur utilisation.

Ces différences structurelles entre les traités de protection des droits de l'Homme et les traités d'investissement et de commerce justifient donc un traitement différencié, par catégorie de traités, de l'examen de la mise en œuvre des clauses de sécurité nationale.

Ce traitement différencié ne doit cependant pas éclipser les caractéristiques communes aux deux catégories de traités, des exceptions ou dérogations de sécurité nationale. Ces dérogations ne sont pas les mêmes lorsque la menace sécuritaire provient d'une situation exceptionnelle ou d'une situation non exceptionnelle. Le contrôle juridictionnel n'est pas non plus le même lorsqu'il porte sur l'appréciation, par l'État, de la menace et lorsqu'il examine, à l'étape suivante, la nécessité des mesures prises par l'État en réponse à cette menace. Ce contrôle est *a priori* plus restreint dans le premier cas, il se fait plus large dans la seconde étape en raison des conséquences des mesures de sécurité sur les droits consacrés par les traités.

L'étude de l'invocation des clauses de sécurité nationale dans ces traités et de leur contrôle juridictionnel s'attachera dès lors à suivre les deux étapes de leur mise en œuvre : l'étape de l'appréciation, par l'État, de la menace à sa sécurité (Chapitre I) et l'étape de la détermination (par le même État) des mesures destinées à protéger sa sécurité (Chapitre II).

---

[657] La présence d'une clause de sécurité nationale dans les traités bilatéraux d'investissement est devenue plus fréquente depuis les années 2000 avec l'apparition de crises économiques suscitées par une ouverture mal maîtrisée des pays du Sud au commerce et à l'investissement international, déséquilibrant l'économie, la société et les États de ces derniers. Certains pays du Nord (dont les EUA) ont aussi inclus dans leurs TBI une clause de sécurité nationale. Cela est dû à la montée en puissance de certains pays du Sud (notamment la Chine, l'Inde et le Qatar) dans les flux d'investissements étrangers vers le Nord à travers des fonds souverains et des banques. Ces fonds cherchent à prendre des parts dans des industries stratégiques – défense, énergie, infrastructures, télécommunications – des pays du Nord.
La négociation de certaines clauses de sécurité s'inscrit dans la stratégie de sécurité nationale des États. Un tribunal du CIRDI y fait allusion en notant : « *It may well be that in drafting the model text for Art. XI, the U.S. intended to protect first of all its own security interests in the light of geopolitical, strategic and defense concerns, typical of a world power, so as to be able to reserve the right to freeze assets of foreigners in the U.S. and to resort to unilateral economic sanctions that may conflict with its BIT obligations* ». Voir « *Continental Casualty Company v. The Argentine Republic*, ICSID Case n° ARB/03/9, Award, 5 september 2008, par. 181.

CHAPITRE I

La reconnaissance d'une marge d'appréciation des États pour déterminer les menaces à leur sécurité

La détermination de l'existence d'une menace est la première étape de la mise en œuvre d'une clause de sécurité nationale. La plupart des traités qui contiennent une telle clause font référence à une situation de crise d'une gravité telle qu'elle justifie la prise de mesures de sécurité dérogatoires aux droits consacrés par ces traités. Cette situation est caractérisée, notamment dans les traités de droits de l'Homme[658], par des circonstances exceptionnelles où la vie de la nation est menacée et qui se caractérisent par une urgence à prendre des mesures de sécurité extrême.

Un autre type de clauses de sécurité nationale se réfère à des situations ou circonstances ordinaires où l'urgence est absente et la menace se situe à un degré moindre. Celle-ci appelle des mesures non pas de suspension mais de restriction de droits.

En fonction de l'appréciation que fait l'État sur le niveau – exceptionnel ou pas – de gravité de la menace à sa sécurité nationale, les mesures de sécurité et leurs conséquences sur les droits garantis ne sont pas les mêmes. Il s'agit d'examiner les critères utilisés par les juridictions pour arbitrer cette tension qui surgit entre la sécurité nationale et les droits des personnes privées. Le degré d'intensité du contrôle juridictionnel sur l'appréciation, par les États, des menaces à leur sécurité nationale n'est pas le même, selon que les circonstances sont exceptionnelles ou non.

On examinera, pour répondre à ces questions, les traités concernés ainsi que la pratique des États et la jurisprudence en séparant les clauses de

---

[658] Nous considérons ici le PIDCP, la Convention Européenne des Droits de l'Homme (CEDH) et la Convention Américaine des Droits de l'Homme (CADH). La Charte africaine des droits de l'Homme ne prévoit pas de dérogation liée à la sécurité en cas de circonstances exceptionnelles.
Les traités de commerce, d'investissement et d'intégration économique prévoient également une exception de sécurité nationale visant une situation exceptionnelle (bien que ce terme ne soit pas repris) parmi d'autres situations.

sécurité relatives aux circonstances exceptionnelles (Section I) des clauses de sécurité relatives aux circonstances non exceptionnelles (Section II).

SECTION I. LA RECONNAISSANCE D'UNE MARGE NATIONALE D'APPRÉCIATION DANS LES SITUATIONS EXCEPTIONNELLES

Aucune clause de sécurité nationale dans les traités de droits de l'Homme, de commerce ou d'investissement, qu'elle soit rédigée de façon détaillée ou non, ne précise ce qu'est une situation exceptionnelle qui pourrait – en dehors d'une situation de guerre où l'exception est évidente – conduire un État à déroger à ses obligations conventionnelles. En matière de droits de l'Homme, c'est aux États qu'il revient d'apprécier, au moyen de critères et de faits objectifs, cette situation exceptionnelle (§ 1). L'appréciation d'une situation exceptionnelle en matière de commerce ou d'investissement fait, sauf dans le cadre du droit européen, généralement appel à des critères plus subjectifs. Ceci rend plus difficile son contrôle, aussi restreint soit-il, par un organe juridictionnel. La jurisprudence est moins homogène, d'un tribunal à l'autre, que dans le domaine des droits de l'Homme (§ 2).

§ 1. Le caractère objectif des circonstances exceptionnelles qui justifient les dérogations aux droits de l'Homme

Les situations exceptionnelles invoquées par les États sont variées mais leur degré de gravité relativement à la menace qu'elles représentent pour la sécurité nationale est manifeste (A). Le contrôle des juridictions porte *a posteriori* sur leur utilisation abusive, c'est-à-dire contraire au but et à l'objet de la clause de sécurité nationale (B).

A. La variété des situations exceptionnelles

La formulation des articles 4 du PIDCP[659], 15 de la CEDH[660] et 27 de la CADH[661] donne à l'État une liberté pour apprécier les situations exceptionnelles, liberté reconnue par les juridictions (1). L'utilisation de cette marge d'appréciation s'accompagne de l'exigence jurisprudentielle de montrer par des éléments objectifs l'existence du danger exceptionnel (2).

---

659 Pacte international relatif aux droits civils et politiques (1966).
660 Convention européenne des droits de l'Homme (1950).
661 Convention américaine relative aux droits de l'Homme (1969).

1. La marge nationale d'appréciation

Selon les articles 4 du PIDCP et 15 de la CEDH, le but des clauses autorisant la dérogation – c'est-à-dire la non-application totale ou *stricto sensu* – de certains droits de l'Homme pour une période déterminée[662] est de protéger la nation en situation de guerre ou d'un autre « danger public » qui menace son existence. La CADH, dans son article 27, évoque – outre la guerre ou un danger public – « *une situation de crise*[663] *qui menace l'indépendance ou la sécurité de l'État partie* ». Ces termes larges[664] permettent aux États d'invoquer, selon les cas et la convention à laquelle ils sont parties, des situations diverses et variées[665].

La Cour EDH laisse aux États l'appréciation du danger auquel ils font face, car elle considère qu'il incombe à ceux-ci d'apprécier l'opportunité de prendre des mesures de restriction ou de dérogation aux droits garantis par la CEDH, que la sécurité nationale soit en cause ou non. Dans l'arrêt *Handyside* (qui ne concernait pas une situation de menace à la sécurité nationale) elle dit que la morale publique – sur laquelle se fondait le Royaume-Uni pour interdire un livre, jugé « obscène », publié par le requérant – ne correspond pas à une notion européenne uniforme et varie d'un État à l'autre. Elle déclare : « *Grâce à leurs contacts directs et constants avec les forces vives de leur pays, les autorités de l'État se trouvent en principe mieux placées que le juge international pour se prononcer sur le contenu précis de ces exigences* [de morale] *comme sur la*

---

662 Le terme « dérogation » est utilisé par le PIDCP et la CEDH. LA CADH utilise le terme « suspension ». Les sens sont équivalents : il s'agit d'écarter, de ne pas appliquer temporairement des droits.

663 Le terme espagnol est « emergencia », que l'on peut traduire aussi par « situation d'urgence ».

664 Le terme de « danger public exceptionnel » utilisé dans le PIDCP a succédé, durant les travaux préparatoires à la rédaction du texte final, à diverses propositions alternatives qui avaient fait l'objet de débats durant les travaux préparatoires entre 1947 et 1952 et avaient été rejetées. Le souci de nombreux pays était d'éviter la possibilité d'abus en invoquant une dérogation formulée trop largement. L'URSS avait proposé la formulation « *In time of war or other public emergency threatening the interests of the people* », proposition jugée trop vague par la France qui proposa « *In case of a state of emergency made evident by a public act or public disasters » ;* l'Uruguay voulait inclure les catastrophes naturelles telles que les tremblements de terre ou les inondations qui touchaient non pas l'ensemble de la population mais une partie de celle-ci. C'est finalement la proposition britannique qui l'emporta avec les termes « *which threaten the existence of the nation* ». Voir SVENSON-McCARTHY (A.L.), *The International Law of Human Rights and States of Exception*, The Hage, Martinus Nijhoff Publishers, 1998, p. 200 à 211.

665 Cette marge offerte aux États s'accompagne, dans l'article 4.3 du PIDCP, d'une exigence de communiquer aux autres États parties – par l'intermédiaire du Secrétaire général des Nations Unies – non seulement les dispositions auxquelles il sera dérogé mais aussi les « motifs qui ont provoqué cette dérogation », ce qui revient à une obligation d'expliquer les raisons de la proclamation du danger public exceptionnel. Cette obligation est également prévue à l'article 28.3 de la CADH mais est absente de l'article 15 de la CEDH.

"nécessité" d'une "restriction" ou "sanction" destinée à y répondre »[666]. La Cour expose ici le principe de subsidiarité du juge européen par rapport aux autorités nationales, principe dont elle déduit l'existence d'une marge nationale d'appréciation[667]. La marge d'appréciation concerne des « questions sensibles » qui mettent les droits protégés par la CEDH en balance avec des notions « naturellement fuyantes »[668] comme la morale ou sujettes à des « traditions nationales » comme la liberté religieuse[669] ou à des « facteurs historiques ou politiques propres à chaque État » comme les règles d'éligibilité des parlementaires[670]. Au centre des « questions sensibles » se trouve la tension entre la sécurité nationale (parfois sous la forme de « sécurité publique ») – notion variable selon les États – et les droits protégés par la CEDH. La reconnaissance d'une marge nationale d'appréciation signifie que c'est à l'État qu'il revient de déterminer l'existence d'un danger public qui le menace et les mesures à prendre pour y faire face. Dans l'arrêt *A. et autres c. Royaume-Uni* qui a pour contexte le terrorisme, la Cour confirme, en la précisant, sa jurisprudence *Handyside* : « *En contact direct et constant avec les forces vives de leurs pays et les réalités pressantes du moment, les autorités nationales se trouvent en principe mieux placées que le juge international pour se prononcer sur la présence de pareil danger, comme sur la nature et l'étendue des dérogations nécessaires pour le conjurer* »[671]. Ce que dit la Cour ci-dessus s'adresse autant aux juridictions nationales qu'aux pouvoirs exécutifs des États. Ces juridictions nationales sont mieux placées que le juge international pour apprécier l'existence du danger et la nécessité des dérogations pour y remédier. Elles connaissent mieux le contexte local où se sont déroulés les faits qu'elles examinent ; les juridictions internationales, confrontés à une

---

666 *Affaire Handyside c. Royaume-Uni*, Arrêt du 7 décembre 1976, requête n° 5493/72, par. 38.

667 Doctrine crée par la Cour EDH, la marge nationale d'appréciation « sous le contrôle de la Cour » a été intégrée en 2013 au préambule de la CEDH par le protocole additionnel n° 15 : « *Affirmant qu'il incombe au premier chef aux Hautes Parties contractantes, conformément au principe de subsidiarité, de garantir le respect des droits et libertés définis dans la présente Convention et ses protocoles, et que, ce faisant, elles jouissent d'une marge d'appréciation, sous le contrôle de la Cour européenne des Droits de l'Homme instituée par la présente Convention* ». En 2018, ce protocole n'était pas encore entré en vigueur, faute de ratification par l'ensemble des États parties à la CEDH.

668 Ces termes entre guillemets sont utilisés par GAUTHIER (C.), PLATON (S.) et SZYMCZAK (D.), *Droit européen des droits de l'Homme*, Paris, Sirey Dalloz, 2017, p. 112.

669 *Affaire Leyla Sahin c. Turquie*, Arrêt du 10 novembre 2005, requête n° 44774/98, par. 109.

670 SUDRE (Fr.), *Droit européen et international des droits de l'Homme*, Paris, PUF, 2011, p. 218. L'auteur fait référence à l'*Affaire Gitonas c. Grèce*, Arrêt du 1er juillet 1997, requête n° 18747/91, par. 39.

671 *Affaire A. et autres c. Royaume-Uni*, Arrêt Grande Chambre du 19 février 2009, requête n° 3455/05 ; par. 173, repris également par les arrêts *Mehmet Asan Altan c. Turquie*, n° 13237/17, 20 mars 2018, par. 91 et *Sahin Alpay c. Turquie*, n° 16538/17, 20 mars 2018, par. 75.

surcharge d'affaires, manquent en outre de temps pour enquêter sur ce contexte local et apprécier les faits à leur juste valeur[672].

On peut ajouter que l'État – en l'occurrence le pouvoir exécutif – est mieux placé que le juge international pour évaluer la présence d'un danger à son existence dans la mesure où c'est de lui – en tant que souverain – que dépend la décision, politique, de prendre des mesures dérogatoires pour faire face à ce danger. Ceci fait écho à la définition de la souveraineté donnée par C. Schmitt : « Est souverain celui qui décide de la situation exceptionnelle »[673]. C'est aussi la position de la Chambre des *Lords* au Royaume-Uni dans l'affaire *A et autres*[674].

2. La vérification, par les organes juridictionnels, des éléments objectifs utilisés par les États dans leur appréciation du danger exceptionnel

Tout en reconnaissant la compétence des États en matière d'appréciation de l'existence d'un danger exceptionnel, la Cour EDH comme la Cour IDH et le Comité des droits de l'Homme s'attachent à ce qu'ils utilisent des critères et des faits objectifs. Après avoir vérifié les faits et circonstances retenus par un État pour déclarer l'existence d'un danger, la Cour EDH reprend généralement l'appréciation formulée par cet État ou son organe judiciaire[675]. Les principes qui se dégagent de la pratique des États et de la jurisprudence de la Cour EDH à partir de l'article 4 du PIDCP ont été synthétisés par les « principes de Syracuse »[676] :

> « une situation qui constitue un danger exceptionnel et actuel ou imminent menaçant l'existence de la nation. Une « menace à l'existence de la nation » (article 4 du PIDCP) doit :
>
> a) être dirigée contre l'ensemble de la population et contre la totalité ou une partie du territoire de l'État, et b) menacer l'intégrité physique de la population, l'indépendance politique ou l'intégrité territoriale de l'État ou l'existence ou les

672 SHANY (Y.), « Toward a General Margin of Appreciation Doctrine in International Law ? », *EJIL*, vol.16 (2005), n° 5, p. 919.

673 SCHMITT (C.), *Théologie politique*, Paris, Gallimard, 2008, p. 14.

674 Selon la Chambre des Lords: « *It would be meaningless if we could only rubber-stamp what the Home Secretary and Parliament have done. But any sensible court* [...] *recognizes the limits of its expertise. Assessing the strength of a general threat to the life of the nation is, or should be, within the expertise of the Government and its advisers* ». *A and others v. Secretary of State for the Home Department, House of Lords*, [2004], UKHL 56, par. 226.

675 Dans l'affaire *Mehmet Asan Altan c. Turquie,* la Cour déclare : « À la lumière des considérations de la Cour constitutionnelle, ainsi que de l'ensemble des éléments dont elle dispose, la Cour estime également que la tentative de coup d'État militaire a révélé l'existence d'un « danger public menaçant la vie de la nation » au sens de la Convention ». *op. cit.*, par. 93.

676 Il s'agit de recommandations, par nature non contraignantes, élaborées par des juristes de divers pays réunis lors d'une conférence internationale tenue à Syracuse en 1984. Document E/CN.4/1985/4 du 28 septembre 1984.

fonctions essentielles des institutions qui sont indispensables pour assurer le respect et protéger les droits reconnus par le Pacte »[677].

L'arrêt *Lawless c. Irlande* est le premier arrêt où la Cour EDH confirme l'appréciation, par l'État, d'un « danger public menaçant la vie de la nation » (article 15 de la CEDH) en dégageant des critères qui s'appuient sur des faits vérifiables objectivement. Il s'agit en l'espèce du terrorisme[678]. Le « danger public menaçant la vie de la nation » recouvre « *une situation de crise ou de danger exceptionnel et imminent qui affecte l'ensemble de la population et constitue une menace pour la vie organisée de la communauté composant l'État* »[679]. Le terrorisme correspond à cette situation de danger puisque son objectif est – selon le droit pénal de différents pays[680] et le droit international

---

[677] « Principes de Syracuse », *op. cit.*, document E/CN. 4/1985/4, par. 39.

Il est bon de noter qu'à côté de l'interprétation constante que fait la Cour EDH sur les termes de l'article 15 appliqué au terrorisme, des opinions dissidentes se sont exprimées sur la signification de la menace. Parmi celles-ci, l'opinion du Lord Hoffman dans l'affaire *A. and others v. Secretary of State for the Home Department*, une affaire située dans le contexte de la menace terroriste d'*Al Qaeda* sur le Royaume-Uni et examinée par la Chambre des Lords en 2004. Le membre de la Chambre des Lords interprète la « vie de la nation » et la caractérisation qui en est donnée par l'arrêt *Lawless c. Irlande* (« *Une situation de crise ou de danger exceptionnel et imminent qui affecte l'ensemble de la population et constitue une menace pour la vie organisée de la communauté composant l'État* ») dans un sens essentiellement métaphorique, détaché de la vie physique de la population et qui fait référence à la vie des institutions et valeurs qui perdurent à travers le temps, c'est-à-dire des valeurs institutionnelles et politiques de l'Angleterre. Selon lui, ces valeurs sont particulièrement fortes dans la société anglaise. Il en déduit que celle-ci est moins menacée dans sa cohésion que ne l'était, à l'époque de l'affaire *Lawless c. Ireland* et des attentats des groupes nationalistes, la société irlandaise du Nord (Ulster), fracturée par des divisions entre la communauté catholique pro-indépendantiste et la communauté protestante loyaliste. Cette interprétation – minoritaire à la Chambre des Lords – donne un caractère politique et abstrait à l'appréciation de la menace. Elle ne fut pas validée par la Cour EDH lorsque celle-ci fut saisie de l'affaire *A. and others* en 2009. La Cour préféra suivre l'État britannique dans la prise en considération, plus objective, de l'effet psychologique que provoqua, sur l'ensemble de la population, la réalisation d'attentats avec leurs nombreuses victimes. *A. and others v. Secretary of State for the Home Department,* [2004] UKHL, Opinion of the Lord Hoffmann, par. 91-92, International Law Reports, vol. 137, 2010, p. 58-59.

[678] Affaire *Lawless c. Irlande*, Arrêt du 1et juillet 1961, requête n° 332/57.

.[679] *Ibidem*, par. 28.

[680] En France, l'article 421-1 du Code pénal caractérise une série d'infractions graves comme étant des actes de terrorisme lorsqu'elles *« sont intentionnellement en relation avec une entreprise individuelle ou collective ayant pour but de troubler gravement l'ordre public par l'intimidation ou la terreur ».*

L'article 572 du Code pénal espagnol expose de la façon suivante les finalités de l'acte terroriste : « *1. Subvertir l'ordre constitutionnel ou supprimer ou déstabiliser gravement le fonctionnement des institutions politiques ou des structures économiques ou sociales de l'État ou obliger les pouvoirs publics à réaliser un acte ou à s'abstenir de réaliser un acte 2. Troubler gravement la paix publique 3. Déstabiliser gravement le fonctionnement d'une organisation internationale. 4. Provoquer un état de terreur au sein de la population ou d'une partie de celle-ci…* ».

pénal[681] – de perturber gravement l'ordre public par l'intimidation ou la terreur pour déstabiliser l'État et ses institutions. Les faits – objectifs – retenus par la République d'Irlande et admis par la Cour sont l'existence et l'action de l'IRA. L'IRA est une armée illégale et secrète opérant non seulement en République d'Irlande mais sur le territoire voisin du Royaume-Uni à partir du territoire irlandais, en commettant de plus en plus d'attentats terroristes dans la courte période prise en compte (1956 à 1957). En plus de la fréquence de ces actes, la Cour retient la portée politique dévastatrice de l'un d'entre eux : un attentat meurtrier la veille du 12 juillet, fête d'une victoire nationale irlandaise contre la couronne britannique[682]. L'affaire *Irlande c. Royaume-Uni* (1978) précise l'appréciation portée par la Cour EDH sur le terrorisme comme source de danger public menaçant la vie de la nation. Le terrorisme sévit à l'époque en République d'Irlande et dans plusieurs parties du Royaume-Uni et se distingue par l'ampleur et les effets de la violence qu'il génère : les attentats, plusieurs milliers de morts, des dizaines de milliers de blessés. L'ampleur de ce terrorisme atteint « *l'intégrité du territoire du Royaume-Uni, les institutions des six comtés et la vie des habitants de la province* »[683]. L'arrêt *Brannigan et McBride c. Royaume-Uni* (1993) indique qu'en dépit du moindre nombre de tués au milieu des années 1980 par rapport au début de la décennie précédente, le « terrorisme systématique » a persisté[684]. La Cour EDH a repris les mêmes critères de « l'ampleur et des effets particuliers » de l'activité terroriste dans les affaires concernant l'activité du PKK (parti du Kurdistan) dans une partie seulement du territoire de la Turquie. Ces décisions confirment que ce n'est

---

[681] Le droit international pénal n'offre pas de définition unique du terrorisme. Les principales conventions qui répriment le terrorisme international. (Convention sur les attentats terroristes à l'explosif (1997), convention sur le financement du terrorisme (1999), Convention sur le terrorisme nucléaire (2005)) reprennent dans leurs préambules la déclaration de l'Assemblée générale des Nations Unies (résolution 49/60 en date du 9 décembre 1994) qui condamne « *tous les actes, méthodes et pratiques terroristes, où qu'ils se produisent et quels qu'en soient les auteurs, notamment ceux qui compromettent les relations amicales entre les États et les peuples et* ***menacent l'intégrité territoriale et la sécurité des États*** » (souligné par nous). La première de ces conventions définit l'infraction de terrorisme perpétré au moyen d'engins explosifs comme le fait, pour toute personne, de « *poser […] faire exploser […] un engin explosif […] dans un lieu public, une installation gouvernementale ou une autre installation publique, un système de transport public ou une infrastructure […] dans l'intention de provoquer la mort […] ou […] dans l'intention de causer des destructions massives de ce lieu, de cette installation […] ou de cette infrastructure, lorsque des destructions entraînent ou risquent d'entraîner des pertes économiques considérables…* ».

[682] La Cour note qu'il s'agit d'une « date qui, pour des raisons historiques, est particulièrement critique pour le maintien de la paix et de l'ordre publics ». Affaire *Lawless c. Irlande, op. cit.*, par. 29.

[683] Affaire *Irlande du Nord c. Royaume-Uni,* Arrêt du 18 janvier 1978, Cour plénière, requête n° 5310/71, par. 212.

[684] Affaire *Lawless c. Irlande, op. cit.*, par. 28, Affaire *Irlande du Nord c. Royaume-Uni, op. cit.*, par. 12 et par. 205, Affaire *Brannigan et McBride c. Royaume-Uni*, Arrêt du 26 mai 1993, requête n° 14553/89 ; 14554/89, par. 12 et par. 47.

pas l'étendue du territoire qui est prise en compte pour apprécier l'impact des activités terroristes sur l'ensemble de la population, mais l'ampleur (intensité) de ces activités et leurs effets particuliers sur la population[685].

Les critères de l'ampleur des activités terroristes et de leurs effets sur la population ont été également utilisés plusieurs fois par la France à la suite des attentats réalisés en 2015, 2016 et 2017 pour instaurer puis proroger l'état d'urgence. L'objectif de l'état d'urgence était de prévenir de nouveaux attentats et désorganiser les filières terroristes. Les notifications faites par l'État au Conseil de l'Europe ne décrivent cependant pas en détail le danger public qui motive les mesures de dérogations, la seule obligation de l'État (article 15.3 de la CEDH) étant la notification des droits auxquels il est dérogé et la date de la fin des dérogations[686].

On notera que le droit européen offre aussi, avec le Code frontières Schengen, la possibilité aux États d'invoquer un danger exceptionnel lié au terrorisme – sur la base d'éléments objectifs – pour déroger à un droit fondamental. Le Code frontières Schengen permet, en cas de « menace grave pour l'ordre public ou la sécurité intérieure de l'État » de déroger à la règle de la libre circulation des personnes dans l'espace intérieur sans frontières de

[685] Affaire *Aksoy c. Turquie,* Arrêt du 18 décembre 1996, requête n° 21987/93 par. 70 et 84, Affaire *Sakik et autres c. Turquie*, Arrêt du 26 novembre 1997, requête n° 87/1996/67/897-902, par. 38, Affaire *Demir et autres c. Turquie*, Arrêt du 23 septembre 1998, requête n° 71/1997/855/1062-1064, par. 45. À propos des effets particuliers des activités terroristes, le gouvernement turc, dans l'affaire *Demir et autres*, mentionne qu'il a dû prendre des mesures pour « *neutraliser une campagne de désinformation tendancieuse auprès du public, lancée notamment à partir d'autres régions de la République de Turquie ou même de l'étranger et accompagnées d'une utilisation abusive des droits syndicaux* ». Affaire *Demir et autres c. Turquie*, *op. cit.*, par. 24.

[686] La notification annonçant l'instauration de l'état d'urgence décrivait brièvement une situation caractérisée par « *la gravité des attentats, leur caractère simultané et la permanence de la menace à un niveau inédit sur le territoire national* » et ajoutait « *les mesures prises dans le cadre de l'état d'urgence sont soumises à un contrôle juridictionnel effectif ainsi qu'à un mécanisme de suivi et de contrôle particulièrement attentif du Parlement* ». Les notifications des deuxième et troisième prorogations, le 25 février et le 25 mai 2016 déclaraient que « *le bilan des mesures prises dans le cadre de l'état d'urgence depuis le 14 novembre dernier a confirmé la nécessité de ces mesures pour prévenir de nouveaux attentats et désorganiser les filières terroristes* » mais ne précisaient pas quel était ce bilan. De nouveaux attentats eurent cependant lieu en juin, juillet 2016 et en avril 2017, suscitant des questions sur l'efficacité de l'état d'urgence renouvelé. La notification de la prorogation du 21 décembre 2106 reprenait la formulation de « *la menace terroriste, caractérisant « un péril imminent résultant d'atteintes graves à l'ordre public* ». Notons que ces notifications font référence à la réserve formulée par la France à l'article 15 de la CEDH visant à mettre en adéquation cet article avec la loi sur l'état d'urgence de 1955 (amendée en 2015 pour la mise en œuvre des mesures de l'état d'urgence anti-terroriste de la même année) et l'article 16 de la constitution française sur les pouvoirs exceptionnels offerts au chef de l'État (voir plus loin). Voir les différentes déclarations du représentant de la France au Secrétariat général du Conseil de l'Europe, Bureau des traités, Conseil de l'Europe.

l'UE et de rétablir temporairement leurs frontières nationales[687]. Le caractère exceptionnel de cette dérogation – et donc de la menace qu'elle vise à combattre – se manifeste par le fait que la réintroduction temporaire des contrôles aux frontières ne peut être qu'une mesure de dernier recours, si d'autres mesures moins restrictives à la circulation des personnes ne peuvent répondre à la menace identifiée[688]. L'État doit évaluer « l'incidence probable de toute menace pour son ordre public ou sa sécurité intérieure, y compris du fait d'incidents ou de menaces terroristes » en même temps que « l'incidence probable d'une telle mesure sur la libre circulation des personnes »[689]. Plusieurs États de l'UE ont, ces dernières années, utilisé cette dérogation en raison de la menace terroriste, mais aussi de la crise migratoire liée à l'afflux de populations fuyant le conflit en Syrie. La CJUE n'a pas été saisie sur l'application de cette dérogation. En décembre 2017, le Conseil d'État a choisi de ne pas transmettre à cette juridiction une question préjudicielle contestant la conformité au droit européen de la décision de l'État français de renouveler au-delà de deux ans la réintroduction des contrôles à ses frontières[690]. Initialement rétablis à la suite des attentats de Paris du 13 novembre 2015, ces contrôles avaient pour objectif de faire face à une « *menace terroriste persistante et au déroulement d'événements majeurs, sportifs ou politiques*[691] *faisant peser des risques accrus sur la population et des contraintes particulières sur les services de sécurité intérieure* »[692]. Ayant constaté que le gouvernement « *s'est fondé sur l'actualité* […] *et sur le niveau élevé de la menace terroriste en France* » (ce niveau résultant de l'appréciation de l'État), le Conseil d'État jugea que cette menace persistante justifiait la décision française de renouveler les contrôles frontaliers d'autant qu'elle ne portait par ailleurs pas atteinte de façon disproportionnée à la liberté de circulation des personnes[693].

---

[687] Articles 25 à 28 du Règlement (UE) 2016/399 du Parlement européen et du Conseil du 9 mars 2016 concernant un Code de l'Union relatif au régime de franchissement des frontières par les personnes.

[688] Recommandation (UE) de la Commission du 3 octobre 2017 sur « la mise en œuvre des dispositions du Code frontières Schengen relatives à la réintroduction temporaire du contrôle aux frontières intérieures de l'espace Schengen », considérant n° 11.

[689] Article 26, Règlement (UE) 2016/399, *op. cit.*

[690] CE, 28 décembre 2017, *Association nationale d'assistance aux frontières et autres*, n° 415291. Les contrôles aux frontières françaises ont été renouvelés à 10 reprises depuis le 13 novembre 2015.

[691] Il s'agit notamment de la COP 21 en décembre 2015, du championnat d'Europe de football en juillet 2016, des élections présidentielles et législatives de 2017.

[692] CE, 28 décembre 2017, *op. cit.*, point 8.

[693] *Ibidem*, point 8. Pour une contestation du raisonnement appliqué par le Conseil d'État et de son refus de renvoyer la question préjudicielle à la CJUE voir HAMON (F.) et FADIER (A.), « Le droit de l'Union européenne à l'épreuve du paradigme sécuritaire : autour du refus du Conseil d'État d'annuler la décision de maintenir les contrôles aux frontières », La Revue des droits de l'Homme [En ligne], Actualités Droits-Libertés, mis en ligne le 10 avril 2018, accès le 24 août 2018. Voir aussi PLATON (S.): 30 days, six months… forever? Border control and

Un autre type de situation pouvant correspondre à un danger public menaçant l'existence de la nation est le coup d'État ou la tentative de coup d'État et ses conséquences[694]. La Turquie a, le 15 juillet 2016, souffert une tentative de coup d'État organisée par une partie de l'armée et d'autres groupes visant à renverser le gouvernement et le chef de l'État. L'état d'urgence que ce pays a décrété et notifié le 21 juillet 2016 au Conseil de l'Europe pour fonder des mesures de dérogations à la CEDH était motivé par la persistance des menaces à l'ordre constitutionnel et démocratique : des individus appartenant à des organisations liés au leader religieux Fetullha Gülen et accusés d'être responsables de la tentative de coup d'État auraient infiltré les institutions de l'État turc – armée, police, pouvoir judiciaire, universités – et pouvaient récidiver. Certains de ces individus furent arrêtés et détenus sous le régime de l'état d'urgence[695]. La Cour EDH appliqua le principe de la marge nationale d'appréciation en s'appuyant sur les conclusions de la Cour constitutionnelle turque relative à l'existence d'une menace grave basée sur les faits ci-dessus[696].

En revanche, dans l'« affaire grecque »[697], l'ancienne Commission européenne des droits de l'Homme rejeta la qualification de « danger public menaçant la vie de la nation » présentée par la Grèce pour justifier un état d'urgence et une prise de pouvoir par l'armée le 21 avril 1967. Selon les autorités grecques (défendeurs à l'instance), le coup d'État organisé par l'armée était justifié par trois facteurs : l'imminence d'un renversement par les armes, organisé par les communistes, du gouvernement démocratique, la crise constitutionnelle et les troubles à l'ordre public que traversait le pays depuis quelques temps. Pour apprécier la situation, la Commission reprend les critères établis par l'arrêt *Lawless c. Irlande*, notamment le caractère « imminent » du danger et la menace pesant sur « *la vie organisée de la communauté composant l'État* ». En cherchant à établir les faits à l'appui des trois facteurs avancés par la défense, elle admet implicitement que ces derniers, s'ils sont vérifiés, peuvent répondre aux critères de l'affaire

the French Council of State, VerfBlog, 2018/1/09, https://verfassungsblog.de/30-days-six-months-forever-border-control-and-the-french-council-of-state/, accès le 24 août 2018.

[694] La tentative de coup d'État peut être assimilée à un phénomène de terrorisme comme le firent les autorités turques en 2016.

[695] Voir la déclaration du ministre de la Justice cité dans l'arrêt *Aydin Avuz and others*, n° 2016/22169, 20 juin 2017, Cour constitutionnelle turque, par. 48, p. 26, arrêt cité par la Cour EDH dans son arrêt *Demir et autres c. Turquie*, *op. cit.*, par. 80.

[696] Arrêt *Demir et autres c. Turquie*, *op. cit.*, par. 80 et 93. La Cour EDH fait les mêmes observations dans l'arrêt *Sakik et autres c. Turquie*, *op. cit.*, par. 77.

[697] *The Greek Case*, Application n° 3321/67 – *Denmark v. Greece*, Application n° 3322/67 – *Norway v. Greece*, Application n° 3323/67 – *Sweden v. Greece*, Application n° 3344/67 – *Netherlands v. Greece*, European Commission of Human Rights.

Lawless c. Irlande et constituer une situation au sens de l'article 15 de la CEDH[698].

L'article 15 de la CEDH a également permis à des États de déclarer un état d'urgence dans d'autres situations de troubles graves à l'ordre public : violences pré ou post électorales ou effondrement du système financier générant des troubles à l'ordre public, préparation de coups d'État[699], propagation du virus H1N1[700] et du virus COVID-19[701]. Dans leurs

---

[698] En l'espèce, la recherche des faits indique que la quantité d'armes à la disposition des communistes était trop faible pour organiser un coup d'État et ceux-ci n'avaient pas de plan d'utilisation de la force armée pour renverser le gouvernement ; les manifestations et grèves des premiers mois de l'année 1967 n'avaient pas l'ampleur nécessaire pour générer une situation d'urgence exceptionnelle car les forces de polices n'étaient pas débordées et les grèves ne menaçaient pas l'approvisionnement du pays ni le fonctionnement des services essentiels. Enfin, la perspective hypothétique de la constitution, par le premier ministre en place, M. Papandréou, d'un « Front populaire » avec participation des communistes ne constituait pas en elle-même une menace à la vie de la Nation. *The Greek Case*, *op. cit.*, par. 113 à 125. La Commission déclare d'ailleurs que la rapidité avec laquelle l'armée a, au moment de son coup d'État le 21 avril 1967, maîtrisé et arrêté les communistes et les leaders syndicaux montre que ceux-ci n'avaient pas la capacité de désorganiser le pays et de prendre eux-mêmes le pouvoir.

[699] La France à un instauré un état d'urgence pendant 9 mois en 1985 en Nouvelle Calédonie à la suite des élections pour l'assemblée de ce département qui avaient conduit à des heurts « insurrectionnels » entre kanaks et caldoches avec des victimes dont un dirigeant indépendantiste kanak. Parmi les droits visés par la dérogation : la liberté de manifestation et d'aller et venir et le recours aux perquisitions administratives.

L'Albanie a instauré en 2007 un état d'urgence à la suite de l'effondrement du système des pyramides financières qui avait provoqué des pertes considérables dans l'épargne d'une grande partie de la population, entraînant des révoltes et, aux dires des autorités, des actes terroristes et une rébellion armée visant à réaliser un coup d'État. L'état d'urgence, en vigueur pendant 4 mois et sur tout le territoire national, permit au gouvernement arménien d'interdire toute manifestations, de procéder à des arrestations, de contrôler l'information et de neutraliser les groupes politiques à l'origine des actes terroristes. Voir Note verbale du ministère des Affaires étrangères d'Albanie, en date du 4 mars 1997 adressée au Secrétaire général du Conseil de l'Europe.

L'Arménie a instauré un état d'urgence de 20 jours circonscrit à la capitale à la suite de heurts et manifestations de rue de l'opposition au lendemain des élections présidentielles perdues par celles-ci (élections reconnues régulières par l'OSCE mais contestées par l'opposition). L'état d'urgence a permis au gouvernement arménien d'utiliser les mêmes mesures que dans le cas albanais. Voir : Dérogation consignée dans une Note verbale du Ministère des Affaires étrangères de l'Arménie, en date du 2 mars 2008 ; « L'état d'urgence décrété en Arménie contre les manifestants de l'opposition », *Le Monde*, 1er mars 2008.

La Géorgie s'est également prévalue en 2007 de l'article 15 pour faire face à des troubles à l'ordre publics et à une menace à sa sécurité nationale dans un même contexte où un conflit latent entre le gouvernement et l'opposition se transformait brusquent en heurts violents, cette fois-ci en raison de l'absence de date d'élections présidentielles demandée par l'opposition. Les mesures d'urgence utilisées permettent de mettre rapidement fin à ces troubles. La légalité, au regard de la CEDH, de ces mesures n'empêche pas les protestations de certains États. Voir Lettre du ministère des affaires étrangères de Géorgie en date du 7novembre 2007 et « *Géorgie : état d'urgence confirmé par le parlement* », *Le Monde*, 9 novembre 2007.

[700] La Géorgie a instauré un état d'urgence de 26 jours circonscrit à la région où se trouvait le foyer du virus, avec des restrictions à la liberté de circulation, au droit de propriété et à

notifications au secrétariat général du Conseil de l'Europe, la plupart de ces États respectent les conditions de forme de l'article 15.3 mais aussi les exigences jurisprudentielles de la Cour EDH concernant la délimitation géographique où s'applique l'état d'urgence, les droits concernés par la dérogation et l'indication de la durée des mesures prévues (sauf lorsque celles-ci sont sujettes à renouvellement).

La jurisprudence de la Cour EDH – notamment les critères définis par l'arrêt *Lawless c. Irlande* pour apprécier de façon objective des situations – a été reprise par la Cour IDH mais avec des particularités. En Amérique latine, les situations de « *danger public ou toute autre situation de crise qui menace l'indépendance ou la sécurité d'un État partie* » (article 27 de la CADH) sont souvent celles créés par des conflits civils armés dans un contexte d'instabilité des gouvernements et des institutions politiques. La jurisprudence de la Commission (et de la Cour) IDH reconnaît aux États une marge d'appréciation pour qualifier une situation de crise visée à l'article 27 du traité[702]. Dans l'affaire des droits humains relatifs à la minorité indienne Miskito au Nicaragua, la Commission a ainsi pris acte, sans les censurer, des mesures de déplacement forcé des indiens Miskitos hors de leur région traditionnelle de résidence ; ces mesures étaient motivées par une situation de crise causée par les incursions répétées de groupes armés *contras* (« contre-révolutionnaires ») à partir du Honduras voisin. Ces incursions donnaient lieu à des affrontements avec l'armée régulière et avaient contraint les autorités à transformer cette partie frontalière en zone militaire. La Commission considéra que les mesures de déplacement étaient une « *mesure militaire appliquée à une situation de crise de nature militaire* »[703].

---

certains droits et liberté constitutionnels non spécifiés dans la notification. Voir Lettre du ministère des affaires étrangères de Géorgie en date du 2 mars 2006.

[701] Plusieurs pays d'Europe de l'Est et du Caucase (Albanie, Arménie, Estonie, Géorgie, Lettonie, Macédoine du Nord, Moldavie, Roumanie, Serbie) ainsi que Saint-Marin ont instauré, à partir de mars 2020, un état d'urgence d'un mois renouvelé plusieurs fois sur l'ensemble de leurs territoires avec dérogations aux droits à la vie privée, à la propriété, à l'instruction et aux libertés d'association et de circulation. Ces dérogations ont permis la mise en place de mesures de quarantaine pour les populations, de fermetures d'écoles, de commerces, de services et d'autres mesures destinées à lutter contre la propagation du virus. L'impact de la pandémie sur l'organisation du travail de la justice a même conduit certains de ces pays à déroger à des dispositions des articles 5 et 6 de la Conv.EDH. Voir les notifications adressées au Secrétaire général du Conseil de l'Europe, https://www.coe.int/fr/web/conventions/full-list/-/conventions/webContent/99943603, accès le 30 mai 2021.

[702] Affaire *Walter Humberto Vasquez Vejarano c. Peru*, Rapport n° 48/00 du 13 avril 2000, Commission interaméricaine des droits de l'Homme, par. 55. Cette commission est calquée sur l'ancienne commission européenne des droits de l'Homme, organe chargé de recevoir les requêtes en violation des droits de la Convention, de les trier, de leur donner une suite amiable ou, à défaut de solution amiable, de diriger ces requêtes vers la Cour.

[703] *Informe sobre la situacion de los derechos humanos de un sector de la poblacion nicaraguense de origen miskito*, Rapport du 23 novembre 1983 de la Commission interaméricaine des droits de l'Homme, p. 71-72, par. 11 à 12.

Certaines situations de danger exceptionnel ne sont pas appréciables aussi objectivement que le requiert l'arrêt *Lawless c. Ireland* et comportent nécessairement des éléments subjectifs. Elles sont liées à un danger non pas actuel ou matérialisé mais imminent ou jugé comme tel comme l'évoquent les « principes de Syracuse » (vus ci-dessus). L'imminence d'un danger a été examinée dans l'affaire *A. et autres c. Royaume-Uni*, dans le contexte du plus grand trouble à l'ordre public que constitue le terrorisme. Dans cette affaire, le gouvernement britannique estimait qu'à la suite des attentats du 11 septembre 2001 leur statut d'allié spécial des EUA faisait de leur pays une cible d'*Al Qaeda* et qu'il y avait là un danger exceptionnel d'une attaque imminente. La difficulté, pour les autorités, était de conclure à l'imminence du danger alors que le pays n'avait pas, jusque-là, été frappé par une attaque d'*Al Qaeda*. Selon la Cour EDH, l'imminence ne signifie pas que l'attaque doit avoir lieu à très court terme, mais qu'elle peut surgir dès à présent et à n'importe quel moment. Les autorités britanniques ont fait leur appréciation sur la base des informations qui leur étaient disponibles à l'époque. C'est sur cette connaissance à l'époque des faits que les juges de la Cour se sont appuyés pour leur jugement et non sur les faits disponibles au moment où eux-mêmes effectuaient le jugement[704]. Les juges respectaient ainsi la marge d'appréciation de l'État. Celui-ci décrit l'imminence du danger terroriste en des termes très larges :

> « Il existe une menace terroriste à l'endroit du Royaume-Uni de la part de personnes soupçonnées d'être impliquées dans le terrorisme international. En particulier, certains ressortissants étrangers présents au Royaume-Uni sont soupçonnés d'être impliqués dans la commission, la préparation ou l'instigation d'actes de terrorisme international, d'être membres d'organisations ou de groupes concernés par ces actes ou ayant des liens avec des membres de tels organisations ou groupes, et qui sont une menace à la sécurité nationale du Royaume-Uni. En conséquence, il existe au Royaume-Uni un danger public au sens de l'article 15 (1) de la Convention »[705].

Ces termes s'appuient sur une appréciation essentiellement subjective du danger (« personnes soupçonnées ») pour motiver l'entrée en vigueur de

---

Notons que le déplacement des indiens Miskito était initialement prévu dans le cadre d'une réforme agraire. La survenance de combats précipita les choses et le déplacement se fit alors dans des conditions de précipitation où les Indiens ne furent pas consultés.

[704] *Affaire A. et autres c. Royaume-Uni*, Arrêt Grande Chambre du 19 février 2009, CEDH, requête n° 3455/05, par. 177 à 185.

[705] Voir Dérogation consignée dans une Note verbale de la Représentation Permanente du Royaume-Uni, en date du 18 décembre 2001, enregistrée au Secrétariat Général le 18 décembre 2001, Conseil de l'Europe, Bureau des traités.

En conséquence de ce danger, l'État annonçait qu'il mettait en place la législation anti-terroriste *ATCSA* avec des pouvoirs élargis d'arrestation et de détention d'étrangers dont la présence sur le territoire présente un risque pour la sécurité de ce pays. Cette législation dérogeait au droit interne et à l'article 5 de la CEDH (droit à la liberté et à la sûreté). La dérogation a été retirée en 2005.

mesures dérogatoires au droit conventionnel et qui permettent d'arrêter et de détenir ces ressortissants étrangers (il s'agit de 11 personnes) lorsqu'il n'est pas possible de les expulser du pays. Seules, les autorités sont en mesure d'apprécier le degré de dangerosité, pour la sécurité nationale, de ces personnes qui ne sont pas encore passées à l'acte ; elles s'appuient en cela sur des informations secrètes recueillies par leurs services de renseignement. Le bilan de ces informations et la décision qu'en tirent les autorités de sortir du droit ordinaire et de mettre en œuvre une législation d'exception (*ATCSA*[706]) pour parer au danger constituent dès lors une démarche discrétionnaire et politique propre au gouvernement, lequel a en charge la sécurité du pays. C'est ce qu'exprime Lord Bingham lors du jugement : « *I would accept that great weight was to be given should be given to the judgement of the Home Secretary, his colleagues and Parliament on this question, because they were called on to exercise a pre-eminently political judgment. Il involved making a factual prediction of what various people around the world might or might not do* »[707]. De fait, la commission d'appel du service d'immigration (première juridiction accessible aux étrangers détenus) qui a examiné la légalité de la détention des requérants a eu accès à ces informations et n'a pas remis en cause l'invocation de l'existence de la menace (que les requérants contestaient) pas plus que ne l'a fait la Chambre des Lords (à l'exception d'un de ses membres)[708]. Cette Commission d'appel a en outre reconnu le caractère souverain du choix, par l'État, des mesures dérogatoires en déclarant que le fait qu'il pouvait exister d'autres solutions que ces mesures ne signifiait pas que celles-ci n'étaient pas strictement nécessaires[709]. Par ailleurs, ni cette Commission, ni la Chambre des Lords et

---

[706] *Anti terrorism, Crime and Security Act 2001.*

[707] *A and others v. Secretary of State for the Home Department, House of Lords*, [2004], *op. cit.*, par. 29. Lord Bingham estime, dans ses observations, que les affaires à contenu politique devraient donner lieu à une démarcation des fonctions respectives du pouvoir exécutif et du pouvoir judiciaire. Le pouvoir exécutif devrait avoir entière compétence sur la partie politique de l'affaire, les juges ne devant en examiner que la partie juridique. Ceci conduit Lord Bingham à se prononcer (au par. 42) en faveur d'un contrôle des juges le plus large possible sur la question – très juridique – de la proportionnalité des mesures au danger auquel elles sont censées remédier.

[708] *A and others v. Secretary of State for the Home Department, House of Lords*, [2004], *op. cit.*, par. 27. Ces positions n'ont pas empêché ces juridictions internes, de même que la Cour EDH, de censurer le gouvernement sur le caractère discriminatoire que représentait une mesure qui visait les ressortissants étrangers et non pas les ressortissants nationaux, alors que ceux-ci étaient suspectés, comme ceux-là, de pouvoir commettre des attentats. La Cour EDH (Grande Chambre) a évoqué, à propos de l'appréciation du danger menaçant l'État, l'existence d'une large marge d'appréciation offerte par l'article 15 de la CEDH. Elle a noté que le Royaume-Uni était le seul État européen à avoir utilisé l'article 15 alors que d'autres États étaient également l'objet de menaces de la part d'*Al Qaeda*. *Affaire A. et autres c. Royaume-Uni*, Arrêt Grande Chambre du 19 février 2009, CEDH, requête n° 3455/05, par. 180.

[709] *Affaire A. et autres c. Royaume-Uni*, Arrêt Grande Chambre du 19 février 2009, CEDH, *op. cit.*, par. 15.

la Cour EDH n'ont remis en cause la marge d'appréciation subjective offerte au ministre de l'Intérieur (*Home Affairs secretary*) par les termes de l'article 21.1 de la partie 4 de la loi *ATCSA* (2001) dérogatoire de la loi ordinaire. Le ministre doit « raisonnablement croire » que la personne suspectée « présente un risque » et « suspecte » que cette personne est un terroriste[710].

La marge d'appréciation des États n'est cependant pas illimitée et certaines qualifications des faits sont censurées par les juridictions ou critiquées (s'agissant du Comité des droits de l'Homme).

B. Un contrôle juridictionnel restreint

La marge d'appréciation dont disposent les États pour qualifier des situations de danger public exceptionnel est sujette à un contrôle restreint de la part des organes créés par les trois conventions examinées ici. Ce contrôle vise à déceler les cas d'utilisation abusive de l'état d'urgence ou la présence de la mauvaise foi lorsqu'un danger public exceptionnel est invoqué pour réaliser un coup d'état ou pour renforcer le gouvernement en place en écartant des adversaires potentiels de celui-ci.

Dans le cadre d'observations finales sur les rapports présentés par les États parties au PIDCP – ces rapports rendent compte aussi de l'application de l'article 4 du Pacte – le Comité a ainsi pu exercer un contrôle sur l'invocation de l'état d'urgence. On peut citer l'examen du rapport présenté par le Royaume-Uni en 1995. Le Comité des droits de l'Homme y a critiqué le maintien en vigueur de la législation d'exception en Irlande du Nord : « *Vu que les actes de violence terroriste sont en diminution notable au Royaume-Uni depuis l'entrée en vigueur du cessez-le-feu en Irlande du Nord et l'instauration du processus de paix, le Comité exhorte le gouvernement à examiner avec la plus grande attention la question de savoir si une situation de "danger public exceptionnel" au sens du paragraphe 1 de l'article 4 du Pacte existe toujours et s'il ne serait pas approprié de mettre fin, conformément à l'article 4 du Pacte, à la dérogation qui a été notifiée le 17 mai 1976* »[711]. De même, dans le cadre de ses pouvoirs d'enquête à partir

---

710 « Section 21. Suspected international terrorist: certification
(1) The Secretary of State may issue a certificate under this section in respect of a person if the Secretary of State reasonably-
(a) believes that the person's presence in the United Kingdom is a risk to national security, and
(b) suspects that the person is a terrorist.
(2) In subsection (1)(b) 'terrorist' means a person who-
(a) is or has been concerned in the commission, preparation or instigation of acts of international terrorism,
(b) is a member of or belongs to an international terrorist group, or
(c) has links with an international terrorist group »

711 Voir document CCPR/C/79/Add.55, 27 juillet 1995, par. 23.

d'une saisine par un particulier, le Groupe de travail sur la détention arbitraire du Comité des droits de l'Homme a fait part de sa préoccupation sur la durée de l'état d'urgence en vigueur en Israël depuis 2014. Le Groupe de travail questionne la réalité de la persistance d'un danger public exceptionnel justifiant la prolongation de cet état d'urgence[712].

En tant que véritable organe judiciaire (que n'est pas le Comité des droits de l'Homme), la Cour EDH exerce un contrôle *ex post* qui l'a conduit à rejeter dans certaines affaires la qualification des faits opérée par l'État[713]. Les organes rattachés à la CADH font de même. Au Paraguay, la Commission IDH a censuré, en 1987, l'état d'exception en vigueur depuis plus de trente ans en constatant une contradiction entre les justifications imprécises avancées par les autorités du pays lors de chaque prorogation des mesures de dérogation et les faits observés. Alors que les autorités faisaient mention d'« actions violentes de la part de groupes clandestins » – sans détailler le type d'action ni le nom de ces groupes et les lieux où ils opéraient – l'on pouvait au contraire constater que le calme et la tranquillité régnaient dans les rues du pays, les autorités s'étant vantées par ailleurs d'avoir rétabli la paix sociale. Il n'y avait donc pas de menace à la sécurité de l'État. Cette absence de menace conduisit la Commission à rejeter l'examen des mesures de dérogations[714]. Dans une autre affaire, relative au licenciement d'un magistrat de la Cour suprême du Pérou sur le fondement d'un décret émis par un nouveau gouvernement d'« urgence et de reconstruction nationale », le président de ce pays se référa – pour justifier le licenciement des hauts magistrats – à une situation de chaos et de corruption à l'intérieur des pouvoirs législatif et judiciaire, ainsi qu'au manque de loyauté de ces pouvoirs aux « grands intérêts de la nation ». La Cour estima qu'il ne s'agissait pas ici d'une crise institutionnelle de nature à menacer l'indépendance ou la sécurité de l'État. Elle rejeta le limogeage des magistrats et la dissolution du parlement, appelant au respect du cadre de la démocratie représentative et de l'ordre constitutionnel[715].

Saisie en janvier 2017 d'une demande de mesures conservatoires par l'Ukraine contre la Russie, la CIJ a également pratiqué, de façon partielle et

---

[712] Cette observation est formulée dans le cadre d'une enquête sur la détention administrative du ressortissant français S. Hamouri. Elle fait référence aux Observations finales du Comité des droits de l'Homme sur le 4è rapport périodique remis par Israël en 2014. Voir *Opinion No. 34/2018 concerning Salah Hammouri (Israel)*, Comité des droits de l'Homme, Groupe de travail sur la détention arbitraire, 29 mai 2018, document A/HRC/WGAD/2018/34, par. 39.

[713] *Brannigan et McBride c. Royaume-Uni*, 26 mai 1993, par. 43 ; voir aussi *Report of the European Commission of Human Rights on the "Greek Case"*, par. 113 à 125.

[714] *Informe sobre la Situación de los Derechos Humanos en Paraguay*, Commission IDH, 28 septembre 1987, chapitre I, par. 3.

[715] Affaire *Walter Humberto Vasquez Vejarano c. Peru*, *op. cit.*, par. 64 à 66. La Commission s'appuie sur ces constatations pour qualifier les mesures prises par le président péruvien d'abus de pouvoir réalisé au moyen de l'invocation d'une situation de crise prévue à l'article 27 de la CADH dans le but de supprimer l'indépendance des pouvoirs législatif et judiciaire.

indirecte, un contrôle restreint de l'appréciation par l'Ukraine d'une situation de danger exceptionnel. Le contexte examiné par la CIJ était le même que celui invoqué, en juin 2015, par l'Ukraine dans sa notification au Secrétariat général du Conseil de l'Europe d'une dérogation aux obligations de la CEDH en raison de la situation exceptionnelle créée par le conflit armé dans l'est de son territoire. Dans la déclaration ukrainienne, ce conflit est attribué à une agression armée de la Russie et à l'activité de groupes terroristes soutenus par ce pays. Dans sa demande devant la CIJ, l'Ukraine accuse la Russie de ne pas respecter la Convention internationale pour la répression du financement du terrorisme (CIRFT)[716] en finançant et dirigeant, par personnes publiques et privées interposées, des « groupes illégaux qui se livrent à des actes de terrorisme » sur son territoire et en n'empêchant pas ces groupes d'agir à partir de son territoire[717]. La Cour rejeta la demande de l'Ukraine en indication de mesures conservatoires, car les conditions requises pour cela n'étaient pas réunies. Les juges ont constaté que cet État n'avait pas présenté de preuves suffisantes permettant d'établir que la Russie aurait fourni délibérément – comme le dispose l'article 2.1 de la CIRFT[718] – des fonds dans l'intention de les voir utilisés ou sachant qu'ils seront employés dans le but de commettre un acte terroriste[719]. Ces conclusions de la CIJ fragilisent la justification, par l'Ukraine, des mesures dérogatoires notifiées au titre de l'article 15 de la CEDH au Conseil de l'Europe ; la justification repose sur « *l'acuité du danger causé par l'agression armée de la Fédération de Russie et les actions des groupes terroristes soutenus par la Fédération de Russie* » et plusieurs mesures visent notamment à prévenir de

---

[716] Convention internationale pour la répression du financement du terrorisme (CIRFT) du 9 décembre 2009.

[717] *Application de la Convention internationale pour la répression du financement du terrorisme et de la Convention internationale sur l'élimination de toutes les formes de discrimination raciale (Ukraine c. Fédération de Russie)*, Ordonnance du 19 avril 2017, CIJ, par. 2 et par. 29. L'affaire n'a pas été encore jugée au fond et la CIJ n'a donc pas examiné le bien-fondé de ces allégations. Les demandes de l'Ukraine portent sur les obligations de la Russie non seulement au titre de la CIRFT relativement à la situation à l'est de son territoire mais aussi au titre de la CIEDR (Convention internationale sur l'élimination de toutes les formes de discrimination raciale) relativement à la situation en Crimée.

[718] Cet article dispose que « *Commet une infraction au sens de la présente Convention toute personne qui, par quelque moyen que ce soit, directement ou indirectement, illicitement et délibérément, fournit ou réunit des fonds dans l'intention de les voir utilisés ou en sachant qu'ils seront utilisés* […] *en vue de commettre : a) un acte qui constitue une infraction au regard* […] *de l'un des traités énumérés en annexe ; b) tout autre acte destiné à tuer ou blesser grièvement un civil, ou toute autre personne qui ne participe pas directement aux hostilités dans une situation de conflit armé, lorsque, par sa nature ou son contexte, cet acte vise à intimider une population ou à contraindre un gouvernement ou une organisation internationale à accomplir ou à s'abstenir d'accomplir un acte quelconque* ».

[719] *Application de la Convention internationale pour la répression du financement du terrorisme…*, *op. cit.*, par. 75. Les mesures provisoires demandées étaient relatives à la suspension par la Russie, des formes d'aide que celle-ci accorderait, selon l'Ukraine, au terrorisme.

futurs actes de sabotage ou des actes terroristes[720]. Les conclusions de la CIJ introduisent le doute sur l'origine russe de ces actes et, dans l'hypothèse où ces derniers seraient réels, ils peuvent laisser penser à l'existence d'une guerre civile sans participation de la Russie dans laquelle les autorités ukrainiennes auraient une responsabilité. Cette situation correspond au point 62 des « principes de Syracuse » : « *La proclamation d'un danger public exceptionnel doit être faite de bonne foi, sur la base d'une évaluation objective de la situation permettant de déterminer dans quelle mesure il y a, éventuellement, menace à l'existence de la nation. Une proclamation de danger public exceptionnel et des dérogations consécutives aux obligations prévues par les pactes qui ne sont pas faites de bonne foi sont des violations du droit international* »[721].

On notera que c'est pour éviter le contrôle – même restreint – de la juridiction rattachée à la CEDH que la France a émis une réserve à l'article 15 de ce traité[722]. La première partie de cette réserve dit : « *Le Gouvernement de la République, conformément à l'article 64 de la Convention, émet une réserve concernant le paragraphe 1 de l'article 15 en ce sens, d'une part, que les circonstances énumérées par l'article 16 de la Constitution pour sa mise en œuvre, par l'article 1er de la loi du 3 avril 1878 et par la loi du 9 août 1849 pour la déclaration de l'état de siège, par l'article 1er de la loi n° 55-385 du 3 avril 1955 pour la déclaration de l'état d'urgence, et qui permettent la mise en application des dispositions de ces textes, doivent être comprises comme correspondant à l'objet de l'article 15 de la Convention* »[723]. Cette réserve affirme la compatibilité des dispositifs d'exception prévus par la Constitution et par le législateur français avec le paragraphe 1er de l'article 15 de la CDH. Elle fait entrer les circonstances décrites par l'article 16 de la Constitution et celles décrites par les lois sur

---

[720] Dérogation consignée dans une Note Verbale de la Représentation Permanente de l'Ukraine, en date du 5 juin 2015, enregistrée au Secrétariat Général le 9 juin 2015, par. 5 à 9, Bureau des traités, Conseil de l'Europe. Les dérogations portent sur les articles 5 (droit à la liberté et à la sûreté), 6 (droit au procès équitable), 8 (droit au respect de la vie privée et familiale), 13 (droit à un recours effectif en cas de violation des droits de la présente Convention) et article 2 du protocole n° 4 (liberté de circulation) de la CEDH.

[721] Document E/CN.4/1985/4, *op. cit.*

[722] C'est ce que déclara Michel Jobert, le ministre français des affaires étrangères à l'époque de la formulation de cette réserve. Le ministre dit en même temps l'intention de la France de soumettre les mesures prises au titre de l'état de siège, l'état d'urgence ou de l'article 16 aux paragraphes 2 et 3 de l'article 15 respect des droits indérogeables et procédure de notification des mesures au secrétaire général du conseil de l'Europe. J.O.R.F, année 1973-1974, débats parlementaires, Sénat, séance du 30 octobre 1973, p. 1548. Source citée par COUSSIRAT-COUSTERE (V.), « La réserve française à l'article 15 de la Convention Européenne des Droits de l'Homme », *JDI*, vol. 102, 1975, p. 283.

[723] Réserve consignée dans l'instrument de ratification, déposé le 3 mai 1974, Réserves et Déclarations pour le traité n° 005 – Convention de sauvegarde des Droits de l'Homme et des Libertés fondamentales, https://www.coe.int/fr/web/conventions/full-list/-/conventions/treaty/005/declarations, accès le 27 juillet 2018.

l'état d'urgence et l'état de siège dans les circonstances exceptionnelles décrites dans l'article 15 de la CEDH[724]. Les circonstances décrites par le législateur sont, pour déclarer l'état de siège, le « *péril imminent résultant d'une guerre étrangère ou d'une insurrection armée* »[725] et, pour déclarer l'état d'urgence, le « *péril imminent résultant d'atteintes graves à l'ordre public, soit en cas d'événements présentant, par leur nature et leur gravité, le caractère de calamité publique* »[726]. L'article 16 de la constitution est déclenché « *Lorsque les institutions de la République, l'indépendance de la nation, l'intégrité de son territoire ou l'exécution de ses engagements internationaux sont menacées d'une manière grave et immédiate et que le fonctionnement régulier des pouvoirs publics constitutionnels est interrompu* ». Ces différentes circonstances exceptionnelles sont formulées de façon plus précises que celles de l'article 15 de la CEDH : « *En cas de guerre ou en cas d'autre danger public menaçant la vie de la nation* ». Ceci, note V. Coussirat-Coustère, ne laisse à la Cour EDH, qu'un « *contrôle de l'erreur manifeste dans la qualification des circonstances* », contrôle restreint qui contraste avec la possibilité pour le chef d'État de faire une appréciation large de l'interruption du fonctionnement régulier des pouvoirs constitutionnels : les circonstances ayant conduit au déclenchement de l'article 16 en 1961 n'étaient pas celle d'une interruption mais d'une menace d'interruption de ces pouvoirs[727]. Par cette réserve à la CEDH, la France entendait conserver, dans le contexte des circonstances exceptionnelles, l'entier exercice de sa souveraineté.

§ 2. Le caractère subjectif des circonstances exceptionnelles dans les traités d'investissement et de commerce

Puisque les droits qu'ils consacrent n'ont pas la nature universelle et objective qui caractérise les droits de l'Homme, les traités d'investissement et de commerce autorisent, dans leurs clauses de sécurité nationale, des dérogations plus larges. Les termes de « danger public exceptionnel » menaçant l'existence de la nation, utilisés dans les traités de droits de l'Homme, ne sont pas employés (sauf dans le traité sur le fonctionnement de l'Union européenne[728]). On trouve à la place, notamment dans l'accord

[724] Les lois du 3 avril 1878 et du 9 août 1849 sur l'état de siège auxquelles fait référence la réserve ont été abrogées et substituées par des dispositions insérées dans le Code de la défense.
[725] Article L2121-1 du Code de la défense
[726] Article 1er de la loi n° 55-385 du 3 avril 1955 relative à l'état d'urgence.
[727] COUSSIRAT-COUSTERE (V.), « La réserve française à l'article 15 de la Convention Européenne des Droits de l'Homme », *op. cit.*, p. 283.
[728] L'article 108 du TFUE dispose que « *sur demande d'un État membre, le Conseil, statuant à l'unanimité, peut décider qu'une aide instituée ou à instituer par cet État, doit être*

GATT, une variété de circonstances qui peuvent donner lieu à la mise en œuvre par l'État de mesures dérogatoires au traité concerné. En cela, il s'agit de circonstances exceptionnelles. Elles mettent en jeu la sécurité de l'État prise dans un sens très large qui recouvre aussi bien l'ordre public interne, l'application d'engagements internationaux en vue du maintien de la paix et de la sécurité internationales que des « intérêts essentiels de sécurité » liés aux matières fissiles, menacés par du trafic d'armes destinées à assurer l'approvisionnement de forces armées étrangères ou par des situations de « guerre et de grave tension internationale »[729]. Les « intérêts essentiels de sécurité » peuvent également être menacés par des causes non précisées par le dispositif concerné[730] mais qui, dans la jurisprudence du CIRDI, sont liés à la survenance d'une crise économique d'une particulière gravité.

Ces différentes circonstances exceptionnelles sont d'interprétation d'autant plus large qu'elles ne sont pas explicitement liées à une menace directe à l'existence ou la survie de l'État. Ceci peut conduire, dans la pratique des États, à une utilisation de la clause de sécurité à des fins autres que celle de la stricte protection de leurs intérêts vitaux (A).

Le contrôle juridictionnel de l'invocation, par les États, de ces circonstances exceptionnelles – et, par voie de conséquence, de la menace à sa sécurité – est restreint. Il varie cependant d'un traité à l'autre en fonction de la formulation de la clause d'exception qui les incorpore, de la juridiction et, dans le cas du GATT-OMC, de l'évolution des positions des parties contractantes (B).

A. Le contenu élastique des « intérêts essentiels de sécurité »

Les clauses de sécurité sont formulées de façon à laisser aux États qui les invoque une marge de discrétion sur ce qui constitue une menace à leur sécurité. Comme certains autres traités (droit européen, conventions bilatérales d'entraide judiciaire), les traités d'investissement et de commerce utilisent le terme d'« intérêts essentiels de sécurité » mais sans les définir. Les circonstances qui mettent en jeu ces intérêts prêtent dès lors à une interprétation extensive. Les États ont une liberté d'interprétation d'autant plus grande que la clause qu'ils évoquent est dite « *self-judging* » : sa mise en œuvre dépend du jugement discrétionnaire de l'État qui l'invoque. Dès lors, les « intérêts essentiels de sécurité » ne sont pas nécessairement liés à la sécurité de l'État au sens strict (défense du territoire, des institutions politiques et de la population).

Quel que soit le traité – GATT, GATS, traité bilatéral d'investissements, traité régional de libre-échange, traité de coopération, TFUE – les clauses de

---

considérée comme compatible avec le marché commun, en dérogation des dispositions de l'article 87 [...] *si des circonstances exceptionnelles justifient une telle décision* ».

[729] Voir, ci-après, l'Article XXI de l'accord GATT.

[730] Voir, ci-après, l'article°XI du Traité bilatéral d'investissement Argentine-EUA.

type « *self-judging* » utilisent les termes « *mesures qu'il* [l'État] *estime nécessaires à la protection des intérêts essentiels de sa sécurité* » pour désigner les mesures de sécurité qui dérogent aux obligations conventionnelles. Ces termes « s'il estime nécessaire » laissent *a priori* à l'État toute discrétion pour décider du bien fondé de mesures dérogatoires en fonction de ce qu'il perçoit comme étant une menace à ses « intérêts essentiels de sécurité ». Cette marge de discrétion varie cependant selon le champ d'application des mesures dérogatoires autorisées par la clause de sécurité. Le TFUE est, à cet égard, plus précis et donc plus limitatif, pour les États, que les traités de l'OMC et l'ALENA.

Le paragraphe 1er de l'article 346 du TFUE a un large champ d'application. Selon ce texte :

> « 1. Les dispositions des traités ne font pas obstacle aux règles ci-après : a) aucun État membre n'est tenu de fournir des renseignements dont il estimerait la divulgation contraire aux intérêts essentiels de sa sécurité, b) tout État membre peut prendre les mesures qu'il estime nécessaires à la protection des intérêts essentiels de sa sécurité et qui se rapportent à la production ou au commerce d'armes, de munitions et de matériel de guerre ; ces mesures ne doivent pas altérer les conditions de la concurrence dans le marché intérieur en ce qui concerne les produits non destinés à des fins spécifiquement militaires.

Ce paragraphe concerne, s'agissant de la fourniture de renseignements, les produits militaires et les produits mixtes (à « double-usage ») qui ont des applications militaires et civiles ; il permet ensuite la possibilité d'accorder des aides d'État ou d'autoriser une concentration d'opérateurs économiques sans être soumis à la réglementation européenne[731]. Le second paragraphe de l'article 346 rétrécit le champ d'application des mesures dérogatoires en faisant référence à une liste de produits concernés par l'exception :

> 2. Le Conseil, statuant à l'unanimité sur proposition de la Commission, peut apporter des modifications à la liste, qu'il a fixée le 15 avril 1958, des produits auxquels les dispositions du paragraphe 1, point b), s'appliquent ».

L'article 346 du TFUE a été invoqué par la France pour déroger à l'obligation de notifier à la Commission européenne (comme il se doit en matière d'opération de concentration et de fusion de sociétés) sa prise de contrôle, conjointement avec le groupe Lagardère, des sociétés Matra Hautes Technologies et Aérospatiale. La Commission européenne n'a pas censuré la France puisqu'il s'agissait en l'espèce d'activités de production de missiles et systèmes de missiles pour fournir l'armée française, un secteur effectivement stratégique pour la défense nationale[732].

---

[731] Voir COT (J.-M), « Le traitement spécifique des intérêts légitimes et essentiels des États membres en droit communautaire de la concurrence », *Concurrence et consommation*, n° 156, décembre 2007, p. 55.

[732] Voir *Cas n° IV/M.1309 – MATRA/Aérospatiale*, Règlement (CEE) n° 4064/99 sur les concentrations, Article 6, par. 1, point B, Non-opposition, 28 avril 1999.

Le droit dérivé européen offre aussi des exemples de clauses de sécurité dont le champ d'application est limité expressément, réduisant d'autant la marge d'appréciation, par l'État, de la menace à ses intérêts de sécurité. C'est le cas de la directive européenne en matière de passation de marchés publics dont l'exception de sécurité[733] est limitée par certains considérants, lesquels précisent les diverses situations que l'on peut qualifier d'exceptionnelles et qui permettent de justifier la mise en œuvre de mesures dérogatoires aux règles de concurrence fixées par la directive[734]. C'est aussi le cas de l'article 4.2 de la directive fixant les procédures de passation des marchés publics de service[735]. Une affaire opposa la Commission européenne à la Belgique en raison d'une attribution de gré à gré, par ce pays, d'un contrat relatif à l'observation de la côte belge au moyen de

---

[733] L'article 13 dispose que « *La présente directive ne s'applique pas aux cas suivants : a) marchés pour lesquels l'application des règles de la présente directive obligerait un État membre à fournir des informations dont il estimerait la divulgation contraire aux intérêts essentiels de sa sécurité* ». Directive 2009/81/CE du Parlement européen et du Conseil du 13 juillet 2009 sur la passation de marchés publics dans les domaines de la sécurité et de la défense,

[734] Le considérant 27 dispose que « *Dans le domaine de la défense et de la sécurité, certains marchés sont à ce point sensibles qu'il serait inapproprié d'appliquer la présente directive, en dépit de sa spécificité. C'est le cas des marchés passés par les services de renseignement, ou des marchés destinés à tous les types d'activité de renseignement, y compris les activités de contre-espionnage, telles que définies par les États membres. C'est également le cas pour d'autres achats particulièrement sensibles, qui nécessitent une confidentialité extrêmement élevée, tels que certains achats destinés à la protection des frontières ou à la lutte contre le terrorisme ou la criminalité organisée, des achats liés au cryptage ou destinés spécifiquement à des activités secrètes ou à d'autres activités tout aussi sensibles menées par la police ou les forces de sécurité* ».

Les considérants 53 et 54 appellent à une dérogation des règles de la directive : « *la spécificité des marchés soumis à la présente directive montre la nécessité de prévoir de nouvelles circonstances qui peuvent se présenter dans les domaines qu'elle couvre. Ainsi, les forces armées des États membres peuvent être amenées à intervenir dans le cadre de crises à l'étranger, par exemple dans le cadre d'opérations de maintien de la paix. Lors du déclenchement ou au cours d'une telle intervention, la sécurité des États membres et de leurs forces armées peut rendre nécessaire la passation de certains marchés avec une rapidité d'exécution incompatible avec les délais habituellement imposés par les procédures de passation prévues par la présente directive. De telles urgences pourraient également se produire pour les besoins des forces de sécurité, par exemple en cas d'attaque terroriste sur le territoire de l'Union* ». Directive 2009/81/CE du Parlement européen et du Conseil du 13 juillet 2009 sur la passation de marchés publics dans les domaines de la sécurité et de la défense, considérants n° 53 et 54.

[735] « *La présente directive ne s'applique pas aux services lorsqu'ils sont déclarés secrets ou lorsque leur exécution doit s'accompagner de mesures particulières de sécurité, conformément aux dispositions législatives, réglementaires ou administratives en vigueur dans l'État membre considéré, ou lorsque la protection des intérêts essentiels de cet État l'exige* », article 4.2 de la directive 92/50 sur les procédures de passation des marchés publics de service. Cette directive a été abrogée et remplacée par la directive 2004/18/CEE du Parlement européen et du Conseil du 31 mars 2004 dont l'article 14 a repris le contenu de l'article 4.2 ci-dessus.

photographies aériennes ; ce contrat n'avait pas fait l'objet d'une publication préalable d'un avis de marché. La Belgique invoqua l'article 4.2 de la directive 92/50 applicable aux marchés en cause en expliquant que l'entreprise avait été choisie car elle disposait d'un certificat de sécurité militaire, les photographies aériennes qu'elles prendrait pouvant contenir des informations « d'un grand intérêt stratégique ». La diffusion de ces informations aurait impliqué des « risques sérieux de terrorisme, de sabotage ou d'espionnage ». L'État belge fournit à l'appui de cette appréciation un élément non dénué d'objectivité même si le caractère réel (non potentiel) de la menace n'était pas démontré : le fait que, parmi les lieux survolés se trouvaient des installations militaires appartenant à la Belgique et à l'OTAN. La CJCE accepta ces arguments[736].

D'autres clauses de sécurité, parmi les plus utilisées, ne présentent pas les limites évoquées ci-dessus à la liberté d'appréciation des menaces aux « intérêts essentiels de sécurité » de l'État. C'est le cas de l'article XXI du GATT ainsi formulé[737]:

> « Aucune disposition du présent Accord ne sera interprétée :
>
> a) comme imposant à une partie contractante l'obligation de fournir des renseignements dont la divulgation serait, à son avis, contraire aux intérêts essentiels de sa sécurité ;
>
> b) ou comme empêchant une partie contractante de prendre toutes mesures qu'elle estimera nécessaires à la protection des intérêts essentiels de sa sécurité[738] :
>
> i) se rapportant aux matières fissiles ou aux matières qui servent à leur fabrication ;

---

736 *Commission c. Belgique*, affaire C-250/01 ; Arrêt du 16 octobre 2003, CJCE, par. 26 à 35.

737 Cet article est similaire à l'article XIV*bis* de l'AGCS, à l'article 2102 de l'ALENA, à l'article 346 du TFUE et à ceux d'autres accords multilatéraux de libre-échange et de traités bilatéraux d'investissements, notamment les traités signés par les EUA après 1998. Les traités de l'OMC et l'ALENA comportent également ce type de clause de sécurité pour déroger aux règles régissant des opérations stratégiquement importantes pour les États comme les opérations de concentration industrielle ou la passation des marchés publics.
L'article III§ 1 de l'accord de l'OMC sur les marchés publics dispose que « *Rien dans le présent accord ne sera interprété comme empêchant une Partie quelconque d'entreprendre une action ou de ne pas divulguer des renseignements si elle l'estime nécessaire à la protection des intérêts essentiels de sa sécurité, se rapportant aux marchés d'armes, de munitions ou de matériel de guerre, ou aux marchés indispensables à la sécurité nationale ou aux fins de la défense nationale* ».
L'article 1018.1 de l'ALENA (partie de l'article III de l'accord sur les marchés publics relative aux « marchés indispensables à la sécurité nationale ») dispose que « *Nothing in this Chapter shall be construed to prevent a Party from taking any action or not disclosing any information which it considers necessary for the protection of its essential security interests relating to the procurement of arms, ammunition or war materials, or to procurement indispensable for national security or for national defense purposes* ».

738 Souligné par nous.

ii) se rapportant au trafic d'armes, de munitions et de matériel de guerre et à tout commerce d'autres articles et matériel destinés directement ou indirectement à assurer l'approvisionnement des forces armées ;

iii) appliquées en temps de guerre ou en cas de grave tension internationale[739] ;

c) ou comme empêchant une partie contractante de prendre des mesures en application de ses engagements au titre de la Charte des Nations Unies, en vue du maintien de la paix et de la sécurité internationales ».

L'article 18.2 du modèle des traités bilatéraux d'investissement signés par les EUA (datant de 2012) reprend également les termes « s'il estime nécessaire » en offrant à l'État une marge d'appréciation de ses « intérêts essentiels de sécurité » encore plus grande puisque les mesures que celui-ci est habilité à prendre ne sont plus liées, dans la dernière partie du paragraphe 2, à une menace ou à une situation spécifiques (guerre, grave tension internationale) :

Nothing in this Treaty shall be construed: [...]

2. to preclude a Party from applying measures that it considers necessary for the fulfillment of its obligations with respect to the maintenance or restoration of international peace or security, or the protection of its own essential security interests »[740]

L'absence des termes « s'il estime nécessaire » a rendu plus difficile pour l'Argentine l'invocation, devant le CIRDI de l'article XI du TBI Argentine – EUA qui correspondait à l'ancien modèle des TBI signés par les EUA[741]. Ceci a sans doute contribué à ce que les EUA rajoute ces termes dans la clause de sécurité de leur nouveau modèle (2004 et 2012) de TBI en prévision d'un possible contentieux futur avec des investisseurs étrangers.

Pour ce qui concerne l'article XXI de l'accord GATT, la subjectivité de son contenu n'est pas seulement liée aux termes « s'il estime nécessaire ». Bien qu'il rattache les mesures dérogatoires à quatre types de situations spécifiques (matières fissiles, trafic d'armes, guerre ou grave tension internationale, exécution de décision du Conseil de sécurité au titre du chapitre VII de la Charte), il n'exige pas expressément que ces situations menacent l'État dans sa survie ou son existence, ni même que la guerre ou la « grave tension internationale » qu'il mentionne (article XXI b.iii) soient dirigées directement contre l'État qui les invoquent. Le lien entre la guerre et la « grave tension internationale » sont donc à définir. Par ailleurs, les termes de « grave tension internationale » sont eux-mêmes d'interprétation large et

---

739 Souligné par nous.

740 Souligné par nous.

741 Voir, plus loin, le § 2, B, de la présente section et Chapitre II, Section I, § 2.

politique : l'État apprécie la gravité de cette tension internationale en la rapportant à ses propres objectifs de sécurité[742].

Dans la pratique, les États ont eu tendance à utiliser la liberté d'interprétation que leur offre la clause *self-judging* à des fins qui dépassaient la stricte défense de leurs intérêts vitaux et servaient des objectifs politiques plus larges. L'examen des différends portés devant le GATT – OMC montrent l'existence de deux types d'utilisation, justifiée ou non, de l'article XXI : une utilisation à des fins de protection de l'économie nationale et une utilisation à des fins de politique extérieure.

Le premier type d'utilisation, protectionniste, permet à l'État de restreindre l'accès à son marché national. Au titre d'une loi sur l'expansion du commerce extérieur conforme, selon les EUA, à l'article XXI du GATT, ce pays mit en place, en 1970, des restrictions quantitatives à l'importation de produits pétroliers, faisant valoir une "*forte industrialisation du pays et des distances considérables qui le séparaient de certains grands fournisseurs de pétrole*"[743]. Un même souci de protection de l'industrie nationale fut à l'origine de la décision de l'Autriche de restreindre l'importation de pénicilline et d'autres médicaments antibiotiques, mesure prise en 1970 au titre de l'article XXI b) ii) du GATT de 1947 pour « *permettre de disposer d'une source locale d'approvisionnement en cas d'urgence* »[744]. Une interprétation plus extensive des circonstances exceptionnelles décrites dans l'article XXI conduisit la Suède à restreindre, en 1975, les importations de chaussures en cuir ou en matière plastique et de bottes en caoutchouc « *pendant le temps nécessaire pour remédier aux graves difficultés qui* [s'étaient] *produites dans ce secteur* [...] [l]*a diminution constante de la production intérieure* [faisait] *peser une grave menace sur la planification de la défense économique de la Suède dans des circonstances exceptionnelles, élément inséparable de sa politique de sécurité* ». Cette politique de sécurité veillait à « *garantir*

---

[742] Le représentant de Singapour déclare, dans l'affaire *Russie – Mesures concernant le trafic en transit,* que « *l'article XXI b) est "intrinsèquement subjectif", car les sensibilités impliquées dans l'évaluation par un Membre des menaces pour sa sécurité sont également applicables à une détermination du point de savoir s'il existe un "cas de grave tension internationale* ». *Russie – Mesures concernant le trafic en transit,* Rapport du Groupe spécial, OMC, document WT/DS512/R, 5 avril 2019, par. 7.49.

[743] Groupe de travail commun des restrictions à l'importation, Restrictions à l'importation, Addendum, Produits industriels, L/3377/Add.2, pages 1 et 2 et Comité du commerce des produits industriels, Groupe de travail commun des restrictions à l'importation, Notes sur les restrictions à l'importation, COM.IND/W/28/Add.1, page 50, cités par l'« Appendice – conduite ultérieure concernant l'article XXI du GATT de 1947 », *Russie – Mesures concernant le trafic en transit*, Rapport du Groupe spécial, OMC, document WT/DS512/R, 5 avril 2019, par. 1.16.

[744] Groupe des restrictions quantitatives et autres mesures non tarifaires, Activités passées du GATT en ce qui concerne les restrictions quantitatives et autres mesures non tarifaires, Note d'information du secrétariat, NTM/W/2, par. 13, cité par l'« Appendice – conduite ultérieure concernant l'article XXI du GATT de 1947 », *op. cit.*, par. 1.20.

l'approvisionnement en produits essentiels nécessaires pour répondre aux besoins incompressibles dans une situation de guerre ou de crise internationale »[745]. Au vu de ces déclarations, la Suède ne se trouvait pas dans des circonstances exceptionnelles ou d'urgence économique mais, au mieux, anticipait la survenance de ces circonstances. La même absence de circonstances exceptionnelles matérialisées caractérise en 2013 les restrictions, par le Brésil, de l'importation de nitrocellulose. Selon l'Union européenne, affectée par ces mesures, il s'agit d'un produit à usage industriel, différent de la nitrocellulose de qualité militaire « *sans danger qui ne posait aucun problème lié à la sécurité nationale, il n'était pas justifiable d'imposer une interdiction d'importer de facto sur ce produit* »[746].

Le second type d'invocation de l'article XXI, à des fins de politique extérieure, se distingue du précédent par le fait qu'il répond à des menaces sécuritaires situées en dehors du territoire national et par son caractère offensif : il permet à l'État concerné d'utiliser, en dérogation aux règles du GATT, les restrictions commerciales comme un instrument de pression.

Les EUA ont mis en avant l'existence d'une menace militaire potentielle pour justifier, au titre de l'article XXI b) i et ii, la mise en place en 1948 de contrôles sur leurs exportations de certains biens à destination de pays d'Europe de l'Est. La crainte était, au début de la guerre froide, que les biens pussent renforcer le potentiel militaire de ces pays liés à l'URSS[747]. Pour justifier, en 1999, le relèvement des taxes à l'importation de biens et le non-renouvellement des licences de pêche frappant la Colombie et le Honduras, le Nicaragua dénonça les efforts déployés par ces pays pour lui disputer « ses droits souverains dans la mer des Caraïbes », notamment la signature d'un Traité bilatéral sur la délimitation des espaces maritimes (Traité Ramírez-López), l'envoi de troupes à ses frontières et l'organisations de manœuvres militaires « *dans la région de son plateau continental* »[748]. La Russie évoqua

[745] Communication de la Suède, *Suède – Restrictions à l'importation de certaines chaussures*, L/4250, par. 1 et 3, Conseil du GATT, Procès-verbal de la réunion tenue le 31 octobre 1975, C/M/109, p. 8-9, cité par l'« Appendice – conduite ultérieure concernant l'article XXI du GATT de 1947 », *op. cit.*, par. 1.21.

[746] Organe d'examen des politiques commerciales, Examen des politiques commerciales, Brésil, Compte rendu de la réunion des 24 et 26 juin 2013, Addendum, WT/TPR/M/283/Add.1, p. 103, cité par l'« Appendice – conduite ultérieure concernant l'article XXI du GATT de 1947 », *op. cit.*, par. 1.77.

[747] « *Request of the Government of Czechoslovakia for a decision under Article XXIII as to whether or not the Government of the United States of America has failed to carry out its obligations under the Agreement through its administration of the issue of export licences* », document GATT/CP. 3/33, p. 5, cité par l'« Appendice – conduite ultérieure concernant l'article XXI du GATT de 1947 », *op. cit.*, par. 1.6.

[748] Demande d'établissement d'un groupe spécial présentée par la Colombie, Nicaragua – Mesures visant les importations en provenance du Honduras et de la Colombie, WT/DS188/2, p. 1 et Organe de règlement des différends, Compte rendu de la réunion tenue le 7 avril 2000, WT/DSB/M/78, point 4, cités par l'« Appendice – conduite ultérieure concernant l'article XXI du GATT de 1947 », *op. cit.*, par. 1.67 et 1.68.

également des menaces à sa frontière, en l'occurrence avec l'Ukraine, en raison du conflit armé en cours depuis 2014 dans la partie orientale de ce pays, pour justifier, au titre de l'article XXI b) iii) (cas de grave tension internationale) l'interdiction à partir du 1er janvier 2016 du trafic routier et ferroviaire en transit sur son territoire en provenance d'Ukraine et à destination du Kazakhstan et de la République kirghize[749].

Les autres cas d'invocation de l'article XXI, à des fins de politique extérieure révèlent un lien moins évident entre la menace alléguée et les « intérêts essentiels de sécurité » de l'État concerné. Il y a d'abord les sanctions commerciales prises par les EUA à l'égard du Nicaragua (1983, 1985) et Cuba (1962, 1996) au titre de l'article XXI. Ces mesures ont un contenu plus coercitif que dans les cas précédemment évoqués et s'appuient sur une stratégie de sécurité nationale plus extensive visant l'affaiblissement de gouvernements marxistes suspectés de mener la subversion en Amérique latine, zone considérée par les EUA comme leur sphère naturelle d'influence[750]. Pour l'embargo sur les importations de sucre provenant du Nicaragua (1983), il s'agissait de « *denying Nicaragua this benefit he hoped to reduce the resources available to that country for financing its military build-up, and its support for subversion and extremist violence in the region* »[751]. Pour la mise en place en 1985 de l'embargo complet à l'égard du Nicaragua, les EUA s'appuyaient sur un décret exécutif du président Reagan qui déclarait que « *les politiques et les mesures adoptées par le gouvernement du Nicaragua constituent une menace inhabituelle et extraordinaire pour la sécurité nationale et la politique étrangère des États-Unis* »[752]. Le même motif d'affaiblir voire renverser le régime politique en place est à l'origine du blocus (en vigueur à ce jour) à l'égard de Cuba. Les EUA invoquèrent, en 1962, des raisons d'« *auto-défense individuelle et collective* » et de « *renforcement de la sécurité du pays et de*

---

[749] *Russie – Mesures concernant le trafic en transit*, Rapport du Groupe spécial, OMC, document WT/DS512/R, 5 avril 2019, par. 7.1, 7.114, 7.115 et 7.119.

[750] Les sanctions économiques sont abordées dans le titre II (chapitres 1 et 2) de la seconde partie.

[751] *United States – Imports of sugar from Nicaragua*, GATT, Report of the Panel adopted on 13 March 1984, L/5607 – 31S/67, par. 2.3. Le Nicaragua disposait, avant cette mesure, d'un quota de sucre sur le marché des EUA.

[752] *United States – Trade Measures Affecting Nicaragua*, Report by the Panel, GATT, document L/6053, 13 octobre 1986, p. 4. Les EUA ont invoqué, devant la CIJ, la légitime défense individuelle et collective pour justifier leur embargo commercial et le recours à la force (minage des ports).

Notons que les EUA n'ont pas développé, dans le cadre du GATT, les raisons pour lesquelles ils estimaient que Cuba et le Nicaragua constituaient une menace à leur sécurité nationale, considérant que cette question n'était pas de la compétence des organes de règlement des différends.

l'hémisphère »[753] et présentèrent, en 1996, la Loi Helms-Burton comme « conçue pour favoriser un passage rapide à la démocratie à Cuba »[754].

Moins intrusives dans les affaires intérieures des États mais tout aussi basées sur une conception extensive de la sécurité nationale, les sanctions européennes contre l'Argentine (1982) et la Yougoslavie (1991) étaient également fondées sur l'article XXI. Elles visaient à faire pression sur l'État ciblé engagé dans un conflit militaire avec un État allié (dans le cas du Royaume-Uni) des États sanctionnateurs ou qui se déroulait dans une zone d'intérêts de ceux-ci. Les sanctions contre l'Argentine furent aussi mises en œuvre par l'Australie, le Canada et d'autres États occidentaux dont la sécurité nationale n'était pas affectée par le conflit des Malouines. Plusieurs États, dont l'Espagne, se sont inquiétés de ce que cette solidarité d'intérêts, non expressément prévue par l'article XXI du GATT, pût envenimer les relations internationales Nord-Sud[755]. S'agissant des mesures contre la Yougoslavie, les Communautés européennes ont mis en avant les hostilités en cours dans ce pays malgré des tentatives de cessez-le-feu et ont déclaré qu'elles étaient confrontées à des « *risques* persistant[s] *d'instabilité politique dans cette région de l'Europe, qui pourrait avoir des effets déstabilisateurs dans d'autres parties du monde* »[756].

C'est aussi en s'appuyant sur une interprétation large de la notion d'« intérêts essentiels de sécurité » mentionnés dans la clause dérogatoire de l'accord de partenariat et de coopération UE – Russie[757] que l'Union européenne interdit en 2014 à ses États membres de financer les principales compagnies pétrolières russes, dont Rosneft, la plus importante, et de vendre à celles-ci des équipements et des technologies sensibles pour la réalisation de projets d'exploration pétrolière. C'est l'État russe, majoritaire au capital

---

[753] Comité du commerce des produits industriels, Premier examen de la partie 4 du Catalogue des obstacles non tarifaires, COM.IND/W/12, p. 312, cité par l'« Appendice – conduite ultérieure concernant l'article XXI du GATT de 1947 », *op. cit.*, par. 1.80.

[754] Organe de règlement des différends, Compte rendu de la réunion tenue le 16 octobre 1996, WT/DSB/M/24, p. 7, cité par l'« Appendice – conduite ultérieure concernant l'article XXI du GATT de 1947 », *op. cit.*, par. 1.86.

[755] *Restrictions commerciales touchant l'Argentine appliquées pour des raisons autres qu'économiques*, Procès-verbal de la réunion du Conseil du GATT, 7 mai 1982, document C/M/157, p. 6.

[756] *Mesures commerciales prises par les Communautés européennes contre la République socialiste fédérative de Yougoslavie*, Communication des Communautés européennes, 2 décembre 1991, GATT, document L/6948, p. 2.

[757] L'article 99 de l'accord de partenariat et de coopération UE – Russie est rédigé dans des termes voisins de ceux de l'article XXI de l'accord du GATT :

« Aucune disposition du présent accord n'empêche une partie de prendre les mesures :

1) qu'elle estime nécessaires à la protection des intérêts essentiels de sa sécurité : [...]

d) en cas de troubles internes graves susceptibles de porter atteinte à la paix publique, en cas de guerre ou de grave tension internationale menaçant de déboucher sur un conflit armé ou afin de satisfaire à des obligations qu'elle a acceptées en vue d'assurer le maintien de la paix et de la sécurité internationale ».

de Rosneft et des autres sociétés mentionnées par le règlement n° 833/2014[758], qui est visé par ces sanctions dont l'objectif est « *d'accroître le coût des actions de la Fédération de Russie visant à compromettre l'intégrité territoriale, la souveraineté et l'indépendance de l'Ukraine et de promouvoir un règlement pacifique de la crise* »[759]. Il apparaît, au vu des conclusions de l'Avocat général, que les sanctions étaient à la fois destinées à marquer – comme d'autres sanctions prises auparavant – la condamnation par l'UE du rattachement de la Crimée à la Russie et à inciter ce pays à user de son influence auprès des séparatistes de Donetsk pour garantir le bon déroulement de l'enquête sur l'attentat du vol MH17 de juillet 2014[760]. Pour justifier ces objectifs et leur lien avec l'article 99 de l'accord de partenariat, le Conseil de l'UE a déclaré que cet article n'exigeait pas que les territoires des États membres fussent directement menacés mais il n'a pas précisé pour autant quels intérêts essentiels de sécurité étaient – au moins potentiellement – menacés par la Russie[761]. Les conclusions de l'Avocat général[762] laissent supposer que ces intérêts, invoqués par l'UE, correspondent aux objectifs de l'article 21 du TUE[763] même si le Conseil semble faire, selon l'arrêt de la CJUE, la distinction entre ses intérêts essentiels et « la préservation de la

[758] *Rosneft c. Conseil*, Arrêt du 28 mars 2017, CJUE (grande chambre), Affaire C-72/15, par. 24. Cet arrêt fait suite à une demande de décision préjudicielle formée par la Haute Cour de justice d'Angleterre et du Pays de Galles devant laquelle Rosneft intenta, le 2 novembre 2014, un recours en contrôle juridictionnel pour faire invalider les sanctions prises par l'UE et mises en œuvre par le Royaume-Uni. Rosneft considérait, entre autres arguments, que ces sanctions portaient atteinte à plusieurs dispositions de l'accord de partenariat et de coopération UE – Russie.

[759] *Ibidem*, par. 29.

[760] *Ibidem*, par. 114.

[761] *Ibidem*, par. 114.

[762] Selon l'Avocat général : « *les mesures restrictives* [...] *ont visé à promouvoir un règlement pacifique de la crise en Ukraine* », qu'« *un tel objectif cadre avec celui consistant à préserver la paix et la sécurité internationale, conformément aux objectifs de l'action extérieure de l'Union énoncés à l'article 21 TUE* », *Rosneft c. Conseil*, Arrêt du 28 mars 2017, CJUE (grande chambre), Affaire C-72/15, par.115.

[763] L'article 21 du Traité UE dispose que « *1. L'action de l'Union sur la scène internationale repose sur les principes qui ont présidé à sa création, à son développement et à son élargissement et qu'elle vise à promouvoir dans le reste du monde : la démocratie, l'État de droit, l'universalité et l'indivisibilité des droits de l'homme et des libertés fondamentales, le respect de la dignité humaine, les principes d'égalité et de solidarité et le respect des principes de la charte des Nations unies et du droit international.*
2. L'Union définit et mène des politiques communes et des actions et œuvre pour assurer un haut degré de coopération dans tous les domaines des relations internationales afin [...] *c) de préserver la paix, de prévenir les conflits et de renforcer la sécurité internationale, conformément aux buts et aux principes de la charte des Nations unies, ainsi qu'aux principes de l'acte final d'Helsinki et aux objectifs de la charte de Paris, y compris ceux relatifs aux frontières extérieures* ».

paix et de la sécurité internationale, au sens de l'article 99 de l'accord de partenariat UE-Russie »[764].

La liberté – et parfois l'abus de cette liberté – d'appréciation par les États de ce qui constitue des circonstances exceptionnelles menaçant leurs « intérêts essentiels de sécurité » rencontrent cependant des limites instituées par le juge international.

B. Un contrôle juridictionnel restreint sur l'invocation des circonstances exceptionnelles

Le contrôle juridictionnel sur l'invocation des circonstances exceptionnelles est inégal selon les juridictions et selon les clauses de sécurité. On séparera ici la jurisprudence portant sur l'invocation des clauses de type *self-judging* et établissant sur celles-ci un contrôle restreint (1) et la jurisprudence portant sur l'invocation des clauses, moins nombreuses, qui ne contiennent pas la mention « *mesures qu'il* [l'État] *estime nécessaires à la protection des intérêts essentiels de sa sécurité* » et qui offrent ainsi au juge un pouvoir de contrôle plus étendu (2).

1. Le contrôle des circonstances exceptionnelles issues d'une clause self-judging

À l'exception de traités qui excluent expressément l'examen par un juge de leurs clauses de sécurité[765], les autres traités ont donné lieu à des débats d'interprétations, lors de chaque instance, entre les parties adverses (voire les tierces parties) sur la compétence du juge à examiner une clause qui se

---

[764] Selon l'arrêt : « *Dans ces conditions, et compte tenu du large pouvoir d'appréciation dont il dispose dans ce domaine, le Conseil a pu estimer que l'adoption des mesures restrictives en cause au principal était nécessaire à la protection des intérêts essentiels de la sécurité de l'Union ainsi qu'à la préservation de la paix et de la sécurité internationale, au sens de l'article 99 de l'accord de partenariat UE-Russie* ». *Rosneft c. Conseil*, Arrêt du 28 mars 2017, CJUE (grande chambre), Affaire C-72/15, par. 116.

[765] C'est le cas de l'accord de commerce et d'investissement signé entre l'Inde et Singapour (*India – Singapore Comprehensive Economic Co-operation Agreement*) dont l'exception de sécurité nationale (article 6.12) fait référence, pour son interprétation, à un échange de lettres qui écarte la possibilité qu'une mesure de sécurité nationale prise sur le fondement de cet article puisse être examinée par un tribunal arbitral : « *Any decision of the disputing Party taken on such security considerations shall be non-justiciable in that it shall not be open to any arbitral tribunal to review the merits of any such decision, even where the arbitral proceedings concern an assessment of any claim for damages and/or compensation, or an adjudication of any other issues referred to the tribunal* ». Cité par NEWCOMBE (A), « General Exceptions in International Investment Agreements », Draft Discussion Paper Prepared for British International Institute of Comparative Law Eighth Annual WTO Conference, 13th and 14th May 2008, London, p. 2. L'article 6.12 de l'accord entre l'Inde et Singapour est identique à l'article XXI du GATT.

rapporte à la sécurité nationale et sur l'étendue de ce contrôle[766]. Aucune juridiction n'a rejeté sa compétence, même si la jurisprudence du GATT/OMC a évolué lentement et inégalement en raison de l'absence d'accord entre les États signataires sur l'interprétation de l'article XXI de l'accord du GATT.

Les États qui ont invoqué l'article XXI de l'accord GATT à leur bénéfice l'ont tous interprété comme une exception qui n'entrait pas dans le champ de compétence des organes de règlement des différends puisque, à la différence des exceptions générales de l'article XX, il s'agissait de la sécurité de l'État, un domaine sur lequel celui-ci doit garder le dernier mot[767]. Au Nicaragua qui souhaitait un contrôle destiné à vérifier que l'État qui invoque l'article XXI n'abuse pas de ce droit en se basant sur l'existence de circonstances exceptionnelles qu'il aurait lui-même créées[768], les EUA répondaient que le GATT n'avait pas « en tant qu'organisation commerciale », pour objet de se transformer en « une tribune où seraient débattues des questions politiques et des problèmes de sécurité »[769]. Les Communautés européennes, tierce à l'instance, soutenaient cette position tout comme d'autres États[770]. Dans la récente affaire l'opposant à l'Ukraine, la Russie a fait valoir que le rôle de « soupape de sûreté »[771] que joue

---

[766] S'agissant de la CJCE (devenue CJUE), la question de sa compétence à examiner une clause de sécurité issue d'un traité ou d'un règlement européens ne se pose pas lorsqu'elle est saisie sur renvoi préjudiciel par une Cour nationale pour l'interprétation de dispositions du droit européen.

[767] Voir la déclaration du Royaume-Uni, tierce partie au different entre la Tchécoslovaquie et les EUA, *Request of the Government of Czechoslovakia for a decision under Article XXIII as to whether or not the Government of the United States of America has failed to carry out its obligations under the Agreement through its administration of the issue of export licences.* GATT/CP. 3/23, GATT/CP. 3/38, GATT/CP. 3/39), Summary Record of The Twenty-Second Meeting, 8 June 1949, CP. 3/SR22 – II/28, p. 3.

[768] Le Nicaragua accusait les EUA d'entretenir un contexte de tensions sur son territoire nicaraguayen et dans les pays voisins. L'objet du contentieux devant le GATT était l'embargo mis en œuvre par les EUA sur le commerce extérieur du Nicaragua. *United States – Trade Measures Affecting Nicaragua*, Report by the Panel, GATT, document L/6053, 13 octobre 1986.

[769] *États-Unis – Mesures commerciales affectant le Nicaragua,* Compte-rendu de la réunion du Conseil du GATT, 29 mai 1985, C/M/188, p. 5.

[770] « *le souci de la Communauté était de protéger le système multilatéral du GATT contre tout dommage pouvant résulter du développement inconsidéré d'une situation qui ne pourrait être ni traitée ni réglée dans le cadre du GATT* », *Ibidem*, p. 14. Bien que le représentant des Communautés européennes déclara par ailleurs qu'il ne s'agissait pas d'un différend Nord-Sud, les États participants à la réunion du Conseil se sont opposés selon une ligne Nord-Sud.

[771] Th. Christakis a caractérisé de la façon suivante les termes de « soupape de sûreté » : « *Le droit international* [...] *comme tout droit, ne peut tout régir de façon rigide et monolithique. Différentes soupapes de sûreté ont ainsi été créées qui autorisent les États à écarter l'application d'une règle dans un cas particulier afin de préserver leurs intérêts ou de réaliser certains buts légitimes. Ces différents mécanismes sont bénéfiques : ils incitent les États à s'engager et contribuent de ce fait à l'universalité du droit international ; ils tempèrent l'excès de droit et permettent à l'ordre juridique de « respirer »* ». CHRISTAKIS

l'article XXI pour permettre aux États de préserver, dans le cadre de l'accord du GATT, leurs intérêts légitimes de sécurité serait menacé si le Groupe spécial venait à examiner l'application de cet article[772]. Ce pays fonde son argumentation sur le principe de non-ingérence dans les affaires intérieures et extérieures d'un État souverain[773].

Les États participants au Conseil du GATT votèrent, en 1949, contre l'établissement d'un groupe de travail pour examiner, sur le fondement de l'article XXI, le différend opposant la Tchécoslovaquie aux EUA sur des mesures américaines de restriction d'exportations (1949). Les groupes spéciaux créés pour faire des recommandations ou statuer sur les différends opposant le Nicaragua aux EUA à propos des mesures américaines de suppression du quota de sucre (1982) et d'établissement d'un blocus contre le Nicaragua (1985) rejetèrent également l'examen de l'article XXI, malgré les avis contraires de plusieurs États[774]. Alors que les EUA ont maintenu, de 1948 à nos jours, la même posture de non justiciabilité de l'article XXI, tel ne fut pas le cas d'autres États – dont l'Union européenne et le Nicaragua – qui changèrent leurs interprétations de cet article, selon l'évolution de leurs intérêts[775].

À la suite de l'affaire des restrictions commerciales européennes touchant l'Argentine, à propos desquelles les pays du Sud s'étaient opposés aux pays du Nord (solidaires du Royaume-Uni sur la question de la justiciabilité et de

---

(Th.), « L'État avant le droit ? L'exception de « sécurité nationale » en droit international », *RGDIP*, janvier-mars 2008, n° 1.

772 « *La Russie met en garde contre le fait qu'une intervention de l'OMC dans les questions politiques et de sécurité perturberait l'équilibre très délicat des droits et obligations dans le cadre des Accords de l'OMC et mettrait en péril le système commercial multilatéral* », *Russie – Mesures concernant le trafic en transit*, Rapport du Groupe spécial, OMC, document WT/DS512/R, 5 avril 2019, par. .30.

773 *Russie – Mesures concernant le trafic en transit*, *op. cit.*, par. 7.29.

774 *United States – Imports of sugar from Nicaragua,* GATT, Report of the Panel adopted on 13 March 1984, document L/5607 – 31S/67, p. 9-10 et *États-Unis – Mesures commerciales affectant le Nicaragua,* Compte-rendu de la réunion du Conseil du GATT, 29 mai 1985, C/M/188, p. 9.

Les EUA ne s'étaient pas opposés à la convocation du panel de consultation à condition que cet organe ne s'intéressât pas à la validité ni à la motivation de l'invocation de l'article XXI b) iii), ce qui fut accepté. Voir à ce sujet SCHLOEMANN (H.L.) et OHLHOFF (S.), « Constitutionalization and Dispute Settlement in the WTO ; National Security as an Issue of Competence », *The American Journal of International Law*, vol. 93(2), 1999, p. 435.

775 Les Communautés européennes ont abandonné, dans l'affaire *Nicaragua – Mesures visant les importations en provenance du Honduras et de la Colombie* (1999) et surtout dans l'affaire *Russie – Mesures concernant le trafic en transit* (voir par. 7.42 du rapport du groupe spécial) leur position d'opposition à l'examen par un groupe spécial de l'article XXI. Le Nicaragua est, au contraire, passé d'une position de demande d'examen (1982 et 1986) à une position de rejet (*Nicaragua – Mesures visant les importations en provenance du Honduras et de la Colombie*) en tant que défendeur à l'instance.

l'abus de l'utilisation de l'article XXI[776]), les parties contractantes du GATT décidèrent qu'elles devraient « *s'abstenir de prendre, pour des raisons de nature autre qu'économique, des mesures de restriction des échanges qui ne seraient pas conformes à l'Accord général* »[777]. Une déclaration ministérielle appela aussi les parties contractantes à tenir compte d'éventuels effets préjudiciables que pouvait avoir cette clause de sécurité sur les intérêts des tierces parties[778]. En se basant sur l'embargo des EUA contre le Nicaragua, le groupe spécial de l'affaire *United States – Trade Measures Affecting Nicaragua* évoqua également le risque d'abus de droit consécutif au fait de laisser l'article XXI au seul jugement de l'État qui l'invoque[779]. Ces diverses décisions constituaient un appel implicite à restreindre l'invocation de l'article XXI.

C'est à l'occasion de l'affaire *Russie – Mesures concernant le trafic en transit* qu'un groupe spécial décida pour la première fois d'examiner le sens de l'article XXI[780] et conclut, en prenant en compte les travaux préparatoires de l'accord du GATT, que cet article « *n'était pas totalement "fondé sur une autonomie de jugement" comme l'affirme la Russie* »[781]. Selon le groupe spécial :

---

776 *Restrictions commerciales touchant l'Argentine appliquées pour des raisons autres qu'économiques*, Procès-verbal de la réunion du Conseil du GATT, 7 mai 1982, document C/M/157.

777 Parties contractantes du GATT, Trente-huitième session, Déclaration ministérielle adoptée le 29 novembre 1982, L/5424, page 3, cité par l'« Appendice – conduite ultérieure concernant l'article XXI du GATT de 1947 », *op. cit.*, par. 1.28.

778 Décision concernant l'article XXI de l'Accord général du 30 novembre 1982, L/5426 cité par l'« Appendice – conduite ultérieure concernant l'article XXI du GATT de 1947 », *op. cit.*, par. 1.28.

779 « *If it were accepted that the interpretation of Article XXI was reserved entirely to the contracting party invoking it, how could the contracting parties ensure that this general exception to all obligations under the General Agreement is not invoked excessively or for purposes other than those set out in this provision? If the contracting parties give a panel the task of examining a case involving an Article XXI invocation without authorizing it to examine the justification of that invocation, do they limit the adversely affected contracting party's right to have its complaint investigated in accordance with Article XXIII:2?* ». Le groupe spécial fit cette appréciation, tout en étant conduit à exclure des termes de son mandat l'examen de l'article XXI b) iii), au vu des effets destructeurs de l'embargo sur le commerce extérieur et l'économie du Nicaragua. *United States – Trade Measures Affecting Nicaragua*, *op. cit.*, p. 14.

780 La majorité des tierces parties (moins les EUA) se sont déclarées en faveur de cet examen.

781 *Russie – Mesures concernant le trafic en transit*, *op. cit.*, par. 7.102. Dans son rapport, le groupe spécial relève que les EUA, lors des travaux préparatoires de l'Organisation internationale du commerce (OIC, devenue le GATT) dont ils étaient à l'initiative, se seraient prononcés pour une interprétation encadrée de la clause de sécurité, une position partagée par la majorité des États présents. Selon le représentant des EUA : « *Les mesures prévues ne doivent pas "visser" les membres, de telle manière qu'ils ne puissent recourir à aucune mesure nécessaire à leur sécurité. D'autre part, la latitude qui leur est laissée ne doit pas être trop grande pour leur permettre, sous le couvert de la sécurité, de prendre des mesures qui, au fond, se réduiraient à une simple protection de leur commerce* [...] *si un autre Membre de*

« Il serait entièrement contraire à la sécurité et à la prévisibilité du système commercial multilatéral établi par le GATT de 1994 et les Accords de l'OMC, y compris les concessions qui permettent de déroger à des obligations dans des circonstances spécifiques, d'interpréter l'article XXI comme une condition purement potestative, subordonnant ainsi l'existence des obligations d'un Membre dans le cadre du GATT et de l'OMC à une simple expression de la volonté unilatérale de ce Membre »[782].

Pour préciser le degré de contrôle externe que l'article XXI b) autorise, le groupe spécial établit que l'expression « *mesures qu'elle* [l'État] *estimera nécessaires* » qui figure au chapeau de l'alinéa b) et qui caractérise le caractère *self-judging* de la clause de sécurité, « *ne s'étend pas à la détermination des circonstances visées dans chaque sous-alinéa* [c'est-à-dire i), ii) et iii)] »[783]. Ces « circonstances visées » correspondent à des situations qui peuvent et doivent, à la lumière de l'objet et du but de l'accord du GATT, être constatées de manière objective y compris le cas de « grave tension internationale » placé au même niveau d'importance, dans le texte, que les cas de « guerre », de mise en danger des « matière fissiles » et des « trafics d'armes ou de munition » profitant à des armées étrangères[784]. Le cas de « grave tension internationale » correspond ainsi à « *une situation de conflit armé, ou de conflit armé latent, ou de tension ou crise aggravée, ou d'instabilité générale embrasant ou entourant un État* »[785]. Pour constater de façon objective la situation de tension internationale grave invoquée par la Russie pour justifier sa décision de bloquer le transit, sur son territoire, de marchandises en provenance d'Ukraine à destination de différents États d'Asie centrale, le groupe spécial a pris en considération des preuves tangibles : d'une part, l'existence d'une résolution de l'Assemblée générale des Nations Unies qualifiant la Russie de « puissance occupante » en Crimée et faisant à ce titre référence aux conventions de Genève de 1949 (droit des

---

l'Organisation estime qu'il est visé par ces mesures il pourra toujours recourir à la procédure prévue par l'article 35 ». L'article 35 correspond aux articles XXII et XXIII du GATT actuel qui régulent l'ouverture de consultations et le mécanisme de règlement des différends. *Ibidem*, par. 7.93-7.94.

[782] *Ibidem*, par. 7.79.

[783] *Ibidem*, par. 7.101.

[784] *Ibidem*, par. 7.74 à 7.82. Pour rappel, l'article XXI b) (les paragraphes a) et c) sont rarement invoqués) dispose que :

« *Aucune disposition du présent Accord ne sera interprétée :*

b) [...] *comme empêchant une partie contractante de prendre toutes mesures qu'elle estimera nécessaires à la protection des intérêts essentiels de sa sécurité :*

i) se rapportant aux matières fissiles ou aux matières qui servent à leur fabrication ;

ii) se rapportant au trafic d'armes, de munitions et de matériel de guerre et à tout commerce d'autres articles et matériel destinés directement ou indirectement à assurer l'approvisionnement des forces armées ;

iii) appliquées en temps de guerre ou en ***cas de grave tension internationale*** » (souligné par nous).

[785] *Ibidem*, par. 7.76.

conflits armés)[786] et, d'autre part, l'existence des sanctions européennes et étasuniennes contre la Russie et des contre-mesures mises en œuvre par celle-ci.

Le groupe spécial ne va pas jusqu'à étendre son contrôle à la détermination par l'État de ses « intérêts essentiels de sécurité ». Il limite ces intérêts aux « *fonctions primordiales de l'État, à savoir la protection de son territoire et de sa population contre les menaces extérieures et le maintien de la loi et de l'ordre public à l'intérieur de cet État* »[787], ce qui correspond à la sécurité nationale sous ses aspects externe et interne restreints. Mais il considère que leur définition est subjective et relève de l'État et de ses « perceptions » ou « préoccupations particulières », limitée cependant par « *son obligation* [à l'État] *d'interpréter et d'appliquer de bonne foi l'article XXI b) iii) du GATT de 1994* »[788].

Par cette évolution dans le sens d'un examen et d'un contrôle de la bonne foi de l'État qui invoque des circonstances exceptionnelles pour justifier des mesures dérogatoires au traité, la jurisprudence du GATT/OMC rejoint la jurisprudence d'autres juridictions comme la CIJ, la CJCE/CJUE[789] et même le Tribunal canadien du commerce extérieur[790]. Dans une affaire qui ne portait pas sur un traité de commerce ou d'investissement, mais sur une convention d'entraide judicaire (entre la France et Djibouti)[791] comportant une clause de sécurité de type *self-judging*[792], la CIJ s'est limité à vérifier,

---

786 Résolution 71/205 du 19 décembre 2016, *Ibidem*, par. 7.122.

787 *Ibidem*, par. 7.130.

788 *Ibidem*, par. 7.130 à 7.132.

789 *Cas n° IV/M.1309 – MATRA/Aérospatiale, op. cit.* ; *Commission c. Belgique, op. cit.* ; *Rosneft c. Conseil, op. cit.*

790 Lotus Development Canada Limited, Novell Canada, Ltd. and Netscape Communications Canada Inc., Files Nos. : PR-98-005, PR-98-006 and PR-98-009, Canada International Trade Tribunal, August 14, 1998. *Marcomm Systems Group Inc. v. Department of Public Works and Government Services*, File No. PR-2014-060, Canada International Trade Tribunal, April 22, 2015. Ce tribunal est un organisme quasi-juridictionnel dont la jurisprudence est basée sur les règles de l'ALENA et la législation interne canadienne.

Voir aussi le rapport UNCTAD : « The protection of National Security in International Investment Agreements », UNCTAD Series on International Investment Policies for Development, New York Geneva, United Nations, 2009, p. 55 . Sur l'obligation de la bonne foi dans le droit de l'OMC: BRIESE (R) et SCHILL (S), « If the State Considers: Self-Judging Clauses in International Disputes Settlement », *Max Planck Yearbook of United Nations Law*, vol.13, 2009, p. 121 et suivantes. ; AKANDE (D.) et WILLIAMS (S.), « International Adjudication on National Security Issues : What Role for the WTO » ?, *Virginia Journal of International Law*, vol.43, 2003, p. 389-396 ; CANN (W.A.), « Creating Standards and Accountability for the Use of the WTO Security Exception : Reducing the Role of Power-Based Relations and Establishing a New Balance Between Sovereignty and Multiculturalism », *Yale Journal of International Law*, vol. 26, 2001, p. 479 et suivantes.

791 *Certaines questions concernant l'entraide judiciaire en matière pénale* (*Djibouti c. France*), Arrêt du 4 juin 2008, CIJ, Recueil 2008.

792 Il s'agit de l'article 2 qui dispose que : « *L'entraide judiciaire pourra être refusée* […] *c) Si l'État requis estime que l'exécution de la demande est de nature à porter atteinte à sa souveraineté, à sa sécurité, à son ordre public ou à d'autres de ses intérêts essentiels* ».

par une forme de contrôle restreint, que la France – État qui invoquait cette clause – en avait bien respecté, de façon formelle, les termes. Ceci était le cas puisque le juge français déclarait de façon sommaire que répondre positivement à la commission rogatoire du juge de Djibouti revenait à « *livrer indirectement des documents des services de renseignement français à une autorité politique étrangère. Sans concourir en aucune façon à la manifestation de la vérité, cette transmission compromettrait gravement les intérêts fondamentaux du pays et la sécurité de ses agents* »[793]. La Cour ne s'est pas attachée à vérifier en quoi la transmission de documents déclassifiés aurait compromis les intérêts fondamentaux du pays[794]. Elle respecta d'autant plus la justification laconique (ci-dessus) du juge français qu'elle refusa par ailleurs de considérer, comme l'aurait voulu la partie demanderesse, que l'exécution de la clause de sécurité était subordonnée au respect de l'article 17 de la même convention, selon lequel « Tout refus d'entraide judiciaire sera motivé »[795].

Le contrôle effectué par la CJCE/CJUE sur la réalité des circonstances exceptionnelles est également restreint. La Cour a par ailleurs consacré, à l'occasion de l'affaire Rosneft, une notion élargie des intérêts essentiels de sécurité. Elle a considéré que les circonstances de « guerre ou de grave tension internationale menaçant de déboucher sur un conflit armé » et mentionnées par l'exception de sécurité de l'accord de partenariat et de coopération UE – Russie[796] pouvaient être invoquées par l'Union européenne même si elles n'affectaient pas le territoire de celle-ci et le cœur de la sécurité nationale de ses États membres mais qu'elles mettaient en cause les objectifs de l'Union et de son action extérieure tels qu'ils figuraient à l'article 21 du TUE[797].

---

793 *Certaines questions concernant l'entraide judiciaire en matière pénale*, *op. cit.*, par. 147.

794 Les documents en question concernent le dossier d'instruction judiciaire sur l'assassinat à Djibouti du juge Borrel. Une partie de ces documents étaient initialement classés « secret-défense » et n'avaient pu être obtenus par le juge français qu'après leur déclassification par les ministres de la défense et de l'intérieur. *Certaines questions concernant l'entraide judiciaire en matière pénale*, *op. cit.*, par. 147.

795 *Ibidem*, par. 156.

796 Selon l'article 99 de cet accord : « *Aucune disposition du présent accord n'empêche une partie de prendre les mesures:1) qu'elle estime nécessaires à la protection des intérêts essentiels de sa sécurité:* [...] *d) en cas de troubles internes graves susceptibles de porter atteinte à la paix publique, en cas de guerre ou de grave tension internationale menaçant de déboucher sur un conflit armé ou afin de satisfaire à des obligations qu'elle a acceptées en vue d'assurer le maintien de la paix et de la sécurité internationale* ».

797 *Rosneft c. Conseil*, *op. cit.*, par. 112. L'article 21.1 du TUE dispose que « *L'action de l'Union sur la scène internationale repose sur les principes qui ont présidé à sa création, à son développement et à son élargissement et qu'elle vise à promouvoir dans le reste du monde: la démocratie, l'État de droit, l'universalité et l'indivisibilité des droits de l'homme et des libertés fondamentales, le respect de la dignité humaine, les principes d'égalité et de solidarité et le respect des principes de la charte des Nations unies et du droit international* ».

2. Le contrôle des circonstances exceptionnelles invoquées sur le fondement d'une clause non self-judging

Les clauses qui ne reprennent pas les termes « *s'il* [l'État] *estime nécessaire* » ouvrent la voie à un contrôle juridictionnel plus large, comme il ressort des jurisprudences de la CIJ, de la CJCE/CJUE et du CIRDI. Mais les tribunaux du CIRDI se sont heurtés au problème particulier de la recherche de critères objectifs pour apprécier le caractère exceptionnel des circonstances invoquées par l'État pour justifier ses mesures dérogatoires.

Défendeurs dans l'affaire des activités militaires et paramilitaires au Nicaragua, les EUA considéraient que la CIJ n'avait pas compétence pour connaître du différend dans son ensemble[798] ni pour examiner les conditions d'invocation de l'exception de sécurité figurant à l'article XXI d) du traité de commerce et de navigation signé par les EUA et le Nicaragua[799]. Les EUA invoquaient cet article pour justifier leur usage de la force et leur embargo commercial contre le Nicaragua. Le texte de l'article XXI d) est ainsi formulé :

> « Le présent traité ne fera pas obstacle à l'application de mesures [...] nécessaires à l'exécution des obligations de l'une ou l'autre partie relatives au maintien ou au rétablissement de la paix et de la sécurité internationales ou à la protection des intérêts vitaux de cette partie en ce qui concerne sa sécurité ».

La CIJ constata à la fois l'absence des termes « *toutes mesures qu'elle estimera nécessaires à la protection des intérêts essentiels de sa sécurité* » propres à l'article XXI du GATT et le rattachement de l'article XXI d) à *l'article XXIV* du même traité, « *aux termes duquel tout différend sur "l'interprétation et l'application du traité" est de la compétence de la Cour* ». Elle en déduisit qu'elle avait compétence pour apprécier les termes de l'article XXI d) du traité et déclara :

> « La Cour doit donc se prononcer sur le caractère raisonnable du péril encouru par ces intérêts vitaux en ce qui concerne la sécurité » et ensuite sur le caractère non seulement utile mais nécessaire des mesures présentées comme destinées à en assurer la protection »[800].

En conséquence, les juges ne se satisfirent pas d'une simple référence, par le président des EUA, à une « *menace exceptionnelle et extraordinaire pour la sécurité nationale et la politique étrangère des États-Unis* »

---

798 *Affaire des activités militaires et paramilitaires au Nicaragua*, *op. cit.*, par. 27. Pour écarter la compétence de la Cour, les EUA se fondaient sur la réserve qu'ils avaient émise à leur déclaration d'acceptation de la juridiction de la Cour, formulée le 26 août 1946. Voir titre I, chapitre I, section II, §2, B.2 de cette 1ère partie.

799 Selon l'arrêt de la Cour : « *Dans leur contre-mémoire sur la compétence et la recevabilité les États-Unis ont soutenu que : « Tout doute possible quant à l'inapplicabilité du traité de 1956 aux demandes du Nicaragua est écarté par l'article XXI, paragraphe 1* » ». *Affaire des activités militaires et paramilitaires au Nicaragua*, *op. cit.*, par. 224.

800 *Affaire des activités militaires et paramilitaires au Nicaragua*, *op. cit.*, par. 222.

représentée par « *les politiques et les actions du gouvernement du Nicaragua* » et notèrent en outre que cet acte, daté du 1er mai 1985, ne couvrait pas la période antérieure, prise en compte par le Nicaragua dans ses demandes[801]. La Cour choisit par ailleurs de ne pas aborder la question de savoir si l'appui supposé du Nicaragua à la guérilla armée au Salvador et au Honduras, action considérée par les EUA comme une agression justifiant leur intervention contre le Nicaragua au titre de la légitime défense collective, pouvait être considéré comme une menace aux intérêts de sécurité des EUA selon l'article XXI d) ci-dessus. Elle avait cependant rejeté la version des EUA qui considéraient cet appui du Nicaragua comme une agression armée et avait écarté, dans son ensemble, l'argument de la légitime défense collective et individuelle avancé par les EUA. Ceci peut s'interpréter comme un refus implicite de la Cour de considérer l'assistance militaire et matérielle du Nicaragua aux pays d'Amérique centrale comme une menace aux intérêts vitaux des EUA.

La CJCE/CJUE effectue également un contrôle sur l'invocation des circonstances exceptionnelles lorsque l'objectif de l'État est de déroger à des principes fondamentaux des traités européens, notamment à la liberté de circulation des biens et des capitaux entre les États membres. Elle a notamment considéré que l'ancien article 36 du traité CEE[802] « *n'a pas pour objet de réserver certaines matières à la compétence exclusive des États membres, mais admet seulement que les législations nationales fassent exception au principe de la libre circulation des marchandises dans la mesure où cela est et demeure justifié pour atteindre les objectifs visés à cet article* »[803]. Dans cette clause dérogatoire figurent plusieurs motifs d'exception dont la « sécurité publique »[804], laquelle – selon la CJCE – « *ne saurait être invoquée qu'en cas de menace réelle et suffisamment grave, affectant un intérêt fondamental de la société* »[805]. La CJCE s'attache pour

---

[801] Décret exécutif présidentiel du 1er mai 1985 annonçant la mise en œuvre d'un embargo commercial contre le Nicaragua. *Affaire des activités militaires et paramilitaires au Nicaragua, op. cit.*, par. 281.

[802] Cet article correspond à l'actuel article 36 du TFUE.

[803] *Campus Oil Limited et autres contre ministre pour l'Industrie et l'Energie et autres,* Arrêt du 10 juillet 1984, CJCE, Affaire 72/83, par. 32.

[804] L'article 36 du traité CEE est formulé ainsi : « *Les dispositions des articles 30 à 34 inclus ne font pas obstacle aux interdictions ou restrictions d'importation, d'exportation ou de transit, justifiées par des raisons de moralité publique, d'ordre public, de sécurité publique, de protection de la santé et de la vie des personnes et des animaux ou de préservation des végétaux, de protection des trésors nationaux ayant une valeur artistique, historique ou archéologique, ou de protection de la propriété industrielle et commerciale. Toutefois, ces interdictions ou restrictions ne doivent constituer ni un moyen de discrimination arbitraire, ni une restriction déguisée dans le commerce entre les États membres* ».

[805] *Commission des Communautés européennes contre République française*, Arrêt du 4 juin 2002, CJCE, affaire C-483/99, par. 48.

cela à constater des « circonstances objectives » dans les arguments de l'État qui invoque une menace à la sécurité publique[806].

La difficulté de rechercher des éléments objectifs révélateurs de l'exceptionnalité des circonstances invoquées par un État a caractérisé la jurisprudence, inconstante, du CIRDI sur les affaires opposant l'Argentine à plusieurs investisseurs américains à propos de mesures affectant les intérêts de ces derniers. Dans chacune de ces affaires, l'Argentine invoquait les mêmes circonstances exceptionnelles liées à la crise économique et sociale qu'elle connaissait au début des années 2000.

Les tribunaux CIRDI durent d'abord se déclarer compétents à examiner la clause de sécurité – l'article XI du Traité bilatéral de protection des investissements conclu par l'Argentine et les EUA – formulée comme suit :

> « This Treaty shall not preclude the application by either Party of measures necessary for the maintenance of public order, the fulfillment of its obligations with respect to the maintenance or restoration of international peace or security, or the Protection of its own essential security interests ».

Dans l'affaire *Continental*, l'Argentine, en défense, prétendait que cet article était *self-judging* et que les EUA eux-mêmes l'avaient considéré comme tel lors des négociations sur le projet de traité. Le tribunal CIRDI constata l'absence de tout document ou lettre officielle portant cette intention des EUA et établit que ce pays avait souhaité inclure une clause de sécurité *self-judging* dans ses TBI seulement à partir de 1992, à l'occasion du TBI signé cette même année avec la Russie, clause présente ensuite dans les modèles de TBI datant de 2004 et 2012[807]. Le tribunal précisa qu'en l'absence d'indications textuelles ou contextuelles claires, il ne pouvait être permis à la partie qui invoquait cette clause d'échapper unilatéralement à ses obligations. L'État qui invoquait la clause de sécurité se retrouvait ainsi avec une moindre marge discrétionnaire[808]. Les tribunaux CIRDI des autres affaires portant sur l'application de l'article XI du TBI Argentine – EUA adoptèrent la même approche consistant à limiter les possibilités d'utiliser ce

---

806 *Campus Oil Limited, op. cit.*, par. 36. En l'espèce, la mesure dérogatoire en cause était un décret du gouvernement irlandais obligeant les fournisseurs de pétrole à s'approvisionner prioritairement auprès d'une raffinerie nationale afin que le pays ne tombât pas dans une dépendance complète vis-à-vis de l'étranger et ne fût pas menacé en cas de rupture d'importations. LA CJCE admit qu'une interruption de l'approvisionnement d'un pays en produits pétrolier pût menacer celui-ci et sa sécurité publique. *Ibidem*, par. 33-35.

807 *Continental Casualty Company v. Argentine Republic, op. cit.*, par. 181-188. La clause de sécurité du modèle de TBI des EUA est rédigée comme suit : « *Nothing in this Treaty shall be construed : 1. to require a Party to furnish or allow access to any information the disclosure of which it determines to be contrary to its essential security interests; or 2. to preclude a Party from applying measures that it considers necessary for the fulfillment of its obligations with respect to the maintenance or restoration of international peace or security, or the protection of its own essential security interests* ».

808 *Continental Casualty Company v. Argentine Republic,* ICSID Case n° ARB/03/9, 5 septembre 2008, par. 187.

dispositif : « *The object and purpose of the Treaty is, as a general proposition, for it to be applicable in situations of economic difficulty and hardship that require the protection of the internationally guaranteed rights of its beneficiaries. To this extent, any interpretation resulting in an escape route from the defined obligations cannot be easily reconciled with that object and purpose. Accordingly, a restrictive interpretation of any such alternative is mandatory* »[809].

La difficulté fut ensuite, pour les tribunaux, d'apprécier de manière objective la gravité de la situation économique et sociale de l'Argentine au début des années 2000, une situation mise en avant par l'Argentine pour justifier ses mesures dérogatoires aux droits des investisseurs garantis par le TBI. La vérification du caractère exceptionnel de cette situation économique et sociale donna lieu à des conclusions différentes selon le tribunal constitué. Les tribunaux des affaires *Sempra* et *LG&E* divergèrent de l'appréciation des tribunaux des affaires *CMS*, *Enron* et *Continental Casualty*, ce qui conduisit à des recours devant les Comités *ad hoc* pour ces trois dernières affaires.

Les tribunaux examinant ces affaires laissèrent tous une marge d'appréciation à l'État. L'Argentine avait, pour justifier l'abandon du cadre législatif favorable offert aux investisseurs étrangers, plaidé la gravité exceptionnelle de la récession économique qui frappa la population à la fin de l'année 2001. Selon ce pays, cette récession était la conséquence d'une crise des marchés internationaux et non d'une mauvaise gestion de la part des autorités locales. Cette récession avait conduit, *via* une envolée du chômage et de la pauvreté de masse, à une crise politique et institutionnelle. L'Argentine produisit des faits acceptés par les différents tribunaux CIRDI : la chute du Produit intérieur brut, l'effondrement de la consommation et de l'investissement, les indices de déflation et de réduction de la valeur des entreprises nationales, la détérioration de la santé publique et de l'alimentation, le chaos dans le secteur public ; la situation était qualifiée de « menace à l'existence de l'État et à son indépendance »[810]. L'Argentine

---

[809] *Sempra Energy International v. The Republic of Argentine*, Case n° ARB/02/16, award, September 28, 2007, par. 373.

[810] Dans l'affaire *Continental Casualty*, l'Argentine déclare qu'au plus fort de la crise, son système financier était au bord de l'effondrement, les réserves de change avaient chuté brutalement, le remboursement de la dette extérieure était devenu impossible et le taux de chômage avait grimpé au-dessus des 20% de la population active. Selon le FMI, la cessation de paiement, par l'Argentine, de sa dette extérieure – estimée à 141 milliards de dollars en décembre 2001 – est considérée comme la plus importante de l'histoire. Par ailleurs, entre 2000 et 2002, la consommation a chuté de 74%, la pauvreté a atteint 54,3% de la population urbaine et l'extrême pauvreté 24,7%, représentant un doublement de la pauvreté et une augmentation de 358% de l'extrême pauvreté entre 1998 et 2002. Un certain vide du pouvoir s'est fait sentir lorsque cinq présidents de la République se sont succédés dans un bref intervalle de temps, ces démissions résultant de la pression des manifestations violentes et des

invoqua, en plus de l'article XI du BIT, l'état de nécessité afin d'échapper à sa responsabilité éventuelle au titre de l'article IV du même traité[811]. Dans ce cadre et faisant appel à la jurisprudence *Gabcíkovo-Nagymaros* sur l'extension des intérêts essentiels de l'État à la préservation du milieu écologique, l'Argentine inclut également, dans ses intérêts essentiels menacés, la propre vie humaine[812].

Cependant, la crise argentine pouvait aussi être perçue, dans une comparaison avec d'autres pays, comme une crise non exceptionnelle[813]. Les

---

émeutes de rues. *Continental Casualty v. The Argentine Republic,* ICSID Case n° ARB/03/9, par. 53 et 108.

[811] L'article IV.3 du TBI Argentine- EUA dispose : « *Nationals or companies of either Party whose investments suffer losses in the territory of the other Party owing to war or other armed conflict, revolution, state of national emergency, insurrection, civil disturbance or other similar events shall be accorded treatment by such other Party no less favorable than that accorded to its own nationals or companies or to nationals or companies of any third country, whichever is the more favorable treatment, as regards any measures it adopts in relation to such losses* ».

L'article 25 du projet d'articles de la CDI sur la responsabilité de l'États dispose que : « *1. L'État ne peut invoquer l'état de nécessité comme cause d'exclusion de l'illicéité d'un fait non conforme à l'une de ses obligations internationales que si ce fait : a) Constitue pour l'État le seul moyen de protéger un intérêt essentiel contre un péril grave et imminent ; et b) Ne porte pas gravement atteinte à un intérêt essentiel de l'État ou des États à l'égard desquels l'obligation existe ou de la communauté internationale dans son ensemble. 2. En tout cas, l'état de nécessité ne peut être invoqué par l'État comme cause d'exclusion de l'illicéité : a) Si l'obligation internationale en question exclut la possibilité d'invoquer l'état de nécessité ; ou b) Si l'État a contribué à la survenance de cette situation* ».

La protection offerte tant à l'investisseur qu'à l'État hôte n'est pas la même sous le régime coutumier de l'état de nécessité et sous le TBI. Selon Burke-White auditionné par le tribunal (par. 377), le TBI est la *lex specialis* et offrirait aux deux parties (par la volonté des États qui l'ont signé) une protection plus favorable que celle du droit coutumier international, ce dont le tribunal ne s'est pas convaincu. Il n'en reste pas moins que les conditions requises sur la nécessité des mesures prises par l'État sont plus rigoureuses sous le régime de l'article 25 que de l'article XI du TBI.

[812] Gabcíkovo-Nagymaros Project (Hungary/Slovakia), International Court of Justice, Judgment of September 25, 1997, para. 53, cité par *Sempra Energy International v. The Argentine Republic*, *op. cit.*, par. 357.

[813] *Sempra Energy International v. The Argentine Republic*, ICSID Case n° ARB/02/16, Award, September 28, 2007, par. 122, 326-327, 347.

Comme d'autres sociétés étrangères, *Sempra, CMS, Enron* et *LG&E* avaient investi dans le secteur gazier argentin dans les années 1990 en raison du programme de privatisations et d'une législation favorable aux investisseurs étrangers. Cette législation prévoyait une convertibilité fixe du peso en dollars à la parité (un pour un), un système de fixation de tarifs aligné sur l'indice des prix de production des EUA, un calcul des prix de l'énergie en dollars et un engagement de l'État à ne pas geler les tarifs sauf accord de l'investisseur. La rapide dégradation de la situation économique et sociale (dépression et déflation) conduisit les autorités à faire voter en 2002 la loi d'urgence mettant fin à la parité fixe des deux monnaies et au droit de calculer les tarifs en dollars. Un système de changes flottant fut mis en place et le peso commença à se dévaluer, provoquant une dévalorisation des investissements de *Sempra*, de *CMS, Enron, LG&E* et d'autres investisseurs, même ceux qui avaient investi dans d'autres secteurs comme la société *Continental Casualty* (assurances).

tribunaux qui ont arbitré les différentes affaires argentines ont tous fait la différence entre une crise économique sévère et un effondrement total de l'économie. Ils ont considéré qu'une situation d'urgence économique (*economic emergency*) qui correspondait à un effondrement total pouvait menacer les intérêts essentiels de l'État au sens de l'article XI du TBI. Mais le fait que ces tribunaux sont arrivés à des conclusions différentes sur une même crise et sur des mêmes évènements montre la difficulté qu'il y a à établir des critères d'appréciation objectifs[814]. Le tribunal de l'affaire *Sempra* a jugé que si la crise argentine était bien une crise sévère, elle ne l'était pas assez pour mettre en danger l'ordre constitutionnel du pays[815] même si l'ordre public n'existait plus par ailleurs. L'existence et l'indépendance de l'État n'étaient pas atteintes, ce qui conduisit le tribunal à conclure que les intérêts de sécurité de l'État n'étaient pas menacés[816]. Le tribunal de l'affaire *CMS* a adopté une position différente et semblé considérer que la crise économique était plus que sévère, sans être catastrophique. Sans déclarer que l'existence de l'État était menacée, ce tribunal déclara comprendre la position de l'État argentin et ne voyait pas d'abus de droit dans l'invocation de l'état de nécessité. Il n'a pas examiné de façon séparée le fondement de l'article XI et les critères de l'état de nécessité, ces derniers étant plus exigeants que ceux de l'article XI[817]. Les tribunaux des affaires *Continental Casualty* et *LG&E,* traitant séparément l'article XI et la question de l'état de nécessité, ont adopté une troisième position, très proche de celle de l'Argentine. Pour ces deux tribunaux, les faits rapportés par l'Argentine

---

[814] Dans la sentence de l'affaire *CMS*, le tribunal déclare « *When the Argentine crisis is compared to other contemporary crises affecting countries in different regions of the world it may be noted that such other crises have not led to the derogation of international contractual or treaty obligations. Renegotiation, adaptation and postponement have occurred but the essence of the international obligations have been kept intact* ». Cependant, le tribunal ne livre pas les critères sur lesquels il s'appuie pour considérer que les autres crises qu'il prend comme objet de comparaison ont le même degré de gravité que la crise argentine. Voir *CMS Gas Transmission Company v. The Argentine Republic,* ICSID Case n° ARB/01/8, May 12, 2005, par. 355.

[815] L'ordre constitutionnel était stable puisque cinq chefs d'État se sont succédés – malgré les conditions chaotiques – et des élections se sont ensuite tenues.

[816] Le tribunal a effet déclaré que l'ordre public a été « rétabli » après la fin de la crise de succession présidentielle et la tenue de nouvelles élections. *Sempra Energy International v. The Argentine Republic*, par. 332, 348, 374. Dans le même sens, le tribunal de l'affaire Enron a conclu que la situation économique, sociale, institutionnelle en Argentine n'avait jamais été « hors contrôle » des autorités. *Enron Corporation and Ponderosa Assets, L.P v. The Argentine Republic*, ICSID Case n° ARB/01/3, May 22, 2007, par. 307.

[817] Le tribunal déclara: « *The Respondent's perception of extreme adverse effects, however, is understandable, and in that light the plea of necessity or emergency cannot be considered as an abuse of rights as the Claimant has argued* ». *CMS Gas Transmission Company v. The Argentine Republic, op. cit.*, par. 321, 322. La raison indiquée par ce tribunal et par le tribunal de l'affaire Enron pour justifier l'absence d'examen séparé de l'article XI et de l'état de nécessité est que le TBI ne fournit aucune indication sur ce que signifient les intérêts essentiels de sécurité. *Enron v. The Argentine Republic, op. cit.*, par. 333.

correspondaient à un quasi-effondrement de l'économie, de l'ordre public et des institutions politiques, ce qui constituait une menace aux intérêts essentiels du pays. Dans une critique implicite de l'appréciation portée par les tribunaux précédents (qui avaient statué avant lui), le tribunal de l'affaire *Continental Casualty* déclarait que les autorités d'un pays n'avaient pas à attendre un effondrement total de l'économie et des institutions pour invoquer l'article XI du TBI et prendre les mesures dérogatoires nécessaires. Il écrivit : « *There is no point in having such protection if there is nothing left to protect* »[818]. Cette approche se distingue de celle des tribunaux des affaires *CMS*, *Enron* et *Sempra*[819] en ce qu'elle s'attache non seulement à apprécier le caractère exceptionnel de la menace à la sécurité de l'État – caractère difficile à saisir en raison du manque de critères objectifs – mais aussi à prendre en compte la particularité des intérêts essentiels de sécurité de l'Argentine. Les institutions économiques et politiques de ce pays en développement sont plus exposées à un choc qu'aux EUA, État qui, selon le tribunal a souhaité la présence de l'article XI dans le traité pour défendre des intérêts de sécurité d'une autre nature : « *The U.S intended to protect first of all its own security interests in the light of geopolitical, strategic and defense concerns, typical of a world power, so as to be able to reserve the right to freeze assets of foreigners in the U.S. and to resort to unilateral economic sanctions that may conflict with its BIT obligations* »[820].

La divergence d'approche entre ces différents tribunaux à propos d'une même situation économique et politique et d'une même clause de sécurité montre les limites du contrôle juridictionnel – pourtant restreint – de l'appréciation du caractère exceptionnel d'une situation qui ne peut être entièrement appréhendée par des éléments objectifs ou des critères non politiques. À la différence des jurisprudences cohérentes de la CEDH et de la CADH[821] et aussi de la jurisprudence de la CJUE basée sur un droit unifié et comportant des exceptions bien circonscrites, la jurisprudence CIRDI peut difficilement saisir les situations exceptionnelles d'une unique manière. Des

---

[818] *Continental Casualty Company v. The Argentine Republic*, ICSID Case n° ARB/03/9, Award, 5 september 2008, p. 180. De son côté, le tribunal de l'affaire *LG&E* compare l'étendue des effets de la crise économique argentine aux effets provoqués par une invasion militaire. LG&E Energy Corp., LG&E Capital Corp., and LG&E International, In. v. Argentine Republic, ICSID Case No. ARB/02/1, Award. 25 Jul 2007. par. 238.

[819] Les tribunaux des affaires *LG&E* et *Continental Casualty* ont été rejoints, dans leur appréciation de la crise argentine, par le tribunal de l'affaire *Impregilo* en 2011. Ce dernier avait à se prononcer sur l'état de nécessité plaidé par l'Argentine et non sur l'application d'une clause de sécurité nationale, absente du TBI Argentine – Italie au cœur de l'affaire. Le tribunal conclut à la présence d'un péril grave et imminent aux intérêts essentiels de l'État. *Impregilo S.p.a v. Argentine Republic*, ICSID Case n° ARB/07/17, Award, June 21, 2011, par. 350.

[820] *Continental Casualty Company v. The Argentine Republic*, *op. cit.*,*op. cit.*, par.1par. 181.

[821] Les jurisprudences de ces juridictions sont basées sur l'application d'une conception commune (aux États membres du conseil de l'Europe et aux États membres de l'OEA) des droits de l'Homme.

comités *ad hoc* ont d'ailleurs annulé les décisions des tribunaux des affaires *CMS*, *Enron* et *Sempra* qui rejetaient l'application de l'article XI du TBI et de l'état de nécessité à la crise argentine des années 2002-2002. Les arbitres *ad hoc* jugeaient erronée la méthode consistant à rapprocher le régime juridique de l'article XI du TBI du régime juridique de l'état de nécessité[822].

Le contrôle juridictionnel que l'on a étudié jusqu'ici porte sur l'appréciation, par les États, de menaces à leur sécurité nationale en situation exceptionnelle. La marge d'appréciation laissée aux États ne disparaît pas dans les situations non exceptionnelles, lorsque les menaces sont de degré moindre, mais les juridictions tendent à resserrer la notion de sécurité nationale lorsque des droits fondamentaux sont en cause.

SECTION II. LA MARGE NATIONALE D'APPRÉCIATION DANS LES CIRCONSTANCES ORDINAIRES

La sécurité nationale a été considérée jusqu'ici comme une notion qui renvoie à l'existence même de l'État (dans les traités de droits de l'Homme) ou aux intérêts essentiels de sécurité de celui-ci (dans les traités de commerce et d'investissement). La menace à la sécurité nationale a, dans ce cadre, un caractère de gravité suffisamment élevé pour justifier qu'il soit dérogé à des droits garantis aux individus ou aux entreprises, cela dans le but de prendre les mesures de sécurité nécessaires.

La sécurité nationale peut être également menacée, mais à un degré moindre, dans des situations ou circonstances qualifiées d'« ordinaires » (par opposition aux situations exceptionnelles vues précédemment)[823]. Les

---

[822] Les trois comités *ad hoc* ont jugé que ces décisions étaient nulles pour excès de pouvoir car l'article XI du TBI et l'article 25 du projet d'articles de la CDI ne pouvaient être traités ensemble puisqu'ils n'ont pas le même objectif, le même contenu ni les mêmes règles. *CMS Gas Transmission Company v. Argentine Republic*, Decision of the *Ad Hoc* Committee on the Application for Annulment of the Argentine Republic, September 25, 2007, par. 128-131 ; *Sempra Energy International v. Argentine Republic,* Decision on the Argentine Republic's Application for Annulment of the Award, 29 June 2010, par. 186-219 ; *Enron Creditors Recovery Corp. Ponderosa Assets, L.P. v. Argentine Republic*, Decision on the Application for Annulment of the Argentine Republic, 30 July 2010, par. 403-408.
Notons que les comités *ad hoc* n'ont pas, en vertu de la Convention CIRDI, compétence pour formuler leur propre appréciation de la crise argentine et des mesures prises par l'État argentin sur le fondement de ces règles de droit, car ils ne constituent pas un véritable organe d'appel.

[823] L. Hennebel et H. Tigroudja caractérisent ainsi la différence entre les deux types de situation : « *Le régime de restriction* [des droits] *a été établi pour permettre à l'État de garantir la vie des individus en société tandis que le régime de dérogation offre, quant à lui, à l'État, un outil permettant de faire face à une situation exceptionnelle, dans un laps de temps bien défini* ». HENNEBEL (L.), TIGROUDA (H.), *Traité de droit international des droits de l'Homme*, *op. cit.*, p. 724-725.

traités de droits de l'Homme attribuent aux situations ordinaires un régime de restriction de l'exercice de certains droits (différent du régime de dérogation de droits). Dans le droit de l'UE, les exceptions de sécurité nationale ne distinguent pas entre ces deux types de situations et leurs régimes juridiques respectifs. Elles s'apparentent cependant plus à des restrictions de droits qu'à de véritables dérogations, surtout lorsqu'elles affectent les principes fondamentaux de l'UE que sont la liberté de circulation des marchandises, des capitaux et des personnes.

Ces situations « ordinaires » du droit commun de la CEDH (ou des autres traités comme la CADH et le PIDCP) ainsi que les situations correspondant aux exceptions de sécurité du droit européen ne sont pas définies dans les traités. Ceux-ci n'évoquent pas non plus le degré de la menace à la sécurité nationale qui caractérise ces situations. Celles-ci sont, selon la pratique des États et la jurisprudence[824], variées et les États disposent d'une marge d'appréciation des menaces à leur sécurité (§ 1). Mais cette marge d'appréciation n'est pas sans limites (§ 2).

§ 1. L'appréciation par les états des circonstances ordinaires

Les menaces à la sécurité nationale dans les situations non exceptionnelles ne sont pas définies dans les traités de droits de l'Homme ni dans les traités européens. Elles sont cependant caractérisées de manière proche dans la jurisprudence de la Cour EDH (A) et de la CJUE (B).

A. Dans la jurisprudence de la Cour européenne des droits de l'Homme

Destinés à guider l'application du PIDCP, les « principes de Syracuse », qui sont des recommandations d'un groupe d'experts, indiquent, relativement aux clauses limitant l'exercice des droits, que « *la sécurité nationale ne peut être invoquée pour justifier des mesures restreignant certains droits que lorsqu'il s'agit de mesures prises pour protéger l'existence de la nation, son intégrité territoriale ou son indépendance politique contre l'emploi ou la menace de la force* »[825]. C'est ici le contenu restreint de la sécurité nationale qui est pris en compte. Les « principes de

---

Un autre auteur, I. Cameron, caractérise autrement la différence entre les circonstances exceptionnelles et les circonstances ordinaires : « *Many of the factors underlying measures taken during public ermergencies are also present to a lesser extent in measures taken to maintain national security in normal times. In both cases there is a threat to the safety or well-being of the state; in the former, direct and immediate, in the latter indirect, long-term and cumulative* ». CAMERON (I.), *National Security and the European Convention on Human Rights*, The Hague, Kluwer Law International, 2000, p. 30.

[824] Il sera question essentiellement de la jurisprudence de la Cour EDH et de la CJUE.

[825] « Principes de Syracuse », *op. cit.*, p. 6.

Syracuse » évoquent aussi l'existence d'un seuil minimal de la menace en deçà duquel on ne peut limiter des droits : « *La sécurité nationale ne peut être invoquée comme-un motif pour introduire des restrictions lorsqu'il s'agit de prévenir des menaces de caractère local ou relativement isolées contre la loi et l'ordre* ».

Bien que les « principes de Syracuse » distinguent nettement ces motifs les uns des autres[826], ceux-ci peuvent, selon les États et les affaires devant les juridictions, être rattachés à la sécurité nationale, élargissant le contenu de celle-ci.

Dans l'affaire *Othman (aka Abu Qatada) c. Royaume-Uni*, le requérant, ressortissant jordanien est l'objet d'un ordre d'expulsion du territoire du Royaume-Uni en raison de la menace qu'il représente pour ce pays. La menace fondée, selon les autorités britanniques, sur ses liens avec plusieurs réseaux terroristes internationaux et sur ces prêches appelant au terrorisme, est à la fois dirigée contre la sécurité nationale et contre l'ordre et la morale publics du pays[827].

La Cour EDH se rattache cependant à une conception restrictive de la sécurité nationale dans l'affaire *Nolan and K*[828]. Cette affaire met en jeu la liberté de conscience et de religion (article 9 de la CEDH). La Russie s'appuyait sur cet article pour prendre une mesure d'expulsion à l'encontre d'un ressortissant états-unien membre d'une secte religieuse, car elle considérait que les activités de celui-ci n'étaient pas à proprement parler

---

[826] Le même texte définit l'ordre public comme « la somme des règles qui assurent le fonctionnement, de la société ou l'ensemble des principes fondamentaux sur lesquels repose la société », la sûreté publique comme « *la protection contre les dangers qui menacent les personnes dans leur sécurité, leur vie ou leur intégrité physique ou qui peuvent causer des dommages graves à leurs biens* ». Le motif de santé publique concerne une « *menace grave à la santé de la population ou de certains éléments de la population* ». La moralité publique est considérée comme l'ensemble des « *valeurs fondamentales de la communauté* », *lesquelles* « *varient selon les époques et les cultures* ». « Principes de Syracuse », *op. cit.*, p. 5-6.
Comme exemple de « menace de caractère local ou relativement isolée contre la loi et l'ordre » on peut citer le cas de l'expulsion du territoire français d'une ressortissante roumaine, mesure prise sur le fondement de l'article 27 de la directive 2004/38/CE du Parlement européen et du Conseil du 29 avril 2004. Cette directive prévoit la possibilité de restreindre la liberté de circulation des ressortissants d'États membres de l'UE pour des raisons d'ordre public, de sécurité publique ou de santé publique. En l'espèce, la ressortissante roumaine avait commis plusieurs faits d'escroquerie, n'était pas intégrée dans la société française, vivait exclusivement de la mendicité et n'avait pas de domicile fixe. Ces divers éléments représentent, selon les termes de l'article 27 de la directive, une « menace réelle, actuelle et suffisamment grave pour la sécurité publique, qui constitue un intérêt fondamental de la société française ». Arrêt Conseil d'État n° 365054 du 1er octobre 2014.

[827] *Othman (aka Abu Qatada) c. Royaume-Uni*, arrêt du 17 janvier 2012, CEDH, requête n° 8139/09. Voir aussi Omar *Othman (aka Abu Qatada) v. Secretary of State for the Home Department,* Judgment (Appeals) of 26 February 2007, SC n° 15/2005, SIAC. Voir aussi, parmi d'autres affaires similaires, *Case of Al-Nashif v. Bulgaria*, Judgment of 20 june 2002, case n° 50963/99.

[828] *Case of Nolan and K. v. Russia*, Judgment of 12 February 2009, Application n° 2512/04.

religieuses et constituaient une menace à sa sécurité nationale. La Cour ne suit pas ce raisonnement et relève le fait que les motifs de restriction de la liberté de pensée et de religion énumérés à l'article 9.2 de la CEDH ne visent pas expressément la sécurité nationale mais la sécurité publique, la protection de l'ordre, de la santé et de la morale publics.

B. Dans la jurisprudence de la CJUE

Le Traité sur l'Union européenne consacre la sauvegarde de la sécurité nationale comme une des fonctions essentielles de l'État, parmi d'autres fonctions essentielles qui, en fait, se rattachent aussi à la sauvegarde de la sécurité nationale : « *l'Union respecte les fonctions essentielles de l'État, notamment celles qui ont pour objet d'assurer son intégrité territoriale, de maintenir l'ordre public et de sauvegarder la sécurité nationale. En particulier, la sécurité nationale reste de la seule responsabilité de chaque État membre* »[829]. Comme dans la CEDH (et les autres traités garantissant les droits de l'Homme), les exceptions de sécurité font référence à la sécurité publique et à d'autres intérêts publics : l'ordre public, la prévention des infractions pénales, la protection de la santé ou de la morale, le bien-être économique du pays, la protection des droits et libertés d'autrui[830].

À la différence cependant de la CEDH (et des autres traités de droits de l'Homme) les clauses d'exception prévues par le TFUE et par le droit

---

[829] Il s'agit de l'article 4.2 du traité sur l'Union européenne qui vient juste après l'article 4.1 qui traite du partage des compétences entre l'Union et les États.

[830] Ces motifs sont énumérés dans la CEDH et la CADH. L'article 36 du TFUE en offre une liste plus longue : « *Les dispositions des articles 34 et 35 ne font pas obstacle aux interdictions ou restrictions d'importation, d'exportation ou de transit, justifiées par des raisons de moralité publique, d'ordre public, de sécurité publique, de protection de la santé et de la vie des personnes et des animaux ou de préservation des végétaux, de protection des trésors nationaux ayant une valeur artistique, historique ou archéologique ou de protection de la propriété industrielle et commerciale. Toutefois, ces interdictions ou restrictions ne doivent constituer ni un moyen de discrimination arbitraire ni une restriction déguisée dans le commerce entre les États membres* ».
Notons que les accords de l'OMC traitent séparément les exceptions liées à la sécurité nationale (notamment l'article XXI de l'accord GATT) et les exceptions liées aux autres motifs d'ordre public, social et économique. Celles-ci sont prévues, dans l'accord GATT, à l'article XX (exceptions générales), à l'article XII (restrictions destinées à protéger l'équilibre de la balance des paiements, à l'article XIV (exceptions à la règle de non-discrimination) et, pour l'accord AGCS, à l'article XIV. Par comparaison avec les traités de droits de l'Homme ou de libre-échange, les traités bilatéraux de protection des investissements ne prévoient pas de clauses d'exceptions autres que liées à la sécurité nationale et applicables uniquement dans des circonstances exceptionnelles. Selon A. Newcombe, la présence ou l'absence, dans ces accords, d'exceptions générales n'a pas beaucoup d'importance en cas de différend entre un État et un investisseur car les tribunaux arbitraux ont intégré la nécessité de défendre l'intérêt public à l'heure d'examiner le respect, par l'État de ses obligations principales. NEWCOMBE (A.), « General Exceptions in International Investment Agreements », *Draft Discussion Paper Prepared for British International Institute of Comparative Law Eight Annual WTO Conference*, 13th and 14th May 2008, London, p. 3.

européen dérivé[831] ne distinguent en général pas entre les situations exceptionnelles et les situations ordinaires. Leur rédaction se rapproche plus de celle des clauses de restriction de droits de la CEDH (prévues pour les situations ordinaires). Les termes de menace à la sécurité publique, l'ordre public, la santé ou la morale publiques se rapportent à une atteinte à la sécurité nationale – bien que ce terme soit rarement employé dans la jurisprudence de la CJUE – lorsque la menace est qualifiée de grave[832]. Ils recouvrent des situations de troubles d'une ampleur variable, certains voisinant avec les situations exceptionnelles dans lesquelles se trouvent menacés le bon fonctionnement des institutions voire l'indépendance du pays. La jurisprudence est constante : « *La Cour a également jugé que l'atteinte au fonctionnement des institutions et des services publics essentiels ainsi que la survie de la population, de même que le risque d'une perturbation grave des relations extérieures ou de la coexistence pacifique des peuples, ou encore l'atteinte aux intérêts militaires, peuvent affecter la sécurité publique* »[833].

Lorsque les clauses d'exception permettent de déroger aux principes fondamentaux[834] du TFUE que sont la libre circulation des personnes, des marchandises et des capitaux ou mêmes aux droits garantis par la Charte des droits fondamentaux de l'UE, le critère prise en compte pour l'invoquer doit être « *une menace réelle et suffisamment grave affectant un intérêt fondamental de la société* », qu'il s'agisse d'un trouble à l'ordre public, à la sécurité publique, à la morale ou la santé publiques[835]. Dans la limite de ce critère, la Cour reconnaît aux États une marge d'appréciation de la menace[836].

---

[831] Voir, par exemple, l'article Article 27.2 de la Directive 2004/38/CE du Parlement européen et du Conseil relative au droit des citoyens de l'Union et des membres de leurs familles de circuler et de séjourner librement sur le territoire des États membres.

[832] Voir, par exemple, la dérogation de l'article 25.3 du Code frontières Schengen : « *Lorsque la menace grave pour l'ordre public ou la sécurité intérieure dans l'État membre concerné persiste au-delà de la durée prévue au paragraphe 1 du présent article, ledit État membre peut prolonger le contrôle à ses frontières intérieures* ».

[833] *Land Baden-Württemberg c. P. Tsakouridis,* Arrêt du 23 novembre 2010, CJUE (grande chambre), affaire C-145/09, point 44. La Cour précise (au point 43) que la sécurité publique « *couvre à la fois la sécurité intérieure d'une État membre et sa sécurité extérieure* ». *Z.Zh. c. Staatssecretaris voor Veiligheid en Justitie et Staatssecretaris voor Veiligheid en Justitie c. I.O.,* CJUE, Arrêt du 11 juin 2015, Affaire C544/13, point 60. *J.N c. Staatssecretaris van Veiligheid en Justitie,* CJUE (grande chambre), Arrêt du 15 février 2016, Affaire C601/15, point 65.

[834] Ces principes sont constitutifs du marché unique européen.

[835] *Regina (la Reine) c. P. Bouchereau*, Arrêt du 27 octobre 1977, Cour CEE, Affaire 30/77, point 35. Voir aussi *GÜL / Regierungspräsident Düsseldorf*, Arrêt du 7 mai 1986, CJCE, Affaire 131/85, point 17. *J.N c. Staatssecretaris van Veiligheid en Justitie,* CJUE (grande chambre), Arrêt du 15 février 2016, Affaire C601/15, point 67.

[836] *Regina (la Reine) c. P. Bouchereau, op. cit.*, point 34.

Dans une situation proche de la situation de circonstances exceptionnelles que l'on a traitée en section I[837] – car il s'agit d'une menace à l'échelle de la nation – la CJUE a reconnu qu'une situation de désordre ou de menace de désordre économique pouvait constituer une menace grave à la sécurité publique. Dans l'affaire *Campus Oil Limited*, le gouvernement irlandais avait pris un décret pour pouvoir contrôler l'acquisition, l'approvisionnement et la distribution nationale des produits pétroliers afin de limiter la dépendance du pays vis-à-vis des sociétés pétrolières internationales. Cette dépendance présentait un risque en période de crise énergétique. Selon la CJUE : « *il y a lieu de constater que les produits pétroliers, par leur importance exceptionnelle comme source d'énergie dans l'économie moderne, sont fondamentaux pour l'existence d'un État dès lors que le fonctionnement non seulement de son économie mais surtout de ses institutions et de ses services publics essentiels et même la survie de sa population en dépendent. Une interruption de l'approvisionnement en produits pétroliers et les risques qui en résultent pour l'existence d'un État peuvent dès lors gravement affecter sa sécurité publique que l'article 36 permet de protéger* »[838]. Dans un autre arrêt, la Cour déclare que « *l'objectif poursuivi par la réglementation en cause, à savoir garantir la sécurité des approvisionnements en produits pétroliers en cas de crise, relève d'un intérêt public légitime* »[839].

La CJUE reconnaît aussi qu'un trafic de stupéfiants en bande organisée peut relever du trouble à l'ordre public en ce qu'il constitue « *une menace réelle et suffisamment grave affectant un intérêt fondamental de la société* ». Dès lors, un État membre de l'UE est habilité, en dérogation à la liberté de circulation et de séjour au sein de l'Union et au droit à la vie privée et familiale, expulser de son territoire un ressortissant d'un autre État membre en raison de la commission de cette infraction (après avoir purgé une partie de sa condamnation) malgré les liens familiaux et autres qui le rattachent, après plusieurs années de résidence, à ce premier État[840]. Il y a deux degrés

---

[837] La différence avec ce que l'on a vu en section I est qu'ici, l'article visé est l'article 36 du TFUE qui se rattache à la jurisprudence de la menace grave à un intérêt fondamental de la société, en l'espèce la « sécurité publique ».

[838] *Campus Oil Limited et autres contre ministre pour l'Industrie et l'Energie et autres,* Arrêt du 10 juillet 1984, CJCE, Affaire 72/83, point 34.

Notons que la menace n'est pas actuelle au moment où le gouvernement prend le décret et lorsque l'affaire est examinée par la Cour. Il n'y avait pas de crise pétrolière ni de menace de survenance de celle-ci. Mais la réalité de la quasi-dépendance de l'Irlande vis-à-vis des fournisseurs du Royaume-Uni et l'ampleur des conséquences d'une possible crise d'approvisionnement pétrolier sur le pays et sa population ont conduit la Cour à accepter les arguments de l'État irlandais.

[839] *Commission des Communautés européennes contre République française*, Arrêt du 4 juin 2002, affaire C-483/99, point 47.

[840] *Land Baden-Württemberg c. P. Tsakouridis, op. cit.* Le fondement de la dérogation est l'article 28 de La Directive CE 2004/38 du 29 avril 2004 « relative au droit des citoyens de

de dérogation dans l'article 28 de la directive 2004/38 selon que l'État invoque des raisons impérieuses d'ordre public et de sécurité publique ou des motifs graves de sécurité publique. La Cour dit que les raisons impérieuses sont supérieures car elles correspondent à une menace « d'une particulière gravité » à – dans le cas d'un trafic de drogue – « *la santé, la sécurité et la qualité de la vie des citoyens de l'Union ainsi que pour l'économie légale, la stabilité et la sécurité des États membres* [...] *le trafic de stupéfiants en bande organisée pourrait présenter un niveau d'intensité de nature à menacer directement la tranquillité et la sécurité physique de la population dans son ensemble ou d'une grande partie de celle-ci* »[841].

Dans une situation plus éloignée de la situation de circonstances exceptionnelles et plus proche d'une situation ordinaire, la CJUE considère que les importations, les exportations et le transit, sur le territoire d'un État, de marchandises susceptibles d'être utilisées à des fins stratégiques peuvent constituer une menace à sa sécurité publique de cet État et conduire celui-ci à mettre en place un régime d'autorisations spéciales[842]. Un ressortissant d'un État non-membre de l'UE ayant commis dans un État membre de l'Union de nombreuses infractions, majoritairement des vols, et étant soupçonné d'avoir commis d'autres infractions peut aussi être considéré comme une menace à la sécurité nationale et à l'ordre public, justifiant alors son placement en rétention afin d'exécuter une mesure d'éloignement du territoire assortie d'une interdiction d'entre dans ce territoire pour une période de 10 ans[843].

L'invocation de la sécurité publique comme motif de restriction de la liberté de circulation des marchandises ou des capitaux est cependant soumise à un contrôle strict de la part des institutions (Commission, Conseil et CJUE) de l'UE[844] afin d'en prévenir une utilisation abusive.

---

l'Union et des membres de leurs familles de circuler et de séjourner librement sur le territoire des États membres ».

[841] *Land Baden-Württemberg c. P. Tsakouridis, op. cit.*, points 41-47. La CJUE déclare (point 55) qu'il appartient à la juridiction nationale de vérifier que l'invocation, par l'État, de l'un des deux motifs de dérogation est justifié.

[842] *Procédure pénale contre Aimé Richardt et Les Accessoires Scientifiques SNC*, Arrêt du 4 octobre 1991, CJCE, Affaire C-367/89, points 22-23. Il s'agissait en l'espèce de matériel informatique d'origine française et étasunienne et destiné à être livré à l'Union soviétique.

[843] La mesure de rétention est prise sur le fondement de l'article 8.3.e de la Directive 2013/33/UE, la personne concernée étant en outre demandeur d'asile. Cet article dispose qu'« *un demandeur ne peut être placé en rétention que lorsque la protection de la sécurité nationale ou de l'ordre public l'exige* ». Directive 2013.33/UE du parlement européen et du Conseil du 26 juin 2013. Voir *J. N c. Staatssecretaris van Veiligheid en Justitie,* CJUE (grande chambre), Arrêt du 15 février 2016, Affaire C601/15, points 22, 30,71.

[844] Dans l'arrêt *Commission c. République française*, la Cour a jugé que : « *les exigences de la sécurité publique doivent, notamment en tant que dérogation au principe fondamental de la libre circulation des capitaux, être entendues strictement, de sorte que leur portée ne saurait être déterminée unilatéralement par chacun des États membres sans contrôle des institutions de la Communauté. Ainsi, la sécurité publique ne saurait être invoquée qu'en cas de menace*

Lorsque les clauses d'exception n'affectent pas les principes fondamentaux de l'UE (liberté de circulation des marchandises, des capitaux et des citoyens de l'Union) ou la Charte des droits fondamentaux, la marge accordée aux États par les textes et par la CJUE pour apprécier une menace à la sécurité publique et mettre en œuvre des mesures est plus large. La menace à la sécurité publique (ou nationale) peut non seulement n'être que potentielle mais aussi abstraite et déconnectée du comportement de la personne concernée. Dans l'affaire *S. Fahimian c. Bundesrepublik Deutschland*, une étudiante iranienne s'est vu refuser, sur le fondement de l'article 6 de la directive 2004/114/CE[845], son visa à des fins d'études de doctorat dans une université allemande pour des raisons de sécurité publique. Les autorités allemandes motivaient leur refus par le fait que l'étudiante était titulaire d'un diplôme de Master de sciences et technologie de l'information délivré par l'université iranienne SUT alors que cette institution participait à des programmes de recherche liés à la défense « en vue de soutenir le gouvernement iranien »; que cela constituait une menace à la sécurité publique dans la mesure où l'université SUT se trouvait sur une liste établie par l'UE pour son programme de sanctions contre le programme nucléaire de l'Iran ; que le projet de recherches de l'étudiante portait sur de nouveaux systèmes de de protection de smartphones et que l'Iran cherchait à réaliser des cyberattaques destinées à soustraire, dans les pays occidentaux, des

réelle et suffisamment grave, affectant un intérêt fondamental de la société ». Commission des Communautés européennes contre République française, Arrêt du 4 juin 2002, *op. cit.*, point 48. La Cour se réfère ici une position qu'elle avait déjà affirmée dans l'arrêt *Association Église de scientologie de Paris et Scientology International Reserves Trust contre Premier ministre,* 14 mars 2000, Affaire C-54/99, point 17.

Par ailleurs, dans son avis sur l'accord de libre-échange entre l'UE et Singapour, la Cour juge que la dérogation de l'article 9.3 paragraphe 3 qui autorise les investisseurs d'un État membre de l'UE à traiter, pour des raisons impérieuses d'ordre public ou de sécurité publique, les investisseurs singapouriens de manière moins favorable que ses propres investisseurs est limitée par deux conditions qui relèvent de la compétence exclusive de l'Union : tout traitement moins favorable doit être nécessaire et ne doit pas constituer une restriction déguisée aux investissements singapouriens. Comme le déclare la Cour : « *la limitation du pouvoir d'appréciation des États membres qui découle dudit paragraphe 3 est inhérente à la conduite des échanges commerciaux internationaux, lesquels relèvent de la compétence exclusive de l'Union* ». *Avis 2/15* (Accord de libre-échange UE – Singapour) du 16 mai 2017, CJUE (assemblée plénière.), point 102.

845 *S. Fahimian c. Bundesrepublik Deutschland*, Arrêt du 4 avril 2017, CJUE, Grande Chambre, affaire C-544/15. L'article 6.1.d de la directive 2004/114/CE dispose qu'« *Un ressortissant de pays tiers demandant à être admis aux fins visées aux articles 7 à 11 doit* [...] *ne pas être considéré comme une menace pour l'ordre public, la sécurité publique ou la santé publique* ». Selon le considérant 14 de la directive : « *L'admission aux fins définies par la présente directive peut être refusée pour des motifs dûment justifiés. En particulier, l'admission pourrait être refusée si un État membre estime, sur la base d'une évaluation des faits, que le ressortissant d'un pays tiers concerné constitue une menace potentielle pour l'ordre public ou la sécurité publique* ». Directive 2004/114/CE « relative aux conditions d'admission des ressortissants de pays tiers à des fins d'études, d'échange d'élèves, de formation non rémunérée ou de volontariat ».

informations stratégiques pour son propre programme nucléaire[846]. La juridiction de renvoi exprimait des doutes sur la réalité de la menace représentée par l'étudiante iranienne : « *aucune circonstance concrète en lien avec le comportement de l'intéressée ou ses contacts avec certaines personnes n'aurait été avancée par la partie défenderesse au principal, cette dernière n'ayant par ailleurs pas explicité le rapport entre les aptitudes qui seraient acquises par l'intéressée lors de ses études doctorales et leur utilisation abusive ultérieure* »[847]. Face à ces doutes, la CJUE juge que l'article 6 de la directive 2004/114 et le considérant 14 du même texte[848] offrent aux États une large marge d'appréciation. Cette marge est d'autant plus large qu'elle n'est pas soumise – les droits garantis par la Charte des droits fondamentaux n'étant pas en jeu – à la jurisprudence classique exigeant de prendre en compte exclusivement le comportement personnel de l'individu concerné et l'existence d'une menace « réelle, actuelle et suffisamment grave » liée à ce comportement[849]. L'État peut considérer d'autres facteurs tels que : « *l'appréciation de la personnalité de ce demandeur* [...] *son insertion dans le pays où il réside* [...] *la situation politique, sociale et économique de ce dernier, ainsi que* [...] *la menace éventuelle que représenterait, pour la sécurité publique, l'admission dudit demandeur, à des fins d'études, sur le territoire de l'État membre concerné, au regard du risque que les connaissances qu'acquerra ce même demandeur lors de ces études puissent ultérieurement être utilisées, dans le pays d'origine de celui-ci, à des fins préjudiciables à ladite sécurité publique* »[850]. Même si la Cour appelle les États à s'appuyer, dans leur évaluation libre de la menace, sur des documents et sur des faits en rapport avec les facteurs cités ci-dessus, il s'agit quand même d'une opération consistant à extrapoler l'existence potentielle d'une menace provenant d'une personne à partir de l'action considérée menaçante de son État d'origine, sans avoir à établir de lien entre le comportement passé ou présent de cette personne et le comportement de cet État. Ceci s'apparente à l'application d'un principe de précaution. Dans l'arrêt *S. Fahimian*, le contrôle juridictionnel est d'autant

[846] *Ibidem*, points 13,17-24.

[847] *S. Fahimian c. Bundesrepublik Deutschland, op. cit.*, point 27. L'arrêt mentionne également le fait que l'inscription de l'université SUT fut retirée de la liste des sanctions par le Tribunal de l'UE mais fut rétablie ensuite par le Conseil de l'UE, lequel alléguait l'existence d'un « *lien étroit et avéré de cette université avec le régime iranien, dans le domaine militaire ou dans des domaines liés à ce dernier* ».

[848] Selon le considérant 14 de la directive : « *L'admission aux fins définies par la présente directive peut être refusée pour des motifs dûment justifiés. En particulier, l'admission pourrait être refusée si un État membre estime, sur la base d'une évaluation des faits, que le ressortissant d'un pays tiers concerné constitue une menace potentielle pour l'ordre public ou la sécurité publique* ». Directive 2004/114/CE, *op. cit.*

[849] *S. Fahimian c. Bundesrepublik Deutschland, op. cit.*, points 37-41.

[850] *Ibidem*, point 41.

plus limité – à l'absence d'erreur manifeste[851] – que les faits sur lesquels il s'effectue ne seraient pas suffisants pour rattacher la personne à une menace qui proviendrait de son État d'origine.

§ 2. Les limites posées par la jurisprudence relative aux conventions de protection des droits de l'Homme

L'appréciation par l'État d'une menace à sa sécurité nationale ne va pas sans contrôle, même restreint, de la part des juridictions, même si celles-ci déclarent, à l'instar de la Cour EDH et comme dans les situations donnant lieu à des dérogations aux droits : « *il n'appartient pas à la Cour de se substituer aux États parties à la Convention dans la définition de leurs intérêts nationaux, domaine qui relève traditionnellement du noyau dur de la souveraineté étatique* »[852].

Ce contrôle juridictionnel est lié à l'existence de garanties procédurales contre des mesures qui restreignent des droits fondamentaux (A). Il est aussi lié à l'interprétation protectrice que font la Cour EDH, la Commission IDH et la Cour IDH des droits de nature politique telles que la liberté d'expression et la liberté de pensée et de religion qui sont considérées comme faisant partie des fondements essentiels des sociétés démocratiques occidentales (B).

A. La vérification de l'effectivité du recours contre les mesures de restrictions de droits

La conséquence d'une large marge nationale d'appréciation de la menace sécuritaire est que le contrôle juridictionnel est restreint. Il porte sur l'absence d'erreur manifeste sur les faits invoqués par les États. Comme le déclare la Cour EDH :

> « While the executive's assessment of what poses a threat to national security will naturally be of significant weight, the independent authority must be able to react in cases where invoking that concept has no reasonable basis in the facts or reveals an interpretation of "national security" that is unlawful or contrary to common sense and arbitrary »[853].

De son côté, la CJUE a déclaré, dans l'arrêt *S. Fahimian* évoqué ci-dessus : « *le juge national doit* [...] *notamment vérifier si la décision attaquée repose sur une base factuelle suffisamment solide* »[854].

---

[851] *S. Fahimian c. Bundesrepublik Deutschland, op. cit.*, point 46.
[852] *Affaire Stoll c. Suisse,* Arrêt Grande Chambre du 10 décembre 2007, CEDH, requête n° 69698/01, par. 137.
[853] *Case of Al-Nashif v. Bulgaria, op. cit.*, par. 123-124.
[854] *S. Fahimian c. Bundesrepublik Deutschland, op. cit.*, point 45.

Le contrôle juridictionnel qui consiste à vérifier que l'appréciation de la menace est basée sur des faits porte aussi, porte aussi, de façon plus large, sur l'existence de garanties procédurales pour les personnes visées par les mesures de sécurité. La Cour EDH a ainsi été amenée à censurer des décisions d'expulsion prises pour motif de menace à la sécurité nationale parce que les États n'avaient pas présenté aux intéressés – ou aux tribunaux saisis par ces derniers – les éléments explicatifs de cette menace[855]. Selon la Cour, l'existence d'une menace à la sécurité nationale ne peut pas être considérée comme motif de refus de divulguer ces éléments explicatifs ou certains d'entre eux s'il s'agit d'informations classées confidentielles[856]. Dans l'affaire *Jlatifi*, l'État finit par produire, devant la Cour, des éléments explicatifs qu'il avait refusés de produire lors des instances antérieures devant les tribunaux locaux. Mais la Cour constate la faiblesse probatoire de ces éléments qui indiquent seulement que la personne considérée comme une menace à la sécurité nationale avait, parmi ses relations, des personnes impliquées dans des infractions pénales et qu'elle-même n'ignorait pas l'existence de ces infractions[857].

Une autre garantie procédurale importante est le droit au recours effectif contre l'invocation de la menace à la sécurité nationale. Ce droit vise ici à prévenir une utilisation abusive de cette menace pour priver arbitrairement l'individu de ses droits fondamentaux. Le recours donne la possibilité à l'individu concerné et à l'autorité de justice de vérifier non seulement les faits invoqués par l'État mais aussi de savoir en quoi la personne constitue une menace à la sécurité nationale. L'absence d'un recours conduit la Cour EDH à censurer l'appréciation que fait l'État de la menace à sa sécurité nationale[858]. Ce fut le cas dans l'affaire *Al-Nashif c. Bulgarie*. L'État bulgare avait décidé d'expulser un Palestinien apatride en raison de ses liens avec des organisations islamistes. Le fondement de cette décision était la loi bulgare sur les étrangers qui autorise la révocation d'un permis de séjour lorsque le ressortissant étranger représente une menace à la sécurité nationale. Cette loi ne prévoit pas, lorsqu'une telle menace existe, de

[855] *Affaire C.G et autres c. Bulgarie*, CEDH, Requête n° 1365/07, 24 juillet 2008; *Case of Jlatifi v. the former Yugoslav Republic of Macedonia*, CEDH, Application no. 19017/16, 17 May 2018.

[856] Dans *Case of Jlatifi v. the former Yugoslav Republic of Macedonia* (par. 39) la Cour considère que l'étranger a droit à connaître ces éléments ou au moins une partie d'entre eux si ces derniers se trouvent dans une note classée confidentielle.

[857] *Ibidem*, par. 37.

[858] Le droit à un recours effectif est prévu, dans la CEDH, à l'article 13. Il s'applique à toute personne dont les droits et libertés reconnus par la Convention ont été violés et ne comporte *a priori* aucune exception pas même au titre de la sécurité nationale. Le recours est aussi prévu dans le paragraphe 1.b de l'article [1er] du Protocole additionnel n° 7 à la CEDH. Celui-ci dispose, parmi d'autres « garanties procédurales en cas d'expulsions d'étrangers », qu'un « étranger résidant régulièrement sur le territoire d'un État » a le droit de « faire examiner son cas ».

possibilité de recours contre la décision administrative[859]. Dans l'affaire *Nolan and K*, la Cour reproche aux juridictions locales de n'avoir pas recherché les faits étayant l'argumentation des autorités russes selon lesquelles l'activité religieuse du requérant menaçait la sécurité nationale[860]. Outre le fait qu'elle rejette l'invocation de la sécurité nationale comme exception à l'article 9 de la CEDH – puisque ce texte ne mentionne pas expressément cette exception – la Cour considère que le requérant est en réalité visé pour ses activités religieuses. Dans son jugement, elle constate l'absence de faits à l'appui de la thèse de l'État tout en prenant en considération (à la demande du requérant) la stratégie de sécurité nationale de la Russie qui considère, depuis janvier 2000, les organisations religieuses étrangères et leurs missionnaires comme une menace à la sécurité nationale[861].

---

[859] *Case of Al-Nashif v. Bulgaria*, Judgment of 20 june 2002, case n° 50963/99, par. 67 à 76 (disponible uniquement en anglais). La Cour constitutionnelle bulgare s'est trouvée divisée en deux moitiés sur la constitutionnalité de cette disposition de la loi sur les étrangers. En conséquence, le recours en inconstitutionnalité de la loi a été rejeté. Une moitié des juges considérait que la protection de la sécurité nationale devait prévaloir sur le respect des droits et libertés fondamentaux. L'autre moitié considérait qu'il n'y avait pas de hiérarchie entre la protection de la sécurité nationale et le respect des droits et libertés fondamentaux. Elle s'appuyait aussi sur l'absence de proportionnalité – principe garanti par la constitution – entre l'absence de recours et le but légitime que représente la protection de la sécurité nationale.

[860] *Case of Nolan and K. V. Russia*, Judgment of 12 February 2009, Application n° 2512/04, par. 72.

[861] La stratégie de sécurité nationale russe mentionne, parmi les menaces, celles contre « les valeurs morales et spirituelles traditionnelles russes et l'affaiblissement de l'unité du peuple russe multinational par le bais d'influences culturelles extérieures » et évoque la nécessité de « renforcer les valeurs morales et spirituelles traditionnelles russes », les religions traditionnelles russes (orthodoxe, musulmane et juive) étant les piliers de ces valeurs. Voir Указ Президента РФ от 12.05.2009 N 537 (décret présidentiel du 12 mai 2009 n° 537), www.consultant.ru/document/cons_doc_LAW_87685/2235d317d10b62bd605c520ba766cfe69896e1e0/, accès le 10 juin 2017

Notons que dans l'affaire *Al-Nashif c. Bulgarie*, les autorités bulgares justifient leur décision d'expulsion du requérant par ses activités religieuses islamistes. La Bulgarie n'invoque pas expressément la menace à la sécurité nationale mais l'arrêt de la Cour cite une déclaration adoptée par le parlement bulgare en 1998, laquelle établit le lien entre les activités religieuses extrémistes et la menace à la sécurité nationale : « *Economic and social differences in Europe have deepened and new insecurity and risks have thus appeared. Conflicts on an ethnic, religious and social basis have emerged* [...]. *Religious and ethnic communities, some of which are in conflict, co-exist in south-eastern Europe. Since the creation of new States certain communities have displayed a tendency towards insularity. That has sharply increased the regional threats to our national security* [...]. *Religious and ethnic extremism influences local communities that lack strong democratic traditions* », Framework National Security Concept, cité par l'arrêt *Al-Nashrif c. Bulgarie*, *op. cit.*, par. 83. Dans cette affaire, la Cour EDH n'a pas examiné le grief, soulevé par le requérant, de la violation de sa liberté de conscience et de religion puisqu'elle a constaté préliminairement la violation de l'article 13 sur le droit au recours et de l'article 8 (vie privée et familiale).

B. Le contrôle de l'appréciation d'une menace servant à justifier des mesures de restriction des droits de nature politique

Le contrôle juridictionnel de l'appréciation, par les États des menaces à leur sécurité nationale est particulièrement présent dans les situations où ces États prennent des mesures de restrictions aux libertés dites politiques : liberté d'expression, liberté de pensée, de conscience et de religion. Ces libertés, qui sont au cœur des régimes libéraux et démocratiques, font en effet l'objet d'une interprétation protectrice de la part de la Cour EDH, de la Commission IDH et de la Cour IDH[862]. S'agissant de la liberté de conscience et de religion, on peut citer l'affaire *Nolan et K* où la Cour EDH censure l'invocation, par la Russie, de la sécurité nationale pour justifier l'expulsion du missionnaire américain condamné par un tribunal russe pour exercice illégal constituant, selon la législation locale, une menace à la sécurité de l'État. La Cour considère que contrairement aux droits à la vie privée et familiale, à la liberté d'expression et à la liberté de réunion et d'association (articles 8, 10 et 11 de la convention) qui admettent une restriction au nom de la sécurité nationale, la liberté religieuse n'en admet pas car elle est associée à la notion de pluralisme religieux, lequel est un des fondements de la société démocratique européenne[863]. La même interprétation protectrice de la liberté religieuse a conduit la Commission IDH à censurer l'expulsion de trois prêtres catholiques étrangers par les autorités du Mexique en 1995 alors qu'ils collaboraient avec l'Église catholique de l'État du Chiapas. Cette expulsion n'était pas motivée expressément par une menace à la sécurité nationale en raison, selon l'État de « *proselytism on behalf of organizations that carry out unlawful acts, inducing farm workers and indigenous people to act against the authorities and individuals* ». La Commission considéra que l'État avait violé la liberté de conscience et de religion des trois prêtres[864].

Dans les affaires où la liberté d'expression est en jeu, la Cour EDH réduit la marge d'appréciation par l'État de sa sécurité nationale en imposant une « norme européenne »[865]. C'est le cas dans l'affaire *Vereinigung*

---

[862] HENNEBEL (L.), TIGROUDA (H.), *Traité de droit international des droits de l'Homme*, *op. cit.*, p. 1122.
La liberté d'expression et la liberté de pensée se rattachent au pluralisme et à la tolérance, valeurs qui, pour la Cour EDH ont une « importance particulière » en ce qu'elles caractérisent la « société démocratique ». Voir *Affaire Gorzelik et autres c. Pologne, requête n° 44158/98, 17 février 2004*, p. 90.

[863] *Case of Nolan and K. v. Russia*, *op. cit.*, par. 60 et 73.

[864] *Affaire Loren Laroye Riebe Star, Jorge Barón Guttlein y Rodolfo Izal Elorz c. México,* Rapport n° 49/99 du 13 avril 1999, Commission interaméricaine des droits de l'Homme, par. 1-103.

[865] Dans son arrêt Handyside c. Royaume-Uni, la Cour déclare : « *Son rôle de surveillance commande à la Cour de prêter une extrême attention aux principes propres à une "société démocratique". La liberté d'expression constitue l'un des fondements essentiels de pareille*

demokratischer Soldaten [...] *c. Autriche* où le ministre autrichien de la défense refusa d'autoriser la diffusion, dans les casernes de l'armée, d'une revue mensuelle critique à l'égard de l'autorité militaire. Selon le ministre, « *la revue visait à affaiblir l'efficacité de l'armée et de la défense du pays* ». Une « certaine tension » dans cette époque de guerre froide, régnait dans la caserne concernée[866]. La décision du ministre était fondée sur la loi militaire nationale qui demandait l'obéissance et la discrétion aux militaires et autorisait des restrictions à la diffusion, au sein de l'armée, de publications portant atteinte à la réputation de celle-ci[867]. La Cour EDH admet, comme dans un arrêt précédent, la légitimité de restreindre la liberté d'expression dans l'armée au nom du maintien de l'ordre dans la société tout entière, but prévu par l'article 10.2 de la convention[868]. Mais elle adopte une conception de la liberté d'expression qui restreint la notion de sécurité nationale et d'ordre public adoptée par le gouvernement autrichien en défendant le droit, dans une société démocratique, de diffuser « *des informations ou des idées qui heurtent, choquent ou inquiètent l'État ou une fraction quelconque de la population* » y compris les militaires à condition que cela reste dans les limites du débat d'idées[869]. C'est ce « standard européen »[870] de la liberté d'expression qui « heurte, choque ou inquiète » que la Cour oppose au Royaume -Uni dans l'affaire *Observer et Guardian* lorsque ce pays considère nécessaire, pour la sécurité nationale, de défendre la bonne réputation et l'efficacité de ses services de renseignements auprès de la population. Au nom de cet impératif de défense de la réputation des services de renseignements, les autorités du Royaume-Uni avait émis des injonctions à trois hebdomadaires de ne pas publier les mémoires d'un ex-agent des

---

société, l'une des conditions primordiales de son progrès et de l'épanouissement de chacun ». Affaire Handyside c. Royaume-Uni, Arrêt du 7 décembre 1976, requête n° 5493/72, par. 49.

866 *Affaire Vereinigung demokratischer Soldaten Österreichs et Gubi c. Autriche,* Arrêt Grande chambre du 19 décembre 1994, requête n° 15153/89, par. 35.

867 Un des deux requérants, militaire, fut l'objet de sanctions disciplinaires pour avoir diffusé le mensuel.

868 Dans l'arrêt Engel, la Cour déclarait en effet que « *dans le cas des forces armées, le désordre dans ce groupe peut avoir des incidences sur l'ordre dans la société entière. Il en résulte que les sanctions litigieuses ont rempli cette condition si et pour autant qu'elles ont eu pour objectif la défense de l'ordre au sein des forces armées néerlandaises* ». Affaire Engel et autres c. Pays-Bas, arrêt du 8 juin 1976, requête n° 5100/71; 5101/71; 5102/71; 5354/72; 5370/72, par. 98.

869 *Affaire Vereinigung demokratischer Soldaten Österreichs et Gubi c. Autriche, op. cit.*, par. 7 à 38. La Cour précise, en examinant ensuite les faits, que la publication incriminée n'appelait pas à défier le devoir d'obéissance ou à remettre en cause l'utilité de l'armée, ce qui constitue, en l'espèce, la limite de la liberté d'expression au sein de l'armée.

870 L'expression « standard européen » à propos de l' interprétation européenne de référence défendue par la Cour EDH pour les principaux droits et libertés inscrits dans la Convention est utilisée par certains auteurs tels V. MANUKIAN dans МАНУКЯН (В. И.), *Европейский суд по правам человека*, Киев, Истина, 2007 (MANOUKIAN (V.), « La Cour européenne des droits de l'Homme », Kiev, Istina, 2007) p. 211.

services secrets contenant des informations sensibles, alors que ces mémoires étaient déjà accessibles au public britannique sous la forme de publications importées des EUA[871].

Dans un autre contexte, celui de la Turquie et de la lutte que mène ce pays pour maintenir son intégrité territoriale dans les régions kurdes secouées par des attentats, la Cour EDH s'est prononcée contre la conception de l'État qui considère comme une menace à sa sécurité nationale la diffusion, par des publications politiques, d'informations imputant aux autorités turques la commission de méfaits à l'égard de la population kurde[872]. La Cour EDH n'a pas porté, sur la publication incriminée, la même appréciation que la Cour de sûreté de la Turquie : alors que celle-ci considère les termes utilisés dans la publication comme une incitation du peuple à la haine et à l'hostilité, les mêmes termes ne sont, pour la Cour EDH, qu'une critique virulente de l'action des forces de sécurité contre les activités séparatistes[873]. Cette différence d'appréciation renvoie à la place de la question kurde et du Kurdistan dans la stratégie de sécurité nationale de la Turquie : l'État turc rejette la possibilité d'un Kurdistan à l'intérieur de ses frontières et y voit une menace à son existence. La Cour EDH considère que l'expression de propos en faveur du séparatisme relève de la catégorie du discours politique et trouve donc protection dans l'article 10 de la Convention ; que de surcroit, la critique portée contre un gouvernement doit être plus admissible que contre un particulier ou un homme politique[874]. La Cour EDH n'accepte une restriction de cette liberté d'expression au titre de la sécurité nationale que si cette expression constitue un appel à la violence ou au terrorisme contre une personne ou une population. C'est le cas dans l'affaire *Sürek c. Turquie* où la Cour de sûreté de l'État, en application de l'article 8 de la loi de 1991 relative à la lutte contre le terrorisme[875] condamnait le propriétaire d'un journal qui avait publié deux lettres faisait référence à « *la guerre de libération nationale au Kurdistan* » et qui

[871] *Affaire Observer et Guardian c. Royaume-Uni*, Arrêt du 26 novembre 1991, requête n° 13585/88, par. 9 à 70. Les injonctions avaient à l'origine pour but de garder secrètes des informations sensibles. Après leur divulgation à partir du territoire des EUA, il ne restait plus à l'État d'autre possibilité que de limiter l'accès au public de ces informations en empêchant leur publication dans la presse anglaise.

[872] *Affaire Haydar Yildirim et autres c. Turquie*, Arrêt du 15 juillet 2004, CEDH, requête n° 42920/98, par. 6 à 21.

[873] *Affaire Haydar Yildirim et autres c. Turquie*, *op. cit.*, par. 18-19.

[874] *Affaire Sûrek c. Turquie,* Arrêt du 8 juillet 1999, CEDH, requête n° 26682/95, par. 61.

[875] L'article 8 dispose que : « *La propagande écrite et orale, les réunions, assemblées et manifestations visant à porter atteinte à l'intégrité territoriale de l'État de la République de Turquie ou à l'unité indivisible de la nation sont prohibées. Quiconque poursuit une telle activité est condamné à une peine d'un à trois ans d'emprisonnement et à une amende* [...]. *Lorsque le crime de propagande visé au premier paragraphe est commis par la voie des périodiques visés à l'article 3 de la loi n° 5680 sur la presse, l'éditeur est également condamné à une amende* ». Les infractions commises contre l'intégrité territoriale de l'État sont de la compétence de la Cour de sûreté de l'État (article 143 de la Constitution turque).

évoquait la « *lutte de notre peuple pour la libération nationale au Kurdistan* ». La Cour de sûreté avait conclu qu'il s'agissait là de « *propagande visant à briser l'intégrité territoriale de l'État turc* », ce que niait le propriétaire de la publication.[876]. L'État turc lui-même reprend ces arguments à l'instance devant la Cour EDH. Celle-ci donne raison à la Turquie non pas en raison des termes relevés ci-dessus par l'État (qui concernent la menace à l'intégrité territoriale) mais parce que d'autres expressions utilisées par les mêmes lettres incriminées telles que « armée turque fasciste », « bandes d'assassins de la République de Turquie » indiquent une volonté de stigmatiser les autorités nationales et « *s'analysent en un appel à une vengeance sanglante car elles réveillent des instincts primaires et renforcent des préjugés déjà ancrés qui se sont exprimés au travers d'une violence meurtrière* ». La Cour ne prend pas en compte la menace à l'intégrité territoriale de l'État, première préoccupation de la Turquie dans les affaires kurdes, si cette menace n'est pas accompagnée de violence ou de terrorisme. Si elle prend en compte la situation d'insécurité régnant dans la région concernée de la Turquie et le fait que « *le mouvement séparatiste s'appuie sur des méthodes qui font appel à la violence* »[877] c'est parce que cette violence n'est pas acceptable dans une société démocratique et n'est pas protégée par la liberté d'expression. La Cour fait donc ici une interprétation stricte de l'article 10.2 de la CEDH – lequel inclut l'intégrité territoriale parmi les buts légitimes de limitation du droit à la liberté d'expression – en excluant des menaces à cette intégrité territoriale les expressions de séparatisme politiques ou journalistiques qui n'appelleraient pas ouvertement ou directement à la violence à la haine ou à la discrimination.

La liberté d'expression inclut aussi la liberté d'accès à l'information. Dans l'affaire *Stoll c. Suisse*, l'État avait fait condamner par les juridictions locales le requérant qui avait publié un document classé confidentiel – et comme tel protégés par la loi – d'un ambassadeur sur les négociations entre le Congrès juif mondial et des banques suisses. Ces négociations portaient sur l'indemnisation des victimes de l'Holocauste pour les avoirs en déshérence sur les comptes bancaires suisses. La diplomatie suisse en était partie prenante pour défendre des intérêts nationaux[878]. Selon le gouvernement, le requérant avait non seulement enfreint la loi pénale suisse[879] mais aussi mis en danger la sécurité nationale de la Suisse en raison

[876] *Affaire Sûrek c. Turquie, op. cit.*
[877] *Affaire Sûrek c. Turquie, op. cit.*, par. 62.
[878] *Affaire Stoll c. Suisse, op. cit.*, par. 14 et 15.
[879] *Affaire Stoll c. Suisse, op. cit.*, par. 33 à 53. L'article 293 du Code pénal suisse, fondement de la condamnation du requérant, dispose que :
« 1. Celui qui, sans en avoir le droit, aura livré à la publicité tout ou partie des actes, d'une instruction ou des débats d'une autorité qui sont secrets en vertu de la loi ou d'une décision prise par l'autorité dans les limites de sa compétence sera puni des arrêts ou de l'amende.

du contexte politiquement sensible dans lequel s'inscrivaient les propos de l'ambassadeur contenus dans le document publié. Il défendait également par principe le bien-fondé de la confidentialité du document au nom de l'efficacité de la diplomatie, principe inscrit dans le droit international coutumier[880]. La France et la Slovaquie, tiers intervenants à l'instance devant la Cour EDH, défendaient le même point de vue que celui de l'État suisse[881], une approche de la confidentialité absolue dans ce domaine régalien qu'est la diplomatie. Cette approche s'apparente à un principe de précaution[882] au nom de l'intérêt général non seulement du pays mais aussi des relations internationales et donc de la sécurité internationale. La conséquence de ce principe de précaution est d'exclure la mise en balance des intérêts de l'État avec le droit de l'accès du public à l'information concernée lorsque cette information concerne le domaine de la diplomatie ; le principe de précaution consiste à ne pas mettre en tension le point de vue de l'État et le point de vue des médias relativement à la question du degré d'importance de l'information publiée. La Cour EDH ne partage pas cette approche. Elle reconnaît qu'il existe une pratique des États européens consistant à préserver la confidentialité de certaines informations et à sanctionner les infracteurs et reconnaît ainsi l'existence d'une « certaine marge d'appréciation »[883]. Elle concorde aussi avec la nécessité de protéger la confidentialité des échanges

---

2. La complicité est punissable.
3. Le juge pourra renoncer à toute peine si le secret livré à la publicité est de peu d'importance ».

Les parties étaient d'accord sur le fait que les informations publiées n'entraient pas dans le cadre du 3e alinéa de l'article ci-dessus. L'ordonnance réglementant les différents degrés de classification d'une information administrative suisse distingue une catégorie « secret » et une catégorie « confidentiel ». La catégorie « secret » recouvre les informations qui, « si elles venaient à être connues de personnes non autorisées, pourraient porter une grave atteinte aux relations extérieures » ou mettre en péril la sécurité extérieure ou intérieure de la Suisse. La catégorie « confidentielle » (à laquelle appartient l'information publiée par M. Stoll) recouvre les informations dont la portée est moindre, qui sont accessibles à un plus grand nombre de personnes ou qui peuvent notamment, si elles étaient accessibles à des personnes non autorisées, « entraver l'activité du gouvernement ou faire échouer d'importantes mesures prises par l'État ». Voir Affaire *Stoll c. Suisse*, *op. cit.*, par. 38.

Le Tribunal fédéral a rejeté le recours du requérant qui considérait que l'information classée n'était pas de nature à ébranler les intérêts de l'État. Les juges refusent de mettre en balance l'intérêt de l'État à protéger des informations relatives à des négociations diplomatiques et l'intérêt de la société à connaître du contenu de ces négociations, la loi pénale suisse ne permettant pas d'avoir ce débat.

[880] Articles 24 à 27 de la Convention de Vienne sur les relations diplomatiques (1961).

[881] Selon le représentant de la France : « *Un ambassadeur ne s'expose pas inévitablement et consciemment à un contrôle attentif de ses faits et gestes tant par les journalistes que par la masse des citoyens, a fortiori dans un rapport confidentiel* […] *les ambassadeurs à l'étranger doivent pouvoir communiquer avec leurs gouvernements et s'exprimer en toute liberté, sans aucune contrainte et sans avoir à utiliser avec leurs autorités le « langage diplomatique » indispensable aux relations entre les États* ». *Affaire Stoll c. Suisse, op. cit.*, par. 88-89.

[882] Ce terme n'est pas employé dans l'arrêt.

[883] Affaire *Stoll c. Suisse*, *op. cit.*, par. 107 et 114.

diplomatiques et arrive à la même conclusion que l'État suisse sur le danger que pouvait représenter, pour la sécurité nationale, le document divulgué par la presse. Mais pour arriver à cette conclusion, la Cour réduit la marge nationale d'appréciation de l'État en analysant le contexte dans lesquelles se déroulaient les négociations de la Suisse et les campagnes de critiques auxquelles la Suisse était exposée et en comparant l'intérêt protégé par l'État avec l'intérêt du public à la publication des informations. Elle estime que cette comparaison est nécessaire au fonctionnement d'une société démocratique et permet de contrôler l'application de la clause de restriction de la liberté d'expression (article 10.2 de la CEDH)[884].

[884] Affaire *Stoll c. Suisse*, *op. cit.*, par. 125-129.

CONCLUSION DU CHAPITRE I

On a vu que toutes les juridictions respectaient, dans une certaine mesure, la caractérisation, par les États, de la menace à la sécurité nationale, première étape – avant la détermination des mesures de protection – de la mise en œuvre d'une clause de sécurité nationale. Cette caractérisation fait en effet partie de l'exercice de leur souveraineté et les États, en tant qu'ils sont plus près du terrain que les juridictions supranationales, sont normalement mieux placés que celles-ci pour apprécier ce qui les menace. On a également vu que cette marge d'appréciation des États rencontrait des limites, quels que soient le degré de gravité de la menace à la sécurité des États et la juridiction saisie, avec une particularité : le contrôle juridictionnel, restreint dans l'ensemble, est cependant plus fort lorsque sont en jeu des droits de l'Homme – qui ont un caractère objectif – ou les principes de libre circulation des marchandises et des capitaux qui fondent l'unité du marché européen. Ce contrôle restreint est lié à l'objet et au but[885] des traités concernés[886]. Dans sa jurisprudence, la Cour EDH a imposé un standard européen en matière de garantie de certains droits – notamment les droits politiques – qui bride le droit de chaque État membre du Conseil de l'Europe à formuler sa propre notion de sécurité nationale en accord avec son histoire et ses propres valeurs.

Lorsqu'il s'agit de passer de la détermination du danger qui menace l'État à la détermination des mesures de sécurité qui dérogent ou restreignent les droits garantis à la personne, le contrôle des juridictions s'élargit, mais en fonction, là aussi, des différences de nature entre les traités de droits de l'Homme et les autres traités.

---

[885] Au sens de l'article 31 de la Convention de Vienne sur le droit des traités (1969).
[886] CEDH, CADH, TUE, TFUE.

CHAPITRE II

La détermination des mesures de protection de la sécurité nationale

Parce qu'elles mettent en application une dérogation aux obligations principales des traités, les mesures de protection de la sécurité nationale sont soumises à un contrôle juridictionnel *a priori* plus large que le contrôle relatif à la caractérisation, par l'État, de la menace à la sécurité nationale. Ce deuxième contrôle, qui porte sur la nécessité et la proportionnalité des mesures de sécurité, n'est cependant pas le même selon les traités. Comme au stade précédent de l'appréciation de la menace sécuritaire, il n'y a pas de régime unique de l'exception de sécurité nationale au stade de la détermination des mesures de sécurité.

La spécificité du régime de l'exception de sécurité dans les traités de protection des droits de l'Homme se manifeste par le fait que certains droits sont considérés comme indérogeables. La plus grande présence aujourd'hui de la menace terroriste rend par ailleurs plus fréquentes l'invocation de circonstances exceptionnelles et l'utilisation des mesures de dérogations prises au nom de la protection de la sécurité nationale. Ceci conduit au développement d'une riche jurisprudence sur les critères utilisés par le juge pour arbitrer la tension entre les droits de l'Homme mis en cause et la nécessité de prendre des mesures pour protéger la société, en prenant en considération cette menace considérée comme permanente par certains États. La question se pose, en outre, de l'attitude du juge face aux États qui incorporent dans leur droit commun des dispositifs caractéristiques de circonstances exceptionnelles, lesquels rendent inutile et remplacent le recours à l'état d'urgence.

L'absence de régime unique de l'exception de sécurité nationale au stade de la détermination des mesures sécuritaires se reflète aussi dans les différences de fonctionnement des organes juridictionnels rattachés aux divers traités : Cour EDH pour la CEDH, CJUE pour le droit européen, ORD pour l'OMC, tribunaux d'arbitrage pour le CIRDI et l'Alena. L'examen de la détermination des mesures de sécurité et du contrôle juridictionnel sur ces mesures se fera donc en considérant séparément les traités de protection des droits de l'Homme et les autres traités. Cet examen abordera, dans un premier temps, les mesures prises dans les situations exceptionnelles en état d'urgence (section I) puis les autres situations, y compris les situations de menace terroriste (section II).

SECTION I. LES MESURES PRISES DANS LES SITUATIONS D'ÉTAT D'URGENCE

Les traités de protection des droits de l'Homme ont pour spécificité de contenir des droits indérogeables, ce qui nous conduit à traiter séparément le contrôle des mesures de dérogation prévues par ces traités (§ 1) et le contrôle des mesures prévues par les traités de commerce et d'investissement (§ 2), même si dans les deux cas ce contrôle est élargi et réduit d'autant la marge d'appréciation de l'État.

§ 1. Les dérogations permises par les traités de protection des droits de l'Homme

Les situations exceptionnelles conduisent un État à prendre des mesures d'urgence qui dérogent à des droits protégés par les traités de droits de l'Homme. Les juridictions font preuve de flexibilité dans leur appréciation de ces mesures, en fonction de la nécessité et de la proportionnalité de celles-ci (A). Elles sont, cependant, inflexibles dans l'appréciation de certaines dérogations en raison de la nature des droits affectés (B).

A. La flexibilité de l'appréciation juridictionnelle des dérogations

Aucun droit de l'Homme n'est complètement dérogeable à partir du moment où l'on considère que tous les droits de l'Homme sont inhérents à la personne humaine et qu'ils ne peuvent pas complètement disparaître même dans les situations de guerre ou de danger exceptionnel[887]. L'exigence jurisprudentielle de nécessité et de proportionnalité des mesures dérogatoires provient de ce postulat.

Dans le PIDCP, la CEDH et la CADH, la mise en œuvre, une fois caractérisée la menace à la vie de la nation, des mesures dérogatoires est sujette au respect de conditions que l'on peut caractériser comme conditions de forme et conditions de fond. Les conditions de forme concernent la procédure de notification internationale des dérogations. Les conditions de

---

[887] United Nations. Office of the High Commissioner for Human Rights, International Bar Association, *Human Rights in the Administration of Justice : a Manual on Human Rights for Judges, Prosecutors and Lawyers,* United Nations Publications, 1 déc. 2003, p. 814.

fond sont relatives au respect du caractère indérogeable de certains droits et à l'exigence du caractère nécessaire et proportionné des mesures de dérogation[888]. Le contrôle juridictionnel va même au-delà des conditions posées par les traités en exigeant la prévision, dans l'ordre juridique interne des États concernés, de l'état d'urgence et des règles qui régissent les mesures dérogatoires de droits en situation de danger public exceptionnel[889].

Le contrôle par les juridictions est cependant flexible relativement à l'exécution de certaines conditions de forme lorsqu'il constate que les mesures de dérogations sont nécessaires et proportionnées (1). Il est également flexible, s'agissant des conditions de forme et de fond, dans l'appréciation de la durée des dérogations au droit à la liberté et à la sûreté de l'individu lorsque ces mesures sont motivées par l'existence d'un danger exceptionnel menaçant l'État qui provient du terrorisme, de tentatives de coup d'État ou de la criminalité organisée (2).

---

[888] Cette distinction doctrinale entre conditions de forme et conditions de fond est faite par HENNEBEL (L.), TIGROUDA (H.), *Traité de droit international des droits de l'Homme*, *op. cit.*, p. 720-723.

[889] Cette exigence est complétée, dans le cas du PIDCP, par les « principes de Syracuse » : « *La Constitution et les lois nationales régissant les états de danger public exceptionnel doivent prévoir que la nécessité des mesures de dérogation sera soumise, promptement et périodiquement, à une révision indépendante de la part du Parlement* », « principes de Syracuse », *op. cit.*, point 55. Le Comité des droits de l'Homme procède, en accord avec l'article 2.2 du PIDCP à un examen des législations des États pour vérifier que celles-ci donnent effet aux droits garantis par le Pacte. Mais il examine aussi les dispositions sur l'état d'urgence prévues par ces législations. Le Comité a noté, dans ses Observations finales aux rapports de plusieurs États « *sa préoccupation au sujet d'États parties qui semblaient avoir dérogé aux droits protégés par le Pacte, ou dont le droit interne semblait autoriser une telle dérogation dans des situations non couvertes par l'article 4* », document CCPR/C/21/Rev.1/Add.11, *op. cit.*, point 3. On peut citer, parmi ces Observations finales, celles sur la Colombie où le Comité des droits de l'Homme critique le projet de loi n° 10 de 2002 proposant, entre autres dispositions, de supprimer le contrôle constitutionnel auquel est soumise la proclamation des états d'exceptions. Le Comité note que cette disposition est en « *contradiction flagrante avec l'article 4 du Pacte* ». Voir document CCPR/CO/80/COL, 26 mai 2004, par. 10. Dans un rapport sur le Tchad, le Comité avait noté sa préoccupation concernant « *le manque de clarté des dispositions juridiques qui permettent de déclarer l'état d'urgence et de déroger aux obligations prévues par le Pacte (article 4 du Pacte). L'État partie devrait veiller, conformément à l'article 4 du Pacte, et en tenant compte l'observation générale n° 29 (2001) sur les dérogations en période d'état d'urgence, à ce que sa législation soit conforme aux dispositions du Pacte afin de s'assurer, notamment, de l'absence d'atteintes aux droits non dérogeables* ». Voir document CCPR/C/TCD/CO/1, 11 août 2009, par. 18.

La Commission IDH vérifie aussi, à travers ses « rapports pays », que les mesures de dérogations sont prévues par les constitutions et que celles-ci sont conformes aux dispositions de la CADH au titre des articles 2 et 41c de ce traité. Ces deux articles sont relatifs, pour le premier, à la mise en conformité des législations internes avec les droits garantis par la CADH et, pour le second, au pouvoir de la Commission de recommander aux États des changements pour faciliter cette mise en conformité.

1. La nécessité et la proportionnalité des mesures dérogatoires

L'exigence jurisprudentielle de nécessité et de proportionnalité des mesures dérogatoires s'appuie sur les termes « *dans la stricte mesure où la situation l'exige* »[890] ou « *strictement en fonction des exigences du moment* »[891] utilisés par le PIDCP, la CEDH[892] et la CADH. Il s'agit d'établir la nécessité des mesures et leur stricte proportionnalité par rapport à la situation de danger menaçant la sécurité de l'État. La proportionnalité se rapporte à la durée, à l'étendue géographique et à la portée matérielle – c'est-à-dire l'ampleur – des mesures prises ou de l'état d'urgence déclaré par l'État[893]. Le test de nécessité et de proportionnalité s'applique aussi aux mesures de restriction des droits dans les situations de danger non exceptionnel mais avec la différence que les mesures de dérogation ne se justifient que lorsque des mesures de restriction ne peuvent pas être appliquées, en raison principalement du caractère exceptionnel du danger menaçant l'État[894]. Le caractère exceptionnel de ce danger conduit au caractère exceptionnel des mesures de dérogation, c'est ce qu'exprime la Cour IDH lorsqu'elle fait une lecture négative du texte de l'article 27 de la CADH[895] :

> « Aucun droit reconnu par la Convention ne peut être suspendu à moins que soient réunies les conditions strictes signalées à l'article 27.1 [...] loin d'adopter un critère favorable à la suspension des droits, la Convention établit le principe contraire, à savoir que tous les droits doivent être respectés et garantis à moins que des circonstances très spéciales justifient la suspension de certains d'entre eux alors que d'autres ne peuvent en aucun cas être suspendus quelle que soit la gravité de la situation de crise »[896].

C'est au nom de ce statut d'exception des mesures dérogatoires que la Commission censura un état d'urgence décrété au Paraguay sur la base d'un

---

[890] Article 4.1 du PIDCP et article 15 de la CEDH.

[891] Article 27 de la CADH.

[892] On remarque que les États, dans leurs notifications adressées au Secrétariat général du conseil de l'Europe pour informer de leur utilisation de l'article 15 de la CEDH, parlent généralement de « restrictions » et non d'abrogation des droits.

[893] « Principes de Syracuse », *op. cit.*, point 51-54. Voir également le Commentaire général de l'article 4 du PIDCP adopté par le Centre des droits civiques et politiques (CCPR). Document CCPR/21/Rev.1/Add.11, *op. cit.*, point 4.

[894] « Principes de Syracuse », *op. cit.*, point 53.

[895] L'article 27.1 dispose que : « *En cas de guerre, de danger public ou dans toute autre situation de crise qui menace l'indépendance ou la sécurité d'un État partie, celui-ci pourra, strictement en fonction des exigences du moment,* [souligné par nous] *prendre des mesures qui suspendent les obligations contractées en vertu de la présente Convention, pourvu que ces mesures ne soient pas incompatibles avec les autres obligations imposées par le Droit international et n'entraînent aucune discrimination fondée uniquement sur des considérations de race, de couleur, de sexe, de langue, de religion ou d'origine sociale* » (souligné par nous).

[896] *El Hábeas corpus bajo suspensión de garantías (arts. 27.2, 25.1 y 7.6 Convención Americana sobre Derechos Humanos)*, Opinion consultative OC-8/87 du 30 janvier 1987, Cour IDH, Série A No. 8. Par. 20.

article de constitution qui renvoyait à une loi qui n'avait pas été adoptée. La Commission déclara que les autorités avaient ainsi pu utiliser des mesures dérogatoires *ad hoc* sans limites quant à leur ampleur et renouvelées durant des années de façon discrétionnaire, c'est-à-dire sans justification précise et au gré du calendrier politique établi par le pouvoir en place[897].

Le statut d'exception des mesures dérogatoires conduit à un contrôle large de la part des juridictions. La nécessité des mesures dérogatoires doit être justifiée par la réalité du danger et par son ampleur. Dans l'affaire *Zembrano Vélez,* l'État équatorien était accusé d'avoir, dans le cadre d'une opération de forces de police opérant sous un état d'urgence contre des réseaux criminels, violé les articles 4 (droit à la vie), 8.1 (accès à un tribunal) et 25 (droit au recours) de la CADH[898]. La Cour reprend l'avis préalable de la Commission IDH selon laquelle les autorités équatoriennes ont porté une appréciation erronée de la situation de crise : l'activité des groupes criminels ne menaçait pas la sécurité du pays. L'état d'urgence et les opérations de l'armée qu'il prescrivait n'étaient donc pas nécessaires.

Dans l'affaire *Lawless c. Irlande*, la Cour EDH vérifie la réalité du danger public qui menace la vie de la nation puis constate que les mesures ordinaires utilisées initialement pour combattre les activistes de l'IRA ne suffisaient plus. Le caractère clandestin des activités secrètes de l'IRA et le fait que ces activités se déroulaient surtout de l'autre côté de la frontière en Irlande du Nord rendaient difficile la recherche de preuves nécessaire au juge pour incarcérer ou condamner les personnes suspectées d'attentats. Il y avait donc nécessité de prendre des mesures dérogeant aux obligations prévues par la CEDH notamment au droit à la liberté et à la sûreté (droit d'une personne arrêtée à être présentée aussitôt à un juge) et au droit à un procès équitable[899].

Dans l'affaire portant sur les droits de la minorité *Miskito* au Nicaragua, la Commission IDH a reconnu la réalité d'un danger menaçant l'intégrité territoriale de ce pays et la nécessité de l'état d'urgence et des mesures d'évacuation des indiens *Miskito* de leur territoire d'origine devenu zone de combats[900]. Dans son constat, la Commission a relevé des éléments objectifs étayant la nécessité des mesures dérogatoires au droit de déplacement et de résidence des indiens : les attaques des groupes armés basés au Honduras voisin et l'absence de mesures alternatives à l'évacuation

---

897 *Informe sobre la Situación de los Derechos Humanos en Paraguay*, *op. cit.*, chapitre I, par. 3.

898 Outre le devoir de l'État d'adopter les dispositions de droit internes nécessaires à l'application des droits inscrits dans la Convention (article 2). *Zambrano Vélez y otros Vs. Ecuador*, *op. cit.*, par. 47. *Castillo Petruzzi y otros Vs. Perú, op. cit.*, par. 113 à 122.

899 Affaire *Lawless c. Irlande*, arrêt du 1er juillet 1961 requête n° 332/57, par. 36.

900 Commission interaméciaine des droits de l'Homme, *Informe sobre la situacion de los derechos humanos de un sector de la poblacion nicaraguense de origen miskito*, Rapport du 23 novembre 1983, p. 80-86.

de la minorité *Miskito* qui peuple la région attaquée. La Commission a en même temps adressé une critique au Nicaragua qui n'avait annoncé officiellement l'état d'urgence et les mesures de déplacement forcé des Indiens de leur territoire d'origine qu'après que ceux-ci aient été mis en œuvre[901]. Mais cette critique est tempérée par la difficulté, reconnue par la Commission, de dater objectivement le début de l'existence de la menace à la sécurité de l'État[902] ; la Commission s'est appuyée sur la marge nationale d'appréciation de l'État quant à la date à partir de laquelle les autorités du pays ont jugé nécessaire de mettre en place des mesures dérogatoires[903].

La question de la proportionnalité des mesures par rapport à la menace est, pour la Cour EDH, une question plus juridique que politique et la marge d'appréciation dont disposent les États y est encore plus réduite que pour la question de la nécessité[904]. À l'image de l'affaire *Lawless c. Irlande* et des autres affaires mentionnées plus haut, les mesures dérogatoires prises en état d'urgence concernent généralement le régime de l'interpellation, de la détention et de l'accès à un juge pour les personnes détenues. Les trois traités – PIDCP, CEDH et CADH – ont en commun de vouloir garantir la liberté de l'individu contre une arrestation, une détention ou une condamnation arbitraires. Le degré de contrôle juridictionnel est précisé dans l'arrêt *Brannigan et McBride c. Royaume-Uni* (1993) (et les arrêts suivant portant sur l'article 15) : « *La Cour* [...] *doit attacher le poids qui convient à des facteurs pertinents tels que la nature des droits touchés par la*

---

901 La peuplade Miskito attachée à son habitat d'origine, n'a pas été consultée avant d'être évacuée.

902 Le rapport évoque simplement une « pénétration continue de groupes armés sur le territoire du Nicaragua », *op. cit.*, p. 72.

903 Cette validation, par la commission IDH, de l'effet rétroactif des dérogations fut critiquée par Svenson-McCarthy : la Commission IDH n'aurait-elle pas dû refuser cette rétroactivité et apprécier les demandes des requérants à l'aune du droit normal existant avant le droit de l'état d'urgence plutôt qu'à l'aune de ce dernier ? Voir SVENSON-McCARTHY (A.L.), *The International Law of Human Rights and States of Exception*, The Hage, Martinus Nijhoff Publishers, 1998, p. 261. Notons, cependant, que l'article 27 de la CADH (comme le note cet auteur) n'exige pas, à la différence de l'article 4 du PIDCP, que l'État proclame par un acte officiel l'existence d'un danger public exceptionnel.

904 *Affaire A. et autres c. Royaume-Uni*, Arrêt Grande Chambre du 19 février 2009, *op. cit.*, par. 184.

On notera que c'est pour échapper au contrôle large de la Cour sur la question de la nécessité des mesures dérogatoires que la réserve émise par la France indique : « *les termes dans la stricte mesure où la situation l'exige ne sauraient limiter le pouvoir du Président de la République de prendre les mesures exigées par les circonstances* ». Avec l'effacement de « stricte mesure » disparaît l'exigence de stricte proportionnalité, comme le note V. Coussirat-Coustère (dans « La réserve française à l'article 15... », *op. cit.*, p. 284). Le contrôle juridictionnel est alors restreint à la seule nécessité des mesures. Ceci permet à l'État de maintenir le plein exercice de sa souveraineté au moment où celle-ci se trouve menacée de l'extérieur ou de l'intérieur du pays. La réserve française ne concerne cependant pas les paragraphes 2 et 3 de l'article 15 de la CEDH, c'est à dire le caractère indérogeable de certains droits et l'obligation de la motivation qui a inspiré les mesures dérogatoires.

dérogation, la durée de l'état d'urgence et les circonstances qui l'ont créé »[905]. La Cour IDH a repris à son compte ces critères. Dans l'affaire *Zembrano Vélez* citée ci-dessus où l'Équateur avait décrété l'état d'urgence avec intervention de l'armée pour mettre fin aux des troubles internes provoqués par la vague de criminalité, la Cour examine le décret autorisant l'utilisation des forces armées. Elle constate que les objectifs que le décret fixe aux militaires étaient trop nombreux et sans limites temporelles ni géographiques, que les objectifs de l'opération militaire dans le cadre de laquelle les trois individus dont la mort est à l'origine de la requête contre l'Équateur étaient formulés en termes trop généraux (« capture des délinquants, narcotrafiquants et terroristes »); qu'une opération militaire organisée dans ces conditions rend difficile le respect des droits indérogeables comme le droit à la vie et l'interdiction de toute discrimination[906]. L'opération militaire est jugée disproportionnée par le nombre de militaires engagés, par l'usage de la force (atteintes injustifiées à l'intégrité physiques de la population ou à la propriété) et par le peu de transparence sur ses résultats (nombre d'armes saisies) par rapports aux objectifs annoncés dans le décret sur l'état d'urgence. Ce contexte d'opération militaire disproportionnée va conduire la Cour à conclure à la responsabilité de l'État pour le décès de trois personnes tuées au moment de leur interpellation par l'armée[907].

Par contraste avec l'affaire ci-dessus, le contexte des attentats terroristes en Irlande du Nord a conduit la Cour EDH à valider à plusieurs reprises la proportionnalité de mesures dérogatoires. Dans l'affaire *Lawless c. Irlande*, première affaire de terrorisme qu'elle eut à juger, la Cour EDH valida l'utilisation de mesures de détention administrative sans comparution devant un juge, pour des individus simplement suspectés d'actes de terrorisme. Elle établit que ces mesures étaient proportionnées à la nature et à l'étendue de la menace pesant sur l'Irlande. La proportionnalité venait aussi des dispositions de la loi sur la détention administrative. Cette loi ne dérogeait pas entièrement au droit à la liberté et à la sûreté car elle comportait une possibilité, pour la personne détenue, de faire examiner son cas par une commission spéciale ou d'être libérée si elle s'engageait à cesser toute

[905] *Affaire Brannigan et MCBride c. Royaume-Uni*, Arrêt de Cour plénière du 26 mai 1993, Requête n° 14553/89 ; 14554/89, par. 43.

[906] *Zambrano Vélez y otros Vs. Ecuador*, *op. cit.*, par. 48 à 50 et 93 à 94. À propos de la discrimination, l'article 1er de la Convention dispose que « *Les États parties s'engagent à respecter les droits et libertés reconnus dans la présente Convention et à en garantir le libre et plein exercice à toute personne relevant de leur compétence, sans aucune distinction fondée sur la race, la couleur, le sexe, la langue, la religion, les opinions politiques ou autres, l'origine nationale ou sociale, la situation économique, la naissance ou toute autre condition sociale* ».

[907] La Cour n'avait pas d'informations sur les circonstances exactes de la mort de ces trois personnes, fait à l'origine de l'affaire. *Zambrano Vélez y otros Vs. Ecuador*, *op. cit.*, par. 82 à 88 et 109 à 110

activité illégale ; l'application de cette loi était par ailleurs sous le contrôle régulier du parlement. Toutes ces dispositions législatives représentaient des garanties contre de possibles abus dans la mise en œuvre des dérogations[908]. De même, dans l'arrêt *Irlande c. Royaume-Uni*, la Cour valida la nécessité et la proportionnalité d'un décret britannique qui permettait d'arrêter des personnes que l'on ne soupçonnait d'aucune infraction mais dont on voulait tirer des informations sur des tiers[909].

2. Le contrôle limité de la durée des mesures dérogatoires

Le danger exceptionnel menaçant l'État provient souvent, hormis les situations de guerre, de groupes terroristes, d'individus cherchant à faire un coup d'État ou de bandes criminelles organisées. Les mesures de sécurité prises dans ces situations dérogent principalement au droit à la liberté et à la sûreté de l'individu, au droit à la libre circulation à l'intérieur du territoire national, au droit d'accès au juge et au principe du procès équitable. Les dérogations au droit à la liberté et à la sûreté et au droit à la libre circulation se caractérisent par leur durée. La flexibilité dont font preuve les juridictions dans le contrôle de la durée – laissant ainsi aux États une marge d'appréciation – dépend de la bonne foi de ceux-ci et de la présence d'éléments objectifs.

Dans l'article 15 de la CEDH, la durée est rattachée à la fois aux conditions de fond (condition de l'autorisation des dérogations dans la « stricte mesure où la situation l'exige ») et aux conditions de forme : devoir de l'État de tenir « *le Secrétaire général du Conseil de l'Europe pleinement informé des mesures prises et des motifs qui les ont inspirées* » ainsi que de la date de fin des mesures. L'état d'urgence est, par nature, temporaire et doit être le plus court possible. Ceci ne signifie pas que la durée doit être courte dans toutes les situations de danger exceptionnel. L'état d'urgence en Irlande du Nord a duré plusieurs années, sans aucune remarque à cet égard de la part du Comité des droits de l'Homme ou de la Cour EDH. Aussi longtemps que l'État estime que la mise en œuvre d'une législation dérogatoire du droit commun est nécessaire, cette législation reste valide[910]. L'État peut ne pas indiquer de durée au moment où il notifie le Secrétaire général de l'entrée en vigueur de cet état d'urgence ou de la prorogation de celui-ci. S'agissant de l'état d'urgence au regard du PIDCP, le Comité des droits de l'Homme

---

[908] Affaire *Lawless c. Irlande*, *op. cit.*, par. 32 à 37.

[909] Cette mesure était destinée à la propre protection des personnes interrogées car celles-ci pouvaient être menacées par des représailles si elles déposaient librement. Affaire *Irlande c. Royaume-Uni*, *op. cit.*, par. 212. Là encore, la Cour EDH vérifie si l'État défendeur n'a pas excédé les limites de la marge d'appréciation offerte par l'article 15.1 de la Convention

[910] *Affaire A. et autres c. Royaume-Uni*, Arrêt Grande Chambre du 19 février 2009, *CEDH*, *op. cit.*, par. 178. Sur le modèle de la Grande-Bretagne dans les années 1970, la France reconduit régulièrement l'état d'urgence entré en vigueur en novembre 2015.

vérifie régulièrement, au titre de l'article 40 de ce Pacte, si l'État satisfait aux conditions énoncées à l'article 4 et procède ainsi implicitement à un contrôle de validité de la durée des mesures de dérogations[911]. Le Comité s'est ainsi dit « préoccupé » par la durée de l'État d'urgence en place en Israël et en la Syrie, deux pays où cet état d'urgence est en vigueur depuis l'indépendance. Dans le cas d'Israël, le Comité s'est prononcé en faveur de « *limiter autant que possible la portée et le champ d'application territorial* [de l'état d'urgence] *ainsi que les dérogations à divers droits associées qui leur sont associées* »[912]. Dans le cas de la Syrie, il s'est prononcé pour la levée de l'état d'urgence, prenant note que celui-ci est, selon les autorités de ce pays, rarement appliqué[913].

Le contrôle de la proportionnalité des mesures elles-mêmes consiste – s'agissant de dérogations aux droits fondamentaux tels que les droits à la liberté et à la sûreté – à rechercher des éléments objectifs justifiant l'allongement de leur durée. La détention administrative en Israël, en 2017-2018, du ressortissant français S. Hamouri pour une raison et une durée inconnues a été jugée par le Comité des droits de l'Homme comme contraire aux articles 4 et 9 du PIDCP. L'État israélien n'avait fourni à l'intéressé et à l'organe onusien lui-même aucune information ni sur les circonstances exceptionnelles et sur la menace à la sécurité nationale qui pouvaient justifier le recours à une telle détention ni sur la raison de l'extension de celle-ci pour une durée non précisée. Depuis son incarcération, l'intéressé n'avait pas été présenté à un juge. Puisque la charge de la preuve pèse sur l'auteur de la mesure de dérogation, ce silence de l'État – qui ne formulait aucune accusation contre l'intéressé – conduisit le Comité des droits de l'Homme, huit mois après le début de la détention administrative, à conclure à l'absence de menace exceptionnelle justifiant cette dernière[914]. Dans l'affaire *Demir et autres c. Turquie*, les trois requérants, interpellés en raison de leurs activités en faveur du PKK, mouvement d'opposition interdit, avaient été placés en garde à vue pendant une durée supérieure à 15 jours

---

[911] Le Commentaire général du Comité des droits de l'Homme sur l'article 4 du PIDCP indique à ce sujet :
« *Lorsqu'ils proclament un état d'urgence susceptible d'entraîner une dérogation à l'une quelconque des dispositions du Pacte, les États doivent agir dans le cadre de leur constitution et des dispositions législatives qui régissent l'exercice des pouvoirs exceptionnels ; il appartient au Comité de vérifier que les lois en question permettent et garantissent le respect de l'article 4. Pour que le Comité puisse s'acquitter de sa tâche, les États parties au Pacte devraient donner, dans les rapports qu'ils soumettent en application de l'article 40, des renseignements suffisants et précis sur leur législation et leur pratique dans le domaine des pouvoirs exceptionnels* ». Voir document CCPR/C/21/rev.1/add.11 (2001), par. 2.

[912] Rapport du Comité des droits de l'Homme, N° 40 (A/53/40), 1998, par. 307

[913] Rapport du Comité des droits de l'Homme, N° 40 (A/56/40), 1998, p. 59, par. 6. La Syrie étant le théâtre d'un conflit armé depuis plusieurs années, cette recommandation du Comité des droits de l'Homme n'est certainement plus à l'ordre du jour.

[914] *Opinion No. 34/2018 concerning Salah Hammouri (Israel)*, *op. cit.*, par. 25-30.

avant d'être finalement présentés à un juge. D'après la Cour, « *la seule conformité au droit interne des détentions en cause* [...] *ne saurait servir à justifier, sur le terrain de l'article 15, des mesures dérogeant à l'article 5§ 3* »[915]. L'article 5§ 3 indiquant que la personne interpellée doit être présentée « aussitôt » devant un magistrat, la Cour contrôle la nécessité de l'allongement du délai de la garde à vue sans contrôle juridictionnel, c'est-à-dire la réalité des arguments présentés par l'État turc à savoir la complexité de l'enquête et la difficulté de réunir des preuves en raison notamment du grand nombre de personnes arrêtées en même temps que les trois requérants. Ces arguments étant insuffisants pour expliquer en quoi un contrôle juridictionnel durant la garde à vue aurait mis en danger l'enquête, la Cour a conclu à l'absence de nécessité de la détention au secret[916]. A l'inverse, dans son arrêt *Brannigan et McBride c. Royaume-Uni*, la Cour a validé la garde à vue prolongée à l'encontre du requérant membre de l'IRA en raison des mêmes justifications que celles présentées par les autorités dans les affaires turques ci-dessus (complexité de l'enquête inhérente aux affaires de terrorisme, difficulté à récolter des preuves) et de la particularité du système accusatoire de la *common law* qui empêche le juge judiciaire, au nom de son indépendance, d'examiner la question de la prolongation de la garde à vue[917]. Ce dernier élément et la durée de sept jours de la détention au secret expliquent la conclusion différente de la Cour qui estime que (contrairement aux autorités turques sans les affaires *Askoy* et *Demir*) l'État britannique n'a pas dépassé les limites de sa marge d'appréciation. Lorsque la liberté de l'individu est en jeu, le contrôle de la Cour EDH est d'autant plus important que la durée de la garde à vue est importante[918]. Mais la détention peut aussi être nécessaire dans le cas d'une procédure d'expulsion ou d'extradition (article 5.1 f de la CEDH). Ce qui compte, pour la Cour

---

[915] Affaire *Demir et autres c. Turquie, op. cit.*, par. 52. Dans son arrêt *Aksoy c. Turquie*, la Cour EDH résume (par. 77) la nécessité d'un accès rapide du gardé à vue au contrôle du juge par deux raisons : ce contrôle diminue le risque d'abus de la privation de liberté et il peut détecter la présence de mauvais traitements appliqués au gardé à vue.

[916] Affaire *Demir et autres c. Turquie, op. cit.*, par. 53 à 56. La Cour est arrivée à des conclusions similaires dans l'affaire *Aksoy c. Turquie* : « *Si la Cour estime* [...] *que les enquêtes au sujet d'infractions terroristes confrontent indubitablement les autorités à des problèmes particuliers, elle ne saurait admettre qu'il soit nécessaire de détenir un suspect pendant quatorze jours sans intervention judiciaire* » (par. 78).

[917] « *La Cour constate* [...] *que le Gouvernement persiste à estimer essentiel d'empêcher de dévoiler au détenu et à son conseil certaines données fondant les décisions relatives à parelle prolongation et que selon lui, dans le système accusatoire de common law, l'indépendance du pouvoir judiciaire se trouverait compromise si des juges ou autres magistrats devaient participer à de telles décisions* [...]. *Dans le contexte de l'Irlande du Nord, où le corps judiciaire est réduit et vulnérable aux attaques terroristes, on comprend que le Gouvernement attache un grand prix à la confiance du public dans l'indépendance des magistrats* ». Arrêt *Aksoy c. Turquie, op. cit.*, par. 58-59.

[918] *Affaire A. et autres c. Royaume-Uni*, Arrêt Grande Chambre du 19 février 2009, *op. cit.*, par. 184.

EDH qui examine la nécessité et la proportionnalité de la détention, c'est que l'État fasse preuve de diligence au cours de la procédure d'expulsion et qu'il offre à l'individu la possibilité de faire des recours. Une détention sans jugement peut ainsi durer plusieurs années et être régulière[919].

Dans leur contrôle de la mise en œuvre de l'état d'urgence, les juridictions font cependant preuve d'inflexibilité lorsque les mesures dérogatoires affectent des droits indérogeables et des droits qu'elles considèrent comme indérogeables, ce qui réduit d'autant la marge de liberté de l'État dans son choix de mesures sécuritaires.

B. L'inflexibilité de l'appréciation juridictionnelle des dérogations en raison de la nature des droits affectés

Le PIDCP, la CEDH et la CADH formulent une liste de droits auxquels l'État ne peut déroger en aucune circonstance même exceptionnelle. Le droit à la vie[920], le droit de ne pas être torturé, le droit de ne pas être mis en esclavage et le principe de légalité des infractions et des peines font partie de ces droits, auxquels s'ajoutent, selon les conventions, d'autres droits[921]. Les juridictions censurent *a priori* les dérogations à ces droits. Dans l'affaire *Zambrano Vélez y otros Vs. Ecuador* (vue ci-dessus), le droit à la vie était (avec d'autres droits) en cause car la Cour IDH devait se prononcer sur la mort de trois personnes tuées lors de leur interpellation par l'armée dans le cadre de l'état d'urgence décrété pour faire face à une vague de criminalité organisée. La Cour constata l'impossibilité d'établir les circonstances de ces

---

[919] Affaire *Chahal c. Royaume-Uni*, Arrêt du 15 novembre 1996, Grande Chambre, CEDH, Requête n° 22414/93, par. 123. M. Chahal est resté cinq ans en rétention après refus de sa demande d'asile. Le contexte de cette affaire n'était pas celui d'un danger public exceptionnel mais le critère jurisprudentiel du but de la détention et de la diligence des autorités pendant la procédure d'expulsion a été confirmée par l'arrêt *A. et autres c. Royaume-Uni*, ici dans un contexte de danger public exceptionnel.

[920] L'article 6 du PIDCIP déclare que « nul ne peut être arbitrairement privé de la vie » et que les pays où la peine de mort est prévue par la législation ne peuvent appliquer celle-ci qu'à l'issue d'un jugement équitable et pour sanctionner les crimes les plus graves. La jurisprudence du Comité des droits de l'Homme indique que la législation des États parties au PIDCP doit limiter et réglementer les situations dans lesquelles une personne peut être privées de sa vie sur décision de l'État. Si tel n'est pas le cas et indépendamment des circonstances dans lesquelles une personne a perdu la vie à la suite d'une action d'un représentant de l'État, celui-ci est considéré comme ne respectant pas le droit à la vie protégé par le PIDCP. *Suarez de Guerrero v. Colombia*, U.N Human Rights Committee, Communication n° R.11/45, International Law Report, vol. 70, 1986, p. 279.

[921] Le PIDCP et la CADH considèrent, en outre, comme indérogeable la liberté de pensée, de conscience et de religion. L'article 4.2 du PIDCP ajoute, à cette liste, l'interdiction de la prison pour dette contractuelle et le droit de tout individu à la reconnaissance en tous lieux de sa personnalité juridique. L'article 27.2 de la CADH considère également comme indérogeables les droits au nom et à la nationalité, les droits de l'enfant et de la famille, les droits politiques ainsi que « *les garanties judiciaires indispensables pour la protection de tels droits* ».

décès ; cependant, par présomption et pour donner un effet utile au droit de ne pas être arbitrairement privé de la vie, elle s'appuya sur l'absence de nécessité et de proportionnalité de l'opération armée à l'échelle du pays pour déclarer que l'État avait failli dans son devoir de prévenir ces morts[922].

L'inflexibilité du contrôle juridictionnel ne s'arrête cependant pas aux droits explicitement considérés comme indérogeables par les trois conventions citées. Le Comité des droits de l'Homme indique que le recours en *habeas corpus*[923], les règles du droit international humanitaire, les crimes relevant de la compétence de la CPI et les « normes impératives » du droit international – catégorie dont l'existence est contestée par une partie de la doctrine[924] – doivent compléter la liste des droits indérogeables[925]. La jurisprudence considère par ailleurs comme indérogeables certains droits

---

922 Selon la Cour, l'usage de la force doit être exceptionnel, nécessaire, proportionné et respectueux du droit international humanitaire ; il doit faire l'objet d'une législation interne et être contrôlé par la justice ; les services de police et de l'armée doivent être formés à l'usage de la force, en connaître les règles ainsi que les droits et libertés de la population qu'ils doivent parallèlement respecter. *Zambrano Vélez y otros Vs. Ecuador*, *op. cit.*, par. 82 à 88 et 109 à 110.

Une affaire assez semblable à l'affaire ci-dessus (mort d'une personne à l'issue d'une opération de police dans un contexte d'état d'urgence en Colombie) a été examinée par le Comité des droits de l'Homme des Nations Unies. Avec une différence : l'expertise balistique des cadavres était cette fois-ci concluante pour pointer la responsabilité des forces de police qui avaient assassiné à bout portant les personnes suspectées d'un crime alors qu'elles auraient pu tranquillement procéder à leur interpellation. Tout en reconnaissant la nécessité de l'opération de police au regard de l'état d'urgence, le Comité a conclu à la disproportion de cette opération par rapport au comportement des suspects et a considéré que les violations alléguées d'autres droits (notamment l'accès à un tribunal de la part des familles des victimes pour faire une enquête sur ces meurtres) étaient inclues dans la violation (privation arbitraire) du droit à la vie. Voir *Suarez de Guerrero v. Colombia* (communication n° R.11./45), UN Human Right Committee, 31 mai 1982, International Law Reports, vol. 70, 1986, p. 267-279.

923 Ce droit est garanti par les articles 9.4 du PIDCP, 5.4 de la CEDH, 7.6 et 25 de la CADH, articles ne sont pas considérés comme indérogeables par ces traités. La Cour IDH et la Commission IDH considèrent, comme le Comité des droits de l'Homme, ce droit comme indérogeable. Voir, *Opinion consultative* OC – 8/87 del 30 de enero de 1987, Cour interaméricaine des droits de l'Homme, « El Hábeas corpus bajo suspensión de garantías [L'Habeas corpus sous le régime de suspension des garanties]. Arts. 27-2, 27-1 y 7.6. Convention Americana sobre Derechos Humanos », par. 38 et 40; *Castillo Petruzzi y otros Vs. Perú*, Cour interaméricaine des droits de l'Homme Arrêt du 30 mai 1999, par. 104 à 112 ; Affaire *Walter Humberto Vasquez Vejarano* c. *Peru,* Caso 11.166, Informe n° 48/00, Commission interaméricaine des droits de l'Homme, par. 46. S'agissant de la Cour EDH, certains arrêts montrent qu'elle considère implicitement le recours en habeas corpus comme un droit absolu. Voir les affaires sur l'état d'urgence en Turquie : *Sahin Alpay c. Turquie*, *op. cit.*, par. 133 et suivantes ; *Mehmet Hasan Altan c. Turquie, op. cit.*, par. 144 et suivantes.

924 Voir VIRALLY (M.), « Réflexions sur le *jus cogens* », *AFDI*, vol.12, 1966, p. 5-29 ; GLENNON (M.J.), « De l'absurdité du droit impératif (*jus cogens*) », *RGDIP*, vol.110, n° 3, 2006, p. 529-536 ; GUILLAUME (G.), « Jus cogens et souveraineté » dans *Mélanges en l'honneur de J.P Puissochet,* Paris, Pedone, 2008; p. 127-136.

925 Comité des droits de l'Homme, « Observation générale n° 29. États d'urgence (article 4) », 31 août 2001, CCPR/C/21/Rev.1/Add.11, par. 11.

garantis par le PIDCP, la CADH et la CEDH (1) et étend le champ d'application territoriale de la prohibition – considérée comme indérogeable – de la torture et des mauvais traitements (2) rendant plus difficile, dans les deux cas, le choix, par les États, des mesures de sécurité.

1. L'action des États limitée par les droits considérés par la jurisprudence comme indérogeables

Les mesures de dérogation à certains droits peuvent porter atteinte, par effet de connexité, à d'autres droits qui, eux aussi, bénéficieront du caractère indérogeable des premiers. Il en va ainsi du droit au traitement humain et digne d'une personne en détention (article 7 du PIDCP), que le Comité des droits de l'Homme et la Cour IDH lient à l'interdiction indérogeable de la torture et des traitements inhumains (article 7)[926]. Le Comité des droits de l'Homme considère aussi comme indérogeable l'article 10 du Pacte sur l'interdiction de la propagande en faveur de la guerre et « des appels à la haine nationale, raciale ou religieuse qui constitueraient une incitation à la discrimination, à l'hostilité ou à la violence », dispositif que l'on peut lier à l'interdiction des crimes prévues par le statut de Rome de la CPI[927].

Le caractère indérogeable est par ailleurs conféré à deux droits – ou deux ensembles de droits – qui ont ceci de spécifique qu'ils sont liés, dans le PIDCP, la CEDH et la CADH, aux conditions de mise en œuvre des mesures dérogatoires en situation de danger exceptionnel : le droit au procès équitable (a) et le droit à la non-discrimination (b).

a. Le droit au procès équitable

Le droit à un procès équitable comporte plusieurs droits ou règles, détaillés aux articles 14 du PIDCP, 6 de la CEDH et 8 de la CADH : l'accès au juge, le droit à un tribunal compétent, indépendant et impartial, le fait que ce tribunal doit être antérieurement établi par une loi, le délai raisonnable du jugement et un ensemble de critères que l'on peut regrouper sous le principe de l'égalité des armes entre l'accusation et la défense[928]. En tant que tel, le droit au procès équitable ne figure pas parmi les droits indérogeables en situation de danger public exceptionnel menaçant l'État. Il est pourtant au centre des conditions de validité des mesures dérogatoires puisqu'il garantit – lorsqu'il est appliqué – le respect, au niveau des juridictions nationales, des critères de la nécessité et de la proportionnalité de ces mesures ainsi que le

---

[926] CCPR/C/21/Rev.1/Add.11, par. 13.

[927] *Ibidem*, par. 13 e). Cette observation du Comité sur le caractère indérogeable de l'article 20 du Pacte vient juste après – à l'intérieur du même paragraphe – que l'observation sur le caractère indérogeable des crimes réprimés par le Statut de Rome sur la CPI.

[928] L'alinéa 3 de l'article 14 du PIDCP, l'alinéa 3 de l'article 6 de la CEDH et l'alinéa 2 de l'article 8 de la CADH offrent une liste non exhaustive des critères composant ce principe.

respect des droits indérogeables. Ceci pose la question de l'application obligatoire du droit au procès équitable en toutes circonstances, ce que fait le Comité des droits de l'Homme quand il déclare que ce droit est « *un élément clef de la protection des droits de l'Homme » et qui « constitue un moyen de procédure pour préserver la primauté du droit* »[929], primauté qui continue d'exister même en situation de danger exceptionnel.

Le Comité des droits de l'Homme parle de « garanties de procédure » qui « *ne peuvent faire l'objet de mesures qui porteraient atteinte à la protection des droits non susceptibles de dérogation* »[930]. En période d'urgence, l'État ne peut déroger aux règles du procès équitable dans le but d'écarter l'application de droits considérés comme indérogeables par le traité. Il en va ainsi d'une condamnation à la peine capitale à l'issue d'un procès expéditif alors que le droit à ne pas être privé arbitrairement de sa vie est absolu[931].

De même que la Cour EDH, le Comité des droits de l'Homme ne fait pas expressément du droit au procès équitable un droit indérogeable mais il se réfère implicitement à ce droit comme à un droit indérogeable. Il déclare à propos des tribunaux d'exception, généralement utilisés en période de danger exceptionnel : « *Bien que le Pacte n'interdise pas le jugement de civils par des tribunaux militaires ou d'exception, il exige que de tels procès respectent intégralement les prescriptions de l'article 14 et que les garanties prévues dans cet article ne soient ni limitées ni modifiées par le caractère militaire ou exceptionnel du tribunal en question* »[932]. La Commission IDH est plus explicite : « *it is* [...] *clear that certain basic rights must never be suspended, such as, among others, the right to life, the right to personal integrity, or the right to due process* »[933]. Dans un rapport sur la situation au Guatemala où régnait, en 1981, l'état d'urgence, la Commission déclare que l'État peut, dans des circonstances extrêmes, arrêter et détenir des individus pour une courte durée sans leur en notifier les raisons à condition qu'il prévienne les familles de ces individus, qu'il surveille les agissements des forces de l'ordre et qu'en particulier le pouvoir judiciaire soit en mesure de sanctionner tout abus d'autorité de la part des forces de sécurité et d'autres

---

929 Comité des droits de l'Homme, « Observation générale n° 32. Article 14. Droit à l'égalité devant les tribunaux et les cours de justice et à un procès équitable », 23 août 2007, CCPR/C/GC/32, par. 2.

930 CCPR/C/21/Rev.1/Add.11, par. 15.

931 CCPR/C/GC/32, *op. cit.*, par. 6. La Commission IDH a, dans ce sens, dénoncé l'utilisation des tribunaux militaires notamment au Chili. L'objectif de ces tribunaux était, d'une part, de donner une apparence de légalité à des violations de droits de l'Homme régulièrement commises par les services de sécurité du pays et, d'autre part, de réprimer un certain nombre d'opposants politiques en les condamnant à des peines très sévères (dont la peine de mort) dans une ignorance ostensible des règles du procès équitable. Voir le Rapport sur la situation des droits de l'Homme au Chili, Commission IDH, 1985, chapitre VIII, E, par. 180-181.

932 *Ibidem*, par. 22.

933 Le rapport sur la situation des droits de l'Homme au Guatemala, CIDH, 1981, chapitre II, B. par. 10.

fonctionnaires à l'œuvre[934]. Cette dernière exigence implique le respect des règles du procès équitable[935].

L'instruction de diverses plaintes de particuliers a conduit le Comité des droits de l'Homme à affirmer le caractère indérogeable de plusieurs règles attachées au droit au procès équitable : le droit d'accès à un tribunal « *pour toute personne qui fait l'objet d'une accusation pénale* »[936], la présomption d'innocence[937] et l'exigence que ce tribunal soit compétent, indépendant et impartial[938]. En raison de cette dernière exigence, le Comité a considéré avec réticence la constitution de tribunaux spéciaux avec « juges sans visages ». Ces tribunaux, qui sont généralement utilisés dans le cadre de la lutte anti-terroriste, sont responsables d'entorses fréquentes aux diverses règles du procès équitable. En énumérant les irrégularités et les règles non respectées[939], le Comité affirme de à nouveau implicitement le caractère non

---

[934] Rapport sur la situation des droits de l'Homme au Guatemala, CIDH, 1981, chapitre II, B. par. 10. De la même façon et comme conséquence de sa volonté de faire du droit au procès équitable un droit indérogeable, la Cour IDH considère que l'État a l'obligation de déterminer, par l'intermédiaire de la justice, les circonstances de la mort d'individus à la suite d'opérations de l'armée et a l'obligation de garantir l'accès des victimes au juge. Voir *Zambrano Vélez y otros Vs. Ecuador*, *op. cit.*, par. 111 à 129.

[935] Voir aussi, parmi la jurisprudence de la Cour IDH, l'affaire *Baena Ricardo et autres (270 travailleurs) c. Panama*, Arrêt du 2 février 2001, Cour IDH, par. 90 et les commentaires sur cette affaire par UBEDA de TORRES (A.), « l'État de droit dans la pratique des organes du système interaméricain des droits de l'Homme », dans SFDI, colloque de Bruxelles. *L'État de droit en droit international*, Paris, Pedone, 2009, p. 201-202.

[936] Le Comité des droits de l'Homme ne dit pas explicitement que l'accès au juge doit être respecté en toutes circonstances mais que cet accès ne souffre pas de restrictions et que « *toute condamnation pénale prononcée par un organe autre qu'un tribunal est incompatible avec la disposition en question* ». CCPR/C/GC/32, *op. cit.*, par. 18.

[937] Le Comité déclare, dans ses commentaires à l'article 4 du PIDCP, que les États doivent observer en toutes circonstances des « *principes fondamentaux garantissant un procès équitable comme la présomption d'innocence* ». CCPR/C/21/Rev.1/Add.11, *op. cit.*, par. 11. Le Comité des droits de l'Homme donne toutefois ici l'impression que toutes les règles de l'article 14 composant le droit au procès équitable ne constituent pas des principes fondamentaux et, à ce titre, ne sont pas nécessairement indérogeables.

[938] Cette exigence est absolue. Le Comité fait référence ici à sa Communication n° 263/1987, *Gonzalez del Rio c. Pérou*, par. 5.2, bien qu'il ne soit pas question, dans cette affaire, de danger public exceptionnel. CCPR/C/GC/32, *op. cit.*, par. 18., par. 19.

[939] Les irrégularités énumérées concernent tant la constitution du tribunal – il est impossible de vérifier la compétence de celui-ci lorsque les juges sont masqués – que le principe de l'égalité des armes entre la défense et l'accusation : « *l'identité et le statut des juges ne sont pas connus de l'accusé* », le public voire l'accusé lui-même ou son représentant sont exclus de l'audience, « *restriction du droit d'avoir un défenseur de son choix ; restrictions graves ou déni du droit du défendeur de communiquer avec son avocat, en particulier lorsqu'il est détenu au secret ; menaces dirigées contre les avocats ; temps insuffisant pour préparer la défense ; restrictions graves ou déni du droit de faire comparaître et d'interroger ou faire interroger des témoins, y compris l'interdiction de procéder au contre-interrogatoire de certaines catégories de témoins, par exemple les fonctionnaires de police ayant arrêté et interrogé le défendeur* ». CCPR/C/GC/32, *op. cit.*, par. 23. Le Comité se réfère ici à ses décisions suivantes : Communication n° 1298/2004, *Becerra Barney c. Colombie*, par. 7.2 ;

dérogeable du droit au procès équitable pris dans son ensemble. La Commission IDH adopte une position similaire concernant les tribunaux militaires « sans visages ». Dans l'affaire *Castillo Petruzzi y otros Vs. Perú,* la Cour ne juge pas suffisante l'inscription dans la loi péruvienne de l'existence des tribunaux militaires pour juger des civils même si leur compétence est restreinte à deux types de délit : le terrorisme et la trahison à la patrie. La Cour note en l'espèce le manque d'impartialité d'un tribunal qui dépend hiérarchiquement de l'armée – laquelle est en même temps chargée de combattre les groupes d'insurgés dont sont issus les requérants – ainsi que l'impossibilité de récuser, comme cela est prévu dans les règles du procès équitable, des juges « sans visages ». La Cour considère ici comme indérogeables ces règles car elle refuse de prendre en considération (contrairement à ce que demandaient les autorités péruviennes) le contexte de terrorisme et de violence organisée qui était celui du Pérou à l'époque des faits ; cette violence pouvait aussi viser les juges qui siégeaient dans des tribunaux appliquant les lois de l'état d'urgence et pouvait alors justifier qu'ils siégeassent dans l'anonymat[940].

Cette réticence aux tribunaux militaires composés de juges « sans visage » ne signifie pas que le Comité des droits de l'Homme, la Cour EDH et la Commission IDH sont opposés au principe du jugement de civils par un tribunal militaire et à d'autres assouplissements, en période de danger exceptionnel, de certaines règles rattachées au procès équitable. Pour indérogeables qu'elles soient dans leur ensemble, ces règles ne sont pas rigides.

Ces règles peuvent être assouplies lorsque l'État avance des raisons « objectives et sérieuses » pour justifier la nécessité de créer des tribunaux d'exception[941]. Dans les affaires *Abbassi Madani et Ali Benhadj c. Algérie*, deux dirigeants du Front Islamique du Salut algérien incarcérés en 1991 furent poursuivis et jugés par un tribunal militaire pour avoir organisé une grève insurrectionnelle qui avait, selon le parquet, causé un « grave préjudice à la nation »· Le Comité n'est pas allé jusqu'à vérifier si ces jugements respectaient les garanties liées au procès équitable car il estima que l'Algérie n'avait pas démontré au préalable la nécessité de recourir au tribunal militaire, même si celui-ci était prévu par la loi[942]. Dans une affaire liée à la proclamation, en Colombie, d'un état de siège en raison du conflit intérieur

Communications n° 577/1994, *Polay Campos c. Pérou*, par. 8.8; n° 678/1996, *Gutierrez Vivanco c. Pérou,* par. 7.1 et n° 1126/2002, *Carranza Alegre c. Pérou*, par. 7.5 ; communication n° 1058/2002, *Vargas Mas c. Pérou*, par. 6.4 ; Communication n° 1125/2002, *Quispe Roque c. Pérou*, par. 7.3.

[940] *Castillo Petruzzi y otros Vs. Perú, op. cit.*, par. 124 à 134.

[941] CCPR/C/GC/32, *op. cit.*, par. 22.

[942] Voir *Abbassi Madani c. Algérie*, Communication n° 1172/2003, 21 juin 2007, CCPR/C/89/D/1172/2003. *Ali Benhadj c. Algérie*, Communication n° 1173/2003, 26 septembre 2007, CCPR/C/89/D/1173/2003.

civil entre le gouvernement et la guérilla, le Comité des droits de l'Homme fut saisi d'une plainte de requérants qui alléguaient, parmi d'autres griefs, le manque de compétence, d'indépendance et d'impartialité *a priori* des tribunaux – militaires – qui les avaient jugés et condamnés pour rébellion. Le Comité rejeta ce grief en constatant l'absence de faits spécifiques indiquant que les requérants auraient été, comme conséquence de ce manque d'indépendance et d'impartialité des tribunaux, privés des garanties judiciaires prévues par l'article 14 du PIDCP[943]. Un examen des faits conduisit le Comité à conclure, dans une autre affaire liée au même décret proclamant l'état d'urgence en Colombie, qu'une requérante n'avait pu bénéficier du droit – prévu à l'article 14.5 du Pacte – de recourir de sa condamnation auprès d'une instance judiciaire supérieure[944].

b. La non-discrimination

Le principe de non-discrimination est présent dans les trois traités sous plusieurs formes : sous la forme d'un droit autonome non indérogeable (article 2 du PIDCP, article 14 de la CEDH, article 1er de la CADH) et sous la forme d'un droit connexe à chaque droit garanti par ces conventions avec l'emploi, dans chaque article, des termes « toute personne » ou « tout individu ». En tant que droit autonome, la non-discrimination est un droit dérogeable[945]. Le PIDCP et CADH considèrent cependant l'absence de toute discrimination comme une condition de mise en œuvre de mesures dérogatoires en situation de danger exceptionnel, la discrimination étant ici limitée aux critères de la race, de couleur, de sexe, de langue, de religion ou d'origine sociale[946]. L'interdiction de la discrimination selon ces six critères

---

943 La compétence des tribunaux militaires d'exception pour juger du crime de rébellion commis par des civils était prévue par le décret proclamant l'état de siège. Le Comité des droits de l'Homme déclara qu'il n'avait compétence que pour examiner la conventionnalité (au regard du PIDCP) et non la constitutionnalité de ce décret, contrairement à ce que demandaient les requérants qui estimaient que ce décret était illégal. *Orlando Fals Borda et autres c. Colombie*, Communication n° 46/1979, 27 juillet 1982, CCPR/C/16/D/46/1979, par. 13.3.

944 *Consuela Salgar de Montejo c. Colombie*, Communication n° 64/1979, 24 mars 1982, CCPR/C/15/D/64/1979, par. 10.3.

945 Commentaire général du Comité des droits de l'Homme sur l'article 4 du PIDCP, document CCPR/C/21/rev.1/add.11 (2001), par. 8.

946 Les articles 2 du PICDP, 1er de la CADH et 14 de la CEDH, formulés de façon presque identiques, ont un champ d'application plus large puisque les critères de discrimination sont illimités. L'article 1er de la CADH dispose que « *Les États parties s'engagent à respecter les droits et libertés reconnus dans la présente Convention et à en garantir le libre et plein exercice à toute personne relevant de leur compétence, sans aucune distinction fondée sur la race, la couleur, le sexe, la langue, la religion, les opinions politiques ou autres, l'origine nationale ou sociale, la situation économique, la naissance ou toute autre condition sociale* ». Les articles 2 du PIDCP et 14 de la CEDH sont encore plus larges puisqu'ils substituent aux termes « toute autre condition sociale » les termes « toute autre situation ». Selon le Comité des droits de l'Homme dans son commentaire sur l'article 2 du PIDCP : « *the term*

devient donc ici un principe indérogeable[947]. Par contraste, l'article 15 de la CEDH sur les situations de danger exceptionnel n'interdit aucunement les discriminations.

La question de la discrimination est liée au test de proportionnalité des mesures de dérogation : une dérogation à un droit qui ne serait pas proportionnée au danger menaçant l'État peut conduire à une discrimination de l'individu visé dans l'exercice de ce droit relativement aux autres individus[948]. C'est pourquoi la jurisprudence tente d'élargir le champ d'application des critères de discrimination prévus par ces conventions en situation de danger exceptionnel et de conférer le caractère absolu à d'autres critères.

Dans l'affaire des droits de la minorité *Miskito* au Nicaragua (1983), l'un des griefs soulevés par les requérants étaient non seulement le déplacement forcé, par les autorités nationales, des indiens *Miskito* de leurs terres d'origines – déclarées zone de combat depuis l'état d'urgence – mais aussi l'inadéquation des terres de refuge (que ces autorités leur avaient choisies) relativement à leur culture ancestrale. La Commission IDH a examiné la légalité de la mesure de déplacement forcé au regard de l'interdiction, imposée par l'article 27.1 de la CADH, de toute discrimination selon le critère de la race : cette mesure avait-elle un caractère punitif dirigé contre les indiens Miskito pris comme groupe ethnique ? En prenant en considération, dans ce questionnement, les « liens spéciaux » (selon les termes employés) qui unissent culturellement le groupe ethnique à sa terre d'origine, la Commission IDH entend le terme « race » dans un sens très large. Les souffrances provoquées par le déplacement forcé de ce groupe sont assimilées à un « choc de culture »[949].

"discrimination" as used in the Covenant should be understood to imply any distinction, exclusion, restriction or preference which is based on any ground such as race, colour, sex, language, religion, political or other opinion, national or social origin, property, birth or other status, and which has the purpose or effect of nullifying or impairing the recognition, enjoyment or exercise by all persons, on an equal footing, of all rights and freedoms ». General Comment n° 18 : Non-Discrimination, Human Rights Committee, 37e session (1999), HRI/GEN/1/Rev.9 (Vol. I), par. 7.

[947] Dans son observation générale sur l'article 4 du PIDCP, le Comité des droits de l'Homme écrit : « il y a des éléments ou aspects du droit à la non-discrimination auxquels aucune dérogation n'est possible, quelles que soient les circonstances ». Document CCPR/C/21/rev.1/add.11 (2001), par. 8.

[948] Notons que la non-discrimination n'implique pas l'interdiction de toute différence de traitement. Pour le Comité des droits de l'Homme comme pour la Cour EDH et la Cour IDH, une différence de traitement destinée à corriger une inégalité est admise si elle est objective et raisonnable. Le Comité des droits de l'Homme considère que « *not every differentiation of treatment will constitute discrimination, if the criteria for such differentiation are reasonable and objective and if the aim is to achieve a purpose which is legitimate under the Covenant* ». HRI/GEN/1/Rev.9 (Vol. I), *op. cit.*, par. 13.

[949] Voir *Informe sobre Situación de los derechos humanos de un sector de la población nicaragüense de origen miskito*, Comisión Interamericana de Derechos Humanos, Rapport du

La Commission IDH considère par ailleurs, dans son Avis consultatif sur les droits des migrants sans papiers, que le droit à la non-discrimination est une norme de *jus cogens*. Elle ouvre ce droit à une série non exhaustive de critères : genre, race, couleur, idiome, religion ou conviction, opinion politique ou autre, origine nationale, ethnique ou sociale, nationalité, âge, situation économique, patrimoine, état civil, naissance ou toute autre condition[950]. Le caractère de *jus cogens* attribué à une norme ne signifie pas que cette norme soit indérogeable en toute circonstances mais cet Avis consultatif précise que les États doivent respecter ce droit « *indépendamment de quelle circonstance ou considération que ce soit* », ce qui pourrait inclure les situations d'état d'urgence bien que la Cour ne fasse pas mention de ces dernières[951].

Dans d'autres affaires, la Commission IDH et la Cour IDH ont tenté d'étendre le caractère indérogeable à d'autres critères de discrimination que les six qui figurent dans l'article 27 de la CADH et à l'article 4 du PIDCP : le critère des opinions politiques et le critère de la nationalité.

S'agissant du critère des opinions politiques, la Commission IDH a relevé qu'à la suite du coup d'État survenu en juin 2009 au Honduras[952], les nouvelles autorités de ce pays ont mis en place de façon sélective un couvre-feu et des restrictions à la liberté de circulation. La Commission se réfère à l'article 27 de la CADH pour établir que le couvre-feu a été utilisé de façon subjective et sans lien avec les raisons officielles de l'état d'exception ; le motif réel de la mesure d'urgence serait de dissuader les partisans de M. Zelaya de se rassembler autour de ce dernier à l'aéroport puis devant l'ambassade du Brésil où il avait trouvé refuge après son retour non annoncé au Honduras. Le couvre-feu a ainsi permis aux nouvelles autorités de bloquer, par des barrages militaires, des milliers de ces partisans[953]. La Commission considère ainsi implicitement les opinions politiques comme un élément indérogeable du droit à la non-discrimination.

---

23 novembre 1983, par. 29-30, p. 86. En l'espèce, la Commission IDH conclut à l'absence de discrimination. Elle n'a pas trouvé d'autre motivation animant le gouvernement nicaraguayen pour organiser les déplacements forcés que celle consistant à défendre, le plus efficacement possible, le territoire national contre les offensives des groupes armés opérant à partir du Honduras voisin. La Commission déclare cependant (par. 31) que le maintien forcé des indiens Miskito hors de leurs terres d'origine doit cesser aussitôt que cessera la nécessité militaire de l'état d'urgence (élimination de la menace exceptionnelle à la sécurité nationale), faute de quoi ce maintien se transformerait en mesure punitive. De plus, le gouvernement aura l'obligation, une fois passé le danger représenté par les *contras*, d'aider ceux des indiens qui veulent regagner leur territoire d'origine

[950] Avis consultatif de la Cour IDH, *Condicion juridica y derechos de los migrantes indocumentados*, 17 septembre 2003, OC-18/03, Série A, n° 18, par. 101.

[951] Avis Consultatif de la Cour IDH, *Condicion juridica y derechos de los migrantes indocumentados*, *op. cit.*, par. 106.

[952] Le président Zelaya a été renversé et expulsé du pays.

[953] *Honduras : Derechos Humanos y Golpe de Estado*, 2009, Commission IDH, Chapitre V, A, par. 220 à 223.

Un autre critère de discrimination, celui de la nationalité, a été examiné cette fois par la Cour EDH. L'article 15 de la CEDH ne reconnaît de caractère absolu ni au droit à la non-discrimination en tant que tel ni à aucun des critères composant ce droit. Pour une juridiction, conférer au critère de la nationalité un caractère absolu est plus délicat que pour le critère des opinions politiques car la différence de traitement entre individus peut être justifiée au titre du droit souverain de l'État à réglementer l'entrée, la sortie et le séjour des ressortissants étrangers sur son territoire, surtout dans une situation de danger public exceptionnel. La question est encore plus délicate lorsque, comme dans l'affaire *A et autres c. le ministre de l'intérieur du Royaume-Uni* (2009), dans un contexte de menace terroriste pesant sur un État, celui-ci veut expulser vers son pays d'origine un ressortissant étranger condamné, mis en cause ou suspecté d'action terroriste et que ce ressortissant risque d'être l'objet de torture dans ce pays ; l'État qui expulse ce ressortissant est, par ailleurs, tenu par l'engagement non dérogeable de ne pas l'exposer à la torture (*Arrêt Chahal*, CEDH)[954].

Dans l'affaire *A et autres c. le ministre de l'Intérieur du Royaume-Uni* (2009), le Royaume-Uni était menacé par *Al Qaeda*. Ses services de sécurité avaient repéré la présence, sur le territoire national, de ressortissants étrangers soupçonnés de liens avec ce groupe terroriste et de préparation d'attentats. L'arrestation et la détention temporaire de ces individus en vue de leur expulsion vers leurs pays d'origine étaient cependant difficiles à mettre en œuvre dans le cadre du droit commun. Les individus expulsés risquaient d'être exposés à la torture dans leurs pays, ce qui rendait l'expulsion contraire à l'article 3 (droit indérogeable) de la CEDH et allongeait indéfiniment leur détention, contrevenant non seulement au droit national[955] mais aussi au droit à la liberté et à la sûreté garanti par l'article 5 de la même Convention[956]. Le pays décida d'adopter, en 2001, l'*Anti Terrorisme Crime and Security Act* (*ATCSA*), législation anti-terroriste dérogatoire du droit commun qui permettait au ministre de l'Intérieur de

---

[954] L'arrêt *Chahal* (1997) déclare inconventionnelle l'expulsion d'un ressortissant vers un État où celui-ci court le risque d'être torturé et fixe une limite à la durée d'une détention en attente d'expulsion.

[955] Selon l'arrêt *A et autres c. Royaume-Uni* : « *En vertu du paragraphe 2 de l'annexe 3 de la loi de 1971, les personnes en instance d'expulsion peuvent être placées en rétention. Toutefois, depuis l'arrêt R. v. Governor of Durham Prison, ex parte Hardial Singh ([1984] 1 WRL 704), l'exercice du pouvoir de rétention prévu par cette dernière disposition est limité à la durée raisonnablement nécessaire à l'exécution de la mesure d'expulsion. Il s'ensuit que les autorités ne peuvent placer un individu en rétention sur le fondement de la loi de 1971 lorsqu'elles savent que son expulsion est impossible parce qu'aucun pays n'acceptera d'accueillir l'intéressé ou que le renvoi de celui-ci vers son pays d'origine l'exposerait à un risque de torture ou d'autres mauvais traitements* ». *Affaire A et autres c. Royaume-Uni*, Arrêt Grande chambre du 19 février 2009, CEDH, Requête n° 3455/05, par. 87.

[956] Dans la législation britannique ordinaire, un ressortissant étranger menaçant la sécurité nationale ne peut être placé en détention que pour la période nécessaire à l'exécution de la mesure d'expulsion. *Affaire A et autres c. Royaume-Uni*, *op. cit.*, par. 11.

délivrer des certificats destiner à arrêter et détenir – en vue de leur expulsion dans un délai incertain et long – ces ressortissants étrangers qu'il considérait comme dangereux pour la sécurité nationale. Cette loi dérogeait donc au droit à l'article 5 de la CEDH[957].

Devant la Grande Chambre de la Cour EDH, le Royaume-Uni plaida la légalité de la détention des étrangers (sous le régime de l'*ATCSA)* sur le fondement de l'article 15 de la CEDH[958]. Il ne se conformait pas aux conclusions de la Chambre des *Lords* qui avait mis en cause la légalité de l'*ATCSA* en réduisant au passage considérablement la marge d'appréciation du gouvernement dans le choix de cette loi dérogatoire[959]. Dans le cadre de son contrôle de proportionnalité de l'*ATCSA*, la Cour EDH aborda la question de la discrimination relative à la nationalité[960]. Ce faisant, la Cour s'interrogeait implicitement sur le caractère indérogeable de l'interdiction de ce type de discrimination. Elle s'attacha à établir si le système de délivrance de certificats créé par l'*ATCS*A avait ou non un caractère discriminatoire relativement à la nationalité des individus auxquels il s'adressait. Les juges recherchèrent la présence d'éléments objectifs et raisonnables ainsi que d'un objectif légitime – au regard du droit international des droits de l'Homme –

[957] Les autorités estimaient possible, dans le cadre de l'article 5.1f) de la CEDH de détenir de façon prolongée des étrangers en attente d'expulsion. La détention prolongée découlait de l'obligation faite à l'État de s'assurer que l'individu ne se trouverait pas exposé à des risques de torture dans son pays de destination. Par prudence et pour respecter la Convention, les autorités avaient choisi, avec l'*ATCSA*, de déroger à cet article 5 en invoquant l'article 15 sur les législations d'exception. *A et autres c. Royaume-Uni, op. cit.*, par. 11.
L'article 5.1.f) de la CEDH dispose que « *Toute personne a droit à la liberté et à la sûreté. Nul ne peut être privé de sa liberté, sauf dans les cas suivants et selon les voies légales :* [...] *s'il s'agit de l'arrestation ou de la détention régulières d'une personne pour l'empêcher de pénétrer irrégulièrement dans le territoire, ou contre laquelle une procédure d'expulsion ou d'extradition est en cours* ». Le droit à la liberté et à la sûreté n'est pas traité comme un droit indérogeable dans la CEDH (ni dans le PIDCP et la CADH).
À l'époque où l'affaire fut examinée par la Cour (2008), le Royaume-Uni avait déjà abrogé les dispositions de l'ATCSA qui dérogeaient à l'article 5. Il avait remplacé, dès 2005, la procédure des certificats de dangerosité visant exclusivement les ressortissants étrangers par une procédure de *control orders* imposant des restrictions aux libertés d'individus suspectés de liens avec le terrorisme, indépendamment de leur nationalité. Ceux des requérants qui étaient encore en détention à cette date furent libérés et passèrent sous le régime des *control orders* qui conduisit à leur nouvelle mise en détention. *A et autres c. Royaume-Uni, op. cit.*, par. 83-85.

[958] *A et autres c. Royaume-Uni, op. cit.*, par. 138.

[959] *A et autres c. Royaume-Uni, op. cit.*, par. 146 à 151.

[960] La Cour avait, préalablement à ce contrôle, accepté l'appréciation faite par le Royaume-Uni du caractère exceptionnel de la menace terroriste qu'il affrontait et de la nécessité de mesures de sécurité dérogatoires.
Notons que les requérants avaient soulevé la question de la discrimination en tant que droit autonome garanti par l'article 14 de la CEDH. La Cour EDH choisit de ne pas examiner la discrimination sous l'angle de cet article mais uniquement dans le cadre de l'article 15 comme une des conditions de validité des mesures dérogatoires. *A et autres c. Royaume-Uni, op. cit.*, par. 192.

pouvant justifier, dans l'hypothèse où il n'y aurait pas discrimination, la différence faite par la législation d'exception entre les ressortissants du Royaume-Uni suspectés de liens avec le terrorisme islamiste et les ressortissants étrangers présentant le même danger[961]. La Cour EDH, qui reprit à son compte les conclusions de la Chambre des *Lords*, constata que le danger terroriste provenait autant des ressortissants britanniques que des ressortissants étrangers, que l'objectif de la loi *ATCSA* était de combattre le terrorisme d'*Al Qaeda* et non de procéder à de simples expulsions dans le cadre d'une régulation des flux migratoires. La Cour remarqua que, pour atteindre cet objectif, le régime de détention à durée illimitée ciblant exclusivement l'une des deux catégories – les étrangers – constituait pour ces derniers une discrimination ainsi qu'un « fardeau disproportionné »[962]. La conclusion est sans ambiguïté sur la volonté de la Cour EDH de conférer – par le biais des conditions de l'article 15 de la CEDH – le caractère indérogeable de l'interdiction de la discrimination selon la nationalité : « *the Court* [...] *finds that the derogating measures were disproportionate in that they discriminated unjustifiably between nationals and non-nationals* »[963].

La marge de manœuvre des États dans leur choix des mesures sécuritaires en situation de danger public exceptionnel notamment terroriste est par ailleurs limitée par l'extension du champ d'application territoriale de l'interdiction – considérée indérogeable – de la torture et des mauvais traitements.

<u>2. L'action des États limitée par l'extension jurisprudentielle du champ d'application territorial de l'interdiction de la torture et des mauvais traitements</u>

Dans la Convention contre la torture, le PIDCP, la CEDH et la CADH, l'interdiction de la torture et des traitements inhumains et dégradants fait partie des droits et libertés indérogeables même en cas de circonstances exceptionnelles où l'existence de la nation est menacée. Le contrôle de son

---

[961] Nous faisons ici le rapprochement avec ce qui dit le Comité des droits de l'Homme sur la nature non discriminatoire d'une différence de traitement entre deux catégories de personnes (déjà cité plus haut) : « *not every differentiation of treatment will constitute discrimination, if the criteria for such differentiation are reasonable and objective and if the aim is to achieve a purpose which is legitimate under the Covenant* ». HRI/GEN/1/Rev.9 (Vol. I), *op. cit.*, par. 13. Ceci rejoint les critères utilisés par la Cour EDH dans sa jurisprudence sur l'application de l'article 14 (non discrimination en tant que droit autonome) : « *une différence de traitement dans l'exercice ou la jouissance d'un droit reconnu et un manque de justification objective et raisonnable* ». SUDRE (Fr.), *Droit européen et international des droits de l'Homme*, 10e éd, Paris, PUF, 2011, p. 276-277 et p. 288-289.

[962] *A et autres c. Royaume-Uni, op. cit.*, par. 186.

[963] *Ibidem*, par. 190. Il est bon de rappeler que cette conclusion des juges est placée dans la partie de l'arrêt intitulée « Whether the United Kingdom validly derogated from its obligations under Article 5 § 1 of the Convention »

application par la Cour EDH est maximum[964]. Par extension et en s'alignant sur l'article 3.1 de la Convention contre la torture (New York, 1994)[965], la jurisprudence de la Cour EDH considère comme prohibée l'expulsion ou l'extradition d'une personne vers un autre État où il existe des raisons sérieuses (« susbtantial grounds » en anglais) de croire que celle-ci présente un risque d'être soumise à la torture ou à des mauvais traitements. Dans son arrêt d'assemblée plénière *Soering c. Royaume-Uni,* la Cour EDH estime qu'une telle expulsion ou extradition serait incompatible avec ce que proclame le préambule de la CEDH sur l'existence d'un « *patrimoine commun* [aux États européens] *d'idéal et de traditions politiques, de respect de la liberté et de prééminence du droit* » et la CEDH perdrait son efficacité si l'État extradant se désintéressait de conséquences potentiellement graves –

---

[964] Rappelons que le contrôle maximum se manifeste d'abord par la responsabilité objective des États dans le comportement de leurs agents. Les États ont « *le devoir de leur imposer* [à ces derniers] *leur volonté et ne sauraient se retrancher derrière leur impuissance à la faire respecter* ». Il se manifeste aussi par le fait que les juges ne se contentent pas d'apprécier les preuves rapportées par les parties et les témoins et va, au besoin, chercher d'office ces preuves. Dans le même arrêt, la Cour précise qu'elle « *se rallie au principe de la preuve « au-delà de tout doute raisonnable » tout en acceptant le fait qu'une telle preuve peut résulter d'un faisceau d'indices, ou de présomptions non réfutées, suffisamment graves, précis et concordants* ». *Affaire Irlande c. Royaume-Uni, op. cit.*, par. 159 à 161.
Une question importante, dans les différentes affaires portées devant la Cour EDH comme devant la Cour IDH est relative à la qualification juridique des techniques d'interrogation utilisées par les États. La définition de référence de la torture est donnée par l'article 1er de la Convention contre la tortures et autres peines ou traitements cruels, inhumains ou dégradants : « *tout acte par lequel une douleur ou des souffrances aigues, physiques ou mentales, sont intentionnellement infligées à une personne aux fins notamment d'obtenir d'elle ou d'une tierce personne des renseignements ou des aveux, de la punir d'un acte qu'elle ou une tierce personne a commis ou est soupçonnée d'avoir commis, de l'intimider ou de faire pression sur elle ou d'intimider ou de faire pression sur une tierce personne, ou pour tout autre motif fondé sur une forme de discrimination quelle qu'elle soit, lorsqu'une telle douleur ou de telles souffrances sont infligées par un agent de la fonction publique ou toute autre personne agissant à titre officiel ou à son instigation ou avec son consentement exprès ou tacite. Ce terme ne s'étend pas à la douleur ou aux souffrances résultant uniquement de sanctions légitimes, inhérentes à ces sanctions ou occasionnées par elles* ». La Cour EDH, dans l'affaire *Irlande c. Royaume-Uni,* reprend la résolution 3452 de l'Assemblée générale des Nations Unies qui établit la différence entre la torture et les traitements inhumains ou dégradants et estime aussi qu'« *il existe des violences qui, bien que condamnables selon la morale et très généralement aussi le droit interne des États contractants, ne relèvent pourtant pas de l'article 3 de la Convention* ». *Affaire Irlande c. Royaume-Uni, op. cit.*, par. 166. L'article [1er] de la résolution 3542 (1975) de l'Assemblée générale déclare que « *la tortue constitue une forme aggravée et délibérée de peines ou de traitements cruels, inhumains ou dégradants* ».
[965] L'article 3 de la Convention contre la torture dispose que :
« *1. Aucun État partie n'expulsera, ne refoulera, ni n'extradera une personne vers un autre État où il y a des motifs sérieux de croire qu'elle risque d'être soumise à la torture.*
2. Pour déterminer s'il y a de tels motifs, les autorités compétentes tiendront compte de toutes les considérations pertinentes, y compris, le cas échéant, de l'existence, dans l'État intéressé, d'un ensemble de violations systématiques des droits de l'Homme, graves, flagrantes ou massives ».

en matière de risque de mauvais traitements – de l'extradition[966]. Cette jurisprudence est constante[967]. Le Comité des droits de l'Homme et la Commission IDH l'ont reprise[968].

En Europe, les États frappés par des vagues d'attentats depuis la fin des années 1990 éprouvent d'avantage la nécessité d'expulser de leurs territoires les personnes (condamnées ou non) impliquées dans le développement de réseaux terroristes sur leurs territoires. Ceci a conduit la Cour EDH à préciser sa jurisprudence sur l'appréciation du risque visant ce type de personnes. Cette appréciation ne prend pas en considération le niveau de la menace terroriste que représente la personne visée par la décision d'expulsion (a) et elle se révèle subjective (b).

a. Le refus de la Cour EDH de mettre en tension l'interdiction d'exposer une personne à un risque de mauvais traitements avec le devoir de l'État de protéger la vie et l'intégrité physique d'une population dans son ensemble

Dans l'arrêt *Chahal c. Royaume-Uni* (1997)[969] le Royaume-Uni considère que l'interdiction d'exposer une personne réfugiée à un risque de mauvais traitements en l'expulsant vers un autre État n'est pas absolue lorsque cette expulsion est motivée par une menace à sa sécurité nationale. Le pays s'appuie sur l'exception formulée par l'article 33 de la Convention relative

---

966 Affaire *Soering c. Royaume-Uni*, Cour (plénière EDH), arrêt du 7 juillet 1989, requête n° 14038/88, par. 88-89. Notons que, dans cette affaire où la Cour affirme sa position sur l'interdiction d'une extradition vers un État où existe un risque de mauvais traitements pour la personne concernée, l'État extradant ne motive pas son choix par une menace à sa sécurité. La personne extradée doit répondre d'une accusation de meurtre aux EUA.

967 *Soering c. Royaume-Uni,* Arrêt du 7 juillet 1989, série A n° 161, p. 35, paras. 90-91, arrêt *Cruz Varas et autres c. Suède* du 20 mars 1991, série A n° 201, p. 28, paras. 69-70, et arrêt *Vilvarajah et autres* cités par l'affaire *Chahal c. Royaume-Uni*, Arrêt du 15 novembre 1996, *op. cit.*, par. 74.

968 Dans son commentaire à l'article n° 7 du PIDCP, le Comité des droits de l'Homme a déclaré que les États devaient indiquer dans leurs rapports les mesures internes adoptées pour interdire l'expulsion ou l'extradition de personnes vers des pays où celles-ci seraient exposées à un risque de torture ou de mauvais traitements. Comité des droits de l'Homme des Nations Unies, « Observation Générale n° 20. Article 7. Interdiction de la torture et des peines ou traitements cruels, inhumains ou dégradants) », 10 mars 1992, HRI/GEN/1/Rev.9 (Vol. I), par. 9. S'agissant de la Commission IDH, celle-ci a déclaré que « *[T]he prohibition of torture as a norm of jus cogens – as codified in the American Declaration generally, and Article 3 of the UN Convention against Torture in the context of expulsion – applies beyond the terms of the 1951 Convention [relating to the Status of Refugees]. The fact that a person is suspected of or deemed to have some relation to terrorism does not modify the obligation of the State to refrain from return where substantial grounds of a real risk of inhuman treatment are at issue* ». Commission interaméricaine des droits de l'Homme, OEA/Ser.L/V/II.106, Doc. 40 rev., 28 février 2000, par. 70 et 154.

969 Le requérant M. Chahal, réfugié d'origine indienne sikh au Royaume-Uni s'était vu refuser l'asile et était l'objet d'un arrêté d'expulsion en raison de ses liens présumés avec le terrorisme sikh et qui portaient atteinte, selon les autorités, à la sécurité nationale.

au statut des réfugiés. Il s'appuie aussi sur la prise en compte de la menace que représente le ressortissant étranger au nom d'un « juste équilibre entre l'intérêt général de la communauté et la sauvegarde des droits de l'individu »[970]. La Cour écarte cet argument ainsi que l'application de la Convention sur les réfugiés. Elle met en avant la « valeur fondamentale des sociétés démocratiques » que représente l'interdiction de la torture et le caractère absolu, dans la CEDH, de cette interdiction. Elle considère que ce caractère absolu s'étend à l'interdiction de l'expulsion[971]. La Cour précise que la gravité de la menace que représentent, pour la société, le terrorisme en général et les actes de l'individu concerné par l'expulsion n'a pas à entrer en considération dans l'appréciation du risque de mauvais traitements qu'encourt un individu dans l'État vers lequel il doit être expulsé[972]. Les juges maintiennent cette position, que le requérant ait simplement été condamné (par la justice de l'État qui l'expulse) pour simple rixe et voies de fait dans un temple[973] ou qu'il ait été condamné pour des faits de recrutement de jihadistes et de collectes de fonds au profit de réseaux terroristes, faits constituant une participation à une association de malfaiteurs en vue de la préparation d'un acte de terrorisme en France et à l'étranger[974]. Cette position ne fut pas unanime dans l'arrêt *Chahal :* des juges dissidents souhaitaient que la Cour tînt compte du degré de la menace pesant sur la sécurité nationale du Royaume-Uni à partir du moment où il y avait des doutes sur la réalité du risque concernant des mauvais traitements en Inde contre le requérant[975].

On peut cependant questionner, dans les arrêts ci-dessus, le refus de la Cour EDH d'assouplir l'interdiction absolue d'expulser dans la mesure où le

---

[970] *Chahal c. Royaume-Uni*, *op. cit.*, par. 76. L'article 33 énonce, à son paragraphe 1, le principe d'interdiction d'expulser ou de refouler un étranger vers un pays où sa vie ou sa liberté serait menacée en raison de sa race ou d'autres facteurs. Le paragraphe 2 introduit une exception à ce principe lorsqu'il y a « des raisons sérieuses » de considérer ce réfugié comme un danger pour la « sécurité du pays où il se trouve ou qui, ayant été l'objet d'une condamnation définitive pour un crime ou délit particulièrement grave, constitue une menace pour la communauté dudit pays ». On notera par ailleurs que le Conseil de sécurité des Nations Unies, par la résolution 1373 (2001) relative à la menace à la paix et la sécurité résultant d'actes terroristes, décide (par. 2.c) que « les États refusent de donner asile à ceux qui financent, organisent appuient ou commettent des actes de terrorisme ou en recèlent les auteurs ». Le préambule de cette résolution « réaffirme la nécessité de lutter par tous les moyens, conformément à la Charte des Nations Unies, contre les menaces [...] que font peser les actes de terrorisme ». Ce texte vient donc renforcer l'efficacité normative de l'exception de sécurité nationale de l'article 33.1 de la Convention sur les réfugiés.

[971] *Ibidem*, par. 80.

[972] *X v. The Netherlands*, Judgment of 10 July 2018, Application n° 14319/17, par. 71; *Chahal c. Royaume-Uni*, *op. cit.*, par. 80 ;

[973] *Chahal c. Royaume-Uni*, *op. cit.*

[974] *A.S c. France*, arrêt du 19 avril 2018, requête n° 46240/15.

[975] Opinion partiellement dissidente commune à MM. Golkuklu, Matscher, Sir John Freeland, MM. Baka, Misfud, Bonnici, Gotchev et Levits, *Chahal c. Royaume-Uni*, *op. cit.*, par. 5 et suivants.

motif mis en avant par l'État se réfère à une obligation que la même Cour considère comme non moins absolue : l'obligation, pour l'État, de « protéger le droit à la vie et le droit à l'intégrité physique des membres de la population »[976].

Ce questionnement du refus de mettre en balance le droit d'un individu à ne pas être exposé à des mauvais traitements (hors des frontières de l'État qui l'expulse) avec le droit à la vie et le droit à l'intégrité physique des membres d'une population prend un relief particulier lorsque l'appréciation du risque d'exposition aux mauvais traitements est dominée par des considérations subjectives.

b. Le caractère subjectif de l'appréciation du risque d'exposition aux mauvais traitements

Dans sa jurisprudence, la Cour EDH parle de « *motifs sérieux et avérés de croire que l'intéressé, si on l'expulse vers le pays de destination, y courra un risque réel d'être soumis à un traitement contraire à l'article 3* ».[977] Le caractère absolu de l'interdiction d'expulsion conduit le Cour à opérer un contrôle large de l'appréciation, par l'État, du risque d'exposition aux mauvais traitements dans l'État de destination. Ce contrôle conduit à vérifier les informations présentées par les parties en les comparant si nécessaire avec des informations que la Cour se procure d'office. Sont pris en considération la législation et la réputation du pays en matière de droits de l'Homme (rapports ONU et d'ONG). La Cour évalue le degré de notoriété, dans ce pays, de la personne concernée par la procédure d'expulsion, notoriété qui peut augmenter ou diminuer, selon l'appréciation des juges, les risques encourus par cette personne[978].

Cependant, l'appréciation d'un risque, c'est-à-dire de la probabilité de réalisation d'un évènement (torture, traitements dégradants à l'encontre de la personne) est subjective[979]. Dans l'affaire *X. v. The Netherlands,* les juges de

---

[976] *Affaire Sher et autres c. Royaume-Uni,* Arrêt du 20 octobre 2015, par. 149. Il s'agit aussi, dans cet arrêt, d'un contexte de terrorisme organisé.

[977] *Affaire Chahal, op. cit.*, par. 74 ; *Affaire Othman (aka Abu Qataba) c. Royaume-Uni, op. cit.*, par. 185.

[978] Affaire *Chahal c. Royaume-Uni*, Arrêt du 15 novembre 1996, *op. cit.*, par. 99 à 106. Notons que la Cour EDH a déclaré irrecevables des requêtes en raison de leur caractère mal-fondé relativement au risque couru par leurs auteurs au titre de l'article 3 de la CEDH. Voir notamment (versions disponibles seulement en anglais) *Decision as to the Admissibility of Application* n° 6276/03 and n° 6122/04 by *Akbar TAHERI KANDOMABADI against the Netherlands*, 29 juin 2004, *Decision as to the Admissibility of Application* n° 45925/99 *by Leonard PRANJKO against Sweden*, 23 février 1999.

[979] L'appréciation est moins subjective lorsque la personne est déjà expulsée avant l'examen de son cas par la Cour EDH et se trouve depuis un certain temps dans le pays où elle est supposée être exposée au risque de torture La date prise en considération pour apprécier le risque d'exposition aux mauvais traitements reste celle de l'expulsion mais la Cour tient

la Cour font face à des rapports contradictoires sur la pratique de la torture, au Maroc – État de destination du requérant – à l'encontre des détenus suspectés de terrorisme et d'atteinte à la sécurité de l'État ; ils doivent faire leur propre opinion sur le risque d'exposition du requérant aux mauvais traitements alors que la situation est contrastée[980]. Cette subjectivité peut alors donner lieu, comme dans l'affaire *Chahal*, à des appréciations divergentes au sein de la Cour, selon le poids que donne chaque juge aux différents rapports consultés (qui peuvent ne pas concorder) et surtout aux garanties offertes par le pays, – en l'espèce l'Inde – sur la sécurité et l'intégrité du requérant lors de son arrivée sur son territoire[981].

L'inflexibilité de la Cour EDH sur l'interdiction de l'expulsion ne satisfait pas les États confrontés aux attentats et aux tentatives de développement de réseaux terroristes sur leurs territoires. Dans l'affaire *Mamatkulov et Askarov* (2005), la Turquie, État extradant, plaide pour que le risque d'exposition aux mauvais traitements et la preuve de ce risque soient suffisamment élevés et se prononce pour que la responsabilité de l'État extradant ne soit pas illimitée dans le temps, notamment lorsqu'il existe un traité d'entraide judiciaire et que la coopération judiciaire et la lutte contre la criminalité internationale pourraient être prises en otage par une interprétation extensive de l'article 3 de la CEDH. Mais ces arguments n'ont pas été examinés dans l'arrêt[982].

---

compte de ce qui se passe après cette expulsion, afin de confirmer ou d'infirmer l'existence du risque. Voir *A.S c. France, op. cit.*, par. 57-60.

980 *X. v. The Netherlands, op. cit.*, par. 77-82. Selon la Cour, il n'y a pas, malgré des cas rapportés ici et là, de pratique généralisée de la torture ; les autorités marocaines autorisent l'accès à l'avocat pour les personnes en détention, outre le fait que les ONG suivent la situation des droits de l'Homme sur place. Pour conclure à l'absence de tout risque d'exposition du requérant à la torture, les juges s'appuient sur ces éléments généraux et sur l'absence apparente de volonté des autorités marocaines de poursuivre le requérant pour ces liens avec les réseaux terroristes.

981 Opinion partiellement dissidente commune à MM. Golkuklu, Matscher, Sir John Freeland, MM. Baka, Misfud, Bonnici, Gotchev et Levits, Affaire *Chahal c. Royaume-Uni*, Arrêt du 15 novembre 1996, *op. cit.*, par. 5 et suivants. Ces juges notent que le risque d'être exposé à des traitements dégradants dépend aussi du propre comportement de l'intéressé, de son respect des lois, une fois arrivé dans son pays de destination.

Dans cette affaire, le gouvernement britannique estimait que le retour en Inde du requérant ne présentait pas de danger pour ce dernier car le terrorisme au Penjab, sa région d'origine y avait décru. Le requérant, d'origine sikhe était sympathisant du séparatisme sikh, cause combattue par les autorités du Penjab. Le rapporteur spécial des Nations Unies sur la torture et certaines organisations non gouvernementales ne partageaient pas l'avis du gouvernement britannique et estimaient que les violations des droits de l'Homme y étaient nombreuses.

982 *Affaire Mamatkoulov et Askarov c. Turquie*, Arrêt du 4 février 2005, requêtes n° 46827/99 46951/99, par. 61-64. Il s'agissait dans cette affaire de deux ressortissants ouzbeks qui avaient été condamnés pour des crimes d'homicide dans leur pays. En dépit d'une mesure provisoire indiquée par la Cour et sans attendre l'arrêt sur le fond, la Turquie a appliqué l'accord d'entraide judiciaire qui la liait à l'Ouzbékistan et décidé d'extrader les deux individus vers ce pays.

D'autres États – la Lituanie, le Portugal, le Royaume-Uni et la Slovaquie – ont tenté d'infléchir la jurisprudence de la Cour EDH relative au caractère extraterritorial de l'application de l'application de l'article 3 en intervenant comme tierce-parties dans des instances[983]. La question soulevée par le gouvernement des Pays-Bas dans l'arrêt *Ramzy* portait sur le poids qu'il fallait accorder à l'appréciation d'un risque d'exposition d'un individu à des mauvais traitements dans son pays d'extradition lorsque cette appréciation était basée uniquement sur une mauvaise réputation de ce pays en matière de respect des droits de l'Homme. En l'espèce, les autorités néerlandaises ne possédaient aucune information concernant le risque spécifique que courait M. Ramzi au cas où il serait extradé vers la Libye. À l'appui des Pays-Bas, la Lituanie, le Portugal, le Royaume-Uni et la Slovaquie déclaraient, à l'instance, que dans le contexte de la menace que constituait le terrorisme international, l'application de l'article 3 de la CEDH à l'expulsion d'individus dangereux tels que M. Chahal ne pouvait être motivée par un « impératif moral » et qu'elle était contraire à l'intention initiale des États signataires de la Convention. Ces quatre États intervenants appelaient à rehausser le seuil de preuves nécessaire à l'établissement du risque d'exposition de la personne concernée par l'extradition afin de l'ajuster à la hauteur des menaces pesant sur la sécurité nationale de l'État extradant. Ces États considéraient qu'une telle exigence du niveau de la preuve était compatible avec l'article 3 de la Convention contre la torture[984]. Cet appel ne fit cependant pas fléchir la Cour EDH dans sa décision de maintenir la jurisprudence *Chahal*[985].

Notons qu'à la différence de l'affaire *Chahal*, les débats, dans l'affaire *Ramzy,* sur l'évaluation du risque concernant le requérant n'ont pas porté sur le crédit à accorder aux assurances fournies par l'État d'accueil concernant le respect de l'intégrité physique de l'individu car la Lybie n'avait pas fourni ces assurances. La nature des relations entre l'État d'accueil et l'État extradant, couplée avec des assurances formelles de la part du premier État

[983] Voir les affaires *Saadi c. Italie*, arrêt du 28 février 2008, Grande Chambre, requête n° 37201/06, *Daoudi c. France*, arrêt du 3 décembre 2009, requête n° 19576/08, *A. v. The Netherlands*, Judgment of 20 July 2010, *Application* n° 4900/06.

[984] *Case of A. v. The Netherlands*, *op. cit.*, par. 122 à 130.

[985] S'agissant du risque encouru par le requérant libyen, la Cour admet que celui-ci, militant salafiste intégriste n'avait pas été inquiété par les autorités de ce pays lorsqu'il y résidait avant d'aller aux Pays-Bas. Mais la Cour prend en compte le dernier rapport, à teneur crtique, sur la situation générale des droits de l'Homme en Libye établi par le Département d'État des EUA pour considérer qu'il encourt un risque en rentrant dans son pays en raison de sa mauvaise notoriété acquise aux Pays-Bas (même s'il y a été acquitté lors d'un procès) et parce que l'extrémisme islamiste est interdit en Libye. Là encore, comme dans l'arrêt *Chahal*, l'appréciation du risque est subjective.

concernant le cas spécifique d'un individu sujet à une expulsion pourrait - elle modifier la jurisprudence de la Cour EDH[986] ?

En raison de la jurisprudence *Chahal,* le Royaume-Uni, sous la pression des circonstances du danger public à la vie de la nation notifié au Conseil de l'Europe en 2001 (avec la dérogation à l'article 15 de la CEDH) entreprit, dès 2003, des négociations avec des pays d'Afrique et du Moyen-Orient (Éthiopie, Liban, Libye, Jordanie...) en vue de signer des *Memoranda of Understanding* (*MOU*), accords d'entente formalisant les engagements de ces États à ne pas exposer à la torture des terroristes (ou suspectés terroristes) extradés par le Royaume-Uni[987]. L'Espagne, l'Italie, la France, la Russie, la Turquie et l'Ukraine utilisent aussi des accords bilatéraux ou d'autres instruments plus ou moins formels d'échanges d'engagements et d'assurances pour extrader des individus dangereux vers leurs divers pays d'origine (Ouzbékistan, Kazakhstan et Tadjikistan)[988]. Ces *MOU* et leur fonctionnement ont été examinés par les juridictions britanniques et la Cour EDH. Cette dernière y a reconnu l'existence d'une pratique des États. La Commission britannique de recours en matière migratoire (*SIAC*) a approuvé certaines décisions d'expulsion et en a rejeté d'autres dans une approche au cas par cas où les juges tenaient compte, au-delà de l'existence des *MOU,* de l'état des relations diplomatiques et des notes échangées entre le Royaume-Uni et le pays concerné sur l'individu concerné par l'expulsion[989]. La *SIAC* a

---

[986] BONNER (D), *Executive Measures, Terrorism and National Security : Have the Rules of the Game Changed ?, op. cit.*, p. 315à 317.

[987] *Omar Othman (aka Abu Qatada) v. Secretary of State for the Home Department*, Judgement (Appeals) of 26 February 2007, SC n° 15/2005, SIAC, par. 171. Le *MOU* signé avec la Jordanie (voir annexe 1A au jugement cité ci-contre) s'applique à « certaines personnes » expulsées du Royaume-Uni vers la Jordanie et réciproquement. L'État accueillant la personne expulsée s'engage à respecter vis-à-vis de celle-ci le droit international des droits de l'Homme, notamment l'interdiction des mauvais traitements, l'accès au juge et le droit à un procès équitable. L'accord prévoit qu'un organisme indépendant non gouvernemental sera chargé de la surveillance de sa mise en œuvre concernant chaque individu extradé. Notons que ces *MOU* ne sont pas des traités, ils reposent sur la confiance mutuelle entre les parties signataires et aucune sanction n'est prévue en cas de respect des engagements qu'ils contiennent.

[988] Amnesty International, « Diplomatic Assurances Against Torture – Inherently Wrong, Inherently Unreliable », *Briefing Paper*, avril 2017. L'ONG critique cette pratique de mécanismes d'assurances en ce qu'elle y voit un moyen pour les États de ne pas respecter leurs engagements au titre des traités internationaux parmi lesquels la Convention sur la torture. Ce n'est pas la position de la Cour EDH qui juge au cas par c as.

[989] La *SIAC* a développé les critères suivants pour valider les assurances données par l'État de destination de l'extradé : la bonne foi de cet État, l'existence de raisons objectives de croire que ces assurances seront respectées et la possibilité d'en vérifier le respect. Voir *BB. v. the Secretary of State for the Home Department* (5 décembre 2006, § 5) cité par *Affaire Othman (aka Abu Qataba) c. Royaume-Uni*, arrêt du 17 janvier 2012, CEDH, requête n° 8139/09, par. 73. Ces critères dépendent de la qualité des relations diplomatiques entre cet État et l'État extradant, le traitement du dossier d'une personne pouvant être lié à la résolution d'autres questions qui sont au cœur de la relation entre ces États.

même rejeté le recours d'Abu Qatada contre un ordre d'expulsion vers son pays – la Jordanie – où il avait été jugé par contumace et condamné pour terrorisme. Imam bénéficiaire du droit d'asile au Royaume-Uni depuis 1993, lié, selon le Ministère britannique de l'intérieur, à plusieurs réseaux terroristes internationaux et auteur de prêches appelant, par vidéos largement diffusées sur internet, au terrorisme, Abu Qatada représentait une menace certaine pour son pays d'asile mais il risquait une détention en vue d'un nouveau procès s'il retournait en Jordanie[990]. Les autorités du Royaume-Uni reçurent, en application du *MOU* signé avec la Jordanie, des informations indiquant que le procès attendant M. Qatada serait équitable, que la sanction pénale la plus sévère encourue par l'intéressé pour une condamnation liée à un crime de terrorisme dont il pouvait être accusé était la prison à vie ou des travaux forcés et non la peine de mort et qu'il ne serait pas torturé. Pour ces raisons et après l'analyse de la situation générale des droits de l'Homme en Jordanie, la *SIAC* rejetait son recours[991]. La position de la SIAC fut confirmée par la Chambre des Lords[992].

La Cour EDH intégra, dans son appréciation du risque pesant sur le requérant, les engagements contenus dans le *MOU* signé par les deux États. La Cour déclara qu'il ne lui appartenait pas d'évaluer les « *conséquences à long terme d'une telle pratique* » (des accords) mais plutôt l'effet des assurances que ces derniers portaient pour dissiper le risque réel de mauvais traitements. Ceci la conduisit nécessairement à apprécier la nature de ces accords et le fait que leur mise en œuvre dépendait beaucoup (comme il ressort de la jurisprudence de la *SIAC*) de la bonne foi, du degré de confiance mutuelle et de relations entre les États parties ; autrement dit, la Cour dut porter une appréciation plus politique que juridique, laquelle reposait néanmoins sur une série de critères aussi précis que possible, critères qu'elle applique dans chaque affaire[993]. Dans l'affaire *Othman (Qataba)*, la Cour a

---

[990] *Omar Othman (aka Abu Qatada) v. Secretary of State for the Home Department*, Judgement (Appeals) of 26 February 2007, SC n° 15/2005, *op. cit.*, par. 70 à 89.

[991] *Omar Othman (aka Abu Qatada) v. Secretary of State for the Home Department*, Judgement (Appeals) of 26 February 2007, SC n° 15/2005, *op. cit.*, par. 211 et suivants.

[992] La Chambre des Lords valida par ailleurs l'utilisation d'éléments confidentiels – dont les négociations entre les deux États sur les assurances concernant l'intégrité physique du requérant – qui ne pouvaient être rendus accessibles, pour des raisons de sécurité nationale, à la défense du requérant. *Affaire Othman (aka Abu Qataba) c. Royaume-Uni*, arrêt du 17 janvier 2012, CEDH, requête n° 8139/09, par. 55.

[993] Dans son arrêt sur l'affaire Othman (par. 189), la Cour indique les critères qu'elle utilise pour juger de la fiabilité des assurances offertes par les États. Ils sont nombreux et se veulent aussi précis que possible : la nature, précise ou vague et générale des assurances ; l'auteur de celles-ci et sa capacité à engager ou non l'État d'accueil ; la probabilité que les autorités locales de l'État d'accueil respectent les assurances dans le cas où celles-ci ont été données par le gouvernement central de cet État ; le fait que ces assurances émanent ou non d'un État contractant ; la durée et la force des relations bilatérales entre l'État d'envoi et l'État d'accueil ; la possibilité de vérifier objectivement le respect des assurances par des mécanismes diplomatiques ou d'autres mécanismes de contrôle ; l'existence ou non d'un

considéré, au vu de ces critères, que le *MOU*, en ce qu'il était précis et complet, était supérieur à ceux qu'elle avait examinés dans les affaires précédentes. Elle a reconnu la force de la relation bilatérale entre les deux États, laquelle était liée à la bonne foi et à la confiance réciproque et a considéré que tous ces éléments étaient plus importants que les rapports alarmants des organes des Nations Unies et des grandes ONG sur la situation générale des droits de l'Homme et sur la question de la torture en Jordanie[994].

La Cour, dans cet arrêt, n'a cependant pas validé l'expulsion du requérant ; elle a fait une application extraterritoriale de l'article 6 (procès équitable) pour un motif connexe à l'article 3 : le « *risque réel que soient admis à son nouveau procès des éléments de preuve obtenus par la torture pratiquée sur des tiers* »[995]. Mais on peut dire que la pratique des États – poussés par la nécessité de protéger leur sécurité nationale – a fait, avec l'arrêt *Othman (Qataba)*, évoluer l'interprétation de la Cour EDH sur l'appréciation du risque d'exposition aux mauvais traitements dans le cadre de son application extraterritoriale de l'article 3 de la Convention.

§ 2. Le contrôle des mesures de dérogation dans le droit international économique

Les droits garantis aux entreprises et aux investisseurs par les traités de commerce et d'investissement n'ont pas la nature inhérente à l'Homme qu'ont les droits consacrés par les traités de droits de l'Homme. Le

---

« vrai » système de protection contre la torture dans l'État d'accueil et la volonté de cet État de coopérer avec les mécanismes internationaux de contrôle (dont les ONG) sur les cas signalés ; le fait que le requérant ait ou non déjà été maltraité dans l'État d'accueil et l'examen ou l'absence d'examen par les juridictions internes de l'État de départ/ État contractant de la fiabilité des assurances. Notons que l'appréciation de la Cour EDH est, malgré ces critères, moins circonstanciée que celle de la SIAC, laquelle dispose d'informations confidentielles et rend en fonction de cela deux types de décisions : une décision confidentielle et une décision non confidentielle accessible à tous et en particulier aux autres juridictions.

[994] *Affaire Othman (aka Abu Qataba) c. Royaume-Uni*, arrêt du 17 janvier 2012, *op. cit.*, par. 191 à 207.

[995] Les débats ont porté sur le degré d'indépendance de la Cour de sûreté de l'État du pays de destination, juridiction compétente dans ce pays pour juger les crimes de terrorisme. Le raisonnement de la Cour EDH est qu'une juridiction non indépendante serait susceptible d'accepter des preuves obtenues sous la torture, acte interdit par la Convention sur la torture. En l'espèce, le Royaume-Uni réfutait toute violation du principe du procès équitable par la Jordanie en mettant en avant la possibilité d'un recours devant la Cour de cassation locale et surtout l'absence de preuve irréfutable apportée par le requérant que des éléments à charge aient pu être obtenus d'individus tiers sous la torture dans le but d'être ultérieurement utilisés contre ce requérant. Le gouvernement britannique a par ailleurs soulevé le problème de la distinction entre la torture et les mauvais traitements, les derniers n'étant pas interdits pour l'obtention de preuves. *Affaire Othman (aka Abu Qataba) c. Royaume-Uni*, arrêt du 17 janvier 2012, *op. cit.*, par. 237 à 280.

fonctionnement des organes juridictionnels du GATT/ OMC, du CIRDI et de l'ALENA est également différent de celui des juridictions des droits de l'Homme. Ceci justifie, dans la présente étude, un traitement à part concernant le contrôle des mesures de dérogation mises en place par le États.

Nous avons vu[996] que le contrôle juridictionnel de l'invocation des circonstances exceptionnelles était restreint lorsqu'il portait sur une clause de type *self-judging*, moins restreint pour les autres clauses de sécurité et que le juge vérifiait que l'État agissait avec bonne foi à l'heure de déterminer lesquels de ses intérêts essentiels de sécurité étaient affectés. Le contrôle du juge porte ensuite sur l'étape suivante, celle de la détermination des mesures dérogatoires. Comme pour l'appréciation des circonstances exceptionnelles, ce contrôle n'est pas le même selon que la clause examinée est *self-judging* (A) ou non (B).

A. Les clauses self-judging : un large pouvoir d'appréciation, dans la limite de la bonne foi, des États sur le choix des mesures dérogatoires

Plusieurs différends portés devant le GATT/OMC ont vu des parties tierces à l'instance se prononcer pour que l'État qui invoque l'exception de sécurité de l'article XXI soit en mesure de montrer l'existence d'un lien entre les intérêts de sa sécurité et les mesures dérogatoires qu'il met en œuvre. Certains de ces États ont critiqué l'absence d'un tel lien[997]. En 1970,

---

[996] Voir ci-dessus chapitre I, Section I, § 2.

[997] Voir les interventions de Cuba et de l'Inde dans l'affaire *États-Unis – Mesures commerciales affectant le Nicaragua,* Compte-rendu de la réunion du Conseil du GATT, 29 mai 1985, *op. cit.*, p. 5 et 11. Voir l'intervention de l'Argentine dans les affaires *États-Unis – Mesures affectant les exportations de sucre de Cuba* et *CEE – Mesures commerciales prises pour des raisons autres qu'économiques – Yougoslavie,* GATT, Report of the Panel adopted on 13 March 1984, *op. cit.*, p. 9 et *CEE – Mesures commerciales prises pour des raisons autres qu'économiques – Recours de la Yougoslavie aux dispositions de l'article XXIII:2,* document DS27/2, Compte-rendu de la réunion du Conseil du GATT, 18 mars 1992, *op. cit.*, p. 17. Voir aussi l'intervention des Communautés européennes dans l'affaire *Nicaragua – Mesures visant les importations en provenance du Honduras et de la Colombie*, Organe de règlement des différends, Compte rendu de la réunion tenue le 18 mai 2000, WT/DSB/M/80, par. 26 cité par l'« Appendice – conduite ultérieure concernant l'article XXI du GATT de 1947 », *op. cit.*, par. 1.69. Voir enfin les interventions du Canada, du Chili, du Mexique, du Nicaragua et de l'Inde dans l'affaire *États-Unis – Loi de 1996 pour la liberté et la solidarité démocratique à Cuba* (loi Helms-Burton), Conseil du commerce des marchandises, Procès-verbal de la réunion tenue le 19 mars 1996, G/C/M/9, p. 5-6 cité par l'« Appendice – conduite ultérieure concernant l'article XXI du GATT de 1947 », *op. cit.*, par. 1.85. Par ailleurs, à l'occasion d'une affaire où la Suède invoquait ses intérêts vitaux pour justifier des restrictions à l'importation de chaussures, le rapport du Conseil du GATT note que « *De nombreux représentants ont exprimé la préoccupation que leur causait cette décision de la Suède qui est prise à un moment où le chômage est considérable dans leurs propres pays. Ils ont fait observer qu'aucune justification économique détaillée des mesures n'a été présentée et qu'il faut à l'heure actuelle éviter le plus possible toutes formes de restrictions à l'importation. Ils doutaient que ces mesures soient justifiées dans le cadre de l'Accord général. Tout en notant que les mesures seraient temporaires, ils ont fait observer qu'aucune date d'expiration n'est*

un groupe de travail a considéré que des mesures de restrictions d'importation d'antibiotiques, prises par l'Autriche, n'étaient pas justifiées au titre de l'article XXI et a recommandé à ce pays de les lever[998]. Bien que l'examen de l'article XXI n'entrât pas dans le mandat du groupe spécial créé pour l'affaire *États-Unis – Mesures commerciales affectant le Nicaragua*, celui-ci releva la disproportion, au regard des objectifs du GATT, de la mesure choisie par les États-Unis, un embargo complet contre un petit État en développement[999]. Ce faisant, le groupe instaura implicitement une limite à l'utilisation de l'article XXI en déclarant que « *le GATT ne pouvait pas atteindre ses buts fondamentaux si chaque partie contractante, chaque fois qu'elle faisait valoir ses droits au titre de l'article XXI, ne pesait pas soigneusement les besoins de sa sécurité par rapport à la nécessité de maintenir la stabilité des relations commerciales* »[1000]. Cette position faisait suite à une déclaration, en 1982, des parties contractantes du GATT par laquelle celles-ci décidaient de « *s'abstenir de prendre, pour des raisons de nature autre qu'économique, des mesures de restriction des échanges qui ne seraient pas conformes à l'Accord général* »[1001].

---

prévue ». *Suède – Restrictions à l'importation de certaines chaussures*, Compte-rendu de la réunion du Conseil du GATT, 31 octobre 1975, *op. cit.*, p. 9.
Hormis l'affaire *États-Unis – Mesures commerciales affectant le Nicaragua* où le groupe spécial n'avait pas mandat pour examiner l'article XXI, les affaires ci-dessus n'ont pas donné lieu à la création d'un groupe spécial, faute du consensus requis au sein de l'ORD, qui a le pouvoir d'établir ces groupes. Elles ont trouvé leur résolution par la levée unilatérale des mesures dérogatoires en cause ou par un accord en dehors du cadre du GATT/OMC. Dans tous les cas, les États participant aux consultations n'ont pu se mettre d'accord sur une interprétation commune de l'article XXI.

[998] Groupe des Trois, Rapport préliminaire du Groupe des Trois, W(71)2, page 24 ; et Groupe des Trois, Rapport du Groupe des Trois, L/3610, page 24 cités par l'« Appendice – conduite ultérieure concernant l'article XXI du GATT de 1947 », *op. cit.*, par. 1.18.

[999] Selon le compte-rendu : *Il* [le groupe spécial] a noté [...] *que les embargos imposés pour des raisons de sécurité créaient une incertitude dans les relations commerciales et en conséquence réduisaient la disposition des gouvernements à s'engager dans des politiques commerciales ouvertes et celle des entreprises à faire des investissements liés au commerce. Il est donc parvenu à la conclusion que des embargos tels que celui qui avait été imposé par les États-Unis, qu'ils soient ou non justifiés au titre de l'article XXI, étaient contraires à des buts fondamentaux de l'Accord général, qui sont en particulier de promouvoir des politiques commerciales non discriminatoires et ouvertes, de favoriser le développement des parties contractantes peu développées et de réduire l'incertitude dans les relations commerciales* ». *États-Unis – Mesures commerciales affectant le Nicaragua, op. cit.*, p. 19-20.

[1000] *États-Unis – Mesures commerciales affectant le Nicaragua, op. cit.*, p. 20.

[1001] Parties contractantes du GATT, Trente-huitième session, Déclaration ministérielle adoptée le 29 novembre 1982, L/5424, p. 3 cité par l'« Appendice – conduite ultérieure concernant l'article XXI du GATT de 1947 », *op. cit.*, par. 1.28. Il faut situer cette déclaration dans le contexte de l'affaire ayant opposé, la même année, l'Argentine aux Communautés européennes à propos de l'embargo décrété par ces dernières sur les importations en provenance de l'Argentine. Soutenus par d'autres États occidentaux, les États membres de la CEE se solidarisaient ainsi avec le Royaume-Uni dans son conflit armé contre Argentine aux Malouines. Cette solidarité d'intérêts de la part d'États dont la sécurité nationale n'était pas

C'est avec l'affaire *Russie – Mesures concernant le trafic en transit*[1002]qu'un groupe spécial s'attache pour la première fois à examiner des mesures dérogatoires à l'article XXI de l'accord GATT. Dans son interprétation de l'article XXI du GATT, ce groupe spécial déclare que les termes « *qu'elle* [l'État] *estimera nécessaires* » (qui caractérisent la clause *self-judging*)se réfèrent non pas aux circonstances exceptionnelles qui figurent à la suite de la phrase mais aux termes qui précèdent dans l'article, c'est-à-dire aux mesures dérogatoires[1003]. Cela signifie que l'autonomie de jugement (le *self-judging)* de l'État porte sur les mesures dérogatoires et leur nécessité, le juge se bornant à vérifier, comme pour la détermination des circonstances exceptionnelles, que l'État fait preuve de bonne foi. Le groupe spécial dit qu'il doit exister un lien « plausible » entre les mesures dérogatoires et les circonstances exceptionnelles afin de s'assurer que ces mesures servent bien à protéger les intérêts essentiels que l'État déclare menacés[1004]. Dans le cas d'espèce, les juges constatent le lien entre les mesures dérogatoires russes de restrictions du transit sur son territoire de marchandises en provenance d'Ukraine et la situation de « *grave tension dans les relations de la Russie avec l'Ukraine qui compromet la sécurité de la frontière entre les deux pays et qui est reconnu par l'Assemblée générale des Nations Unies comme impliquant un conflit armé* »[1005].

Ce contrôle opéré par le groupe spécial peut sembler équivalent au contrôle effectué par la CIJ sur la décision de la France de refuser, sur le fondement d'une cause de sécurité de type *self-judging*, l'entraide judiciaire

affectée par le conflit armé ni par les flux commerciaux de l'Argentine vers la CEE, n'est pas expressément prévue par l'article XXI du GATT et suscita à ce titre (comme on l'a remarqué au chapitre I, section I, § 2, A, des réactions critiques de plusieurs États au sein du Conseil du GATT.

Par ailleurs, par une décision ministérielle en date du 30 novembre 1982, les parties contractantes du GATT décidaient d'imposer à l'État qui invoquerait l'article XXI l'obligation de leur notifier les mesures dérogatoires qu'il mettrait en œuvre. Voir Décision concernant l'article XXI de l'Accord général du 30 novembre 1982, L/5426, cité par l'« Appendice – conduite ultérieure concernant l'article XXI du GATT de 1947 », *op. cit.*, par. 1.28.

1002 *Russie – Mesures concernant le trafic en transit*, Rapport du Groupe spécial, OMC, 5 avril 2019, *op. cit.*

1003 L'article XXI est formulé comme suit : « *Aucune disposition du présent Accord ne sera interprétée : b)* [...] *comme empêchant une partie contractante de prendre* ***toutes mesures qu'elle estimera nécessaires*** *à la protection des intérêts essentiels de sa sécurité :* [...] *iii) appliquées en temps de guerre ou en cas de grave tension internationale* ». (souligné par nous).

1004 *Russie – Mesures concernant le trafic en transit,* par. 7.139 et 7.145. Le groupe spécial note aussi que ces mesures visent aussi à renforcer des mesures précédemment adoptées par la Russie en réponse aux sanctions mises en œuvre en 2014 par l'UE en lien avec les tensions en Ukraine.

1005 *Ibidem*, par. 7.144.

demandée par Djibouti au titre d'une convention bilatérale[1006]. Il est également équivalent au contrôle de la CJUE sur les sanctions économiques et financières mises en œuvre par l'Union européenne à l'encontre de la société Rosneft (et qui visent en fait l'État russe, principal actionnaire) sur le fondement de l'article 99 de l'accord de partenariat et de coopération UE – Russie[1007]. Sur la question de la nécessité de ces sanctions dérogatoires aux obligations principales de l'accord de partenariat, la CJUE évoque, citant des arrêts précédents, le « *large pouvoir d'appréciation* [dont jouit le Conseil] *dans des domaines qui impliquent de la part de ce dernier des choix de nature politique, économique et sociale, et dans lesquels il est appelé à effectuer des appréciations complexes* »[1008]. La déférence dont fait preuve la Cour à l'égard des décisions du Conseil dans ces domaines politiques « d'appréciation complexe » va jusqu'à accepter que les intérêts de sécurité invoqués par l'UE ne soient pas liés à la défense du territoire des États membres de l'UE, c'est-à-dire à leur sécurité nationale au sens strict[1009]. La Cour accepte, en outre, que ces intérêts de sécurité ne soient pas clairement caractérisés par le Conseil sinon, indirectement, par une référence de ce dernier à l'article 21 du TUE qui traite des objectifs et des principes guidant l'action extérieure de l'Union[1010]. Sa déférence conduit d'autre part la CJUE à déclarer conformes à l'article 99 de l'accord de partenariat les trois

---

[1006] Voir ci-dessus, Chapitre I, Section I, § 2, B, 1. La CIJ a déclaré que « *même si la France est fondée à dire que les termes de l'article 2 donnent un très large pouvoir discrétionnaire à l'État requis, l'exercice de ce pouvoir demeure soumis à l'obligation de bonne foi codifiée à l'article 26 de la convention de Vienne de 1969 sur le droit des traités* ». *Certaines questions concernant l'entraide judiciaire en matière pénale* (*Djibouti c. France*), Arrêt du 4 juin 2008, *op. cit.*, par. 145.

[1007] On rappelle que l'article 99 de l'accord de partenariat et de coopération UE – Russie est rédigé dans des termes voisins de ceux de l'article XXI de l'accord du GATT :

« Aucune disposition du présent accord n'empêche une partie de prendre les mesures :

1) qu'elle estime nécessaires à la protection des intérêts essentiels de sa sécurité : [...]

d) en cas de troubles internes graves susceptibles de porter atteinte à la paix publique, en cas de guerre ou de grave tension internationale menaçant de déboucher sur un conflit armé ou afin de satisfaire à des obligations qu'elle a acceptées en vue d'assurer le maintien de la paix et de la sécurité internationale ».

[1008] *Rosneft c. Conseil*, Arrêt du28 mars 2017, CJUE (grande chambre), *op. cit.*, par. 113. La jurisprudence citée par la Cour est : *National Iranian Oil Company/Conseil*, arrêt du 1er mars 2016, C-440/14 P, EU:C:2016:128, point 77 ; *Sison/Conseil*, C-266/05 P, EU:C:2007:75, point 33, et *Conseil/Manufacturing Support & Procurement Kala Naft*, C-348/12 P, EU:C:2013:776, point 120.

[1009] Voir ci-dessus, Chapitre I, Section I, § 2.

[1010] Les objectifs et principes de l'action extérieures de l'Union peuvent alors être compris comme faisant partie de ses intérêts essentiels de sécurité. L'article 21.1 du TUE dispose que : « *L'action de l'Union sur la scène internationale repose sur les principes qui ont présidé à sa création, à son développement et à son élargissement et qu'elle vise à promouvoir dans le reste du monde: la démocratie, l'État de droit, l'universalité et l'indivisibilité des droits de l'homme et des libertés fondamentales, le respect de la dignité humaine, les principes d'égalité et de solidarité et le respect des principes de la charte des Nations unies et du droit international* ».

objectifs fixés par le Conseil pour ses sanctions, à savoir condamner et punir la Russie pour son action « déstabilisatrice » en Ukraine et en Crimée[1011], exhorter la Russie à user de son influence locale à Donetsk pour aider au déroulement de l'enquête sur l'attentat contre le vol MH17 en juillet 2014 et « *promouvoir un règlement pacifique de la crise en Ukraine* »[1012].

B. Les clauses non *self-judging* : un contrôle large sur la nécessité des mesures de sécurité

Les clauses dans lesquelles les termes « toutes mesures qu'elle [l'État] estimera nécessaires » ne figurent pas permettent un contrôle juridictionnel plus large. Celui-ci porte, dans la jurisprudence de la CIJ, de la CJCE/CJUE et du CIRDI sur la nécessité des mesures de sécurité. Comme pour le contrôle des circonstances exceptionnelles, les tribunaux du CIRDI se sont heurtés, à l'occasion des affaires opposant l'Argentine à des investisseurs des EUA, au problème de la recherche de critères objectifs et se sont divisés sur les solutions proposées.

Dans l'affaire des activités militaires et paramilitaires au Nicaragua, la CIJ a déduit sa compétence sur l'appréciation de la nécessité des mesures de sécurité de l'absence des termes « *toutes mesures qu'elle* [l'État] *estimera nécessaires* » caractéristiques de l'article XXI de l'accord GATT[1013]. Selon la CIJ : « *d'après les termes du traité lui-même, la question de savoir si une mesure est nécessaire à la protection des intérêts vitaux de sécurité d'une partie ne relève pas de l'appréciation subjective de la partie intéressée, ainsi que la Cour l'a déjà souligné ; le texte ne vise pas ce que la partie estime nécessaire* »[1014]. Sur le test de nécessité, la Cour ajoute : « *Les mesures ne*

[1011] L'arrêt reprend les conclusions du Conseil – via les conclusions de l'avocat général – selon lesquelles : « *les chefs d'État ou de gouvernement de l'Union ont condamné la violation par la Fédération de Russie, sans qu'il y ait eu de provocation, de la souveraineté et de l'intégrité territoriale de l'Ukraine* [...] *l'Union avait déjà pris des mesures en réponse à l'annexion illégale de la Crimée et de Sébastopol (Ukraine). Ayant égard à ces éléments, il a conclu, au considérant 8 de la décision 2014/512, que la situation demeurait grave et qu'il était approprié de prendre des mesures restrictives en réaction aux actions de la Fédération de Russie déstabilisant la situation en Ukraine* ». *Rosneft c. Conseil*, *op. cit.*, par. 114.
Comme le remarque un auteur, la Cour « *évite d'aborder, contrairement à ce dernier* [l'avocat général] *la question de l'absence d'une telle qualification [menace à la paix et à la sécurité internationale attribuée à l'action de la Russie en Crimée] par le Conseil de sécurité de l'ONU* ». ERPELDING (M), « L'annexion de la Crimée devant les juges », *AFDI*, vol.63, 2017, p. 106.

[1012] *Ibidem*, par. 114.

[1013] *Activités militaires et paramilitaires au Nicaragua*, CIJ, *op. cit.*, par. 222. En l'espèce, il s'agissait de l'article XXI d) du traité d'amitié et de commerce EUA – Nicaragua ainsi formulé : « *Le présent traité ne fera pas obstacle à l'application de mesures* [...] *nécessaires à l'exécution des obligations de l'une ou l'autre partie relatives au maintien ou au rétablissement de la paix et de la sécurité internationales ou à la protection des intérêts vitaux de cette partie en ce qui concerne sa sécurité* ».

[1014] *Ibidem*, par. 282.

doivent pas simplement tendre à protéger les intérêts vitaux de sécurité de la partie qui les adopte ; elles doivent être nécessaires à cette fin »[1015]. Ceci l'a conduit à rejeter toute justification, au regard des intérêts vitaux des EUA, des attaques militaires et de l'embargo commercial opérés par ce pays à l'encontre du Nicaragua[1016].

Le test de nécessité est particulièrement strict dans la jurisprudence de la CJCE/CJUE. Les mesures dérogatoires aux règles européennes de libre circulation des marchandises et des capitaux ne sont validées par la Cour que s'il n'existe pas de réglementation européenne protégeant aussi bien que ces mesures les intérêts de sécurité de l'État membre en cause ou « *que si aucune autre mesure moins restrictive du point de vue de la libre circulation des marchandises n'est susceptible d'atteindre le même objectif* »[1017]. La Cour veille aussi à ce que ces mesures ne protègent pas de façon disproportionnée par rapport à la concurrence originaire des autres États membres un secteur, une activité économique ou une entreprise nationale soumise à une menace grave[1018].

Le test de nécessité effectué par les tribunaux CIRDI dans les différentes affaires opposant l'Argentine à des sociétés américaines sur fond de grave crise économique et sociale de ce pays dans les années 2000 s'est heurté au problème de la recherche de critères objectifs, aboutissant à des résultats différents selon ces tribunaux. Les mesures de sécurité se fondaient sur l'article XI du TBI signé par l'Argentine et les EUA[1019] mais l'état de nécessité était aussi invoqué[1020]. Leur appréciation a donné lieu à trois types

---

1015 *Ibidem*, par. 282.

1016 *Ibidem*, par. 282 et « par ces motifs », p. 148.

1017 *Campus Oil Limited, op. cit., par.* 27, 31 et 44. La clause de sécurité est l'article 36 du traité CEE (article 36 de l'actuel TFUE) formulé comme suit : « *Les dispositions des articles 30 à 34 inclus ne font pas obstacle aux interdictions ou restrictions d'importation, d'exportation ou de transit, justifiées pur des raisons de moralité publique, d'ordre public, de sécurité publique, de protection de la santé et de la vie des personnes et des animaux ou de préservation des végétaux, de protection des trésors nationaux ayant une valeur artistique, historique ou archéologique, ou de protection de la propriété industrielle et commerciale. Toutefois, ces interdictions ou restrictions ne doivent constituer ni un moyen de discrimination arbitraire, ni une restriction déguisée dans le commerce entre les États membres* ».

1018 *Campus Oil Limited, op. cit.*, par. 37; *Commission des Communautés européennes contre République française*, par. 52-54.

1019 L'article XI dispose que: « *This Treaty shall not preclude the application by either Party of measures necessary for the maintenance of public order, the fulfillment of its obligations with respect to the maintenance or restoration of international peace or security, or the Protection of its own essential security interests* ».

1020 L'article 25 du projet de la CDI sur la responsabilité de l'État pour faits internationalement illicites dispose :

« 1. *L'État ne peut invoquer l'état de nécessité comme cause d'exclusion de l'illicéité d'un fait non conforme à l'une de ses obligations internationales que si ce fait :*

a) constitue pour l'État le seul moyen de protéger un intérêt essentiel contre un péril grave et imminent ; et

de décisions différentes : les décisions des tribunaux des affaires *Sempra, CMS* et *Enron,* celles des tribunaux *Continental Casualty, LG&E* et la décision du tribunal *El Paso.* Les tribunaux des affaires *Sempra, CMS* et *Enron* ont jugé les mesures d'urgence de l'Argentine uniquement à l'aune de l'état de nécessité de l'article 25 du projet de la CDI sur la responsabilité des États et leurs décisions ont, en cela, été censurées par les Comités *ad hoc.* Les tribunaux des affaires *LG&E, Continental Casualty* et *El Paso* ont séparé, dans leur examen de la nécessité des mesures d'urgence, l'état de nécessité et l'exception de sécurité nationale de l'article XI du TBI mais le tribunal *El Paso* – comme on le verra ci-dessous – a rapproché les deux régimes juridiques.

Ces trois tribunaux – *LG&E, Continental Casualty* et *El Paso* – ont convergé pour considérer que, s'agissant d'une source de droit différente de celle de l'article XI du TBI[1021], l'état de nécessité exigeait des conditions plus strictes et l'application de ces deux types d'exception conduisait à des effets différents ; en conséquence, les critères d'appréciation de la nécessité des mesures devaient être différents pour chacune de ces deux exceptions.

S'agissant des conditions plus strictes, les mesures prises par l'État doivent être, dans l'état de nécessité, les seules mesures possibles, capables de protéger un intérêt essentiel contre un péril grave et imminent. Il ne doit pas exister de politiques alternatives. Cette situation arrive rarement et est difficile à établir surtout *a posteriori*. Les affaires argentines ont montré à cet égard que les économistes se divisaient sur les remèdes à apporter à la crise de 2000-2002. Y-avait-il des mesures alternatives à la loi d'urgence de 2002 qui dérogeait aux obligations de l'État vis-à-vis des investisseurs étrangers[1022] ? Y avait-il une alternative aux programmes de restructuration de la dette extérieur privée consistant à contraindre les investisseurs

---

b) ne porte pas gravement atteinte à un intérêt essentiel de l'État ou des États à l'égard desquels l'obligation existe ou de la communauté internationale dans son ensemble.
2. En tout cas, l'état de nécessité ne peut être invoqué par l'État comme cause d'exclusion de l'illicéité :
a) si l'obligation internationale en question exclut la possibilité d'invoquer l'état de nécessité, ou
b) si l'État a contribué à la survenance de cette situation ».

[1021] Le Tribunal de l'affaire *El Paso* déclare que l'article XI du TBI est *lex specialis* alors que l'article 25 du projet d'articles de la CDI est *lex généralis ;* c'est pourquoi, après avoir établi que l'article XI s'appliquait à l'affaire, il n'examina pas la question de l'application de l'article 25, une méthodologie validée par le Comité *ad hoc.* Voir *El Paso Energy International Company v. The Argentine Republic*, ICSID Case ARB/03/15, Decision of the *Ad Hoc* Committee on the Application for Annulment of the Argentine Republic, September 22, 2014, par. 203.

[1022] Cette loi d'urgence revenait sur les avantages fixés par la loi précédente relative à la convertibilité de la devise argentine, le peso. Elle faisait flotter le peso par rapport au dollar (en prélude à sa dévaluation), gelait les prix de vente de la production et des services des entreprises étrangères, bloquait la convertibilité des avoirs de ces entreprises en peso (pour lutter contre la fuite des capitaux) et conduisait ainsi à la dévalorisation de ces avoirs. Ces différentes mesures contribuèrent à la sortie de crise.

étrangers à échanger leurs titres de créance en dollars contre des titres en pesos à un taux de change et avec des taux d'intérêts moins avantageux pour eux ? Ces programmes ont assaini les finances du pays mais en rompant avec le principe – garanti par le TBI – du traitement juste et équitable[1023].

Les autres conditions de l'état de nécessité sont que les mesures ne doivent pas gravement porter atteinte à un intérêt essentiel de l'État à l'égard duquel l'obligation existe et que l'État ne doit pas avoir contribué à la survenance de la situation de nécessité qu'il invoque. Cette dernière condition est également difficile à remplir dans un contexte de crise économique où, là encore, les économistes s'affrontent sur l'origine – endogène ou exogène – de cette crise et sur la part de responsabilité des autorités du pays[1024].

S'agissant des effets différents propres à l'état de nécessité et à l'article XI du TBI, la situation d'urgence économique caractérisée par cet article conduit à suspendre les obligations de l'État vis-à-vis de l'investisseur, l'État ne devant à celui-ci aucune compensation pour les pertes provoquées par les mesures qu'il prend[1025]. Ceci n'est pas le cas dans le droit de la responsabilité des États où l'état de nécessité est sans préjudice de la question de l'indemnisation de toute perte causée par les mesures prises par l'État (article 27du projet de la CDI).

Au vu de ces différences entre l'article XI du TBI Argentine – EUA et l'état de nécessité et compte tenu de l'absence, dans la formulation de l'article XI, de critères spécifiques pour le contrôle externe des mesures d'urgence prises par l'État[1026], le tribunal de l'affaire *Continental Casualty* décide de rapprocher cet article XI des exceptions générales des articles XX du GATT et XIV de l'AGCS. Pour ces derniers articles, l'Organe de règlement des différends (ORD) a développé une jurisprudence basée sur un test de nécessité et de proportionnalité :

> « La nécessité d'une mesure devrait être déterminée au moyen d'un "processus de soupesage et de mise en balance d'une série de facteurs", qui inclut généralement l'évaluation des trois facteurs suivants : l'importance relative des intérêts ou valeurs promus par la mesure contestée, la contribution de la mesure à

[1023] Voir la liste détaillée des mesures contestées par l'investisseur dans *Continental Casualty Company v. Argentine Republic*, *op. cit.*, par. 137-151.

[1024] Voir notamment le passage de la décision Sempra qui expose l'opposition entre les experts S. Edwards (pour le demandeur) et N. Roubini (pour le défendeur). *Sempra Energy International v. The Argentine Republic*, *op. cit.*, par. 341-342.

[1025] *El Paso Energy International Company v. The Argentine Republic*, *op. cit.*, par. 649.

[1026] L'article appelle seulement, par le terme « necessary to », à un test de nécessité de ces mesures.

la réalisation des objectifs qu'elle poursuit et l'incidence restrictive de la mesure sur le commerce international »[1027].

L'application du test de nécessité et de proportionnalité ci-dessus conduit l'ORD à la recherche de mesures alternatives qui ne seraient pas ou seraient moins incompatibles avec les règles du traité applicable et qui, si elles existaient, rendraient non nécessaires les mesures prises par l'État.

Ce test de nécessité, appliqué aux exceptions générales du GATT et de l'AGCS, a donné lieu à une jurisprudence homogène de l'ORD. Sa transplantation dans le différend entre l'État argentin et l'investisseur étranger autour des mesures d'urgence prises par l'Argentine sur le fondement de l'article XI du TBI Argentine – EUA est plus problématique. En examinant les mesures prises par l'Argentine, le tribunal de l'affaire *Continental Casualty* fait la différence entre celles qui étaient effectivement nécessaires car dictées par l'urgence d'une situation pratiquement hors contrôle et celles qui n'apparaissaient pas justifiées car adoptées alors que le pic de la crise était passé et que la situation se stabilisait.[1028]. Le tribunal durcit cependant le test mis en place par l'ORD de l'OMC en recherchant non seulement de possibles mesures alternatives aux mesures d'urgence mises en place pendant la situation d'urgence économique mais aussi de possibles mesures alternatives qui, introduites avant la survenance de cette

---

[1027] *Brésil – Mesures visant l'importation de pneumatiques rechappés*, Rapport du Groupe spécial, OMC, document WT/DS332/R, 12 juin 2007, par. 7.104, cité par *Continental Casualty Company v. Argentine Republic*, *op. cit.*, par. 194.

[1028] Le pic de la crise est situé par le tribunal entre les mois de novembre 2001 et février 2002, lorsque le système bancaire et financier fut déstabilisé par les retraits massifs des avoirs placés dans les banques, par la fuite des capitaux hors du pays et la fonte consécutive des réserves de change. Dès lors, comme le note le tribunal, les mesures appelées « corralito » destinées à bloquer ces mouvements de retraits et de fuite des capitaux étaient inévitables d'autant que le pays avait épuisé les voies de la négociation avec le FMI et celui-ci avait retiré son soutien à l'économie argentine. De même, le tribunal établit que les conditions de crise rendaient insoutenable le système alors en vigueur de *currency board* (convertibilité du peso argentin avec parité imposée du peso argentin et du dollar) et justifiaient son abandon. Toute autre mesure alternative à la dédollarisation de l'économie fut jugée impraticable notamment sans un soutien du gouvernement des États-Unis, soutien qui fut refusé à l'Argentine. Le tribunal CIRDI considère cependant que la défaillance de l'Argentine sur le remboursement de sa dette privée – détenue en partie par *Continental Casualty* et d'autres investisseurs étrangers – n'était pas une mesure nécessaire car la situation économique s'améliorait. Cette mesure de défaut incluait l'échange de titres proposé en 2004 par l'Argentine à ses créanciers à un prix de rachat 25 centimes par dollar de titre, mesure que 75% des créanciers se résolurent à accepter.
On notera que le tribunal de l'affaire *LG&E* ne prend pas en considération la même période d'urgence que le tribunal de l'affaire *Continental Casualty*. Il fixe au 1er décembre 2001 le début de la période d'urgence et au 26 avril 2003 la fin de celle-ci. Ces dates correspondent respectivement à l'entrée en vigueur des mesures de gel des avoirs bancaires et à l'arrivée à la présidence de la République de N. Kirchner, qui coïncide avec la reprise de la croissance économique et le retour du pays sur les marchés financiers internationaux. Seules les mesures prises pendant cette période sont considérées par le tribunal comme nécessaires.

situation, auraient pu permettre d'éviter celle-ci[1029]. Une responsabilité – si elle est significative – de l'État dans la survenance de la situation d'urgence économique rend cet État redevable à l'investisseur d'une compensation pour les pertes que celui-ci a encourues durant la période que le tribunal définit comme période d'urgence économique[1030]. Le tribunal de l'affaire *El Paso* va plus loin que le tribunal *Continental Casualty* dans son interprétation de l'article XI et fait reposer le test de nécessité des mesures d'urgence sur la question de savoir si l'État a contribué à la survenance de la situation d'urgence économique[1031]. Il s'agit ici d'une des conditions de l'exception tirée de l'état de nécessité[1032] qui n'est pas formulée dans l'article XI du TBI[1033].

Les tribunaux, à l'heure d'apprécier les mesures prises par l'État et l'éventuelle responsabilité de celui-ci dans la survenance de la situation d'urgence économique, se heurtent aux difficultés suivantes. Ils doivent d'abord éviter le jugement politique sur les bonnes et les mauvaises politiques économiques à mener car l'État a le choix souverain des politiques qu'il mène. Les tribunaux des différentes affaires citées disent respecter ce choix souverain[1034]. C'est cependant la censure de certaines mesures économiques prises dans l'exercice de leur souveraineté qui a conduit des États à quitter le CIRDI[1035]. Il y a aussi la difficulté de trancher un débat

---

[1029] *Continental Casualty Company v. Argentine Republic*, *op. cit.*, par. 198.

[1030] *Continental Casualty Company v. Argentine Republic*, *op. cit.*, par. 234; *LG&E v. Argentine Republic*, par. 256 ; *El Paso Energy International Company v. The Argentine Republic*, *op. cit.*, par. 615. Le tribunal de l'affaire *El Paso* déclare que la responsabilité de l'État qui conduit au paiement d'une compensation est un principe général de droit international qui s'applique non seulement dans le droit de la responsabilité internationale de l'État mais aussi dans le TBI car une faute de l'État vide de son sens la clause de sécurité nationale.

[1031] *El Paso Energy International Company v. The Argentine Republic*, *op. cit.*, par. 555.

[1032] Article 25 paragraphe 2.b du projet d'articles de la CDI sur la responsabilité de l'État pour faits internationalement illicites : « *l'état de nécessité ne peut être invoqué par l'État comme cause d'exclusion de l'illicéité* [...] *si l'État a contribué à la survenance de cette situation* ».

[1033] Le tribunal renverse ici la charge de la preuve sur l'investisseur, requérant. C'est à celui-ci de prouver la contribution de l'État à la survenance de la situation qui a fait naître la nécessité des mesures d'urgence. *El Paso Energy International Company v. The Argentine Republic*, *op. cit.*, par. 626.

[1034] *El Paso Energy International Company v. The Argentine Republic*, *op. cit.*, par. 649.

[1035] À titre d'illustration de décisions judiciaires qui censurent un choix souverain de politique étatique, on peut citer la décision, consécutive aux différends arbitrés par les tribunaux CIRDI, du tribunal du district sud de New York, en 2012 qui condamna l'Argentine à payer une compensation aux fonds dit « vautours ». Ces fonds avaient racheté les titres des quelques investisseurs (5% du total) qui n'avaient pas accepté la restructuration de leurs créances proposée fin 2004 par l'État argentin. Cette restructuration imposait une décote de 75% de la valeur des créances. La décision de justice du tribunal de New York remettait en cause la nécessité de ce plan de restructuration. Elle fut suivie en 2016 par un accord amiable passé entre l'Argentine (avec son nouveau chef de l'État) et ces fonds. Aux termes de cet accord, l'Argentine s'engageait à payer une grande partie de la somme fixée par le juge new yorkais, ce qu'il avait refusé de faire jusqu'alors. La décision du tribunal de New York fut ressentie

entre économistes qui n'ont pas la même vision du fonctionnement de l'économie ni du rôle qu'y doit jouer l'État. Ces experts arrivent, en cohérence avec leurs approches théoriques, à des conclusions opposées sur le degré de contribution de l'État argentin à la survenance de la situation d'urgence économique. La majorité dans le tribunal *El Paso* tranche en faveur des économistes qui, comme Gary Baker, sont réputés pour favoriser un rôle minimal de l'État dans l'économie alors que le tribunal de l'affaire *Continental Casualty* fait le choix opposé. Il y a enfin la difficulté d'effectuer un jugement *a posteriori* basé sur des informations que l'État n'avait pas au moment des faits. Selon les experts cités par le demandeur dans différentes affaires, l'Argentine aurait contribué à la situation de crise car elle n'aurait pas correctement exécuté les politiques recommandées par le FMI. Dans l'affaire *El Paso*, l'Argentine admet elle-même une certaine responsabilité dans sa conduite de la politique économique[1036]. Mais toutes ces observations sont faites *a posteriori* alors qu'à l'époque, avant la survenance de la crise, les politiques menées par l'Argentine ne suscitaient pas de critiques et étaient même approuvées par le FMI et les EUA. Cette dernière constatation conduit le tribunal à conclure que l'Argentine n'a pu éviter cette crise[1037].

D'autres différends opposant l'Argentine à des investisseurs étrangers sur les mesures prises pendant les années 2001 à 2003 sont en cours d'instance devant le CIRDI. Les difficultés des arbitres à apprécier, faute de critères réellement objectifs, la nécessité des mesures prises par l'État dans une situation d'urgence économique pourrait conduire à des sentences arbitrales à nouveau divergentes les unes par rapport aux autres, malgré les efforts de quelques comités *ad hoc* d'harmoniser la jurisprudence au niveau de l'articulation entre l'interprétation de l'article XI du TBI et l'interprétation de l'état de nécessité[1038]. Une telle situation n'est satisfaisante ni pour les

---

comme fragilisant, au-delà du cas d'espèce argentin, les décisions souveraines des États de faire défaut sur leur dette extérieure. Voir GUZMAN (M) et STIGLITZ (J), « How Hedge Funds Held Argentina For Ransom », *The New York Times*, April 1, 2016, https://www.nytimes.com/2016/04/01/opinion/how-hedge-funds-held-argentina-for-ransom.html, accès le 3 juillet 2017.

[1036] Les déficits budgétaires, l'absence de réforme efficace du marché du travail, la politique commerciale pas assez orientée vers l'exportation auraient rendu l'économie plus vulnérable aux chocs extérieurs qui se sont produits à la fin des années 1990. *El Paso Energy International Company v. The Argentine Republic*, *op. cit.*, par. 655.

[1037] *Continental Casualty Company v. Argentine Republic*, *op. cit.*, par. 223-236. Le FMI continua jusqu'à 2001 à appuyer les programmes mis en œuvre par l'Argentine et sur lesquels se basaient les investisseurs pour continuer à investir dans ce pays. Le Tribunal note que ces programmes, s'ils sont responsables de la survenance de la crise, auraient dû cesser plusieurs années avant le début de celle-ci, mais cela aurait alors exposé l'Argentine aux critiques du FMI, des EUA et des investisseurs, ce qui n'était pas envisageable en raison de la dépendance du pays au financement extérieur de son économie.

[1038] Sur cet effort de certains comités *ad hoc* pour harmoniser la jurisprudence, voir LATTY (F), « Les techniques interprétatives du CIRDI » dans « Les techniques interprétatives de la

États, ni pour les investisseurs. Elle explique aussi le choix d'un certain nombre d'États – en particulier les EUA – d'adopter un modèle de TBI qui inclut une clause de sécurité nationale de type *self-judging*[1039].

* * *

Cette étude comparative du contrôle juridictionnel des mesures étatiques prises en réponse à une menace sécuritaire exceptionnelle dans le cadre des traités de protection des droits de l'Homme et dans le cadre des traités de protection de l'investissement étranger permet de constater, dans les deux cas, la volonté des juridictions de procéder à un contrôle large de ces mesures au moyen du test de nécessité et de proportionnalité. Ce contrôle s'effectue, dans le cas des juridictions liées aux traités de protection des droits de l'Homme, par une interprétation stricte du caractère absolu de certains droits et par une volonté d'étendre cette caractéristique à d'autres droits. La jurisprudence de la CJCE/CJUE est tout aussi stricte pour limiter l'utilisation des mesures de sécurité dérogatoires au droit européen. Les tribunaux CIRDI font quelque peu exception, faute de critères d'appréciation pleinement objectifs, par leurs décisions divergentes portant sur des mesures dérogatoires identiques prises dans une situation identique.

À côté des situations de menace sécuritaire caractérisées comme exceptionnelles, d'autres menaces sécuritaires sont prévues par les traités de protection des droits de l'Homme. Elles ne sont pas liées à un état d'urgence. Le contrôle juridictionnel des mesures dérogatoires de sécurité prises par l'État dans ces situations n'est pas plus restreint que dans les autres, en raison du caractère objectif et inhérent des droits en jeu.

norme internationale » (dossier), *RGDIP*, vol.115, n° 12, 2011, p. 469. L'auteur rappelle que les comités *ad hoc* « n'agissent pas en Cour suprême » et que leurs marges d'harmonisation de l'interprétation des tribunaux CIRDI est limitée.

[1039] Notons que les décisions des comités *ad hoc Continental Casualty, LG&E* et *El Paso* ont cependant, à la suite des décisions d'annulation des décisions CMS et Sempra, contribué à clarifier les critères d'application de l'article XI du TBI. Le Comité *ad hoc* saisi par *Continental Casualty* d'une demande d'annulation de la décision du tribunal n'a pas trouvé d'erreur de droit dans l'application du test de nécessité. Dans l'affaire *LG&E*, le test de nécessité réalisé par le tribunal ne se réfère pas expressément à l'approche de l'ORD de l'OMC mais il en reprend la substance en vérifiant que les mesures répondaient à l'urgence de la situation et ne comportaient pas de discrimination vis-à-vis des investisseurs étrangers « *Argentina's strategy to deal with the thousands of public utility contracts that could not be individually assessed during the period of crisis was to implement "across-the-board solutions" and then renegotiate the contracts (Hearing on the Merits, 26 January 2005, Roubini, Spanish Transcript, p. 635). The Tribunal accepts the necessity of approaching enactment of a stop-gap measure in this manner and therefore rejects Claimants' objection that Argentina's unilateral response was not necessary* ». *LG&E Energy Corp., LG&E Capital Corp., and LG&E International, Inc.v. Argentine Republic, op. cit.*, par. 241.

SECTION II. LA DÉTERMINATION DES MESURES PRISES POUR PROTÉGER LA SÉCURITÉ NATIONALE SANS RECOURS À L'ÉTAT D'URGENCE

Les deux types d'exception au respect des droits prévus par le PIDCP, la CEDH et la CADH correspondent à deux situations différentes : les dérogations sont invocables en cas d'état d'urgence, situation proprement exceptionnelle, alors que les restrictions à l'exercice de droits sont utilisables dans des situations ordinaires. Les limites posées par les textes et par les juridictions aux mesures de sécurité utilisées dans les situations ordinaires ne sont pas les mêmes que dans les situations exceptionnelles (§ 1).

Cependant la menace terroriste contemporaine conduit les États à incorporer dans leur droit commun des dispositifs caractéristiques de situations exceptionnelles, lesquels rendent inutile et remplacent le recours à l'état d'urgence. La Cour EDH et la CJUE ont développé un contrôle strict de ces dispositifs qui constituent une plus grande ingérence dans les droits de l'Homme que les restrictions de droits normalement prévues, pour ce qui concerne la CEDH, en situation ordinaire. La Cour EDH valide le recours à certains de ces dispositifs et aux mesures prises sur leur fondement. Ceci a pour effet de créer de nouvelles exceptions de sécurité nationale et remet en cause la nette césure entre situations exceptionnelles et situations ordinaires sur laquelle est basée, dans le PIDCP et la CEDH, la différence entre le régime juridique de la dérogation et celui de la restriction des droits (§ 2).

§ 1. Les situations ordinaires

Dans le PIDCP, la CEDH et la CADH, les limites à l'utilisation des clauses de limitations des droits ne sont pas les mêmes que celles qui concernent les clauses de dérogation. Les clauses de limitation sont caractérisées par des limites formelle et substantielle et par l'absence d'urgence c'est-à-dire de limites de durée. La limite formelle est la prévision légale des restrictions (loi nationale[1040]). Le contenu des lois nationales doit être compatible avec les engagements à respecter les traités ci-dessus et être claire, précis et compréhensible. Les limites substantielles sont la nécessité de restreindre des droits dans une « société démocratique »[1041](A) et la notion jurisprudentielle de « besoin social impérieux » (B).

1040 Les lois nationales instituant des restrictions de droits doivent être compatibles avec le PIDCP et ne pas être arbitraires ni déraisonnables. Voir « principes de Syracuse », *op. cit.*, p. 5.

1041 Les droits pouvant expressément être restreints sont la liberté de circulation (PIDCP, CEDH, CADH), le respect de la vie privée et familiale (CEDH), la liberté de réunion et d'association (PIDCP, CEDH, CADH), la liberté d'opinion et d'expression (PIDCP, CEDH, CADH), la liberté de conscience et de religion (PIDCP, CEDH, CADH), l'interdiction d'expulser un étranger (PIDCP, CEDH, CADH), l'activité politique des étrangers (CEDH).

A. La notion de « société démocratique »

Nous avons vu que, si la Cour EDH n'intervient en principe pas dans l'appréciation que fait l'État des menaces à sa sécurité nationale, elle peut moduler ou rétrécir la marge nationale d'appréciation. Le terme « *dans une société démocratique* », généralement présent dans les clauses de restriction des droits, permet aussi à la Cour de réduire cette marge de l'État car il fait référence au contexte dans lequel l'État prend les mesures de restriction et grâce auquel il justifie celles-ci. La réduction de la marge d'appréciation nationale est commune au Comité des droits de l'Homme, à la Cour EDH et à la Cour IDH.

Lors des travaux préparatoires du PIDCP, les termes « État démocratique » étaient utilisés à la place de « société démocratique » dans le projet d'article suivant : « Les droits de chacun sont limités par ceux d'autrui et par les justes exigences de l'État démocratique »[1042]. Ils donnèrent lieu à un affrontement entre le camp socialiste (conduit par l'URSS) qui s'appuyait sur l'identité, chère à Rousseau, entre État et société (citoyens) et le camp libéral mené par la Grande-Bretagne pour qui la société devait englober l'État et ne se résumait pas à ce dernier[1043]. Le choix final des termes « société démocratique » a pu influencer l'interprétation des limitations aux droits de l'Homme dans le sens d'une lecture libérale où les exigences de l'individu – élément central de la société priment sur l'intérêt de l'État qui exprime la volonté générale[1044]. Cette interprétation induit l'idée de la nécessité d'un contrôle extérieur (juridictionnel) sur les restrictions imposées par l'État notamment au titre de la sécurité nationale. Les « principes de Syracuse » indiquent, à propos de la « société démocratique », qu'il incombe à l'État de « démontrer que ces restrictions ne portent pas atteinte au fonctionnement démocratique de la société » tout en soulignant qu'il n'y a pas un modèle unique de société démocratique (ce qui est effectivement le cas même au sein de l'ensemble des États formant le Conseil de l'Europe ou

On note que seule la CEDH restreint le droit au respect de la vie privée et familiale, lequel est souvent invoqué par une personne de nationalité étrangère visée par une mesure d'éloignement ou d'expulsion du territoire. Le PIDCP et la CADH contiennent une clause sur les droits civiques (participation à la direction des affaires publiques, droit d'élire et d'être élu dans les consultations au suffrage universel et droit d'accès à la fonction publique du pays) ; l'article 25 du PIDCP autorise des restrictions à condition qu'elles ne soient pas « déraisonnables » alors que l'article 23 de la CADH autorise la loi nationale à restreindre les droits civiques pour des motifs qu'il énumère ; le seul de ces motifs qui peut avoir un lien avec la sécurité de l'État est « *la condamnation au criminel prononcée par un juge compétent* ».

[1042] FROUVILLE (O. de), *L'intangibilité des droits de l'Homme en droit international : régime conventionnel des droits de l'Homme et droit des traités*, Paris, Pedone, 2004, p. 84-87. Le texte cité ci-dessus par l'auteur, qui inclut les termes « société démocratique », est le projet d'article n° 2, doc. E/CN.4/95.

[1043] *Ibidem.*

[1044] *Ibidem.*

en Amérique latine) ; le dénominateur commun des différents modèles existant est la reconnaissance, le respect et la protection des droits de l'Homme énoncés dans la Charte des Nations Unies et la Déclaration universelle des droits de l'Homme[1045].

B. La notion de « besoin social impérieux »

Selon les « principes de Syracuse », une mesure de restriction est nécessaire lorsqu'elle est fondée sur l'un des buts légitimes prévus par le PIDCP, qu'elle répond à une nécessité pressante d'ordre public ou social – la jurisprudence de la Cour EDH parle de « besoin social impérieux » – et qu'elle est proportionnée au but légitime qu'elle poursuit[1046]. La Cour EDH reconnaît ici aux États une « certaine marge d'appréciation » sous son contrôle : « *L'adjectif « nécessaire », au sens de l'article 10 § 2, implique un « besoin social impérieux ». Les États contractants jouissent d'une certaine marge d'appréciation pour juger de l'existence d'un tel besoin, mais elle se double d'un contrôle européen portant à la fois sur la loi et sur les décisions qui l'appliquent, même quand elles émanent d'une juridiction indépendante. La Cour a donc compétence pour statuer en dernier lieu sur le point de savoir si une « restriction » se concilie avec la liberté d'expression que protège l'article 10* »[1047]. La Cour lie ici la nécessité de la mesure à la mise en balance de celle-ci avec le droit restreint en l'espèce la liberté d'expression. Il s'agit d'un test de proportionnalité, lequel doit être fait d'abord par les juridictions nationales et sera corrigé si nécessaire par la Cour selon le principe de subsidiarité[1048]. La Cour EDH (ainsi que la Cour IDH) fait une interprétation la plus large possible de la liberté d'expression dans une société démocratique[1049] et donc une interprétation « étroite » des restrictions étatiques, surtout lorsque ces restrictions ciblent une expression ou une prise de parole d'ordre politique relative à des questions d'intérêt général et que cette expression est formulée sous la forme de critiques non pas à un simple particulier ou même à un homme politique mais à un gouvernement[1050]. La marge nationale d'appréciation est ici limitée et l'État qui justifie la nécessité de restreindre la liberté d'expression (ou d'autres droits) doit chercher à appliquer les mesures les plus douces possibles.

1045 « Principes de Syracuse », *op. cit.*, p. 5.

1046 « *Principes de Syracuse* », *op. cit.*, p. 4.

1047 *Affaire Erdogdu et Ince c. Turquie,* arrêt du 8 juillet 1999, CEDH, Requêtes n°s 25067/94 et 25068/94, par. 47.

1048 HENNEBEL (L.), TIGROUDA (H.), *Traité de droit international des droits de l'Homme, op. cit.*, p. 706-707.

1049 C'est la jurisprudence des « informations ou idées qui heurtent, choquent ou inqiètent l'État ». Voir *Affaire Vereinigung demokratischer Soldaten Österreichs et Gubi c. Autriche, op. cit.*

1050 *Affaire Sürek et Ozdemir c. Turquie*, Arrêt Grande Chambre du 8 juillet 1999, Requêtes n°s 23927/94 et 24277/94, par. 60.

Au Comité des droits de l'Homme comme à la Cour EDH, le test de proportionnalité passe par une exigence faite à l'État de clarifier ce qu'il entend par « atteintes à la sécurité de l'État » lorsqu'il condamne des individus sous ce chef. Le Comité des droits de l'Homme a été saisi de plusieurs affaires concernant des ressortissants uruguayens arrêtés et condamnés pour « activité subversives », « association subversive » ou « attentat contre la Constitution suivi d'actes préparatoires » dans les années 1970-1980[1051]. Questionné par le Comité, l'État concerné n'a pu, dans aucune de ces affaires, expliquer la signification ou le contenu de ces incriminations pourtant prévues par le Code militaire criminel de l'Uruguay et utilisées pour prononcer de lourdes peines de prison et de privation de droits civiques et politiques. L'Uruguay n'a pas non plus communiqué d'informations sur les règles de procédure suivies pour condamner les personnes[1052] ni invoqué la clause de restriction à la liberté d'expression ou d'association alors que la charge de la preuve pesait sur lui. La violation de la liberté d'expression et d'association[1053] fut ainsi caractérisée. Les personnes condamnées avaient en commun de pratiquer ou d'avoir pratiqué des activités syndicales ou d'avoir été candidates à des élections pour le compte de partis politiques déclarés ensuite illégaux par le nouveau gouvernement de 1973. Elles avaient fait usage des droits civiques garantis par l'article 25 du PIDCP qui prévoit seulement des restrictions non « déraisonnables »[1054]. Une sanction 15 ans de privation de droits politiques sans justification et apparemment pour une raison d'opinion politique d'opposition fut jugée comme une restriction déraisonnable[1055].

Pour appliquer le test de proportionnalité, la Cour EDH s'appuie sur la caractérisation du « besoin social impérieux » en fonction du contexte qui doit être celui de violences apparentes, c'est-à-dire de violences matérielles et sur l'adéquation des mesures de restriction des droits à ce contexte.

Dans l'affaire *Piermont c. France*, l'État français s'est appuyé sur le contexte politique tendu en Polynésie française et en Nouvelle-Calédonie pour justifier l'expulsion de Mme Piermont, membre du parlement européen

---

[1051] *Carballal v. Uruguay,* Communication n° R.8/33 (1981), *Pietroroia v. Uruguay*, Communication n° R.10/44 (1981), *Soriano de Bouton v. Uruguay*, Communication n° R.9/37, *De Touron v. Uruguay*, Communication n° R.7/32 (1981), *Silva and Others v. Uruguay*, Communication n° R.8/34, *Lopez v. Uruguay*, Communication n° R.12/52 (1981). Voir International Law Reports, vol. 62, 1985, p. 240 à 271 et vol.68,1985, p. 29 à 40.

[1052] Le Comité des droits de l'Homme déclare que l'absence d'informations sur la procédure ainsi que la lourdeur des peines prononcées empêche de conclure au caractère juste et équitable du procès. Voir *Silva v. Uruguay, op. cit.*, par. 11.

[1053] En plus de la violation du droit à la sécurité et à la liberté, droit non susceptible de restrictions.

[1054] Il s'agit du droit de tout citoyen, « sans restrictions déraisonnables », de prendre part à la « direction des affaires publiques », de « voter et d'être élu » et d « accéder, dans des conditions générales d'égalité, aux fonctions publiques de son pays ».

[1055] Affaire *Pietroroia v. Uruguay, op. cit.*, par. 16.

et du parti des Verts allemands (antinucléaire) de ces territoires d'Outre-mer. Mme Piermont avait tenu, lors d'une manifestation à Tahiti, des propos violents contre la présence de l'État français en Polynésie, contre la politique de défense de la France et soutenait les indépendantistes locaux. Validant la mesure d'expulsion, le Conseil d'État déclarait que celle-ci ne portait pas atteinte à la liberté d'expression car les agissements de Mme Piermont constituaient un trouble à l'ordre public[1056], tenant compte des circonstances suivantes : les propos incriminés étaient tenus au cours de manifestations publiques dans le cadre de campagne électorales législatives et à l'Assemblée territoriale[1057]. La crainte était que ces propos hostiles à la France contribuassent à la tension existante entre les pro et les anti-indépendantistes dans une période sensible de renouvellement des organes de pouvoir. Peut-être le Conseil d'État (et en tout cas le gouvernement) a-t-il perçu, au-delà d'un simple trouble à l'ordre public, une menace à la sécurité nationale en raison d'une possible mise en cause, dans ces élections, de la présence de la France dans cette région stratégique[1058]. Lors de l'instance devant la Cour EDH, le gouvernement français reprenait l'argument du contexte sensible de la campagne électorale pour justifier la restriction à la liberté d'expression : il évoquait les « nécessités locales » propres aux territoires dont un État membre de la Convention a la charge[1059]. Dans une formule peu claire, la Cour rejeta l'importance des circonstances locales[1060] et évoqua l'absence de troubles consécutifs aux propos de la parlementaire allemande : si le climat politique était tendu, il n'y avait pas de violences physiques constatées, ni avant, ni pendant, ni après le passage en Polynésie de cette personne, laquelle n'avait pas appelé ouvertement à la violence. On

---

[1056] Le même motif de troubles à l'ordre public était ensuite invoqué par le Haut-Commissaire de la République en Nouvelle-Calédonie pour expulser la requérante de ce territoire, d'autant que la présence de celle-ci à l'aéroport de Nouméa avait provoqué des rassemblements de manifestants anti-indépendantistes.

[1057] *Affaire Piermont c. France*, Arrêt de Chambre du 27 avril 1995, requête n° 15774/89, par. 17.

[1058] Pour la réalisation des essais nucléaires et le maintien ZEE. Cette crainte n'a en tout cas pas été soulevée publiquement.

[1059] L'article 63.3 de la Convention dispose que « *Dans lesdits territoires les dispositions de la présente Convention seront appliquées en tenant compte des nécessités locales* ». Selon l'arrêt qui donne le point de vue du gouvernement : « *Il s'agirait en l'occurrence des particularités indiscutables que revêtait la protection de l'ordre public dans les territoires du Pacifique : insularité et éloignement de la métropole mais aussi climat politique spécialement tendu dans les années 1985-1986* ». *Affaire Piermont c. France*, *op. cit.*, par. 56.

[1060] « *La Cour constate que les arguments avancés par le Gouvernement portent essentiellement sur le contexte politique local tendu assorti d'une campagne électorale et mettent donc l'accent plus sur des circonstances et situations que sur des nécessités. Une conjoncture politique, certes délicate, mais qui pourrait également se rencontrer en métropole, ne suffit pas pour interpréter la formule "nécessités locales" comme justifiant une ingérence dans le droit garanti par l'article 10 (art. 10)* ». *Affaire Piermont c. France*, *op. cit.*, par. 57.

peut remarquer qu'au moment de la prise de l'arrêté d'expulsion, l'intéressée avait quitté la Polynésie mais n'avait pas quitté la Nouvelle Calédonie et le Conseil d'État n'était pas en mesure d'anticiper l'absence de violences matérielles dans ce département.

En raison d'un contexte de violences plus grandes que dans l'affaire *Piermont*, la Cour constata l'existence du « besoin social impérieux » dans l'affaire *Sürek c. Turquie* qui justifiait les sanctions infligées au propriétaire d'une publication. Cette publication avait fait paraître des lettres qui appelaient au terrorisme dans les régions kurdes de Turquie. Or un contexte de violence régnait déjà dans ces régions ; les motifs avancés par les autorités étaient pertinents (lutte contre le terrorisme) et la lourdeur et la nature des peines infligées n'étaient pas sévères (s'agissant d'un propriétaire de revue et non d'un acteur direct de la violence)[1061]. A l'inverse, dans l'affaire *Sürek et Ozdemir*[1062], la Cour jugea injustifiée la condamnation, par la justice turque, des responsables de la publication et disproportionnés le montant des amendes et la peine de prison prononcées. La revue incriminée avait publié des interviews de dirigeants du PKK, parti considéré par la législation turque comme illégal et terroriste. La Cour réduisit la marge d'appréciation de l'État sur la nature de ce parti et censura en conséquence la condamnation des requérants qui en avaient interviewé les représentants. La justice turque avait interprété le contenu des propos représentants du PKK comme constituant un appel au séparatisme, une apologie du terrorisme et une menace à la sécurité nationale[1063]. Cette affaire nous indique que la Cour EDH ne considère pas le séparatisme en soi comme une menace à l'intégrité territoriale et à la sécurité nationale de l'État. Censurant la Turquie sur l'appréciation de cette menace, elle déclarait que l'interview incriminée avait permis au public de « *comprendre la psychologie des personnes constituant les forces vives de l'opposition à la politique officielle appliquée dans le Sud-Est de la Turquie et d'apprécier les enjeux du conflit* »[1064].

On notera que si les clauses de sécurité publique du droit européen et la jurisprudence de la CJUE n'utilisent pas les notions de « société démocratique » et de « besoins social impérieux »[1065], elles posent des

[1061] *Affaire Sürek c. Turquie, op. cit.*, par. 64-65. Voir aussi les *affaire Zana c. Turquie,* Arrêt Grande Chambre du 25 novembre 1997, requête n° 18954/91 et *Sürek c. Turquie (n° 3)*, Arrêt du 8 juillet 1999, requête n° 24735/94, où la Cour est arrivée aux mêmes conclusions.

[1062] *Affaire Sürek et Ozdemir c. Turquie, op. cit.*

[1063] Parmi les propos tenus : « *En tant que gouvernement de guerre, nous voulons que la volonté du peuple, qui se fait de plus en plus connaître, puisse s'exprimer officiellement. Nous nous rapprocherons de cet objectif étape par étape. Nous y parviendrons en détruisant ou en affaiblissant la souveraineté de l'État de différentes manières et sous différentes formes, en mettant en place un régime populaire dans certains endroits et en encourageant un régime dualiste dans d'autres* ». *Affaire Sürek et Ozdemir c. Turquie, op. cit.*

[1064] *Affaire Sürek et Ozdemir c. Turquie, op. cit.*, par. 61.

[1065] L'article 28.2 de la Directive 2004/38/CE « *relative au droit des citoyens de l'Union et des membres de leurs familles de circuler et de séjourner librement sur le territoire des États*

limites substantielles à la restriction des droits, équivalentes à celles de la jurisprudence de la Cour EDH. Selon l'article 52.3 de la Charte européenne des droits fondamentaux, les droits correspondant aux droits garantis par la CEDH ont le même sens et la même portée que ces derniers. La CJUE a ainsi constaté que, tout en tenant compte de son autonomie et de celle du droit de l'UE par rapport à l'ordre juridique de la CEDH, « *les limitations qui peuvent légitimement être apportées* » à l'exercice du droit à la liberté et à la sûreté consacré par la Charte européenne des droits fondamentaux (article 6) « *ne peuvent excéder celles autorisées par la CEDH* » dans son article 5[1066]. La CJUE vérifie que les mesures de restriction de ces droits sont appliquées dans le respect des principes de nécessité et de proportionnalité[1067]. Elle s'appuie en cela sur l'article 52.1 de la Charte européenne des droits fondamentaux : « *Dans le respect du principe de proportionnalité, des limitations ne peuvent être apportées que si elles sont nécessaires et répondent effectivement à des objectifs d'intérêt général reconnus par l'Union ou au besoin de protection des droits et libertés d'autrui* ».

§ 2. La remise en cause de la césure entre situation exceptionnelle et situation ordinaire sous l'effet de la menace terroriste contemporaine

La menace créée par les attentats et par le développement, sur leurs territoires, de réseaux terroristes internationaux a conduit plusieurs États adhérant à la CEDH, ainsi que le Canada et les EUA, à introduire progressivement, dès la fin des années 1990, dans leur droit commun pénal ou de la sécurité, des dispositifs caractéristiques de situations d'exception et potentiellement dérogatoires à certains droits fondamentaux[1068].

---

membres » permet à tout État membre d'éloigner, pour des « raisons impérieuses d'ordre public ou de sécurité publique » de son territoire un citoyen de l'Union ayant acquis un droit de séjour permanent sur son territoire. Le sens du terme « raisons impérieuses d'ordre public ou de sécurité publique » est différent de la notion de « besoin social impérieux » utilisée dans la jurisprudence de la Cour EDH. Il caractérise une atteinte à la sécurité publique ou à l'ordre public d'un degré exceptionnellement élevé, plus élevé que celui qui correspond au « motif grave de sécurité publique » prévu par l'autre alinéa (alinéa 3) de l'article 28 de la directive précitée. Voir *Land Baden-Württemberg c. Panagiotis Tsakouridis, CJUE, op. cit.*, points 40 et 48.

[1066] *J.N c. Staatssecretaris van Veiligheid en Justitie, op. cit., point 47.*

[1067] *Land Baden-Württemberg c. Panagiotis Tsakouridis, op. cit.*, points 48 et suivants ;

[1068] Plusieurs lois anti-terroristes ont été votées en France : la loi du 23 janvier 2006 qui autorise (voir ci-dessous) la prolongation de la garde à vue et le report de l'accès à l'avocat ; la loi du 3 juin 2016 qui autorise les perquisitions de nuit dans les domiciles et la pose, en tous lieux en dans le cadre d'une enquête, de dispositifs de captations de données informatiques sans le consentement des intéressés ; la loi du 24 juillet 2015 qui autorise la mise en œuvre, sur les réseaux des opérateurs internet, d'opérations de surveillance des communications privées afin de détecter une menace terroriste ; la loi du 30 octobre 2017 qui autorise la visite

L'inscription de ces dispositifs dans le droit commun a pour conséquence qu'il n'est pas nécessaire, aux États qui l'utilisent, de décréter un état d'urgence et de déroger à l'article 15 de la CEDH. L'objectif poursuivi est d'accroître l'efficacité des activités de prévention et de répression du terrorisme. Certains de ces dispositifs sont aussi passés dans le droit européen. C'est notamment le cas de la directive 2013/48/UE qui, tout en posant des règles minimales communes aux États membres en matière de droit d'accès à un avocat pour les suspects et les personnes poursuivies dans le cadre d'une procédure pénale, autorise le report de ce droit d'accès dans certaines conditions exceptionnelles[1069]. La directive 2006/24/CE obligeait,

---

de domicile et la saisie de données qui s'y trouvent, aux fins de prévenir la commission d'actes terroristes.

[1069] Ces limitations du droit des personnes suspectées ou poursuivies pénalement sont prévues dans les procédures pénales au Royaume-Uni avec le *Terrorism Act* de 2000 et de la France avec la loi du 23 janvier 2006 relative à la lutte contre le terrorisme. Le paragraphe 8 (p. 116-117) de la 1ère partie de l'Annexe 8 du *Terrorism Act* autorise la police à reporter à la fois la lecture à l'intéressé de ses droits (dont celui, fondamental, de garder le silence) et l'accès à l'avocat (solicitor). L'article 706-88 du code de procédure pénale française (en vigueur depuis 2006) autorise, en matière d'actes liés au terrorisme ou aux stupéfiants, la prolongation jusqu'à six jours de la garde à vue et le report de l'intervention de l'avocat jusqu'à la 72è heure de cette garde à vue. Le projet de loi du 23 janvier 2006 relatif à la lutte contre le terrorisme qui introduit cet article dans le CPP note : « *Tout en approuvant la possibilité de porter à six jours la garde à vue en matière de terrorisme, votre commission estime utile de rappeler que cette mesure doit être ordonnée dans le strict respect des principes de nécessité et de proportionnalité qui gouvernent notre procédure pénale. La prolongation de la garde à vue prévue à cet article ne peut avoir qu'un caractère exceptionnel* ». COURTOIS (J.-P.), Rapport n° 117 (2005-2006) fait au nom de la commission des lois sur le projet de loi relatif à la lutte contre le terrorisme et portant dispositions diverses relatives à la sécurité et aux contrôles frontaliers, 6 décembre 2005, Sénat.

S'agissant du droit européen, l'article 3.6 de la directive 2013/48/UE du Parlement européen et du Conseil dispose :

« *Dans des circonstances exceptionnelles et au cours de la phase préalable au procès pénal uniquement, les États membres peuvent déroger temporairement à l'application des droits prévus au paragraphe 3 dans la mesure où cela est justifié, compte tenu des circonstances particulières du cas d'espèce, sur la base d'un des motifs impérieux suivants :*

a) lorsqu'il existe une nécessité urgente de prévenir une atteinte grave à la vie, à la liberté ou à l'intégrité physique d'une personne ;

b) lorsqu'il est impératif que les autorités qui procèdent à l'enquête agissent immédiatement pour éviter de compromettre sérieusement une procédure pénale ». Voir Directive 2013/48/UE du Parlement européen et du Conseil relative au droit d'accès à un avocat dans le cadre des procédures pénales et des procédures relatives au mandat d'arrêt européen, au droit d'informer un tiers dès la privation de liberté et au droit des personnes privées de liberté de communiquer avec des tiers et avec les autorités consulaires, 22 octobre 2013.

L'article 8 de la directive encadre l'utilisation des dérogations ci-dessus en exigeant qu'elles soient proportionnées, avec durée strictement limitée, qu'elles ne soient pas fondées « *exclusivement sur la nature ou sur la gravité de l'infraction alléguée* »; qu'elles ne « *portent pas atteinte à l'équité générale de la procédure* » et qu'elles soient prises au cas par cas avec la possibilité d'être contestées par un recours judiciaire.

Il est bon de noter que l'objet de l'ensemble du texte est de fixer des règles minimales pour l'exercice du droit d'accès à l'avocat pour les suspects et personnes poursuivies, règles au

elle, les fournisseurs de services de communications électroniques dans tous les États membres à conserver et à transmettre aux autorités nationales compétentes les données relatives aux communications électroniques et téléphoniques effectuées (date, heure, durée, numéro de téléphone) et à leurs auteurs (nom et adresse). Les techniques de recueil d'informations par la surveillance massive des divers moyens de communication sont en effet de plus en plus pratiquées par les États. Ceux-ci échangent aussi des informations à l'intérieur de l'Union européenne et avec des États tiers à l'UE. L'UE et le Canada ont signé, en 2014, un accord autorisant la collecte et l'utilisation de données des passagers du transport aérien (accord « PNR »)[1070]. Le traitement automatisé, aux fins de prévention et de détection des infractions terroristes, des données PNR des passagers aériens est aussi l'objet de la directive 2016/681/UE. On peut également mentionner le projet de la Commission européenne de modifier, à la demande de certains États membres de l'Union, le Code frontières Schengen pour autoriser ceux-ci à prolonger au-delà de deux ans la réintroduction du contrôle à leurs frontières nationales « *lorsque la menace spécifique pour l'ordre public ou la sécurité intérieure persiste même au-delà de ce délai* »[1071].

L'introduction, dans le droit commun, de dispositifs limitatifs de droits et destinés à traiter des menaces exceptionnelles est acceptée par les juridictions européennes qui reconnaissent le devoir des États de lutter contre le terrorisme et laissent à ces États une certaine marge d'appréciation dans le choix des moyens de lutte (A).

Cette marge nationale d'appréciation se restreint cependant à l'étape de la mise en œuvre des mesures de sécurité. La Cour EDH en valide certaines tout en appliquant et adaptant sa jurisprudence traditionnelle qui consiste à censurer toute dérogation aux droits fondamentaux qui ne serait pas nécessaire à la protection du danger menaçant la sécurité de l'État et qui sortirait de l'état de droit. De son côté, la CJUE, dans des arrêts et avis concernant les règles en matière de différents systèmes de surveillance massive, soumet ces systèmes à un contrôle strict de leur nécessité, quasiment similaire à celui pratiqué par la Cour EDH (B).

---

moins égales à celles établies par la CEDH et en conformité avec la jurisprudence de la Cour EDH.

[1070] Les accords entre l'UE et les États tiers font partie du droit européen. Le projet d'accord entre l'UE et le Canada a été invalidé par l'Avis 1/15 (2017) de la CJUE.

[1071] Recommandation (UE) 2017/1804 de la Commission du 3 octobre 2017 sur « la mise en œuvre des dispositions du Code frontières Schengen relatives à la réintroduction temporaire du contrôle aux frontières intérieures de l'espace Schengen », considérant 5. Cette proposition d'extension du délai de réintroduction des contrôles aux frontières internes est justifiée, selon la Commission, par la persistance des « *menaces terroristes ou d'importants mouvements secondaires incontrôlés au sein de l'Union* ».

A. L'acceptation, par les juridictions européennes, de l'intégration de dispositifs d'exception dans le droit commun

Dans sa jurisprudence récente, la Cour EDH a accompagné l'intégration, par les États, du droit de l'exception anti-terroriste dans leur droit commun en diffusant, selon les termes du professeur Sudre, de façon « discrète » et « insidieuse » cette exception dans le droit commun conventionnel[1072].

Il s'agit en l'occurrence de la validation, par la Cour, du report du droit à l'avocat dans l'arrêt de Grande Chambre *Ibrahim et autres c. Royaume-Uni*, alors que l'accès à l'avocat dès le premier interrogatoire de garde à vue fait partie, dans la jurisprudence traditionnelle de la Cour, du droit au procès équitable garanti par l'article 6 de la CEDH (1). Il s'agit aussi de la justification, dans l'arrêt *Sher et autres c. Royaume-Uni*, de mandats de perquisitions de large étendue dans le cadre d'enquête pour des faits de terrorisme, ou encore des lois mettant en place des systèmes de surveillance massive des communications privées à l'insu des personnes[1073]. Dans ces derniers cas, la spécificité de la menace terroriste est mise en avant pour légitimer une atteinte au droit à la vie privée (article 8 de la CEDH) (2).

1. Le report de l'accès à l'avocat

L'accès à l'avocat est protégé par l'article 6.3 c. de la CEDH[1074]. Cet article ne précise cependant pas les conditions d'exercice du droit d'accès. Celles-ci sont jurisprudentielles. Dans l'arrêt *Salduz*, la Cour EDH déclare qu'une personne suspecte ou pénalement poursuivie doit, au nom de l'équité de la procédure, bénéficier des services d'un avocat dès le premier interrogatoire de garde à vue. Un gardé à vue peut porter atteinte à ses droits voire contribuer à sa propre incrimination s'il fait des déclarations sans la

---

[1072] F. SUDRE, « L'encadrement de l'exception terroriste par la Convention européenne des droits de l'Homme », dans MAISON (R.), MAMOUDY (O.) (dir.), « Autour de l'état d'urgence français. Le droit politique d'exception, pratique nationale et sources internationales », Paris, Institut Universitaire Varenne – Lextenso LGDJ, 2018, p. 210 et 226.

[1073] *Affaire Sher et autres c. Royaume-Uni,* Arrêt du 20 octobre 2015, requête n° 5201/11. Le professeur Sudre s'appuie sur cet arrêt et sur les arrêts *Ibrahim c. Royaume-Uni, Roman Zakharov c. Russie* et *Armani da Silva c. Royaume-Uni* pour montrer, par une comparaison avec les arrêts précédents *Salduz c. Turquie* et *Klatz c. Allemagne*, QUE LA Cour EDH a fait du terrorisme une « infraction spécifique bénéficiant d'un régime dérogatoire » permettant de faire prévaloir l'obligation de protéger la vie de la population sur les droits garantis par la CEDH que sont le droit à l'assistance d'un avocat, le droit de ne pas s'incriminer (article 6), le droit au respect de la vie privée (article 8) et sur « l'obligation procédurale inhérente à l'article 2 de mener une enquête effective sur tout recours à la force meurtrière par les agents de l'État » SUDRE (F), « L'encadrement de l'exception terroriste par la Convention européenne des droits de l'Homme », *op. cit.*, p. 224-228.

[1074] « *Tout accusé a droit notamment à* […] *se défendre lui-même ou avoir l'assistance d'un défenseur de son choix et, s'il n'a pas les moyens de rémunérer un défenseur, pouvoir être assisté gratuitement par un avocat d'office, lorsque les intérêts de la justice l'exigent* ».

présence d'un avocat et que ces déclarations sont utilisées pour sa condamnation[1075].

Cependant, ce droit d'accès à un avocat n'est pas pour autant absolu. D'une part la Cour accorde une marge d'appréciation à l'État lorsqu'elle considère que celui-ci a « *le choix des moyens propres à permettre à leur système judiciaire de le garantir, la tâche de la Cour consistant à rechercher si la voie qu'ils ont empruntée cadre avec les exigences d'un procès équitable* »[1076]. D'autre part et surtout, la Cour établit une exception à la règle qu'elle a fixée : « *il faut, en règle générale, que l'accès à un avocat soit consenti dès le premier interrogatoire d'un suspect par la police, sauf à démontrer, à la lumière des circonstances particulières de l'espèce, qu'il existe des raisons impérieuses de restreindre ce droit* »[1077].

Le contexte terroriste de l'affaire *Ibrahim* donne à la Cour EDH l'occasion de développer ce qui constitue une exception – jurisprudentielle – de sécurité nationale basée sur le respect du droit à la vie et à la sécurité de la population :

> « Il ne faut pas appliquer l'article 6 d'une manière qui causerait aux autorités de police des difficultés excessives pour combattre par des mesures effectives le terrorisme et d'autres crimes graves, comme elles doivent le faire pour honorer l'obligation, découlant pour elles des articles 2, 3 et 5 § 1 de la Convention, de protéger le droit à la vie et le droit à l'intégrité physique des membres de la population »[1078]

Les « raisons impérieuses » qui fixent – et limitent – le cadre d'utilisation de cette exception sont liées à l'urgence et à l'imminence d'une menace à la vie des gens[1079]. Dans l'affaire *Ibrahim*, la police anglaise avait capturé les requérants – djihadistes – après que ceux-ci aient tenté de faire exploser des bombes dans le métro de Londres en juillet 2005 Les circonstances exceptionnelles dans lesquelles s'est déroulée leur interpellation sont essentielles pour comprendre la décision de la police de reporter de quelques heures leur droit d'accès à l'avocat. Quelques semaines auparavant, quatre attentats à la bombe dans le métro avaient tué cinquante-deux personnes et fait des centaines de blessés. Ce contexte conduisit les enquêteurs à penser qu'au moment de l'interpellation des quatre requérants, de nouveaux

---

1075 *Salduz c. Turquie, op. cit.*, par. 55.
1076 *Ibidem*, par. 51.
1077 *Ibidem*, par. 55.
1078 *Ibrahim et autres c. Royaume-Uni,* Arrêt du 13 septembre 2016, Cour EDH, Grande Chambre, par. 252. À l'appui de son jugement sur l'admission du report de l'accès à l'avocat pour raisons impérieuses, la Cour se réfère aussi (par. 259) aux lois de différents pays où ce report est autorisé et à la Cour suprême des EUA qui a créé une « exception de sécurité publique » permettant à la police d'interroger un suspect sans la présence d'un avocat et avant même de l'informer de ses droits (ce que la jurisprudence de la Cour EDH n'autorise en aucune circonstance) en cas de menace à la sécurité publique.
1079 *Ibrahim et autres c. Royaume-Uni, op. cit.*, par. 259.

attentats meurtriers étaient imminents, qu'il leur était urgent de recueillir sans plus tarder auprès de ces personnes des renseignements concernant l'existence de possibles complices encore en liberté ou l'existence de dépôts d'explosifs[1080]. La Cour EDH souligne ces conditions particulières dans lesquelles opérait la police :

> « La police était soumise à une énorme pression et elle avait pour priorité absolue, tout à fait légitimement, de recueillir de toute urgence des renseignements sur tout autre projet d'attentat et sur l'identité des personnes susceptibles d'être mêlées au complot. La Cour estime que le Gouvernement a démontré de façon convaincante, s'agissant des trois premiers requérants, l'existence d'un besoin urgent de prévenir des atteintes graves à la vie et à l'intégrité physique parmi la population »[1081].

La Cour déclare en outre que la menace terroriste peut agir comme une contrainte sur l'action de la police :

> « Les attentats terroristes aveugles visent, par leur nature même, à faire naître la peur dans le cœur des civils innocents, à semer le chaos et la panique et à perturber le déroulement normal de la vie quotidienne. Dans ces conditions, les menaces pour la vie, la liberté et la dignité de chacun proviennent non seulement des agissements des terroristes eux-mêmes mais aussi parfois de la réaction des autorités face à ces menaces »[1082].

[1080] *Ibidem*, par. 28, 40, 43.

[1081] *Ibidem*, par. 276.

[1082] *Ibidem*, par. 291. Une autre affaire, *Armani da Silva c. Royaume-Uni* (2016) a donné l'occasion à la Cour EDH de se prononcer, mais cette fois-ci indirectement, sur l'action de policiers dans le même contexte des attentats de Londres de juillet 2005. Des policiers de Londres ont malencontreusement tué, dans une station de métro, un ressortissant brésilien qu'ils avaient confondu avec le djihadiste H. Osman (requérant dans l'affaire *Ibrahim*) recherché comme un des responsables des attentats de Londres. L'affaire portait sur le volet procédural de l'article 2.2 de la CEDH. Selon la jurisprudence de la Cour, cet article fait obligation à l'État de mener une enquête effective destinée à évaluer la légalité du recours meurtrier à la force armée qu'il a employée pour effectuer une arrestation. La Cour parvient à la conclusion que le Royaume-Uni n'a pas manqué à cette obligation car l'enquête judiciaire menée était « *propre à conduire à l'établissement des faits, à déterminer si le recours à la force était justifié dans les circonstances de l'espèce et à identifier les responsables ainsi que, le cas échéant, à les sanctionner* ».
Cette conclusion peut paraître surprenante. L'enquête et le procès contre la préfecture de police de Londres avaient révélé, dans le comportement de la police à différents niveaux, plusieurs défaillances et négligences ayant conduit à la mort du brésilien : défaillances dans la préparation de l'opération, dans la communication entre les différentes équipes de police, dans la transmission des ordres des officiers supérieurs vers les agents exécutants. Il apparaît que quel que soit le comportement que le ressortissant brésilien (qui ne portait ni arme ni objet) aurait pu adopter face à la police, il n'avait aucune chance d'échapper à la mort. Or si la préfecture fut condamnée et sanctionnée pénalement, aucun des officiers et agents ayant planifié et mis en œuvre l'opération n'ont été individuellement poursuivis ou fait l'objet d'une enquête pénale individuelle. En effet, le parquet avait estimé qu'il n'y avait pas suffisamment d'éléments à charge qui aurait pu conduire à une « perspective réaliste de condamnation » de ces personnes, comme le requiert le droit anglais pour la décision d'engager des poursuites.

En pareilles circonstances exceptionnelles, la décision de procéder d'urgence à des interrogatoires de sécurité sans la présence de l'avocat a une finalité tournée vers l'extérieur de la procédure, vers l'action de prévention de nouveaux attentats. Cette décision n'a pas pour objectif prioritaire de réaliser l'enquête qui conduira à la phase de jugement et de condamnation des requérants. À ce stade – et à ce stade seulement de la procédure – le droit à la vie et à la sécurité prévaut sur le droit d'accès des requérants à l'avocat.

Dans l'arrêt *Ibrahim*, la prise en compte de l'exception de sécurité dans le droit au procès équitable est donc restreinte à un contexte et à des circonstances très spécifiques qui font surgir une véritable contrainte sur les forces de police. L'équilibre général entre le droit des personnes suspectées (ou pénalement poursuivies) à un procès équitable et le droit de la population à la vie et à la sécurité n'en est pas pour autant modifié si les droits de la défense sont pris en compte dans les phases ultérieures de la procédure. La

---

Ni l'État britannique (gouvernement et justice) ni la Cour EDH ne se réfèrent spécifiquement au contexte d'urgence et de complexité lié au terrorisme pour expliquer les défaillances de la police – notamment de ses officiers supérieurs – d'autant que ces défaillances furent jugées évitables et que selon le verdict prononcé le 12 novembre 2008 par le jury : « *il n'est pas clairement établi que la pression pesant sur la police après les attentats à la bombe de juillet 2005 a contribué au décès de M. de Menezes* » (par. 127). La seule référence au terrorisme concerne la justification de l'action de légitime défense putative exercée par les deux agents qui ont tué la victime : ceux-ci bénéficient d'un blanc-seing des autorités puis de la Cour EDH elle-même. La jurisprudence de la Cour en matière de légitime défense rejoint l'approche du droit anglais : « *celle de savoir si la personne croyait honnêtement et sincèrement qu'il était nécessaire de recourir à la force* » (par. 248). Cette approche comprend deux étapes. La première est une évaluation subjective où le juge se met à la place de la personne qui fait face à ce qu'elle croit être un péril à sa vie. C'est ici qu'est mis en avant, par l'enquête, le contexte des attentats terroristes qui, avec les ordres erronés transmis aux deux agents, auraient légitimement fait croire à ceux-ci qu'ils avaient en face d'eux un terroriste dangereux prêt à faire exploser une bombe en lieu et place d'un innocent désarmé (par. 253-254). La seconde étape est celle d'une appréciation plus objective : la conviction des agents doit être raisonnable. La Cour EDH s'appuie ici sur le travail réalisé par l'organe d'enquête de la police (IPCC) et le parquet (CPS) pour conclure dans le sens de ces derniers au caractère plausible de la légitime défense putative et à l'absence de responsabilité pénale des agents concernés.

Plus largement et pour déclarer conforme à l'article 2 de la CEDH les conclusions de l'enquête réalisée, la Cour se réfère à l'indépendance des organes impliqués, l'IPCC (organe de la police auteur de l'enquête) et le *Crown Prosecution Service* (CPS, parquet) et octroie à l'État une large marge d'appréciation du critère du niveau de preuves suffisant pour engager des poursuites judiciaires (par. 266-276).

Notons que la décision du parquet de ne pas engager des poursuites individuelles eu égard aux défaillances relevées sur l'action de la police a conduit quatre juges à diverger de la majorité de la Cour EDH. Comme le note l'un d'entre eux, le juge Lopez Guerra, dans son opinion dissidente : « *En pratique, le fait que l'on n'ait pas mené une telle enquête, accompagnée de toutes les garanties appropriées inhérentes aux procédures contradictoires et publiques, a eu pour effet d'octroyer une immunité aux responsables des erreurs graves et reconnues qui ont abouti à la mort de M. de Menezes* »

Voir *Affaire Armani da Silva c. Royaume-Uni*, Arrêt Grande Chambre du 30 mars 2016, requête n° 5878/08.

Cour EDH considère que le droit au procès équitable pris dans son ensemble est indérogeable.

2. Les lois d'interception massive de communications privées

L'utilisation, par les États, de mesures de surveillance secrète des communications privées n'est pas nouvelle. Dans l'arrêt *Klass* (1978), la Cour EDH constatait que l'article 8.2 devait être interprété en tenant compte de l'évolution des progrès techniques en matière « d'espionnage et de surveillance » ainsi que « le développement du terrorisme en Europe ces dernières années »[1083]. Le terrorisme était, à l'époque le fait de groupes (*RAF* en Allemagne, *IRA* en Irlande) portant des revendications d'ordre politique et ciblant des individus spécifiquement identifiés comme ennemis de leur idéologie. Dans ce contexte, la Cour EDH admettait que « *l'existence de dispositions législatives accordant des pouvoirs de surveillance secrète de la correspondance, des envois postaux et des télécommunications est, devant une situation exceptionnelle, nécessaire dans une société démocratique à la sécurité nationale et/ou à la défense de l'ordre et à la prévention des infractions pénales* »[1084].

Le terrorisme a évolué et changé d'échelle depuis les attentats du 11 septembre 2001, frappant aveuglément la population civile et faisant plus de victimes. Ce changement d'échelle de la menace a été perçu par la Cour. Dans l'arrêt *Centrum for Ratvisa* (2018), celle-ci valide l'utilisation par la Suède d'un système d'interception de masse (*bulk interception*) de communications téléphoniques et électroniques effectuées vers les pays étrangers en raison d'une part du « *scourge of global terrorism and other serious crime, such as drug trafficking, human trafficking, sexual exploitation of children and cybercrime* » et, d'autre part, des moyens technologiques utilisés par auteurs de ces crimes « *to evade detection on the internet, and the unpredictability of the routes via which electronic communications are transmitted* »[1085]. Dans l'arrêt *Szabo* (2016), la Cour se réfère non plus seulement (comme dans l'arrêt *Klass*) au caractère exceptionnel d'une situation, mais plus précisément au caractère d'« extrême urgence » de certaines situations qui justifie qu'un directeur de service de police puisse ordonner une surveillance sans mandat d'aucune sorte[1086].

C'est aussi la prise en compte de l'urgence et du caractère exceptionnellement grave d'une menace d'attentats terroristes qui conduit la Cour EDH à valider des mandats de perquisitions formulés en des termes

[1083] *Klass et autres c. Allemagne*, *op. cit.*, par. 48.
[1084] Affaire *Klass et autres, op. cit.*, par. 48.
[1085] *Case of Centrum for Rattvisa v. Sweden*, Arrêt du 19 juin 2018, requête n° 35252/08, par.1par. 112.
[1086] *Case of Szabo and Vissy v. Hungary*, Judgment of 6 June 2016, Application n° 37138/14, par. 81.

larges afin d'« *accorder à la police une certaine latitude pour apprécier, au vu de ce qu'elle découvre au cours d'une perquisition, quels éléments peuvent être liés à des activités terroristes et pour les saisir en vue d'un plus ample examen* »[1087]. En déclarant également que « *la complexité qui caractérise les affaires de ce type peut justifier un mandat de perquisition libellé en des termes plus larges que ceux qui sont d'ordinaire admissibles* », la Cour accompagne la pratique des États qui adaptent leur droit commun aux situations exceptionnelles mais ne recourent pas pour autant aux dérogations de l'article 15 de la CEDH.

Même si elle utilise un fondement légal différend – celui de la Charte des droits fondamentaux et de la directive 2002/58/CE[1088] – la CJUE adopte pratiquement la même approche que la Cour EDH en termes d'acceptation d'ingérence dans le droit au respect de la vie privée au nom de la lutte contre

---

[1087] *Affaire Sher et autres c. Royaume-Uni, op. cit.*, par. 174. Le Royaume-Uni était, à l'époque des faits (2009) sorti de l'état d'urgence et avait amendé la loi de 2000 sur le terrorisme.

[1088] L'article 7 de la Charte dispose que « *toute personne a droit au respect de sa vie privée et familiale, de son domicile et de ses communications* ». L'article 8 de la Charte pose la règle que les données à caractère personnel doivent être protégées. Il indique, dans son alinéa 2, que « *Ces données doivent être traitées loyalement, à des fins déterminées et sur la base du consentement de la personne concernée ou en vertu d'un autre fondement légitime prévu par la loi. Toute personne a le droit d'accéder aux données collectées la concernant et d'en obtenir la rectification* ». L'alinéa 3 ajoute que « *Le respect de ces règles est soumis au contrôle d'une autorité indépendante* ».
L'article 52 encadre les exceptions aux droits fondamentaux : « *Toute limitation de l'exercice des droits et libertés reconnus par la présente Charte doit être prévue par la loi et respecter le contenu essentiel desdits droits et libertés. Dans le respect du principe de proportionnalité, des limitations ne peuvent être apportées que si elles sont nécessaires et répondent effectivement à des objectifs d'intérêt général reconnus par l'Union ou au besoin de protection des droits et libertés d'autrui* ».
Les dérogations nationales à la règle européenne de protection des données personnelles sont spécifiquement traitées par l'article 15.1 de la directive 2002/58/CE : « *Les États membres peuvent adopter des mesures législatives visant à limiter la portée des droits et des obligations prévus aux articles 5 et 6, à l'article 8, paragraphes 1, 2, 3 et 4, et à l'article 9 de la présente directive lorsqu'une telle limitation constitue une mesure nécessaire, appropriée et proportionnée, au sein d'une société démocratique, pour sauvegarder la sécurité nationale — c'est-à-dire la sûreté de l'État — la défense et la sécurité publique, ou assurer la prévention, la recherche, la détection et la poursuite d'infractions pénales ou d'utilisations non autorisées du système de communications électroniques, comme le prévoit l'article 13, paragraphe 1, de la directive 95/ 46/CE. À cette fin, les États membres peuvent, entre autres, adopter des mesures législatives prévoyant la conservation de données pendant une durée limitée lorsque cela est justifié par un des motifs énoncés dans le présent paragraphe. Toutes les mesures visées dans le présent paragraphe sont prises dans le respect des principes généraux du droit communautaire, y compris ceux visés à l'article 6, paragraphes 1 et 2, du traité sur l'Union européenne* ». Depuis l'invalidation, par l'avis CJUE du 8 avril 2014, de la directive 2006/24/CE sur la conservation de données générées par les utilisateurs des services de communication électronique, cet article 15.1 demeure le cadre légal qui autorise les États membres à légiférer pour conserver et traiter des données personnelles pour des motifs de sécurité nationale.

le terrorisme et en termes de contrôle restreint sur la mise en œuvre de cette ingérence. Elle applique cette approche lorsqu'elle invalide la directive 2006/24/CE sur l'harmonisation des législations des États membres en matière de conservation des données issues de communications électroniques privées[1089], qu'elle censure une législation nationale transposant cette directive[1090] ou qu'elle invalide 'l'accord signé entre l'UE et le Canada en 2014 sur le transfert et l'utilisation par ce dernier État des données PNR des passagers de transport aérien[1091].

De même que la Cour EDH validait l'objectif de protection de la sécurité nationale qui justifie l'existence des systèmes de surveillance secrète mis en place en Allemagne[1092], en Hongrie[1093] ou en Russie[1094] – ce qui revient à constater la nécessité de tels systèmes de surveillance – la CJUE reconnaît que « *constitue un objectif d'intérêt général de l'Union la lutte contre le*

[1089] Notons que les demandeurs à l'origine de certaines actions contre les législations de surveillance secrète tant devant la CJUE que devant la CEDH sont des personnes privées (morales ou physiques, journalistes ou militants d'associations) qui n'ont pas été victimes directes de ces législations. Les deux juridictions ont cependant reconnu la qualité à agir de ces demandeurs et reçu leur argument selon lequel un requérant peut se dire victime d'une législation de surveillance secrète par la seule existence de celle-ci. *Affaire Roman Zakharov c. Russie*, arrêt du 4 décembre 2015, CEDH, Grande Chambre, requête n° 47143/06, par. 166-175. Voir aussi *Digital Rights Ireland Ltd c. Minister for Communications, Marine and Natural Resources, Minister for Justice, Equality and Law Reform, Commissioner of the Garda Síochána, Irlande, Attorney General* et *Kärntner Landesregierung, MM. Seitlinger, Tschohl*, Arrêt du 8 avril 2014, CJUE, Grande Chambre, affaires jointes C-293-12 et C-594/12, point 33.

Dans l'affaire *Roman Zakharov*, la Cour EDH reprend l'approche qu'elle a développée dans l'arrêt *Kennedy c. Royaume-Uni* (arrêt du 18 mai 2010, requête n° 26839/05) et met deux conditions à l'application de ce qui constitue une dérogation à la règle selon laquelle une personne peut être victime *in abstracto* d'une législation : la portée générale, applicable à l'ensemble de la population (et donc à la personne du requérant), de la législation incriminée ; l'absence de recours national effectif disponible pour l'intéressé. On peut se demander si, en rejetant sur ces bases l'exception présentée par l'État défendeur qui contestait la qualité à agir du requérant, la Cour EDH ne préjuge pas en partie le mérite de l'action dans la mesure où l'absence de portée spécifique de la législation et l'absence de recours effectif pour le requérant font partie des critères qui indiquent l'absence de garanties face au risque d'abus et d'arbitraire du système de surveillance secrète, objet principal de la demande.

[1090] *Tele2 Sverige AB* c. *Post- och telestyrelsen*, et *Secretary of State for the Home Department c. Tom Watson*, Arrêt du 21 décembre 2016, CJUE, Grande Chambre, affaires C-203/15 et C-698/15.

[1091] Avis 1/15 CJUE, Grande Chambre, 26 juillet 2017.

En écrivant que la CJUE adopte « pratiquement la même approche que la Cour EDH », nous tenons compte des différences dans les systèmes de surveillance examinés par les deux juridictions. Dans les arrêts de la Cour EDH, il s'agit généralement de systèmes de surveillance qui ciblent le contenu même des communications privées, ce qui n'est pas le cas dans la directive 2006/24/CE, dans les lois nationales de transposition de cette dernière ou dans l'accord PNR UE – Canada examinés par la CJUE.

[1092] *Affaire Klass, op. cit.*, par. 48.

[1093] *Affaire Szabo, op. cit.*, par. 67.

[1094] *Affaire Roman Zakharov, op. cit.*, par. 237.

terrorisme international en vue du maintien de la paix et de la sécurité internationales ». Elle constate que « *la conservation des données aux fins de permettre aux autorités nationales compétentes de disposer d'un accès éventuel à celles-ci, telle qu'imposée par la directive 2006/24, répond effectivement à un objectif d'intérêt général* »[1095]. Elle déclare de même que le transfert des données PNR vers le Canada aux fins de prévenir et réprimer le terrorisme correspond aussi à un « *objectif d'intérêt général de l'Union susceptible de justifier des ingérences, même graves, dans les droits fondamentaux consacrés aux articles 7 et 8 de la Charte* » objectif qui s'appuie sur le droit à la sûreté garanti par l'article 6 de la Charte des droits fondamentaux[1096].

L'admission, par le droit commun de la CEDH et le droit européen de dispositifs d'exception est cependant soumise à un contrôle large des juridictions.

B. La permanence du contrôle de stricte nécessité pour empêcher l'utilisation abusive de mesures d'exception

La marge nationale d'appréciation laissée à l'État pour le choix des mesures de sécurité se restreint au stade de la mise en œuvre de celles-ci.

Si la Cour EDH valide le report de l'accès à l'avocat, c'est en plaçant cette exception dans le cadre d'une approche équilibrée de l'équité de la procédure dans son ensemble et en considérant que l'équité de la procédure est un droit indérogeable (1). S'agissant des ingérences au droit au respect de la vie privée que représentent un régime de perquisition exceptionnel ou la mise en œuvre de mesures de surveillance secrète des correspondances ou des communications privées, la Cour EDH maintient aussi le contrôle large et censure toute législation qui serait dépourvu de garanties adéquates contre les abus d'un pouvoir exécutif, abus pouvant menacer la « sauvegarde des institutions démocratiques »[1097] (2).

1. Le caractère global et indérogeable de l'équité de la procédure

La Cour EDH a fait du procès équitable un droit indérogeable[1098]. L'alinéa 1 de l'article 6 de la CEDH synthétise, dans la première partie de sa première phrase, le principe du procès équitable : « *toute personne a droit à ce que sa cause soit entendue équitablement, publiquement et dans un délai raisonnable, par un tribunal indépendant et impartial, établi par la loi* ».

[1095] *Digital Rights Ireland, op. cit.*, points 42 et 44.

[1096] Avis 1/15 CJUE, *op. cit.*, point. 149.

[1097] *Affaire Klass et autres c. Allemagne*, Arrêt du 6 septembre 1978, requête n° 5029/7, par. 42 ; *Affaire Roman Zakharov c. Russie*, Arrêt Grande Chambre du 4 décembre 2015, requête n° 47143/06, par. 302. *Sher et autres, op. cit.*, par. 175.

[1098] *Ibrahim et autres c. Royaume-Uni, op. cit.*, par. 250.

Les juges déclarent : « *Lorsqu'elle examine un grief tiré de l'article 6 § 1, la Cour doit essentiellement déterminer si la procédure pénale a* globalement *revêtu un caractère équitable* »[1099]. Ce caractère global de l'équilibre, qui s'apprécie sur l'intégralité de la procédure et non sur une phase spécifique de celle-ci[1100], ouvre la possibilité d'assouplir le droit d'accès à l'avocat dans des circonstances exceptionnelles. Il s'agit de prendre en compte l'intérêt public à combattre le terrorisme sans remettre en cause le droit de l'accusé à préparer sa défense pour la phase ultérieure du jugement[1101]. Cet arrêt s'appuie sur la jurisprudence d'arrêts antérieurs[1102] qui ont précédé la directive précitée 2013/48/UE sur le droit d'accès à l'avocat. On a vu ci-dessus que, dans l'affaire *Ibrahim et autres c. Royaume-Uni,* les juges ont accepté les raisons impérieuses avancées par le gouvernement pour reporter l'accès des requérants à leurs avocats : la succession d'attentats, de tentatives d'attentats et l'urgence pour la police, de recueillir des informations sur l'existence possible de nouvelles bombes placées dans des endroits publics afin de prévenir de nouveaux attentats d'ampleur[1103]. L'existence des raisons impérieuses ne sont pas suffisantes, note la Cour, à justifier la restriction du droit d'accès à l'avocat. La Cour doit vérifier que l'équité globale de la

---

1099 *Ibidem*, par. 250.

1100 *Ibidem*, par. 251.

1101 La Cour EDH cite, parmi les sources de droit international sur le droit au procès équitable, les jurisprudences des juridictions pénales internationales. Le TPIY utilise le même raisonnement que la Cour EDH. Ce raisonnement est basé sur une appréciation globale du principe de l'équité de la procédure pour assouplir l'interdiction – prévue par l'article 95 de son règlement de preuves et de procédure – d'utiliser dans un jugement des preuves « *obtenues par des moyens qui compromettent fortement sa fiabilité ou son admission, allant à l'encontre d'une bonne administration de la justice, y porterait gravement atteinte* ». Le TPIY s'appuie, dans l'arrêt *Le Procureur c. Karadzic*, sur sa jurisprudence pour déclarer que « *des preuves illégalement recueillies ne sont pas a priori irrecevables mais que leur admissibilité dépendra plutôt des modalités et des circonstances de leur obtention, ainsi que de leur fiabilité et de leur incidence sur l'intégrité de la procédure* ». Les « éléments de preuve » ne sont exclus que s'ils portent « gravement atteinte » à l'intégrité de la procédure. Dans ce choix des éléments de preuves, le Tribunal met « *les droits fondamentaux de l'accusé en balance avec l'intérêt fondamental pour la communauté internationale de poursuivre les personnes inculpées de graves violations du droit humanitaire international* ». En l'espèce, cet intérêt à poursuivre les personnes inculpées de graves violations du droit international humanitaire va prévaloir lorsque le Tribunal validera l'utilisation de preuves résultant d'écoutes téléphoniques pratiquées en violation du droit national bosniaque. La jurisprudence de la CPI est similaire et flexibilise également, en s'appuyant sur l'article 69.7 du statut de la Cour, le principe de non admissibilité d'une preuve recueillie illégalement. *Ibrahim et autres c. Royaume-Uni, op. cit.*, par. 218-227.

1102 *Brennan c. Royaume-Uni*, n° 39846/98, 16 octobre 2001, *Salduz c. Turquie* [GC] n° 36391/02, 27 novembre 2008, *Bykov c. Russie* [GC], n° 4378/02, 10 mars 2009, et *Aleksandr Zaichenko c. Russie*, n° 39660/02, 18 février 2010, cités par *Ibrahim et autres c. Royaume-Uni, op. cit.*, par. 252.

1103 *Ibrahim et autres c. Royaume-Uni, op. cit.*, par. 235. Les requérants avaient reconnu qu'ils avaient mis à feu les bombes qui ont été retrouvées dans le métro mais, celles-ci n'ayant pas explosées, ils ont déclaré qu'ils voulaient faire un simple canular.

procédure a été respectée. Ceci signifie que l'interrogatoire effectué sans la présence d'un avocat ne doit pas avoir eu de conséquences dans la phase ultérieure de jugement. La personne interrogée doit être informée de son droit de garder le silence, ne doit pas être amenée à témoigner contre elle-même et ne doit pas faire l'objet de contrainte lors de ses déclarations[1104]. Mais ces prescriptions ne sont pas absolues[1105]. Dans l'arrêt *Salduz*, la Cour déclare :

> Même lorsque des raisons impérieuses peuvent exceptionnellement justifier le refus de l'accès à un avocat, pareille restriction – quelle que soit sa justification – ne doit pas indûment préjudicier aux droits découlant pour l'accusé de l'article 6 [...]. Il est en principe porté une atteinte irrémédiable aux droits de la défense lorsque des déclarations incriminantes faites lors d'un interrogatoire de police subi sans assistance possible d'un avocat sont utilisées pour fonder une condamnation[1106].

L'emploi ci-dessus des termes « en principe » confirme le statut d'exception que la Cour attribue à l'existence de raisons impérieuses, la règle étant la présence (sauf refus de la personne mise en cause) de l'avocat dès le premier interrogatoire. Selon cette exception de sécurité créée par la Cour, il est possible pour raisons impérieuses de mener un interrogatoire sans avocat et de tenir compte, dans la phase pré-jugement, des déclarations incriminantes qui y sont faites. La Cour précise, dans l'arrêt *Ibrahim*, que les déclarations faites par le suspect, même sous la contrainte, ne peuvent être utilisées comme élément déterminant de preuve lors du jugement pour fonder sa condamnation[1107] car cela fausserait l'équilibre global de l'équité de la procédure.

[1104] La Cour a relevé le fait que les questions posées à chacun des trois requérants lors des interrogatoires de sécurité étaient en rapport avec la finalité de ces interrogatoires : obtenir des renseignements pour prévenir de nouveaux attentats. *Ibrahim et autres c. Royaume-Uni, op. cit.*, par. 281.

[1105] *Ibrahim et autres c. Royaume-Uni, op. cit.*, par. 269.

[1106] *Salduz c. Turquie, op. cit.*, par. 55.

[1107] *Ibrahim et autres c. Royaume-Uni, op. cit.*, par. 267-269. Alors que, dans l'affaire *Salduz*, l'utilisation des déclarations incriminantes fut déterminante pour la condamnation du requérant par le tribunal turc, ceci ne fut pas le cas dans l'affaire *Ibrahim*. Dans cette affaire s'accumulaient, à côté des déclarations des requérants, différents éléments à charge parmi lesquels la découverte, au domicile de ces derniers, de matériel extrémiste, de bouteilles de composants d'explosifs et des preuves indiquant l'achat de grandes quantités de ces composants. *Ibrahim et autres c. Royaume-Uni, op. cit.*, par. 288-291.
Il faut noter que certains juges au sein de la Cour EDH divergent de cette position de la Cour consistant à considérer que des déclarations incriminantes faites dans un interrogatoire sans avocat ne portent pas nécessairement irrémédiablement atteinte aux droits de la défense. Ces juges considèrent que le terme « irrémédiable » ne souffre pas d'exception et qu'une telle approche des droits de la défense au moyen d'une appréciation globale de la procédure n'est pas celle que la Cour exposait dans l'arrêt *Salduz*. Voir « Opinion en partie dissidente, en partie concordante des juges Sajo et Laffranque », par. 11-12, *Ibrahim et autres c. Royaume-Uni, op. cit.* Voir aussi les observations du professeur Sudre qui rappelle que l'exception créée

Dans son évaluation du respect global de la procédure, la Cour vérifie l'existence de garanties procédurales offertes, après son interrogatoire initial, à la personne suspectée puis accusée d'une infraction. Il s'agit en particulier de la possibilité de faire des recours auprès des différents degrés de juridiction pour demander l'exclusion des déclarations faites sans avocat. En déclarant qu'il n'y avait pas eu violation de l'article 6.1et 6.3 à l'égard des trois requérants de l'affaire *Ibrahim*[1108], la Cour a signifié (comme elle l'a fait dans l'arrêt Salduz) que l'indépendance et l'impartialité du tribunal de l'article 6.1 allaient de pair avec les droits de la défense de l'article 6.3 pour garantir l'équité de la procédure et encadrer, à l'intérieur de celle-ci les exceptions des raisons impérieuses et de l'utilisation des déclarations faites sans avocats.

2. La censure des lois de surveillance massive dépourvues de garanties adéquates

On a vu que la Cour EDH laissait à l'État une large marge d'appréciation pour le choix de ses mesures de protection de la sécurité nationale, qu'il s'agisse de la politique de surveillance ou des régimes de perquisition aux domiciles privés[1109]. La Cour assujettit cependant la mise en œuvre d'une politique de surveillance dite générale ou exploratoire à sa compatibilité avec l'exception de sécurité nationale de l'article 8.2 de la CEDH. Formulée de façon négative[1110], cette exception est interprétée de façon restrictive[1111]. La Cour adopte un test de strict nécessité[1112] des lois de surveillance, lesquelles doivent établir un lien précis entre les communications surveillées et l'objectif de la surveillance et doivent définir les catégories de groupes de

---

par la Cour dans l'arrêt *Ibrahim* va à l'encontre de la jurisprudence instituée par l'arrêt Saunders. F. SUDRE, « L'encadrement de l'exception terroriste par la Convention européenne des droits de l'Homme », *op. cit.* L'arrêt Sauders cite la Commission EDH : « *La Commission estime que le droit de ne pas contribuer à sa propre incrimination constitue un élément important de la protection des individus contre de fortes pressions et la coercition, est lié au principe de la présomption d'innocence et doit s'appliquer également à tous les types d'accusés, y compris ceux soupçonnés d'avoir commis des fraudes complexes au sein de sociétés* ». *Affaire Saunders c. Royaume-Uni*, Arrêt Grande Chambre du 16 décembre 1996, requête n° 19187/91, par. 65.

[1108] *Ibidem*, par. 294.

[1109] S'agissant de la marge de discrétion laissée à l'État pour la définition de ses politiques de surveillance, la jurisprudence est constante depuis l'arrêt *Klass et autres, op. cit.*, par. 48 ; *Case of Centrum for Rattvisa v. Sweden*, Arrêt du 19 juin 2018, requête n° 35252/08, par. 112.

[1110] « *Il ne peut y avoir ingérence d'une autorité publique dans l'exercice de ce droit que pour autant que cette ingérence est prévue par la loi et qu'elle constitue une mesure qui, dans une société démocratique, est nécessaire à la sécuité nationale, à la sîreté publique* ».

[1111] Affaire *Klass et autres, op. cit.*, par. 42.

[1112] Selon la Cour, le « *pouvoir de surveiller en secret les citoyens n'est tolérable d'après la Convention que dans la mesure strictement nécessaire à la sauvegarde des institutions démocratiques* ». Affaire *Klass et autres, op. cit.*, par. 51, repris par *Case of Szabo, op. cit.*, par. 54.

personnes susceptibles d'être surveillées ainsi que la durée de la surveillance[1113]. Pour prévenir l'utilisation abusive et arbitraire des mesures de surveillance, les lois doivent aussi édicter des règles précises de traitement des informations (y compris leur destruction) et leur mise en œuvre doit être contrôlée par un organe indépendant du pouvoir exécutif[1114]. Les personnes surveillées doivent disposer d'un recours effectif[1115].

C'est parce qu'elle remplissait tous ces critères que la loi suédoise sur l'interception massive des communications téléphoniques et électroniques internationales a été jugée conforme à l'article 8 de la CEDH[1116]. C'est aussi parce que la rédaction d'un mandat de perquisition d'un domicile dans des termes larges et invasifs de la vie privée était accompagnée de garanties judiciaires contre toute utilisation arbitraire qu'elle fut jugée proportionnée à l'objectif de lutte contre le terrorisme et compatible avec le même article 8 de la convention[1117].

Dans son arbitrage de la tension entre, d'une part, les droits à la vie privée et à la protection des données – droits mis à mal par les systèmes de surveillance[1118] – et, d'une part, le droit à la sûreté, la CJUE utilise aussi le principe de proportionnalité[1119]. Ce principe la conduit à appliquer à ces systèmes de surveillance un contrôle de stricte nécessité[1120]. Ce contrôle est

---

1113 Dans le *Signals Intelligence Act* suédois, la durée du permis de surveiller, délivré uniquement et préalablement sur autorisation judiciaire (le *Foreign Intelligence Court*) est de six mois, renouvelables si nécessaire. *Case of Centrum for Rattvisa op. cit.*, par. 104 et 130.

1114 Dans l'affaire *Szabo*, la Cour conditionne la conventionnalité du pouvoir exceptionnel d'ordonner une surveillance sans mandat judiciaire à l'existence d'un contrôle judiciaire *ex post.* Dans l'arrêt Klass, le contrôle prévu par la loi allemande n'est pas judiciaire puisqu'il s'agit d'un comité de parlementaires et d'une commission mais la Cour le valide car elle juge ces organes suffisamment indépendants de l'appareil exécutif et aptes à juger les abus éventuellement commis par celui-ci. *Case of Szabo*, *op. cit.*, par. 81 ; Affaire *Klass et autres, op. cit.*, par. 55.

1115 *Affaire Roman Zakharov c. Russie*, Arrêt Grande Chambre du 4 décembre 2015, requête n° 47143/06, par. 165,175, 298, 302 ; *Case of Szabo, op. cit.*, par. 56.

1116 *Case of Centrum for Rattvisa op. cit.*, par. 181.

1117 Ces garanties offertes aux requérants étaient le recours sous la forme d'un contrôle juridictionnel et l'action en réparation. *Sher et autres c. Royaume-Uni, op. cit.*, par. 175.

1118 La CJUE relève que le droit à la libre expression est également contraint par le système de conservation des données mis en place par la directive 2006/24/CE, même si ces données ne concernent pas le contenu des communications *Tele2 Sverige AB*, *op. cit.*, point 93. Cette directive fait obligation aux fournisseurs de services de communication électronique de conserver ces données – qui ne concernent pas le contenu des communications mais les informations permettant d'en identifier les auteurs, le lieu et la date – et les rendre accessibles à leurs États aux fins de prévenir et de poursuivre des infractions pénales graves, notamment le terrorisme.

1119 Selon la Cour, il faut que « *les actes des institutions de l'Union soient aptes à réaliser les objectifs légitimes poursuivis par la réglementation en cause et ne dépassent pas les limites de ce qui est approprié et nécessaire à la réalisation de ces objectifs* ». *Digital Rights Ireland, op. cit.*, point 46.

1120 *Digital Rights Ireland, op. cit.*, points 48, 52; *Tele2 Sverige AB*, *op. cit.*, point 96 ; Avis 1/15 CJUE, *op. cit.*, point 140.

d'autant plus strict que la protection des données à caractère personnel est spécifiquement protégée (à la différence de la CEDH) par l'article 16 du TFUE et l'article 8 de la Charte des droits fondamentaux de l'UE[1121]. Il conduit la Cour à censurer toute obligation de conservation des données qui concernerait – comme ce fut le cas dans la directive 2006/24 – de façon indifférenciée l'ensemble de la population et n'établirait pas de lien entre les données personnelles collectées et l'objectif de protection de la sécurité publique et nationale[1122]. Dans son Avis sur l'accord PNR EU – Canada, la CJUE a cependant validé le fait que le transfert des données vers le Canada concernait l'ensemble des passagers à destination de ce pays, indépendamment de tout élément objectif permettant d'établir un lien entre

---

[1121] C'est également par un contrôle de stricte nécessité que la CJUE, par un arrêt du 16 juillet 2020, déclara invalide la décision de la Commission européenne du 12 juillet 2016 qui reconnaissait « l'adéquation de la protection assurée par le bouclier de protection des données UE-États-Unis ». En vertu de ce bouclier, les transferts, à des fins commerciales, de données à caractère personnel effectués par une entreprise située dans un État membre de l'UE vers une entreprise établie aux EUA devaient bénéficier d'un « niveau de protection adéquat » assuré par la législation et les autorités étasuniennes. Selon la décision de la Commission européenne, ce niveau de protection était « substantiellement équivalent à celui garanti au sein de l'UE par le Règlement général sur la protection des données (RGPD) », y compris lorsque le bouclier prévoyait l'accès des autorités étasuniennes aux données à caractère personnel en cas de nécessité pour « la sécurité nationale, l'intérêt public et le respect de la législation ». Les données de ressortissants non étasuniens sont en effet collectées dans le cadre de programmes de surveillance basés sur l'*Executive Order* (Décret exécutif) 12333 et l'article 702 du *Foreign Intelligence Surveillance Act* (FISA) et mis en œuvre à la suite des attentats du 11 septembre 2001. Dans son arrêt, la CJUE considéra, *a contrario* de la Commission européenne, que ni l'*Executive Order* 12333 ni l'article 702 du FISA « *ne correspond[ai]ent aux exigences minimales attachées, en droit de l'Union, au principe de proportionnalité, si bien qu'il n'est pas permis de considérer que les programmes de surveillance fondés sur ces dispositions sont limités au strict nécessaire* ». Voir *Data Protection Commissioner c. Facebook Ireland et Shrems*, CJUE Grande Chambre, Arrêt du 16 juillet 2020, affaire C-311/18, point 184 et points 168 à 202.

Précisons que la décision de la Commission européenne du 12 juillet 2016 – invalidée par l'arrêt du 16 juillet 2020 – remplaçait une précédente décision de cette Commission (datée du 26 juillet 2000) qui avait été invalidée par la CJUE en application de la même jurisprudence constante selon laquelle une dérogation aux droits au respect de la vie privée et à la protection des données à caractère personnel (article 7 et 8 de la Charte des droits fondamentaux) doit s'effectuer « dans les limites du strict nécessaire ». Voir *Schrems c. Data Protection Commissioner,* CJUE Grande Chambre, Arrêt du 6 octobre 2015, affaire C-362/14, points 67 à 106.

[1122] *Schrems c. Data Protection Commissioner, op. cit.*, point 93. *Tele2 Sverige AB, op. cit.*, point 119.

Notons que la CJUE, dans l'affaire *Tele2 Sverige AB*, fait référence à l'approche de la Cour EDH dans l'affaire *Roman Zakharov*. Elle accepte que la surveillance secrète aille au-delà des personnes soupçonnées de projeter ou de commettre infractions grave. Elle déclare que « *dans des situations particulières, telles que celles dans lesquelles des intérêts vitaux de la sécurité nationale, de la défense ou de la sécurité publique sont menacés par des activités de terrorisme, l'accès aux données d'autres personnes pourrait également être accordé lorsqu'il existe des éléments objectifs permettant de considérer que ces données pourraient, dans un cas concret, apporter une contribution effective à la lutte contre de telles activités* ».

ces passagers et le risque de terrorisme. La Cour prenait ainsi en compte l'efficacité du traitement automatisé qui facilite, pour le pays d'arrivée, les contrôles à ses frontières et qui repère les profils à risque à partir de l'ensemble des passagers[1123].

Le critère du « strict nécessaire » implique aussi la présence de règles claires et précises ainsi que des critères objectifs qui permettent de vérifier que la conservation et le traitement des données par les États ne feraient pas l'objet d'utilisation autre que celle prévue aux fins de protection de la sécurité[1124].

Dans les situations exceptionnelles d'urgence, la CJUE, comme la Cour EDH[1125], n'exige pas de contrôle judiciaire ou administratif préalable à une mesure de surveillance[1126].

1123 Avis 1/15 CJUE, *op. cit.*, points 186-188.

1124 *Digital Rights Ireland,* points.57-58 et 62-66 ; *Tele2 Sverige AB*, *op. cit.*, point 119. L'absence de règles claires et précises concernant certaines des conditions auxquelles l'État canadien peut traiter les données PNR qui lui sont transférées depuis l'UE est aussi une des raisons pour lesquelles la CJUE a invalidé l'accord prévu entre l'UE et le Canada. Parmi l'absence de critères objectifs, la Cour a relevé que la conservation et l'utilisation de données PNR après le départ des passagers du territoire canadien n'étaient pas justifiées dans la mesure où ces passagers ne présentaient plus de risque pour ce pays sauf pour certains d'en eux ; pour ces derniers, l'accord aurait dû fixer des critères objectifs relatifs à la conservation et l'utilisation des données PNR. Avis 1/15 CJUE, *op. cit.*, points 181, 203-209.

1125 *Affaire Szabo*, *op. cit.*, par. 80. La Cour EDH se réfère explicitement à la « menace terroriste contemporaine ».

1126 *Digital Rights Ireland, op. cit.*, point 62; *Tele2 Sverige AB*, *op. cit.*, point 120. Pour la CJUE comme pour la Cour EDH, le contrôle préalable par une juridiction ou une autorité administrative indépendante est de règle.

CONCLUSION DU CHAPITRE II

Dans le chapitre I de ce titre II, on a observé qu'au stade de l'appréciation de la menace à la sécurité de l'État, les régimes de l'exception de sécurité nationale dans les traités de protection des droits de l'Homme, dans les traités d'investissement et de commerce et dans le TFUE avaient chacun leur spécificité. À l'issue de ce chapitre II, on observe à nouveau, cette fois-ci au stade de l'application des mesures sécuritaires, la spécificité de chacun de ces régimes. La jurisprudence des juridictions liées aux traités de protection des droits de l'Homme nous indique qu'en raison du caractère considéré comme universel et inhérent de ces droits, la marge nationale d'appréciation des États est plus restreinte au stade de l'application des mesures sécuritaires qu'au stade préliminaire de l'appréciation de la menace. La Cour EDH rend même indérogeables certains droits qui ne sont pas formulés comme tels dans la CEDH, réduisant d'autant le champ d'application des mesures de protection de la sécurité nationale.

La spécificité du régime d'exception de sécurité nationale dans le droit international des droits de l'Homme est aussi qu'il traite de situations non exceptionnelles, c'est-à-dire de menaces ordinaires. Ce régime d'exception se différencie enfin de celui des traités de commerce et d'investissement par une jurisprudence qui met en œuvre de façon homogène des tests de nécessité et de proportionnalité, lesquels font appel à des éléments de mesure essentiellement objectifs, inspirés du patrimoine des valeurs européennes inscrites au préambule de la CEDH.

Ces contrôles de nécessité et de proportionnalité sont également appliqués, par la Cour EDH et la CJUE, aux mesures d'exception prises dans le cadre de la lutte anti-terroriste hors état d'urgence. La menace du terrorisme international, perçue comme une menace spécifique par ces juridictions a, ici, incontestablement conduit celles-ci à faire évoluer le droit des droits de l'Homme, notamment en créant (pour la Cour EDH) une exception de sécurité à certains éléments de la règle du procès équitable et en donnant pleine application au droit de la population à sa sécurité. Ce qui peut s'interpréter comme une « diffusion larvée de l'exception terroriste au sein du droit commun conventionnel »[1127] – qui permet aux États d'affronter la menace terroriste sans avoir à recourir à l'état d'urgence et au régime des dérogations de l'article 15 de la CEDH – reste cependant strictement encadré : est censurée toute dérogation aux droits fondamentaux qui sortirait de l'état de droit.

[1127] SUDRE (Fr.), « L'encadrement de l'exception terroriste par la Convention européenne des droits de l'Homme », *op. cit.*

CONCLUSION DU TITRE II

Dans les traités qui ont pour objet[1128] le respect et la garantie des droits de personne privées, les tensions entre le respect de ces droits et la nécessité de protéger la sécurité nationale sont en partie résolues par les clauses de sécurité.

Elles sont résolues lorsque les clauses de sécurité jouent leur rôle de « soupape de sûreté » et limitent, par leurs conditions d'application, les cas où les États peuvent déroger à leurs obligations principales pour protéger la sécurité nationale. Sur le fondement de ces clauses, les différentes juridictions prennent en considération le pouvoir souverain des États de définir les situations dans lesquelles leur sécurité est menacée et de déterminer les mesures de protection nécessaires. Les juridictions reconnaissent pour cela aux États une marge nationale d'appréciation. Cette marge peut être offerte par les traités eux-mêmes : dans les traités de libre-échange ou d'investissement, les clauses de sécurité sont souvent formulées en des termes peu précis ; elles laissent à l'appréciation des États ce qui relève de leur sécurité et ne comportent pas de critères objectifs pour déterminer la nécessité des mesures de dérogation. Ceci explique l'absence d'unité d'approche des juridictions sur la mise en œuvre des clauses de sécurité.

La sécurité nationale étant une notion caractérisée d'abord nationalement et en fonction de l'évolution des menaces, elle sort parfois du cadre défini par les textes. Les clauses de sécurité nationale ne jouent alors plus leur rôle de « soupape de sûreté », élément central du droit contraignant des obligations conventionnelles. Les États sont ainsi souvent portés à chercher une solution en dehors des traités en faisant du droit « mou » adapté à leurs intérêts immédiats ou marqués par l'urgence. Il s'agit par exemple des accords bilatéraux d'entente qui permettent l'extradition d'un terroriste avec la garantie que celui-ci ne sera pas soumis à la torture ou des négociations suivies d'accords amiables pour régler un différend commercial comme celui entre les EUA et l'Union européenne sur les effets de la loi *Helms – Burton*.

[1128] Au sens, formel, de l'article 31 de la Convention de Vienne sur le droit des traités (1969).

CONCLUSION DE LA PREMIÈRE PARTIE

L'existence de normes liées à la sécurité nationale des États confirme d'une certaine façon la pensée de Jellineck pour qui le droit international est au service des États et non l'inverse. Elle tempère en même temps l'observation de ce même auteur lorsqu'il écrit :

> « Là où l'observation du droit international et l'existence de l'État entrent en conflit, la norme juridique passe à l'arrière-plan parce que l'État est supérieur à tout principe juridique »[1129].

Les clauses de sécurité nationale ont précisément pour effet d'éviter que la norme juridique passe à l'arrière-plan en maintenant les tensions entre sécurité nationale et obligations internationales des États dans le champ du droit international. Cet effet ne dépend pas de l'objet[1130] du traité, que cet objet soit la protection de la sécurité des États ou la protection de personnes privées. Lorsque le traité a pour objet la sécurité des États, il contient des clauses destinées à faciliter sa réalisation en prenant en considération les différences de besoins de sécurité selon les États – par exemple les États côtiers du Sud et États puissances maritimes du Nord (Convention de Montego Bay), les États nucléaires et États non nucléaires (Traité de non-prolifération nucléaire) – et en prévoyant même des clauses de retrait lorsque l'État estime que des évènements extraordinaires en rapport avec l'objet du traité compromettent sa sécurité (traités de désarmement).

Les clauses de sécurité ne permettent cependant pas de traiter toutes les situations où la sécurité nationale des États est menacée. Certaines clauses sont peu précises sur les limites à l'exercice des dérogations qu'elles autorisent, qu'il s'agisse de traités de commerce ou d'investissement ou de l'article 51 de la Charte des Nations Unies. La jurisprudence dans le

---

1129 JELLINEK (G.), *L'État moderne et son droit. Première partie : Théorie générale de l'État*, Edition Panthéon — Assas, L.G.D.J, Paris, p. 562. Notons que Jellinek a une vision particulière qui place l'État — qui est fondamentalement un concept social, une formation sociale avant d'être un concept juridique — face à une communauté internationale plutôt anarchique ; laquelle n'est qu'une juxtaposition d'États ayant chacun leurs intérêts sociaux propres.

1130 Il s'agit ici de l'objet au sens « matériel », ce qui est appréhendé par le traité au-delà de la matière immédiate de celui-ci.

domaine du recours à la force et de la légitime défense n'empêche pas le développement d'une pratique hétérogène de la part des États. L'approche négociée, conventionnelle de la sécurité nationale montre ses limites et les États – particulièrement les États puissants – retournent alors à une approche unilatérale pour protéger leurs intérêts vitaux. Ceci ne signifie pas forcément que « la norme juridique passe à l'arrière-plan » comme l'écrivait Jellinek car les actes unilatéraux peuvent être à l'origine de la formation de nouvelles normes.

ANNEXE

Liste des rapports et des décisions

Juridictions nationales

Canada

Tribunal canadien du commerce extérieur

- Lotus Development Canada Limited, Novell Canada, Ltd. and Netscape Communications Canada Inc., Files Nos. : PR-98-005, PR-98-006 and PR-98-009, Canada International Trade Tribunal, August 14, 1998.
- *Marcomm Systems Group Inc. v. Department of Public Works and Government Services*, File No. PR-2014-060, Canada International Trade Tribunal, April 22, 2015.

France

Conseil d'État

- CE, 1er octobre 2014, *Mme A...*, n° 365054.
- CE, 28 décembre 2017, *Association nationale d'assistance aux frontières et autres*, n° 415291.

Cour de cassation

- Cass. Crim. n° 07-83228, 12 décembre 2007.

États-Unis d'Amérique

District courts

- *D. Present, I. Present and E. Present v. the U.S Life Insurance Co*, 96 N.J. Super. 285. 232 A.2d 863, Superior court of New Jersey, July 10, 1967.
- *Dresser Industries Inc. v. Baldridge, US District Court for the District of Columbia* – 549 F. Sup. 108 (D.D.C. 1982), september 13, 1982.
- *Lary v. Republic of Cuba*, 643 F. Sup.194, U.S District Court for the Southern District of New York, July 30, 1986.
- Société nationale industrielle Aérospatiale v. U.S. District Court *for the Southern District of Iowa*, No. 85-1695. 482 U.S. 522 (107 S.Ct. 2542, 96 L.Ed.2d 461), June 15, 1987.

- *Miami Light project v. Miami-Dade County*, U.S District Court, S.D Florida, No. 00-1281-CIV, May 16, 2000.
- *Glen v. Club Méditerranée*, 365 F. Sup. 2d 1263, District Court, S.D Florida, April 7, 2005.
- *Lamb and Chester v. ITT*, U.S District Court for the District of Nebraska, January 26, 2010.
- *Nasser Al-Alauqi v. Barack Obama and Others*, Memorandum Opinion, U.S. District Court for the District of Columbia, Civil Action n° 10-1469 (JDB), Filed 12/07/2010.
- *Villoldo v. Castro Ruz*, No. 13-mc-0222 (DRD), U.S District Court District of Puerto Rico, July 11, 2017.

<u>Appeals courts</u>

- *Pan American Lif Insurance Co. v. Blanco*, 362F.2d.167, U.S Court of Appeals, Fith Circuit, August 3, 1966.
- *French v. Banco Nacional de Cuba*, 23 N.Y.2d 46295 N.Y.S.2d 433242 N.E.2d 704, Court of Appeals of the State of New York, October 15, 1968.
- *Banco para el Comercio v. First National City Bank*, 658 F.2d 913, n° 106, 80-7297, United States Court of Appeals, Second Circuit, August 4, 1981.
- *Tran Qui Than v. Donald Regan*, 658 F.2d 1296, United States Court of Appeals, Ninth Circuit, No. 79-4299, October 13, 1981.
- *Perez c. Chase Manhattan Bank*, 93 A.D.2d 402463 N.Y.S.2d 764, Appellate Division of the Supreme Court of New York, First Department, May 5, 1983.
- Timberlane Lumber Co. v. Bank of America, 749 F 2d 1378, United States Court of Appeals, Ninth Circuit, December 27, 1984.
- *Jorge Miranda v. Secretary of the Treasury*, US Court of Appeals for the First Circuit – 766 F.2d 1 (1st Cir. 1985), June 24, 1985.
- *Freedom to Travel Campaign v. Newcomb*, 82 F. 3d 1431, U.S Court of Appeals 9nth Circuit, n° 95-15291, April 29, 1996.
- *United States v. Plummer*, 221 F 3d 1298, U.S Court of Appeals 11th Circuit, n° 99-13065, August 11, 2000.
- *Emergency Coalition to Defend Educationnal Travel v. U.S Department of the Treasury,* U.S Court of Appeals, District of Columbia Circuit, n° 07-5317, November 4, 2008.
- *El-Shifa Pharmaceutical Industries Companies v. U.S.A*, U.S Court of Appeals, District of Columbia Circuit, n° 07-5174, June 08, 2010.
- *People's Mojahedin Org. of Iran v. U.S. Dep't of State,* U.S Court of Appeals, District of Columbia Circuit, n° 09-1059, July 16, 2010.
- *Odebrecht Construction v. Florida Department of Transportation*, U.S Court of Appeals for the 11th Circuit, n° 12-13958, May 6, 2013
- *Villoldo v. Castro Ruz*, n° 15-1808 et 15-2080, 821F.3d 196, U.S Court of Appeals, First Circuit, May 12, 2016.

<u>Cour suprême des États-Unis</u>

- *United States v. Bowman*, 260 U.S 94 (1922) U.S Supreme Court, November 13, 1922.

- *United States v. Curtiss-Wright Export Corp.*, 299 U.S 304 (1936), Supreme Court, December 21, 1936.
- *Kent v. Dulles*, 357 U.S 116 (1958), U. S Supreme Court, n° 481, June 16, 1958.
- *Banco Nacional de Cuba v. Sabbatino*, 376 U.S 398 (1964), U.S Supreme Court, n° 16, March 23, 1964.
- *Zemel v. Rusk*, 381 U.S.1 (1965), U.S Supreme Court, n° 86, May 3, 1965.
- *Regan v. Wald*, 468 U.S 222 (1984), U.S Supreme Court n° 83-436, june 28 1984.
- *Argentine Republic v. Amerada Hess Shipping,* (1989) U.S Supreme Court No. 87-1372, January 23, 1989.
- *Morisson and al. v. National Australia Bank*, 561 U. S. ____ (2010), U.S Supreme Court n° 08-1191, June 24, 2010.
- *Esther Kiobel, individually and on behalf of her late husband, Dr. Barinem Kiobel, et al, petitioners v. Royal Dutch Petroleum Co et al.*, 569 U. S. ____ (2013), Supreme Court of the United States, 10-1491, April 13, 2013.

Accords transactionnels (settlements)

- Settlement Agreement between the U.S. Department of the Treasury's Office of Foreign Assets Control and the Royal Bank of Scotland plc., MUL-651983 ; November 2013.
- *USA v. BNP PARIS S.A, Statement of facts*, United States District Court, Southern District of New York, June 2014.
- Settlement Agreement between the U.S. Department of the Treasury's Office of Foreign Assets Control (OFAC) and Credit Agricole Corporate and Investment Bank (CA-CIB), COMPL 1000368, October 2015.
- *U.S v. Crédit Agricole Corporate and Investment Bank*, Deferred Prosecution Agreement, U.S District Court for the District of Colombia, Case 1 :15 – cr – 00137, October 2015.
- Settlement Agreement between ZTE and the U.S' Department of the Treasury's OFAC, ENF 40001, March 2017.
- *U.S v. Société Générale S.A,* Deferred Prosecution Agreement, U.S Attorney, Southern District of New York, November 18, 2018.

Royaume-Uni

Special immigration appeals commission

- *Omar Othman (aka Abu Qatada) v. Secretary of State for the Home Department*, Judgement (Appeals) of 26 February 2007, SC n° 15/2005, SIAC.

House of Lords

- *A and Others v. Secretary of State for the Home Department*, House of Lords, [2004], UKHL 56.

Juridictions internationales

Cour permanente de justice internationale

Arrêt

- *Affaire du vapeur Wimbledon (Royaume-Uni, France, Italie, Japon c. Allemagne)*, arrêt du 17 août 1923, CPJI, série A n° 1.
- *Affaire Lotus (France c. Turquie)*, arrêt du 7 septembre 1927, CPJI, série A n° 10.

Avis

- *Décrets de nationalité promulgués en Tunisie et au Maroc,* Avis du 7 février 1923, CPJI, série B, n° 4, p. 24.

Cour internationale de justice

Arrêts et ordonnances

- *Affaire du détroit de Corfou*, arrêt du 9 avril 1949, CIJ, recueil 1949.
- *Plateau continental de la mer du Nord,* arrêt du 20 février 1969, CIJ, Recueil 1969.
- *Barcelona Traction, Light and Power Company, Limited*, arrêt du 5 février 1970, CIJ, Recueil 1970.
- *Compétence en matière de pêcheries (Royaume-Uni c. Islande*), compétence de la Cour, arrêt du 2 février 1973, CIJ, Recueil 1973.
- *Affaire des essais nucléaires (Nouvelle Zélande c. France)*, demande en indication de mesures conservatoires, ordonnance du 22 juin 1973, CIJ, recueil 1973.
- *Affaire des essais nucléaires (Nouvelle Zélande c. France)*, arrêt du 20 décembre 1974, recueil 1974.
- *Affaire relative au personnel diplomatique et consulaire des États-Unis à Téhéran (États-Unis c. Iran*), Arrêt du 24 mai 1980, CIJ, Recueil 1980.
- *Activités militaires et paramilitaires au Nicaragua et contre celui-ci (Nicaragua c. États-Unis),* compétence et recevabilité, arrêt du 26 novembre 1984, CIJ, Recueil 1984.
- *Activités militaires et paramilitaires au Nicaragua et contre celui-ci (Nicaragua c. États-Unis),* arrêt du 27 juin 1986, CIJ, Recueil 1986.
- *Demande d'examen de la situation au titre du paragraphe 63 de l'arrêt rendu par la Cour le 20 décembre 1974 dans l'affaire des essais nucléaires (Nouvelle-Zélande c. France),* ordonnance du 22 septembre 1995, CIJ, Recueil 1995.
- *Projet GabCikovo-Nagymaros (Hongrie c. Slovaquie)*, arrêt du 25 septembre 1997, CIJ, Recueil 1997.
- *Licéité de l'emploi de la force (Yougoslavie c. États-Unis d'Amérique)*, mesures conservatoires, Ordonnance du 2 juin 1999, CIJ, Recueil 1999.
- *Affaire des plates-formes pétrolières (République islamique d'Iran c. États-Unis), Arrêt du 6 novembre 2003,* CIJ, Recueil 2003.
- *Affaire des activités armées sur le territoire du Congo (République démocratique du Congo c. Ouganda)*, arrêt du 19 décembre 2005, CIJ, Recueil 2005.

- *Application de la Convention pour la prévention et la répression du crime de génocide (Bosnie c. Serbie),* Arrêt du 26 février 2007, CIJ, Recueil 2007.
- *Certaines questions concernant l'entraide judiciaire en matière pénale (Djibouti c. France*), Arrêt du 4 juin 2008, CIJ, Recueil 2008.
- *Application de l'accord intérimaire du 13 septembre 1995 (ex-République yougoslave de Macédoine c. Grèce*), arrêt du 5 décembre 2011, CIJ, Recueil 2011.
- *Affaire du différend territorial et maritime (Nicaragua c. Colombie),* arrêt du 19 novembre 2012, CIJ, Recueil 2012.
- *Violations alléguées de droits souverains et d'espaces maritimes dans la mer des Caraïbes (Nicaragua c. Colombie*), requête introductive d'instance, 26 novembre 2013, CIJ, Recueil 2013.
- *Application de la Convention internationale pour la répression du financement du terrorisme et de la Convention internationale sur l'élimination de toutes les formes de discrimination raciale (Ukraine c. Fédération de Russie),* mesures conservatoires, Ordonnance du 19 avril 2017, CIJ, Recueil 2017.
- *Violations alléguées de droits souverains et d'espaces maritimes dans la mer des Caraïbes (Nicaragua c. Colombie*), Demandes reconventionnelles, Ordonnance du 15 novembre 2017, CIJ, Recueil 2017.
- *Violations alléguées du traité d'amitié, de commerce et de droits consulaires de 1955 (République islamique d'Iran c. États-Unis d'Amérique),* Demande en indication de mesures conservatoires, Ordonnance du 3 octobre 2018, CIJ, Recueil 2018.

Avis consultatifs

- *Réserves à la Convention pour la prévention et la répression du crime de génocid*e, Avis consultatif du 28 mai 1951, CIJ, Recueil 1951.
- *Conséquences juridiques pour les États de la présence continue de l'Afrique du Sud en Namibie (Sud-ouest africain) nonobstant la résolution 276 (1970) du Conseil de sécurité,* Avis consultatif du 21 juin 1971, CIJ, Recueil 1971.
- *Licéité de la menace ou de l'emploi d'armes nucléaires,* Avis consultatif du 8 juillet 1996, CIJ, Recueil 1996.
- *Conséquences juridiques de l'édification d'un mur dans le territoire palestinien occupé, Avis consultatif du 9 juillet 2004,* CIJ, Recueil 2004.

Tribunal international du droit de la mer

- *« Arctic Sunrise » (Royaume des Pays-Bas c. Fédération de Russie),* mesures conservatoires, ordonnance du 22 novembre 2013, TIDM Recueil 2013, p. 230.
- *Immobilisation de trois navires militaires ukrainiens (Ukraine c. Fédération de Russie),* mesures conservatoires, ordonnance du 23 avril 2019, TIDM Recueil 2018-2019, à paraître.

Tribunal pénal international pour l'ex-Yougoslavie

- Affaire n° IT – 94 – 1 – A, *Le Procureur c. Dusko Tadic,* Chambre d'Appel du TPIY, arrêt du 15 juillet 1999.

Tribunaux arbitraux

- *Affaire du Tacna – Arica (Pérou c. Chili)*, sentence du 4 mars 1925, (C. Coolidge, protocole signé à Washington le 20 juillet 1922), RSA, vol. II.
- *Responsabilité de l'Allemagne à raison des dommages causés dans les colonies portugaises du sud de l'Afrique (sentence sur le principe de la responsabilité) (Portugal contre Allemagne)*, 31 juillet 1928, R.S.A, vol.II.
- *Case concerning the Air Service Agreement of 27 March 1946 between the United States of America and France*, Decision of 9 December 1978, Report of International Arbitral Awards (RSA), vol.XVIII.
- *Jus Ad Bellum, Ethiopia's claims 1-8*, Partial Award between the Federal Democratic Republic of Ethiopia and the State of Eritrea, Eritrea Ethiopia Claims Commission, The Hague, December 19, 2005.
- *Affaire Arctic Sunrise (Royaume des Pays-Bas c. Fédération de Russie)*, sentence du 26 novembre 2014, CPA, Affaire n° 2014-02.
- *Affaire de la Mer du Sud de la Chine-(Philippines c. Chine)*, sentence du 29 octobre 2015 (exceptions préliminaires), CPA Affaire n° 2013-19.
- *Affaire de la Mer du Sud de la Chine-(Philippines c. Chine)*, sentence du 12 juillet 2016, CPA Affaire n° 2013-19.

Organe de règlement des différends GATT-OMC

Règlement des différends dans le cadre du GATT

- *Request of the Government of Czechoslovakia for a decision under Article XXIII as to whether or not the Government of the United States of America has failed to carry out its obligations under the Agreement through its administration of the issue of export licences.* GATT/CP.3/23, GATT/CP.3/38, GATT/CP.3/39), Summary Record of The Twenty-Second Meeting, 8 June 1949, CP.3/SR22 – II/28.
- *Suède – Restrictions à l'importation de certaines chaussures*, Compte-rendu de la réunion du Conseil du GATT, 31 octobre 1975, document C/M/109, p.8-9.
- *Restrictions commerciales touchant l'Argentine appliquées pour des raisons autres qu'économiques*, Procès-verbal de la réunion du Conseil du GATT, 7 mai 1982, document C/M/157, p.2-12.
- *United States – Imports of sugar from Nicaragua,* GATT, Report of the Panel adopted on 13 March 1984, document L/5607 – 31S/67.
- *États-Unis – Mesures commerciales affectant le Nicaragua,* Compte-rendu de la réunion du Conseil du GATT, 29 mai 1985, C/M/188, p.1-18.
- *États-Unis – Mesures affectant les exportations de sucre de Cuba*, document L/5980, Compte-rendu de la réunion du Conseil du GATT, 22 mai 1986, document C/M/198, p.35-36.
- *United States – Trade Measures Affecting Nicaragua*, Report by the Panel, GATT, document L/6053, 13 octobre 1986.
- *Mesures commerciales prises par les Communautés européennes contre la République socialiste fédérative de Yougoslavie*, Communication des Communautés européennes, 2 décembre 1991, GATT, document L/6948.
- *CEE – Mesures commerciales prises pour des raisons autres qu'économiques – Recours de la Yougoslavie aux dispositions de l'article XXIII:2*, document

DS27/2, Compte-rendu de la réunion du Conseil du GATT, 18 mars 1992, document C/M/255, p.15-20.

Règlement des différends dans le cadre de l'OMC

- *Nicaragua – Mesures visant les importations en provenance du Honduras et de la Colombie*, Compte rendu de la réunion de l'Organe de règlement des différends tenue le 7 avril 2000, WT/DSB/M/78, page 13-16.
- *Brésil – Mesures visant l'importation de pneumatiques rechappés*, Rapport du Groupe spécial, OMC, document WT/DS332/R, 12 juin 2007.
- *Russie – Mesures concernant le trafic en transit*, Rapport du Groupe spécial, OMC, document WT/DS512/R, 5 avril 2019.

Centre international pour le règlement des différends relatifs aux investissements

- *Enron Creditors Recovery Corp. Ponderosa Assets v. The Argentine Republic*, Case n° ARB/01/3, award, 22 mai 2007.
- *LG&E Energy Corp. LG&E Capital Corp. and LG&E International Inc v. The Argentine Republic*, Case n° ARB/02/1, Award, 25 juillet 2007.
- *Sempra Energy International v. The Argentine Republic*, Case n° ARB 02/16, award, 28 septembre 2007.
- *Continental Casualty Company v. Argentine Republic*, Case n° ARB/03/9, award, 5 septembre 2008.
- *Impregilo S.p.a v. Argentine Republic*, Case n° ARB/07/17, Award, June 21, 2011.
- *CMS Gas Transmission Company v. Argentine Republic*, Case n° ARB/01/8, annulment proceeding, 25 septembre 2007.
- *Enron Creditors Recovery Corp. Ponderosa Assets v. The Argentine Republic*, Case n° ARB/01/3, Annulment proceeding, 30 juin 2010.
- *Continental Casualty Company v. Argentine Republic*, Case n° ARB/03/9, Decision on the Application for Partial Annulment of Continental Casualty Company and the Application for Partial Annulment of the Argentine Republic, 16 septembre 2011.
- *El Paso Energy International Company v. The Argentine Republic*, Case ARB/03/15, Decision of the *Ad Hoc* Committee on the Application for Annulment of the Argentine Republic, September 22, 2014.

Comité des droits de l'Homme des Nations unies

- *Carballal v. Uruguay*, Communication n° R.8/33 (1981), 27 mars 1981.
- *Pietroroia v. Uruguay*, Communication n° R.10/44 (1981), 27 mars 1981.
- *Soriano de Bouton v. Uruguay*, Communication n° R.9/37 (1981), 27 mars 1981.
- *De Touron v. Uruguay*, Communication n° R.7/32 (1981), 8 avril 1981.
- *Silva and Others v. Uruguay*, Communication n° R.8/34 (1981), 27 mars 1981.
- Lopez *v. Uruguay*, Communication n° R.12/52 (1981), 29 juillet1981.
- *Consuela Salgar de Montejo c. Colombie*, Communication n° 64/1979, 24 mars 1982.
- *Suarez de Guerrero v. Colombia*, Communication n° 45/1979, 31 mai 1982.

- *Orlando Fals Borda et autres c. Colombie*, Communication n° 46/1979, 27 juillet 1982.
- *Abbassi Madani c. Algérie*, Communication no 1172/2003, 21 juin 2007.
- *Ali Benhadj c. Algérie*, Communication n° 1173/2003, 26 septembre 2007.
- *Salah Hammouri c. Israel*, Opinion n° 34/2018, Groupe de travail sur les détentions arbitraires, 29 mai 2018.

Cour européenne des droits de l'Homme

- *Affaire Autriche c. Italie*, Arrêt du 11 janvier 1961, n° 788/60.
- *Affaire Lawless c. Irlande*, Arrêt du 1et juillet 1961, requête n° 332/57.
- *Affaire Handyside c. Royaume-Uni*, Arrêt du 7 décembre 1976, requête n° 5493/72.
- *Affaire Irlande du Nord c. Royaume-Uni,* Arrêt du 18 janvier 1978, Cour plénière, requête n° 5310/71.
- *Affaire Klass et autres c. Allemagne*, Arrêt du 6 septembre 1978, requête n° 5029/7.
- *Affaire Leander c. Suède*, Arrêt du 26 mars 1987, requête n° 9248/81.
- *Affaire Soering c. Royaume-Uni*, Arrêt du 7 juillet 1989, requête n° 14038/88.
- *Affaire Observer et Guardian c. Royaume-Uni*, Arrêt du 26 novembre 1991, requête n° 13585/88.
- *Affaire Brannigan et McBride c. Royaume-Uni*, Arrêt du 26 mai 1993, requête n° 14553/89 ; 14554/89.
- *Affaire Vereinigung demokratischer Soldaten Österreichs et Gubi c. Autriche,* Arrêt Grande chambre du 19 décembre 1994, requête n° 15153/89.
- *Affaire Piermont c. France*, Arrêt de Chambre du 27 avril 1995, requête n° 15774/89.
- *Affaire Chahal c. Royaume-Uni,* Arrêt du 15 novembre 1996, requête n° 2414/93.
- *Affaire Saunders c. Royaume-Uni*, Arrêt Grande Chambre du 16 décembre 1996, requête n° 19187/91.
- *Affaire Aksoy c. Turquie,* Arrêt du 18 décembre 1996, requête n° 21987/93.
- *Affaire Zana c. Turquie,* Arrêt Grande Chambre du 25 novembre 1997, requête n° 18954/91.
- *Affaire Gitonas c. Grèce*, Arrêt du 1er juillet 1997, requête n° 18747/91.
- *Affaire Sakik et autres c. Turquie*, Arrêt du 26 novembre 1997, requête n° 87/1996/67/897-902.
- *Affaire Demir et autres c. Turquie,* Arrêt du 23 septembre 1998, requête n° 71/1997/855/1062-1064.
- *Decision as to the Admissibility of Application* n° 45925/99 *by Leonard PRANJKO against Sweden*, 23 février 1999.
- *Affaire Sürek c. Turquie,* Arrêt Grande Chambre du 8 juillet 1999, requête n° 26682/95.
- *Affaire Sürek et Ozdemir c. Turquie*, Arrêt Grande Chambre du 8 juillet 1999, Requêtes nos 23927/94 et 24277/94.
- *Affaire Sürek c. Turquie (n° 3)*, Arrêt du 8 juillet 1999, requête n° 24735/94.
- *Affaire Gorzelik et autres c. Pologne,* Arrêt du 17 février 2004, requête n° 44158/98.

- *Decision as to the Admissibility of Application* n° 6276/03 and n° 6122/04 by *Akbar Taheri Kandomabadi against the Netherlands*, 29 juin 2004.
- *Affaire Haydar Yildirim et autres c. Turquie*, Arrêt du 15 juillet 2004, requête n° 42920/98.
- *Affaire Mamatkoulov et Askarov c. Turquie*, Arrêt du 4 février 2005, requêtes n° 46827/99 et 46951/99.
- *Affaire Leyla Sahin c. Turquie*, Arrêt Grande Chambre du 10 novembre 2005, requête n° 44774/98.
- *Affaire Stoll c. Suisse,* Arrêt Grande Chambre du 10 décembre 2007, requête n° 69698/01.
- *Affaire Ismoilov et autres c. Russie*, Arrêt du 24 avril 2008, requête n° 2947/06.
- *Affaire C.G et autres c. Bulgarie*, Arrêt du 24 juillet 2008, requête n° 1365/07.
- *Affaire Salduz c. Turquie*, Arrêt Grande Chambre du 27 novembre 2008, requête n° 36391/02.
- *Affaire A. et autres c. Royaume-Uni*, Arrêt Grande Chambre du 19 février 2009, requête n° 3455/05.
- *Case of Nolan and K. V. Russia*, Judgment of 12 February 2009, Application n° 2512/04.
- *Case of Abdolkhani and Karimnia v. Turkey, Application* n° 30471/08, Judgment of 22 september 2009.
- *Case of A. v. The Netherlands*, Judgment of 20 July 2010, Application n° 4900/06.
- *Affaire Sher et autres c. Royaume-Uni,* Arrêt du 20 octobre 2015, requête n° 5201/11.
- *Affaire Roman Zakharov c. Russie*, Arrêt Grande Chambre du 4 décembre 2015, requête n° 47143/06.
- *Affaire Armani da Silva c. Royaume-Uni*, Arrêt Grande Chambre du 30 mars 2016, requête n° 5878/08.
- *Case of Szabo and Vissy v. Hungary*, Judgment of 6 June 2016, Application n° 37138/14.
- *Affaire Ibrahim et autres c. Royaume-Uni,* Arrêt Grande Chambre du 13 septembre 2016, requêtes n° 50541/08, 50571/08, 50573/08 et 40351/09.
- *Affaire Mehmet Asan Altan c. Turquie*, Arrêt du 20 mars 2018, requête n° 13237/17.
- *Affaire Sahin Alpay c. Turquie*, Arrêt du 20 mars 2018, requête n° 16538/17.
- *Affaire A.S c. France*, Arrêt du 19 avril 2018, requête n° 46240/15.
- *Case of Jlatifi v. the former Yugoslav Republic of Macedonia*, Judgment of 17 May 2018, Application n° 19017/16.
- *Case of Amerkhanov v. Turquey*, Judgment of 5 June 2018, Application n° 16026/12.
- *Case of Centrum for Ratvisa v. Sweden,* Judgment of 19 June 2018, Application n° 35252/08.
- *Case of X. v. The Netherlands*, Judgment of 10 July 2018, Application n° 14319/17.

Cour de justice de l'Union européenne

- *Regina (la Reine) c. P. Bouchereau*, Arrêt du 27 octobre 1977, Cour CEE, Affaire 30/77.
- *Campus Oil Limited et autres contre ministre pour l'Industrie et l'Energie et autres,* Arrêt du 10 juillet 1984, CJCE, Affaire 72/83.
- *GÜL / Regierungspräsident Düsseldorf*, Arrêt du 7 mai 1986, CJCE, Affaire 131/85.
- *Affaire A. Ahlström Osakeyhtiö et autres contre Commission des Communautés européennes. – Pratiques concertées entre entreprises établies dans des pays tiers portant sur les prix de vente à des acheteurs établis dans la Communauté,* Arrêt du 27 septembre 1988, CJCE, Affaires jointes 89, 104, 114, 116, 117 et 125 à 129/85.
- *Procédure pénale contre Aimé Richardt et Les Accessoires Scientifiques SNC,* Arrêt du 4 octobre 1991, CJCE, Affaire C-367/89.
- *Sanz de Lera et autres*, Arrêt du 14 décembre 1995, CJCE, Affaires jointes C-163/94, C-165/94 et C-250/94.
- *Gencor Ltd contre Commission des Communautés européennes,* Arrêt du 25 mars 1999, Tribunal de première instance (cinquième chambre élargie), affaire T-102/96.
- *Commission des Communautés européennes contre République française*, Arrêt du 4 juin 2002, CJCE, affaire C-483/99.
- *Commission c. Belgique*, Arrêt du 16 octobre 2003, CJCE, affaire C-250/01.
- *Land Baden-Württemberg c. P. Tsakouridis,* Arrêt du 23 novembre 2010, CJUE (grande chambre), affaire C-145/09.
- *Digital Rights Ireland Ltd c. Minister for Communications, Marine and Natural Resources, Minister for Justice, Equality and Law Reform, Commissioner of the Garda Síochána, Irlande, Attorney General* et *Kärntner Landesregierung, MM. Seitlinger, Tschohl*, Arrêt du 8 avril 2014, CJUE (grande chambre), affaires jointes C-293-12 et C-594/12.
- *Z.Zh. c. Staatssecretaris voor Veiligheid en Justitie et Staatssecretaris voor Veiligheid en Justitie c. I.O.*, CJUE, Arrêt du 11 juin 2015, Affaire C544/13.
- *Schrems c. Data Protection Commissioner,* CJUE (grande chambre), Arrêt du 6 octobre 2015, affaire C-362/14.
- *J.N. c. Staatssecretaris van Veiligheid en Justitie,* CJUE (grande chambre), Arrêt du 15 février 2016, Affaire C601/15.
- *Tele2 Sverige AB* c. *Post- och telestyrelsen* et *Secretary of State for the Home Department c. Tom Watson*, Arrêt du 21 décembre 2016, CJUE (grande chambre), affaires jointes C-203/15 et C-698/15.
- *S. Fahimian c. Bundesrepublik Deutschland*, Arrêt du 4 avril 2017, CJUE (grande chambre), affaire C-544/15.
- *Avis 2/15* (Accord de libre-échange UE – Singapour) du 16 mai 2017, CJUE (assemblée plénière.)
- *Rosneft c. Conseil*, Arrêt du 28 mars 2017, CJUE (grande chambre), Affaire C-72/15
- *Avis 1/15* (Accord PNR UE – Canada) du 26 juillet 2017, CJUE (grande chambre.)
- *Data Protection Commissioner c. Facebook Ireland et Shrems*, CJUE Grande Chambre, Arrêt du 16 juillet 2020, affaire C-311/18.

Commission interaméricaine des droits de l'Homme

- *Informe sobre la Situación de los Derechos Humanos en Bolivia,* Rapport du 13 octobre 1981.
- *Informe sobre la Situación de los Derechos Humanos en Guatemala,* Rapport du 13 octobre 1981.
- *Informe sobre la situacion de los derechos humanos de un sector de la poblacion nicaraguense de origen miskito*, Rapport du 23 novembre 1983.
- *Informe sobre la Situación de los Derechos Humanos en Chile,* Rapport du 8 mai 1985.
- *Informe sobre la Situación de los Derechos Humanos en Paraguay,* Rapport du 28 septembre 1987.
- *Resolución sobre el Procedimiento de Solución Amistosa sobre la Situación de los Derecho Humanos de un Sector de la Población Nicaragüense de Origen Miskito*, Caso N° 7964 (Nicaragua), 16 mai 1984.
- *Affaire Loren Laroye Riebe Star, Jorge Barón Guttlein y Rodolfo Izal Elorz c. México,* Rapport n° 49/99 du 13 avril 1999, Commission interaméricaine des droits de l'Homme.
- *Affaire Walter Humberto Vasquez Vejarano c. Peru*, Rapport n° 48/00 du 13 avril 2000, Commission interaméricaine des droits de l'Homme.
- *Honduras : Derechos Humanos y Golpe de Estado*, 30 décembre 2009.

Cour interaméricaine des droits de l'Homme

Arrêts

- Affaire *Baena Ricardo et autres (270 travailleurs) c. Panama*, Arrêt du 2 février 2001, Cour IDH.
- Affaire *Zembrano Vélez et autres c. Équateur*, Arrêt du 4 juillet 2007, Cour IDH.

Opinions consultatives

- *El Hábeas corpus bajo suspensión de garantías (arts. 27.2, 25.1 y 7.6 Convención Americana sobre Derechos Humanos),* Opinión Consultiva OC-8/87 del 30 de enero de 1987. Serie A No. 8.

BIBLIOGRAPHIE

Ouvrages

- ACHILLEAS (Ph.), *Droit de l'espace. Télécommunication – Observation – Navigation – Défense – Exploration*, Bruxelles, Larcier, 2009, 384 p.
- AGAMBEN (G.), *État d'exception. Homo Sacer,* Paris, Seuil, 2003, 151 p.
- ALEXANDER (K.), *Economic Sanctions. Law and Public Policy*, Basingstoke, Palgrave Macmillan, 2009, 359 p.
- AUSSARESSES (G.), *Je n'ai pas tout dit. Ultimes révélations au service de la France*, Paris, Éditions du Rocher, 2014, 298 p.
- BATTISTELLA (D.), PETITEVILLE (F.), SMOUTS (M.-C.), VENNESSON (P.), *Dictionnaire des relations internationales*, Paris, Dalloz, 2012, 572 p.
- BEAUD (O.), *La puissance de l'État*, Paris, PUF, 1994, 512 p.
- BEURIER (J.-P.) (dir.) *Droits maritimes*, Dalloz Action, Paris, Dalloz, 2008, 1216 p.
- BODIN (J.), *Les six livres de la République*, Paris, Le livre de poche, 1993, 607 p.
- BONNER (D.), *Executive Measures, Terrorism and National Security*, Aldershot, Ashgate, 2007, 371 p.
- BREYER (S.), *The Court and The World. American Law and The New Global Realities*, New York, Alfred A. Knopf, 2015, 382 p.
- BRUGIERE (P.-F.), *La règle de l'unanimité des membres permanents au Conseil de sécurité – « Droit de veto »*, Paris, Pedone, 1952, 267 p.
- BURGORGUE-LARSEN (L.), UBEDA de TORRES (A.), *Les grandes décisions de la Cour interaméricaine des droits de l'Homme*, Bruxelles, Bruylant, 2008, 995 p.
- CAMERON (I.), *National Security and the European Convention on Human Rights*, The Hague, Kluwer Law International, 2000, 479 p.
- CAMUS (C.), *La guerre contre le terrorisme. Dérives sécuritaires et dilemme démocratique*, Paris, Éditions du Félin, 2007, 151 p.
- CARREAU (D.), JUILLARD (P.), *Droit international économique*, Paris, Dalloz, 1re édition, 2003, 706 p.
- CHALTIEL (F.), *La souveraineté de l'État et l'Union européenne, l'exemple français. Recherches sur la souveraineté de l'État membre*, Paris, LGDJ, 2000, 606 p.
- CHARVIN (R.), DUJARDIN (G.), *La Corée vers la réunification*, Paris, L'Harmattan, 2010, 257 p.

- CNUCED: « The Protection of National Security in International Investment Agreements », United Nations, New York and Geneva, 2009.
- COMBACAU (J.), SUR (S.), *Droit international public*, 6e éd Paris, Montchrestien, 2006, 848 p.
- CORTEN (O.), *L'utilisation du « raisonnable » par le juge international*, Bruxelles, Bruylant, 1997, 696 p.
- CORTEN (O.), *Le droit contre la guerre. L'interdiction du recours à la force en droit international contemporain*, Paris, Pedone, 2008, 867 p.
- CORTEN (O.), *Méthodologie du droit international public*, Bruxelles, Éditions de l'Université de Bruxelles, 2009, 291 p.
- CORTEN (O.), *Le discours du droit international. Pour un positivisme critique*, Paris, Pedone, 2009, 352 p.
- COT (J.-P.), PELLET (A.), FORTEAU (M.) (dir.), *La Charte des Nations Unies. Commentaire article par article,* vol. I et II, 3e éd., Paris, Economica, 2005, 1366 p et 2363 p.
- CRAWFORD (J.), *Les articles de la C.D.I sur la responsabilité de l'État. Introduction, texte et commentaires*, Paris, Pedone, 2003, 461 p.
- CRUZ OCHOA (R.), FERNANDEZ BULTE, (J.), TOLEDO SANTANDER (J.L.), MEDINA CUENCA (A.), *Derecho penal especial*, Tomo III, La Habana, Félix Varela, 2003, 241 p.
- DAILLIER (P.), FORTEAU (M.), PELLET (A.), *Droit international public*, 8e éd., Paris, LGDJ, 2009, 1709p.
- DAVET (G.), LHOMME (F.), *Un président ne devrait pas dire ça*, Paris, Stock, 2017, 672 p.
- DAVIES (K.), JOHNSON (E.), DESIO (L.), KIDD (S.), PAUL (T.) (Eds..), *Air Force Operations and The Law*, The Judge Advocate General's School, U.S Air Force, 2014, 684 p.
- DELABIE (L.), *Approches américaines du droit international. Entre unité et diversité*, Paris, Pedone, 2011, p.505.
- DELMAS-MARTY (M.), *Libertés et sûretés dans une monde dangereux*, Paris, Seuil, 2010, 273 p.
- DEPARTMENT OF DEFENSE, *Department of Defense Law of War Manual*, Office of the General Counsel, Department of Defense, Washington, 2015, 184 p.
- DEPARTMENT OF THE NAVY, *A Cooperative Strategy for 21st Century Seapower*, March 2015, 37 p.
- DEPARTMENT OF THE NAVY & DEPARTMENT OF HOMELAND SECURITY, *The Commander's Handbook on the Law of Naval Operations*, Navy Warfare Publications, 2007,
- DESPAGNET (F.), *Cours de droit international public*, Paris, L. Larose, 1894, 723 p.
- DEYRA (M.), *Le droit dans la guerre*, Paris, Gualino, 2009, 283 p.
- DIEDERIKS-VERSCHOOR (I.), MENDES de LEON (P.) (Revision.); *An Introduction to Air Law*, The Netherlands, Wolters Kluwer, 2012, 429 p.
- DIEZ de VELASCO (M.), *Instituciones de derecho internacional público*, Madrid, Tecnos, 2005, 1124 p.
- DINSTEIN (Y.), *War, aggression and self-defense*, Cambridge, Cambridge University Press, 2017, 405 p.

- DUPONT (P.-M.), *Droit aérien. Souveraineté et libertés dans la troisième dimension*, Paris, Pedone, 2015, 418 p.
- DUPUY (P.-M.), *Droit international Public*, 9e éd., Paris, Dalloz, 2008, 879 p.
- DUPUY (R.-J.), VIGNES (D.), *A Handbook on the New Law of the Sea*, vol.2, Académie international de droit de La Haye, Leiden – Boston, Brill Nijhoff 1991, 856 p.
- DURIEUX (B.), JEANGENE VILMER (J.-B.), RAMEL (F.) (Dir.), *Dictionnaire de la guerre et de la paix*, Paris, PUF, 2017, 1513 p.
- DUTEIL de la ROCHERE (J.) (dir..) ; *Droit de l'espace*, Paris, Pedone, 1988, 370 p.
- D'ESTEFANO PISANI (M.), *Breve historia del derecho internacional*, La Habana, Ciencias sociales, 2003, 258 p.
- FERNANDEZ ROZAS (J.-C.), *Sistema del comercio internacional*, Madrid, Civitas, 2001, 384 p
- FROUVILLE (O. de.), *L'intangibilité des droits de l'Homme en droit international. Régime conventionnel des droits de l'Homme et droit des traités*, Paris, Pedone, 2004, 561 p.
- GARAPON (A.), M. ROSENFELD (M.), *Démocraties sous stress. Les défis du terrorisme global*, Paris, PUF, 2016, 217 p.
- GARAPON (A.), SERVAN-SCHREIBER (P.) (eds.), *Deals de justice. Le marché américain de l'obéissance mondialisée*, Paris, PUF, 2015, 199 p.7
- GARNER (B.) (Ed.), *Black's Law Dictionary*, St. Paul, Thomson Reuters, 2009, 2016 p.
- GRANGER (M.-A.), *Constitution et sécurité intérieure. Essai de modélisation juridique*, Paris, LGDJ, 2011, 493 p.
- GAULLE (Ch. de), *Mémoires*, Paris, Gallimard, 2000, 1505 p.
- GAUTHIER (C.), PLATON (S.) et SZYMCZAK (D.), *Droit européen des droits de l'Homme*, Paris, Sirey Dalloz, 2017, 518 p.
- GROTIUS (H.), *Le droit de la guerre et de la paix*, Paris, Presses universitaires de France, 2005, 868p.
- HARTEN (G. van.), *Investment Treaty Arbitration and Public Law*, Oxford, Oxford University Press, 2007, 214 p.
- HAVEL (B. F.), SANCHEZ (G.S.), *The principles and Practice of International Aviation Law*, New York, Cambridge University Press, 2014, 444 p.
- HEISBOURG (Fr.), PASCO (X.), *Espace militaire. L'Europe entre souveraineté et coopération*, Paris, Choiseul, 2011, 157 p.
- HENNEBEL (L.), *La Convention américaine des droits de l'Homme. Mécanismes de protection et étendue des droits et libertés*, Bruxelles, Bruylant, 2007, 737 p.
- HENNEBEL (L.), *La jurisprudence du Comité des droits de l'Homme des Nations unies. Le Pacte international relatif aux droits civils et politiques et son mécanisme de protection individuelle*, Bruxelles, Bruylant, 2007, 582 p.
- HIGGINS (R.), *The Development of International Law Throught the Political Organs of the United Nations*, New York, London, Toronto, The Royal Institute of International Affairs, Oxford University Press, 1963, 402 p.
- HOBBES (Th.), *Léviathan*, Paris, Gallimard Folio, 2007, 1027 p.
- HOROWITZ (D.), *De Yalta au Vietnam*, T.1, Paris, 10/18, 1973, 314 p.

- JOHNSON (W.) (Ed..), *Law of Armed Conflict Deskbook*, The Judge Advocate General's Legal Center & School, U.S ARMY, Charlottesville, 2013, 250 p.
- JOHNSON (W.) (Ed..), *Law of Armed Conflict Documentary Supplement*, The Judge Advocate General's Legal Center & School, U.S ARMY, Charlottesville, 2013, 559 p.
- JOHNSON (W.) (Ed..), *Operational Law Handbook*, The Judge Advocate General's Legal Center & School, U.S ARMY, Charlottesville, 2013, 494 p.
- KELSEN (H.), *Controverses sur la théorie pure du droit. Remarques critiques sur Georges Scelle et Michel Virally*, Paris, Éditions Panthéon-Assas, 186 p.
- KISS (A.-C.), *Répertoire de la pratique française en matière de droit international public*, Tome II, Paris, Éditions du CNRS, 1966. 674 p.
- KITTRIE (O. F.), *Lawfare. Law as a Weapon of War*, Oxford, Oxford University Press, 2016, 481 p.
- KLIMBURG (A.) (Ed.), *National Cyber Security Framework Manual*, Tallin, NATO Cooperative Cyber Defence Centre of Excellence (CCD COE.) Publication, 2012, 236 p.
- KOLB (R.), *Réflexions sur les politiques juridiques extérieures*, Paris, Pedone, 2015, 138 p.
- LACHARRIÈRE (G. de), *La politique juridique extérieure*, Paris, Economica, 1983, 236 p.
- LEFEBVRE (M.), *Le jeu du droit et de la puissance. Précis de relations internationales*, 5e éd ; Paris, PUF, 2018, 708 p.
- F. LEVERETT (F.), LEVERETT (H.), *Going to Tehran. Why America Must Accept the Islamic Republic of Iran*, New York, Picador, 2014, 484 p.
- LOCKE (J.), *Traité du gouvernement civil*, Paris, GF Flammarion, 2007, 381°p.
- LUCCHINI (L.), VOELCKEL (M.), *Droit de la mer*, T.2, Paris, Pedone, 1996, 717 p.
- MANN (F. A.), *The Legal Aspect of Money,* 2e, Oxford, The Clarendon Press, 1953, 488 p.
- МАНУКЯН (В. И.), *Европейский суд по правам человека*, Киев, Истина, 2007, (V. MANOUKIAN, *La Cour Européenne des droits de l'Homme*, Kiev, Istina, 2007.) 368 p.
- McWHINNEY (E.), *Les Nations Unies et la formation du droit. Relativisme culturel et idéologique et formation du droit international pour une époque de transition*, Paris, Pedone UNESCO, 1986, 292 p.
- MINISTRY OF DEFENCE (U.K.), *The Joint Service Manual of the Law of Armed Conflict*, Joint Service Publication 383, 2004, 668 p.
- MIRANDA BRAVO (O.), *Cuba/USA: nacionalizaciones y bloqueo*, La Habana, Ciencias sociales, 2003, 137p.
- MONTESQUIEU (C.-L de S.), *De l'esprit des lois*, Paris, Garnier – Flammarion, 1979, T.1, 507p.
- MOORE (J.N.), TURNER (R.F.) (Eds.), *Legal Issues in the Struggle Against Terror,* 2e éd., Durham, Carolina Academic Press, 2014, 580 p.
- MOORE (J.N.), ROBERTS (G.B.), TURNER (R.F.) (Eds.), *National Security Law Documents*, 2e éd., Durham, Carolina Academic Press, 2006, 1206 p.
- MOORE (J.N.), ROBERTS (G.B.), TURNER (R.F.) (Eds.), *National Security Law & Policy*, 3e éd., Durham, Carolina Academic Press, 2015, 1567 p.

- MOREIRO GONZALEZ (C.), *Las clausulas de seguridad nacional*, Madrid, Iustel, 2007, 248 p.
- NATIONAL DEFENCE, *Law of Armed Conflict At the Operational and Tactical Levels, Joint doctrine Manual*, Office of The Judge-Advocate General, Canada, 2001, 246 p.
- O'CONNELL (M.), *International Law and the 'Global War on Terror'*, Cours et travaux, IHEI de l'Université de Paris II, Paris, Pedone, 2007, 93 p.
- ONUMA (Y.), *A Transcivilizational Perspective on International Law*, Leiden Boston, Martinus Nijhoff, 2010, 480 p.
- PANCRACIO (J.-P.), *Droit de la mer*, Paris, Dalloz, 2010, 520 p.
- PARK (K. G.), *La protection de la souveraineté aérienne*, Paris, Pedone, 1991, 403 p.
- PARRY (J..), GRANT (J.), *Encyclopaedic Dictionary of International Law*, New York, Oxford University Press, 2009, 691 p.
- PEYREFITTE (L.), *Droit de l'espace*, précis Dalloz, Paris, Dalloz, 1993, 352 p.
- PINGEL (I.) (dir.), *De Rome à Lisbonne. Commentaire article par article des traités UE et CE*, 2e édition, Bâle-Paris-Bruxelles, Helbing Lichtenhahn, Dalloz, Bruylant, 2010, 2272 p.
- PONTAVICE (E. du), CORDIER (P.), *Droit de la mer : problèmes actuels*, T.1, Paris, PUF, 1984, 569 p.
- RIQUELME CORTADO (R.), *Derecho internacional. Entre un orden global y fragmentado*, Madrid, Biblioteca Nueva, Fundacion José Ortega y Grasset, 2005, 373 p.
- ROBERT (P.), *Dictionnaire alphabétique et analogique de la langue française*, T.1 à 6, Paris, Société du nouveau littré, Le Robert, 1966.
- RONZITTI (N.) (Ed.) *The Law of Naval Warfare,* Leyde, Brill / Martinus Nijhoff, 1988, 888 p.
- ROUSSEAU (Ch.), *Droit international public approfondi*, Paris, Dalloz, 1958, 393 p.
- ROUSSEAU (J.-J.), *Du contrat social*, Paris, GF Flammarion, 2001, 256 p.
- SAINT-BONNET (F.), *L'État d'exception,* Paris, PUF, 2001, 393 p.
- SALMON (J.), *Dictionnaire de droit international public,* Bruxelles, Bruylant, 2001, 1198 p.
- SANTULLI (C.), *Introduction au droit international. Formation, application, exécution*, Paris, Pedone, 2013, 276p.
- SANTULLI (C.), *Droit du contentieux international*, Paris, Montchrestien, 2005, 584 p.
- SCHMITT (C.), *Théologie politique,* Paris, NRF Gallimard, 2008, 182 p.
- SCHMITT (C.), *Le Léviathan dans la doctrine de l'État de Thomas Hobbes*, Paris, Seuil, 2002, 246 p.
- SCHMITT (C.), *La dictature*, Paris, Seuil, 2000, 330 p.
- SCHMITT (M.) (Ed.), *Tallin Manual on the International Law Applicable to Cyber Warfare*, Cambridge, Cambridge University Press, 2013, 282 p.
- SEILLER (B.), *Droit Administratif*, 5e éd., 2 vol., Paris, Champs Flammarion, 2014, 345 p. (vol. 1.) et 363 p (vol. 2.).
- SICILIANOS (L.-A.), *Les réactions décentralisées à l'illicite. Des contre-mesures à la légitime défense*, Paris, LGDJ, 1990, 532 p.
- SPAAK (P.-A.), *Pourquoi l'OTAN ?,* Paris, Plon, 1959, 77p

- SUDRE (Fr.), *Droit européen et international des droits de l'Homme*, 10e éd, Paris, PUF, 2011, 925 p.
- SUKINNICKI (W.), *Essai sur la souveraineté des États en droit international moderne*, Thèse pour le Doctorat en Droit, Paris, Pedone, 1926.
- SVENSON-McCARTHY (A.L.), *The International Law of Human Rights and States of Exception*, The Hage, Martinus Nijhoff Publishers, 1998, 780 p.
- TROPER (M.), *Le droit et la nécessité*, Paris, PUF, 2011, 294 p.
- TIGERSTROM (B. von), *Human Security and International Law. Prospects and Problems, Oxford, Hart Publishing*, 2007, 254 p.
- UNITED NATIONS, *The Law of the Sea. Currents Developments in State Practice*, n° II, Office for Foreign Affairs and the Law of the Sea, 1989, 222p.
- UNITED NATIONS. OFFICE OF THE HIGH COMMISSIONER FOR HUMAN RIGHTS, INTERNATIONAL BAR ASSOCIATION, *Human Rights in the Administration of Justice : a Manual on Human Rights for Judges, Prosecutors and Lawyers,* United Nations Publications, 1 déc. 2003, 885 p.
- WILDE d'ESTMAEL (T. de), *La dimension politique des relations économiques extérieures de la Communauté européenne. Sanctions et incitants économiques comme moyens de politique étrangère,* Bruxelles, Bruylant, 1998, 445 p.
- ZARATE (J.), *Treasury 's War. The Unleashing of a New Era of Financial Warfare*, New York, PublicAffairs, 2013, 488 p.

Cours de l'Académie de droit international

- ARANGIO-RUIZ (G.), « Le domaine réservé : l'organisation internationale et le rapport entre droit international et droit interne : Cours général de droit international public », RCADI, vol. 225, 1990.
- BROWNLIE (I.), « International law at the fiftieth anniversary of the United Nations : general course in public international law », RCADI, vol.255, 1995.
- CASSIN (R.), « La déclaration universelle et la mise en œuvre des droits de l'Homme », RCADI, vol. 79, 1951.
- CASSIN (R.), « Les droits de l'Homme », RCADI, vol. 140, 1974.
- DAMROSCH (L.), « Enforcing International Law Through Non-Forcible Measures », RCADI, vol.269, 1998.
- GRAY (Ch.), « The Limits of Force », RCADI, vol.376, 2014.
- GROSS-ESPIEL (H.), « La Convention américaine et la Convention européenne des droits de l'Homme », RCADI, vol. 218, 1989.
- GUILLAUME (G.), « Terrorisme et droit international », RCADI, vol.215, 1989.
- HANQIN (X.), « Chinese Contemporary Perspective on International Law : History, Culture and International Law », RCADI, vol. 355, 2012.
- KLEIN (P.), « Le droit international à l'épreuve du terrorisme », RCADI, vol.321, 2007.
- KOH (H.), « International Business Transactions in United States Courts », RCADI, vol.261, 1996.
- LACHS (M.), « Le développement et les fonctions des traités multilatéraux », RCADI, vol. 92, 1957.
- LOWENFELD (A.F.), « International Litigation and the Quest for Reasonableness. General Course on Private International Law », RCADI, vol.245, 1994.

- McDOUGALL (M.S.), « International Law, Power and Policy : A Contemporary Conception », RCADI, 1953.
- MUIR WATT (H.), « Aspects économiques du droit international privé (Réflexions sur l'impact de la globalisation économique sur les fondements des conflits de lois et de juridictions.) », RCADI, vol.307, 2004.
- PEPIN (E.), « Le droit aérien », RCADI, vol.71, 1947.
- PREUSS (L.), « Article 2, Paragraph 7 of the Charter of the United Nations and Matters of Domestic Jurisdiction », RCADI, vol. 74, 1949.
- QUENEUDEC (J.-P.), « La notion d'État intéressé en droit international », RCADI, vol.255, 1995.
- SCHACHTER (O.), « International Law in Theory and in Practice », RCADI, vol. 178, 1982.
- SUR (S.), « Vérification en matière de désarmement », RCADI, vol. 273, 1998.
- SUR (S.), « La créativité du droit international. Cours général de droit international public », RCADI, vol.363, 2012.
- TREVES (T.), « Codification du droit international et pratiques des États dans le droit de la mer », RCADI, vol.223, 1990.
- VASAK (K.), « Le droit international des droits de l'Homme », RCADI, vol.140, 1974.
- VERHOVEN (J.), « Considérations sur ce qui est commun. Cours général de droit international public », RCADI, vol. 334, 2008.
- VILLIGER (M.E.), « The 1969 Vienna Convention on the Law of Treaties: 40 Years After », RCADI, vol.344, 2011.
- WALDOCK (C.H.M.), « The regulation of the use of force by individual states in international law », RCADI, vol.81, 1951.
- WEIL (P.), « Le droit international en quête de son identité », RCADI, vol.237, 1992.
- YEPES (J.M.), « Les accords régionaux et le droit international », RCADI, vol. 71, 1947.

Rapports, études, discours et déclarations

- ACHILLAS (C.), RUSSELL (J.), TERRET (C.), OTT (N.), « La loi de blocage : une protection française efficace contre les procédures de communication de preuves internationales ? », Bryan Cave, Bulletin, juin 2014, 4 p.
- ACHON (E. d'.), TROTTMAN (C.), « Application extraterritoriale de la loi en matière de lutte contre la corruption transnationale », Rapport n° 2016 – M- 051, Inspection générale des finances, juin 2016, 18 p.
- AGO (R.), Additif au huitième rapport sur la responsabilité des États, Annuaire de la Commission du droit international, Vol.II (1.), 1980. A/CN.4/318/Add.5 à 7, p.13-68.
- ALSTON (P.), Report of the Special Rapporteur on Extrajudicial, Summary or Arbitrary Executions, U.N Human Rights Council, 14nth session, 28 May 2010, document A/HRC/14/24/Add.6
- ANNAN (K.), « Dans une liberté plus grande : développement, sécurité et respect des droits de l'Homme pour tous », rapport du secrétaire général à l'Assemblée générale, 59e session, 24 mars 2005, A/59/2005.

- ANTOINETTE (J.-E.), GUERRIAU (J.), TUHEIAVA (R.), « Les zones économiques exclusives ultramarines : le moment de vérité », Rapport n° 430 (2013-2014.), Sénat.
- ARANGIO-RUIZ (G.), Quatrième rapport sur la responsabilité des États, 1992, Extrait de l'Annuaire de la Commission du droit international, Vol.II (1.), 1992, A/CN.4/444 and Add.1-3, 53 p.
- ASSEMBLÉE GÉNÉRALE DES NATIONS UNIES, Rapport du Groupe d'experts gouvernementaux chargé d'examiner les progrès de la téléinformatique dans le contexte de la sécurité internationale, 24 juin 2013, document A/68/98, 15 p.
- BELLINGER (J.), « Legal Issues in the War on Terrorism », speech at London School of Economics, October 31, 2006, https://www.state.gov/s/l/2006/98861.htm, accès le 15 novembre 2018.
- BNP Paribas, « Dispositif de Sécurité Financière du Groupe BNP Paribas », 21 décembre 2016, https://group.bnpparibas/uploads/file/lettre_d_engagement_21122016.pdf, accès le 12 janvier 2018.
- BOCKEL (J.-M.), PERRIN (C.), ROGER (G.), VALL (R.), « Drones d'observation et drones armés : un enjeu de souveraineté », Rapport d'information n° 559 (2016-2017.) fait au nom de la commission des affaires étrangères, de la défense et des forces armées, Sénat, 23 mai 2017, 99 p.
- BONNECARRERE (Ph.), « L'extraterritorialité des sanctions américaines », Rapport d'information fait au nom de la Commission des affaires européennes, Sénat, 65 p.
- BOSCARIOL (J.), « Forbidden Compliance : The Application of EU and Canadian Anti-Boycott and Blocking Measures to U.S. Economic Sanctions and Export Controls », McCarthy Tetrault, ABA Section of International Law, Intervention faite le 29 janvier 2015 (slides.), https://www.mccarthy.ca/pubs/ABA_SIL_Program_on_Blocking_Measures_january_29_2015.pdf, accès le 27 décembre 2017.
- BRANDIS (G.), (Australia's General Attorney.) « The Right of Self Defence Against Imminent Armed Attacks in International Law », Public Lecture at the T.C. Beirne School of Law, University of Queensland, Australia, April 11, 2017.
- BRENNAN (J.), « Strengthening ou Security by Adhering to our Values and Laws », Discours à l'Ecole de Droit de Harvard, Programme Droit et Sécurité, Cambridge, 16 septembre 2011, Office of the Presse Secretary, White House, 20 p.
- BRENNAN (J.), « The Efficacy and Ethics of the President's Counterterrorism Strategy, Transcript of Remarks », April 30, 2012, Wilson Center Home.
- BUSH (G.W.), Address to the Joint Session of the 107th Congress, September 20, 2001, White House, Washington.
- CAMERON (D.), « Syria : Refugees and Counter terrorism », Oral Answers to Questions, House of Commons, 7 September2015, https://publications.parliament.uk/pa/cm201516/cmhansrd/cm150907/debtext/150907-0001.htm, accès le 30 janvier 2018.
- CAMERON (D.), Oral Answers to Questions, House of Commons, 26 november 2015,

Column1490,https://publications.parliament.uk/pa/cm201516/cmhansrd/cm151126/debtext/151126-0001.htm#15112625000002, accès le 8 août 2018.

- CARAYON (B.), « Intelligence économique, compétitivité et cohésion sociale », Rapport au premier ministre, juin 2003, 103 p.
- CARAYON (B.), Rapport fait au nom de la Commission des lois sur la proposition de loi (n° 3985.) visant à sanctionner la violation du secret des affaires, Assemblée nationale, 11 janvier 2012, 73 p.
- CARTER (A.) & GEN. DUNFORD (J.), Press Briefing in the Pentagon Briefing Room, Department of Defense, February 29, 2016, https://www.defense.gov/News/Transcripts/Transcript-View/Article/682341/department-of-defense-press-briefing-by-secretary-carter-and-gen-dunford-in-the/, accès le 6 février 2018.
- CHEVÈNEMENT (J.-P.), « Le désarmement, la non-prolifération nucléaires et la sécurité de la France », Rapport d'information fait au nom de la commission des affaires étrangères, de la défense et des forces armées, n° 332, Sénat, 24 février 2010, 250 p.
- CLARCK (H.), WANG (L.), « Foreign Sanctions Countermeasures and Other Responses to U.S. Extraterritorial Sanctions », Dewey Ballantine LLP, August 2007, 26 p.
- CENTRAL INTELLIGENCE AGENCY, « The Inspector's General Survey of the Cuban Operation », https://www.cia.gov/library/readingroom/document/cia-rdp80b01676r001900160013-3.
- COMITÉ INTERNATIONAL DE LA CROIX-ROUGE (CICR.), « International humanitarian law and the challenges of contemporary armed conflict », rapport pour la 32 conférence du CICR, Octobre 2015, 61p.
- COMMISSION OF ASSISTANCE TO A FREE CUBA, Report Released by the Bureau of Western Hemisphere Affairs, U.S Department of State, May 6, 2004, chapitre 3 V.B. https://www.globalsecurity.org/military/library/report/2004/32242pf.htm.
- COMMITTEE OF FOREIGN INVESTMENT IN THE UNITED STATES, Annual report to Congress, 2015.
- COMMISSION DE PROTECTION DE LA VIE PRIVÉE, Royaume de Belgique, Avis relatif à la transmission de données à caractère personnel par la SCRL SWIFT suite aux sommations de l'UST (OFAC.), Avis n° 37/2006 du 27 septembre2006,28p.,https://www.privacycommission.be/sites/privacycommission/files/documents/avis_37_2006.pdf, accès le 16 janvier 2018.
- CONSEIL DE SÉCURITÉ, Rapport du Secrétaire général sur la Somalie, 9 décembre 2011, document S/2011/759.
- CONSEIL DE L'UNION EUROPÉENNE, *Principes de base concernant le recours aux mesures restrictives (sanctions.)*, dco.10198/1/04, 7 juin 2004.
- CORTEN (O.), « Rapport général : l'État de droit en droit international : quelle valeur juridique ajoutée ? » dans *L'État de droit en droit international,* Colloque de Bruxelles, SFDI, Paris, Pedone, 2009.
- COUNCIL OF THE EUROPEAN UNION, « Basic Principles on the Use of Restrictive Measures (Sanctions.) », Brussels, 7 June 2004, document 10198/1/04 REV 1.
- COURTOIS (J.-P.), Rapport n° 117 (2005-2006.) fait au nom de la commission des lois sur le projet de loi relatif à la lutte contre le terrorisme et portant

dispositions diverses relatives à la sécurité et aux contrôles frontaliers, 6 décembre 2005, Sénat.

- DEEKS (A.), « Drones in Armed Conflict: Law & Policy », intervention au 24e *National Security Law Institute, Center for National Security Law, University of Virginia*, 16 juin 2016. Intervention enregistrée : https://soundcloud.com/uva-law/law-and-policy-on-drones-in-armed-conflict, accès le 24 janvier 2018.
- EGAN (B.) (State Department.), « International Law, Legal Diplomacy, and the Counter-ASIL Campaign », Speech at American Society of International Law, April 8, 2016, https://www.lawfareblog.com/state-department-legal-adviser-brian-egans-speech-asil, accès le 2 août 2017.
- EISENHOWER (D.), « Statement Upon Signing Bill and Proclamation Relating to the Cuban Sugar Quota », July 6, 1960, http://www.presidency.ucsb.edu/ws/index.php?pid=11866, accès le 21 septembre 2017.
- GAILLARD (F.), FACON (I.), PASCO (X.), SOURBES-VERGER (I.), ACHILLEAS (Ph.), « Sécuriser l'espace extra-atmosphérique. Éléments pour une diplomatie spatiale », Fondation pour la recherche stratégique, Rapport n° 152 du 28 février 2016, 371 p.
- GAULLE (Ch. de), Conférence de presse du 21 février 1966, http://fresques.ina.fr/de-gaulle/fiche-media/Gaulle00113/conference-de-presse-du-21-fevrier-1966.html, accès le 9 mai 2018.
- GIBSON DUNN, « Clash of the sanctions », September 23, 2013, https://www.gibsondunn.com/clash-of-the-sanctions/, accès le 9 janvier 2018.
- GRAVES (R.J.), « Extraterritorial Application of the USA PATRIOT Act », article for the Association of German Public Sector Banks (VÖB.), Jones Day, 2007, p.11, http://www.jonesday.com/robert-graves-speaks-on-extraterritorial-application-of-the-usa-patriot-act-at-berlin-conference-publishes-paper-11-30-2007/, accès le 15 janvier 2018.
- GUTMANN (F.), Intervention au colloque « L'extraterritorialité du droit américain », 1er févier 2016, Fondation Res Publica, https://www.fondation-res-publica.org/Quelles-parades_a953.html, accès le 3 janvier 2017.
- GOVERNMENT (HM, U.K.), « National Cyber Security Strategy 2016 – 2021 », 81 p.
- HAUT COMMISSARIAT AUX DROITS DE L'HOMME, « Étude thématique sur les effets des mesures coercitives unilatérales sur l'exercice des droits de l'Homme, comportant des recommandations sur la façon de mettre fin à ces mesures », Documents de l'Assemblée générale des Nations Unies, Conseil des droits de l'Homme, Dix-neuvième session, 11 janvier 2012, A/HRC/19/33, 12 p.
- HOLLANDE (Fr.), Déclaration à l'Assemblée générale des Nations Unies, le 27 septembre 2015, https://www.diplomatie.gouv.fr/fr/politique-etrangere-de-la-france/la-france-et-les-nations-unies/evenements-et-actualites-lies-aux-nations-unies/70eme-session-de-l-agnu/article/syrie-declaration-du-president-de-la-republique-a-l-assemblee-generale-des, consulté le 10 août 2017.
- HOUSE OF LORDS, HOUSE OF COMMONS, JOINT COMMITTEE ON HUMAN RIGHTS, « The Government's policy on the use of drones for targeted killings », second report of Session 2015-2016, 10 May 2016, 110 p.

- HOUSE OF REPRESENTATIVES, « Briefing Before the Committee of Foreign Affairs », 114th Congress, 1st session, January 13, 2015, U.S Government Publishing Office, 78 p.
- INTERNATIONAL BAR ASSOCIATION (IBA.), « The Legality of Armed Drones under International Law », Background paper by the IBA's Human Rights Institute, 25 May 2017, United Kingdom, 55 p.
- JAZAIRY (I.), Report of the Special Rapporteur on the negative impact of unilateral coercive measures on the enjoyment of human rights on his mission to the Syrian Arab Republic, Human Rights Council, Thirty-six session, 18-28 september 2018, A/HRC/39/54/Add.2, 14p.
- JUVIN (H.), Intervention au colloque « L'extraterritorialité du droit américain », 1er févier 2016, *op. cit.*, https://www.fondation-res-publica.org/L-imperium-normatif-et-juridique-americain-et-le-systeme-de-financement-du-Department-of-Justice_a951.html, accès le 3 janvier 2017.
- KAN (S.A.) (Coord.), « China-U.S. Aircraft Collision Incident of April 2001 : Assessments and Policy Implications », CSR Report for Congress, Congressional Research Service, October 10, 2001, 37p.
- KATZMAN (K.), « The Iran Sanctions Act (ISA.) », Report for Congress, Congressional Research Service, October 12, 2007, https://fas.org/sgp/crs/row/RS20871.pdf, 6 p.
- KATZMAN (K.), « Iran Sanctions », Congressional Research Service Report Prepared for Members and Committees of Congress, April 14, 2017, www.csr.gov, 90 p.
- KENNEDY (J.F.), « Proclamation 3447 - Embargo on All Trade with Cuba », 3 février 1962, http://www.presidency.ucsb.edu/ws/?pid=58824, accès le 21 septembre 2017.
- KOH (H.), « The Obama Administration and International Law », speech, Annual Meeting of the American Society of International Law, March 25, 2010, https://2009-2017.state.gov/s/l/releases/remarks/139119.htm, accès le 3 septembre 2018.
- LE BŒUF (R.), « Les aspects militaires de la sentence arbitrale du 12 juillet 2016 relative au différend sino-philippin en mer de Chine », intervention au 5e colloque annuel de l'AFDSD, Lille, 28 et 29 septembre 2017, nos notes personnelles et le rapport de synthèse réalisé par P. MARTIN-BIDOU, http://www.afdsd.fr/wpcontent/uploads/2017/11/AFDSDrapportMartinBidouLille917atelier5.pdf, accès le 15 avril 2018.
- LELLOUCHE (P.) (président.), Rapport d'information sur l'extraterritorialité de la législation américaine, Mission d'information, Assemblée nationale, 5 octobre 2016, 180 p.
- MANGIN (R.), Rapport d'information par la Commission des Affaires étrangères sur les sanctions internationales, Assemblée nationale, 27 juin 2001, 68 p.
- MANUEL DE L'OTAN, Bureau de l'information et de la presse Bruxelles, OTAN, 2001, 591p.
- MINISTÈRE DES AFFAIRES ETRANGERES, « Stratégie internationale de la France pour le numérique », Décembre 2017.

- MINISTÈRE DES ARMÉES, *Droit International appliqué aux opérations dans le cyberespace*, Délégation à l'information et à la communication de la défense, 2019, 20 p.
- MINISTÈRE DES ARMÉES, Rapport annexé au projet de loi de programmation militaire 2019-2025, 63 p.
- MINISTÈRE DES ARMÉES, « Revue stratégique de défense et de sécurité nationale – 2017 », Paris, Édition numérique réalisée par le Ministère de la défense, 2017, 109 p.
- MINISTÈRE DES ARMÉES, « Opération Chammal », Dossier de presse, juillet 2017.
- MINISTÈRE DES ARMÉES, « Livre blanc – Défense et sécurité nationale – 2013 », Direction de l'information légale et administrative, Paris, Édition numérique réalisée par le Ministère de la défense, 2013, 159 p.
- MINISTÈRE DES ARMÉES, « Livre blanc – Défense et sécurité nationale – 2008 », Paris, Odile Jacob, 2008, 350 p.
- MINISTÈRE DES ARMÉES, « L'usage de la force en opération militaire se déroulant à l'extérieur du territoire national », Doctrine interarmées, n° 805/DEF/EMA/EMP.1/NP (2006.), 30 p. Mis en ligne le 10 avril 2014, Centre interarmées de concepts, de doctrine et d'expérimentation, site du ministère de la défense, http://www.cicde.defense.gouv.fr/spip.php?article1233, accès le 30 janvier 2018.
- MINISTÈRE DE L'ÉCONOMIE ET DES FINANCES, Guide de bonne conduite des sanctions, Direction générale du Trésor, https://www.tresor.economie.gouv.fr/Ressources/File/425399, accès le 23 septembre 2017.
- MINISTÈRE DES RELATIONS EXTÉRIEURES DE LA RÉPUBLIQUE DE CUBA : « Informe de Cuba sobre la resolución 71/5 de la Naciones Unidas, titulada « Necesidad de poner fin àl bloqueo económico, comercial y financiero impuesto por los Estados Unidos de América contra Cuba » rapport présenté à l'Assemblée générale des Nations Unies le 1er novembre 2017.
- MONTBEYRE (R.), « Le transfert de données bancaires à caractère personnel vers les États-Unis : aspects juridiques de l'affaire SWIFT », Mémoire pour le Master 2 Professionnel de l'Internet Public Administration-Entreprises, Université de Paris 1, Droit-Tic, février 2008, p. 20, http://www.droit-tic.com/pdf/Aspects-juridiques-Swift.pdf, accès le 15 février 2018.
- OBAMA (B.), Remarks on the Administration's Approach to Counterterrorism, December 6, 2016, The White House, Washington.
- OBAMA (B.), Executive Order -- United States Policy on Pre- and Post-Strike Measures to Address Civilian Casualties in U.S. Operations Involving the Use of Force, July 1, 2016.
- OBAMA (B.), Executing Order – Imposing Additional Sanctions with Respect to North Korea, January 2, 2015.
- OBAMA (B.), Remarks in Year End Press Conference, December 19, 2014, The White House.
- OBAMA (B.); War Powers Resolution Regarding Syria, Letter to the Speaker of the House of Representatives and the President pro tempore of the Senate, September 23, 2014.

- OBAMA (B.); War Powers Resolution Regarding Iraq, Letter to the Speaker of the House of Representatives and the President pro tempore of the Senate, September 23, 2014.
- OBAMA, (B.): Remarks on the Fight Against ISIS, Transcript, *The New York Times*, September 10, 2014, https://www.nytimes.com/2014/09/11/world/middleeast/obamas-remarks-on-the-fight-against-isis.html, accès le 15 novembre 2014.
- OBAMA (B.), Speech on Drone and Counterterror Policy, May 23, 2013, The White House, Washington.
- OBAMA (B.), Presidential letter, 2012 War Powers Resolution 6 – Month Report, June 15, 2012, The White House, Washington.
- OFFICE OF THE UNITED STATES TRADE REPRESENTATIVE, "2019 Trade Policy Agenda and 2018 Annual Report of the President of the United States on the Trade Agreements Program", 373 p.
- ORGANISATION DU TRAITE DE L'ATLANTIQUE NORD (OTAN / NATO.), Wales Summit declaration, 5 september 2014.
- PALMER (G.) (Chair.), Report of the Secretary-General's Panel of Inquiry on the 31 May 2010 Flotilla Incident, September 2011, 105 p.
- PANETTA (L.), Remarks on Cybersecurity to the Business Executives for National Security, October 11, 2012, U.S Department of Defense.
- POMPEO (M.), "U.S Withdrawal from the INF Treaty on August 2, 2019", Press Statement, August 2, 2019, U.S Department of State, https://www.state.gov/u-s-withdrawal-from-the-inf-treaty-on-august-2-2019/, accès le 21 septembre 2019.
- PARLEMENT EUROPÉEN, Résolution sur l'interception des données des virements bancaires du système SWIFT par les services secrets américains, P6_TA(2006.)0317, 2006.
- PARLEMENT EUROPÉEN, Résolution sur la suspension de l'accord TFTP du fait de la surveillance exercée par l'agence nationale de sécurité américaine (NSA.) (2013/2831(RSP.).), document P7_TA (2013.)0449, 2013.
- PARLEMENT EUROPÉEN, Résolution 2014/2841(RSP.) sur la situation en Ukraine et l'état des relations UE – Russie.
- PARLY (Fl.), Discours de clôture de l'université d'été de la Défense 2017, 5 septembre 2017, https://www.defense.gouv.fr/salle-de-presse/discours/discours-de-florence-parly/discours-de-cloture-de-florence-parly-universite-d-ete-de-la-defense-2017, accès le 16 novembre 2018.
- POMPEO (M.), « Sanctions Against PDVS and Venezuela Oil Sector », January 28, 2019, https://www.state.gov/secretary/remarks/2019/01/288623.htm, accès le 3 février 2019.
- POUTINE (V.), « Пояснительная записка к проекту федерального закона "О денонсации Российской Федерацией Договора по открытому небу" » (Note explicative au projet de loi fédérale « De la dénonciation par la Fédération de Russie du Traité « ciel ouvert »), Moscou, 9 mai 2021, https://sozd.duma.gov.ru/bill/1168313-7, accès le 27 mai 2021.
- QUÉNIVET (N.), SARI (A.), « International Law Aspects of the Use of Drones for Lethal Targeting », written evidence, 14 p, annexe au rapport de HOUSE OF LORDS, HOUSE OF COMMONS, JOINT COMMITTEE ON HUMAN

RIGHTS, « The Government's policy on the use of drones for targeted killings », second report of Session 2015-2016, 10 May 2016, 110 p.

- REAGAN (R.), Presidential Foreword to « The U.S Anti-Satellite (ASAT.) Program: A Key Element in the National Security Strategy of Deterrence », The White House, May 11, 1987.
- RENNACK (D.), « North Korea: Economic Sanctions », CRS Report for Congress, Congressional Research Service, The Library of Congress, October 17, 2006, 35 p.
- REPORT FOR U.S CONGRESS, « Presidential Emergency Powers: The So-Called "War Powers Act of 1933", American Law Division, Congressional Research Service, August 20, 1996, https://www.everycrsreport.com/reports/95-753.html.
- RINEHART (I.) & ELIAS (B.), « China's Air Defense Identification Zone (ADIZ) », CRS Report for Congress, Congressional Research Service, The Library of Congress, January 30, 2015, 40 p.
- RODRÍGUEZ (M.) (Cuba), Declaration at the Final Session of Group of Governmental Experts on Developments in the Field of Information and Telecommunications in the Context of International Security. New York, June 23, 2017.
- SAN REMO MANUAL ON INTERNATIONAL LAW APPLICABLE TO ARMED CONFLICT, International Review of the Red Cross, November-December 1995, no 309, https://ihl-databases.icrc.org/ihl/INTRO/560?OpenDocument.
- SCHRIJVER (N.), HERIK (L. van den), « Leiden Policy Recommendations on Counter-Terrorism and International Law », Universiteit Leiden, Grotius Center for International Legal studies, 2001, 26 p.
- STANDING COMMITTEE ON NATIONAL DEFENCE, « Canada and the defence of North America: NORAD and aerial readiness », House of Commons, Canada, september 2016, 89 p.
- STERN (B.), « Les lois Helms-Burton et D'Amato. Une analyse politique et juridique », Conférence à l'Europa Institut (Université de la Sarre.), 24 juin 1997, https://intr2dok.vifa-recht.de/receive/mir_mods_00000048, accès le 18 septembre 2017.
- STEVENSON (J.R.), Statement on legal aspects of U.S military action in Cambodia to the NYC Bar Association, May 28, 1970, U.S Information Service, Press and Publications Branch. https://www.vietnam.ttu.edu/star/images/212/2121609018.pdf, accès le 25 septembre 2018.
- SOCIETY FOR WORLDWIDE INTERBANK TELECOMMUNICATIONS (SWIFT.), Sanctions Statement, 6 october 2014, https://www.swift.com/insights/press-releases/swift-sanctions-statement-0, accès le 19 janvier 2018.
- THE STATE COUNCIL INFORMATION OFFICE OF THE PEOPLE'S REPUBLIC OF CHINA, Military Strategy, May 2015.
- THE STATE COUNCIL INFORMATION OFFICE OF THE PEOPLE'S REPUBLIC OF CHINA, « China Adheres to the Position of Settling Through Negotiation the Relevant Disputes Between China and the Philippines in the South China Sea », July 13, 2016.

- THE WHITE HOUSE, « The National Security Strategy of the U.S.A », September 2002.
- THE WHITE HOUSE, « The National Security Strategy of the U.S.A », March 2006.
- THE WHITE HOUSE, « National Strategy for Combating terrorism », September 2006.
- THE WHITE HOUSE, « International Strategy for CyberSpace. Prosperity, Security, and Openness in a Networked World », May 2011.
- THE WHITE HOUSE / DEPARTMENT OF JUSTICE, « Procedures for Approving Direct Action Against Terrorist Targets Located Outside the United States and Areas of Active Hostilities », May 22, 2013, 18 p.
- THE WHITE HOUSE, « National Security Strategy », February 2015.
- THE WHITE HOUSE, « Report on the Legal and Policy Frameworks Guiding the United States' Use of Military Force and Related National Security Operations », December 2016, 61p.
- THE WHITE HOUSE, « National Security Strategy », December 2017.
- THE WHITE HOUSE, « Interim National Security Strategic Guidance », March 2021.
- TILLERSON (R.), « Remarks with UK Foreign Secretary Boris Johnson at a Press Availability », January 22, 2018, https://www.state.gov/secretary/remarks/2018/01/277569.htm, accès le 23 janvier 2018.
- TOMPKINS, JR (J.B.), « The Impact of the U.S.A PATRIOT Act of 2001 on Non-US Banks », Prepared in Connection with the International Monetary Fund Seminar on Current Developments in Monetary and Financial Law Held on May 7-17, 2002, in Washington, DC, 21 p.
- TREASURY (HM, U.K.), *Financial Sanctions Guidance*, Office of Financial Sanctions Implementation (OFSI.), 2018, 71 p, https://www.gov.uk/government/publications/financial-sanctions-faqs, accès le 5 mai 2019.
- TRUMAN (H.), Proclamation 2214, 16 december 1950, https://www.trumanlibrary.org/proclamations/index.php?pid=473&st=&st1=, accès le 5 janvier 2019.
- TRUMP (D.), Statement on Signing the « Countering America's Adversaries Through Sanctions Act », August 2, 2017, The White House, Washington.
- TRUMP (D.), Remarks on the Strategy in Afghanistan and South Asia, August 21, 2017, The White House, Washington.
- TRUMP (D.), « Ceasing U.S Participation in the JCPOA and Taking Additional Actions to Counter Iran's Malign Influence and Deny Iran All Paths to a Nuclear Weapon », Presidential Memoranda, May 8, 2018, The White House, Washington.
- TRUMP (D.): « Statement on the Reimposition of United States Sanctions with Respect to Iran », August 6, 2018, The White House, Washington.
- UNITED NATIONS CONFERENCE ON TRADE AND DEVELOPMENT, « The Protection of National Security in IIAs », UNCTAD Series on International Investment Policies for Development, New York Geneva, United Nations, 2009, 180 p.

- UNITED NATIONS INSTITUTE FOR DISARMAMENT & CENTER FOR STRATEGIC AND INTERNATIONAL STUDIES, Report of the International Security Cyber Issues Workshop Series, 2016, 32 p.
- U.S DEPARTMENT OF DEFENSE, « The Department of Defense Cyber Strategy, April 2015 », 42 p.
- U.S DEPARTMENT OF DEFENSE, « Pentagon Statement on Airstrike in Somalia : On March 5, the U.S. military, in self-defense and in defense of our African Union Mission in Somalia partners, conducted an airstrike in Somalia against an al-Shabaab training facility », March 7, 2016, U.S Africa Command, http://www.africom.mil/media-room/article/28034/pentagon-statement-on-airstrike-in-somalia, accès le 31 mars 2018
- U.S DEPARTMENT OF DEFENSE, « Final Report of the Defense Science Board (DSB.) Task Force on Cyber Deterrence », February 2017, 44 p.
- U.S DEPARTMENT OF DEFENSE, « Annual Report to Congress: Military and Security Developments Involving the People's Republic of China 2017 », May 2017, 106 p.
- U.S DEPARTMENT OF DEFENSE, « Summary of the 2018 National Defense Strategy of the U.S.A »
- U.S DEPARTMENT OF DEFENSE, « Statement on Open Sky Treaty Withdrawal », May 2020, https://www.defense.gov/Newsroom/Releases/Release/Article/2195239/dod-statement-on-open-skies-treaty-withdrawal/, accès le 27 mai 2021.
- U.S DEPARTMENT OF JUSTICE, Office of Public Affairs, « Seven Iranians Working for Islamic Revolutionary Guard Corps-Affiliated Entities Charged for Conducting Coordinated Campaign of Cyber Attacks Against U.S. Financial Sector », March 24, 2016.
- U.S DEPARTMENT OF JUSTICE, Office of Public Affairs, « BNP Paris Agrees to Plea Guilty and to Pay $8.9 Billion for Illegally Processing Financial Transactions for Countries Subject to U.S Economic Sanctions », June 30, 2014.
- U.S DEPARTMENT OF JUSTICE White Paper, « Lawfulness of a Lethal Operation Directed Against a U.S Citizen Who Is a Senior Operational Leader of Al-Qaida or An Associated Force », 2010, publié en 2013, p. 5, https://archive.org/details/591983-department-of-justice-white-paper-on-targeted, accès le 8 août 2017.
- U.S DEPARTMENT OF STATE, « Creation of the Cuba Internet Task Force », January 23, 2018.
- U.S DEPARTMENT OF STATE, « Strengthening the Policy of the U.S Toward Cuba », October 20, 2017.
- U.S DEPARTMENT OF THE TREASURY, « Treasury Targets Supporters of Iran's Islamic Revolutionary Guard Corps and Networks Responsible for Cyber-Attacks Against the United States », September 14, 2017, Treasury Press Center.
- U.S SENATE, « Hearings to Receive Testimony on Cyber Strategy and Policy », Committee on Armed Services, March 2, 2017.
- UNIVERSITY OF VIRGINIA LAW SCHOOl, « Cyber and the Law of Armed Conflict », colloque, November 15, 2017, http://content.law.virginia.edu/news/videos-podcasts/cyber-and-law-armed-conflict, accès le 4 février 2018.

- VARENNE (L.) et DENÉCÉ (E.), « Racket américain et démission d'État. Le dessous des cartes du rachat d'Alsthom par General Electric », Rapport de recherche n° 13, Centre Français de Recherche sur le Renseignement, décembre 2014, 35 p.
- WEED (M.), « Presidential References to the 2001 Authorization for Use of Military Force in Publicly Available Executive Actions and Reports to Congress », Memorandum, Congressional Research Service, May 11, 2016, Washington, 39 p.
- WILMSHURST (E.), « Principles of International Law on the Use of Force by States in Self-Defence », ILP-WP-05/01, Chatham House, The Royal Institute of International Affairs, 2005, 70 p.
- WRIGHT (J.) (U.K Attorney General.), « The modern law of self-defence », Speech at International Institute for Strategic Studies, 11 January 2017, 22 p.

Articles et contributions

- AANDREANI (E.), « Le coût d'opportunité », *Revue économique*, vol.18, n° 5, 1967, p. 840-858.
- AKANDE (D.), MILANOVIC (M.), « The Constructive Ambiguity of the Security Council's ISIS Resolution », Blog of the EJIL, November 21, 2015, https://www.ejiltalk.org/the-constructive-ambiguity-of-the-security-councils-isis-resolution/#more-13855, accès le 15 novembre 2018.
- AKBAR (S.) « Régime de l'arsenalisation de l'espace », dans ACHILLEAS (Ph.), *Droit de l'espace. Télécommunication – Observation – Navigation – Défense – Exploration*, Bruxelles, Larcier, 2009, p. 285-315.
- ALLOUPI (N.), « Droit international et recours aux drones lors d'un conflit armé » dans EDDAZI (F.) (dir.), *Le droit à l'épreuve des drones militaires*, Actes du colloque organisé le 25 novembre 2016 par le Centre de Recherche Juridique Pothier de l'Université d'Orléans, LGDJ, Issy-Les-Moulineaux, 2018, p. 183-197.
- ANDERSON (K.), « Targeted Killing in U.S. Counterterrorism Strategy and Law », Working Paper, American University Washington College of Law, May 11, 2009, p. 1-44, https://papers.ssrn.com/sol3/papers.cfm?abstract_id=1415070, accès le 25 janvier 2018.
- ANDERSON (K.), « Targeted Killing and Drone Warfare: How We Came to Debate Whether There is a "Legal Geography of War », Washington College of Law Research Paper No. 2011-16, April 26, 2011, p. 1-17, https://papers.ssrn.com/sol3/papers.cfm?abstract_id=1824783, accès le 15 novembre 2018.
- AKANDE (D.) et WILLIAMS (S.), « International Adjudication on National Security Issues: What Role for the WTO » ?, *VJIL*, vol.43, 2003, p. 365-404.
- BALZACQ (Th.), "Qu'est-ce que la sécurité nationale ? », *RIS*, 2003/4, n° 52, p. 33-50.
- BASTID-BURDEAU (G.), « Le puzzle de la situation dans la mer de Chine méridionale : un défi pour la sécurité régionale et mondiale ? », *AFDI*, vol. 61, 2015, p. 75-91.

- BETHLEHEM (D.), « Principles Relevant to the Scope of a State's Right to Self-Defense Against an Imminent or Actual Armed Attack by Nonstate Actors », Notes and Comments, *AJIL,* Vol.106, 2012, p. 1-8.
- BISMUTH (R.), « Pour une appréciation nuancée de l'extraterritorialité du droit américain – quelques réflexions autour des procédures et sanctions visant Alstom et BNP-Paribas », *AFDI,* vol.61, 2015, p. 785-807.
- BISMUTH (R.), « L'extraterritorialité du FATCA et le problème des « américains accidentels » », *JDI,* n° 4/2017, p. 1197-1261.
- BONDAZ (A.), « La définition de l'intérêt national en Chine : une réalité mouvante », *RIS – La revue internationale et stratégique*, n° 105, printemps 2017, p. 141-148.
- BOURELY (M.), « Le régime juridique des différentes formes d'activité spatiale », dans J. DUTEIL de la ROCHERE (dir..); *Droit de l'espace*, Paris, Pedone, 1988, p. 31-46.
- BOZO (F.), « OTAN : réflexions sur la normalisation française », *AFRI*, 2010, p. 347-359.
- BRIESE (R.) et SCHILL (S.), « If the State Considers: Self-Judging Clauses in International Disputes Settlement », *Max Planck Yearbook of United Nations Law*, vol. 13, 2009, p. 61-140.
- BROWN (B.), « U.S Objections to the Statute of the International Criminal Court: a Brief Response », *JILP*, Vol. 31, p. 855-891.
- BUCHAN (R.), « The Palmer report and the legality of Israel's naval blockade of Gaza », *The International and Comparative Law Quarterly,* Vol. 61, No. 1, January 2012, p. 264-273.
- BUNN (G.), RHINELANDER (J.), « NPT Withdrawal: Time for the Security Council to Step In », Arms Control Association, 1er mai 2005, https://www.armscontrol.org/act/2005_05/Bunn_Rhinelander, accès le 20 février 2017.
- BURDEAU (G.), « Le gel des avoirs étrangers », *JDI*, n° .1, 1997, p. 5-57.
- BURKE-WHITE (W.), « Investment Protection in Extraordinary Times : The Interpretation and Application of Non-Precluded Measures Provisions in Bilateral Investment Treaties », Public Law and Legal Theory Research Paper Series, Research Paper n° 07-14, University of Pennsylvania Law School, Prepublication Draft, *VJIL*, Winter 2008.
- CANN (W.A.), « Creating Standards and Accountability fot the Use of the WTO Security Exception: Reducing the Role of Power-Based Relations and Establishing a New Balance Between Sovereignty and Multiculturalism », *YJIL,* vol. 26, 2001, p. 413-485.
- CARREAU (D.), « Les moyens de pression économique au regard du FMI, du GATT et de l'OCDE », *RBDI*, 1984-1985, vol.18, p. 21-33.
- CASSESE (A.), « Article 51 » dans COT (J.-P.), PELLET (A.), FORTEAU (M.) (dir.), *La Charte des Nations Unies. Commentaire article par article,* vol. II, 3e éd., Paris, Economica, 2005, p. 1329-1361.
- CHAOUAD (R.), « Le paradoxe de l'intérêt national », *RIS,* n° 105, printemps 2017, p. 59-76.
- CHARVIN (R.), « Les mesures d'embargo : la part du droit », *RBDI,* 1996, n° 1, p. 5-32.

- CHRISTAKIS (Th.), « Existe-t-il un droit de légitime défense en cas de simple "menace"? Une réponse au "Groupe des personnalités de haut niveau" de l'ONU », dans THOUVENIN (J.-M.) et SLIM (H.), *Les métamorphoses du système de sécurité collective et leurs implications : droit, pratique et enjeux stratégiques*, Société française pour le droit international, Paris, Pedone, 2005, p. 197-230, version en ligne : <http://www.sfdi.org/publications/les-metamorphoses-de-la-securite-collectivedroit-pratique-et-enjeux-strategiques/>. <hal-01804790>.
- CHRISTAKIS (Th.), « L'État avant le droit ? L'exception de « sécurité nationale » en droit international », *RGDIP*, janvier-mars 2008, n° 1, p. 5-48.
- CHRISTAKIS (Th.), « La violation du droit interne en tant que menace contre la paix ? », dans *L'État de droit en droit international,* Colloque de Bruxelles, SFDI, Paris, Pedone, 2009, p. 107-122.
- CHRISTENSEN (L.) et COTTERILL (A.), « Export Controls and Economic Sanctions: Counterterrorism; Nonproliferation, National security, and the Foreign Policy of the United States » dans MOORE (J.N.), ROBERTS (G.B.), TURNER (R.F.) (Eds.), *National Security Law & Policy*, Durham, Carolina Academic Press, 2015, p. 1389-1416.
- COATES (B.A.), « The Secret Life of Statutes: A Century of the Trading with the Enemy Act », *Modern American History*, Vol.1, 2018, p. 151-172, version en ligne: doi:10.1017/mah.2018.12.
- COLLIARD (C.-A.), « Guy de Lacharrière et la troisième conférence sur le droit de la mer. Le négociateur – Le théoricien » dans *Guy Ladreit de Lacharrière et la politique juridique extérieure de la France*, Paris, Masson, 1989, p. 204-233.
- COLONOMOS (A.), « La modernité d'un archaïsme : l'embargo cubain au défi des critiques adressées à la loi Helms-Burton ». *Études du CERI*, 2000, p. 1-47, https://hal.inria.fr/file/index/docid/1011226/filename/etude63.pdf.
- CONNELL (M.) & VOGLER (S.), « Russia's Approach to Cyber Warfare », March 2017, Center for Naval Analyses (CNA.), March 2017.
- CORREIA (V.), TRIGEAUD (B.), « Transport, navigation et sources du droit international - Remarques générales », p. 37-60, dans EL BOUDOUHI (S.) (dir.), *Les transports au prisme du droit international public*, Paris, Pedone, 2019.
- CORTEN (O.), « Droit d'intervention *versus* souveraineté. Actualités et antécédents d'une tension protéiforme », *Droits*, n° 56, 2014, p. 33-48.
- CORTEN (O.), « L'argumentation des États européens pour justifier une intervention militaire contre l'« état islamique » en Syrie : vers une reconfiguration de la notion de légitime défense », *RBDI*, 2016, n°1.
- CORTEN (O.), « The Unwilling or Unable Test: Has it Been, And Could it Be, Accepted? », *LJIL*, 2016, vol. 29, p. 777-799.
- CORTEN (O.), « L'État de droit en droit international : quelle valeur ajoutée ? », Rapport général, dans SFDI, *L'État de droit en droit international,* Colloque de Bruxelles, 5-7 juin 2008, Paris, Pedone, 2009, p. 11-40.
- COSNARD (M.), « Les lois Helms-Burton et d'Amato-Kennedy, interdiction de commercer avec et d'investir dans certains pays », *AFDI*, vol. XLII, 1996, p. 33-61.

- COT (J.-M.), « Le traitement spécifique des intérêts légitimes et essentiels des États membres en droit communautaire de la concurrence », *Concurrence et consommation*, n°156, décembre 2007, p. 54-60.
- COTTEREAU (G.), « Vivre et penser le droit des relations internationales » dans *Guy Ladreit de Lacharrière et la politique juridique extérieure de la France*, Paris, Masson, 1989, p. 3-187.
- COUSSIRAT-COUSTÈRE (V.), « La réserve française à l'article 15 de la Convention Européenne des Droits de l'Homme », *JDI*, vol. 102, 1975, p. 269-293.
- COUSSIRAT-COUSTÈRE (V.), « L'activité de la Cour européenne des droits de l'Homme en 1998 et 1999 », *AFDI,* 1999, p. 746-766.
- CUMIN (D.), « L'emploi de drones aériens armés. Le pouvoir militaire sous la Vè République française revisité » dans EDDAZI (F.) (dir.), *Le droit à l'épreuve des drones militaires*, Actes du colloque organisé le 25 novembre 2016 par le Centre de Recherche Juridique Pothier de l'Université d'Orléans, LGDJ, Issy-Les-Moulineaux, 2018, p. 157-182.
- DABONNE (Z.), « Les groupes armés dans un système de droit international centré sur l'État », *Revue internationale de la Croix Rouge*, Volume 93, 2011/2, p. 85-118.
- DAVID (E.), « Les sanctions économiques prises contre l'Argentine dans l'affaire des Malouines », *RBDI*, 1984-1985, n° 1, p. 150-165.
- DEEKS (A.), « Unwilling or Unable: Toward a Normative Framework for Extra-Territorial Self-Defense », *VJIL,* 2012, Vol.52, n° 3, p. 483-550.
- DELABIE (L.), « La politique juridique extérieure des États-Unis. Les ambivalences de la première puissance mondiale à l'égard du droit international », *AFDI*, Volume 13, 2012, p. 565-587.
- DELBEZ (L.), « Des divers modes de collaboration militaire entre États », *RGDIP,* 1962, n° 2, p. 733-751.
- DELCOURT (B.), « La responsabilité de protéger et l'interdiction du recours à la force : entre normativité et opportunité », SFDI, *La responsabilité de protéger,* colloque de Nanterre, Paris, Pedone, 2008, p. 305-312.
- DEONANDAN (K.), « The Helms-Burton Bill and Canada's Cuba Policy: Convergences with the US », *Policy and Society,* vol.24 n° 1, 2005, p. 124-149, https://doi.org/10.1016/S1449-4035(05.)70052-7.
- DEWOST (J.-L.), « La communauté, les dix et les « sanctions » économiques : de la crise iranienne à la crise des malouines », *AFDI*, 1982, vol.28, p. 215-232.
- DRIAN (J.-Y. le), « Qui est l'ennemi », *Commentaire,* vol. 39, n° 153, printemps 2016, p. 29-35.
- DUNLAP, JR (Ch. J.), « Lawfare Today: A Perspective », Yale Journal of International Affairs, Winter 2008, p. 146-154,
- https://scholarship.law.duke.edu/cgi/viewcontent.cgi?article=5892&context=faculty_scholarship, accès le 8 janvier 2018.
- DUTHEIL de la ROCHERE (J.), « L'affaire de l'accident du Boeing 747 de Korean Airlines », *AFDI*, 1983, vol. 29 n° 1, p. 749-772.
- DUTTON (P.), « *Caelum Liberum:* Air Defense Identification Zones Outside Sovereign Airspace », *AJIL*, vol.103, 2009, p. 691-709.
- EMMERSON (A.), « Conceptualizing Security Exceptions: Legal Doctrine or Political Excuse? », *JIEL*, Vol. 11 n° 1, p. 135-154.

- ERPELDING (M.), « L'annexion de la Crimée devant les juges », *AFDI*, vol.63, 2017, p. 93-120.
- EUDES (M.), « De la Commission au Conseil des Droits de l'Homme : vraie réforme ou faux-semblant ? », *AFDI,* vol. 52, 2006, p. 599-616.
- FAVAREL-GARRIGUES (G.), « L'évolution de la lutte anti-blanchiment depuis le 11 septembre 2001 », *Critique Internationale*, Presses de sciences po, 2003, p. 37-46. <hal-01019129>.
- FISCHER (G.), « L'interdiction partielle des essais nucléaires », *AFDI*, vol.9, n° 63, p. 3-34.
- FLAUSS (J.-F.), « Actualités de la Convention européenne des droits de l'Homme (septembre 2008-février 2009.) », *AJDA,* 4 mai 2009, p. 872-895.
- FONTAINE (C.), « Éliminations ciblées », dans DURIEUX (B.), JEANGENE VILMER (J.-B.), RAMEL (F.) (dir.), *Dictionnaire de la guerre et de la paix*, Paris, PUF, 2017, p. 463-431.
- FOULQUIER (N.), *La théorie des circonstances exceptionnelles.* serdeaut.univ-paris1.fr/.../N_Foulquier_La_théorie_des_circonstances_exceptionnelles. Accès le 21 mai 2016.
- FRIEDLING (M.), « L'Espace : un enjeu stratégique et un nouveau champ de confrontation militaire », *Les Cahiers de la Revue Défense Nationale*, juin 2019, p. 67-73.
- GALDORISI (G.V.), KAUFMAN (A.G.), « Military Activities in the Exclusive Economic Zone: Preventing Uncertainty and Defusing Conflict », *California Western International Law Journal*, vol.33 n° 2, Spring 2002, p. 253-301.
- GESLIN (A.), « La position de la France en matière d'extraterritorialité du droit économique national », *Revue juridique de l'Ouest*, 1997-4. p. 411-467, doi: 10.3406/juro.1997.2405, http://www.persee.fr/docAsPDF/juro_0990-1027_1997_num_10_4_2405.pdf.
- GORDON (M.), « The Conflict of United States Sanctions Laws With Obligations Under the North American Free Trade Agreement », *Stetson Law Review*, Vol.27, 1998, p. 1259-1313.
- GREENWOOD (C.), « International Law and The War Against Terrorism », *International Affairs*, Royal Institute of International Affairs, Vol.78 n° 2, 2002, p. 301-317.
- GREENWOOD (C.), « The International Court of Justice and the Use of Force » dans *Fifty Years of the International Court of Justice: Essays in Honour of Sir Robert Jennings*, Cambridge, Vaughan Law & Malgosia Fitzmaurice (eds.), 2008, p. 373-388.
- GUILLAUME (G.), « La destruction, le 1er septembre 1983, de l'avion des Korean Airlines (vol KE007.) », Revue Française de droit aérien, 1984, p. 215-226.
- HAGENAU-MOIZARD (C.), *La législation sur l'état d'urgence – une perspective comparative*, Recueil Dalloz, n° 12, 24 mars 2016, p. 665-671.
- HAKIMI (M.), « Defensive Force against Non-State Actors: the State of Play », *International Law Studies*, Vol. 91, 2015, p. 1-31.
- HALKIOPOULOS (Th.), « The Interference between the Rules of the New Law of the Sea and the Law of War°» dans DUPUY (R.-J.) & VIGNES (D.), *A Handbook on the New Law of the Sea*, vol.2, Académie international de droit de La Haye, Leiden – Boston, Brill Nijhoff 1991, p. 1321-1331.

- HAMON (F.) et FADIER (A.), « Le droit de l'Union européenne à l'épreuve du paradigme sécuritaire : autour du refus du Conseil d'État d'annuler la décision de maintenir les contrôles aux frontières », La Revue des droits de l'Homme [En ligne], Actualités Droits-Libertés, mis en ligne le 10 avril 2018, accès le 24 août 2018.
- HENNEBEL (L.), TIGROUDJA (H.), « Chronique de la jurisprudence de la Cour interaméricaine des Droits de l'Homme (2006/2007.) », *RTDH*, vol. 76, 2008, p. 1007-1058.
- HIGGINS (R.), « Peace and Security. Achievements and Failures », *EJIL* 6 (1995.), p. 445-460.
- HIGGINS (R.), « Derogations Under Human Rights Treaties », *BYIL*, Vol. 48 (1.), 1977, p. 281-319.
- HOFER (A.), « The Developed/Developing Divide on Unilateral Coercive Measures: Legitimate Enforcement or Illegitimate Intervention? », *Chinese Journal of International Law*, vol. 16, 2017, p. 175-214.
- HONKOVA (J.), « The Russian Federation's Approach to Military Space and its Military Space Capabilities », Marshall Institute Policy Outlook, November 2013, 42 p.
- JERMANO (J.), « Economic and Financial Sanctions in U.S National Security Strategy », *PRISM*, Vol. 7, n° 4, 2018, p. 65-73.
- JUILLARD (P.), « L'arrêt *Banco nacional de Cuba c/ Sabbatino* », *AFDI,* vol. XI, 1965, p. 205-229.
- KERREST (A.), « Le droit de l'espace face aux dangers de privatisation et d'unilatéralisme », dans KERREST (A.) (dir.), *L'adaptation du droit de l'espace à ses nouveaux défis, Liber Amicorum, Mélanges en l'honneur de Simone Courteix*, Paris, Pedone, 2007, p. 13-33.
- KOBILA (J.-M.), « Le processus d'intervention du Conseil de sécurité dans la lutte contre le terrorisme international » dans GLENNON (M.J.), SUR (S.) (Eds.), *Terrorisme et droit international,* Centre for Studies and Research in International Law and International Relations, Hague Academy of International Law, 2008, Brill/ Nijhoff, chap.10, p. 423-466.
- KHDIR (R.), « The Right to Self-Defence in International Law as a Justification of Crossing Borders: The Turkey-PKK Case Within the Borders of Iraq », *RLJ*, Vol. IV (2016.), Issue 4, p. 62-80.
- KOH (H.), « On American Exceptionalism », " (2003.). Faculty Scholarship Series. Paper 1778, https://digitalcommons.law.yale.edu/cgi/viewcontent.cgi?article=2737&context=fss_papers, accès le 15 novembre 2018
- KOH (H.), « The Emerging Law of 21st Century War », The 2016 Randolph W. Thrower Symposium Redefined National Security Threats: Tensions and Legal Implications: Keynote Address, *Emory Law Journal*, Vol. 66, Issue 3 (2017.), p. 487-512.
- KRASKA (J.), « Military Activities on the Continental Shelf », August 22, 2016, https://lawfareblog.com/military-activities-continental-shelf, accès le 22 février 2018.
- KRIES (W. von), « Military Space Activities Legally Constrained? », dans KERREST (A.) (dir.), *L'adaptation du droit de l'espace à ses nouveaux défis,*

Liber Amicorum, Mélanges en l'honneur de Simone Courteix, Paris, Pedone, 2007, p. 105-118.

- LABBE (M.-H.), « Les essais nucléaires indiens et pakistanais et la non-prolifération », *Politique étrangère,* n° 3,1998, p. 531-547.
- LABROUSSE (H.), « Les problèmes militaires du nouveau droit de la mer », dans DUPUY (R.-J.), « The management of humanity's ressources : the law of the sea », Workshop Series, Académie de droit international de la Haye, Leiden Boston, Brill Nijhoff, 1982, p. 307-315.
- LACHARRIÈRE (G. de), « Commentaires sur la position juridique de la France à l'égard de la licéité de ses expériences nucléaires », *AFDI*, vol.19, 1973, p. 235-251.
- LACHARRIÈRE (G. de), « La règlementation du recours à la force : les mots et les conduites », dans *Mélanges offerts à Charles Chaumont. Le droit des peuples à disposer d'eux-mêmes. Méthodes d'analyse du droit international.* Paris, Pedone, 1984, p. 347-361.
- LAGRANGE (Ph.) : « Drones militaires en opération et responsabilité internationale » dans EDDAZI (F.) (dir.), *Le droit à l'épreuve des drones militaires*, Actes du colloque organisé le 25 novembre 2016 par le Centre de Recherche Juridique Pothier de l'Université d'Orléans, LGDJ, Issy-Les-Moulineaux, 2018, p. 301-318.
- LAMONT (C.), « Conflict in the Skies : The Law of Air Defense Identification Zones », *Air & Space Law*, n° 39(3.), p. 187-202.
- LATOUR (X.), « Défense nationale » dans BONGO (P.), HERVOUET (Fr.), SANTULLI (C.) (dir.), *Dictionnaire encyclopédique de l'État*, Paris, Berger-Levrault, 2014, p. 197-200.
- LATTY (Fr.), « Les techniques interprétatives du CIRDI » dans « Les techniques interprétatives de la norme internationale » (dossier.), *RGDIP,* vol.115, n° 12, 2011, p. 459-480.
- LATTY (Fr.), « Le brouillage des repères du *jus contra bellum* à propos de l'usage de la force par la France contre Daech », *RGDIP,* vol.120, n° 1, 2016, p. 11-39.
- LEBEN (Ch.), « Les contre-mesures inter-étatiques et les réactions à l'illicite dans la société internationale », *AFDI*, 1982 (XXVII.), p. 9-77.
- LOBO DE SOUZA (I.M.), « Revisiting the Right of Self-Defence Against Non-States Armed Entities », *ACDI,* vol.53, 2015, p. 202-243.
- MAÏLA (J.), « Enjeux et dilemmes de la sécurité nationale », Études internationales, Institut québécois des hautes études internationales, Vo.18, n° 4, 1987, p. 851-855, 5. https://doi.org/10.7202/702258ar.
- MANNHEIMER (R.), « Amendments to the Trading With the Enemy Act », *Maryland Journal of International Law*, Vol. 3, n° 2, 1978, p. 413-420.
- MATEESCO-MATTE (M.), « La militarisation de l'espace et la valeur des traités sur les armements », dans « Des traités pourraient-ils éviter la course aux armements dans l'espace extra-atmosphérique ? », Rapports du Symposium tenu les 30 octobre et 1er novembre 1985, Center for Research of Air & Space Law, Montreal, MC Gill University, 1985, p. 139-169.
- MAYAUD (Y.), « L'état d'urgence récupéré par le droit commun », *La semaine juridique*, Édition générale, n° 12, 21 mars 2016, p. 583-588.

- McDOUGAL (M. S.), « The Soviet-Cuban Quarantine and Self-Defense », *AJIL*, vol.57, 1963, p. 597-604, version en ligne: http://digitalcommons.law.yale.edu/fss_papers, accès le 7 novembre 2018.
- McWHINNEY (E.), « La déclaration sur l'inadmissibilité de l'intervention dans les affaires intérieures des États et la protection de leur indépendance et de leur souveraineté (résolution 2131 (XX.) de l'Assemblée générale des Nations Unies en date du 21 décembre 1965.) », United Nations Audiovisual Library of International Law, United Nations, 2012, http://legal.un.org/avl/pdf/ha/ga_2131-xx/ga_2131-xx_f.pdf, accès le 22 octobre 2017.
- MIGNON COLOMBET (A.) et BUTHIAU (F.), « Le *deferred prosecution agreement* américain, une forme inédite de justice négociée. Punir, surveiller, prévenir ? », *La semaine juridique*, Édition générale, n° 13, 25 mars 2013, p. 621-628.
- MOORE (J. N.), « *Jus ad Bellum* Before the International Court of Justice », *VJIL*, Vol. 52, 2012, p. 903-961.
- MURPHY (S. J.), « The Role of the Courts in Shaping U.S. Policy toward Cuba » dans C. KRULL (Ed..), *Cuba in a Global Context: International Relations, Internationalism and Transnationalism*, Gainesville, University Press of Florida, 2014, p. 75-88.
- NEWCOMBE (A.), « General Exceptions in International Investment Agreements », *Draft Discussion Paper Prepared for British International Institute of Comparative Law Eigth Annual WTO Conference,* 13th and 14th May 2008, London, 12p.
- NEWCOMB (R.) et ROBERTS (M.), « An Introduction to Economic Sanctions: A Brief History and the Basic Tools » dans MOORE (J.N.), ROBERTS (G.H.), TURNER (R.F.) (Eds.), *National Security Law & Policy*, Durham, Carolina Academic Press, 2015, p. 1315-1387.
- NIZARD (L.), « La question cubaine devant le Conseil de sécurité », *RGDIP*, 1962, n° 2, p. 486-545.
- ORAKHLELASHVILI (A.), « Restrictive Interpretations of Human Rights Treaties in the Recent Jurisprudence of the European Court of Human Rights », *EJIL,* 2003, vol.14 n° 3, p. 529-568.
- PARDINI (G.), « La sécurité nationale. Un concept à enraciner », Cahiers de la sécurité et de la justice, n° 45, juin 2019, p. 4-9.
- PARKS (W.H.), « *Jus in bello* in the struggle against terror » dans J.N. MOORE & R.F. TURNER (ed..), *Legal Issues in the Struggle Against Terror*, 2e éd., Durham, Carolina Academic Press, 2014, p. 334-358.
- PARLEANI (G.), « L'action spécifique « à la française » est morte ; vive l'action spécifique « à l'européenne » ! », *Revue des sociétés*, n° 3, Paris, Dalloz, juillet-août 2002, p. 519-528.
- PERLOW (G.), « *Taking Peacetime Trade Sanctions to the Limit: The Soviet Pipeline Embargo* », Case Western Reserve Journal of International Law, vol.15 n° 2, 1983, p. 253-272. http://scholarlycommons.law.case.edu/jil/vol15/iss2/4, accès le 22 septembre 2017.
- PLATON (S.): 30 days, six months… forever? Border control and the French Council of State, VerfBlog, 2018/1/09, https://verfassungsblog.de/30-days-six-months-forever-border-control-and-the-french-council-of-state/, accès le 24 août 2018.

- QURESHI (A. H.), « The Economic Emergency Defence in Bilateral Investment Treaties: a Development Perspective », dans *International Investment Law For The 21st Century. Essays in Honour of Christoph Schreuer*, BINDER (C.), KRIEBAUM (U.), REINISCH (A.), WITTICH (S.), London, Oxford University Press, 2009, p. 631-635.
- ROSS (A.), « La notion de « compétence nationale », dans la pratique des Nations Unies, une rationalisation *a posteriori* », dans *Mélanges offerts à Henri Rolin, problèmes de droit des gens*, Paris, Pedone, 1964, p. 284 à 299.
- RAMEY (R. A.), « Outer Space Law » dans MOORE (J. N.), ROBERTS (G. B.), TURNER (R. F.) (Eds.), *National Security Law & Policy,* Durham, Carolina Academic Press, 2015, p. 813-814.
- RATON (P.), « Travaux de la Commission juridique de l'Assemblée générale des Nations unies (XXI[è] session.) », *AFDI*, vol.12, 1966, p. 291-327.
- REISMAN (W. M.), « Self Defense in an Age of Terrorism », (2003.). Faculty Scholarship Series. Paper 1005, p. 142-143.
- ROBERTSON (H.), KRASKA (J.), « The Law of the Sea » dans MOORE (J. N), ROBERTS (G. B.), TURNER (R. F) (Eds.), *National Security Law and Policy,* Durham, Carolina Academic Press, 2015, p. 755-783.
- ROSENZWEIG (P.), « Law and Warfare in the Cyber Domain » dans MOORE (J. N.), ROBERTS (G. B.), TURNER (R. F.) (Eds.), *National Security Law & Policy,* Durham, Carolina Academic Press, 2015, p. 537-562.
- SAHOVIC (M.), « Quinze années de mise en œuvre de la déclaration relative aux principes du droit international touchant les relations amicales et la coopération entre États », *AFDI*, vol.31, 1985, p. 527-533.
- SARTRE (P.), « La définition de l'intérêt national en France », *RIS,* n° 105, printemps 2017, p. 131-139.
- SCHACHTER (O.), « The Place of Policy in International Law », *Georgia Journal of International and comparative Law*, Vol. 2, Issue 5, 1972, p. 1-15.
- SCHALLER (C.), « Using Force Against Terrorists 'Outside Areas of Active Hostilities'-The Obama Approach and the Bin Laden Raid Revisited », *Journal of Conflict and Security Law*, Vol. 20, Issue 2, 1 July 2015, p. 195-227.
- SCHARF (M.), « War Crimes Tribunals », dans MOORE (J. N.) and TURNER (R. F.), *National Security Law and Policy,* Durham, Carolina Academic Press, 2015, p. 444 à 453.
- SCHLOEMANN (H. L.) et OHLHOFF (S.), « Constitutionalization and Dispute Settlement in the WTO; National Security as ans Issue of Competence », *AJIL,* vol. 93(2.), 1999, p. 424-451.
- SCHMITT (M.), « State-Sponsored Assassination in International and Domestic Law », *Yale JIL,* vol. 17, 1992, p. 609-648.
- SCHMITT (M.), « Responding to Transnational Terrorism under the Jus ad Bellum: a Normative Framework », *Naval Law Review*, vol.56, n°1, 2008, p. 1-41.
- SCHMITT (M.), « "Below the Threshold" Cyber Operations: The Countermeasures Response Option and International Law », *VJIL,* vol.54 n°3, 2014, p. 697-732.
- SELLERS (M.), « Economic Sanctions against Human Rights Violations », p. 477-526 dans FORLATI PICCHIO (L.), SICILIANOS (L.-A.) (dir.), *Les*

sanctions économiques en droit international, Académie de droit international de La Haye, Leiden/Boston, M. Nijhoff, 2004.

- SHANY (Y.), « Toward a General Margin of Appreciation Doctrine in International Law? », *EJIL*, vol.16 n° 5, 2005, p. 907-940.
- SHOJI (T.), « Vietnam's Security Cooperation with the United States: Historical Background, Present and Future Outlook », *NIDS* (National Institute for Defense Studies.) *Journal of Defense and Security*, n° 19, 2018, p. 3-16.
- SICILIANOS (L.-A.), « Le contrôle par le Conseil de sécurité des actes de légitime défense », dans SFDI, *Le chapitre VII de la Charte des Nations Unies,* colloque de Rennes, Paris, Pedone, 1995.
- SICILIANOS (L.-A.), « Le respect de l'État de droit comme obligation internationale », dans SFDI, *L'État de droit en droit international*, Colloque de Bruxelles, Paris, Pedone, 2009, p. 143-152.
- SOREL (J.-M.), « Remarques sur l'application extraterritoriale du droit national à la lumière de la législation américaine récente », *Revue juridique de l'Ouest,* 1996-4. p. 415-440, doi: 10.3406/juro.1996.2327, http://www.persee.fr/doc/juro_0990-1027_1996_num_9_4_2327.
- STERN (B.), « Quelques observations sur les règles internationales relatives à l'application extraterritoriale du droit », *AFDI*, vol.22, 1986, p. 7-52.
- STERN (B.), « L'extraterritorialité revisitée. Où il est question des affaires Alvarez-Machain, Pâte de bois et de quelques autre… », *AFDI,* vol.38, 1992, p. 239-313.
- STERN (B.), « Licéité et illicéité de la mesure compte tenu de ses modalités d'utilisation », dans GHERARI (H.) et SZUREK (S.) (éds.), Sanctions unilatérales, mondialisation du commerce et ordre juridique international. A propos des lois Helms-Burton et d'Amato-Kennedy, Journée d'actualité juridique, 31 janvier 1997, CEDIN – Paris X, Paris, Montchrestien, 1997, p. 185-218.
- STERN (B.), « La responsabilité internationale des États. Perspectives récentes », *Cursos Euromediterraneos Bancaja de Derecho Internacional*, vol.VII, 2003, p. 647-721.
- STIGALL (D.), « International Law and Limitations on the Exercise of Extraterritorial Jurisdiction in U.S. Domestic Law », *Hastings International and Comparative Law Review*, Vol.35, n° 2, 2012, p. 323-382.
- STIGALL (D.), « Ungoverned Spaces, Transnational Crime, and the Prohibition on Extraterritorial Enforcement Jurisdiction in International Law », *NDJICL,* Vol.3, n° 1, 2014, p. 1-50.
- SUDRE (Fr.), « L'encadrement de l'exception terroriste par la Convention européenne des droits de l'Homme », dans MAISON (R.), MAMOUDY (O.) (dir.), « Autour de l'état d'urgence français. Le droit politique d'exception, pratique nationale et sources internationales », Paris, Institut Universitaire Varenne – Lextenso LGDJ, 2018, p. 209-229.
- TAVERNIER (P.), « L'adoption du traité d'interdiction complète des essais nucléaires », *AFDI*, vol.42, 1996, p. 118-136.
- THOUVENIN (J.-M.), « Sanctions économiques et droit international », *Droits*, n° 57, 2013, p. 161-175.
- TIKK-RINGAS (E.), « International Cyber Norms Dialogue as an Exercise of Normative Power », Upcoming in *Georgetown Journal of International Affairs*

(2017.),14p.http://ict4peace.org/wp-content/uploads/2017/02/Tikk-Normative-Power.pdf, accès le 14 février 2018.

- TIKK (E.) & KERTTUNEN (M.), « The Alleged Demise of the UN GGE: An Autopsy and Eulogy », New York-The Hague-Tartu- Jyvaskyla, Cyber Policy Institute, 2017, 46 p.
- TROIA (A.), « The Helms-Burton Controversy: An Examination of Arguments that the Cuban Liberty and Democratic Solidarity (LIBERTAD.) Act of 1996 Violates US Obligations Under NAFTA », *Brooklyn Journal of International Law*, vol. 23, 1997, p. 603-653.
- UBEDA de TORRES (A.), « l'État de droit dans la pratique des organes du système interaméricain des droits de l'Homme », dans SFDI, colloque de Bruxelles. *L'État de droit en droit international*, Paris, Pedone, 2009, p. 189-208.
- VAISSE (M.), « Le général de Gaulle et la défense de l'Europe, 1947-1958 », *Matériaux pour l'histoire de notre temps* (numéro thématique : « Faire et refaire les armées – Penser et repenser les défenses ».), n° 29, 1992, p. 5-8.
- VAN STEENBERGHE (R.) : « Les interventions militaires étrangères récentes contre le terrorisme international », *AFDI*, 2015, p. 145-198.
- VERHOEVEN (J.), « Les « étirements » de la légitime défense », *AFDI*, Vol.48, 2002, p. 49-80.
- VIDAL-NAQUET (A.), « La sécurité en droit constitutionnel : non-dit ou non-être », dans NGAMPION-OBÉLÉ-BÉLÉ (U.) (dir.), *La sécurité en droit public*, Paris, Institut Universitaire Varenne, Colloque & Essais, LGDJ, 2018, p. 79-102.
- VITU (A.), ROUSSEAU (F.), JurisClasseur Pénal Code, Fascicule n° 20, « Atteintes aux intérêts fondamentaux de la nation », LexisNexis, 25 septembre 2012.
- VLADECK (S.), " Is " National Security Law" Inherently Paradoxical?", American University National Security Law Brief, Vol.1, n° 1, 2011, http://digitalcommons.wcl.american.edu/nslb/vol1/iss1/1, p. 11-17.
- VUKAS (B.), « Peaceful Uses of the Seas, Denuclearisation and Disarmament » dans DUPUY (R.-J.) & VIGNES (D.), *A Handbook on the New Law of the Sea*, vol.2, Académie international de droit de La Haye, Leiden – Boston, Brill Nijhoff 1991, p. 1233-1320.
- WARUSFEL (B.), « La sécurité nationale, nouveau concept du droit français » dans *Les différentes facettes du concept juridique de sécurité – Mélanges en l'honneur de Pierre-André Lecocq*, Université Lille 2, 2011, p. 461-476.
- WECKEL (Ph.), « Chine, le trouble suscité par l'instauration d'une zone d'identification aérienne », Bulletin Sentinelle n° 368 du 1/12/2013.
- WEISBROT (M.), SACHS (J.), « Economic Sanctions as Collective Punishment: The Case of Venezuela », CEPR, Washington D.C, April 2019, p. 1-25.
- WONG (K.S.), « The Cuban Democracy Act of 1992: The Extraterritorial Scope of Section 1706 (a.) », *University of Pennsylvania Journal of International Law*, vol.14 n° 4, 2014, p. 651-682.
- YOO (J.), « Using Force », *University of Chicago Law Review*, Vol.71 Summer 2004, p. 729-797.
- YOUNG (T.), « Maritime Exclusion Zones: a Tool for the Operational Commander? », Naval War College Paper, Newport, 1992, 50 p.

- ZEROUALI (M.), JANATI-IDRISSI (A.), « La clause « droits de l'Homme » dans les accords euro-méditérranéens : portée et obstacles », dans *Droits de l'Homme : Souveraineté et Ingérence*, Actes du Colloque de Benslimane organisé par le Centre de recherche sur la coopération internationale pour le développement de la Faculté de Droit de Marrakech et Walter-Schücking – Institut für Internationales Recht Christian Alberchts – Universität zu Kiel, Rabat, Publications de la Revue Marocaine d'Administration Locale et de Développement, 2002, p. 161-182.

Articles de presse

- AGENCE France PRESSE, « Libye : Zuma hausse le ton face à l'OTAN, tandis que des combats à l'arme lourde se poursuivaient au sud de Tripoli », *Le Point*, 26 juin 2011, http://www.lepoint.fr/monde/libye-zuma-hausse-le-ton-face-a-l-otan-tandis-que-des-combats-a-l-arme-lourde-se-poursuivaient-au-sud-de-tripoli-26-06-2011-1346159_24.php, accès le 4 avril 2017.
- ALBERT (E.), « The U.S – Philipines Defense Alliance », Council on Foreign Relations, 21 octobre 2016, http://www.cfr.org/philippines/us-philippines-defense-alliance/p38101, accès le 13 avril 2017.
- ALMOND (R.G.), « South China Sea : The Case Against an ADIZ », *The Diplomat,* September 13, 2016, https://thediplomat.com/2016/09/south-china-sea-the-case-against-an-adiz/, accès le 7 mars 2018.
- ARSENEAULT (M.), « 40 ans après le raid israélien d'Entebbe : merci Idi Amin Dada ? », *Radio France Internationale*, 4 juillet 2016, http://www.rfi.fr/afrique/20160703-israel-ouganda-france-raid-entebbe-amin-dada-40-ans-amin-dada, accès le 3 décembre 2018.
- BALANDIER (G.), « Les mouvantes frontières de l'Afrique », *Le Monde,* 10-11 janvier 1960.
- BARNES (J.) & GORMAN (S.), « Iran Blamed for Cyberattacks », *The Wall Street Journal,* October 12, 2012, https://www.wsj.com/articles/SB10000872396390444657804578052931555576700, accès le 6 février 2018.
- BELGA NEWS, 27 novembre 2013, https://www.rtbf.be/info/monde/detail_espionnage-americain-la-commission-europeenne-classe-le-dossier-swift?id=8144932, accès le 17 janvier 2018.
- BERTRAND (N.), « Obama quietly expands the US' war on terror – and many fear it could give Trump more power », *Business Insider*, December 1, 2016, https://www.businessinsider.com/obama-aumf-trump-al-shabab-2016-11?IR=T, accès le 15 novembre 2018.
- BOLTON (J.), « The Legal Case for Striking North Korea First », *The Wall Street Journal*, 28 February 2018, https://www.wsj.com/articles/the-legal-case-for-striking-north-korea-first-1519862374, accès le 3 novembre 2018.
- BONAVITA (M.-L.), « Hélène Carrère d'Encausse : Poutine et Porochenko ne savent plus s'arrêter » (entretien avec H. Carrère d'Encausse.), *Le Figaro*, 1 septembre 2014, http://www.lefigaro.fr/vox/monde/2014/09/01/31002-20140901ARTFIG00346-helene-carrere-d-encausse-poutine-et-porochenko-ne-savent-plus-s-arreter.php, accès le 25 septembre 2018.

- BRETEAU (P.), ZERROUKY (M.), « Comment l'État islamique a perdu 70% de son territoire utile en Irak et en Syrie en trois ans », *Le Monde,* 13 mars 2017, http://www.lemonde.fr/les-decodeurs/visuel/2017/03/13/comment-l-État-islamique-a-recule-en-irak-et-en-syrie-depuis-2014_5093896_4355770.html, accès le 18 août 2017.
- BRIGHT (A.), « Estonia accuses Russia of 'cyberattack », May 17, 2007, https://www.csmonitor.com/2007/0517/p99s01-duts.html, accès le 12 février 2018.
- BRITISH BROADCASTING CORPORATION BBC news, « Visa and MasterCard block Russian bank customers », 21 March 2014, http://www.bbc.com/news/business-26678145, accès le 19 janvier 2018.
- BRITISH BROADCASTING CORPORATION BBC news, « RAF intercept Russian bombers near U.K area of interest », 15 January 2018, http://www.bbc.com/news/uk-42691337.
- BUNCOMBE (A.), CARRELL (S.), « Belgrano families lose court claims for compensation », The Independent, 19 July 2000, http://www.independent.co.uk/news/uk/crime/belgrano-families-lose-court-claim-for-compensation-706699.html, accès le 15 mars 2018.
- BURROUGHS (C.), « The Bank of England has refused to give back §1.56 billion in Venezuelan gold after countries around the world say the regime is illegitimate », Business Insider France, 6 February 2019, https://www.businessinsider.fr/us/venezuela-gold-reserves-frozen-by-bank-of-englandf-2019-2, accès le 3 mars 2019.
- CHECOLA (L.), « Données bancaires : l'accord SWIFT critiqué en Europe », *Le Monde,* 17 mars 2011, http://www.lemonde.fr/technologies/article/2011/03/17/donnees-bancaires-l-accord-swift-critique-en-europe_1494849_651865.html, accès le 15 janvier 2018.
- CHESNEY (R.), « President Obama's Executive Order on Pre/Post Airstrike Policies and Practices », July 1, 2016, https://www.lawfareblog.com/president-obamas-executive-order-prepost-airstrike-policies-and-practices, accès le 30 janvier 2018.
- COWELL (A.), « Rebels attack South African Refinery and are Slain after a Chase », *The New York Times,* May 15, 1984, http://www.nytimes.com/1984/05/15/world/rebels-attack-south-african-refinery-and-are-slain-after-a-chase.html, accès le 23 août 2017.
- ЧЕБОТАРЁВ (А.), « А мы крепчаем? Чем грозит России новое ужесточение санкций », Аргументы и Факты, (CHEBOTAREV (A.), « Nous renforçons-nous ? Ce que risque la Russie à la suite du durcissement des sanctions », *Argumenty i Fakty.*) n° 39, 27 septembre – 3 octobre 2017, p. 8.
- DEFENSE NEWS, « NATO might trigger Article 5 for certain cyberattacks », May 31, 2017, https://www.defensenews.com/2017/05/31/nato-might-trigger-article-5-for-certain-cyberattacks/, accès le 12 février 2018.
- DEHGHAN (S.K.), « Iran accuses Siemens of helping launch Stuxnet cyber-attack », *The Guardian,* 17 April 2011, https://www.theguardian.com/world/2011/apr/17/iran-siemens-stuxnet-cyber-attack, accès le 5 février 2018.

- DOUGLAS (J.), « Opening to Vietnam: Clinton drops 19 year-ban on U.S Trade with Vietnam. Cites Hanoi's Help on M.I.A's », *The New York Times,* February 4, 1994, http://www.nytimes.com/1994/02/04/world/opening-vietnam-clinton-drops-19-year-ban-us-trade-with-vietnam-cites-hanoi-s.html?pagewanted=all, accès le 18 octobre 2017.
- EL UNIVERSAL, « ALBA Countries Pull Out of Hemispheric Mutual Defense Agreement », 5 juin 2012, http://www.eluniversal.com/nacional-y-politica/120605/alba-countries-pull-out-of-hemispheric-mutual-defense-agreement, accès le 20 avril 2017.
- ELLSWORTH (B.), CHINEA (E.), « Venezuela to restructure foreign debt, default looms as possibility », *Reuters,* November 3, 2017, https://www.reuters.com/article/us-venezuela-bonds/venezuela-to-restructure-foreign-debt-default-looms-as-possibility-idUSKBN1D230Q.
- GALACTEROS (C.), « Syrie : après la guerre, comment gagner la paix ? », *Le Figaro,* 13 septembre 2017, http://www.lefigaro.fr/vox/monde/2017/09/13/31002-20170913ARTFIG00207-syrie-apres-la-guerre-comment-gagner-la-paix.php, accès le 13 septembre 2017.
- GANNON (K.), « Analysts say Trump's Warning to Pakistan could Backfire », *The Washington Post,* august 22, 2017, https://www.washingtonpost.com/world/asia_pacific/afghan-reaction-mixed-on-trumps-tough-talking-speech/, accès le 23 août 2017.
- GEILING (N.), « Before the Revolution », *Smithsonian*, July 31, 2007, https://www.smithsonianmag.com/history/before-the-revolution-159682020/, accès le 7 octobre 2017.
- GOTEV (G.), Trump to promote U.S LNG exports at Warsaw Summit, 3/07/2017, https://www.euractiv.com/section/europe-s-east/news/trump-to-promote-us-lng-exports-at-warsaw-summit/, accès le 15 octobre 2017.
- GRIBBEN (R.), « Banks action on Cuban sanctions hit U.K companies », *The Telegraph,* 18 October 2010, http://www.telegraph.co.uk/finance/yourbusiness/8071446/Banks-action-on-Cuban-sanctions-hits-UK-companies.html, accès le 9 janvier 2018.
- GROS-VERHEYDE (N.), « Embargo sur les armées : 20 ans après, la même erreur ? », dans « Bruxelles 2 », 16 mars 2013, https://www.bruxelles2.eu/2013/03/16/embargo-sur-les-armes-20-ans-apres-la-meme-erreur/, accès le 2 mars 2016.
- GRUSS (M.), « U.S. Official : China Turned to Debris-free ASAT Tests Following 2007 Outcry », *Spacenews,* January 11, 2016, http://spacenews.com/u-s-official-china-turned-to-debris-free-asat-tests-following-2007-outcry/, accès le 19 mars 2018.
- GUIBERT (N.), « La France a mené ses premières frappes en Syrie », *Le Monde,* 27 septembre 2015, http://www.lemonde.fr/proche-orient/article/2015/09/27/la-france-a-mene-ses-premieres-frappes-en-syrie_4773677_3218.html; accès le 29 janvier 2018.
- GUZMAN (M.) et STIGLITZ (J.), « How Hedge Funds Held Argentina For Ransom », *The New York Times*, April 1, 2016, https://www.nytimes.com/2016/04/01/opinion/how-hedge-funds-held-argentina-for-ransom.html, accès le 3 juillet 2017.

- HALPIN (A.) & UMMELAS (O.), « Russia and China Hold First Joint Naval Exercises in Baltic Seas », Bloomberg, 25 juillet 2017, https://www.bloomberg.com/news/articles/2017-7-25/russia-and-china-hold-first-joint-naval-exercises-in-baltic-sea, accès le 1er mars 2018.
- HARRIS (G.), « Vietnam Arms Embargo to be Fully Lifted, Obama Says in Hanoi », *The New York Times*, May 23, 2016, https://www.nytimes.com/2016/05/24/world/asia/vietnam-us-arms-embargo-obama.html, accès le 18 octobre 2017.
- HIAULT (R.), « L'Équateur rompt douze accords d'investissement », *Les Échos,* 4 mai 2017.
- HUTT (D.), « EU, Vietnam to become brothers in arms », *Asia Times*, August 1, 2019, https://www.asiatimes.com/2019/08/article/eu-vietnam-to-become-brothers-in-arms/, accès le 19 août 2019.
- JAHANGIR (R.), « WW1 sinking of Lusitania recalled », 27 March 2015, *BBC News*, https://www.bbc.com/news/uk-england-merseyside-32020234, accès le 20 mars 2018.
- JUNGHANS (P.), « Exclusif. Espionnage des banques européennes par les États-Unis. Le juge Bruguière parle », *La Tribune,* 11 mars 2009, https://www.latribune.fr/actualites/economie/international/20090311trib000353682/exclusif-espionnage-des-banques-europeennes-par-les-États-unis-le-juge-bruguiere-parle.html, accès le 17 janvier 2018.
- KUBOVICH (Y.), « Israel Strikes Syria, Says It Foiled Iranian Drone Attack »; *HAARETZ*, August 25, 2019, https://www.haaretz.com/israel-news/.premium-israel-syria-iran-drone-attack-1.7737643, accès le 2 septembre 2019.
- KUMAR (H.), BARRY (E.), « U.S, India and Japan Begin War Games, and China Hears a Message », *The New York Times,* July 10, 2017, https://www.nytimes.com/2017/07/10/world/asia/india-us-japan-war-games-china.html, accès le 1er mars 2018.
- LA GRANGE (A. de), « L'Éthiopie ouvertement en guerre en Somalie », *Le Figaro,* 15 octobre 2007, http://www.lefigaro.fr/international/2006/12/26/01003-20061226ARTFIG90091-l_ethiopie_ouvertement_en_guerre_en_somalie.php, accès le 10 avril 2018.
- LANDLER (M.) et ROSENBERG (M.), « U.S Strikes on Taliban Leader is Seen as a Message to Pakistan », *The New York Times,* May 23, 2016, https://www.nytimes.com/2016/05/24/us/politics/afghanistan-pakistan-taliban-leader.html?hp&action , accès le 20 août 2017.
- LAUTER (D.), PHELPS (T.M.), « Memo Justifying Drone Killing of American Al Qaeda Leader is Released », *Los Angeles Times*, June 23, 2014, http://www.latimes.com/nation/nationnow/la-na-nn-drone-memo-awlaki-20140623-story.html, accès le 8 août 2017.
- LAYA (P.), BRONNER (E.), ROSS (T.), « Maduro Stymied in Bid to Pull $1.2 of Gold From U.K », 25 janvier 2019, *Bloomberg*, https://www.bloomberg.com/news/articles/2019-01-25/u-k-said-to-deny-maduro-s-bid-to-pull-1-2-billion-of-gold, accès le 26 janvier 2019.
- LE MONDE /AFP, « Syrie : la France frappe l'État islamique pour la deuxième fois », http://www.lemonde.fr/international/article/2015/10/09/syrie-la-france-frappe-l-ei-pour-la-deuxieme-fois_4786033_3210.html, accès le 29 janvier 2018.

- LE MONDE, « 694 millions d'amendes pour le Crédit agricole aux États-Unis », 20 octobre 2015, http://www.lemonde.fr/economie/article/2015/10/20/États-unis-le-credit-agricole-va-payer-694-millions-d-euros-d-amende_4793222_3234.html, accès le 6 janvier 2018.
- LE SOIR « Le Sénat belge ordonne au Comité R une triple enquête sur « Prism » », 2 juillet 2013, http://www.lesoir.be/archive/recup/273314/article/actualite/belgique/2013-07-02/senat-belge-ordonne-au-comite-r-une-triple-enquete-sur-prism, accès le 16 janvier 2018.
- LENTA.RU (agence de presse.) : « Минобороны России допустило гибель лидера ИГ при авиаударе », (Le ministère russe de la défense a considéré comme possible la mort du leader de l'EI à la suite d'une frappe aérienne.), 16 juin 2016, https://lenta.ru/news/2017/06/16/is/, accès le 25 janvier 2018.
- LENTA.RU : « МИД России все-таки признал вероятность гибели лидера ИГ » (Le ministère des affaires étrangères de la Russie a quand même reconnu la probabilité de la mort du leader de l'EI.), 22 juin 2017, https://lenta.ru/news/2017/06/22/vse_taki_da/, accès le 25 janvier 2018.
- LENTA.RU : « В Госдуме объяснили значение ликвидации лидера ИГ для победы над терроризмом », (Explication, devant la Douma, de la signification, pour la victoire contre le terrorisme, de la liquidation du leader de l'EI.), 22 juin 2017, https://lenta.ru/news/2017/06/22/glavar/, accès le 25 janvier 2018.
- LOWE (C.), « Kremlin loyalist says launched Estonia cyber-attack », Reuters, March 13, 2009, https://www.reuters.com/article/us-russia-estonia-cyberspace/kremlin-loyalist-says-launched-estonia-cyber-attack-idUSTRE52B4D820090313, accès le 12 février 2018.
- McGOOGAN (C.), « U.S Government declares cyber war on Islamic state », April 7, 2016, http://www.telegraph.co.uk/technology/2016/04/07/us-government-declares-cyber-war-on-isil/, accès le 6 février 2018.
- NEILAN (T.), « Bush Pulls Out of ABM Treaty ; Putin Calls Move a Mistake », *The New York Times,* 1 » décembre 2001, http://www.nytimes.com/2001/12/13/international/bush-pulls-out-of-abm-treaty-putin-calls-move-a-mistake.html, accès le 20 avril 2017.
- NELSON (S.), « Drone Mome Justifying Assasination of U.S Citizen Released », *U.S News and World Report*, June 23, 2014, https://www.usnews.com/news/articles/2014/06/23/drone-memo-assassination-us-citizen-anwar-al-awlaki-released, accès le 8 août 2017.
- OSBORN (A.), SOLOVYOV (D.), « Russian fighter intercept U.S Bomber over Baltic sea » *Reuters,* World News, June 6, 2017, https://www.reuters.com/article/us-russia-usa-bomber/russian-fighter-intercepts-u-s-bomber-over-baltic-sea-idUSKBN18X166, accès le 6 mars 2018.
- PARAMESWARAN (P.), « Will Duterte End the U.S – Philippines Military Alliance ? », *The Diplomat,* 26 octobre 2016, http://thediplomat.com/2016/10/will-duterte-end-the-us-philippine-military-alliance/, accès le 20 avril 2017.

- PATRUSHEV (N.), Interview au journal « Moskovskii komsomolets », 27 janvier 2016, http://www.scrf.gov.ru/news/allnews/1015/, consulté le 15 novembre 2018.
- PETERSON (A.), « The Sony Pictures Hack, explained », December 18, 2014, *The Washington Post,* https://www.washingtonpost.com/news/the-switch/wp/2014/12/18/the-sony-pictures-hack-explained/?utm_term=.d470ae3c0229, accès le 5 février 2018.
- PIFER (S.), « What's the deal with Senate Republicans and the test ban treaty ? », Order from chaos, *Brookings,* https://www.brookings.edu/blog/order-from-chaos/2016/09/26/whats-the-deal-with-senate-republicans-and-the-test-ban-treaty/, accès le 28 mai 2018.
- QUATREPOINT (J.-M.), « Au nom de la loi…américaine », *Le Monde diplomatique,* n°754, Janvier 2017, p. 1, 22 et 23.
- REUTERS, « Austria charges bank after Cuban accounts cancelled », April 27, 2007, https://www.reuters.com/article/austria-bawag/austria-charges-bank-after-cuban-accounts-cancelled-idUSL2711446820070427, accès le 9 janvier 2018.
- REUTERS, « France, Germany, Italy urge rethink of foreign investment in EU », February 14, 2017, https://uk.reuters.com/article/uk-eu-trade-france/france-germany-italy-urge-rethink-of-foreign-investment-in-eu-idUKKBN15T1ND, accès le 3 octobre 2017.
- REUTERS/ O.SOBHANI, « Afghanistan : les réactions des États de la région au discours de Donald Trump », *RFI,* 22 août 2017, http://www.rfi.fr/ameriques/20170822-inde-afghanistan-États-unis-implication-new-dehli-resolution-conflit-pakistan, accès le 23 août 2017.
- RODRIGUEZ ACEVEDO (D.), « Venezuela: The consequence of S&P Declaring Default. How the United States seems to now own the South American nation's future », November 17, 2017, *Economix Banking, LatinAmerican Post,* http://www.latinamericanpost.com/index.php/banking-2/17537-venezuela-the-consequence-of-s-p-declaring-default, accès le 24 novembre 20&7.Russia Today, « Russia Completely Ending Activities Under Conventional Arms in Europe Treaty », 10 mars 2015, https://www.rt.com/news/239409-russia-quits-conventional-europe/, accès le 21 avril 2017.
- S.L, « Tensions en Amérique Latine après la mort de Raul Reyes », *Le Figaro,* 2 mars 2008.
- SEDUKHINA (A.), « Le pétrole et le gaz face aux sanctions », Le Courrier de Russie, 8 décembre 2016, https://www.lecourrierderussie.com/economie/2016/12/petrole-gaz-sanctions/, accès le 14 octobre 2017.
- SHAIF (R.), WATLING (J.), « How the UAE's Chinese Made Drone is Changing the War in Yemen », *Foreign Policy*, April 27, 2018, https://foreignpolicy.com/2018/04/27/drone-wars-how-the-uaes-chinese-made-drone-is-changing-the-war-in-yemen/, accès le 15 novembre 2018.
- SOEASANTO (S.), D'INCAU (F.), « The UNGGE is dead : Time to fall forward », European Council on Foreign Relations, 15 août 2017, http://www.ecfr.eu/article/commentary_time_to_fall_forward_on_cyber_governance, accès le 3 février 2018.

- STEWART (Ph.), MUKHASHAF (M.), « U.S Pounds Al Qaeda in Yemen with More Than 20 Strikes », *Reuters,* March 2, 2017, http://www.reuters.com/article/us-usa-Yemen-idUSKBN1691PV, accès le 18 août 2017.
- STOLYAROV (G.), « Russia, Turkey agree Steps to tackle militants in Syria's Idlib: Putin », *Reuters*, August 27, 2019, https://www.reuters.com/article/us-syria-security-russia-turkey/russia-turkey-agree-steps-to-tackle-militants-in-syrias-idlib-putin-idUSKCN1VH0M8, accès le 2 septembre 2019.
- THE ECONOMIST, « Financial sanctions. The pros and Cons of a SWIFT response », November 20, 2014, https://www.economist.com/news/international/21633830-blocking-rogue-states-access-worlds-financial-messaging-network-potent-measure, accès le 19 janvier 2018.
- ТИХОНОВ (И.), « СПФС *vs* SWIFT : почти половина российских банков перешла на отечественный сервис передачи финансовых сообщений », (TIKHONOV (I.), « SPFS c. SWIFT : près de la moitié des banques russes ont adhéré au service national de transmission des communications financières ».), https://www.lawmix.ru/profile/36256, accès le 19 janvier 2018.
- THAYER (C.), « Vietnam Gradually Warms up to U.S Military », *The Diplomat*, November 6, 2013, https://thediplomat.com/2013/11/vietnam-gradually-warms-up-to-us-military/, accès le 19 août 2019.
- TURNER (C.), « Open University under investigation after it emerges that Cuban students are banned from institution », The Telegraph, 25 July 2017, http://www.telegraph.co.uk/education/2017/07/25/open-university-investigation-emerges-cuban-students-banned/, accès le 9 janvier 2018.
- WELCH (D.), « What's an ADIZ? Why the United States, Japan and China Get it Wrong », *Foreign Affairs,* December 9, 2013, https://www.foreignaffairs.com/articles/east-asia/2013-12-09/whats-adiz, accès le 6 mars 2018.
- YI (Y.) (Ed..), « China's manned submersible deep sea warrior completes deep sea testing », Xinhua, 27/10/03, http://www.xinhuanet.com/english/2017-10/03/c_136656575.htm, accès le 9 mars 2018.
- ZETTER (K.), « The NSA acknowledges what we all feared : Iran learns from U.S cyberattacks », Wired, 2 October 2015, https://www.wired.com/2015/02/nsa-acknowledges-feared-iran-learns-us-cyberattacks/, accès le 5 février 2018.

INDEX

— L —

— M —

— N —

— O —

— P —

— R —

— S —

— T —

— V —

TABLE DES MATIÈRES

Structures éditoriales du groupe L'Harmattan

L'Harmattan Italie
Via degli Artisti, 15
10124 Torino
harmattan.italia@gmail.com

L'Harmattan Hongrie
Kossuth l. u. 14-16.
1053 Budapest
harmattan@harmattan.hu

L'Harmattan Sénégal
10 VDN en face Mermoz
BP 45034 Dakar-Fann
senharmattan@gmail.com

L'Harmattan Cameroun
TSINGA/FECAFOOT
BP 11486 Yaoundé
inkoukam@gmail.com

L'Harmattan Burkina Faso
Achille Somé – tengnule@hotmail.fr

L'Harmattan Guinée
Almamya, rue KA 028 OKB Agency
BP 3470 Conakry
harmattanguinee@yahoo.fr

L'Harmattan RDC
185, avenue Nyangwe
Commune de Lingwala – Kinshasa
matangilamusadila@yahoo.fr

L'Harmattan Congo
67, boulevard Denis-Sassou-N'Guesso
BP 2874 Brazzaville
harmattan.congo@yahoo.fr

L'Harmattan Mali
Sirakoro-Meguetana V31
Bamako
syllaka@yahoo.fr

L'Harmattan Togo
Djidjole – Lomé
Maison Amela
face EPP BATOME
ddamela@aol.com

L'Harmattan Côte d'Ivoire
Résidence Karl – Cité des Arts
Abidjan-Cocody
03 BP 1588 Abidjan
espace_harmattan.ci@hotmail.fr

L'Harmattan Algérie
22, rue Moulay-Mohamed
31000 Oran
info2@harmattan-algerie.com

L'Harmattan Maroc
5, rue Ferrane-Kouicha, Talaâ-Elkbira
Chrableyine, Fès-Médine
30000 Fès
harmattan.maroc@gmail.com

Nos librairies en France

Librairie internationale
16, rue des Écoles – 75005 Paris
librairie.internationale@harmattan.fr
01 40 46 79 11
www.librairieharmattan.com

Librairie l'Espace Harmattan
21 bis, rue des Écoles – 75005 Paris
librairie.espace@harmattan.fr
01 43 29 49 42

Lib. sciences humaines & histoire
21, rue des Écoles – 75005 Paris
librairie.sh@harmattan.fr
01 46 34 13 71
www.librairieharmattansh.com

Lib. Méditerranée & Moyen-Orient
7, rue des Carmes – 75005 Paris
librairie.mediterranee@harmattan.fr
01 43 29 71 15

Librairie Le Lucernaire
53, rue Notre-Dame-des-Champs – 75006 Paris
librairie@lucernaire.fr
01 42 22 67 13

www.ingramcontent.com/pod-product-compliance
Lightning Source LLC
LaVergne TN
LVHW011137061026
849535LV00003B/518
* 9 7 8 2 3 4 3 2 3 8 8 4 5 *